清代史学经典丛书

（清）钱大昕 撰

陈文和 张连生 曹明升 校点

廿二史考异

上

凤凰出版社

图书在版编目（ＣＩＰ）数据

廿二史考异 ／（清）钱大昕撰；陈文和，张连生，曹明升校点. -- 南京 ：凤凰出版社，2023.7
（清代史学经典丛书）
ISBN 978-7-5506-3934-8

Ⅰ．①廿… Ⅱ．①钱… ②陈… ③张… ④曹… Ⅲ.①史籍－考证－中国－古代 Ⅳ．①K204.1

中国国家版本馆CIP数据核字(2023)第056120号

书　　　　名	廿二史考异
著　　　　者	(清)钱大昕 撰　陈文和　张连生　曹明升 校点
责 任 编 辑	李相东
特 约 编 辑	蒋李楠
装 帧 设 计	陈贵子
责 任 监 制	程明娇
出 版 发 行	凤凰出版社(原江苏古籍出版社)
	发行部电话 025-83223462
出版社地址	江苏省南京市中央路165号,邮编:210009
照　　　排	南京凯建文化发展有限公司
印　　　刷	南京新洲印刷有限公司
	江苏省南京市六合区雨花路2号　211500
开　　　本	880毫米×1230毫米　1/32
印　　　张	41.75
字　　　数	1201千字
版　　　次	2023年7月第1版
印　　　次	2023年7月第1次印刷
标 准 书 号	ISBN 978-7-5506-3934-8
定　　　价	188.00元(全二册)

(本书凡印装错误可向承印厂调换,电话:025-57500228)

前　言

　　《廿二史考异》一百卷，清钱大昕撰。钱大昕(1728—1804)，字晓征，号辛楣，又号竹汀，江苏嘉定(今属上海市)人。乾隆十九年(1754)进士，选翰林院庶吉士。历官少詹事、广东学政。乾隆四十年(1775)丁忧后不复出仕，专心著述。先后担任南京钟山书院、松江娄东书院、苏州紫阳书院院长。居苏州尤久，年七十七卒。《廿二史考异》(以下简称《考异》)全书自《史记》、《汉书》，迄《金史》、《元史》，即从二十四史中除去《旧五代史》、《明史》，又将司马彪《续汉书》的八志，从《后汉书》分出，别立为《续汉书》二卷，所以总目实际列出二十三史。钱大昕从青年时代就好读乙部之书，通籍以后，尤其专注于史籍的研讨，偶有所得，写于别纸，岁有增益，卷帙滋多。从乾隆三十二年(1767)开始编次，至四十七年(1782)成书百卷。嘉庆二年(1797)全书刊定。"清代之经学与史学俱为考据之学"。钱氏的《考异》是史学考据学中的代表性著作之一。钱氏为什么要著这样一部书呢？他在自序中说："廿二家之书，文字烦多，义例纷纠，舆地则今昔异名，侨置殊所；职官则沿革迭代，冗要逐时。"如果再加上"氏族则谱谍失诬，世次多舛"，钱氏尤其着力于这三者："欲其条理贯串，了如指掌。"这样才能实现他著书的宗旨："史非一家之书，实千载之书，祛其疑，乃能坚其信；指其瑕，益以见其美。拾遗规过，匪为齮齕前人，实以开导后学。"从这里我们可以看出，清代的考据学实在是为史学奠定坚实可靠基础的工作。是书是把《通鉴考异》的体例加以引深开掘，发扬光大，这应当认为是史学自身发展的必经阶段。近人陈寅恪称钱大昕"信为清代史学家第一人也"(陈寅恪《金明馆丛稿二编·李德裕贬死年月及归葬传说辨证》)。这也是从清代史学即为考据学出发的。由于钱大昕，"清朝的史学才成为真正意义上的史学"([日]内藤湖南《中国史通论·清朝史通论》)。

　　钱大昕《考异》之作与其通儒之学是一脉相通的。江藩称"先生学究天人，博综群籍，自开国以来，蔚然一代儒宗也"(钱仪吉《碑传集·钱詹事大昕记》)。袁枚在钱大昕亲笔信札的一段跋语中说："辛楣少詹精于考据,尤长于史学源流,金石碑版,又能兼诗古文词。此程鱼门所以推为当今第一,洵为不诬也。"钱大昕一生著述,经、史、子、集,四部兼具,不愧阮元"罔罗百氏,学为儒宗"(阮元《三统术衍序》)之誉。乾嘉及后世学者亦多尊其为"通儒"。"在中国学术史上,通儒的地位往往在专家之上。'通儒'自然是一种理想的境界,不是人人都能企及的。但每一时代总有少数人被推尊为通儒"(余英时《钱穆与中国文化·钱穆与新儒家》)。钱大昕的《考异》正是通儒之学由博返约的代表之作,在在显示其厚积薄发,游刃有余,触类旁通的大家气象,而居于时代的顶峰。

《考异》依正史原书卷次为纲,先列出子题,子题下再引所考原文作条目。钱大昕对条目的考证一般以按语形式出现。对所考条目类别,大致可分为:义例、史法、史实、职官、地理、氏族、金石、小学、校勘、避讳、年号、谥法、天文、历日、点烦、疏漏、互见、补叙、议论等。以下择要叙述。

清代考据家治学的重要方法之一是归纳义例,寻求事物内在的联系,上升为规律性的认识。"好学深思之士当寻其义例所在"(钱大昕《十驾斋养新录·说文连上篆字为句》)。例如钱大昕在古音学方面提出著名的"古无轻唇音"说、"舌音类隔之说不可信"说,至今依然有指示性的意义。在《考异》中,他也触处有所发明。如本书卷二十五《南齐书·高逸传》"道士与道人战儒墨,道人与道士辩是非"条,钱按:"六朝呼僧为道人。"接着他举《宋书·后废帝纪》:"晚至新安寺,就县度道人饮酒",及以下《庐陵王义真传》等十余条为例,最后总结道:"是'道人'即沙门别称,不通于羽士。此《传》云'道士与道人战儒墨',而《南史·陶贞白传》亦云'道人、道士并在门中,道人左、道士右'。则'道人'与'道士'之别较然矣。"钱氏既明此例,并运用于校勘。如《考异》卷二二《晋书·吕纂载记》"道士句摩罗耆婆"条,钱氏指出:"六朝人称僧为'道人',此'道士'当为'道人'之讹。"又如《考异》卷一二《后汉书·方术传下》"而逢长房为府君"条、《考异》卷二〇《晋书·礼志上》"于是追祭征西将军、豫章府君、颍川府君、京兆府君"条,钱氏指出,汉人称郡守曰府君。魏晋县令、相国掾、处士皆冒府君之称。自后士大夫叙述先世,遂以府君为通称。这对后人正确阅读古籍,深入理解文义,有很大的帮助。

史家当明史例、史法。若自乱其例法，自不免芜杂之讥。《考异》显示出钱大昕高深的史学修养。他对例法的揭橥，宜为后世修史者所深戒。《考异》卷五三《唐书·刘知幾传》"刘子玄，名知幾，以玄宗讳嫌，故以字行"条，钱按："列传名字之下，例书某州县人；其无考者，亦于传首言之。"接举卫伯玉数人传首言"史失其何所人"，或"亡乡里世系"之例。但刘知幾、元结、韩全义以下十数人，传首未书某州县人。《元结传》有《自释》一篇，《刘知幾传》有《家史》一篇，叙述族望乡里都很详备，传首不书可以。若韩全义以下诸人"乡里既无可考，当依卫伯玉诸传之例，方合史法"。

又如《考异》卷三五《南史·宋本纪上》"永初三年(422)，进江州刺史王弘卫将军、开府仪同三司"条，钱按："本纪书除免者，唯三公、尚书令、仆射、仪同三司，其余皆不书。此王弘以仪同三司，故特书。"但永初元年(420)左光禄大夫孔季恭，元嘉十六年(439)特进左光禄大夫王敬宏，大明七年(463)骠骑大将军柳元景，皆加仪同三司，钱氏设问："纪何以不书？此史例之可议者也。"史例、史法是修撰史书的规范，是前人经验的总结，遵守与否有高下、精粗之分。钱氏生当考据学极盛的乾嘉之世，对此尤其重视。

史家取材须谨严，不可以附会之说入史，这关系到史事真实性的问题。《考异》卷五六《唐书·方技传》："张憬藏。裴光庭当国，憬藏以纸大署'台'字投之。光庭曰：'吾既台司矣，尚何事？'后三日，贬台州刺史。"钱按："光庭以开元十七年(729)六月入相，二十一年(733)三月薨，初无贬斥之事。"并指出，这个故事出自《刘宾客嘉话录》，李绰《尚书故实》亦有类似记载。然两书所称实为张嘉贞，《新唐书》以裴光庭当之，是很大的错误。又考证，张嘉贞由中书令罢为幽州刺史，其后虽贬台州，去作相之日已很久。钱氏总结说："小说家附会之说，不尽足信。"

史事的真实性还表现在叙事之间要有照应，不可自相矛盾。《考异》卷五五《唐书·刘知谦传》："天佑初，始诏隐权节度留后，乃遣使者入朝，重赂朱全忠以自固。是岁，卢光稠死，子延昌自称刺史，为其下所杀，更推李图(《五代史》作李彦图)总州事。"以上述刘隐事。钱按："《五代史·南汉世家》，徐彦若卒，军中推隐为留后，据《昭宗纪》在天复元年(901)。天佑二年(905)，拜隐节度使。此传云天佑初，诏权节度留后者，误也。《昭宗纪》天佑元年(904)，虔州刺史卢光稠卒，衙将李图自称知州事，与此传云天佑初者相合。然却非刘隐权留后之岁，亦为矛盾。"钱又考《五代史·卢光稠传》，其卒在梁开平五年(911)。谭全播立其子延昌事之，延昌见杀，其将黎求自立，求死而李彦图始立。则《唐史》纪、传所书，皆不足据。钱谓："二史皆出于欧阳永叔，而自相刺谬如此！"欧阳修一代文宗，前后有失检照如此，此亦见修史良非易事。

《考异》"于天文、舆地、官制、氏族数大端，说之尤极精核"(阮元《三统术衍序》)。钱大昕有关舆地知识的考证，在《考异》全书中所占分量当属最多，涉及这一门类的许多方面，视其为一部历史地理名著亦不为过。《考异》卷十九《晋书·地理志上》"明帝以郗鉴为刺史，寄居广陵，置濮阳、济阴、高平、泰山等郡，后改为南兖州"条，钱按："晋南渡后侨置徐、兖、青诸州，俱不加'南'字。"直至刘宋永初受禅以后，始诏除"北"加"南"。沈约《宋书·州郡志》谓晋成帝立南兖州，寄治京口；时又立南青州及并州，这是据后来之名追称，不是当时有南兖、南青之名。《晋书·地理志》谓成帝后改南兖州，则自郗鉴以后领兖州刺史，纪、传一一可以查考，哪里有称南兖的？钱氏感慨道："盖唐初史臣误认宋代追称为晋时本号，著之正史，沿讹者千有余年，至予始觉其谬，愿读史者共审之！"

钱大昕在《考异》序中说："职官则沿革迭代，冗要逐时。欲其条理贯串，了如指掌，良非易事。"他指出唐代史臣尚弄不清晋代官制，遑论其余。如《考异》卷二一《晋书·王览传》"以览为宗正卿"条，钱按：汉以太常、光禄勋、卫尉、宗正、廷尉、太仆、大鸿胪、大司农、少府为九卿，而官名无"卿"字。魏、晋、宋、齐并因汉制。梁武帝增置十二卿，始于官名下系以"卿"字。今考晋史诸传间有称某卿者，如《王览传》"以览为宗正卿"，《何遵传》"迁太仆卿"，《卫瓘传》"转廷尉卿"，《司马允之传》"追赠太常卿"，《山涛传》"除太常卿"，《何攀传》"廷尉卿诸葛冲"，《挚虞传》"父模，魏太仆卿。虞为卫尉卿、太常卿"，《周浚传》"父斐，少府卿"，《卞敦传》"父俊，历位廷尉卿"，《谢安传》"父裒，太常卿"，《孙绰传》"转廷尉卿"，皆唐初史臣不谙官制，随意增加，非当时本称。

历史人物的谱系、氏族，既是史学的大端，而又极其纷纭复杂。史书有地理志、职官志专篇，"唯氏族略而不讲"（钱大昕《潜研堂文集·二十四史同姓名录序》）。尽管班固有《古今人表》，欧阳修有《宰相世系表》，或散而无纪，或偏而不全。钱氏有志撰写一部贯串全史的专门之作，但终因衰病而未能如愿。然钱氏《疑年录》之作实为开创性工作，后之踵继者不绝。《考异》中对人物世系、爵里、年齿有大量考证。《考异》卷一〇《后汉书·光武帝纪上》"高祖九世之孙也"条，钱按："纪、传所述世数，多不一例。此纪光武为高祖九世孙，自高祖至光武九世，实八世孙也。"世系差别即始封计算在内，或不在内，应该统一。钱氏主张依《刘永传》例，始封不计算在内。

《考异》卷九一《元史·宗室世系表》"镇南王帖木儿不花、威顺平王宽彻普化、宣让王帖木儿不花"条，钱按："此三人，《表》系于镇南王老章下，似皆老章之子。今据列传，则宽彻普化、帖木儿不花皆脱欢之子，与老章为昆弟。传又云，脱欢薨，子老章袭。老章薨，弟脱不花袭。（《表》所称镇南王帖木儿不花，即此。）脱不花薨，子孛罗不花幼，帖木儿不花乃嗣为镇南王。是此三人为老章之弟，承袭先后，次序井然。"陶宗仪《辍耕录》失载老章，但亦以帖木儿不花三人为脱欢之子。

清代学者能纯熟运用校勘的方法发现和改正史籍的讹误。阮元称钱大昕"于正史杂史无不讨寻，订千年未正之讹"（阮元《十驾斋养新录序》）。这说明他在史籍的校勘方面有过人之处。当时学者"专精者固多，兼擅者尚少"，钱氏校勘学的鲜明特点，即利用多方面的知识进行校勘，这不是一般人所能达到的境界。他出一校例，往往不是从一方面就下断语，而是能反复论证，使题无剩义。如《考异》卷十二《后汉书·郭太传》"初，太始至南州，过袁奉高，不宿而去；从叔度，累日不去。或以问太，太曰：'奉高之器，譬之泛滥，虽清而易挹。叔度之器，汪汪若千顷之陂，澄之不清，挠之不浊，不可量也。'已而果然，太以是名闻天下"条，钱校云："予初读此传，至此数行，疑其词句不伦。蔚宗避其父名，篇中前后，皆称'林宗'，即它传亦然。此独书其名，一疑也；且其事已载《黄宪传》，不当重出，二疑也；叔度书字而不书姓，三疑也；前云'于是名震京师'，此又云'以是名闻天下'，词意重沓，四疑也。后得闽中旧本，乃知此七十四字，本章怀注引《谢承书》之文，叔度不书姓者，蒙上'入汝南则交黄叔度'而言也。今本皆儳入正文，惟闽本不失其旧。"他从避讳、重出、行文通例和词意重沓等四个方面提出疑问,都是很精当的。最后又得旧本对校,乃成定论。时人称其"凡所校考,令人涣然冰释"。

避讳为中国特有之文化现象,乾嘉学者中,钱大昕《考异》以避讳知识解释疑难者尤多。如《考异》卷八三《辽史·道宗纪》"寿隆元年"条,钱按:"洪遵《泉志》载寿昌元宝钱,引李季兴《东北诸蕃枢要》云:'契丹主天祐,年号寿昌。'又引《北辽通书》云:'天祚即位,寿昌七年(1101)改元乾统。'"钱氏家藏《易州兴国寺碑》、《安德州灵岩寺碑》、《兴中府玉石观音像唱和诗碑》,都是寿昌中刻。《东都事略》附录:"绍圣三年改元寿昌。"(今刊本作"昌寿",误。)《文献通考》:"洪基在位四十七年,其纪元自咸雍改太康,又改大安,皆尽十年,然后为寿昌,至七年终。"以上二书均宋人所撰,也称寿昌,没有说寿隆的,可证寿隆乃寿昌之讹。辽人避讳是很严格的,如光禄改为崇禄,避太宗讳;女真改为女直,避兴宗讳。天祚名延禧,于是追改重熙年号为重和,对嫌名犹必回避如此,道宗为圣宗之孙,断无取圣宗讳纪元的道理。《辽史》的这一错误,不可不改正。

钱大昕于古九章算术,迄当代中西历法,无不了如指掌,其是非疑似,人不能明断当否者,皆确有定见,所以他能以历法知识正误。如《考异》卷二《史记·十二诸侯年表》中,"庚申,共和元年"条说:"史公以汉武太初元年(前104),岁在焉逢摄提格。据此上推,共和之元,不值庚申。且汉人言太岁百四十四年而超一辰,不皆依六十之序,故史公作表,有年岁而无干支。此《表》'庚申'、'甲子'、'甲戌'之类,盖徐广注,非《史记》本文。"

钱大昕称戴震"由声音文字以求训诂,由训诂以寻义理,实事求是,不偏主一家,亦不过骋其辩以排击前贤"(钱大昕《潜研堂文集·戴先生震传》)。其实这也是夫子自道。钱氏小学亦称大家,运用文字、音韵、训诂知识纠讹正谬,随处可见。《考异》卷八一《宋史·儒林传》"崔偓佺。臣闻刀用为角,(音榷。)两点为角,(音鹿。)一撇一点,俱不成字"。钱氏指出,"角"古音禄,《诗》,麟之"角",与"族"叶;谁谓雀无"角",与"屋"、"狱"叶。《广韵》:"甪,东方音。"即角徵之"角"也。后世转读如觉,唯《汉书》"角里"字,犹存古音,而俗人妄造加撇加点,或加两点,皆可笑之甚。由此可见,崔偓佺不过是一俗生,一时妄对。但史家不加辩证,而载入本传，益显鄙陋。钱氏斥之谓"自古未有不识字而通经者，即此一事，不当滥入《儒林》"。

钱大昕在金石学领域也堪称"古今金石学之冠"(王鸣盛《潜研堂金石跋尾序》)。他说："金石之学与经史相表里。欧(阳修)、赵(明诚)、洪(适)诸家涉猎正史，是正尤多。"(钱大昕《潜研堂文集·关中金石记序》)钱大昕把金石与考史相结合，较前辈诸家创获更多。《考异》卷八〇《宋史·曾三复传》"乾道六年(1170)进士"条，钱按："三复之子宏父刻《凤墅法帖》，其跋云：'梁文靖(克家)绍兴庚辰(1160)冠多士，乾道壬辰(1172)入相。南渡百年，以大魁秉钧，方见文靖。先君少师乃是年擢第，与留忠宣(正)俱为同年。'"详其文义，谓三复也是绍兴庚辰(1160)进士，与梁、留为同年。林大中也是绍兴三十年，即庚辰进士，所以与三复帖自称"年末"。《宋史·留正传》说"绍兴十三年进士"，实"三十"字颠倒。此传作乾道六年(1170)，尤其错误。推其原本，可能是误读《凤墅帖》，谓三复以乾道壬辰(1172)擢第，壬辰本乾道八年，又讹"八"为"六"。宋时进士，三年一举，常以辰、戌、丑、未年，乾道六年庚寅(1170)，不是科举之年。钱氏以法帖纠正了《宋史》曾三复本传的错误。

钱大昕以考据史家著称，然每有求全之责，说其不言义理。细绎《考异》全书，首先是体例要求，不为枝蔓之说；但亦时有精彩之论。《考异》卷十八《穆帝纪》"(永和)七年(351)八月，冉闵豫州牧张遇以许昌来降"条，钱氏指出：此时洛阳也入于晋。洛阳是晋的故都，以史法衡量，其得与失都应当大书于本纪。但《晋史》于永和七年(351)、太元九年(384)收复洛阳都略而不书，是轻重俱不得法。钱氏又详考洛阳旋失旋复，至刘宋受禅，犹在晋域。在事关国祚与正统的大节上，钱大昕发为高论："东晋君臣虽偏安江左，犹能卓然自立，不与刘、石通使。旧京虽失，旋亦收复，视南宋之称臣称侄，恬不为耻者，相去霄壤矣，讵可以清谈轻之哉！"

《考异》是一部宏伟的著作，以上絮絮叨叨都是抛砖引玉之词，相信读者自能品评其博大精深的内涵，领会乾嘉史学的真蕴。

陈文和

于扬州大学文学院

廿二史考异序

　　予弱冠时，好读乙部书，通籍以后，尤专斯业。自《史》、《汉》讫《金》、《元》，作者廿有二家，反复校勘，虽寒暑疾疢，未尝少辍，偶有所得，写于别纸。丁亥岁，乞假归里，稍编次之。岁有增益，卷帙滋多。戊戌，设教钟山，讲肆之暇，复加讨论，间与前人暗合者，削而去之；或得于同学启示，亦必标其姓名。郭象、何法盛之事，盖深耻之也。

　　夫史之难读久矣，司马温公撰《资治通鉴》成，惟王胜之借一读，它人读未尽十纸，已欠伸思睡矣。况廿二家之书，文字烦多，义例纷纠。舆地则今昔异名，侨置殊所；职官则沿革迭代，冗要逐时。欲其条理贯串，了如指掌，良非易事，以予佇劣，敢云有得？但涉猎既久，启悟遂多，著之铅椠，贤于博弈云尔。且夫史非一家之书，实千载之书，祛其疑，乃能坚其信；指其瑕，益以见其美。拾遗规过，匪为崎嵰前人，实以开导后学。而世之考古者，拾班、范之一言，摘沈、萧之数简，兼有竹素烂脱，豕虎传讹，易"斗分"作"升分"，更"子琳"为"惠琳"，乃出校书之陋，本非作者之愆，而皆文致小疵，目为大创，驰骋笔墨，夸曜凡庸，予所不能效也。更有空疏措大，辄以褒贬自任，强作聪明，妄生疒痏，不卟年代，不揆时势，强人以所难行，责人以所难受，陈义甚高，居心过刻，予尤不敢效也。桑榆景迫，学殖无成，惟有实事求是，护惜古人之苦心，可与海内共白。自知爇烛之光，必多罅漏，所冀有道君子，理而董之。庚子五月廿有二日，嘉定钱大昕序。

目　录

卷六　汉书一

卷七　汉书二

卷八　汉书三

卷九　汉书四

卷十　后汉书一

卷十一　后汉书二

卷十二　后汉书三

卷十三　续汉书一

卷十四　续汉书二

卷十五　三国志一

魏

卷十六　三国志二

蜀

卷十七　三国志三

吴

卷十八　晋书一

卷二十五 南齐书

卷二十六 梁书

卷二十七 陈书

卷二十八 魏书一

卷二十九　魏书二

卷三十　魏书三

卷三十一　北齐书

卷三十二　周书

卷三十三　隋书一

卷三十四　隋书二

卷三十五　南史一

卷三十六　南史二

卷三十七　南史三

卷三十八　北史一

卷三十九　北史二

卷四十三　唐书三

卷四十四　唐书四

卷四十五　唐书五

卷四十六　唐书六

卷四十七　唐书七

卷四十八　唐书八

卷四十九　唐书九

卷五十　唐书十

卷六十　旧唐书四

卷六十一　五代史一

卷六十二 五代史二

卷六十三 五代史三

卷六十四 五代史四

卷八十五　金史二

卷八十六　元史一

卷八十七　元史二

卷八十八　元史三

卷九十五　元史十

卷九十六　元史十一

卷九十七　元史十二

卷一百 元史十五

附录一 三史拾遗

卷一 史记

卷二 汉书

附录二 诸史拾遗

卷一

魏志 太祖纪（1217） 文帝纪（1217） 三少帝纪（1217） 袁绍传（1217） 刘表传（1218） 公孙瓒传（1218） 王肃传（1218） 张既传（1218） 杜畿传（1219） 张辽传（1219） 李通传（1219） 任城王彰传（1219） 王粲传（1219） 和洽传（1219） 赵俨传（1220） 牵招传（1220） 郭淮传（1220） 毋丘俭传（1220） 邓艾传（1220） 杜夔传（1220） 鲜卑传（1221） **蜀志** 诸葛亮传（1221） 刘巴传（1221） 刘封传（1221） 杨戏传（1221） **吴志** 孙策传（1222） 孙皓传（1222） 刘繇传（1222） 孙辅传（1222） 张昭传（1223） 步骘传（1223） 凌统传（1223） 丁奉传（1223） 朱然传（1223） 钟离牧传（1224） 是仪胡综传（1224） 濮阳兴传（1224） **晋书** 元帝纪（1224） 康帝纪（1225） 穆帝纪（1225） 地理志（1225） 律历志（1226） 张载传（1226） 和峤传（1227） 王舒传（1227） 谢琰传（1227） 王羲之传（1227） 诸葛长民传（1227） 外戚传（1228） 桓温传（1228） 王弥传（1228） 石勒载记（1228） 修晋书诏（1228）

卷二

宋书 天文志（1230） 朱龄石传（1230） 谢灵运传（1230） 宋志五等封国考（1231） **南齐书**（1234） **梁书** 朱异传（1234） **陈书** 鲁悉达传（1235） **魏书** 高祖纪（1235） **南史** 吕僧珍传（1235） 寻阳王大心传（1235） 徐嗣伯传（1235） **北史** 叙传（1236） **唐书** 懿宗纪（1236） 地理志（1236） 艺文志（1237） 方镇表（1237） 宗室世系表（1237） 宰相世系表（1238） 十一宗诸子（1239） 辛云京传（1242） 刘禹锡传（1242） 唐书逆臣列传第二百五十下（1242） 新唐书释音序（1244）

卷三

五代史 南平世家（1245） 梁太祖使相二十七人（1245） 末帝使

廿二史考异卷一

史记一

卷首题:宋中郎外兵曹参军裴骃集解。 按:《索隐》序称"外兵参军",后序称"外兵郎",互有不同。考《隋书·经籍志》:"《史记》八十卷,宋南中郎外兵参军裴骃撰。"又《宋书》、《南史》本传俱云:"南中郎参军。"盖龙驹为南中郎府之外兵参军。宋、齐之世,四中郎将皆以皇子为之,得开府置官属。"外兵",其一曹也。"南中郎"者,所仕府之名。"外兵"者,所署曹之名。"参军"则其职也。"中郎"之上,当有"南"字。《索隐》后序称"外兵郎",则误甚矣。

五帝本纪

幼而徇齐。《索隐》云:《大戴礼》作"叡齐",一本作"慧齐"。 今《大戴礼》作"彗",盖"慧"之省。

其色郁郁。其德嶷嶷。《索隐》云:《大戴礼》"郁"作"神","嶷"作"俟"。 今《大戴礼》亦作"郁郁"、"嶷嶷",与小司马所见本不同,盖后人据《史记》转改。

东至于蟠木。 予谓"蟠木"者,"扶木"也。《吕览·为欲篇》:"西至流沙,东至扶木。"又《求人篇》:"禹东至榑木之地。"《说文》:"榑桑神木,日所出也。""榑"与"扶"通,"扶木"即"扶桑",古音"扶"如"酺",声转为"蟠"也。《汉书·天文志》"奢"为"扶"。郑氏云:"扶当为蟠。"

便程东作。 "程"、"秩"声相近,《诗》"秩秩大猷",《说文》作"𥟗𥟗"。"程"从"呈"声,"𥟗"从"戜","戜"亦从"呈"声,故"程"、"𥟗"俱与"秩"通也。《说文》引书作"平𥟗"。

便程南讹。 《索隐》、《正义》本皆作"为"字。

试不可用而已。 《尚书》云:"试可乃已。"古人语急,以"不可"为"可"也。古《经》简质,得史公而义益明。

嗟四岳。 《尚书》"嗟"为"咨","咨"、"嗟"声相近。

舜饬下二女于妫汭。《索隐》云："二女长曰娥皇,次曰女英。《系本》作'女莹'。《大戴礼》作'女匽'。"　"莹"、"匽"皆"英"之转。

归至于祖祢庙。　《说文》无"祢"字。祢者,尔也。"考"于七庙为最近,故称"尔",后人因加"示"旁。《尚书》作"艺祖"。马融云："艺,祢也。"盖用史公说,"艺"、"祢"音亦相近。

遍告以言。　古音"敷"如"布","遍"、"布"声相近。"奏"、"告"亦声之转也,"奏"属齿音,"告"属牙音,均为出声,故亦得相转。

尧二女不敢以贵骄事舜亲戚。《正义》云："亲戚,谓父瞽叟、后母、弟象、妹颗首等也。"　古人称父母为"亲戚"。《大戴记·曾子疾病篇》："亲戚既没,虽欲孝,谁为孝。"《孟子·尽心篇》："人莫大焉亡亲戚、君臣、上下。"《楚世家》"楚人皆怜之,如悲亲戚",犹言"如丧考妣"也。《孟尝君列传》"使使存问,献遗其亲戚",亦谓其父母也。《正义》兼弟妹言之,非史公之旨。

谁能驯予工。　"驯"与"顺"同,《易·坤初·象传》："驯致其道,至坚冰也。"其文言曰："履霜坚冰至,盖言顺也。"可证"顺"即"驯"字。《尚书》："畴若予工","若"训"顺",故史公以"驯"代"若"。

教稺子。注:《尚书》作"胄子"。孔安国曰："稺、胄声相近。"　按:"稺"、"胄"声相近,乃裴氏说,非孔安国注也。"曰"下当有脱文。

朕畏忌谗说殄伪。徐广曰："一云齐说殄行。"　《尚书》云："朕聖谗说殄行。"《孔传》训"聖"为"疾","疾"、"齐"声相近,故又作"齐"也。"伪",读如"平秩南伪"之"伪"。"南伪",见《汉书·王莽传》。"伪"即"为"字,行、为声相近。

惟时相天事。　按:《释诂》"亮"、"相"皆训"导",故变"亮"言"相"。《正义》训"相"为"视",失之。

息慎。注:郑玄曰："息慎,或谓肃慎。"　"息"、"肃"声相近。

顾弟弗深考。注:徐广曰："弟,但也。"　"弟"、"但"声相近,俗书"弟但"字作"弟","次弟"字作"第",皆不合六书之旨。

夏本纪

鲧之父曰帝颛顼。　《索隐》据《汉书·律历志》"颛顼五代而生鲧",证鲧非黄帝之子。予考《山海经》,黄帝生骆明,骆明生白马,白马是为鲧，鲧生禹。《山经》所云黄帝，当是颛顼之讹，然亦无五世。

亹亹穆穆。 司马相如《封禅文》："旼旼穆穆，君子之能。""旼旼"，即"亹亹"也。古音"亹"如"门"，与"旼"相近，"旼"即"旻"字。

济、河维沇州。 沇州本以沇水得名，《尚书》作"兖州"，由隶变立"水"为横"水"在上，又误"三"为"六"耳。

汶、嶓既艺。《正义》云：《括地志》云："岷山在岷州溢洛南一里。"①"洛"当作"乐"。《唐书·地理志》："岷州溢乐县有岷山。"

益让帝禹之子启。 史公书于汉讳皆回避，如"恒山"作"常山"，"微子启"作"微子开"，"盈数"作"满数"是也。亦有不尽然者，《周本纪》"邦内甸服，邦外侯服"，《封禅书》"五岳皆在天子之邦"，犯高帝讳。《殷本纪》"盈钜桥之粟"，《乐书》"盈而不持则倾"，《晋世家》"万，盈数也，以从盈数"，《春申君列传》"盈满海内"，犯惠帝讳。《天官书》"壬癸，恒山以北"，"恒山之北，气下黑上青"，《封禅书》"北岳，恒山也"，"至琅邪过恒山"，《田齐世家》"以为非恒人"，《张仪传》"献恒山之尾五城"，犯文帝讳。《夏本纪》"益让帝禹之子启"，"禹子启贤"，"诸侯皆去益而朝启"，"启遂即天子位，是为夏后帝启"，《殷本纪》"帝乙长子曰微子启，启母贱，不得嗣"，《孝文本纪》"夏启以光"，《燕世家》"禹荐益，已而以启人为吏。及老，而以启为不足任乎天下"，"启与交党攻益，夺之"，犯景帝讳。此非史之驳文，后人以意改易耳。若吕后讳"雉"，而《殷本纪》、《封禅书》不避"雉"字，或史公本文如此，盖吕氏倾危社稷，史臣未必为避讳也。《宋史·礼志》：绍兴二年，礼部、太常寺言："汉法：邦之字曰国，盈之字曰满，止是读曰国、曰满，本字见于经传者，未尝改易。"司马迁作《史记》曰："先王之制，邦内畿服，邦外侯服。"又曰："盈而不持则倾。"于"邦"字、"盈"字亦不改易。此说未然。

注："张敖《地理记》曰：'济南平寿县，其地即古斟寻国。'" "济南"当作"北海"。张敖，未详何代人。

斟氏戈氏。《索隐》本作"斟戈氏"，即斟灌也。"戈"、"灌"声相近，上"氏"字衍。

殷本纪

予其大理女。注：《尚书》"理"字作"赉"。 "理"、"赉"声相近。

《诗》"釐尔圭瓒",郑康成引作"赉"。"釐"、"理"义亦通也。

至于泰卷陶。《索隐》云:邹诞生"卷"作"饷",[②]又作"泂",则"卷"当为"坰"。　"卷"、"坰"声相近,"泰"与"大"古文通。

大最乐戏于沙丘。注:徐广曰:"最"一作"聚"。　"最"当作"冣"。《说文》"冣,积也",音与"聚"同。《功臣表》注:"孔子文生最。"《说文》以"最"为积聚字。此"最"字亦"冣"字之讹。

纣走,入登鹿台。注:徐广曰:"鹿"一作"廪"。　"廪"、"鹿"声相近。

周本纪

子公叔祖类立。《索隐》云:"《系本》云:'太公组绀诸盩。'"　"盩"当作"盭",音"戾","盭"、"类"声相近也。盭,绿色;绀,青赤色,与绿相似,故又云"组绀"。

两造具备。注:徐广曰:"造"一作"遭"。　"两遭"犹言"两曹"。《说文》:"曹,狱之两曹也。"

孔子卒。　按:周、秦二《本纪》,鲁、燕、陈、卫、晋诸《世家》皆书孔子卒,而吴、齐、蔡、宋、楚《世家》则不书。夫孔子鲁人也,其卒宜书于《鲁世家》。孔子有东周之志,孔子卒,而周不复兴矣,以其卒之系于周,则书于《周本纪》亦宜也。若秦、若卫、若陈、若晋与燕,于孔子何与?而亦书孔子之卒也。或曰:孔子之卒,史迁为天下惜之,故不独于鲁书。若然,则十二国宜皆书,何为而有书有不书也?且孔子之先,宋人也,齐、楚与蔡,孔子尝至其国焉,视秦、晋、燕之从未一至者有间矣。何为乎宜书而反不书也?

周太史儋见秦献公曰:"始周与秦国合而别,别五百载复合,合十七岁,而霸王者出焉。"　按:此语《周本纪》载之,《秦本纪》载之,《封禅书》、《老子列传》又载之,盖重出者四矣。《秦本纪》作"七十七岁",《老子列传》作"七十岁",皆传写之讹,《索隐》、《正义》于《周本纪》、《封禅书》皆有注可证。

子赧王延立。《索隐》云:《尚书中候》以"赧"为"然",郑玄云:"然"读曰"赧"。王邵案:"古音人扇反,今音奴板反。"《说文》:"赧,从赤,皮声。"皮,柔皮也,读如软。故古读"赧"为人扇切。

王赧时，东、西周分治。　"赧"非王名，当云"赧王"。

韩征甲与粟于东周。　《战国策》以为"西周"。

秦本纪

我不杀戎王，则不敢入邑。　据此，则周未东迁之日，戎已僭王号，如"徐偃王"、"楚句亶王"、"鄂王"、"越章王"之类也，其后有"亳王"、"义渠王"、"獂王"，皆戎种。

以女弟缪嬴为丰王妻。　丰王未详，闽本作"幽王"，幽、丰字形相近，然幽王妻申后非缪嬴。

臣常游困于齐，而乞食铚人。　注：徐广曰："铚，一作铚。"《正义》云："铚，地名，在沛县。"　予谓沛非齐地。

庶长改迎灵公之子献公于河西而立之。杀出子及其母，沈之渊旁。　《吕氏春秋·当赏篇》："秦小主、夫人用奄变，群贤不说自匿。公子连亡在魏，闻之，欲入。从郑所之塞，右主然守塞，弗入曰：'臣有义不两主，公子勉去矣。'公子连去入翟，从焉氏塞，菌改入之。夫人闻之大骇，令吏兴卒，中道因变曰：'非击寇也，迎主君也。'公子连因与卒俱来，至雍，围夫人。夫人自杀，公子连立，是为献公。"不韦言秦事必可信，小主者，即出子。菌改者，庶长改也。《吕氏》言献公名"连"，而《索隐》云名"师隰"，未知所本。

与齐威、楚宣、魏惠、燕悼、韩哀、赵成侯并。　据《六国表》，秦孝公元年，当齐威十八年，楚宣九年，魏惠十年，燕文公元年，韩壮侯十年，《世家》作懿公。赵成侯十四年。此云燕悼、韩哀，误也。《正义》读"并"为白浪反，属下"淮、泗之间"为句，亦非。

与晋战雁门。《索隐》云：《纪年》云"与魏战岸门"，此云"雁门"，恐声误也。秦与韩、魏战，不当远至雁门。　按："岸"、"雁"声相近，故"岸门"亦作"雁门"，非谓代之雁门也。

樗里疾攻魏焦，降之。　樗里疾即樗里子也，《说文》"樗"作"檴"。

庶长疾攻赵，虏赵将军庄。　《樗里子传》："虏赵将军庄豹。"

攻韩南郡，取之。　《六国表》作"南阳"。按：战国之际，韩、魏皆有南阳，魏之南阳，即河内之修武。《左氏传》"晋于是始启南阳"是也。韩之南阳，即秦、汉南阳郡也，但秦昭王三十五年已置南阳郡，而此又云攻韩取之,亦似可疑。若江陵之南郡,则楚地,非韩地也。

秦始皇本纪

嫪毐封为长信侯。《索隐》云:"案《汉书》,嫪氏出邯郸。王劭云:'贾侍中说秦始皇母予<small>即"与"字。</small>嫪毐淫,坐诛,故世人骂淫曰嫪毐也。'" 按:"贾侍中说"以下,出许叔重《说文》,其所引《汉书》,则班氏无此文,当是《汉书》注也。《南越传》:"婴齐取邯郸摎氏女。"《索隐》云:"摎,音纪虬反,摎姓出邯郸。"此"嫪"字,《正义》亦音纪虬反,盖"摎"、"嫪"古文通用,今人读"嫪"为郎到切,非也。

九年。《正义》云:"穆帝永和八年,石勒为慕容俊所灭。" "俊"与"儁"同。是岁,儁灭冉闵,非石勒也。

梁传至天正二年,侯景破梁,至广陵。 按:侯景废简文帝,而立豫章王栋,改元天正,是年,景即篡位。明年,景死,而传国玺入于齐,则天正无"二年"也。此云"天正二年",盖据北齐纪载之文,削侯景之年,亦不用"承圣"号也。

搏心揖志。《索隐》云:"搏",古"専"字。《左传》云:"如琴瑟之专壹。"[③] "搏"当作"嫥"。《说文》:"嫥,壹也。"俗本"搏"作"搏",尤误。揖,古"辑"字,《书》"辑五瑞",《史记》亦作"揖"。

北过大夏。《正义》云:"杜预云:'大夏,太原晋阳县。'案:在今并州。" 予谓《正义》说非也。始皇立石,夸声教之远,岂近取晋阳之地乎?《周书·王会解》"正北空同、大夏",《大宛传》"张骞从月氏至大夏",即其地也。

别黑白而定一尊。 《李斯传》"别"作"辨"。古书"辨"与"别"通。《周礼·小宰》"听称责以傅别",故书作"傅辨"。

异取以为高。 《李斯传》作"异趣"。

虽万世世不轶毁。《正义》云:"轶,徒结反。" "轶"与"迭"同。古书"轶"、"迭"二字多通用,《左氏传》:"彼徒我车,惧其侵轶我也。"《释文》:"轶,直结反,读如迭。"成十三年"迭我殽地",亦侵轶之义。《封禅书》"轶兴轶衰",《汉书》作"迭兴迭衰"。

饭土塯,啜土形。 《李斯传》"塯"作"匦","形"作"铏"。古文"簋"与"匦"同,读若"九",与"塯"音相近。《太史公自序》"形"作"刑",

"瑠"亦作"篃"。徐广注云："一作溜。"《说文》无"瑠"字，则此文当为"溜"也。

子婴为秦王四十六日。　《李斯传》："子婴立三月。"

项羽本纪

项梁使沛公及项羽别攻城阳。　"城阳"当作"成阳"，县名，属济阴郡，非齐之城阳国也。

谁为大王为此计者。　此时沛公未为汉王，盖臣下尊之之称，项羽亦未自王，故沛公呼为"将军"，而范增、项庄已称为"君王"，樊哙、张良亦称为"大王"，史亦屡书"项王"，皆据当时相尊之词。

乌江亭长檥船待。　"檥"当从邹氏本作"样"，"样"与"漾"同。

高祖本纪

秦泗川监平。注："文颖曰：'泗川，今沛郡也。'"　按：《曹参世家》、《樊哙》、《周昌传》俱作"泗水"。《汉书·地理志》："沛郡，秦泗水郡。"而《本纪》亦作"泗川"。

别攻城阳，屠之。　"城"当作"成"，即下文所谓"至成阳与杠里"者也。

至成阳与杠里。《索隐》云：成阳，县名，在济阴。韦昭云"在颍川"，非也。　按：成阳，《汉书》作"阳城"，故韦昭以颍川之阳城当之，当从《史记》作"成阳"为是。

高祖已击布军会甀。注：案《汉书音义》："会音侩保，邑名。甀音直伪反。"《索隐》云：《汉书》"甀"作"缶"，音保，非也。　按：《汉志》沛郡蕲县有甀乡，高祖破黥布，师古音"甀"为直恚反，即此会甀也。隶书"垂"似"缶"，故《汉书·高帝纪》讹为"缶"字。孟康读"会"为"侩保"之"侩"，非读"甀"为"保"。小颜未达孟义，妄有訾謷，小司马又承颜之谬而不察尔。

吕后本纪

得定陶戚姬。注：如淳曰："姬音怡，众妾之总称也。"《索隐》云：如淳音非也。姬，周之姓，天子之宗女贵于它姓，故遂以"姬"为妇人美

号。　予谓"姬"从"臣"声,"姬妾"字读如怡,乃是正音。六朝人称妾母为"姨",字易而音不殊,与"姬"姓读如"基"者有别。如淳去古未远,当有所受。小颜、小司马辈辄非之,误矣。

宁蚤自财。　"财"与"裁"同,悔不早自引决也。《汉书·高五王传》"财"作"贼",小颜训为"害",义亦通。

更名梁曰吕,吕曰济川。　按:吕后二年,割齐之济南郡为吕王奉邑,及吕产徙王梁地,改吕国曰济川,以王孝惠之子,则济川即济南也。诸吕既诛,先徙济川王于梁,乃告齐王,令罢兵,盖仍以济南还齐矣。

孝文本纪

古者殷、周有国,治安皆千余岁。　按:殷、周有天下,皆不及千岁。云"千余岁"者,并稷、卨受封之年计之。《汉书》作"且千岁"。

子某最长。　按:《高帝纪》书文帝名,《景帝纪》书武帝名,此称"某",例亦不一。

孝景本纪

二年春,封故相国萧何孙係为武陵侯。　《表》作"武阳",其名"嘉",非"係"也。

三年,立楚元王子平陆侯刘礼为楚王。《正义》云:"应劭云:平陆,西河县。"　按:东平国有东平陆县,此刘礼所封邑也。《水经注》据《陈留风俗传》,以尉氏之陵树乡故平陆县指为刘礼所封者,失之。若应劭、韦昭辈以为西河之平陆,则谬甚矣。

五年五月丁卯,封长公主子蟜为隆虑侯。　按:《年表》:"中元五年五月丁丑,隆虑侯蟜元年。"徐广据《本纪》以证《表》之非。予考《功臣表》,隆虑侯周通,以中元元年有罪国除,则蟜之封隆虑,必在中元年以后。《纪》书于前五年者,非矣。《汉书·年表》:"景帝中五年,隆虑侯融,以长公主子侯;二十九年,坐母丧未除服奸,自杀。"馆陶公主卒于元鼎元年,距孝景中五年正二十九岁。又足证《史记》之《表》是而《纪》非也,"融"与"蟜"字形相涉而讹。

六年春,封赵丞相嘉为江陵侯。　《表》作"江阳"。

中元年,封故御史大夫周苛孙平为绳侯。　据《表》,是年,封周成孙应,乃苟之曾孙也。平则嗣应为侯者。徐广云"平,一作应",近之。

中六年,城阳共王薨,《正义》云:"城阳,今濮州雷泽县,古成阳也。" 按:城阳国治莒,《汉志》谓"文帝二年别为国"者是也。濮州之成阳,汉时属济阴郡,乃梁地,非齐地,且"成"、"城"字异,《正义》说非是。

《孝武本纪》。 张晏云:"此《纪》褚先生补作。"予谓少孙补史,皆取史公所阙,意虽浅近,词无雷同,未有移甲以当乙者也。或魏晋以后,少孙补篇亦亡,乡里妄人取此以足其数尔。《秦始皇本纪》末有"汉明帝十七年十月"云云,《平津侯传》末有"太皇太后诏大司徒大司空"云云,《司马相如传》赞有"扬雄以为靡丽之赋,劝百风一"云云,皆魏、晋以后人窜入。

有司与太史公、祠官宽舒等议。 按:《封禅书》两称"太史公",与"祠官宽舒"连文,而不著名,为其父讳也。是年郊雍,为元鼎四年。其明年冬至郊拜泰一,皆谈为太史公时事。谈以元封元年卒,卒后,迁始继之。《汉志》称谈名,得其实矣。以"太史公"为"太史令",则据后官制追改之。

与王不相中得。 "得"字衍。

不虞不骜。 古文"虞"与"吴"通,汉碑亦有"不虞不扬"之文。今《封禅书》作"不吴",乃后人据《毛诗》私改。

黄帝得宝鼎宛侯。 《封禅书》作"宛朐",宛朐盖地名,济阴郡冤句县是也。《汉志》作"冤侯","冤"即"冤"之讹,"侯"、"句"音相近。

校勘记

① 据中华书局本《史记正义》,"溢洛"下当有"县"字。
② 据中华书局本《史记索隐》,"饷"当作"垌"。
③ 据中华书局本《史记索隐》,"専壹"当作"搏壹"。

廿二史考异卷二

史记二

三代世表

抱之山中。注："抱，音普茅反。""抱"，读为"抛"。《说文》无"抛"字，徐氏新附有之，从"九"、从"力"，于义无取，盖即"抛"之讹。

十二诸侯年表

人事浃。"浃"与"匝"同。

庚申，共和元年。史公以汉武太初元年，岁在焉逢摄提格。据此上推，共和之元，不值庚申。且汉人言太岁百四十四年而超一辰，不皆依六十之序，故史公作表，有年岁而无干支。此《表》"庚申"、"甲子"、"甲戌"之类，盖徐广注，非《史记》本文。

周襄王十四年，叔带复归于周。《本纪》在十二年。

鲁孝公称元年，伯御立为君，称为诸公子，十一年，周宣王诛伯御，立其弟称，是为孝公。按：《鲁世家》，伯御即位十一年，周宣王伐鲁，杀其君伯御，立称，是为孝公。二十七年，孝公卒。《汉书·律历志》：伯御即位十一年，孝公即位二十七年，与《世家》合。《表》乃以伯御之元年，即为孝公之元年，故孝公有三十八年，失其实矣。

鲁庄公三十二年，庄公弟叔牙鸩死，子般，季友奔陈。"子般"上下皆当有脱文。

齐灵公二十七年，晋围临淄，晏婴大破之。按：《齐世家》，灵公走入临菑，晏婴止灵公，灵公弗从。此文当有脱误。

晋厉公寿曼。《春秋》"晋弑其君州蒲"，即厉公也。"蒲"乃"满"之讹，"曼"、"满"声相近。古书"酬酢"字，或作"醻"，是"寿"与"州"通。

卫文公二十三年，重耳从齐过，无礼。《世家》在十六年。

卫殇公狄。　《世家》作"秋","秋"、"狄"皆"燊"之讹。《汉书·古今人表》作"燊",《春秋》作"剽","剽"、"燊"音相近。

卫君起元年,石傅逐起出。《索隐》云"傅"音"圃",或作"尃",音"敷"。　《左传》作"石圃","圃"、"傅"相近,"傅"盖"傅"之讹。"尃"亦当为"尃"。

《六国表》。　《十二诸侯年表》始于共和,共和以前,则《三代世表》纪之,终于周敬王四十三年。孔子殁后二年,故序云"自共和讫孔子"。其时惟陈、曹先亡耳,史公以《六国表》继之,晋、卫附于魏,郑附于韩,鲁、蔡附于楚,宋附于齐,各述其后事,以续前表,文简而法密矣。三家分晋,魏得晋之故都,故魏人自称"晋国"。《孟子》书梁惠王、周霄,皆云"晋国"。而韩、赵则否,史公以晋附魏,盖以此。

汤起于亳。注:"徐广曰:京兆杜县有亳亭。"　按:《殷本纪》:"汤始居亳。"皇甫谧曰:"梁国谷熟为南亳,汤所都也。"《书》:"立政有三亳。"说者以为汤始居南亳,在宋州谷熟县西南,后徙西亳,即河南偃师县。而景亳,汤所盟地,则宋州北五十里大蒙城是也。三亳非一地,要非京兆之亳亭,明矣。《秦本纪》:"宁公二年,遣兵伐荡社。三年,与亳战,亳王奔戎,遂灭荡社。"徐广云:"荡"一作"汤","社"一作"杜"。皇甫谧以为"亳王号汤,西夷之国"。又云:"周桓王时,自有亳王号汤,非殷也。"《封禅书》于杜、亳有三杜王之祠,亦指此。盖京兆之亳,乃戎王号汤者之邑,而徐广以为殷汤所起,其不然乎。然此篇称"作事者必于东南,收功实者常于西北",乃述禹兴西羌,周始丰镐,而及于汤之起亳,则史公固以关中之亳为汤之亳矣。

魏献子、韩宣子、赵简子。　《表》始于周元王元年,即晋定公三十六年也。魏献子舒以鲁定公元年卒,韩宣子起之卒,当更在其前,安得此时尚存乎？三家分晋,唯赵氏最强,世次分明,故于《表》首著简子四十二年,而魏、韩阙之。盖魏自文侯、韩自武子以后,年数乃可表也。后人妄益"献子"、"宣子"字于魏、韩下,失史公之旨矣。《春秋传》魏舒之后,有魏曼多。《世家》作"魏侈",侈谥襄子,见《世本》。此与赵简子同时者,当是魏侈也。《春秋传》韩起之后,有韩不信,谥简子。而《世家》言宣子之后,有贞子、简子、庄子,未审当是何人。

魏文侯二十五年,太子䓨生。　䓨为子击之子,不当云"太子"。

齐威王六年，晋伐到鱄陵。《索隐》云："刘氏：鱄音属沈反。""沈"当为"沇"之讹。"鱄陵"，《世家》作"博陵"。

赵成侯六年，败魏涿泽。 《魏》《齐世家》并作"浊泽"。古文"浊"、"涿"通，《五帝本纪》"涿鹿"或作"浊鹿"。

秦昭王二年，桑君为乱，诛。 按：《秦本纪》："庶长壮与大臣、诸侯、公子为逆，皆诛。""桑"与"壮"音相近。《穰侯传》"诛季君之乱"，亦指桑君也。

魏安釐王十一年，秦拔我廪丘。注：徐广曰："或作邢丘。" 按：《秦本纪》亦作"邢丘"，当以"邢"为是。

秦楚之际月表

楚项。 别"项"于"楚"者，义帝虽项氏所立，羽不为义帝用也。且项梁与沛公起兵，皆在陈涉未败之前，其后权奉义帝，不得竟系于楚。

汉。 《表》列汉于赵、齐之下，燕、魏、韩之上，赵、齐强也；赵先于齐者，据起之先后也。

秦二世元年。 自是年七月以后，诸侯以起兵之月为始，以次数之：项梁十三月，籍十七月，赵歇二十六月，田市十九月，沛公二十九月，韩广三十月，魏豹十八月，韩成二十一月，皆计月不计年也。义帝元年以后，诸侯以始封之月为一月，数至十二月，即称二年一月，如韩王信之三年一月，即楚四年十月；英布之二年一月，即汉五年七月；而汉王独称正月者，别于诸侯也。赵歇、田市、韩广、魏豹、韩成皆称王已久，则仍前之月数之，而不计其年。歇终四十八月，市终二十四月，广终三十七月，豹终三十八月，成终二十七月，前后义例已为不伦。临江王共敖与十八王同时封，独不称二年一月，仍称十三月，敖终于三十一月，敖子骧终于十六月，又何说也。

汉兴以来诸侯年表

汉独有三河、东郡、颍川、南阳，自江陵以西至蜀，北自云中至陇西，与内史，凡十五郡。 "十五郡"谓河东、河南、河内、东郡、颍川、南阳、南郡、即江陵。汉中、巴郡、蜀郡、陇西、北地、上郡、云中并内史也。

五原郡元朔二年始置,故不数。

怵邪臣计。《索隐》云:"怵音誓,怵训习。""怵"当作"忕",传写之讹。

故齐分为七,赵分为六,梁分为五,淮南分为三。 按:此《表》凡二十六格,高祖始封同姓九国,并齐、赵、梁、淮南析置十七国,益以长沙,当为二十七格。今检《表》,齐之下为六格,赵之下为五格,梁之下止三格。以济阴附于淮阳之后,梁与淮阳地本相接也。楚之下为二格,鲁、泗水本楚地,衡山、淮南所分,亦楚故地也。庐江亦淮南所分,乃列于赵之下,与清河为一格,似失其伦矣。

高帝四年,初王武王英布元年。 "武王"二字衍,布已诛死,安得有谥?

高后元年,初置吕国。 按:吕国以齐之济南郡置,当在"齐"之下,与"济南"为一行,今列于"梁"之下,误也。

孝文前元年,分为河间,都洛城。 "洛城"当为"乐城",监本作"洛阳",尤误。

十五年,分为胶西,都宛。注:徐广曰:"乐安有宛县。""宛"上当有"高"字。

孝景前元年,初置临江,都江都。 当作"都江陵"。

四年,初王元年,是为孝武帝。 "是为孝武帝"五字,后人所增入也。考:孝文封代王,《表》直书其名,而云"高祖子"。此亦当书名,而云"景帝子"。

中二年,初置清河,都济阳。 "济阳"当作"清阳"。《汉书·地理志》"清河郡清阳县",注云"王都",是其证也。

孝武建元元年。 "孝武"二字,亦后人所增。

元鼎三年,初置泗水,都郯。 按:《汉志》泗水国领三县,凌也,泗阳也,于也。郯为东海郡治,不当割为泗水国都。

高祖功臣侯者年表

百年之间,见侯五。《正义》云:"谓平阳侯曹宗、曲周侯郦终根、阳河王氏本、南监本并作"杨阿"。侯齐王本、监本作"卞"。仁、戴侯秘蒙、王本、监本作"秋家",误。谷陵侯冯王本、监本作"韩",误。偃也"。 按:史公作

《表》,终于太初,平阳、曲周、阳河、戴四侯之免,皆在太初以后,故尚在见侯之数也。江邹侯靳石以改封,不与五人之列,然曲周侯终根,其时已改封缪,阳河侯仁其时亦改封埠山矣。是太初之世,不止见侯五也。阳河侯据《汉表》乃其石之后,"齐"其谥,非姓也,《正义》称"齐仁",似误。

太初元年,尽后元二年,十八。 按:《惠景间侯者年表》《建元以来侯者年表》末一格,只云太初以后,不计年数,此《表》亦当如此。盖史公纪事,止于天汉,不及见孝武之崩也,此后人所增改。

阳陵,《索隐》云:"阳陵属冯翊。" 按:冯翊之阳陵,景帝陵也。汉制,陵县属太常,元帝始分属三辅,不以封诸侯。<small>平陵侯苏建、平陵侯范明友封国在南阳武当县,非昭帝所葬之平陵。</small>《汉志》:"阳陵,故弋阳,景帝更名。"则高帝时尚无"阳陵"之名,《楚汉春秋》作"阴陵",近之。

广严。《索隐》云:"《晋书·地道记》:'广县在东莞。'严,谥也。下又云'壮',班、马二史并误。" 按:"严"字衍文。小司马以"严"为谥,即下文所云"壮侯"也。"壮"当为"庄",班氏避讳作"严",非有误也。后人又误会班《史》,增"严"于"广"字之下,亦非史公之误。《汉志》,齐郡有广县。

郦侯吕台,孝惠七年有罪。 按:《汉书·外戚侯表》无吕台"有罪罢免"之文。

胡陵侯吕禄。 《汉表》作"汉阳"。

留。言上张旗志,秦王恐,降。 "志",古文"识"字。旗志者,旗帜也。《说文》无"帜"字。<small>徐氏新附有之。</small>"帜"取"表识"之义,亦当作"识"。《史》《汉》多古字,故为"志"耳。《张苍列传》:"沛公以周昌为职志。"徐广云:"主旗帜之属。"叔孙通传"张旗志",徐广云:"一作帜。"

鄸。高后二年,懿侯同元年。同,禄弟。文帝元年,同有罪,封何小子延。 按:《汉书·萧何传》:"子禄嗣,薨,亡子,高后乃封何夫人同为鄸侯,小子延为筑阳侯。孝文二年,罢同,更封延为鄸侯。"《汉表》以同为禄母,《史记》以同为禄弟,既已乖连,且同以罪除,何由更得谥"懿"?此必《史记》之误也。

筑阳。文帝元年,侯延元年。 按:此《表》延立十九年,以文帝后三年薨。子遗立,一年,以文帝后四年薨。则立,四年,以景帝元年有罪免,皆封筑阳。若据《汉表》及《传》,则延封筑阳,乃在高后时。文帝元年,更封酂,二年,薨。当云"三年"。子遗嗣,一年,遗弟则绍封,二十年,皆封酂。《汉表》则封武阳。其不同如此。萧公为汉元功,史家叙其世系,尚不免传闻异词,纪载之难信,自昔然矣。

曲周。《索隐》云:"县名,属广平。"　按:《汉志》"曲周县,武帝建元四年置",盖景帝之世,郦寄以罪免,国除为乡。至孝武,复置为县也。

临汝。侯贤行赇——一本作"财"。罪,国除。　《汉表》"贤坐子伤人首,匿免",与此异。

建平。　周昌始封汾阴,其子开方,改封建平;孙左车,又改封安阳也。《汉表》失"建平"二字。

成。《索隐》云:"县名,属涿郡。"　按:《水经注》"淄水又径郕北。《春秋》,齐师围郕,郕人伐齐,饮马于斯水也","汉高帝封董渫为侯国"。"成"、"郕"古字通。《左氏传》本作"成"。

蓼。以执盾前元年从起砀。　按:蓼侯孔聚、费侯陈贺、阳夏侯陈豨、棘蒲侯陈武、都昌侯朱轸、河阳侯陈涓、芒侯昭、《汉表》作"彤䟙"。棘丘侯襄、阿陵侯郭亭、厌次侯元顷、菌侯张平皆以前元年从;谷陵侯冯溪、汾阳侯靳强以前二年从;什邡侯雍齿以前三年从。所称"前元年"、"二年"、"三年"者,高帝自称沛公之年也。入关王汉以后,始称汉元年。汉初王侯受封,皆自称"元年",亦用此例。

费。定会稽、浙江、湖阳。　"湖阳",《汉表》作"湖陵"。

阳都。《索隐》云:"《汉志》阙,《晋书·地道记》属琅邪。"　按:《汉志》城阳国有阳都县,后汉省城阳入琅邪。小司马云"《汉志》阙"者,非也。

拜为将军、忠臣、侯。　"忠臣"非官号,史惟见此一人。

什邡。功比平定侯。　按:平定侯齐受,孝惠元年始封。雍齿以高祖六年封,不应转准其例,当有误文,或是平侯沛嘉之讹。

棘蒲。《索隐》云:"《汉志》阙。"　按:《赵世家》:"敬侯六年,伐魏,取棘蒲。"《正义》云"今赵州平棘县,古棘蒲邑"也。今考陈武以高帝六年封棘蒲侯,而七年又封林挚为平棘侯,则平棘非即棘蒲,或其地相去不远,棘蒲国除之后,省入平棘尔。

都昌。《索隐》云:"《汉志》阙。" 按:北海郡有都昌县,《水经注》以为朱轸所封。

武强。《索隐》云:"《汉志》阙。" 按:《曹相国世家》"还攻武强,因至荥阳",臣瓒云:"武强城在阳武。"《水经注》以为庄不识所封也。

贳齐侯吕。注:徐广曰:"吕,一作台。" 《汉表》作"合傅胡害"。① "合"与"台"字形相似也。《索隐》单行本"吕"下有"博国"二字,"博"近"傅","国"近"害",未审谁是。

海阳。《索隐》云:"海阳亦南越县。《地理志》阙。" 按:《班志》辽西郡有海阳县。《水经注》以为摇母余所封。

曲城。《索隐》云:"《汉志》阙。《表》在涿郡。" 按:《汉志》曲成县属东莱,即此曲城也。其后改封夜侯,"夜"即"掖",亦属东莱。小司马云"《汉志》阙"者,非也。又《王子侯表》有曲成侯万岁,中山靖王之子,《表》在涿郡。此又一曲成,小司马误合为一。

蛊逢。 《汉书》作"虫达"。

任侯。 "侯"字衍。

昌武。《索隐》云:"《汉志》阙。" 按:《汉志》胶东国有昌武县。

侯单宁。 《汉表》作"单究"。

宣曲。《索隐》云:"《汉志》阙。" 按:《货殖传》有"宣曲任氏"。小司马据《上林赋》"西驰宣曲",以为当在京辅也。

绛阳。《索隐》云:"《汉志》阙。" 按:《水经注·浍水篇》云:"新田又谓之绛,即绛阳也,盖在绛浍之阳。汉高帝封华无害为侯国。"

东茅。《索隐》云:"《汉志》阙,一作'柔'。" 按:琅邪郡有柔县。

台。《索隐》云:"临淄郡有台乡县。" 按:两汉无临淄郡,当是齐郡也,又济南郡有台县。

乐成。《索隐》云:"《汉志》阙。" 按:《汉志》河间国有乐成县。

蒯成。《索隐》云:"《汉志》阙,《晋书·地道记》属北地。" 按:《晋书·地理志》蒯成属始平,不属北地也。高帝功臣侯百四十七人,班《史》皆不言其食邑所在,独于蒯成云"在长沙",必有所据,诸解纷纷,皆无当也。

复阳。《索隐》云:"县名,属南阳。" 按:清河郡亦有复阳县。《水经注》以为陈胥所封。

朝阳。《索隐》云:"县名,属南阳。" 按:济南郡亦有朝阳县,或称东朝阳。《水经注》以为华寄封国也。

柏至。以骈怜从。《索隐》云:"姚氏:怜、邻声相近。" 按:姚氏名察,有《汉书训纂》三十卷。

许温。《索隐》云:"《汉表》作'许盎'。" "温"、"盎"声相近。

武原。《索隐》云:"《汉志》阙。" 按:《汉志》:楚国有武原县。

橐。《索隐》云:"《汉志》:橐县属山阳。" 按:"橐"当为"橐"字之讹。

彭。《索隐》云:"《汉表》属东海郡。" 按:东海郡无彭县,武帝时,刘屈氂封澎侯,晋灼云"东海县",然《汉志》东海亦无澎县。

甯。《索隐》云:"《汉表》甯阳属济南郡。" 按:武帝封鲁共王子恢为宁阳侯国,隶济南郡,即《汉志》泰山郡之宁阳也。"宁"、"甯"古字虽通,然以后证前,亦出意揣。予谓《春秋传》"晋阳处父聘于卫,反过甯",杜云:"甯,晋邑,汲郡修武县也。"当是魏选所封邑。

襄平。《索隐》云:"县名,属临淮。" 按:《水经注》以辽东之襄平为纪通封国。

龙。《索隐》云:"庐江有龙舒县,盖其地也。" 按:《水经注》"汶水又西南,径龙乡故城,《春秋》成公二年齐侯围龙"者也。汉高帝封陈署为侯国。

陆梁。 《索隐》本作"陆量"。

义陵。注:徐广曰:"一作义阳。"《索隐》云:"义阳县在汝南。" 按:武陵郡有义陵县,吴程以长沙柱国封侯,当是武陵之义陵,非汝南之义阳。且汉有两义阳,一在南阳平氏,一在东海厚丘,皆不属汝南,疑小司马误也。

吴程。 《汉表》作"吴郢"。古文"程"与"郢"通。《孟子》:"文王卒于毕郢。"郢,即程邑。

禾成。《索隐》云:"《汉志》阙。" 按:《水经注·浊漳水篇》云:"斯洨水又东南,径和城北,汉高帝封郎中公孙耳为侯国。"

汲侯。《索隐》云:"《汉表》作'伋'。" "侯"字衍,"汲"盖"波"之讹。《水经注》:"溴水又东北,径波县故城北,汉高帝封公上不害为侯国。"

江邹侯石，坐为太常，行太仆事，治畜夫可年，益纵年，国除。按：《汉表》："坐为太常，行幸离宫，道桥苦恶，太仆敬声系以谒闻，赦免。"与此异。

衍。《索隐》云："《汉志》阙。" 按：苏秦说魏襄王云："北有河外卷、衍、酸枣。"则衍亦河南郡地。

平州。《索隐》云："《汉志》阙，《晋书·地道记》属巴郡。" 按：《汉志》西河郡有平周县，而《路博德传》称西河平州人，疑"州"与"周"通也。又《春秋传》"会于平州"，杜预云："在泰山牟县西。"元封三年，封朝鲜降将唊为平州侯。《表》在梁父，盖即《春秋》之平州也。平州虽有三名，汉初封国，当以梁父者近是。

博阳。《索隐》云："县名，属彭城。" 按：彭城即楚国。《汉志》楚国有傅阳县，古偪阳国。此"博阳"必"傅阳"之讹也。且同时有博阳侯陈濞，不应同名。小司马注《史记》时，尚未误，后来转刻，讹为"博"尔。

戚。《索隐》云："《汉志》阙，《晋书·地道记》属东海。" 按：《班志》东海郡明有戚县，郑氏："音忧戚。"小司马乃云"志阙"，何其谬也。《水经注》："今顿丘卫国县西戚亭，汉高帝封李必为侯国。"此则《春秋》之戚，非东海之戚也。郦说近之。②

桃。《索隐》云："县名，属信都。" 按：《水经注·浊漳水篇》云"衡漳又东北，径桃县故城北，汉高祖封刘襄为侯国"，此信都之桃也。又《济水篇》云"濮渠径桃城南，即《战国策》所谓酸枣桃虚也。汉高帝封刘襄为侯国"，此东郡之桃也。

高梁。《索隐》云："《汉志》阙。" 按：《水经注》："汾水过高梁邑西，故高梁之墟也。《春秋》秦穆公纳公子重耳于晋，害怀公于此。汉高帝封郦介于斯邑。"

纪信。 此侯国注家皆阙其地，疑本封纪侯，而衍"信"字尔。或云"信"、"匡"两字谥。

甘泉。《索隐》云："案：《志》甘泉阙，疑甘泉是甘水。" 按：甘水县《汉志》亦阙，小司马说未审所据。予谓雍之甘泉，其名旧矣，王竞封邑疑即此。《汉表》作"景"，合"甘"、"泉"为一字。

菌。注：徐广曰："一作'卤'。" 按：代郡有卤城县。

惠景间侯者年表

扶柳。《索隐》云："县名,属信都。" 按:《水经注》以琅邪之扶县为吕平侯国,盖郦氏所见本异。

平定。《索隐》云:"《汉志》阙,或乡名。" 按:《汉志》西河郡有平定县。

上邳。 按:《水经注·泗水篇》云："漷水又西径仲虺城北。《晋太康地记》曰:'奚仲迁于邳,仲虺居之。'《史记》楚元王子郢封上邳侯。有'下',故此为'上'矣。"

乐平。《索隐》云:"《汉志》阙。" 按:汉宣帝封霍山为乐平侯。《表》在东郡。

山都。《索隐》云:"《汉志》阙。" 按:《汉志》南阳郡有山都县。《水经注》云:"本南阳之赤乡,汉高后封王恬为侯国。"

吕成侯吕忿。 按:《水经注·淯水篇》云："紫溪又径宛西吕城东。"《史记》吕尚先祖受封于吕。徐广《音义》曰"吕在宛县。高后四年,封昆弟子吕恕为吕城侯",疑即此也。今本"恕"作"忿",或传写之误。

乐昌侯张受。 按:《后汉书·张酺传》云："张敖子寿,封细阳之池阳乡。"盖本析细阳地为乐昌国也。细阳本隶汝南,宣帝封王武为乐昌侯。《汉表》在汝南,即寿故封也。乐昌侯国元始初尚存,不审《地理志》何以阙之。列传作"张寿","寿"、"受"音相似。

祝兹。《索隐》云:"《汉书》作'琅邪'。" 按:高后四年,封松兹侯徐厉,《汉表》作"祝兹",而《史记·文帝纪》、《周亚夫世家》亦有祝兹侯徐厉名。说者疑徐厉已封祝兹,则此吕荣所封,当依《汉书》作琅邪。然遍检各本《汉表》,祝兹侯吕荣无有作"琅邪"者,则单文孤证,未可信也。及读《汉书·王子侯表》,祝兹侯延年下注"琅邪"字,乃悟《索隐》本云"《汉表》在琅邪",后人传写,讹为"书作"二字尔。今考定,当以庐江之松兹为徐厉国,琅邪之祝兹为吕荣国也。③

清郭。 "清",读若"靖",即《战国策》之"靖郭"也。王氏本作"清都",监本作"清源",皆误。

周阳。《索隐》云:"县名,属上郡。" 按:上郡有阳周县,无周阳。

小司马本盖作"阳周",故援《志》以实之耳。《正义》引《括地志》云:"周阳故城在绛州闻喜县东二十九里。见《文帝纪》。此即《水经》所云周阳邑,盖河东郡地也。"予谓驷钧以齐王舅父得侯,即裂齐地而封之;赵兼以淮南舅父得侯,其封邑亦当在淮南境内。且兼得罪失侯,未几,即以淮南王子赐为周阳侯,同时侯者,阜陵、东城皆淮南故地,则此周阳亦宜在淮、楚之间,不特非上郡之阳周,恐亦非河东之周阳矣。

管。《索隐》云:"管,古国,今为县,属荥阳。" 按:《地理志》济南郡有菅县,字从"艸",当是罢军所封,非河南之管城也。

斥丘。《索隐》云:"县在魏郡。" 《汉表》作"氏丘",《史记》本或作"瓜丘"。小司马以魏郡之斥丘当之。予谓斥丘侯唐厉,高帝所封,传三世,至元鼎初尚无恙,不应更封它人。

平昌。《索隐》云:"县名,属平原。" 按:《汉志》琅邪、平原二郡皆有平昌县。《水经注》以琅邪之平昌为刘卬所封。

白石。《索隐》云:"县名,属金城。" 按:金城郡昭帝始置,且距齐地绝远,不应文帝时以封齐悼惠王子也。

安阳。 小司马本作"安陵",故云"县名,属冯翊,恐别有安陵"。今刊本删此五字。按:冯翊之安陵,惠帝所葬,不应建为侯国,故小司马疑其别有一安陵,不知其为"安阳"之讹也。《汉志》汝南郡有安阳县,《水经注》以为刘勃所封也。

阳周。 《淮南传》作"周阳",而《诸侯年表》及此《表》并作"阳周",误也。《汉表》亦作"阳周",其误与此同。

犁。《索隐》云:"县名,属东郡。" "犁"与"黎"同。

弓高。《索隐》云:"《汉表》在营陵。" 按:《汉志》河间国有弓高县。《水经注》以为韩颓当所封也。营陵县属北海郡,疑《汉表》误,或河间别有营陵乡。

右孝文时二十九。汲古阁本作"二十八",误。 今数之,止二十八,盖脱阳丘侯刘安一人。据《索隐》单行本,阳丘当在阳虚之后,盖传写失之。《汉表》不数章武、南皮二侯,故云"二十七人"。

建陵。 按:东海郡有建陵县,《水经注》以为卫绾所封。

江阳。《索隐》云:"县名,在东海。" 按:《汉志》东海无江阳县,惟犍为郡有江阳,《水经注》以为苏嘉所封也。

山阳。　按：《汉志》河内郡有山阳县。

周阳。《索隐》云："县名，属上郡。"　按：《水经》"涑水又西过周阳邑南"，郦元以为田胜封国也。上郡有阳周，无周阳。

建元以来侯者年表

符离。《索隐》云："县名，属沛郡。"　《汉表》作"邳离"。邳离在朱虚，小司马以沛之符离当之，其说虽本于《水经注》，要不如《汉表》之足据。

壮。《索隐》云："《表》在东平。"　《汉表》作"杜"，注云："重平，盖东平之讹。"

龙亢，以校尉椟世乐击南越，死事，子侯。　《南越传》作"椟乐"，无"世"字，《汉书》同。"椟"当从"手"旁。

成安。《索隐》云："《表》在郊，《志》在陈留。"　"郊"当作"郏"，字之讹也。《汉志》陈留、颍川并有成安县，颍川之成安，盖分郏县置，即延年封国也。《水经注・汝水篇》既以颍川之成安为韩延年封邑，而《汳水篇》又以陈留之成安为延年所封，盖考之未审矣。

将梁。《索隐》云："《表》、《志》阙。"　按：《王子侯者表》："中山靖王子朝平以元朔二年封将梁侯，元鼎五年，坐酎金国除。"此杨仆以元鼎六年封，盖即朝平故邑，本中山地，而改隶涿郡也。

下鄜。　按：《水经注》："湍水东南流径南鄜县故城东，《史记》所谓下鄜也。汉武帝封左将黄同为侯国。"

涉都。《索隐》云："《表》在南阳。"　《水经注》云："案《郡国志》，筑阳县有涉都乡。"

秅。　"秅"当作"庀"。《说文》："庀，从广，耗声。"济阴有庀县。

子弘代立。　据《汉表》，嗣日碑者，子赏，非弘也。

商利侯王山。　《汉表》作"王山寿"。

爰戚。"今帝复立子为广陵王"。　按：广陵王霸，以厉王子绍封，在元帝初元二年。褚先生所称"今帝"，谓元帝也，而《张苍列传》称"孝元帝"。《将相名臣年表》续至成帝鸿嘉元年，《历书》亦数至成帝建始四年。较《将相表》先九年。是少孙补缀，前后亦非一时。

建元已来王子侯者年表

宜春。《索隐》云:"《表》、《志》阙。" 按:《汉志》汝南、豫章皆有宜春县,此长沙王子封邑,当在豫章。《水经注》亦以豫章之宜春为刘成国也。

广戚。《索隐》云:"《表》、《志》阙。" 按:《汉志》沛郡有广戚县。

盱台。《索隐》云:"《表》、《志》阙。" 按:《汉志》临淮有盱眙县,即盱台。

睢陵。 《汉表》作"淮陵"。《景十三王传》作"淮阳"。《汉志》淮陵、睢陵二县并属临淮郡。《水经注》以睢陵为江都易王子楚所封。

剧。《索隐》云:"《表》、《志》阙。" 按:《汉志》菑川国有剧县。

平望。《索隐》云:"《表》、《志》阙。" 按:《水经注》:"平望亭在平寿县故城西北八十里,汉武帝封菑川懿王子刘赏为侯国。"

益都。《索隐》云:"《表》、《志》皆阙。" 按:青州益都县,曹魏所置,疑即汉之侯国地。

尉文。《索隐》云:"《表》在南郡。" 按:《赵世家》"孝成王以尉文封廉颇为信平君",是尉文为赵地。《汉表》云"南郡",恐误。

东城。《索隐》云:"志属九江。" 此侯赵敬肃王子,恐非九江之东城。

房光。 《汉表》作"旁光",古音"房"如"旁"。

阿武。《索隐》云:"《表》、《志》皆阙。" 按:《汉志》涿郡有阿武县。

盖胥。《索隐》云:"《汉志》在太山,《表》在魏郡。" 按:泰山郡有盖县,无盖胥县,此侯为河间献王之子,当从《汉表》属魏郡,不当属泰山。

平。《索隐》云:"《志》属河南。" 此侯为济北所分,其封国未必在河南。

皋狼。《索隐》云:"《表》在临淮。" 按:《汉志》西河郡有皋狼县,代与西河接壤,当是西河之皋狼也。

千章。《索隐》云:"《表》在平原。" 按:《汉志》西河郡有千章县。

有利。《索隐》云:"《表》、《志》阙。"④ 按:《水经注·沐水篇》云:"武阳沟水东出苍山,山上有故城,即古有利城矣。汉武帝封城阳共王子刘钉为侯国。"

南城。《索隐》云:"《表》、《志》阙。" 按:东海郡有南成县,即南城也,后汉改属泰山郡。

广陵。常侯刘表。 《汉表》"常"作"虒",晋灼音"斯",《索隐》本亦是"虒"字。

千钟侯刘摇。 《汉表》作"重侯担",师古音丁甘反。予谓"摇"古字作"擂",故讹为"担"。《汉志》渤海郡有千童县,《水经注》以为河间献王子封国也。

定。敬侯刘越。 《索隐》本"敬"作"敫",注中"敫"字皆"敫"之讹。"《汉表》作敷侯"五字,《索隐》本无之。

柳。《索隐》云:"《表》、《志》阙。" 按:《汉志》勃海郡有柳县。《水经注》以为齐孝王子阳封国也。《地理风俗记》云:"高城县东北五十里有柳亭。"见《水经注·淇水篇》。

樊舆。《索隐》云:"《表》、《志》阙。" 按:《汉志》涿郡有樊舆县。

夫夷。 按:《汉志》零陵郡有夫夷县,《水经注》以为长沙定王子义所封也。

春陵。《索隐》云:"《志》属南阳。" 按:刘买封邑本在泠道县春陵乡,元帝时,徙南阳蔡阳县白水乡。《表》所书者,徙封之邑也。

雩殷。 《汉表》作"虖葭",《志》作"雩叚"。此"殷"盖"叚"字之讹。

父城。《索隐》云:"《志》在辽西,《表》在东海。" 按:《汉表》作"文成",故小司马以辽西之文成当之。然此侯为城阳顷王之子,当从《汉表》在东海,必不远至辽西也。

涓。《索隐》云:《表》作"消",在东海。案:消水在南阳,有消阳县,疑《表》非也。 按:涓侯不疑乃城阳顷王之子,其封国与东海相近,故别属东海,不得远引南阳之消水为证也。

襄陵。《索隐》云:"《表》在钜鹿,《志》属河东。" 《汉表》作"襄隄"。小司马引河东之襄陵,亦迂远。

汉兴以来将相名臣年表

孝惠二年,何蒉。 按:萧、曹皆相国,而何书"蒉",参书"卒",陈平、灌婴皆丞相，而平书"薨"，婴书卒。此后丞相无书"薨"者。褚先生所续，惟蔡义、黄霸、韦玄成三人书"薨"，余皆书"卒"，太仆滕公非将相，而亦书"卒"。

孝景元年，置司徒官。 汉初无司徒、司空之官，此必"太尉"之讹。《表》于三年已书"置太尉官"，此重出，又舛误。

四年，御史大夫蚡。 《汉表》"蚡"作"介"，又是年封皇子彻为胶东王，《表》失书，盖转写脱之。

六年，御史大夫阳陵侯岑迈。 《汉表》不载。

后二年，御史大夫岑迈卒。 按：自孝景六年至此，十有一年中间，有刘舍、卫绾、直不疑相继为御史大夫，何以又有岑迈厕其间？此班《史》所以疑而阙之。

征和二年，刘屈氂为丞相，封彭城侯。 "城"字衍，《汉表》"彭"作"澎"。

黄龙元年，乐陵侯史子长为大司马、车骑将军。 子长，史高字也。《表》当书名，而误书字。

河平三年，太仆平安侯王章为右将军。 此王舜之子，《汉志》千乘郡有平安侯国，即舜所封也。《恩泽侯表》、《外戚传》俱作"安平"，误。

校勘记

① 据中华书局本《汉书·高惠高后文功臣表》，"合傅胡害"，当作"合侯傅胡害"。

② 据中华书局本《史记·高祖功臣侯者年表》，"李必"当作"季必"。《史记索隐》亦云"作李，误也"。

③ 此条中"吕荣"，两处误作"吕莹"，据中华书局本《史记·惠景间侯者年表》改之。

④ 据中华书局本《史记索隐》，此条并无"《表》、《志》阙"之文，当作"《表》在东海"。

廿二史考异卷三

史记三

礼书

张晏谓《礼书》、《乐书》迁没之后亡,今二篇俱有"今上即位"之文,似非尽褚先生所补。

社至于诸侯,函及士大夫。《索隐》云:"含,谓包容,邹诞生音啗,徒滥反,意义亦通。今案:《大戴礼》作'导及士大夫','导'亦通也。今此为'啗'者,当以'导'与'蹈'同,后'足'字失'止',唯有'口'存,故使解者得以穿凿而用也。" 予谓"函及"者,"覃及"也。《说文》:"马,嘾也,读若含。""函",从"马"得声,亦与"嘾"同义。古文"导"与"禫"同。《士丧礼》"中月而禫",古文"禫"作"导"。《说文》"梤"读若"三年导服"之"导",亦谓禫服也。"导"与"禫"通,则亦与"覃"、"嘾"通。而"啗"又与"嘾"同音,是文异而实不异。小司马疑"啗"为"蹈"之讹,由不知古音之变易也。蹈从舀,啗从臽,舀、臽形声俱别。

乐书

高祖过沛诗《三侯之章》。《索隐》云:侯,语辞也。兮,亦语辞。沛诗有三"兮",故云"三侯"也。"侯"、"兮"声相近。其声嘄以杀。 《索隐》本作"焦"。

志微焦衰之音作。 古文"杀"与"衰"通,《易》"神武不杀",虞仲翔本作"衰"。

石声硁硁以立别。 《乐记》"硁"作"磬","别"作"辨"。按:《说文》"硁"即"磬"之古文。《释名》:"磬,磬也,声坚磬磬然。"《论语》:"子击磬于卫,荷蒉言:'鄙哉,硁硁乎!'""硁硁"犹"磬磬",谓磬声也。钟、磬皆以声得名。郑康成注《乐记》,谓"磬"当为"磬",盖误以"磬"为器名,不知"磬"即"硁"也。"辨"、"别"声义皆同,古人往往通用。

律书

闻声效胜负。 效,见也。

晋用咎犯。《正义》云:"狐偃也,咎季也,又云胥臣也。" 按:古文"舅"为"咎"。见《士昏礼》注。狐偃,晋文公之舅,故称"咎犯",《礼记》亦作"舅犯"也。《正义》以为二人,未详所据。咎季即胥臣,《左传》谓之曰季。

不周风居西北,主杀生。 按:八卦之位,乾居西北,故八风始于西北。《易·坤》之《上六》"龙战于野",谓十月之卦也。《说卦传》"战乎乾。乾,西北之卦,阴阳相薄",故云"主杀生",与《易》义同。五行家以亥为天门遁甲,乾主开门,史公所谓"辟生气而东之"也。

牛者,冒也。 牛,牙音之收声。冒,唇音之收声。声不类而转相训者,同位故也。古人以"反侧"与"辗转"对,"颠沛"与"造次"对,"元首"与"股肱"对。"反侧"、"颠沛"读如贝。同为出声,"元首"同为收声,则亦为双声矣。征诸经典,如"多"训"只","钧"训"等","蔽"训"断","溯"训"乡","振"训"救","曹"训"群","凭"训"大","幕"训"嫚","贯"训"中","槃"训"大","袗"训"单",皆以谐声取义。"牛"之训"冒",亦此例也。

东至于建星。 唐一行《日度议》谓《甄曜度》及鲁历:南方有狼弧,无东井、鬼;北方有建星,无南斗。此书述二十八舍,亦以建星易南斗,狼弧易东井、舆鬼。然则史公所用,殆鲁历与?

条风居东北,主出万物。 东北者,艮方也。万物之所成终而所成始,故主出万物,于遁甲为生门。

箕者,言万物根棋。 "棋"读如"荄"。《易》:"箕子之明夷。"赵宾以为"箕子者,万物方荄兹也",其义盖本于史公。徐广云:"棋"一作"横"。"横"盖"核"字之讹,"核"亦有"该"音。

清明风居东南维,主风。 东南者,巽方也,故主风。

凉风居西南维,主地。 西南者,坤方也,故主地,于遁甲为死门,故云万物就死气也。

北至于罚。 "罚"与"伐"同,此叙二十八舍,有罚,无觜觽。

北至于留。《索隐》云："留即卯也，《毛传》亦以留为卯。""卯"即"昴"字，《诗》"为参与昴"。毛云："昴，留也。"孔疏引《元命包》云："昴之为言留也，言物成就系留也。"昴、留既为一物，留从"丣"，则昴亦当从"丣"，而读如"留"矣。留，古文"酉"。仲秋建酉之月。此文以留属八月，益征"昴"当从"丣"，不从"丣"也。今本《说文》"昴"从"丣"，盖传写之讹。然徐仙民读"昴"如"茅"，陆氏《释文》亦音卯，《广韵》亦收入上声巧部，则此音之讹久矣。

戌者，言万物尽灭。　《说文》："戌，灭也。"五行，火死于戌，阳气至戌而尽，故灭从火、戌。

太蔟长七寸七分二，七分当作十分。**角。**　"角"当作"商"。《晋书·律历志》云："司马迁言五音相生，以宫生角，角生商，商生徵，徵生羽，羽生宫，求其理用，罔见通途。"依《晋志》次之，林钟为角，南吕为徵，姑洗为羽，则太蔟必为商可知也。

生钟分子一分。　谓黄钟长九寸，其数八十一，为十二律之本。

丑三分二。　谓林钟长六寸，其数五十四，于黄钟本数中得三分之二也。下仿此。

寅九分八。　谓太蔟长八寸，其数七十二，得黄钟本数九分之八。

卯二十七分十六。　谓南吕长五寸三分寸之一也。以分子为实，前两位分母为法，实如法，得寸分之数。后仿此，其数四十八。

辰八十一分六十四。　谓姑洗长七寸九分寸之一也，其数六十四。

巳二百四十三分一百二十八。　谓应钟长四寸二十七分寸之二十也，其数四十二又三分之二。史公以九分为寸，故云长四寸二分三分二。自此以下，俱有零分。

午七百二十九分五百一十二。　谓蕤宾长六寸八十一分寸之二十六也。其数五十六又九分之八，故云长五寸六分三分二。今本作"一"，误。其实不止三分之二，史约其大率耳。

未二千一百八十七分一千二十四。　谓大吕四寸二百四十三分寸之五十二，倍之，则为八寸二百四十三分寸之一百四也。郑康成注《周礼》大吕、夹钟、中吕皆用倍律，蕤宾下生得正律，若上生则得倍律。其数七十五又二十七分之二十三，此用倍律之数乘之。故云长七寸五分三分二，今本作"一",误。亦尚有余分也。

申六千五百六十一分四千九十六。　谓夷则长五寸七百二十九分寸之四百五十一也。其数五十又八十一分之四十六,故云长五寸今本下有"四分"二字,误。三分二,其实不足三分之二,举其大数也。

酉一万九千六百八十三分八千一百九十二。　谓夹钟长三寸二千一百八十七分寸之一千六百三十一,倍之,则为七寸二千一百八十七分寸之一千七十五也。其数六十七又二百四十三分之一百三,故云长六寸七今本作"一",误。分三分一,亦尚有余分。

戌五万九千四十九分三万二千七百六十八。　谓无射长四寸六千五百六十一分寸之六千五百廿四也。其数四十四又七百二十九分之六百九十二,故云长四寸四分三分二,尚有余分。

亥十七万七千一百四十七分六万五千五百三十六。　谓仲吕长三寸一万九千六百八十三分寸之六千四百八十七,倍之,为六寸一万九千六百八十三分寸之一万二千九百七十四也。其数五十九又二千一百八十七分之二千三十九,故云长五寸九分三分二,亦尚有余分也。若以十二律配十二月,则阳律居本月,阴律居其对月,如林钟丑而在未月,南吕卯而在酉月是也。大吕以下,必用倍律者,以律配月,丑月之律,不可短于寅律;卯月之律,不可短于辰律;巳月之律,不可短于午律,故必倍其数,而后长短适如其次也。而倍律之数,则惟蕤宾重上生始得之。蕤宾之下生者,正律之寸分也;重上生者,倍律之寸分也。史公言十二律分寸取倍数,言生钟分取正数,各有所当,不可偏废也。

上九,商八,羽七,角六,宫五,徵九。《索隐》云:"此文似数错,未暇研核也。"　予族子唐,以《太玄》、《淮南·天文训》证明史公之义,其说确不可易。今述之左方。《太玄》云:"甲己之数九,乙庚八,丙辛七,丁壬六,戊癸五。"《淮南》云:"戊子,黄钟之宫也。庚子,无射之商也。壬子,夷则之角也。甲子,中吕之徵也。丙子,夹钟之羽也。"盖古法六十律旋相为宫:黄钟为宫,起戊子,则林钟为徵,配己丑;太族为商,配庚寅;南吕为羽,配辛卯;姑洗为角,配壬辰。次应钟为宫,配癸巳;蕤宾为徵,配甲午;大吕为商,配乙未;夷则为羽,配丙申;夹钟为角,配丁酉。次无射为宫,配戊戌;中吕为徵,配己亥;黄钟为商,配庚子;故云"庚子无射之商"。林钟为羽,配辛丑;太族为角,配壬寅。次南吕为宫,配癸卯；姑洗为徵，配甲辰；应钟为商，配乙巳；蕤宾为羽，配丙午；大吕为角，配丁未。次夷则为宫，配戊申；夹钟为徵，配己酉；无射为商，配庚戌；中吕为羽，配辛亥；黄钟为角，配壬子。故云"壬子夷则之角"。次林钟为宫，配癸丑；太族为徵，配甲寅；南吕为商，配乙卯；姑洗为羽，配丙辰；应钟为角，配丁巳。次蕤宾为宫，配戊午；大吕为徵，配己未；夷则为商，配庚申；夹钟为羽，配辛酉；无射为角，配壬戌。次中吕为宫，配癸亥；黄钟为徵，配甲子；故云"甲子中吕之徵"。林钟为商，配乙丑；太族为羽，配丙寅；南吕为角，配丁卯。次姑洗为宫，配戊辰；应钟为徵，配己巳；蕤宾为商，配庚午；大吕为羽，配辛未；夷则为角，配壬申。次夹钟为宫，配癸酉；无射为徵，配甲戌；中吕为商，配乙亥；黄钟为羽，配丙子；故云"丙子夹钟之羽"。林钟为角，配丁丑。次太族为宫，配戊寅；南吕为徵，配己卯；姑洗为商，配庚辰；应钟为羽，配辛巳；蕤宾为角，配壬午。次大吕为宫，配癸未；夷则为徵，配甲申；夹钟为商，配乙酉；无射为羽，配丙戌；中吕为角，配丁亥，而六十律终矣。戊癸为宫声，故宫之数五；甲己为徵声，故徵之数九；乙庚为商声，故商之数八；丙辛为羽声，故羽之数七；丁壬为角声，故角之数六也。

置一而九三之以为法。　此下当云"十一三之以为实"，转写脱之。

历书

明者，孟也。幽者，幼也。　"明"、"孟"声相近，古读"明"如"芒"，而"孟"亦与"芒"通。战国魏有芒卯，它书作孟卯。又与"黾"通，《后汉书》"赵岐作《黾子章句》"，今本作"要子"，字相涉而讹。即《孟子》也。毛公诂《诗》"正为长，冥为幼"，而郑康成笺之，以"正"为昼，"冥"为夜，然则"昼为长，夜为幼"，与大戴、太史公之义正同。

归邪于终。注："邪音余。"　"邪"、"余"声相近。

注："陈术云：征士巴郡落下闳。"　陈术，蜀人，撰《益部耆旧杂记》。

其更以七年为太初元年，年名焉逢摄提格。《索隐》云：《尔雅》"岁在甲曰焉逢，寅曰摄提格"，则此甲寅之年十一月甲子朔旦冬至也。此篇末亦云"寅名摄提格"，则是甲寅不疑也。又据二年名单阏，三年名执徐等,年次分明,而《汉志》以为其年在丙子,当是班固用《三统》,与《太初历》不同,故与太史公说有异。　按:《索隐》之说非也。《汉志》云:"乃以前历上元泰初四千六百一十七岁,至于元封七年,复得阏逢摄提格之岁,中冬十一月甲子朔旦冬至,日月在建星,太岁在子。"然则班《史》何尝不云阏逢摄提格之岁,与太史公说曷尝有异乎?古法岁阴与太岁不同,太岁与岁星常相应,岁星自丑右行,太岁自子左行。岁在星纪,则太岁必在子;在玄枵,则太岁必在丑。岁星百四十有四年而超一辰,即太岁亦超一辰矣。太初之元,岁在星纪,故《汉志》以为太岁在子。而当时诏书以为年名阏逢摄提格者,乃指岁阴所在,非太岁所在也。岁阴亦谓之太阴,又曰青龙,亦左行,周十二辰,而常在太岁之前二辰。如太岁在子,则太阴在寅;太岁在丑,则太阴在卯也。《淮南·天文训》:"太阴在寅,岁名曰摄提格;太阴在卯,岁名曰单阏;太阴在辰,岁名曰执徐;太阴在巳,岁名曰大荒落;太阴在午,岁名曰敦牂;太阴在未,岁名曰协洽;太阴在申,岁名曰涒滩;太阴在酉,岁名曰作鄂;太阴在戌,岁名曰阉茂;太阴在亥,岁名曰大渊献;太阴在子,岁名曰困敦;太阴在丑,岁名曰赤奋若。"盖古人以太阴纪岁,摄提格以下十二名,皆谓太阴所在。《淮南子》言太阴元始建于甲寅,故以焉逢摄提格之岁为历元;而《太初》、《三统》推上元日月五星,皆起于星纪,故太岁起丙子。《史记·历术甲子篇》云甲寅年者,以太阴所在纪岁名。班《史》云岁名困敦,乃真太岁所在也。东汉以降,术家鲜知太阴、太岁之别,又不知太岁超辰之义,而古书多难通矣。

太初元年,岁名焉逢摄提格,月名毕聚,日得甲子,夜半朔旦冬至。《索隐》云:"聚音娵,谓月值毕及娵訾也。毕,月雄也。聚,月雌也。"按:《尔雅》:"月在甲曰毕,正月为陬,十一月为辜。"此冬至之月,建子月也。月阳在甲,当云"毕辜",而云"毕聚"者,"聚"与"陬"古文通用,天正之月,亦可云"陬"也。《索隐》谓"月值娵訾",则是建寅之月,非冬至矣。

徒维敦牂天汉元年。　此篇载岁阳名:焉逢为甲,端蒙为乙,游兆为丙,强梧为丁,徒维为戊,祝犁为己,商横为庚,昭阳为辛,横艾为壬,尚章为癸,皆与《尔雅》异。"焉"与"阏","端"与"旃","游"与"柔","梧"与"圉",音本相近;戊、己以下,则音义全别,且多违反,盖汉儒传授各异尔。徐广注："单阏"一作"亶安","游兆"一作"游桃",亦音相近也。

天官书

中宫天极星。　此中宫天极星及东宫苍龙、南宫朱鸟、西宫咸池、北宫玄武,五"宫"字皆当作"官"。　按:下文云紫宫、房心、权衡、咸池、虚危,此天之五官坐位也,可证史公本文皆作"官"矣。《索隐》于"中宫"下,引《春秋元命包》"官之为言宣也",古文取音义相协,展转互训,以"宣"训"官",音相近也。流俗本亦讹作"官",由于不知古音。下文"紫宫"下,乃引《元命包》"宫之言中也",又可证小司马元本"中宫"作"中官"矣。小司马解"天官"云:"天文有五官。官者,星官也。星座有尊卑,若人之官曹列位,故曰天官。"

司其出所守。　"司",古"伺"字。

北宫玄武虚、危。　北方七宿不及东壁,盖传写失之。

以摄提格岁,岁阴左行在寅,岁星右转居丑。　岁阴者,太阴也。《淮南·天文训》:"天神之贵者,莫贵于青龙,或曰天一,或曰太阴。太阴所居,不可背而可乡。"又云:"太阴所建,蛰虫首穴而处,鹊巢乡而为户。太阴在寅,寅为建,卯为除,辰为满,巳为平,午为定,未为执,申为破,酉为危,戌为成,亥为收,子为开,主太岁,丑为闭。"此太阴与太岁之别也。古法太岁与岁星相应,岁星居丑,则太岁当在子。而称摄提格岁者,史公以太阴纪岁,不以太岁纪岁,与《淮南·天文训》同也。《货殖传》:"太阴在卯,穰,明岁衰恶。至午,旱,明岁美。至酉,穰,明岁衰恶。至子,大旱,明岁美,有水。"此亦以太阴纪岁之证。

正月,与斗、牵牛晨出东方。　《淮南·天文训》:"太阴在寅,岁名曰摄提格。其雄为岁星,舍斗、牵牛,以十一月与之晨出东方。"此云"正月"者,史公据《石氏星经》,较《淮南书》每后两月。

以二月与婺女、虚、危晨出。　《淮南》作"十二月"。

以三月居与营室、东壁晨出。　《淮南》作"正月","居"字衍。

以四月与奎、娄、胃、昴晨出。　《淮南》作"二月"。"胃昴"二字衍,《汉志》、《淮南书》俱无"胃昴"字。

以五月与胃、昴、毕晨出。　《淮南》作"三月"。

以六月与觜觿、参晨出。　《淮南》作“四月”。

曰长列。　《汉志》“列”作“烈”。

以七月与东井、舆鬼晨出。　《淮南》作“五月”。

曰大音。　《汉志》作“天晋”。

以八月与柳、七星、张晨出。　《淮南》作“六月”。

曰为长王。　《汉志》作“长壬”。

以九月与翼、轸晨出。　《淮南》作“七月”。

以十月与角、亢晨出。　《淮南》作“八月”。

曰大章。《索隐》云：《天文志》作“大星”。　《汉志》作“天皇”。

以十一月与氐、房、心晨出。　《淮南》作“九月”。

曰天泉。　《汉志》“泉”作“宗”。

以十二月与尾、箕晨出。　《淮南》作“十月”。

荧惑为勃乱。　“勃”即“悖”字。

岁行十二度百十二分度之五。　按：填星率二十八日而行一度，岁三百六十五日，当行十三度余一日四分日之一，当云二十八分度之一，又小分四之一，通其率为百十二分度之五也。“十二度”当作“十三度”。

若水、金在南，曰牝牡。　“水”当作“木”。

仲春春分，夕出郊奎、娄、胃东五舍，为齐；仲夏夏至，夕出郊东井、舆鬼、柳东七舍，为楚；仲秋秋分，夕出郊角、亢、氐、房东四舍，为汉；仲冬冬至，晨出郊东方，与尾、箕、斗、牵牛俱西，为中国。　按：四“郊”字皆“效”字之讹。《淮南·天文训》：“辰星正四时，常以二月春分效奎、娄，以五月夏至劾东井、舆鬼，以十一月冬至效斗、牵牛。”高诱云：“劾，见也。”予谓“劾”、“见”声相近，《说文》无“劾”字，当为“效”。

月食始日，五月者六，六月者五，五月复六，六月者一，而五月者五，凡五百一十三月而复始。①《索隐》云：“依此文计，惟有一百二十一月，与元数甚为悬校，既无《太初历术》，不可得而推定。今以《汉志·三统历》法计，则五月者七，六月者一，又五月者一，六月者五，五月者一，凡一百三十五月而复始耳。或术家各异，或传写错谬，故此不同，无以明知也。”　按：本文传写固有错谬，小司马所引《三统法》亦误也。今考《三统》、《四分术》，并以五月二十三分之二十而一食，依次推之，则五月者一,六月者六,又五月者一,六月者七,又五月者一,六月者七,凡百三十五月而复始也。校书之家,罕通步算,传写讹脱,莫能是正,自昔然矣。

去地可六丈,大。注:徐广曰:"大"一作"六"。　"大"当作"六","六"字连下句读,"六贼",星名也。

水澹泽竭,地长见象。　《汉志》云:"水澹地长,泽竭见象",盖以长、象为韵,与上下文同例。"澹",古"赡"字,"水澹"与"泽竭"意亦相对,此颠倒两字,盖传写之讹。

城郭门闾,闺臬枯槁。　"枯槁"当作"槁枯","枯"与"闾"韵也。"闺臬",《汉志》作"润息",于义为长。

斗秉兼之。　"秉"即"柄"字。

封禅书

蚩尤在东平陆监乡。《索隐》云:"监音阚",《皇览》云:"蚩尤冢在东平郡寿张县阚乡城内。"　古文"监"与"阚"通。《左传》"阚止",《史记》作"监止"。

文帝出长安门。　"安"字衍。下文云"长门五帝",可证也。《汉志》亦作"长门"。

一元曰建,二元以长星曰光,三元以郊得一角兽曰狩云。　按:元光之后,尚有元朔,则元狩乃四元,非三元。班《史》改"以"为"今",无"三元"字,盖得之矣。言建元、元光而不言元朔者,"建"以斗建为名,"光"以长星为名,皆取天象。若元朔纪年,应劭解"朔"为"苏",取品物繁息之义,不主天瑞,故不及之耳。说者谓建元、元光之名,亦此时追命之,恐未然也。《武帝纪》"建"下多"元"字,"光"上、"狩"上亦有"元"字,此又后人妄增。

与王不相中。　《武帝纪》"中"字下有"得"字,盖后人妄增。小司马引《三苍》,训"中"为"得",可证本文无"得"字也。

日月北斗登龙。　"登"与"升"同。

河渠书

禹抑鸿水。《索隐》云:"抑者,遏也。《汉书·沟洫志》作'堙',堙、抑,皆塞也。" 按:"堙"、"抑"、"遏",声皆相转。

西门豹引漳水溉邺,以富魏之河内。 按:《汉志》:"史起言:邺田恶,漳水在其旁,而西门豹不知用,是不智也。乃以起为邺令,遂引漳水溉邺,民歌之。"《史记》以引漳水溉邺为西门豹事,误。

江河之决皆天事,未易以人力为强塞。塞之,未必应天。 此老成谋国之言。当时恶蚡者,谓蚡奉邑在河北,故沮塞河之役,其实非公论也。建元三年,闽越举兵围东瓯,东瓯使人告急。蚡云:"越人相攻击,固其常,又数反复,不足烦中国往救。"事见《东越传》。此语与汲黯相似,蚡虽进由外戚,负贵好权,此两事殊足称也。《儒林列传》:"武安侯田蚡为丞相,绌黄老、刑名百家之言,延文学儒者数百人。"

拜汤子卬为汉中守。 当云"汉中太守",脱"太"字。

其后庄熊罴言。 《汉志》作"严熊",无"罴"字。

皓皓旰旰兮,闾殚为河。 《汉志》"闾"作"虑"。"虑"、"闾"以音同借用。辽东无虑县以医无闾山得名是也。此"闾"字亦借为"忧虑"之"虑"。裴骃解为"州闾",非是。

延道弛兮离常流。注:徐广曰"延",一作"正"。 按:《汉书》亦作"正"。"正道弛者",失其正道也。古文"正"与"征"通。《封禅书》"正伯侨",扬雄赋作"征侨"。"征"或作"延",与"延"字形相似,因讹为"延"尔。小司马作"延长"解,似曲。

平准书

于是募民能输及转粟于边者拜爵,爵得至大庶长。 按:文帝用晁错之言,令民入粟拜爵,此卖爵,非卖官也。爵自公士至公乘,凡八等。虽有爵,犹不得复除,与编户无异。自五大夫至大庶长十等,爵虽高,初无职事,非有治民之责也。官有定员,而爵无定员,故云"爵者,上之所擅,出于口而无穷",盖假以虚名,未尝列于仕籍。错虽言利,犹不妨吏道矣。孝武用兵,府库益虚,乃有入羊为郎之例。其后置武功爵,爵至官首者得试补吏先除。虽云"买爵",亦得入仕,盖祖晁错之意而失之者也。

彭吴贾灭朝鲜,置沧海之郡。 按:《汉书·武帝纪》:元朔元年,东夷薉君南闾等口二十八万人降,为苍海郡;三年春,罢苍海郡;至元封三年,灭朝鲜,相距二十年,不得并为一事。且灭朝鲜者为荀彘、杨仆,亦无彭吴贾其人也。《汉书·食货志》但云"彭吴穿秽貊、朝鲜,置沧海郡",较之《史记》为确。予又疑"灭"当为"濊"字之讹,"濊"与"薉"、"秽"同,"贾"读为"商贾"之"贾",谓彭吴与濊、朝鲜贸易,因得通道置郡也。小司马谓彭吴始开其道而灭之,非是。

河决观。注:徐广曰:"观,县名也。" 是时河决瓠子,东注巨野,不及观也。《汉书》"观"作"灌",属下句,当从之。

而奸或盗摩钱里取镕。注:徐广曰:"音容。"吕静曰:"冶器法谓之镕。" 按:徐说非也。"镕"当作"鋊"。《说文》:"鋊,铜屑也,读若浴。"《汉志》:"奸或盗摩钱质而取鋊。"臣瓒以为摩钱漫面,以取其屑,更以铸钱。《西京黄图叙》云"民摩钱取屑"是也。

民多买复及五大夫,征发之士益鲜。 晁错言:"爵至五大夫以上,乃复卒一人。"武帝置武功爵,千夫如五大夫,故五大夫与千夫皆不在征召之限。

不欲者出马。 吏多坐法废免,买爵者多不愿除吏,故又使出马。

异时算轺车贾人缗钱,皆有差。 异时,谓汉初也。上文言"高祖初平天下,令贾人不得乘车,重租税以困辱之",盖谓此。

筑令居。《索隐》云:"令音零,姚氏音连。" "连"、"令"声相近。

初置张掖、酒泉郡。注:徐广曰:"元鼎六年。" 按:《汉书·武帝纪》元鼎六年,分武威、酒泉地,置张掖、敦煌郡,而酒泉置郡,乃在元狩二年。徐氏误。

校勘记

① "而五月者五"原作"而五月者",下漏"五"字,据中华书局本《史记·天官书》补之。

廿二史考异卷四

史记四

吴太伯世家

楚共王伐吴，至衡山。注：杜预曰："吴兴乌程县南也。" 按：乌程，吴之南境，楚兵不能深入至此。今当涂县北有横山，即《春秋》之衡山也。

美哉，沨沨乎。《索隐》云："沨音冯，又音泛。"《说文》无"沨"字，盖即"汎"之异文。

将舍于宿。注：《左传》曰："将宿于戚。"《索隐》云：太史公以"舍"字替"宿"，遂以"宿"字替"戚"。戚是邑名，今宜读"宿"为"戚"。 按：《卫世家》"封孙文子林父于宿"，宿即戚也。古音"戚"如"蹙"，"蹙"与"缩"通。《少牢礼》"缩执俎"注"古文'缩'为'蹙'"是也。"宿"本有"蹙"音，小司马读为"戚"，是未达于古音。

惧犹不足，而又可以畔乎？《索隐》云：《春秋左氏传》曰"而又何乐"，此"畔"字宜读曰"乐"。 予谓"畔"读如"心广体胖"之"胖"。"胖"与"般"同，皆有"乐"义。

齐太公世家

文王伐崇、密须、犬夷。 犬夷即昆夷。

子丁公吕伋立。 《说文》"丁"作"玎"。

遂猎沛丘。 《左传》"沛"作"贝"。"沛"亦有"贝"音。《楚世家》"朝射东莒，夕发沨丘"，即此贝丘也。

与丙戎之父猎。 左氏作"邴歜"，"戎"、"蜀"声相近。

使庸职骖乘。《索隐》云：左氏作"阎职"，此言"庸职"，"庸"非姓，盖谓受雇职之妻。史意不同，字亦异耳。 按："庸"、"阎"声相近。

《书》"毋若火始炎炎",《汉书》作"庸庸"。小司马不识古音,妄以"庸"为"受雇",甚可笑也。

蕛星将出。 "蕛"即"孛"字。

八月,齐秉意兹。 此下有脱文。

阚止有宠焉。《索隐》云:左氏"监"作"阚"。 《田齐世家》作"监止",此史公本文也。此篇作"阚",乃后人妄改。

鲁周公世家

戴璧秉圭。 "戴"即"载"字。《尚书》"戴"为"植"。郑康成云:植,古"置"字。"载"、"置"声相近。

异母同颖。《索隐》云:《尚书》"母"作"亩",此为"母",义亦并通。古文"亩"为"晦","母"即"晦"之省。

作馈禾。《书序》"馈"为"归","归"有"馈"音。《论语》"咏而归","归孔子豚","齐人归女乐",皆读如"馈"。

王亦未敢训周公。《索隐》云:《尚书》作"诮",此作"训",字误耳。予谓"诮"从"肖",古书或省从"小",转写讹为"川"耳。

訇訇如畏然。 注:徐广曰"訇訇,谨敬皃",音"穷穷",一本作"虁虁"。 "虁"、"穷"声相近。

治民震惧。《尚书》"震"为"祗","震"、"祗"声相近。

乃有亮暗。《尚书》"有"为"或","或"、"有"声相近。郑康成云:"或之言有也。"《论语》注。

敬复之。 注:徐广曰:一作"振"。 《尚书》"敬"为"祗","祗"、"振"声相近。

炀公筑茅阙门,六年卒。《汉书·律历志》:"炀公即位六十年。"此脱"十"字。

子屯立,是为康公。《索隐》云:"屯音竹伦反。"《汉志》"屯"作"毛",字形相涉而讹。

子贾立,是为文公。《索隐》云:"《系本》作湣公。"《汉志》作"缗公"。春秋时已有文公,"湣"又与"闵"同,疑《汉志》是也。

燕召公世家

子今王喜立。 "今王",盖当时人所称,犹《纪年》称魏襄王为"今王"也。史公杂采战国书,未及刊正。

管蔡世家

次曰冉季载。 《左传》作"聃季",亦音乃甘切。

而举胡以为鲁卿士。 小司马据《尚书》蔡仲无仕鲁之文,又谓伯禽居鲁,乃在七年致政之后,疑史公无所据。予谓周公封鲁,在武王未没以前。公既留相王室,必遣人往治之,则当伯禽未之鲁,而使蔡仲以卿士治其国,何渠不可乎?《书》云"周公以为卿士",既非王朝之卿,即是仕鲁之证矣。

卫使史鳍言康叔之功德。 据《左氏传》,乃祝鮀,非史鳍也,两人同字子鱼,因而传讹。

乃令贼利杀昭侯。 按:《左氏传》,杀昭侯者,公孙翩也。

子庄公夕姑立。《索隐》云:"夕音亦,即射姑也。" 予谓夕者,夜也。《功臣侯表》"赵将夜",《汉书》作"将夕"。"夜"又与"射"通,《春秋》"狐射姑出奔狄",《公羊》作"夜姑"。

陈杞世家

空籍五岁矣。 按:"籍"字《索隐》有二解,当以"借"义为长,字宜从"艸",不从"竹"。

题公生谋娶公。注:徐广曰:"谋一作谟"。《索隐》云:"娶,子臾反。" "谋"、"谟"声相近。《说文》有"娶"无"婫","婫"、"娶"本一字,故读"娶"为子臾切。

卫康叔世家

卫君黔牟立八年。 按:《年表》,黔牟立十年,乃出奔。

惠公立三年出亡,亡八年复入,与前通年,凡十一年矣。 按:《年表》,惠公复入,与前为十四年,此误。

卫石曼専逐其君起。《索隐》云:《左传》作"石圃",此"専"音"圃"。

《谷梁》作"曼姑"。"尃"或音"姑"，诸本多无"曼"字。　按："尃"当作"尃"，"尃"与"圃"音相近。石曼姑围戚，在鲁哀公三年，与此石尃必非一人。诸本无"曼"字者是也。《左氏》、《公羊》经文皆作"曼姑"，《索隐》专指《谷梁》，亦未然。

宋微子世家

灭阞阞国，惧祸至。　下"阞"字衍。"阞"或作"阞"，《周本纪》作"耆"。

今殷其典丧。注："典，国典也。"《索隐》云：《尚书》"典"作"沦"，篆字变易，其义亦殊。　予谓"典"读如"殄"。典丧者，殄丧也。《考工记》"辀欲颀典"，郑司农读"典"为"殄"。《燕礼》"寡君有不腆之酒"注：古文"腆"为"殄"。是"典"、"腆"与"殄"通。

我其发出往。注：郑玄曰："我其起作出往。"《诗》："昊天曰明，及尔出王。"《毛氏传》："王，往也。"

天笃下菑亡殷国。　《尚书》"笃"为"毒"。《大宛传》"其东南有身毒国"，即天竺也。"竺"，古"笃"字。小司马亦读"毒"为"笃"。

常伦所敦。注：徐广曰：一作"释"。　"释"当作"斁"。《说文》引《书》"彝伦攸斁"：斁，败也。

曰涕曰雾。注：徐广曰：一作"曰渎曰被"。　"夷"有"弟"音，故"黄"读如"稊"，"涕"亦或为"渎"也。雾，《说文》作"霿"。"被"乃"祓"字之讹。《尚书》"涕"为"驿"，"雾"为"蒙"，又"蒙"在"驿"上，与此文异。

卜五占之用，二衍贰。　郑氏以"卜五占之用"为句，"二衍贰"为句，上句言卜，下句言筮。

三十年，惠公卒，子哀公立。　按：《年表》，三十一年，惠公薨，次年即为戴公元年，少哀公一世。

乃公子子鱼教湣公也。　据《左氏传》，乃公子御说之词。

昭公弟鲍革。注：徐广曰："一无'革'字。"　按：《左氏》无"革"字，下文亦有单称"公子鲍"者，则"革"为衍文明矣。《周礼》："攻皮之工有鲍氏。""鲍"或作"鞄"，从"革"。此字盖读如"鞄革"之"鞄"，后人混入正文。

晋世家

使宦者履鞮。 前云"勃鞮",后云"履鞮",史驳文。或曰:本读"鞮"为"履","鞮"字后人混入正文,转去"勃"存"履"耳。

狄伐咎如。《索隐》云:"咎"音"高",邹诞本作"困如"。 "困"、"咎"声相近。

犁二十五年。 犁,迟也,犹言"待"也。

且言何以易之。《索隐》云:"言人之出言,不可轻易之也。" 谓其言不可移易,小司马读"易"为去声,非也。

饿人,示眯明也。《索隐》云:"即《左传》之提弥明。" 按:古文"神"、"祇"字作"示"。《说文》:"祇,地祇提出万物者也。"是"示"与"提"义相通矣。郑大夫高渠弥,《史记》亦作"眯"。

魏文子请老,辟郤克。 当作"范武子"。

其侍者竖阳谷。 《左氏》作"谷阳竖"。

东至胶,南至沂。 《左氏》"胶"为"潍"。

楚世家

三曰彭祖。 注:虞翻曰:"名翦。"《大戴礼·帝系篇》作"篯"。

季连生附沮,附沮生穴熊。 《帝系篇》:"季连产什祖氏,什祖氏产内熊。"

宾之南海。 "宾"读曰"摈"。

王怒,射杀子反。 据《左氏》,共王赐子反死,非亲射杀也。

谓初王比曰。 比无谥,故以"初王"目之。

弃疾使船人从江上走呼。 《左传》云:"周走而呼。"古文"周匝"之"周"作"匋",或省为"舟",故史公讹为"船人"之说,非其实也。《诗》"舟人之子",郑康成云:"舟"当作"周"。《考工记》"作舟以行水"注:故书"舟"作"周"。"周"、"舟"二文恒相乱也。

卒自娶秦女,生熊珍。 《春秋》"珍"作"轸"。《伍子胥传》亦作"轸"。

蜀伐楚,取兹方。《正义》云:《古今地名》云:"荆州松滋县,古鸠兹地,即兹方是也。" 按:《左氏传》:"楚子重伐吴,克鸠兹。"杜预云:"鸠兹,在丹阳芜湖县东,今皋夷也。"鸠"、"皋"声相近。"兹"、"夷"音相近。与兹方非一地。

邹、费、郯、邳者,罗鸢也。 《孟子》书有邹穆公、费惠公。此文云"泗上十二诸侯",则战国之世,小诸侯存者尚多也。

秦王赵政立。 秦王政之立,五国《世家》皆书,而《韩世家》独阙,此篇称"赵政",又与他《世家》异。

虏楚王负刍,灭楚名为楚郡云。注:孙检曰:"秦虏楚王负刍,灭去楚名,以楚地为秦郡。" 按:秦始皇父名楚,故《始皇本纪》称楚为荆,灭楚之后,未尝置楚郡也。孙氏谓灭去楚名,盖得其实。楚郡之"楚",当是衍文,或者谓三十六郡之外有楚郡者,妄也。

越王句践世家

后二十余世,至于允常。 按:少康至桀,十一传。殷汤至纣,三十传。周自武王至敬王,又二十五传。而越之世,乃止二十余,理所必无也。《正义》引《舆地志》云"越侯传三十余叶,历殷至周敬王",较为近之。

败之夫椒。《索隐》云:"椒"本又作"湫"。 "湫"、"椒"声相近。《伍子胥传》作"夫湫"。楚大夫椒举,《汉书》作"湫举"。

越以服为臣。 "以"与"已"同。

与大夫柘稽。《索隐》云:《国语》作"诸稽郢"。 "诸"、"柘"声相近。

齐与吴,疥瘤也。《索隐》云:"疥瘤,音介斟。" "徙"、"鲜"声相近,故"瘤"为"癣"之异文。

《正义》云:"黄帝之元,执辰破巳,霸王之气,见于地户。" 按:术家以亥为天门,巳为地户。建在亥,则破在巳,执在辰矣。巳为楚分,而吴、越在中国之东南,正当巳位,故云"地户之位,非吴则越",春秋时,能病楚者吴,能病吴者越,以其当地户也。

郑世家

友初封于郑。《索隐》云:《系本》云:"桓公居棫林,徙拾。" 《郑氏诗谱》:"宣王封母弟友于宗周畿内咸林之地,今京兆郑县是其地也。"

棫林、咸林，疑是一地。

祝瞻射王中臂。《索隐》云：《左氏》作"祝聃"。"瞻"当作"瞻"。《说文》"瞻，詹耳也"，与"聃"音义相近。《左氏》云"中肩"，此云"中臂"，传闻异辞。

杀其大夫单伯。《索隐》云：依《左传》作"檀伯"，此文误为"单伯"者，因鲁庄公十四年，厉公自栎侵郑，事与单伯会齐师伐宋相连，故知误耳。予谓"单"、"亶"古文通用。《历书》"单阏"一作"亶安"。《淮南·泰族训》"密子治亶父"，即单父也。《诗》"下民卒瘅"，沈重本作"癉"，则"檀"、"单"亦自可通，非因《左传》而误。

鄦公恶郑于楚。《说文》："鄦，太岳之后，甫侯所封，读若许。"

声公五年，郑相子产卒。子产者，郑成公少子也。按：子产者，子国之子，穆公之孙。而《世家》以为成公子，一误也。子产卒于定公时，而《世家》云声公五年，二误也。至《循吏传》称郑昭君之时，太宫子期言之君，以子产为相，则尤无稽之谈也。

赵世家

吾有所见子晰也。《索隐》云："吾前梦所见者，知其名曰子晰也。"详文义，谓"吾有所见子甚晰"，盖记忆前梦之词，非其人名"子晰"也。

襄子立四年，知伯与韩、赵、魏尽分其范、中行故地，晋出公怒，告齐、鲁，欲以伐四卿。四卿恐，遂共攻出公。出公奔齐，道死。知伯乃立昭公曾孙骄，是为晋懿公。按：《六国表》襄子四年，与知伯分范、中行地。是岁为晋哀公忌之三年。出公尽十八年，别无出奔之文。及考《晋世家》，则云出公十七年，知伯与韩、赵、魏共分范、中行地以为邑。出公怒，告齐、鲁，欲以伐四卿。四卿恐，遂反攻出公。出公奔齐，道死，故知伯乃立昭公曾孙骄为晋君，是为哀公。哀公大父雍，晋昭公少子也，生忌。忌善知伯，早死，乃立忌子骄为君，以《赵世家》证之，出公十七年，简子卒而襄子代立，则与知伯分地之事，不当在襄子四年矣。凡诸侯称"出"者，失国之词。出公怒四卿之分地，而见逐于四卿，则分地必在出公之末年。或者分地在十七年，而奔齐道死则在明年，故《表》得有十八年耳。继出公而立者，据《晋世家》为哀公骄，据《赵世家》为懿公骄，据《表》为哀公忌。《世家》以忌为骄之父，《表》则有忌无骄,而《正义》引《表》云出公错十八年,哀公忌二年,懿公骄十七年。今检《表》,自哀公元年,距幽公柳元年,凡十有九岁。疑今本脱去"晋懿公骄元年"六字,然与《世家》总不合。

成侯十六年,与韩、魏分晋,封晋君以端氏。 按:三家分晋,在敬侯十一年,晋之灭已十有八年矣。或其君犹存,故封以一城,使臣于赵也。

武灵王二十五年,惠后卒。 此惠后即吴娃也,惠后未死之前,子何已立为太子矣。后文云"吴娃死",即追叙此事,非死于传位之后也。孝成二年,惠文后卒,此是惠文王之后,长安君之母,《战国策》所谓"赵太后"也。《索隐》以此惠后为前太子章之母,以惠文后为吴娃,翻疑《史记》"娃死"之误,可谓弗思甚也。

反高平、根柔于魏。《正义》云:"根柔未详。" 根柔,《战国策》作"温枳",皆河内地名。

反陉分、先俞于赵。注:徐广曰:一作"王公"。 "王公"疑"三公"之讹,常山郡元氏县有三公山。

左师触龙言愿见太后。 《战国策》作"触詟",合"龙言"为一字。

老妇恃辇而行。 束广微言"太后才三十有奇"者,以惠文王吴娃之子,嗣位时尚幼,约在十岁以内,享国三十三年而卒。其后之年,不过在四十内外也。古者夫殁称"未亡人",太后自称"老妇",不必计年之多寡。《索隐》以吴娃当之,不知娃之前死,史有明文也。

孝成王十五年,以尉文封相国廉颇为信平君。《索隐》云:"尉文盖地名。或曰:尉文,官名。谓以尉文所食之地封廉颇也。" 按:《汉书·王子侯表》赵敬肃王子有尉文节侯丙,是尉文为赵地审矣。或说非也,《正义》云:"尉文盖蔚州地。"

魏世家

魏绛卒,谥为昭子。注:徐广曰:"《世本》曰庄子。"《索隐》云:"《系本》错也。" 《系本》即《世本》,避唐文皇讳。 按:《左氏传》亦作"庄子",则《世本》不误,"昭"、"庄"声相近。

武堵为秦所败。 《年表》作"武都"。据《表》,则"武都"二字当属上句,"城武都"是一事,"为秦所败"又一事。

田敬仲完世家

杀高昭子,晏孺子奔鲁。 晏孺子乃"晏圉"之误也。使孺子果奔鲁,安得迁之骀而杀之? 当从《齐世家》为是。

伐卫,取毌丘。《索隐》云:毌音贯,古国名,今作"毌"者,字残阙尔。 予谓"毌"古"贯"字,与"毋"音义俱别。《史记》多古字,故以"毌"为"贯",非字之缺也。

田臣思曰。《索隐》云:《战国策》作"田期思",盖即田忌也。"臣"当作"臣",音"怡",与"期"音相近。

孔子世家

孔子生鲁昌平乡陬邑。 《说文》:"郰,鲁下邑,孔子之乡,从邑,不从自。"《左氏传》亦作"郰"。杜预云"郰邑,鲁县东南莝城"是也。

郰人挽父母。 《檀弓》"挽"作"曼"。"曼"、"挽"声相近。

趋详之节。 "详"与"翔"同。

乃因史记作《春秋》,据鲁,亲周,故殷,运之三代。《正义》云:"殷,中也。又中运夏、殷、周之事也。" 按:《正义》训"殷"为"中",非也。《春秋》:"宣十六年,成周宣榭火。"《公羊传》:"外灾不书,此何以书? 新周也。"何休云:"孔子以《春秋》当新王,上黜杞,下新周而故宋,系宣榭于成周,使若国文黜而新之,从为王者后记灾也。"又"庄二十七年,杞伯来朝。"何休云:"杞,夏后。不称'公'者,《春秋》黜杞、新周而故宋,以《春秋》当新王也。"汉儒说《春秋》者,谓孔子制《春秋》之义,以俟后圣王者,存二代之后,周监于夏、殷,继周者,当黜杞而存周,以备《三统》,故云"据鲁,亲周,故殷,运之三代"。"据鲁",谓以春秋当新王也。"亲周,故殷",谓新周故宋也,当以"殷"字绝句。

子襄尝为孝惠皇帝博士,迁为长沙太守。 《汉书·孔光传》作"长沙太傅"。惠帝时,长沙为王国,不得有太守,《汉书》云"太傅",是也。

子襄生忠。 按:上云"鲋弟子襄",此云"子襄生忠",是子襄为鲋弟矣。《汉书·孔光传》"鲋弟子襄,襄生忠",则襄为鲋弟之子矣。孔光为孔子十四世孙,鲋、襄各为一世,乃合十四之数,此文盖衍一"子"字。

陈涉世家

　　阳城人也。《索隐》云："韦昭云：'阳城属颍川。'《地理志》属汝南。不同者，按郡县之名，随代分割。阳城旧属汝南，史迁云：'今为汝阴。'句疑有讹。后又分隶颍川，韦昭据以为说，故其不同。他皆放此。"按：《汉书·地理志》颍川、汝南皆有阳城县，而汝南之阳城则为侯国，宗室刘德所封，传三世，至王莽败而国除。故《后汉志》有颍川之阳城，无汝南之阳城，非本隶汝南，而后分隶颍川也。小司马读史不子细如此，何怪后人。

外戚世家

　　武帝初即位。　　史公书称孝武曰"今上"，曰"今天子"，曰"天子"，无称谥者。而此篇及《贾生》、《李将军》、《万石君》、《主父偃》、《卫将军骠骑》、《汲郑》、《酷吏列传》皆有"武帝即位"之文，此后人追改。《酷吏传》叙宁成、周阳由，皆称"武帝"，其下叙赵禹，则云"今上时"，盖追改又有不尽耳。

楚元王世家

　　嫂详为羹尽，栎釜。《索隐》云：《汉书》作"轑"，音"劳"。　"栎"、"轑"声相近。

　　削东海郡。　　汉初诸侯王国，大率兼数郡之地，郡之属王国者，郡名似元未尝废。齐悼惠王献城阳郡以为鲁元公主汤沐邑。吕后割齐之济南郡封吕台，琅邪郡封刘泽。吴王濞封有四郡五十余城。景帝时，削吴之豫章郡、会稽郡，削楚之东海郡、赵之河间郡，皆郡之属于国者也。赵相周昌奏"常山二十五城，亡其二十城，请诛守尉"，则诸侯王国之郡，亦有守也。

齐悼惠王世家

　　献城阳郡。《正义》云：《括地志》："濮州雷泽县，本汉城阳县。后为郡也。"　此城阳国，非雷泽之成阳，辨见《景帝纪》。

　　孝文帝尽封齐悼惠王子罢军等七人，皆为列侯。《汉书·高五王传》

同。　　按:《汉书·王子侯表》:管共侯罢军、氏丘共侯宁国、营平侯信都、杨丘共侯安、杨虚侯将闾、扐侯辟光、安都侯志、平昌侯卬、武成侯贤、白石侯雄渠皆悼惠王子,以文帝四年五月甲寅同日封,此云"七人",盖"十人"之讹。

以白石侯。《索隐》云:"县名,属金城。"《正义》云:"白石古城,在德州安德县北二十里。"　按:金城郡,昭帝所置。此白石当是齐地,非金城之白石也。《正义》近之。

曹相国世家

平阳侯曹参者。　　按:萧何、曹参皆以相国终,故目录皆云"相国",与陈丞相平、张丞相苍一例也。而篇首一云"萧相国何",一云"平阳侯曹参",参不称"相国"而称"侯",又与绛侯周勃同。然勃虽丞相,以列侯终,不可以例参也。平津侯亦以丞相终,而目录不称"丞相",与萧、曹诸人异矣。其篇首则云"丞相公孙弘",若以"萧相国"书法例之,当云"公孙丞相弘",不当系姓于官之下,此皆史公义例之疏也。

柱天侯反于衍氏。　　小司马本作"天柱侯",故引庐江潜县之天柱以实之。

周勃世家

转击项籍,攻曲逆最。　　《汉书》作"曲遇","逆"字误。

梁孝王世家

梁余尚有十城。　　《汉书》云:"削梁王五县,梁余尚有八城。"此云削梁八城,余尚有十城,未详谁是。或据《汉志》梁国统八县,以为当从《汉书》。予以为未然,盖《志》所述者,平帝元始之郡县,而梁平王削地,乃在武帝元朔中,相去百廿余年,即以《汉书》本传考之,则王立嗣位之后,削地千户及五百户者数矣,又削五县,而余尚有八县,益知"余八城"之说,未可信也。

地入于汉为郡。　　按:《汉志》无济川郡,亦不言济川国所在。予尝读《水经注》引应劭说"济川,今陈留济阳县是也",乃知陈留郡即济川,故《地志》称"陈留郡,武帝元狩元年置"。不言故属梁国者,史之阙也。济川国除,在武帝建元三年,其时当为济川郡,至元狩初,移至陈留,乃改为陈留郡尔。吕后时,已有济川国,乃齐之济南郡,非梁地。说见《吕后纪》。

三王世家

御史臣光守尚书令。《索隐》云:"奏状有尚书令官位,而史阙其名耳。" 按:《索隐》说非也。光以御史守尚书令,非别有一尚书令而失其名也。下文云"太子少傅臣安行宗正事",云"太仆臣贺行御史大夫事",皆与此一例。

续萧文终之后于酂。《索隐》云:"萧何初封沛之酂,音赞。后其子续封南阳之酂,音嵯也。" 按:《说文》:"酇,沛国县,从邑,虘声。"与南阳之酂,形声俱别。《汉志》俱作"酂"字,而南阳之酂,孟康音赞;沛之酂,应劭音嵯。当作"嵯",或"古音嵯如嵯"。师古云"此县本为酇,中古以来,借'酂'字为之,读皆为'酇',而莽呼为'赞治',则此县亦有'赞'音。"予谓沛郡之酂,亦有"赞"音,乃由后来借"酂"为"酇"之故,非本音也。班孟坚《十八侯铭》云:"文昌四友,汉有萧何,序功第一,受封为酂。"是萧何初封在沛之酂,当读才何切明矣。小司马谓何初封沛,后嗣改封南阳,最为有据。特"赞"、"嵯"二音正相违反,今永城县东有酂阳集,土人读如"嵯",即何所封也。

一子为朝阳侯。《正义》云:《括地志》:"朝阳故城在邓州穰县南八十里。" 按:《汉书·王子侯表》"朝阳荒侯圣"下,注"济南"字,而《地理志》济南郡朝阳县,本是侯国,则此朝阳非南阳之朝阳也。济南之朝阳,后汉称东朝阳。

廿二史考异卷五

史记五

伯夷列传

太史公曰:"余登箕山。"《索隐》云:盖杨恽、东方朔见其文称"余",而加"太史公曰"也。 子长书每篇称"太史公",皆自称其官,非他人所加,亦非尊其父也。《贾生》、《冯唐传》文亦有称"余"而不加"太史公"者。

暴戾恣睢。《索隐》云:邹诞生"睢"音千余反,刘氏音休季反。按:"睢"、"雎"二字,形声皆别,从刘音,字当从"目";从邹音,字当从"且"。小司马兼存二音而不辩正,何也?《李斯传》"有天下而不恣睢",《索隐》止有呼季反一音。

众庶冯生。《索隐》云:邹诞生作"每生"。每者,冒也,冒即贪之义。 "每"、"冒"声相近,"贪生"之义,较"冯"为长。

《老庄申韩列传》。 《自序》称《老子韩非列传》,不及庄、申二子。

周守藏室之史也。《索隐》云:"《张苍传》,老子为柱下史。" 按:《苍传》但云秦时为御史,主柱下方书,未尝及老子。一本作"《张汤传》",尤误。

注:"服具胜实。" "具胜"疑即"巨胜"也。

亢桑子之属。 亢桑即庚桑也。"亢"音"刚",与"庚"声相近。

又非吾敢横失能尽之难也。 "失",古"轶"字。

则以为鬻权。《索隐》云:《韩子》"粥权"作"卖重"。 "卖"当作"賣"。《说文》:"賣,衒也。读若育,从贝、从𡍬。"与"卖"字"从出、从买"者不同。"賣"、"鬻"音义一也。

泛滥博文,则多而久之。[①] 《韩子》作"米盐博辨",《天官书》"凌杂米盐",《正义》云:"米盐,细碎也。"

胡，兄弟之国也。　　郑，姬姓。胡，归姓。本婚姻之国，而云"兄弟"者，《礼经》"舅弟"与"兄弟"有别：己之舅弟，与从父舅弟，从祖舅弟，族舅弟，皆同姓之亲也。若"兄弟"则兼异姓言之。《丧服传》："小功以下，为兄弟；而姑之子，舅之子，亦称外内兄弟。"《曾子问篇》："昏礼既纳币，有吉日，而婿之父母死，已葬。婿之伯父致命女氏曰，某之子有父母之丧，不得嗣为兄弟。"《正义》云："婿于妻之父母有缌服，故得谓之为兄弟也。"

郑人袭胡，取之。　　按：《春秋》昭公时，归姓之胡国尚存。或灭而复立，或自有两胡国也。

夫龙之为虫也。　　《大戴礼·易本命篇》："有鳞之虫三百六十，而蛟龙为之长。"

皆原于道德之意，而老子深远矣。　　按：申、韩之学，皆自谓本于老子，而实失老氏之旨。史公《自序》述其父说，道德与名、法各为一家，而于此赞又明辨之，言其似同而实异也。说者讥韩非不当与老子同传，盖未谕史公微旨。

孙子吴起列传

后十五年。　　"五"当作"三"。

伍子胥列传

费无忌为少傅。《索隐》云：《左氏》作"费无极"。　　"忌"、"极"声相近。

遂灭邹，鲁之君以归。　　"鲁"当作"虏"，音之讹也。《左氏传》："邾子又无道，吴子使太宰子余讨之，囚诸楼台。""邹"即"邾"也。当云"虏其君"，转写或误尔。一本"灭"作"威"。

县吴东门之上。《正义》云："东门，鳝门，谓鲟门也，今名葑门。"　　"葑"、"鲟"声相近，古音有重唇，无轻唇，故读"鲟"如"鳝"。

仲尼弟子列传

灵公太子蒉聩。　　《卫世家》作"蒯聩"。《说文》页部"颒"字云："头蒯颒也。""颒"正字，"蒯"俗字，"蒉"通用字。

乃下石乞、壶黡。 《左氏》"壶"作"盂","盂"、"壶"声相近。

为武城宰。《正义》云：《括地志》云："在兖州，即南城也。《舆地志》云：南武城县，鲁武城邑，今刊本讹作"武邑城"。子游为宰者也。"按：武城即曾子所居之南武城。《索隐》云：当时鲁更有北武城，故言"南"也，亦谓之南城。《续汉书·郡国志》南城县有东阳城。《春秋·哀八年传》："吴师伐武城，克之。"又云："吴师克东阳而进。"东阳在南城，则南城即武城矣。

子夏居西河教授。《正义》云："竭泉山，一名隐泉山，在汾州堰城县北四十里。" 按：汾州无堰城县，盖"隰城"之讹也。《隋书·地理志》："隰城县有隐泉山。"此"竭泉"当作"谒泉"，"谒"、"隐"声相近也。

《正义》云："九二甲寅，木为世。立五景行，水为应。" "立"当作"六"，"景行"当作"景子"。"景"即"丙"字。此注讹舛难读，今以意推衍之：外卦艮土，内卦乾金，外象生内象也。子水为世，寅木为应，应生世也。内乾为父，外艮为子，纯阳之卦。内象本艮一阳，变乾三阳，外象艮一阳，凡得五阳爻，故生五丈夫子。内艮一阳不见，故一子短命。

商君列传

注："周室归藉。"《索隐》云：藉，音胙。字合作"胙"，误为"藉"耳。予谓"藉"、"胙"声相近。

苏秦列传

秦兵不敢窥函谷关十五年。 说者以此语为从人夸诞之词，然张仪说楚王云："秦所以不出兵函谷十五年以攻齐、赵者，阴谋有吞天下之心。"其说赵王亦云："大王收率天下以宾秦，秦兵不敢出函谷关十五年。"则当时果有其事矣。苏秦从约之成，在赵肃侯十八年，又十五岁，则赵武灵王之九年也。是岁张仪始以连衡说魏，此十五岁之中，秦惟出兵攻魏，间一击韩，不闻及他国。迨五国击秦之师不胜，在赵武灵王八年。而后张仪得以说破之，则合从不为无功矣。谓苏秦去赵，而从约皆解，亦未尽然。

夫齐者，固寡人之深仇。 按：燕王哙之时，齐与燕未有深仇也。苏代此说，必在昭王时，故称齐湣王为"长主"，且有"南面举宋"之语。

湣王即位三十八年而灭宋,其年必已长矣,故有长主之称。若移此段问答于"昭王召苏代,复善遇之"之下,则词有伦次矣。

我下轵,道南阳。 "道"非地名,盖谓"下轵之后,取道南阳"耳。徐广以霸陵之轵道当之,固误。小司马谓"道"为衍字,亦非也。

张仪列传

卒起兵伐蜀,十月,取之。 按:《秦本纪》及《年表》,伐蜀乃惠王后九年事。此传叙于惠王十年以前,则误以为前九年矣。

樗里子甘茂列传

秦惠王二十五年。 按:《年表》在惠王后十二年,此云"二十五"者,并前十三年数之。

助魏章攻楚。 "魏章"即《秦本纪》之"庶长章"也。

白起王翦列传

后七年,白起攻楚,拔鄢、邓五城。 按:《年表》在昭王二十八年。其拔赵光狼城,即在前一年,此云"后七年",与《表》异。

赵孝成王与平阳君、平原君计之。《索隐》云:"平阳君未详何人。"平阳君,赵豹也,见《赵世家》。

孟子荀卿列传

退而与万章之徒。《索隐》云:"《孟子》有万章、公明高等,盖并轲之门人也。" 按:公明高非孟氏弟子。《广韵》以离娄为孟子门人,其误亦类此。

始也滥耳。《索隐》云:"滥即滥觞,是江原之初始,故此文义以滥为初也。" 按:小司马说非也。详上下文义,似谓衍之说,始虽泛滥,而要归于仁义节俭耳。《司马相如传》云:"相如虽多虚滥说,然其要归引之节俭。"语意正相类。

懼然顾化。 "懼"即"瞿"字。

平原君虞卿列传

公等录录。《索隐》云:《说文》云:"录录,随从之貌也。" 按:《说文》本作"娽",云随从也。故王邵以"录"为借字。

与魏齐间行,卒去赵,困于梁。 王懋竑曰:"范雎以秦昭王之四十一年为相,魏齐即以是年奔赵,匿平原君所。四十二年,诱执平原君,魏齐与虞卿亡走魏。后五年,秦破赵长平,则昭王之四十七年,而周赧王之五十五年也。《雎传》所叙甚详,及考《虞卿传》,卿为赵计事,皆在长平后,与《雎传》不合,故《古史考》疑魏齐死后,虞卿复归相赵。然如所云,则史"穷愁著书"之言,亦无当矣。《通鉴》叙诱执平原君事于赧王之五十六年,则与《卿传》合。然秦以五十六年正月罢兵,其岁九月,又攻邯郸。此数月之中,秦未必能诱致平原君,而平原君亦未必敢往,与古史所云,未知孰是。"

春申君列传

黄、济阳婴城。《正义》云:"婴城未详。" 按:下文又云"许、鄢陵婴城",皆谓婴城自守,不敢战也。《正义》误以为地名,故云"未详"。黄,即陈留之外黄。

没利于前。 "没"与"昧"同。《赵世家》"昧死以闻",《战国策》作"没死"。

范雎、蔡泽列传。 按:《秦本纪》、《六国表》不见二人名。

至今闭关十五年,不敢窥兵于山东者。 范雎说秦在昭王卅六年,是时秦用白起破赵、魏及楚者屡矣,而穰侯方出兵攻纲寿,安有闭关十五年之事?

昭王乃遗赵王书曰:王之弟在秦。 是岁昭王四十二年,即赵孝成王之元年也。平原君为惠文王之弟,于孝成为叔父,惠文已殁,不当更称"弟"。

号为纲成君。 《水经注·湿水篇》云:"于延水又东径冈城南,按《史记》,蔡泽,燕人也,谢病归相,秦号纲成君。疑即泽所邑也,世名武冈城。"

廉颇蔺相如列传

赵惠文王十六年,廉颇为赵将,伐齐,大破之,取晋阳。　按:《六国表》,惠文十五年,取齐昔阳,即乐毅破齐之岁也。此《传》与《世家》皆作"十六年",疑误。《表》与《世家》皆作"昔阳",而此则"晋阳",《索隐》又作"阳晋"。

秦破赵,杀将扈辄于武遂城。　《赵世家》作"武城"。武遂在燕、赵之交,秦兵未得至其地,恐因上有"武遂方城"之文,误衍"遂"字耳。

田单列传

得之太史嫩之家。　《世家》"嫩"作"敫"。

号曰安平君。　史不叙其后事。考《赵世家》孝成王元年,齐安平君田单将赵师而攻燕中阳,拔之。二年,田单为相,即齐王建之元年也。岂襄王既没,单遂去齐而入赵乎?

鲁仲连邹阳列传

今齐湣王已益弱。　此时距齐湣王之死,已二十余年矣,文云"今齐湣王",似其人尚存。

齐湣王将之鲁。　据《世家》,则之鲁、之邹两事,俱在失国之后。

齐田单攻聊城岁余。注:徐广曰:案《年表》,田单攻聊城,在长平后十余年也。　按:《六国表》无田单攻聊城事,惟燕武成王七年书"田单拔中阳",乃在长平前五年,又非聊城,或疑徐广之误。今细绎徐氏文义,特以仲连遗书有栗腹事,推检时代,当在长平后十余年,以正史公云"二十余年"之误,非谓《年表》有田单事也。仲连遗书之燕将,必非与乐毅同时,盖其事在燕王喜之世,别有以偏师下齐城,惧谗不敢归者,不用仲连之言,以至身死城屠。史公所书,较之《战国策》为得其实矣。吴师道谓田单相赵之后,必不复返齐,亦恐未然。孟尝君相秦而归,复为齐相,此其证也。

屈原贾生列传

为楚怀王左徒。　黄歇由左徒为令尹,则左徒亦楚之贵臣矣。

不获世之滋垢。 "滋"与"兹"同,《说文》:"兹,黑也。"《春秋传》:"何故使我水兹?"

大破楚师于丹浙。 "浙"当作"淅"。《楚世家》作"丹阳"。

杀其将唐眛。《正义》云:"眛,莫葛反。"《吕氏春秋》作"唐蔑",《汉书·古今人表》同。古文"眛"、"蔑"通。

章画职墨兮。《索隐》云:《楚词》"职"作"志"。 "职"与"识"通。《周官》"职方氏",《汉华岳碑》作"识方"是也。"志"即"识"之古文。见《周礼注》。

伯乐既殁兮,骥将焉程兮。 "程"读如"秩",与"匹"为韵。《书》"平秩东作",《史记》作"便程"。

方正倒植。 "植"与"置"同。《论语》"植其杖而芸",《汉石经》作"置"。

瓟九州而相君兮。《索隐》云:《汉书》作"历九州"。 "瓟"当读如"离"。"离"、"历"声相近。

单阏之岁兮。注:徐广曰:"文帝六年,岁在丁卯。" 按:《汉书·律历志》高帝元年,岁名敦牂;太初元年,岁名困敦。以是推之,单阏之岁,当是文帝七年。徐氏不知古有超辰之法,故云"六年"也。

化变而嬗。 《文选》"嬗"作"蟺",盖从韦昭本,训"而"为"如"、"蟺"为"蝉"也。

大专槃物兮。《索隐》云:《汉书》曰"大钧播物",此"专"读曰"钧"。槃,犹转也。 "专"与"钧"声相转,舌齿异音,而均为出声,此假借之例也。"槃"读为"般",补完切,"般"、"播"声相近。

攌如囚拘。《索隐》云:《说文》云:"攌,大木栅也。" 按:《说文》无"攌"字,《索隐》殆误也。《汉书》作"㑊",而苏林音欺全反,却与"圜"音相近。

好恶积意。注:李奇曰:"所好所恶,积之万亿也。" "意"当作"薏"。《说文》:"薏,满也。一曰:十万曰薏。"

细故蒂葪兮。 "葪"不成字,当作"蓟","蓟"、"芥"声相近,故《汉书》作"芥"。

吕不韦列传

子楚夫人,赵豪家女也。　　盖不韦资助之,遂为邯郸豪家。

刺客列传

曹沫者,鲁人也。《索隐》云:沫音亡葛反。《左氏》、《谷梁》并作
"曹刿",然则"沫"宜音"刿"。　　按:《说文》沫从末,读莫葛切;与亡葛
同。沫从未,读荒内切。本是两字,小司马混而为一,非也。"刿"字宜
读如"鸾声哕哕"之"哕",呼惠切。乃与"沫"音相近。

与韩相侠累有郤。《索隐》云:"侠音古挟反。"　"侠"、"累"合为
"傀"音。

将用为夫人粗粝之费。　《正义》本作"大人",注中"夫人"字皆
"大人"之讹。下文"家丈人召使前",《索隐》引韦昭说"古者尊父妪为
丈人",又引《汉书·宣元六王传》、古诗"丈人故言迟"证之,则小司马
所见《汉书》,与今本异也。

李斯列传

卫君杀其父,而卫国载其德,孔子著之,不为不孝。　《春秋》卫石
曼姑帅师围戚。《公羊》以为伯讨。《孟子》书称卫君辄为孝公,故赵高
为此言。然蒯聩未尝死于辄,辄亦无德可载也。

司城子罕相宋,身行刑罚,以威行之,期年遂劫其君。　《韩子·
二柄篇》云:"子罕谓宋君曰:'夫庆赏赐予者,民之所喜也,君自行之;
杀戮刑罚者,民之所恶也,臣请行之。'于是宋君失刑,而子罕用之,故
宋君见劫。"又《人主篇》云:"宋君失其爪牙于子罕,简公失其爪牙于田
常。"高诱注《吕览》亦云子罕杀宋昭公。考《宋世家》不载子罕事。据
《左氏传》,司城子罕乃宋之良臣,仕平公朝,初未劫君也。但乐氏世为
司城,或子罕之后,更有专政劫君者,事在春秋以后,故战国、汉初人多
言之。《邹阳传》"宋听子罕之计,而囚墨翟",《汉书》作子冉。亦此子
罕也。

与宦者韩谈。　太史公父名谈,如李谈、赵谈之属,皆改称"同",
"同"、"谈"亦取声相近。此韩谈独不改,何也?《滑稽传》云"谈言微中",

《司马相如传》"因斯以谈",皆不避"谈"字。

蒙恬列传

秦穆公杀三良而死,罪百里奚而非其罪也,故立号曰"缪"。 据此,则秦缪公之谥,当读如"谬",所谓"名与实爽曰缪"也。蒙恬,秦人,其言必有所自。

张耳陈余列传

范阳人蒯通。 此"范阳"注家不详所在。师古以涿郡之范阳实之,因谓通本燕人,后游于齐,此不考地理而妄为之说也。方武臣等自白马渡河,才下十城,安能远涉燕地?且范阳既降之后,赵地不战而下者三十余城,然后乃至邯郸,武臣乃自立为赵王,然后命韩广略燕地。岂容未得邯郸之前,已抵涿郡乎?然则蒯生所居之范阳,当属何地?曰:《淮阴侯传》称"齐人蒯通",又称为"齐辩士"[②],则范阳必齐地矣。《汉志》东郡有范县,此即齐之西境。孟子自范之齐,谓此地也。《赵世家》云"嬴姓将大败周人于范魁之西",小司马谓范魁赵地。然则此范阳盖在齐、赵之界,本齐地,而亦可属赵也。

淮阴侯列传

走入城皋。 "城"当作"成",下同。

信遂追北至城阳。《正义》云:"城阳,雷泽县是。在濮州东南九十一里。" 此城阳是齐地,非濮州之成阳。

钟离眜家在伊庐。注:徐广曰:"东海朐县有伊庐乡。" 按:《续汉书·郡国志》作"伊卢",注引《史记》亦作"卢"字。"庐"、"卢"古多通用,今江西庐陵县,土人读如"卢"音。

狡兔死,良狗烹。 小司马本"狡"作"郊",与《吴越春秋》同。

陈豨拜为钜鹿守。 此时钜鹿属赵国,豨盖以赵相国兼钜鹿守也。汉初王国所领之郡亦置守。

韩王信卢绾列传

陈豨者,宛朐人也。《索隐》云:"《地理志》属济阴。" 按:《地理志》作"冤句"，济阳本梁地，故史公称为"梁人"。

高祖七年冬，韩王信反，入匈奴，上至平城还，乃封豨为列侯。按：《功臣侯表》高祖六年正月，豨之元年也，又云"已破臧荼，封豨为阳夏侯"，则豨之侯，在平城前矣。

樊郦滕灌列传

汉王赐哙爵为列侯，号临武侯。《正义》云："桂阳，临武县也。"按：战国之际，赵有临武君，未必远取桂阳之临武也。

以将军从击荼，战龙脱。《索隐》云："其地阙。"　按：《赵世家》孝成王十九年，"以龙兑、汾门、临乐与燕"，"龙脱"即"龙兑"也，"脱"亦有"兑"音。

刘敬叔孙通列传

欲遣长公主，吕后日夜泣。　按：张敖尚鲁元公主，在高帝困平城之前，彼传云"高祖从平城过赵，赵王朝夕上食，有子婿礼"，可证也。娄敬进说，乃在平城以后，讵有夺赵王后以妻单于之理乎？此事未可信。

季布栾布列传

为气任侠。注："侠，甹也。"《索隐》云："甹音普名反，其义难喻。"按：《说文》："甹，侠也。三辅谓轻财者为甹。"[③]

袁盎晁错列传

袁盎骑，并车揽辔。上曰：将军怯邪？　盎时为中郎将，文帝称为"将军"。后为吴相，归说丞相申屠嘉。嘉曰："鄙野人乃不知，将军幸教。"灌夫尝为中郎将，史亦称"灌将军"，此中郎将称"将军"之证也。予又考：汉时称人为"将军"，特尊重之称，不必实指其官，如灌夫称田蚡为将军，蚡乃丞相也。程不识、李广以卫尉而称将军，卫尉本典兵之官。

死十余日，吴、楚七国果反。　错父死才十余日，而错衣朝衣如故，则错初未行一日之丧也。刑名之学，其弊乃至于此。翟方进丧后母三十六日而起视事,犹为彼善于此也。

噤口不敢复言也。 《汉书》"噤"作"拑","拑"、"噤"声相近。皆群母。

时邓公免,起家为九卿。 《汉书·公卿表》无"邓公"名。

张释之冯唐列传

堵阳人也。《正义》云:应劭曰:"哀帝改为顺阳,水东南入蔡。"《括地志》云:"顺阳故城在邓州穰县西三十里,楚之郇邑也。"及《苏秦传》云"楚北有郇阳",并谓此也。 按:堵阳与顺阳非一地,两《汉志》皆有堵阳县,属南阳郡。哀帝改顺阳为博山,以封孔光,不闻又改堵阳为顺阳也。应劭谓顺阳在顺水之阳,此云"水东南入蔡"者,当谓顺水也。《苏秦传》注引《括地志》"顺阳故城在邓州穰县西百四十里",与此注亦小异。古书未闻以顺阳为堵阳者,《正义》之说,盖出于《水经注》,此郦氏误尔。《水经注·湋水篇》:"赭阳,《地理志》曰:县有赭水,汉哀帝改为顺阳。"《后汉书·朱祐传》注:"堵阳故城在今唐州方城县。"方城,今裕州也,岂得与顺阳混而为一乎?

陵迟而至于二世。 《汉书》作"陵夷"。《平准书》"选举陵迟",《汉志》亦作"夷"。《司马相如传》"陵夷衰微",《汉书》作"迟"。古文"夷"与"迟"通。《诗》"周道倭迟",《韩诗》作"郁夷"。《淮南·原道训》"冯夷、大丙之御",高诱云:"'夷'或作'迟'。"《娄寿碑》"偓佪衡门",即"栖迟"也。《说文》"迟"或作"遟",从屖。屖,古文"夷"字。

从行至霸陵,居北临厕。注:李奇曰:"霸陵北头厕近霸水。"如淳曰:"居高临垂边曰厕也。"苏林曰:"厕,边侧也。"《索隐》云:"刘氏厕音初吏反,包恺音侧,义亦两通。" 予谓"厕"即"侧"字,"侧"旁从"人",隶变为"厂",与"厕圊"字从"广"者不同,刘伯庄"音初吏反",小司马以为"义可两通",盖"廁"、"厕"两字,唐以前已相混矣。

万石张叔列传

庆方为丞相,诸子孙为吏更至二千石者十三人。 按:褚先生叙田仁制举三河。河东太守,石丞相子孙也。石氏九人为二千石,方盛贵,仁数上书言之。其后三河太守皆下吏诛死,此在庆已没之后。

田叔列传

谷口蜀划道近山。 划道者,栈道也。

扁鹊仓公列传

秦策于是出。 《赵世家》作"秦谶","谶"、"策"声相近。

嬴姓将大败周人于范魁之西。 《正义》云:贾逵云:"月阜曰魁。" "月"盖"川"之讹。《赵世家·正义》引贾逵说,不误。郭景纯注《尔雅》云: "灢原在汾阴者,人壅其流,以为陂种稻,呼其本出处为灢魁。"又《汉 书·王子侯表》有"剧魁侯"、"葛魁侯",皆取川阜为名。

案杬毒熨。 《索隐》云:"杬音玩,谓按摩而玩弄身体使调也。" "杬"当作"抏",从"手"、从"元",转写讹为"杬"耳。

太仓公者,齐太仓长。 《孝文纪》作"太仓令"。意之名无所避, 而《文纪》称"淳于公",又称"太仓公",目录亦称"仓公"而不名,盖当时 有此称,史公因而书之。

吴王濞列传

赵王有罪,削其河间郡。 《索隐》云:案《汉书》作"常山郡"。 今 考,文帝二年,取赵之河间郡封赵王遂弟辟疆为王,[①]传子福,无后,国 除入于汉。则河间之属汉,乃在文帝时,非以罪削也。《楚元王世家》 亦云"削赵王常山之郡",此传误。

魏其武安侯列传

父世,观津人。 《索隐》云:言其累叶在观津,故云"父世"也。 予 谓"世"者,婴父之名。

程、李俱东西宫卫尉。 注:《汉书音义》曰:"李广为东宫,程不识为 西宫。" 按:不识为长乐卫尉。长乐宫,太后所居,在未央之东,故云 "东朝",是程东宫、李西宫也。樗里子葬渭南章台之东,长乐宫在其 东,未央宫在其西,此"东西宫"之证。

韩长孺列传

御史大夫韩安国者。 安国以御史大夫病免,复起为他官以卒,篇首仍书"御史大夫",亦变例。

梁城安人也。《正义》云:《括地志》云:**"成安属颍川郡,陈留郡又有城安县,亦属梁,未知孰是也。"**⑤ 按:城安之"城",当作"成"。《汉志》陈留、颍川二郡皆有成安县,而陈留为梁故地,颍川为韩故地,史称"梁成安",则为陈留之成安无疑。颍川之成安,本郏县地,武帝封韩千秋子延年为侯国。

褆取辱耳。注:徐广曰:"褆"一作"祇"。 按:《汉书》亦作"祇"。《易》"坎不盈,祇既平",京房本作"褆",《说文》亦同。盖"褆"、"祇"古通用也。古书"是"与"氏"同。

卫将军骠骑列传

将军公孙贺。 公孙贺、李蔡皆官至丞相,而以"将军"目之,盖汉人以"将军"为重,且诸人皆从卫、霍立功,其在相位,初无表见,故但称"将军"而已。

以浮沮将军出五原。 按:《匈奴传》贺将万五千骑,出九原二千余里,至浮苴井而还。"浮苴"即"浮沮",盖以地名。赵破奴为匈河、浚稽将军,李广利为贰师将军,亦其类也。

七为将军。 "七"当作"五"。

平津侯主父列传

齐菑川国薛县人也。《汉志》薛县属鲁国,不属齐与菑川。说者引《儒林传》称平津为薛人,既云薛人,则上言"齐菑川"者误耳。予考本传,元光五年,⑥有诏征文学,菑川国复推上弘,弘谢国人,国人固推之,则平津为菑川人无疑。菑川本齐之故地,故汲黯诘弘云:"齐人多诈,而无情实。"史言菑川又言齐者,当时通俗之称。扁鹊言"臣齐勃海秦越人"也,言勃海又言齐,与此一例,非史之误。《汉书》无"齐"字,班氏所删。《汉志》菑川国只有三县,无薛县。然《高五王传》青州刺史奏菑川王终古禽兽行,请逮捕,有诏削四县。安知薛县不在所削之内乎?

且《汉志》所载郡国领县若干，皆元、成以后之制，王国大者仅十余县，小者三四县，如蠡吾故属河间，良乡、安次、文安故属燕，陉城故属赵之类，赖有列传，略见一二，未可据志以驳传也。

　　地固泽咸卤。　《汉书》无"咸"字，疑衍。

　　是时赵人徐乐。　《汉书》："乐，燕郡无终人。"

　　又使尉佗屠睢。　《汉书》无"佗"字，疑衍。

南越尉佗列传

　　取邯郸樛氏女。　"樛"当作"摎"，从"手"旁。

　　立明王长男越妻子术阳侯建德为王，注：徐广曰："元鼎四年，以南越王兄越封高昌侯。"　　按：徐说非也。《功臣表》："术阳侯建德，以南越王兄越高昌侯封。"是"高昌"乃南越私号，及降汉之后，始受"术阳"之封耳。史举其后封号书之。

东越列传

　　世俗号为东瓯王。　《封禅书》"越人勇之，言东瓯王敬鬼，寿至百六十岁"，即东海王摇也。

　　天子问太尉田蚡。　按：建元二年，蚡已罢太尉矣，此时盖以列侯奉朝请，武帝犹以前官称之。

　　不战而耘。注：徐广曰："耘"，义当取"耘除"，或言"耘"音于粉反，此楚人声重耳。　惠栋曰：此"抎"字之误，《汉书》作"殒"，"抎"与"陨"通。《左氏》成二年传"陨子辱矣"，《说文》引作"抎"。"抎"古字，"陨"今字，徐氏"耘除"之义失之。

朝鲜列传

　　朝鲜相路人、相韩阴。　《汉书》作"韩陶"。

　　降，相路人之子最。　按："降"字当连上为句。长降，右渠子名也。《功臣表》作"长陥"。陥，姑落切，与"降"声相近。小颜注《汉书》，谓相路人前已降汉，而死于道，故谓之"降相"，此妄之甚也。下文"长为几侯"，"长"下亦当有"降"字。

　　阴为萩苴侯。《索隐》云："萩音秋。"　《汉书》本传作"秋苴"，而

《功臣表》作"萩苴",《师古》音"狄",《史记表》亦作"荻",《索隐》音狄。未知孰是。

最以父死,颇有功,为温阳侯。 "温阳"当从《表》作"涅阳",《汉书》亦作"涅阳"。

司马相如列传

瑊玏元厉。 《说文》"玲瓅,石之次玉者",即此瑊玏也。

诸蔗猼且。 《汉书》作"巴且",即巴蕉也。"巴"与"猼","且"与"蕉",声皆相近。

则生葴薪苞荔。 《汉书》"薪"作"析",《文选》作"菥","析"、"斯"声相近。《释艸》云:"菥蓂,大荠。"《说文》作"析"。

兕象野犀,穷奇獌狿。 《汉书》无此八字。《文选》同。"獌狿"即上文"蟃蜒"。穷奇、象犀则《上林赋》有之,当是后人妄增。

倐眒凄浰。 《汉书》"凄"作"倩","凄"、"倩"声相近。

袗袗裶裶。 "裶"即"裴"字。《说文》"袗"、"裴"皆长衣皃。

罔瑇瑁。 "瑇瑁"字重出。

何为无用应哉。 《汉书》"用"作"以","以"、"用"声相近。

汹涌滂濞。 《汉书》作"彭湃","滂"与"彭"、"濞"与"湃",声皆相近。

澎濞沆瀣。 《汉书》"澎"作"滂","滂"、"澎"声相近。

葴橙若荪。 《汉书》"橙"作"持","持"、"橙"声相近。韦昭曰:"持音惩。"小颜破"持"为"苻",非。

岩窔洞房。 《索隐》云:"窔音一吊反。"《文选》"窔"作"窔"。《汉书》字讹为"突"。小颜谓"若灶突状",非也。

华氾壁栌。 《汉书》"氾"作"枫"、"壁"作"枰",皆声相近。

留落胥余。 《汉书》作"胥邪","邪"、"余"声相近。郭景纯不详"留"为何物。按:《释木》"刘,刘杙"注:"刘子生山中,实如梨。"即此"留"也。

连卷累佹。 《汉书》"累"作"欐","欐"、"累"声相近。

纷容萧蔘。 郑司农注《考工记》,引作"纷容掔参"。《汉书》"容"作"溶","萧"作"蔺"。

旖旎从风。 《说文》无"旖旎"字。《汉书》作"猗柅"，当从之。张揖训为"阿那"，亦取声相近。

被豳文。 《汉书》"豳"作"斑"，"斑"、"豳"声相近。

艺殪仆。 注：徐广曰："射准的曰艺。"《说文》："臬，射准的也。"《周礼》："匠人建国，水地以县，置埶以县。"郑康成谓"埶"古文"臬"假借字，亦借用"艺"字。《春秋传》"陈之艺极"，注："艺，准也。"

巴俞宋蔡，淮南于遮。 "巴俞"当作"嘡喻"。《说文》引司马相如说"淮南宋蔡，歌舞嘡喻"，正据此赋。盖以"宋蔡嘡喻"与"淮南于遮"对文也。许叔重生于汉时，所见本当不误。"嘡"、"巴"声相近，故或作"巴俞"。郭景纯以"巴渝舞"当之，非是。

眇阎易以戍削。 《汉书》"戍"作"恤"。"阎易"犹"姚易"也。出《史篇》。

媥姺嫳屑。 《汉书》作"便姗嫳屑"。"便姗"与"媥姺"声相近。《说文》无"嫳屑"字，当从《汉书》。

更正朔。 《汉书》"更"作"革"，声相近。

用兴法诛其渠帅。 《晋书·刑法志》："魏文侯时，李悝著《法经》六篇，萧何又益《兴》、《厩》、《户》三篇。"

夐邈绝而不齐兮。 此下五句，《汉书》无之。

厮征北侨。 "北"当作"伯"。

衍曼流烂，坛以陆离。 《汉书》"坛"作"疹"。《说文》："亶，多谷也。"《诗》"啴啴骆马"，《说文》引作"疹疹"。"亶"、"多"声相近，故"坛"或为"疹"。

媕侵浔而高纵兮。 《汉书》"媕"作"傪"，"傪"、"媕"声相近。"媕"读如"检"，徐音"嬐"，非也。《说文》"寻"字旁从"彡"，隶变与"水"相乱。

涉丰隆之滂沛。 《汉书》"沛"作"濞"，"濞"、"沛"声相近。

视眩眠而无见兮。 《汉书》"眠"作"泯"，"眩眠"即"瞑眩"也。"泯"、"眠"声相近。

湛恩蒙涌。 《汉书》作"厖洪"。古音"厖"如"濛"。

终都攸卒。 注：《汉书音义》曰："都，于；卒，终也。""都，于"《释诂》文。

首恶湮没。 《汉书》"湮"作"郁","郁"、"湮"声相近。

获周余珍,收龟于岐。 《汉书》无"珍"字。

盖号以况荣。 "盖"读如"盍",文颖训为"合","合号"犹言"合符"也。小颜以为语辞,似迂。

或谓且天为质阍。 《汉书》"阍"下有"示"字,属下读。

君乎君乎。 《汉书》"乎"作"兮","兮"、"乎"声相近。

淮南衡山列传

宗正臣逸、廷尉臣贺、备盗贼中尉臣福。 《汉书·公卿表》无此三人名。

先要成皋之口。《正义》云:"成皋城在河南汜水县东南二里。""汜水"盖"汜水"之讹。

日夜从容王。 "从容",《汉书》作"纵臾","臾"读曰"勇"。"纵臾"谓"奖劝"也。"臾"、"容"声相近。鬼臾区亦作鬼容区。

日夜从容劝之。 "从容",《汉书》作"将养"。师古读"将"为"奖","将养"亦"纵臾"之转也,"从"当读子容切。

汲郑列传

其馈遗人不过算器食。注:徐广曰:"算,竹器。" "算"与"匴"同。《士冠礼》"爵弁、皮弁、缁布冠各一匴",注:"匴,竹器名。"古文"匴"为"篹"。《说文》:"匴,渌米薮也。"

儒林列传

于赵自董仲舒。 仲舒广川人,而称"赵"者,广川故赵地也。公孙丞相菑川人,而云"齐人";朱买臣会稽人,而云"楚士",亦此类。

太皇窦太后。 当云"窦太皇太后"。

及徐氏弟子公户满意。 《公羊传》有公扈子,"公户"疑即"公扈"也。

酷吏列传

乃拜都为济南太守。 据《汉表》,都自济南太守迁中尉,在景帝前七年。而"郡守"更名"太守",乃在景帝中二年,则其时不得称"太守"也。"太"字衍。

与汲黯俱,为忮司马安之文恶,俱在二千石列,同车未尝敢均茵伏。《索隐》云:"言二人与由同载一车上,不敢与之均茵轼,谓下之也。"　予谓小司马说非也。司马安以黯姑姊子,同时仕宦。由重黯而轻安,或时与安俱出,不得已与安同车,然亦耻与均茵伏。所谓"忮"也,当以"与汲黯俱"为句,"为忮"二字属下句,文义方安。班《史》脱去"与俱"两字,注家因谓黯、安二人皆畏由,不敢与均,失之远矣。《汉书》"伏"作"冯",古人读"伏"如"匐",与"冯"声相近。《王吉传》"冯式撙衔",即《战国策》之"伏轼撙衔"也。《碧落文》亦以"凭"当"伏"字。

劾鼠掠治传爰书。注:苏林曰"传谓传囚也"。　予谓"传"盖"傅"字之讹,"傅"读曰"附",谓附于爰书。

家两子,夹河为守。　"夹河"谓河内、河南也。褚先生叙田仁刺举三河,是时河南、河内太守皆御史大夫杜父兄子弟,即此所云"夹河为守"者也。

大宛列传

奄蔡。《正义》云:《汉书解诂》云:"奄蔡即阖苏也。"　"蔡"有"槃"音。经典多以"蔡"代"槃"字,与"苏"声相近。

而楼兰、姑师,小国耳。注:徐广曰:"即车师。"　"车"、"姑"声相近。

乌孙仑头。　"仑头",《汉书》作"仑台","台"、"头"声相近。

游侠列传

田仲、王公、剧孟。　王公即王孟。

藏命作奸。《索隐》云:"案:谓亡命也。"　予谓"命"者"名"也,"藏命"犹言"匿名"。

与人饮,使之嚼。注:徐广曰:"音子妙反,尽酒也。"　"嚼"与"釂"同。《说文》:"釂,饮尽酒也。"《续汉书·五行志》:"嚼复嚼者,京都饮酒相强之词也。"

东道赵他、羽公子。《索隐》云:"旧解以赵他、羽公子为二人,今按：此姓赵，名他羽，字公子也。" 予以上下文证之，则旧解为是。《春秋传》，郑穆公之后有羽氏。

佞幸列传

仁宠最过庸，不乃甚笃。 予谓"不乃"者，"不能"也，"乃"、"能"声相近。言周仁宠过于常人，犹不能甚笃，以见景帝之无宠臣也。

滑稽列传

威王八年，楚大发兵加齐。 按《世家》及《表》，是年齐、楚无交兵事。此传之言，多不足信。

其后百余年，楚有优孟。 优孟事楚庄王，在淳于髡前二百余年。此传云在髡后百余年，乃踳驳之甚者。而小司马未及举正，何也？

铜历为棺。《索隐》云："历即釜鬲也。" "历"即"鬲"字，《说文》："鬲或作鬲。"

日者列传

猎缨正襟危坐。《索隐》云："猎，揽也。" "猎"、"揽"声相近。

比周宾正。 "宾"读曰"摈"。《六国表》"诸夏宾之"，《张仪传》"大王收率天下以宾秦"，皆"摈弃"之义。

天人家曰小吉，太一家曰大吉。 "天人家"不见于《艺文志》，或云当作"天一"，《艺文志》五行三十一家，有《天一》六卷，《泰一》二十九卷。

龟策列传

张晏谓"《龟策传》有录无书"。褚先生言："臣往来长安中，求《龟策列传》不能得。"然此篇有"今上即位"之文，其词非褚先生所能作。

宋元王二年。 《宋世家》有元公，而无元王。宋之称王，自偃始，此元王或即王偃之讹。王偃虽战胜攻取，寻即亡灭，暴而不德，非灵龟所能祐也。

规矩为辅，副以权衡。 按：魏相奏事，言东方之神，执规司春；南方之神，执衡司夏；西方之神，执矩司秋；北方之神，执权司冬。此云

"规矩、权衡",指四方而言,并四维为八卦,此遁甲式,今人所云奇门也。

视其吉凶,介虫先见。 此冬至后壬子日、庚子时也。子为夜半,宿在牵牛,冬至候也。甲子为旬首,在巽宫,杜门为使时加子,子为玄武,其占为介虫。

桀有谀臣,名曰赵梁。 桀臣赵梁,纣臣左强,《本纪》皆无之。

货殖列传

积著之理务完物。 "著",古"贮"字。《说文》"宁"训"辨积物"。是"积贮"本字,而"宁"与"著"通。《诗》"俟我于著乎而",即"当宁"之"宁",此又通为"积宁"之"宁"。

白圭曰:"吾治生产,犹伊尹、吕尚之谋,孙吴用兵,商鞅行法。" 按:白圭当魏文侯时,而商鞅佐秦孝公。孝公即位,距魏文侯薨已二十五年矣,不得如史所言。

江南卑湿,丈夫早夭。 《贾生传》言"长沙卑湿"是也。

豫章出黄金,长沙出连、锡。 即上文所谓"江南出金锡连"也。篇中"江南",皆谓豫章、长沙、南楚之地,非今之江南。

果陏嬴蛤。《正义》云:"陏,今为'摇',音同,上古少字也。果摇,犹摇叠包裹也。"[7] 按:《说文》无"陏"字,盖即"隋"之省文。《索隐》读为徒火切者是也。《汉书》作"蓏",音与"隋"相近。《正义》妄引"果摇"方言,辄诋班氏,可谓诡之甚也。

以故呰窳。 《说文》作"呰",从两"口",与"呰"、"苛"字不同。

封者食租税,岁率户二百,千户之君,则二十万。 按:《汉书》富平侯张安世国在陈留,别邑在魏郡,租入岁千余万。子延寿嗣,上书让减户邑,徙封平原,并一国,户口如故,而租税减半。然则汉时户口租税,固有多寡之殊。史公云"岁率户二百"者,举其大略耳。又匡衡封僮之乐安乡,乡本田提封三千一百顷,南以闽陌为界。初元元年,郡图误以闽佰为平陵陌,多四百顷。以是推之,列侯封户虽有定数,要以封界之广狭,定租入之多寡,故有户口同而租税异者。

醯酱千瓨。《索隐》云:"瓨音闲江反。" "瓨"当作"瓨"。《说文》:"瓨似罂,长颈,受七升,读若洪。"

木器髤者千枚。 "髤"当作"髹"。《说文》:"髹,桼也。"

马蹄躈千。注:"躈,苦吊反,马八髎。" 按:《说文》无"躈"字,徐解为马八髎,八髎即尻骨,⑧则"躈"乃"竅"之异文。《汉书》"躈"作"噭",故小颜训为"口"。

宁爵毋刁。 古音"爵"与"醮"近,服虔《左传解谊》云:"爵者,醮也,所以醮尽其材也。"见隐元年《正义》。此以"刁"、"爵"合韵,亦读"爵"如"醮"。

洒削,薄技也。 予谓"削"读若"潲"。《说文》:"潲,所以攡水也。"引《汉律》及其门首洒潲,即郅氏之洒削。

太史公自序

《太史公自序》。 自史公有自序一篇,而班孟坚、司马彪、亦称叙传。华峤、称谱叙,见《三国志》注。沈约、魏收、李延寿之徒,各为叙传。承祚先世仕蜀不显,蔚宗与汉年代隔越,故不立此篇。萧子显,齐豫章王嶷之子,其传赞云"烈考",云"我王",与它篇异,但传中竟不列己名,则又矫枉过直矣。姚思廉《陈书》于父传末,略述己修史事,而不称叙传,亦不及入唐以后事,于体例最为得之。唐、宋以来,设立官局,史非一人一家之书,故无叙传之名矣。

谈为太史公。 按:太史公是官名,迁父子世居其职。卫弘汉人,其言可信,而后人多疑之。予谓"位在丞相上"者,谓殿中班位在丞相之右,非职任尊于丞相也。虞喜谓"朝会坐位犹居公上",盖得之矣。子长自言"天下遗文古事,靡不毕集太史公",与《汉仪注》云"天下计书先上太史公"者正合。《史记》一书,惟自序前半称"太史公",及《封禅书》两称"太史公"指其父,余皆迁自称之词。小司马、小颜以为尊其父者,非矣。

有省不省耳。 按:《尔雅》:"省,善也。"有省不省,犹言有善有不善。

窃观阴阳之术,大祥。注:徐广曰:一作"详"。《索隐》云:《汉书》作"大详",今此作"祥",于义为疏。 予谓古书"祥"、"详"通用。《易》"视履考祥",《释文》云:本亦作"详"。《书·吕刑》"告尔祥刑",《后汉书·刘恺传》注引作"详刑";郑康成注:"详,审察之也。"《君奭》"其终出于不祥"，《汉石经》本"祥"为"详"。小司马讥"祥义为疏"，是未识古文也。

实不中其声者，谓之窾。注：徐广曰："音款，空也。"《汉书》"窾"作"款"，"款"、"空"声相近。《庄子》"导大窾"，向秀读"窾"为"空"。

厄困鄱、薛、彭城。《汉书》"鄱"作"蕃"。

卒三岁，而迁为太史令。"令"当作"公"，《正义》文可证。

孔子卒后，至于今五百岁。按：孔子卒于鲁哀公十六年，至汉武帝太初元年，凡三百七十五岁，云"五百岁"，误矣。上文云"自获麟以来，四百有余岁"，其实尚不盈四百岁也。

上大夫壶遂。《索隐》云："遂为詹事，秩二千石，故位上大夫也。"按：《十二诸侯年表》称"上大夫董仲舒"，《封禅书》叙新垣平云"于是贵平上大夫"，《万石君传》"以上大夫禄归老于家"，《佞幸传》"邓通官至上大夫，韩嫣官至上大夫"，似汉时本有上大夫之官。又《封禅书》"拜公孙卿为中大夫"。

虞舜不台。《索隐》云："台音怡。"《五帝本纪》"舜让于德不怿"，徐广云：今文《尚书》作"不怡"。"台"，古"怡"字。

间不容翲忽。"翲"当为"薒"。《淮南·天文训》："秋分薒定，薒定而禾熟，故十二薒而当一粟。"高诱云："薒，古文作秒也。"小司马训"翲"为"轻"，失之。

栗姬偩贵。"偩"与"负"同，恃也。《武安侯传赞》"武安负贵而好权"，与此同义。下文述梁孝王云"偩爱矜功"，亦同。

维仲之省。"省"训"善"，言仲虽以罪夺王爵，而高帝犹善之，故又封其子也。羹颉侯亦兄子，以其母不善，故不得王。

为《太史公书》。按：子长述先人之业，作书继《春秋》之后，成一家言，故曰"太史公书"。以官名之者，承父志也。以虞卿、吕不韦著书之例言之，当云"太史公春秋"。不称"春秋"者，谦也。班《史·艺文志》，《太史公》百三十篇，冯商所续《太史公》七篇，俱入《春秋》家，而班叔皮亦称为《太史公书》，盖子长未尝名其书曰"史记"也。桓谭云："迁著书成，以示东方朔，朔皆署曰'太史公'。"署之者，名其书也。或者不察，以"公"为朔尊迁之称，失之远矣。《周本纪》云"太史伯阳读史记"，《陈杞世家》云"孔子读史记"，《儒林列传》云"孔子因史记作《春秋》"，

《十二诸侯年表》云"孔子西观周室，论史记旧闻"，又云"左丘明因孔子史记，具论其语，成《左氏春秋》"，《老子列传》云"史记周太史儋见秦献公"云云，《天官书》云"余观史记，考行事"，此篇云"史记放绝"，又云"绅史记石室、金匮之书"，皆指前代之史而言。班《史·五行志》所引"史记"，亦非《太史公书》，《杨恽传》"恽始读外祖《太史公记》"，初不云"史记"。又考：《汉书·宣元六王传》"东平王宇上疏求《太史公书》"，"大将军王凤言《太史公书》有战国纵横权谲之谋"，《扬雄传》"太史公记六国，历楚、汉，讫麟止，不与圣人同"，《叙传》"东平思王以叔父求《太史公》、诸子书，大将军白不许"，《后汉书·窦融传》"乃赐融以外属图，及《太史公·五宗》、《外戚世家》、《魏其侯列传》"，《范升传》"难者以《太史公》多引《左氏》，升又上《太史公》违戾五经，谬孔子言，及《左氏春秋》不可录三十一事"，《陈元传》"博士范升等议奏《左氏春秋》不可立，及《太史公》违戾凡四十五事"，《杨终传》"受诏删《太史公书》为十余万言"，皆不云"史记"。"史记"之名，疑出魏、晋以后，非子长著书之意也。《后汉书·班彪传》有"司马迁著《史记》"之语，此范蔚宗增益，非东观旧文。

正义序

开元二十四年八月，杀青斯竟。 按：守节撰《正义》，成于开元廿四年。小司马《索隐》前后序，则不著撰述之年。而《唐书·艺文志》注贞云"开元润州别驾"，是两人生于同时，而其书不相称引。司马长于驳辨，张长于地理，要皆龙门功臣，难以偏废。守节官诸王侍读、右清道率府长史，《唐志》失书。小司马序自题"国子博士弘文馆学士"，而《唐志》云"润州别驾"，殆终于别驾者与。《正义》、《索隐》两书，唐时皆单行，不附于正史。今《索隐》尚有汲古阁所刊单行之本，《正义》旧本失传，卷帙次弟无可考矣。

论字例

美下为大，衰下为衣。 按：《说文》："美从羊、从大。"汉隶或有误从"火"者，此文"大"字，必"火"之讹也。"衰"字《说文》所无，《易》"衰多益寡"，《唐石经》作"褒"。"褒"之为"衰"，亦隶体之变，此字宜在

"衣"部,而守节讹为讹字,何耶?

校勘记

　　① "多而久之",原误作"多而从之",现据中华书局本《史记正义》改之,方合"时乃永久,人主疲倦"之意。

　　② "辩士",原作"辨士",据中华书局本《史记·淮阴侯列传》改。

　　③ 中华书局本《史记集解》作"侠,傽也",《史记索隐》作"傽音普丁反",与钱氏引文不同。

　　④ "封",原误作"讨",据中华书局本《史记·文帝纪》改。

　　⑤ "括地志",当为"《汉书·地理志》"。

　　⑥ "元光五年",原作"元光元年",误。据中华书局本《史记·平津侯主父列传》改。

　　⑦ 中华书局本《史记正义》作"隋今为種","果種犹種叠包裹也",与钱氏所引文不同。

　　⑧ "尼骨",当作"尻骨"。《史记索隐》引《埤仓》云:"尻骨谓八髎,一曰夜蹄。"

廿二史考异卷六

汉书一

高帝纪

羽自立为西楚霸王,王梁、楚地九郡。 按:本纪与《项籍传》俱有"王梁楚地九郡"之文,而九郡之名,注家罕能详之。考:战国之际,楚地最广,羽既以长沙奉义帝,九江王英布,衡山王吴芮,南郡王共敖,而梁之河内、河东,亦不在羽封域之内,则羽所有者,于秦三十六郡中,实得泗水、砀、薛、会稽四郡。而史称"九郡"者,据当时分置郡名数之也。高帝六年,以故东阳郡、鄣郡、吴郡五十三县立荆王,以砀郡、薛郡、郯郡三十六县立楚王,此二国即项羽故地。然则九郡者,泗水也,东阳也,东海也,即郯郡。砀也,薛也,鄣也,吴也,会稽也,东郡也。《灌婴传》:"度江,破吴郡长吴下,遂定吴、豫章、会稽郡。"豫章当作"鄣"。《吴王濞传》"上患吴、会稽轻悍",是会稽之外,更有吴郡矣。《水经注》:"广陵城,楚汉之间为东阳郡。"《晋志》:"汉武帝分沛、东阳置临淮郡。"是楚、汉之间,有东阳郡也。文颖云:东阳今下邳,盖因后汉改临淮郡属下邳国,故云。非谓即治下邳也。

以故得劫五诸侯兵。 董教增曰:注家说"五诸侯"者不一,颜氏牵引诸王以足五数,于义亦非。盖此处五诸侯有河南、韩、魏、殷等,而《项籍传》赞云"遂将五诸侯灭秦",又系何人?寻其条贯,当据故七国,以其地言,不以其王言也。汉定三秦,即故秦地;项羽王楚,即故楚地;其余韩、赵、魏、齐、燕为"五诸侯"。劫五诸侯兵,犹后言"引天下兵"耳。故汉伐楚,可言"五诸侯",楚灭秦,亦可言"五诸侯"也。

六年,以故东阳郡、鄣郡、吴郡五十三县,立刘贾为荆王;以砀郡、薛郡、郯郡三十六县,立弟文信君交为楚王;以云中、雁门、代郡五十三县,立兄宜信侯喜为代王;以胶东、胶西、临淄、济北、博阳、城阳郡七十三县,立子肥为齐王。　　按:秦三十六郡无东阳、鄣、吴、郯及胶东、胶西、临淄、济北、博阳、城阳之名,盖楚、汉之际,诸侯分王其地,各自立郡,非秦之旧。胶东、济北,项羽所立国名,与齐号为"三齐"。临淄即齐都,博阳即济北王都也。《曹参传》:"攻破齐历下军,遂取临淄,还定济北郡。"盖田荣并三齐之后,以济北为郡,师古以为史追书之者,非也。《英布传》:"九江、庐江、衡山、豫章郡皆属焉。"秦时止有九江郡,其余皆楚、汉之际所置。谓三十六之外皆非郡者,真契舟求剑之见也。《楚元王传》:"王薛郡、东海、彭城三十六县。"东海即郯郡,《纪》有砀郡,而《传》无之。考:《地理志》:"梁国,故秦砀郡,高帝五年为梁国。"梁为彭越所封,楚元不能得之,当从《传》为是。

十一年,立子恢为梁王,子友为淮阳王,罢东郡,颇益梁;罢颍川郡,颇益淮阳。　　谓分东郡、颍川之支县以益二国,非废此二郡也。

惠帝纪

元年冬十二月,赵隐王如意薨。　　按:班《史》本纪之例,诸侯王薨,书名不书谥。惠六年齐王肥、吕后二年恒山王不疑、七年燕王建之类是也。而惠元年赵隐王如意、文元年楚元王交,则兼其谥书之。景帝中六年梁王薨,则又失书其名矣。又诸侯王生不称谥,《高帝纪》淮南王、梁王、赵王、楚王朝未央宫是也。而惠二年齐悼惠王来朝,则生而谥之矣。丞相、相国薨,不书姓,惠二年相国何、五年相国参、景二年丞相嘉、武帝太初二年丞相庆是也。而文二年丞相陈平、四年丞相灌婴、成帝绥和二年丞相翟方进,又并其姓书之,皆义例之不一也。

二年,郃阳侯仲薨。　　列侯薨,《纪》皆不书,独《惠帝纪》书薨者二人。郃阳侯仲,高帝之兄,以属尊特书。舞阳侯哙,或云以吕氏戚属故书,然哙刚直,未必党于吕也。

高后纪

元年,不疑为恒山王。　　按:《高后纪》"恒山王"三见,《外戚传》"恒山王"二见,《周勃传》"恒山"一见,《郊祀志》"恒山"字四见,《五行志》"恒雨"、"恒旸"、"恒奥"、"恒寒"、"恒风"字屡见,亦有易为"常"字者。犯文帝讳。《韦贤传》"实绝我邦"、"我邦既绝"、"瘝其外邦"、"于异他邦",犯高帝讳。《刑法志》"杀人盈城",犯惠帝讳。《文帝纪》"夏启以光",《武帝纪》"见夏后启母石",《古今人表》有"漆雕启",犯景帝讳。《景帝纪》"省彻侯之国",《贾谊传》"列为彻侯而居",《百官公卿表》"彻侯"字两见,犯武帝讳。《楚元王传》"歆以建平元年改名秀",犯光武讳。《高帝纪》有"庄贾"、"项庄",《地理志》"庄公破西戎",《艺文志》有"庄子"、"庄夫子"、"庄助"、"庄安"、"庄忽奇",《陈胜传》有"庄贾",《申屠嘉田蚡传》皆有"庄青翟",《郑当时传》"庄"字三见,《南粤传》"庄"字一见,《西南夷传》"庄"字三见,《叙传》"庄"字一见,犯明帝讳。

未敢诵言诔之。 《史记》"诵"作"讼"。韦昭曰:"讼,犹公也。"

文帝纪

元年,故常山丞相蔡兼为樊侯。 "丞"字衍。

三年,太尉颍阴侯灌婴为丞相。 丞相、三公除授,《纪》皆不书。文三年,太尉颍阴侯灌婴为丞相,以罢太尉书也。成帝绥和元年,以大司马票骑大将军"大"字衍。根监本无"根"字。为大司马,以罢将军书也。哀帝元寿二年,大司马、卫将军董贤为大司马,丞相孔光为大司徒,御史大夫彭宣为大司空,以正三公官书也。成帝初即位,以元舅侍中、卫尉阳平侯王凤为大司马、大将军,领尚书事,特书于《本纪》者,著王氏篡国之渐也。将相罢免,例不书,惟建元二年丞相婴、太尉蚡免,元寿二年大司马、票骑将军丁明免独书。

后六年,河内太守周亚夫为将军。 按:景帝中二年,始改"郡守"曰"太守",此"太"字衍。本传无"太"字。

景帝纪

中二年,令诸侯王薨、列侯初封及之国,大鸿胪奏谥、诔、策。 按:谥诔,死者所用;策则初封及之国者所用。谓诸侯王薨,大鸿胪主奏谥诔;列侯初封及之国,大鸿胪主奏策也。应劭以策为哀策,非是。

武帝纪

建元五年,平原君薨。 妇人薨,例不书,此以外祖母属尊特书。

六年,大司农韩安国出会稽。 当作"大农令",太初元年,始改名

"大司农"也。

元光元年，海外肃眘、北发、渠搜、氐羌徕服。晋灼曰：《王恢传》当云《韩安国传》。"北发、月氏可得而臣"，似国名也。臣瓒曰：《孔子三朝记》云"北发渠搜，南抚交阯"，此举"北"以"南"为对也。师古曰："北发，非国名，言北方即可征发渠搜而臣属之。"瓒说近是。 按：《大戴礼·少闲篇》"海外肃慎、北发、渠搜、氐羌来服"之文，凡四见，而"南抚交阯"仅一见，其文又不相属，则非以南北对举明矣。孔子三见哀公，为《三朝记》七篇，今在《大戴记》，即《千乘》、《四代》、《虞戴德》、《诰志》、《小辨》、《用兵》、《少闲》七篇也，瓒何不考，而妄为此说乎？卢辩注《大戴》以"北发"为北狄地名，李善注《文选》，以为国名，与晋灼说同。师古解为"征召"之义，误矣。然小颜之误，亦自有因。《公孙弘传》载元光五年制词，有"北发渠搜，南抚交阯"之语，明以南北相对，训为"征召"，于义似允，然此实制词之误。平津对策，略而不言，盖知其误，而不欲讼言之耳。渠搜，西域之国，以为北方，亦未通于地理。《新序·杂事篇》亦云"北发渠搜，南抚交阯"，又承武帝制策之误。

于是董仲舒、公孙弘等出焉。 按：平津侯以元光五年对策擢第一，始见任用。是岁初征贤良，除博士，不合意而移疾去。

六年，遣车骑将军卫青。 按：是年青自大中大夫为车骑将军，元朔五年春，青为大将军。《公卿表》皆不载"车骑"之号，其时犹未甚贵，"大将军"之失书，则传写脱漏也。

元鼎五年十一月辛巳朔旦冬至。 按：自是年至太初元年，相距八岁，中积二千九百二十二日，冬至当在癸亥，不得到甲子。再以月法收之，得积月九十八又二十七日有奇，冬至当在十一月二十八日，未得置闰于天正前也。若用太初之元，则辛巳之冬至，又后一日，史家特据当时所颁之朔书之耳。《律历志》载元朔六年甲申朔旦冬至，乃太初改历后逆推之，当时未必以为章首也。

六年，定西南夷，以为武都、牂柯、越嶲、沈黎、文山郡。 按：文山郡，宣帝地节三年省入蜀郡。惟沈黎郡，《纪》、《志》不言何时省并。考《后汉书·西南夷传》"莋都夷者，武帝所开，以为莋都县。元鼎六年，以为沈黎郡。天汉四年，并蜀为西部"，此可补《本纪》之阙。

元封三年，朝鲜斩其王右渠降，以其地为乐浪、临屯、玄菟、真番郡。臣瓒引《茂陵书》:临屯郡治东暆县,真番郡治霅县。 按:《地理志》无霅县,东暆则乐浪属县也。《昭帝纪》:"始元五年,罢真番郡。"王伯厚谓临屯郡亦始元五年罢,然班《史》无之。

太初二年,御史大夫儿宽卒。 御史大夫书卒,自宽始。惟《元帝纪》失书陈万年卒,史阙文也。御史大夫卒,例书姓。竟宁元年,御史大夫延寿卒,不书姓,亦阙文。

后元二年,帝崩于五柞宫。臣瓒曰:"帝年十七即位,即位五十四年,寿七十一。" 按:武帝十六岁即位,明年改元,寿至七十。瓒说误。

昭帝纪

元凤五年,罢象郡,分属郁林、牂柯。 按:武帝开南越,置九郡,无象郡之名。《地理志》谓日南即秦象郡也。此乃云罢象郡,岂日南之外,别有象郡乎?抑所罢者即日南,罢之未久,而复置乎?史无文以知之矣。

宣帝纪

本始元年,德、武食邑。张晏曰:"旧关内侯无邑也,以苏武守节外国,刘德宗室俊彦,故特令食邑。" 按:上文右扶风德在苏武之前,宗正德在武之后。此文先德后武,则是周德,非刘德也。《苏武传》称"赐爵关内侯,食邑三百户",而《刘德传》无食邑之文,张说似未可信。

元康元年五月,复高皇帝功臣绛侯周勃等百三十六人家子孙,令奉祭祀,世世勿绝。其毋嗣者,复其次。 考《功臣表》,诸功臣之后,诏复家者,实百二十三人,与《纪》人数不合,或《表》有脱漏矣。《表》称元康四年,而《纪》书于元年,盖有司奉诏检校得实,请于朝而复之,非一时所易了。《纪》所书者,下诏之岁。《表》所书者,赐复之岁也。

二年冬,京兆尹赵广汉有罪要斩。 按《广汉传》,事在地节三年,相校差三岁。又《公卿表》:"本始三年,颍川太守赵广汉为京兆尹,六年,下狱要斩。"自本始三年,数至地节四年,恰是六年。校之《本传》后一年,校之《本纪》又先二年,俱不相合。

甘露二年正月,立皇子嚣为定陶王;九月,立皇子宇为东平王。按《诸侯王表》宇、嚣并以是年十月乙亥封,与《纪》异。

　　黄龙元年,帝崩于未央宫。 诸帝纪书崩之后,必书"某月日葬某陵",惟《宣帝纪》不书,乃于元年纪①书"初元元年正月辛丑,孝宣皇帝葬杜陵",以葬在逾年之后也。

元帝纪

　　初元三年四月乙未晦,茂陵白鹤馆灾。 按:《五行志》:"四月乙未,孝武园白鹤馆灾。"茂陵即孝武陵也。《志》不书"晦",以《三统术》推之,是岁四月乙酉朔,乙未乃月之十一日,非晦日也。"晦"字衍文。《翼奉传》载此事,亦不云"晦"。

　　赞:贡、薛、韦、匡迭为宰相。注:"贡禹、薛广德、韦贤、匡衡迭互而为丞相也。" 按:元帝时丞相韦玄成,非韦贤,注误也。汉以御史大夫贰丞相,亦称三公,然史未有称御史大夫为丞相者。元帝之世,匡、韦皆为丞相,贡、薛止于大夫,而孟坚概以宰相目之,已非其伦,师古注尤误。萧望之言"吾尝备位将相",以尝为御史大夫故也。盖时俗之通称,而孟坚用之。

成帝纪

　　阳朔三年八月丁巳,大司马、大将军王凤薨。 按:大司马书薨,自元狩六年霍去病始。其不书姓,亦如丞相例,惟阳朔三年大司马大将军王凤、永始二年大司马车骑将军王音、元延元年大司马大将军王商兼书姓。

　　鸿嘉二年六月,立中山宪王孙云客为广德王。 罗愿《新安志》云:"《景十三王传》复立宪王弟孙利乡侯子云客,是为广德夷王。《诸侯王表》云客以怀王从父弟子绍封。独《成帝纪》载云客是宪王孙。"按:云客之祖孝侯安,于宪王为弟,其父戴侯遂,于怀王为从父弟,则云客乃宪王弟孙、怀王从父弟子。《表》、《传》所言是也。《纪》脱一"弟"字。

　　永始三年,徒李谭等五人,共格杀并等,皆封为列侯。 按:《功臣表》只有李谭、称忠、钟祖、訾顺四人。

　　绥和元年,以大司马、票骑大将军为大司马。 当云"票骑将军",多一"大"字。

哀帝纪

元寿二年春正月。　"元寿"二字衍文。

帝崩于未央宫。臣瓒曰："帝年二十即位,即位六年,寿二十五。"师古曰："即位明年乃改元,寿二十六。"　按:哀帝年三岁嗣定陶王,元延四年入朝,年十七。明年立为皇太子,又明年即位,盖年十九矣。逾年改元,寿当二十五。

平帝纪

元始二年,立江都易王孙盱台侯宫为广川王。　按:《诸侯王表》广世王宫,以易王庶孙盱台侯子绍封。又《景十三王传》:平帝时,立建弟盱台侯子宫为广陵王,奉易王后。则《纪》文"盱台侯"下脱一"子"字矣。"广川"、"广陵"、"广世",《纪》、《表》、《传》互有不同。考广陵王胥以武帝子封,其后绝而更绍,至王莽时始废,不容更封它人。若广川国,则其时已改为"信都",以封楚孝王孙景矣。未必割其地以封宫也。当从《表》作"广世"为是。

广川惠王曾孙伦为广德王。　《诸侯王表》作"揄",《广川惠王传》作"瘉",师古音愈。《王子侯表》、《中山靖王传》皆作"伦"。

五年春正月,袷祭明堂,诸侯王二十八人征助祭。　按:是时诸侯王见存者,城阳王俚、菑川王永、河间王尚、鲁王闵、赵王隐、长沙王鲁人、广平王广汉、胶东王殷、六安王育、真定王杨、泗水王靖、广阳王嘉、广陵王守、高密王慎、淮阳王缤、东平王开明、中山王成都、楚王纡、信都王景、广宗王如意、广世王宫、广德王伦,一作"揄"。止二十二人。梁王音以是年绍封,在正月以后,故不数。

异姓诸侯王表

谱十八王,月而列之。　长沙王吴芮,汉高所封,不在十八王之数。

高后元年,初置淮阳国。　按:鲁国本楚地,故与楚为一行。吕国本齐地,即济南郡。故与齐为一行,淮阳与临江非一地,而同在一行,以其皆为楚之分也。梁亦项羽故地,汉五年,置梁国,王彭越,与魏同一行,以梁本六国魏地故也。吕后七年,初置梁国,王吕产,则与韩同行,殊非其类,恐是转写之讹。

　　复置常山国。《本纪》作"恒山",此避文帝讳追改。文云"复置",似张耳初封本名恒山王,亦后人追改也。

诸侯王表

　　梁分为五。师古曰:谓梁、济川、济东、山阳、济阴也。　按:山阳、济阴后为郡,济东即东平国也,惟济川国,史不著其所在。予读《水经注》引应劭曰"济川,今陈留济阳县"是也,乃悟陈留郡即济川国,小颜注失采此文,后人遂莫知济川所在矣。

　　广宗王如意。《地理志》载诸侯王国二十,广宗、广世、广德三国,皆元始二年置,而《志》不书。定陶国哀帝时废,而《志》亦不书,大约以元始元年版籍为断也。《续汉志》巨鹿郡有广宗县,疑即广宗国都也。成帝鸿嘉二年,尝以丹阳之黟县置广德国,未久而废,元始封广德王伦,当即其地。惟广世无可考。

　　广德静王揄,以惠王曾孙戴王子绍封。　罗愿曰"《景十三王传》,立戴王弟襄堤侯子瘐为广德王",《王子侯表》亦言伦是襄堤侯圣之子。而《诸侯王表》乃言揄以戴王子绍封,当脱一'弟'字。大昕谓"揄"与"瘐"音相近,其又作"伦"者,字形相涉而讹。

王子侯表上

　　管共侯罢军。　"管"当作"菅",即济南郡之菅县也。据《水经注》。徐广以荥阳之管城当之,非是。

　　临众敬侯始昌。　下注"临原"字,似分临原地置临众侯国也。考《地理志》,琅邪郡只有临源侯国,无所谓"临众"者,《史记·表》亦作"临原",则"众"当为"原"之讹,或后人校定当为"临原",误入正文耳。

　　尉文节侯丙。　注"南郡",疑有误,丙为赵敬肃王子,封地不当远属南郡。

　　薪处侯嘉。《地理志》作"新处"。

　　湿城侯忠。师古曰:"湿音它合反。"　湿城,即西河郡之隰成县也。"湿"、"隰"字形相涉而讹,不当音它合反。《史记》本作"隰成"。

皋琅侯迁。 按：代共王子同时侯者九人，离石、蔺、湿成、即隰成。土军皆西河县名，临河则朔方县名，皋琅、千章亦西河之县也。《地理志》西河郡有皋狼县，即皋琅。代与西河郡近，故代所分侯国，多改隶西河。《表》于皋琅下注"临淮"字，千章下注"平原"字，临淮、平原与代风马牛不相及矣，《表》似失之。

众陵节侯贤。 《地理志》零陵郡有泉陵侯国。此作"众陵"，误。

虖葭康侯泽，师古曰："虖音乎，葭音工遐反。" 《地理志》琅邪郡有雩叚侯国。师古曰："雩音许于反，叚音工下反。"按："雩叚"即"虖葭"，颜氏各随其文音之，非也。

揤裴戴侯道，郑氏曰："音即非，在肥乡县南五里。" 按：《地理志》魏郡有即裴侯国。此侯为赵敬肃王子，赵、魏相去不远，《表》云"东海"，殆误。

王子侯表下

孝元之世，亡王子侯者。 元帝子封王者二人，定陶、中山各有一子嗣王，皆入继大宗，无支子封侯者。

号谥姓名。 宗室例不书姓，"姓"字衍文。然北宋本已然。苏明允谓王莽伪褒宗室，故从异姓例，示天子不得有其同姓，此不考其本末而妄为之说也。昭、宣、元、成、哀五朝之侯，与王莽何与？即元始之际，王子封侯，亦循故事，惟承乡侯以下二十二人，以王孙得封，出于莽之伪褒耳。入居摄所封，班氏未尝列于《表》，何故一例讥之乎？

松兹戴侯霸。元始五年六月辛丑封。 刘贡父谓"元始"当为"始元"，其说是也。老苏谓此卷皆元始之际，王莽伪褒宗室而侯者，正由读此误本，不能校正耳。

高惠高后文功臣表

武阳侯萧则，以何孙遗弟绍封。 按：《萧何传》"孝文元年，更封延为酂侯。嘉，子遗嗣，薨，无子。文帝复以遗弟则嗣"，是则嗣酂侯之封，非武阳也。《传》又云："景帝二年，制诏御史：故相国萧何，高皇帝大功臣，今其祀绝，朕甚怜之。其以武阳县户二千封何孙嘉为列侯。"盖则以罪免之后，嘉始别封武阳，《表》以武阳属之侯则，误矣。

地节四年,安侯建世以何玄孙绍封。　《宣帝纪》作"曾孙",误。《萧何传》亦作"玄孙"。

曲成圉侯虫达位次曰夜侯恒。　"恒"当作"垣"。据《史记·表》,恭侯捷以孝景中五年复封垣,则"垣"当为大字,书于下一格。

敬市侯阎泽赤。　"敬市"当从《史记》作"故市",河南郡有故市县,即赤所封也。"阎泽赤",《水经注》作"阎泽毋赤"。

昌武靖信侯单究。　《史记》作"单宁"。

终陵齐侯华毋害。　"终陵"当从《史记》作"绛阳"。《水经注》:"绛阳盖在绛浍之阳,汉高帝六年,封越骑将军华无害为侯国。"史称"越将",《水经注》误增"骑"、"军"二字。

东茅敬侯刘到。　《史记》作"刘钊",当从之。

到曾孙鲷阳公乘咸。　师古曰:"鲷音纣。"　按:鲷从鱼,同声,不得有纣音。《地理志》汝南郡鲷阳县,孟康云"鲷音纣红反",正合同声。俗儒不通翻切,妄谓鲷有纣音,大可怪也。

杜衍严侯王翳。　如淳曰:"翳音署。"　即《项籍传》云"王翳"也。

祝阿孝侯高色。　"高色",《史记》作"公孙耳"。

平州共侯昭涉掉尾。　"昭涉"当作"昭沙"。《广韵》"沙"字下引作"昭沙掉尾",以"昭沙"为复姓。

博阳节侯周聚。　"博阳"当作"傅阳",说见《史记》。

谷阳定侯冯溪。　"建元四年,侯偃嗣",按:偃无谥,又无薨年,其子孙又无嗣爵者,当是坐事除免,而史阙其文。

景严侯王竞。"孝文十一年,侯嬺嗣。"师古曰:"嬺音许孕反。"予弟晦之曰:师古音非也。《史记》"嬺"作"嫖"。"嫖"古文作"嫕"。《汉书》多用古文,故为"嫕"字,讹为"嬺"耳,当音匹昭翻。

右高后十二人。扶柳、襄城、轵、壶关、昌平、赘其、腾,《外戚恩泽侯表》作"滕"。昌成,《外戚恩泽侯表》作"吕成"。腄、祝兹、建陵十一人在《恩泽外戚》,泜、沛、信都、乐昌、东平五人随父,上邳、朱虚、东牟三人在《王子》,凡三十一人。　按:《外戚恩泽侯表》:"高后十人,五人随父,凡十五人。"十人者,扶柳、襄城、轵、壶关、昌平、赘其、滕、吕成、祝兹、建陵也。五人随父者,腄侯吕通、东平侯吕庀、汶侯吕产,《功臣表》"汶"作"泜"。皆吕泽子;不其侯吕种、汉阳侯吕禄,皆吕释之子也。信都侯张侈、乐昌侯张受别随父敖在《功臣表》,故《恩泽侯》不复数之也。此《表》失数不其、汉阳,而多一沛,又别出腄,不入随父之列,与《外戚恩泽侯表》互异。

注:"师古曰:浆音交,又音下交反。"《地理志》,沛郡有浆县,《史记》作"郊侯"。"郊"与"浆"同。《恩泽侯表》作"汶",字形相涉而讹也。小颜于彼注音问略不考正,亦疏。

右孝文十人。"管、氏营丘、营平、阳虚、杨丘、枌、安都、平昌、武成、白石、阜陵、安阳、阳周、东城十四人在《王子》。" 按《王子侯表》,管是一国,氏丘是一国,营平又是一国,此于"氏"字下多一"营"字。

景武昭宣元成功臣表

葛绎侯贺,延和二年,以子敬声有罪,下狱死。师古曰:"延亦征字也。" "延"当作"延"。《说文》"延与征同,从正、从辵",与"延长"之"延",从延从丿者,形声俱别。今本作"延",乃传写之误耳。亚谷侯卢贺,延和二年坐受卫太子节掠死。安道侯揭阳当时,延和四年坐杀人弃市。东城侯居股,延和三年坐卫太子举兵谋反,腰斩。无锡侯卯,延和四年坐追反虏擅弃兵还,赎罪免。获苴侯韩陶,延和二年薨。开陵侯禄,延和三年坐祝诅上,腰斩。秅侯商邱成,延和二年封。海西侯李广利,延和三年击匈奴,兵败降。承父侯续相如,延和四年坐祝诅上,腰斩。又《文帝功臣表》,按道侯韩兴,延和三年嗣。皆"延"字之讹。

右孝景十八人,魏其、盖二人在《外戚》。 按:《外戚恩泽侯表》尚有章武侯窦广国、南皮侯窦彭祖二人。

襄城侯桀龙。 以《史记索隐》证之,则《汉表》本作"襄武",盖后人又据《史记》改为"襄城"耳。

博望侯张骞。 《地理志》南阳郡有博望侯国,即骞所封。骞以元狩二年失侯,宣帝时,复以其地封许舜。

潦悼侯王援訾,注:"舞阳。" 按:后有滕侯次公,亦注"舞阳"。疑潦、滕一地,援訾亡后,又以封次公也。

煇渠忠侯仆朋,以校尉从票骑将军再出击匈奴得王侯,元狩二年二月封。 按:下文又有"煇渠慎侯应庀",亦以元狩二年七月封,国名相同,又同在鲁阳。小司马引韦昭说,谓"仆多所封,则作煇渠;应庀所封，则作浑渠，二者皆乡名，皆在鲁阳"。弘嗣生于汉末，其说当可信。孔文祥谓"一邑分封二人"，此出于臆度，而小司马取之，何也？

义阳侯卫山。　汉时侯国有两义阳，卫山以元狩四年封义阳侯，傅介子以元凤四年封义阳侯。《表》俱注在平氏，此南阳之义阳也。今信阳州。《师丹传》，平帝即位，以厚丘之中乡户二千一百封丹为义阳侯，厚丘属东海郡，故《恩泽侯表》注"东海"字，此东海之义阳也。

杜侯复陆支，注："重平。"　《史记索隐》引《汉表》在"东平"，此"重"疑"东"之讹。

膫侯毕取，注："南阳。"　前膫侯次公下注"舞阳"，此注"南阳"，舞阳县本隶南阳，其实一也。《史记索隐》谓《汉表》在下邳，似误。

湘成侯监居翁，注："堵阳。"　前"湘成侯敞屠洛"下注"阳城"，此又云"堵阳"。考监居翁封侯，在敞屠洛坐酎金失侯之后，当是一地，而注各异，未审其故。

辕阳侯江喜。　"江喜"当是"江德"之讹。《酷吏传》"厩啬夫江德封辕阳侯"，《公卿表》"始元六年，辕阳侯江德为太常。四年，坐庙郎夜饮失火免"，即此辕阳侯也。褚少孙《补史记》作"潦阳侯江德"。"辕"、"潦"字小异，而名与《公卿表》合。《水经注》"淇水又东北径榆阳城北，汉昭帝封太常江德为侯国"，其云"榆阳"者，转写之讹，谓昭帝时封，亦误，而其名之为"德"不为"喜"，亦一证也。《表》但书征和二年十一月封，不书某年薨，阙文也。德为太常，坐法免官，而侯爵未替，故其子仍得嗣侯。

六年，侯仁嗣。　此"六年"上无所承，必有脱文也。江德以始元六年拜太常，又四年而免。史虽未著其薨年，然宣帝以后，纪元无至六年者，则仁之嗣侯，当在昭帝元凤六年矣。

丞父侯孙王。　"丞父"即前"承父"也，"丞"与"承"通。

孝成五人，武阳、博阳、赞即酇字。**骐、龙额、开陵、乐陵、博望、乐成、龙安平、平阿、成乡、红阳、曲阳、高平十五人随父。**　按："成乡"当作"成都"，谓王商也。"乐成"下衍一"龙"字，又新都侯王莽，以成帝永始元年封，《表》计随父诸人，不及新都，亦误。"安平"当作"安成"，谓王崇也。

外戚恩泽侯表

乐成敬侯许延寿。 褚先生《补史记》作"乐平"。《水经注》："漯水又东北,径乐平县故城东,宣帝封许广汉少弟翁孙于乐平为侯国。"翁孙,延寿字也。则郦元亦以乐平为延寿所封矣。予按:此《表》注"平氏"字,平氏县属南阳,而《地理志》南阳郡本有乐成侯国,此即延寿所封,分平氏置者也。乐平侯国,《地理志》无之,褚《表》、郦《注》俱不足信。

安成共侯王崇。 汉时侯国有两安成。崇以建始元年封,《表》注"汝南"字,此汝南之安成也。《王子侯表》:"安城思侯苍,长沙定王子,元光六年封。"此长沙之安成也。彼《表》注"豫章"字,盖安成本长沙县,建为侯国,乃改隶豫章,国除之后,仍还长沙也。长沙之安成,《表》作"安城"。

红阳荒侯王立,以皇太后弟封,三十年薨。 按:立与平阿侯仁,皆为王莽所惮,莽遣使迫守令自杀,事见《元后》及《王莽传》。《表》于平阿侯亦云"为莽所杀",独立云"薨"不云"杀"者,误也。

右孝哀十三人,新成、新都、平阳、营陵、德五人随父,凡十八人。 按:新都侯王莽,成帝永始元年封,《表》于成帝随父八人之内已及之。此又见于哀帝下,误矣。德侯刘勋,以元寿二年绍封,见《王子侯表》。营陵侯刘归生以刘泽玄孙之孙绍封,见《荆燕吴传》,而《表》不书,史之脱漏也。又考成都侯王邑以建平二年绍封,汝昌侯傅昌,以元寿二年绍封,亦当在随父之例,而此《表》失数之。

百官公卿表上

《易》叙宓羲、神农。 "宓"当作"虙","虙"与"伏"同,与"宓"字形声俱别。

太初元年,更名光禄勋。 胡广《汉官注》:"勋犹阍也,主殿宫门户之职。"

卫尉,掌宫门卫屯兵。 按:宫门者,未央宫门也。武帝时,李广为未央卫尉,程不识为长乐卫尉,《表》有广无不识。宣帝时,霍光长女婿邓广汉为长乐卫尉,女婿范明友为度辽将军、未央卫尉,《表》有明友无广汉,知《表》所载,惟未央卫尉也。未央、长乐二尉,分主东、西宫。孟康云:"李广为东宫,程不识为西宫。"予谓长乐宫太后所居,太后朝称东朝,似长乐在未央之东矣。未央卫尉,诸传皆单称"卫尉",独李广、范明友称"未央"者,以别于长乐也。《韦玄成传》亦称"未央卫尉",则以其时始置建章卫尉,故亦称"未央"以别之。

长乐、建章、甘泉卫尉皆掌其宫,不常置。　《宣帝纪》:元康元年,置建章卫尉。《元帝纪》:初元三年,罢甘泉、建章宫卫,令就农。

凡县、道、国、邑千五百八十七。　按:《地理志》,县邑千三百一十四,道三十二,侯国二百四十一,合之,恰符千五百八十七之数。然以每郡国所领县计之,止千有五百七十八,盖史文有脱漏也。

百官公卿表下

孝景中三年,煮枣侯乘昌为奉常。　按:《功臣表》,煮枣端侯革朱《史记》作靖侯赤,不书姓。孙昌,以孝景中二年嗣侯,即此乘昌也,一人而姓互异。《广韵》乘姓引煮枣侯乘昌,革姓引煮枣侯革朱。

中五年,轪侯吴利为奉常。　按:《功臣表》,轪侯黎朱苍,孝惠二年,以长沙相侯,传子孝侯豨、孙彭祖,至曾孙扶失侯,则孝武元封元年事也。"黎朱苍",《史记》作"利苍",别无所谓"轪侯吴利"者。

孝武建元二年,郎中令石建,六年卒。　按:《万石君传》,建以建元二年为郎中令,元朔六年卒。前后凡十六年,《表》盖脱"十"字。又《李广传》称广代石建为郎中令。考广由右北平太守拜郎中令,正在元朔六年,可证建任郎中令实十六年,而非六年矣。

三年,内史石遍。　"遍"当作"庆"。

元光四年,宁平侯张欧为太常。　此与御史大夫张欧各是一人。考《功臣表》,未见有封宁平侯者,惟宣平侯张敖之孙哀侯欧,以孝文十六年嗣侯,然亦薨于景帝时,不及仕孝武朝也。又据《史记·表》,欧乃嗣封南宫侯,实非宣平,则与此《表》之张欧,亦断非一人矣。此条疑有误。

元狩三年,廷尉安。　盖司马安也。《汲黯传》称"安以文深巧宦,四至九卿"。以《表》考之,元狩元年有中尉司马安,五年有廷尉司马安,并此为三矣。

六年，俞侯乐贲。 当作"栾贲"，栾布子也。

元鼎四年，睢陵侯张广国为太常。 《功臣表》作"广孙"，盖张敖之曾孙也。

征和四年，缪侯郦终根为太常，十一年，坐祝诅诛。 按：终根官太常不过二三年，此"十一"年，盖"三"字讹也。《功臣表》，终根以元鼎二年嗣侯，二十九年，后二年，坐祝诅上，要斩。可证"十一年"必为"三年"之讹矣。

孝昭元凤元年，光禄勋并右将军。 《表》云"并"者，一人兼两职，非不置此官也。霍光废昌邑王时，群臣连名奏上皇太后，九卿中独无卫尉、光禄勋、京兆尹名。考其时张安世以车骑将军兼光禄勋，范明友以度辽将军兼卫尉，列将军位在九卿之右，故举其尊者书之。赵广汉以京辅都尉守京兆尹，未正授，故但称"都尉"，而叙于冯翊、扶风之后。

孝宣地节三年，执金吾延年。 按：《武五子传》"臣敞故知执金吾严延年字长孙，女罗绋，前为故王妻"，此"延年"当即严延年也。《酷吏传》"严延年字次卿，官至河南太守"，此别是一人。

黄龙元年，太子太傅萧望之为前将军，一年，为光禄勋，二年免。 按：望之以前将军兼光禄勋，在元帝即位以后，本传云"宣帝寝疾，拜望之为前将军光禄勋，受遗诏辅政"，盖因拜将军而牵连及之耳。

孝元初元五年，河南太守刘彭祖为左冯翊，二年，迁太子太傅。 "刘"当作"严"，严彭祖即传《公羊春秋》者。

永光二年，右扶风郑弘为御史大夫，五年，有罣自杀。 按：本传及《京房传》但云"坐与京房议论，免为庶人"，不云"自杀"，且大臣有罣自杀，例书于《本纪》，今《纪》不书，疑《表》误。

建昭元年，尚书令五鹿充宗为少府，五年，贬为玄菟太守。 按：《儒林传》"梁丘临代五鹿充宗为少府"。据《表》，则代充宗者，乃召信臣，非梁丘临也。又《张禹传》弟子有少府戴崇，《儒林传》林尊、张山拊、琅邪王中、淄川任公俱为少府，《王尊传》尊子伯亦为京兆尹，《叙传》班伯为水衡都尉，《外戚传》有宗正刘长乐、执金吾刘敢，《表》皆未见。

竟宁元年，安年侯王章子然为执金吾。 "安年"当作"安平"，章盖邛成太后兄王舜之子，与京兆尹王章非一人。

孝成建始二年,戈阳侯任千秋长伯为执金吾。 《公卿表》中书名不书姓者,史之阙文也。书名而兼及字与郡者,以其人无传,故附见于《表》。若传已见字者,例不更书。惟绥和二年太子中庶子傅喜稺游为卫尉,稺游字已见本传,而《表》复书,疑后人所加也。一人而《表》中再三见者,于最初书字与郡,后不更书。惟初元四年书"戈阳侯任千秋长伯为太常",而建始二年又书"戈阳侯任千秋长伯为执金吾",疑亦后人所加。

河平三年,右曹光禄大夫辛庆忌为执金吾,四年,贬为云中太守。 按《庆忌传》:"初为执金吾,坐子杀赵氏,左迁酒泉太守。岁余,以大将军王凤荐,复征为执金吾。数年,坐小法免,左迁云中太守。"则庆忌再为执金吾而再左迁也,《表》误合两任为一。

鸿嘉元年,平喜侯史中为太常,六月病免。 史氏无封平喜者,当是平台侯史恁也。

元延二年,广汉太守孙实为京兆尹,一年免。 "实"当作"宝","一年"当为"三年"。

绥和元年,长信少府薛宣为京兆尹,一年贬为淮阳相。 按《薛宣传》,宣自罢相之后,复为特进给事中视尚书事,坐善定陵侯淳于长罢,未尝为长信少府、京兆尹也。淳于长之诛,在绥和元年,宣方连坐免官,无缘复拜京兆。《表》所载由长信少府迁京兆尹者,盖宣之弟修也。传称修历郡守、京兆尹、少府,不云长信者,脱文耳。《鲍宣传》,郭钦哀帝时为丞相司直,奏免京兆尹薛修等。考哀帝以绥和二年四月即位,修官京兆,在绥和元年,阅一年贬,正当哀帝时。

太仆宏为执金吾。 当云"任宏",脱"任"字。

南阳谢尧长平,一年迁。 "长平"下当有"为执金吾"四字。

二年,卫尉王龚为侍中、光禄勋,二年,贬为恒农,坐吕宽自杀。 "恒农"下脱"太守"二字。吕宽事见《王莽传》,在元始三年,距是岁七年矣。

孝哀建平三年,右将军公孙禄为左将军,一年免。 按《何武传》:"哀帝崩,武为前将军,与左将军公孙禄相善,武举公孙禄可大司马,而禄亦举武。有司劾奏武、禄互相称举,皆免。"事在元寿三年,距建平三年实四岁矣,此云"一年免",误。

孝平元始二年，中郎将幸成子渊为水衡都尉。　"幸成"当是"辛茂"之讹，辛庆忌少子也。

三年，执金吾长安王骏君公。　此别是一人，非成帝时王骏也。

古今人表

师古曰：但次古人，而不表今人者，其书未毕故也。　予谓今人不可表，表古人以为今人之鉴，俾知贵贱止乎一时，贤否著乎万世。失德者虽贵必黜，修善者虽贱犹荣。后有作者，继此而表之，虽百世可知也。观孟坚《序》但云"究极经传"、"总备古今之略要"，初不云褒贬当代，则知此表首尾完具，小颜所云，盖未喻孟坚之旨。

桀、纣，龙逢、比干欲与之为善则诛，于莘、崇侯与之为恶则行。可与为恶，不可与为善，是谓下愚。　依此文，桀、纣当并列九等。今《表》以纣与妲己、飞廉、恶来列九等，而桀与末喜、于莘乃在八等，又失载崇侯名，皆转写之讹脱也。

注："张晏曰：老子玄默，仲尼所师，虽不在圣，要为大贤，而在第四。"　今本老子有列于第一格者，盖唐人刊定本。《旧唐书·礼仪志》"天宝元年二月丙申，诏《史记·古今人表》，玄元皇帝升入上圣"，正谓此也。《史记》当作《汉书》。南监本老子在第四格郯子之后，此班氏元本。

田单以即墨孤城，复强齐之大；鲁连之博通，忽于荣利；蔺子申威秦王，退让廉颇，乃在第五。　今本鲁仲连、蔺相如在第二格，田单在第四格。又据张晏说，寺人孟子在第三，今本在第四格，晏又讥嫪毒上烝昏乱，恶不忍闻，乃在第七。今本不列毒名，盖后人妄以己见升降出入，不皆班氏之旧矣。

太昊帝宓羲氏上上。　"宓"当作"虙"。

列山氏上中。　《礼记·祭法》作"厉山氏"。郑康成、韦曜皆以为炎帝之号，《表》以炎帝神农氏列第一等，列山氏列第二等。

帅眛上中。　按：《左氏传》："金天氏有裔子曰眛，为玄冥师，生允格、台骀。"此作"帅眛"，字形相近而讹。

廖叔安上中。师古曰：《左氏传》作"豢"。　《左传》作"飂"，此云"豢"，误。

柏奋上中。　"伯仲"之"伯"，《汉表》多作"柏"，柏奋、柏虎、柏誉、即柏与。柏益、柏封叔、逢公柏陵、柏乐皆是。

雒陶上下。 《广韵》作"雄陶"。

续身上下。 《广韵》作"续牙"。

朱㾪上中。 即殳㾪。

逢门子下中。 《孟子》作"逢蒙","蒙"、"门"声相近。

雅侈下中。 《墨子》作"推哆"。

孟献中上。益后。 《秦本纪》作"孟戏","戏"、"献"声相近。

刘姓豕韦中上。 《左氏传》:"陶唐氏既衰,其后有刘累,学扰龙于豢龙氏,以事孔甲,夏后嘉之,赐氏曰御龙,以更豕韦之后。"杜预云:"以刘累代彭姓之豕韦,累寻迁鲁县。豕韦复国,至商而灭,累之后世,复承其国,为豕韦氏。"此表前有豕韦,与大彭并列第三等者,刘姓之豕韦也。《国语》"大彭、豕韦为商伯",又云"彭姓彭祖、豕韦,则商灭之矣。"此豕韦乃刘累之后,范宣子云"匄之祖在商为豕韦氏"者也,故言刘姓以别之。

冯辛中下。 《史记》作"廪辛"。

秦女妨中下。 《史记》作"女防"。

孟会中下。 《秦本纪》作"孟增","会"盖"增"之讹,后文亦作"孟增"。

秦大雒中中。大乙子。 《秦本纪》作"大骆","骆"、"雒"古字通,"大乙"则"大几"之讹。

楚熊盘中中。艾子。 按《楚世家》,熊艾生熊䵣,表作"亶"。熊䵣生熊胜,熊胜以弟熊杨为后。邹诞生本"杨"作"锡",又作"炀",《表》所载熊盘,即《世家》之熊胜也。《世家》以为艾孙,《表》以为艾子。《表》又以熊锡为盘子,皆与《世家》异。

楚挚红中下。渠子。 《表》于挚红、熊挚皆云渠子,而无熊渠名,盖传写脱之。

懿王坚下中。 《周本纪》"坚"作"囏",音相近。

夷王折下中。 《周本纪》"折"作"燮"。

楚熊𬙂中下。 《楚世家》作"季徇"。

司徒皮下下。师古曰:《诗》所谓"蕃为司徒"是也。 "蕃"音"婆",古读"皮"如"婆"。

楚宁敖下上。 《楚世家》作"霄敖"。

司空牛父下上。 《左氏传》作"司寇"。

公子谷生下上。 《左氏传》作"谷甥"。

秦宪公中下。**文公子。** 《秦本纪》,文公子静公,静公子宁公,与《表》异。

鲁公孙隐中下。 即《左氏传》公子偃也。"偃"、"隐"声相近,徐偃王,《表》作"隐王"。

石臬中下。 据《左氏传》,石臬与良霄使楚,在郑简公之世,不与郑缪公同时。其谋纳缪公者,石癸也。《僖三十年传》有石甲父,疑与癸一人。《表》别有石癸,则以此石臬当甲父矣。

夏父不忌下上。 《左氏传》作"弗忌",古读"弗"如"不"。

五参中上。 "五",古"伍"字。

曹剞时上下。**师古曰:即曹欣时也。** "欣"、"剞"声相近,《左氏》作"喜时"。

屠颜贾下下。**师古曰:即屠岸贾也。** "岸"、"颜"声相近。

叔山舟中中。 《左氏传》作"冉"。

国佐下中。 据《左氏传》,国佐即宾媚人,《表》以宾媚人列第四等,国佐列第八等。

郑卑湛中上。 即裨谌。

卫公子逞中上。 即《左氏传》公子郢也。

大夫选中中。 即《论语》大夫僎。

荣声期中中。**师古曰:即荣启期也。** "声"当为"馨"之讹,"启"、"馨"声相近。

诸稽到中上。 即诸稽郢也。"郢"与"到"字,形相涉而讹。

孔文子下上。 即仲叔圉也。《表》以中叔圉列第四等,孔文子列第七等。

石国下下。 "国"当作"圃"。

离朱中中。 即离娄也,《表》列于公输般之后,则以朱为春秋时人。

陈太宰喜中中。 《礼记·檀弓篇》所谓"太宰嚭"也。吴太宰伯嚭,它书亦作"帛喜"。

我子中上。 我子以下四人,皆墨翟弟子。

荀薪中上。　《赵世家》作"荀欣"。

秦简公中中。**厉公子。**　《秦本纪》以为怀公子。

颜敢中上。　即《孟子》书所谓颜般也，"般"、"敢"字形相似。

王慎中上。　《孟子》作王顺。

大成午中中。　《赵世家》："成侯三年，大戊午为相。"徐广曰："戊"一作"成"。

公仲用中中。　即韩之公仲朋也。"朋"作"用"，传写之讹。

王升中上。　《战国策》所谓"先生王斗"也，"斗"，古文作"斤"，与"升"往往相乱。

捷子中中。　"捷"即"接"字。《史记·孟子传》"接子，齐人，学黄老道德之术"者是也。《艺文志》道家有《捷子》二篇，齐人，武帝时说，盖即此捷子，其云"武帝时说"，则转写讹错耳。

安陆君中中。　此与唐雎并列，当即《战国策》所谓"安陵君"也。

高渐离中上，**荆轲**中中，**秦武阳**中下。　按：刘知幾讥《班表》云："其叙晋文之臣佐也，舟之侨为上，阳处父次之，士会为下。其述燕丹之宾客也，高渐离居首，荆轲亚之，秦武阳居末。"自注云："舟之侨在第三等，阳处父在第四等，士会在第五等，高渐离在第五等，荆轲在第六等，秦武阳在第七等。"今本阳处父与舟之侨俱在第三，士会、高渐离在第四，荆轲在第五，秦武阳在第六。又知幾称邓侯入下愚之上，第七等。三甥列在中庸下流。第六等。今本邓祁侯在第六，雅甥、聃甥、养甥在第五，俱与刘氏所说异。盖转写讹舛，失其本真，当以刘所见本为正也。

校勘记

①　"元年纪"，当作"元帝纪"。

汉书二

律历志上

徵,祉也。 "徵"、"祉"声相近,故"徵"有"祉"音。

林,君也。 《释诂》文。

应钟,言阴气应亡射,该臧万物,而杂阳阂种也。孟康曰:"阴杂阳气,臧塞为万物作种也。" 按:应钟,十月之律,于消息为纯阴卦,而八卦之位,乾在十月,是为阴杂阳气也。《坤》之上六云"龙战于野,其血玄黄",而《文言传》以为天地之杂。庄氏谓上六之爻,兼有天地杂气,故血有天地之色。

三十斤为钧,四钧为石。忖为十八,易十有八变之象也。孟康曰:"忖,度也,度其义有十八也。黄钟、龠、铢、两、钧、斤、石凡七,与下十一象为十八也。" 按:孟说非也。一钧重万一千五百二十铢,以《易》六十四卦之数除之,得一十有八,合于《易》之十八变而成卦也。

乃以前历上元泰初四千六百一十七岁,至于元封七年,复得阏逢摄提格之岁,中冬十一月甲子朔旦冬至,日月在建星,太岁在子。按:太初元年,太岁在丙子,东汉以后,术家不知太岁有超辰之法,上溯太初之元,以为丁丑,非太初本法也。其云"阏逢摄提格之岁"者,谓是年岁阴在甲寅也。岁阴与太岁皆百四十四岁而超一辰,故四千六百一十七岁而复其初。秦汉之间,多以岁阴纪岁,《淮南子》言"太阴在寅,名曰摄提格",《史记·货殖传》"太阴在卯"之类是也。东汉始专用太岁,而去其超辰之法,故于此文多不了了。唐一行《日度议》云:"汉太初元起丁丑,推而上之,不值甲寅,犹以日月五纬,复得上元本星度,故命曰阏逢摄提格之岁,而实非甲寅。"此亦强作解事语,观太初诏书,固云"年名焉逢摄提格"矣。安得云"实非甲寅"乎? 刘攽云:"十七岁"

当作"十一岁"。此亦妄说，二刘于推步本无所解，宋子京所引景本，亦无一不误，今不复辨也。

又妄言《太初历》亏四分日之三，去小余七百五分。　按：黄帝六家之术，太略皆与《四分》同，《四分》以九百四十为日法，九百四十之七百五，正四分之三也，则寿王术日法亦同《四分》矣。

参闰法为周至，以乘月法，以减中法而约之，则六扐之数，为一月之闰法，其余七分。　此论中月相求之理也。周至五十七以乘月法，得十三万六千三百四十四，与中法十四万五百三十相减，余四千一百八十六，是为一月之闰法。盖中法以满元法四千六百一十七。为一日，置中法，以元法除之，得三十日又四千六百一十七分之二千二十也。以周至乘月法，则亦以满元法为一日，置十三万六千三百四十四，以元法除之，得二十九日又四千六百十七分之二千四百五十一，即八十一之四十三也。两数相减之余，即中多于朔之数，而为一月之闰分也。"六扐"当作"七扐"，置四千一百八十六数，以通法除之，得七。而通法又即一扐之数，月法二千三百九十二，为再扐两之之数，则通法五百九十八者，一扐之数也。则一月之闰法，为七扐之数矣。岁有闰余十九分之七，析之，则每月有闰余二百二十八分之七也。

《易》九厄曰：初入元，百六，阳九；次三百七十四，阴九。孟康曰："《易传》也。所谓阳九之厄，百六之会也。"　按："九厄"当作"无妄"，《易·杂卦传》"《无妄》，灾也"。京房说《无妄》，以为"大旱之卦，万物皆死，无所复望"。应劭云："天必先云而后雷，雷而后雨。今无云而雷，无妄者，无所望也。万物无所望于天，灾异之最大者也。"汉儒引申其义，故有阳九、阴九、经岁、灾岁之说，此亦纬书之类。孟康以为《易传》，犹《稽览图》称《中孚传》也。《谷永传》："遭《无妄》之卦运，直百六之灾阸。"《论衡·明雩篇》云："灾变大抵有二：有政治之灾，有无妄之变。德酆政得，灾犹至者，无妄也；德衰政失，变应来者，政治也。"又云："无妄之气，历世时至。"又云："非常之变，无妄之气，间而至也。水气间尧，旱气间汤。"《恢国篇》云："建初孟年，无妄气至。"《须颂篇》云："成汤加成，宣王言宣，无妄之灾，不能亏政。"《寒温篇》云："按《易·无妄》之应，水旱之至，自有期节。"《三国志》注，公孙渊《上孙权表》："伏惟遭天地反易，遇《无妄》之运。"刘渊林注《吴都赋》，引《汉书》此条，正作"易无妄",可证魏晋时本尚未误。李善注《文选》,屡引此文,并作"阳九厄",则唐时已讹,不始于近代矣。"无妄"讹为"九厄",盖字形相涉,或并改"易"为"易",以傅会"阳九"之文。不知水旱之灾,阳不必九,九不独阳也。

凡十二次,日至其初为节,至其中斗建下为十二辰。 "斗建"上当有"为中"二字。蔡邕《月令章句》:"周天三百六十五度四分度之一,分为十二次,日至其初为节,至其中为中气。"

孟、仲、季迭用事,为统首。 寅申巳亥为"四孟",子午卯酉为"四仲",丑未辰戌为"四季",故甲申曰"孟统",甲子曰"仲统",甲辰曰"季统"。《淮南·天文训》:"木生于亥,壮于卯,死于未;火生于寅,壮于午,死于戌;金生于巳,壮于酉,死于丑;水生于申,壮于子,死于辰。"孟、仲、季之序,盖因于此。

律历志下

积中七,中余千七百一十八。 当云"积中十"。

东九西七,乘岁数,并九七为法,得一,金、水晨夕岁数。 金、水晨见,伏在东方;夕见,伏在西方。约其率,则晨见十六分之九,夕见十六分之七,故以十六为总法,以九乘岁数,十六除之,得晨岁数,七乘岁数,十六除之,得夕岁数也。

壹见,三百九十八日五百一十六万三千一百二分。 刘敞曰:三百九十八日五百一十六万三千一百二分者,通计上文见伏之日分也。今作"壹见"字,疑后人妄改之。按:木、土、火称"一见"者,以见统伏也。金、水称"一复"者,以复该晨夕也。上文见中法下,分注见数、复数,其义已明。此下又有推五星见复之术,刘氏俱未检照,辄疑后人妄改,甚违盖阙之义。

日行四十六分度四十三。 "四十三"当作"三十三"。

日行三分度一,六日而伏。 "三分"当作"二分"。

壹复,五百八十四日百二十九万五千三百五十二分。 刘敞曰:此又妄改为"壹复",自是通计晨夕见伏之日分也。说见上。

百三十七日千七百一十七万一百七十分。 土星伏三十七日有奇,上"百"字衍。

伏,日行不盈九十二分度七十三分。 下"分"字衍。

十七日。顺,疾。 "十"字衍。

盈元法除之,余不盈统者。 "统"当作"元"。

以章月乘人统岁数。 "人"当作"入"。

以十二乘闰余,加十得一。 "加十"当作"加七"。

以算余乘人统岁数。 "算"当作"策","人"当作"入"。

求八节,加大余四十五、小余千一百。 林文炳曰:当作"小余千一十"。林说是。

求二十四气,三其小余,加大余十五、小余千一十。 林文炳曰:当云加大余十五,三分其小余千一十。按:林说非也。千一十之数,三分之,则有畸零,不可入算,故三倍其小余,本以统法为日法,今以元法为日法也。上云"千一十"者,一千五百三十九分日之余。此云"千一十"者,四千六百一十七分日之余。

推中部二十四气,皆以元为法。 "部"疑"节"之讹。

所得,起其正,算外,则食月也。 "其"当作"天"。

盈见中法得一,则积中法也。 下"法"字衍。

不盈者,名曰月中余。 "中"字衍。

中次至日数,次以次初数。 "中次"之"次"当作"以"。

加后余于中余。 "后"下当有"中"字。

数如法,则见中也。 "数"下当有"除"字,"则"下当有"后"字。

推至日及入中次度数,如上法。 "次"下当有"日"字。

推朔日及入月数,如上法。 "月"下当有"日"字。

以六十除余积次。 "余"字衍。

算尽之外,则太岁日也。 "日"字误,当云"太岁所在"。

六物者,岁时数日月星辰也。 "数"字衍。

斗二十六。 此下当有"三百八十五分"六字。贾逵云:"《太初历》,斗二十六度三百八十五分。"姜岌云:"《三统》以一千五百三十九分之三百八十五为斗分。"盖周天以牵牛起算,终于南斗二十六度,所有零分,归于斗度之末,故曰斗分。此"斗分"字当是分注,后人传写失之。

北九十八度。 此下亦当有"三百八十五分"六字。

《四分》，上元至伐桀，十三万二千一百一十三岁。　按：《四分》之术，至后汉始行，今刘子骏《三统术》亦著其说，则西京已有之矣。《淮南·天文训》所述甲寅元，亦与《四分》同。

壬辰，晨星始见，师古曰："晨"，古"晨"字也，其字从"臼"，臼音居玉切。　按：《说文》"晨"、"晨"二字有别。"晨""夕"字，从"臼"。晨为房星，从"晶"，当作"曟"，或作"晨"，省文也。此"晨星"者，水星也，亦从"臼"。

丙午还师。　"还"当作"逮"。

《世家》："炀公即位十六年。"　汲古阁本作"六十年"，是也。《史记·鲁世家》"炀公六年卒"，"六"下亦脱"十"字。

是岁，距上元十四万二千五百七十七岁。　按：自上元尽僖公五年，得十四万二千五百七十七岁，凡言"距算"者，皆外所求，则"七十七岁"当作"七十六岁"。

王莽居摄，盗袭帝位。　自此以下，皆班氏所增入，非刘歆本文。上文初元元年距建武七十六岁，亦班氏增入也。

改元曰建武，岁在鹑尾之张度。　按：光武建武元年，距上元十四万三千二百五十五岁，满岁星岁数去之，岁余一千五百五十九，以百四十五乘之，得二十二万六千五十五，满百四十四而一，得积次一千五百六十九，次余百十九。以十二除积次，余数九，从星纪起算外，则岁在寿星也。又以六十除积次，余数亦九，从丙子起算外，则太岁在乙酉也。《志》云"岁在鹑尾之张度"者，盖以太初元年，岁在星纪，距是岁一百二十八算，未盈超辰之限，故约略计之，以为当在鹑尾耳。若以密率求之，则太初改元，岁星在婺女六度，已是星纪之末。岁星每年多行一分，至太始二年，岁星已度寿星而入大火，即太岁亦超乙酉而在丙戌矣。《王莽传》："建国五年，岁在寿星，仓龙癸酉。八年，岁躔星纪。天凤七年，岁在大梁，仓龙庚辰。厥明年，岁在实沈，仓龙辛巳。"据此，推至光武建武元年，正当在寿星之次，此实算也。翼奉以元帝初元二年上封事云"今年太阴建于甲戌"，此"太阴"即谓太岁。

礼乐志

后董仲舒对策言：王者欲有所为，宜求其端于天。　按：仲舒对策,已见本传,而《志》复载其文至四百言;王吉疏已见本传,而《志》复载其文至百五十余言;司马迁言李陵事,已见《迁传》,而《陵传》又载其文百五十言;元帝初元二年地震下诏,已见本传,而《翼奉传》又载其全文。

沸俞甚而无益。　"俞",古"愈"字。

是故纤微焦瘁之音作。注:瘁,一作"衰"。　《乐记》作"志微噍杀之音",郑氏解"志微"为"意细",似曲。当依此文作"纤","纤"与"识"字形相涉,而"志"又"识"之古文,遂讹为"志"耳。"衰"、"杀"声相近,较之"瘁"字为长。

以营乱富贵之耳目。　"营"与"荧"通,"营乱"犹"惑乱"也。师古训"回绕",似非。

建始元年,丞相匡衡奏罢"鸾路龙鳞",更定诗曰"涓选休成"。　按:《志》云"奏罢"者,谓去"鸾路"句,改为"涓选休成"也。下章云"奏罢黼绣周张,更定诗曰肃若旧典",亦谓去"黼绣"句,改为"肃若旧典"也。《郊祀志》:成帝初即位,丞相衡等奏定南北郊,又言甘泉泰畤紫坛有文章采镂黼黻之饰,石坛、仙人祠、瘗鸾路、骍驹、寓龙马,不能得其象于古,宜皆勿修。故更去"鸾路龙鳞"、"黼绣周张"二语,其余仍用旧文也。监本以"涓选休成"句属《天地》章,以"肃若旧典"句属《日出入》章,此误之甚者。然《文献通考》载元丰六年,判太常寺陈荐议引《郊祀歌》"涓选休成"、"天地并况",证天地合祭之说,则北宋本已误矣。

刑法志

孝文二年,左右丞相周勃、陈平奏言。　按:《公卿表》孝文元年十月,右丞相陈平为左丞相,太尉周勃为右丞相,八月,勃免,平独为丞相。二年十月,丞相平薨,十一月,勃复为丞相。是平、勃同为丞相在元年,非二年也。《文帝纪》元年十二月,除《收帑相坐律》,正平、勃并相之时,《志》云"二年",误。

食货志上

燥木为耒。　宋祁曰:"燥木"当为"揉木"。按:《说文》:"燥,屈申木也。""揉"字《说文》不收,当以"燥"为正。《史》、《汉》多古字,率为校书人妄改,子京犹不免尔,何况余子。

三岁更耕之,自爱其处。 按:《春秋传》:"晋于是乎作爰田。"服虔、孔晁皆云:"爰,易也。"《说文》"爰"作"趄"。趄田,易居也。《张汤传》"传爰书",师古训"爰"为"换","换"与"易"同义。

还庐树桑,师古曰:"还,绕也。" "还"与"环"同。

其诗曰:"有渰凄凄,兴云祁祁。" 按:《韩诗外传》引《诗》,亦作"兴云祁祁",《汉无极山碑》亦有"兴云祁祁,雨我公田,遂及我私"之文,盖汉世经师传授皆然。颜之推《家训》云:《诗》"有渰萋萋,兴云祁祁",《毛传》:"渰,阴云貌。萋萋,云行貌。"渰已是阴云,何劳复云兴云?"云"当为"雨",俗写误尔。班固《灵台诗》云"习习祥风,祁祁甘雨",此其证也。之推仕南北朝,虽疑"云"为误字,不闻据他本以正之,则六朝本亦皆作"兴云"矣。《大雅·韩奕篇》云"祁祁如云",可证"祁祁"为云行貌,非转写之误。《后汉书·左雄传》作"兴雨祁祁",或后人校改。

大命将泛。孟康曰:"泛音方勇反。" 宋祁曰:"勇当作滥。" 按:"方勇"即"泛"之转声。《说文》"风"从"凡"声,而"汎"亦有"冯"音,今人呼"帆"为"篷",亦声之转也。宋子京不知古音,故疑其误。

民俞勤农。 "俞",古"愈"字。下文"贫弱俞困"、"民俞穷困"之"俞"并同。

食货志下

孔仅使天下铸作器,三年中至大司农,列于九卿,而桑弘羊为大司农中丞,管诸会计事。 按:《百官公卿表》:"大农令,太初元年更名大司农。"此孔仅为大农令,在元鼎二年,尚无大司农之名也。《史记·平准书》无"司"字,桑弘羊称"大农丞",不云"中丞",得之。

郊祀志上

后四年,秦宣公作密畤于渭南。 《史记》作"六年",误。

设射不来。不来者,诸侯之不来朝者也。 《史记》云:"设射狸首。狸首者,诸侯之不来者。"按:《礼记·射义》:"诸侯以狸首为节。"狸首者,乐会时也。《大射仪》"奏《狸首》",郑康成云:"狸之言不来也,其诗有射诸侯首不朝者之言,因以名篇。《考工记》祭侯之辞曰:"毋或若女不宁侯,不属于王所,故抗而射女。"不属者,不来朝会也。苌弘所行,乃是古礼。战国后礼废,乃疑其神怪尔。

四曰阴主,祠三山。师古曰:"三山,即下所谓三神山。" 按:小司马引顾氏说,东莱曲成有参山,即此"三山"者是也。师古注误。

冬塞祷祠。 "塞"古"赛"字。《史记》作"赛"。《说文》无"赛"字,当依《班志》,下并同。

至中山,晏温。如淳曰:"三辅谓日出清济为晏。" 《说文》:"晏,天清也。""济"与"霁"同,《洪范》"曰雨曰霁"。《史记》作"济"。

皆尝鬺亨上帝鬼神。师古曰:"鬺、亨一也。《韩诗·采蘋》曰'于以鬺之,唯锜及釜',亨音普庚反。" "鬺"、"湘"声相近,"亨"读如"享"。服虔云:"以享祀上帝也。"师古读如"烹",非。

受此书申公。 下云申公齐人,则非鲁之申培公,盖别是一人。

郊祀志下

十二年,乃下诏曰。 元康四年,宣帝即位之十二年也。

又祠太室山于即墨。 《地理志》:"胶东即墨县有天室山祠。"此云"太室",疑误。

三户山于下密。 《地理志》:"下密县有三石山祠。"汲古阁本作"台"。《水经注》引《地理志》亦作"石"。

又祠参山八神于曲城。[①] 《地理志》作"曲成"。参山即三山,八神之一。

蓬山石社石鼓于临朐。注:《地理志》"蓬山"作"达山"。 按《地理志》:"临朐县有逢山祠。"《注》误"逢"为"达"。

皆罢候神。 "候神"二字,当属下句,谓"候神之方士使者副佐"也。

天文志

东井西曲星曰戉。 "戉",古"钺"字。《史记》作"钺",俗本讹为"戌"。

三星若合,是谓惊立绝行。 "立",古"位"字,下文作"惊位"可证。

积薪在北戌西北,积水在北戌东北。 "戌"当作"戊"。

元封中,星孛于河戌,占曰:南戌为越门,北戌为胡门。 按:《天官书》:"朝鲜之拔,星茀于河戒。"小司马引《天文志》:"元封之中,星孛于河戒,其占曰:'南戒为越门,北戒为胡门。'"是"戌"为"戒"之讹也。唐一行言:"天下山河之象,存乎两戒。"亦引星传"北戒为胡门,南戒为越门"之文。

五行志上

次二曰羞用五事。注:"羞,进也。" 按:古文"敬"作"茍",与"羞"相似。"羞",疑"敬"之讹也。又考《艺文志》引《书》云"初一曰五行,次二曰羞用五事",言进用五事以顺五行也。《五行》、《艺文》二志皆取刘歆之说,则歆所传《尚书》本是"羞"字。孔光对日蚀事,亦引《书》"羞用五事"。

刘向治《谷梁春秋》,数其祸福,传以《洪范》。注:以《洪范》义传而说之。"传"字或作"傅",读曰"附"。 予谓"或说"是也。

传载眭孟、夏侯胜、京房、谷永、李寻之徒所陈行事。 "传"亦当为"傅",读曰"附",言以仲舒、向、歆为主,而附载眭孟诸人说也。

建元六年六月丁酉,辽东高庙灾。 《武帝纪》作"二月乙未"。

建始元年正月乙丑,皇考庙灾。 《成帝纪》:"皇曾祖悼考庙灾。"此有脱文。

五行志中之上

思曰睿。应劭曰:睿,通也。古文作"睿"。 按:《伏生传》本作"容",董生《春秋繁露》述五行五事云:"思曰容。容者,言无不容。"又云:"容作圣。圣者,设也,王者心宽大无大容,则圣能施设,事各得其宜也。"此志说"思心之不容",云"容,宽也"。孔子曰:"居上不宽,吾何以观之哉!"言上不宽大包容臣下,则不能居圣位,则为"包容"之"容",非"睿智"字明矣。"容"与"恭"从"聪"为韵。郑氏破"容"为"睿",于义为短。今《汉书》刊本作"睿",非"容"非"睿",亦失《班志》之旧。

霿恒风若。 "霿"、"蒙"声相近。

史记,成公十六年,公会诸侯于周。注:"此《志》凡称'史记'者,皆谓司马迁所撰也。" 　按：此条引单襄公见晋厉公视远步高事，见《国语》，而《太史公书》无之。此外所引"史记"，如单襄公见晋三郤、齐国佐一条，晋惠公时童谣一条，谷洛水斗、将毁王宫一条，周三川震、伯阳甫言周将亡一条，夏后氏之衰、二龙止于夏廷一条，季桓子穿井得土缶一条，隼集陈廷、楛矢贯之石砮一条，皆《国语》之文，惟夏后二龙、伯阳甫事见《周本纪》，土缶楛矢事见《孔子世家》，余皆无之。又战国及秦事，《志》称"史记"者，间与《太史公书》合，而秦昭王三十四年，渭水赤；始皇二十六年，有大人长五丈，见于临洮；二世元年，天无云而雷，今《史记》亦无之。则《班志》所云"史记"，非专指《太史公书》矣。古者列国之史，俱称"史记"。《周本纪》云"太史伯阳读史记"，《陈杞世家》云"孔子读史记"，而《汉书·艺文志》称"仲尼以鲁周公之国，史官有法，故与左丘明观其史记，据行事，仍人道，因兴以立功，就败以成罚，有所褒讳贬损，不可书见，② 口授弟子。丘明恐弟子各安其意，以失其真，故论本事而作传，明夫子不以空言说经也"。然则丘明所论次者，谓之《春秋传》，《国语》乃左氏所录史记旧文，故亦可称"史记"。刘知幾以《班志》所引，不云《国语》，惟称"史记"，訾其忘本狥末，逐近弃远，盖未识此旨也。史迁著书，未尝以"史记"名之，即孟坚亦未尝以"史记"目《太史公书》，小颜考之未详尔。

能者养之以福。注："之，往也。能养生者，则定礼义威仪，自致于福。" 　按：《律历志》引此文，作"养以之福"，师古训"之"为"往"，"之福"与"取祸"相对。此《志》亦当然。后人据今本《左传》改之，与注意不合。

匪僥匪傲。 　《诗》作"彼交匪敖"。《春秋传》作"匪交匪敖"。古书"彼"与"匪"通。《诗》"彼交匪纾"，《荀子·劝学篇》作"匪交匪纾"，《左传》引《诗》"如匪行迈谋"，杜预云："匪，彼也。"

雷以二月出，其卦曰豫；以八月入，其卦曰归妹。 　按：孟喜《卦气图》："豫，二月卦；归妹，八月卦。"

远哉摇摇。 　《春秋传》作"遥遥"。《说文》无"遥"字，当从《汉志》。

五行志中之下

刘向以为殷道既衰，高宗承敝而起，尽谅阴之哀，天下应之，既获显荣,怠于政事,国将危亡,故桑谷之异见。注:"桑谷自太戊时生,凉阴乃高宗之事,而此云桑谷即高宗时出,其说与《尚书·大传》不同。或者伏生差谬。" 此自刘向差谬,非伏生误也。《郊祀志》亦以桑谷为太戊事。

五行志下之上

于《易》巽为风为木,卦在三月四月。 《易·乾凿度》:"巽位在四月",又云"巽渐三月",盖立夏巽始用事,在三月、四月之间。

秦孝文王五年,斿朐衍,有献五足牛者。 此事不见《太史公书》,孝文王享国一年,无五年也。

先是文惠王始都咸阳。 《史记》惠文王十三年,始都咸阳,即惠王也。此作"文惠",误。

贺欲出,光禄大夫夏侯胜当车谏。 按:此事又见《胜传》。

是时,吴王濞封有四郡五十余城。 按:《高帝纪》,六年,以故东阳郡、鄣郡、吴郡五十三城立刘贾为荆王,吴濞所封即贾故地,故《传》云"王三郡五十三城"。而《伍被传》云"吴王王四郡之众",此《志》亦云"四郡"者,楚汉之际,会稽尝析为吴郡。《灌婴传》:"度江破吴郡,长吴下,得吴守,遂定吴、豫章、会稽郡。"此有会稽,又有吴郡之证。《吴王濞传》"上患吴、会稽轻悍",亦两郡兼举也。吴郡本会稽所分,言吴,可以包会稽,《高帝纪》单称吴郡,则为三郡,此兼举吴、会,故言"四郡"也。

五行志下之下

谷永以为岁首正月朔日,是为三朝。 按:汉初以十月建亥为岁首,正月非岁首也。

朔而月见东方,谓之仄慝。 《周礼疏》引《尚书·五行传》作"侧匿"。

地理志上

又北,播为九河,同为逆河。 "逆"当作"迎","迎"、"逆"声相近,义亦不异。宋子京改"迎"为"逆",于义虽通,终失班氏之旧。

川曰虖池、呕夷。注:"呕夷出平舒。" 按:师古之注,本于郑氏《周礼注》,盖以祁夷当呕夷也。然孟坚实以滱水为呕夷,故于代郡灵丘县云"滱河东至文安,入大河,并州川",而于平舒之祁夷水,不云"并州川",是班与郑异也。颜注虽宗后郑,却失孟坚之旨。

京兆尹。南陵,霸水亦出蓝田谷,北入渭。师古曰:兹水,秦穆公更名,以章霸功,视子孙。 按:此皆班氏本文,谓霸水本名兹水,秦穆公始更名耳,非师古注也。"师"字后人妄加。

沂音先历反,视读曰示。 此上当有"师古曰"三字。

恒农郡。 按:京兆、冯翊、扶风不言"属司隶"者,尊京辅也。恒农、河东,承三辅之下,故亦不言所属;河内、河南,则中隔太原、上党两郡,故书"属司隶"以别之。

武帝元鼎四年置。 元鼎以前属何郡,《志》失书。

河东郡。莽曰兆阳。 "兆阳"当作"兆队"。《王莽传》,河东、河内、恒农、河南、颍川、南阳为"六队郡"。以《志》考之,南阳为前队,河内为后队,颍川为左队,恒农为右队,河东为兆队,祈队则治河南之荥阳。《莽传》云:"祈队,故荥阳也。"

上党郡。襄相。 《续志》作"襄垣",宋子京云邵本作"垣"者,是也。

河南郡。雒阳户五万二千八百三十九。 按:县邑有户口数者,京兆之长安,冯翊之长陵,扶风之茂陵,河南之雒阳,颍川之阳翟、傿陵,南阳之宛,蜀郡之成都,鲁国之鲁,楚国之彭城,凡十县,惟雒阳注于郡名之下。

中牟。赵献侯自耿徙此。 臣瓒《音义》引《春秋传》、《汲郡古文》,证此中牟非赵地,《春秋正义》、《史记集解》皆载其说,师古以其与班氏异,故不取。予谓魏晋诸儒,地理之学极精,小颜党同妒真,多所芟弃,如此类者,深可惜也。

陈留郡。武帝元狩元年置。 按:陈留,故梁地。景帝分置济川国,都济阳,国除为郡,武帝始更名。

南阳郡,酂,侯国。注:"即萧何所封。" 按:萧何初封,本是沛郡之鄤,其后嗣乃封南阳之酂,师古于此殊未了了。

平氏。《禹贡》桐柏大复山在东南,淮水所出。③ 按:五岳、四渎之祠,皆载于《志》。平氏有淮水祠,独失书,恐传写有脱漏。

南郡,秦置,高帝元年,更为临江郡,五年复故。 按:高帝元年,楚柱国共敖为临江王,都江陵,即南郡故地也。本项羽所封,史家系之高帝耳。其五年,敖子尉为汉所虏,则复为南郡矣。

江夏郡。钟武,侯国。 《王子侯表》有钟武侯度,此即度所封也。《志》有两钟武县,一属零陵郡,一属江夏郡。度为长沙顷王之子,其初封必在零陵之钟武,而《志》以江夏之钟武为侯国,盖后来徙封,如春陵侯本在泠道,后移于南阳也。

九江郡。曲阳。应劭曰:"在淮曲之阳。" 按:东海郡曲阳县注亦引应劭曰"在淮曲之阳",二注当有一误。《续汉志》以此为西曲阳。

山阳郡。郜成,侯国。 《表》未见封郜成者,宋子京云:"郜"当作"邥"。《外戚侯表》,邥成属济阴。济阴与山阳相距不远,疑子京说是也。

沛郡。敬丘,侯国。 按:《王子侯表》,鲁共王子政封瑕丘侯。疑即此敬丘也。山阳郡有瑕丘县,然不云侯国。

魏郡。即裴,侯国。 《王子侯表》作"揶裴"。

邯沟,侯国。 《王子侯表》作"邯苚"。

常山郡,高帝置。 按项羽封张耳为常山王,都襄国,是常山之名,不始于高帝,盖赵歇既灭,遂因为郡耳。《高帝纪》称常山二十五城,《志》止十八县,盖后来稍分析之,襄国本王都所在,而《志》隶赵国,亦一证也。

中丘,逢山长谷,诸水所出,东至张邑入浊。 "诸"当依《说文》作"渚","浊"当依《说文》作"渭"。"浊"或作"蜀",亦误。

南行唐,牛饮山白陆谷,滋水所出。 《说文》作"白陉谷"。

清河郡。清阳,王都。 按:《汉志》称"王都"者,惟清河之清阳、信都之信都,若泰山之卢,则云"济北王都";江夏之邾,则云"衡山王吴芮都",以郡与国不同名也。广陵之广陵,则云"江都易王非、广陵厉王胥皆都此",此外无言"王都"者。淮南王安都寿春,则朱赣言风俗及之。

涿郡。南深泽。 按:中山有深泽县,故云"南"以别之。李吉甫《元和郡县志》:"定州深泽县,本汉南深泽县,以涿郡有深泽县,故此加

'南'以别之。"然则中山之深泽有"南"字，涿郡之深泽无"南"字矣，与今本互异。以里望准之，中山实在涿郡之南。然《续汉志》于安平国之南深泽，亦云"故属涿"，似今本元不误。

平原郡。平昌，侯国。　《续汉志》谓之"西平昌"，以琅邪郡亦有平昌县也。

千乘郡。湿沃。　"湿"当作"湿"，音它合反。

博昌。博水东北至钜定，入马车渎，幽州寖。　"博水"当作"时水"，《职方氏》"幽州其浸菑时"是也。或作"县水"，亦误。

济南郡。朝阳，侯国。　《续志》谓之"东朝阳"，以南阳郡亦有朝阳县也。

猇，侯国。苏林音爻，蔡謩音由。　"爻"、"由"声相近。

泰山郡。博，有泰山庙，岱山在西北，求山上。　"求山上"三字，盖"兖州山"之讹。

齐郡。钜定。　《水经注》作"巨淀"，"定"有"淀"音，语之转也，后人又加水旁。

广。为山，浊水所出。　《说文》"为"作"妫"。

琅邪郡。朱虚，东泰山，汶水所出，东至安丘入维。注："前言汶水出莱芜入济，今此又言出朱虚入维，将桑钦所说有异，或者有二汶水乎？"　按：《水经》有二汶水，一出泰山莱芜县原山，一出朱虚县泰山，源流各异。师古似未见《水经》，故云然。

灵门。有高厞山。注："厞"即"柘"字也。　或云："厞"乃"原"之讹。

柜。根艾水东入海。　以《水经注》考之，即拒艾水也，"根"乃"拒"之讹。"柜"字，《水经注》俱从手旁。

东海郡。海曲。　"曲"当作"西"。《续志》"广陵郡海西县，故属东海"，沈约《宋志》"临淮郡海西县，前汉属东海，后汉、晋属广陵"是也。《三国志·糜竺传》："先主转军广陵海西。"

兰祺。侯国。　《王子侯表》作"兰旗"。

都阳。侯国。应劭曰：《春秋》"齐人迁阳"是。　按：城阳国阳都县注，亦引应劭曰"齐人迁阳，故阳国是"。二注似有一误，然都阳侯音本城阳戴王之子，或当日即割阳都之乡为侯国，本非两地乎？

临淮郡。 诸郡国皆书"属某州",惟临淮、武都、陇西、金城、天水、武威、张掖、酒泉、敦煌、安定、北地、九真、河间、广阳、甾川、胶东、高密、泗水、六安失书。按:临淮、泗水当属徐州,甾川、胶东、高密当属青州,河间、广阳当属冀州,北地当属朔方,六安当属扬州,九真当属交州,武都以下九郡当属凉州。

武帝元狩六年置。 《晋志》,汉武帝分沛、东阳置临淮郡。东阳,楚汉之际所置郡也,汉初属吴国。

取虑。 注:"取音趋,又音秋,虑音庐。" 《左传释文》引如淳说:"取音陬訾之陬,虑音郲娄之娄。"

丹阳郡。故鄣郡,属江都。 刘原父谓秦三十六郡无鄣郡,疑鄣非郡名,武帝以故鄣地为丹阳郡,《志》但当云"故鄣,属江都",以是讥班氏之误,此真瞀说也。《志》云"故梁"、"故淮南"、"故齐"、"故楚",皆谓诸侯王国,鄣非国名,何以得称"故鄣"乎?秦无鄣郡,而楚汉之际则有之,《高帝纪》"以故东阳郡、鄣郡、吴郡五十三县立荆王",是高王之世有鄣郡矣。若县名有故鄣,此犹河南之故市,涿郡之故安,当时或别有取义,岂可援以为鄣非郡之证?借如刘说,但当云"故属江都",何必又云"故鄣",而下文"更名丹阳"之语,更不可通矣。

胡孰。宋祁曰:"胡"当作"姑"。 按:胡孰,《续志》作"湖熟",今上元县东南五十里有湖熟镇,即汉故县所在。自汉至晋,有湖熟县,无姑孰县,宋说非是。

黟。浙江水出南蛮夷中,宋祁曰:"渐"字当作"浙"字。 《水经》本作"渐江水",子京亦失考。

零陵郡。武帝元鼎六年置。 当云"故属长沙"。

广汉郡。什方。 《表》作"汁防",《史记·表》作"汁邡"。

葭明。应劭曰:"音家盲。" 古音"明"如"盲"。

蜀郡。汶江,溅水出徼外,南至南安,东入江。 按《说文》"溅水出蜀汶江徼外,东南入江,从水,我声",别无"溅"字。《水经注》"溅水出徼外,径汶江道,南至南安入大渡水,大渡水又东入江",亦从"我",不从"哉"。《志》作"溅"者,传写之讹。然《广韵》十六哈部有"溅"字,注云"水名,出蜀",则沿讹实始于唐矣。

越嶲郡。阑。 《续志》作"阐",当从之。若本文是"阑",注不应又"音阑"也。

牂柯郡。同并,应劭曰:"并音伴。""并"、"伴"声相近。

地理志下

金城郡。县十三。 按:《昭帝纪》:"始元六年,以边塞阔远,取天水、陇西、张掖各二县置金城郡。"是金城始置,止有六县。此十三县之中,惟破羌、允街两县宣帝所置,其余俱不书置自何时,可见《志》之阙漏者多也。

天水郡,武帝元鼎三年置。 盖析陇西置,李广陇西成纪人,《志》属天水,是其证也。

武威郡,故匈奴休屠王地,武帝太初四年开。《纪》在元狩二年,当从《纪》。

张掖郡,故匈奴昆邪王地,武帝太初元年开。 按:《武帝纪》:"元鼎六年,分武威、酒泉郡置张掖、敦煌郡。"敦煌为酒泉所分,则张掖必武威所分矣。四郡之地,虽皆武帝所开,然先有武威、酒泉,而后有张掖、敦煌。以内外之词言之,武威、酒泉当云"元狩二年开",张掖、敦煌当云"元鼎六年分某郡置",不必云"开"也。昆邪来降,在元狩间,而《志》以为太初,张掖乃武威所分,而《志》以张掖属元年,武威属四年,皆误。

酒泉郡,武帝太初元年开。《纪》在元狩二年。

敦煌郡,武帝后元年分酒泉置。《纪》在元鼎六年。

效谷。师古曰:本鱼泽障也。桑钦说,孝武元封六年,济南崔不意为鱼泽尉,教力田,以勤效得谷,因立为县名。 此班氏本文,非小颜注也。桑钦书唐初已失传,"师古曰"三字衍。

安定郡。武帝元鼎三年置。 盖析北地置。

上郡。肤施,有五龙山、帝、原水、黄帝祠四所。 按:《郊祀志》:"宣帝立五龙山仙人祠及黄帝、天神帝、原水凡四祠于肤施。"五龙山,一也。帝即天神帝,二也。原水,三也。黄帝,四也。

朔方郡。属并州。 按:武帝元封五年,置十三部刺史,并与朔方各自为部,未尝属并州也。朔方之属并,乃光武建武十一年事耳。上郡亦属朔方部,故冯野王为上郡太守,朔方刺史萧育奏封事荐之。

云中郡。北舆，注："阚骃曰：广陵有舆，故此加北。"　按：舆县属临淮，后汉始属广陵。

代郡。班氏，秦地图书班氏。　此注疑有脱讹。秦地图，盖即萧何所收者。琅邪郡长广县"奚养泽在西，秦地图曰剧清地"。史引秦地图，只此二条。

狋氏，孟康曰："狋音权，氏音精。"　"示"有"祁"音，"氏"有"支"音，"祁"与"权"、"支"与"精"声皆相近。

渔阳郡。白檀，洫水出北蛮夷，注："洫音呼鸡反。"　按：《水经注》："濡水流径渔阳白檀县故城。《地理志》曰：濡水出县北蛮中。"盖郦元所见之《汉书》，本作"濡水"，不知何时讹"濡"为"洫"。师古不能正也。汉之白檀县在今古北口外，滦水所经，"濡"、"滦"古今字，别无洫水之名。

赵国。襄国，西山，渠水所出，东北至任入寖，又有蓼水、冯水，皆东至朝平入湡。　按：《说文》："湡水出赵国襄国之西山，东北入寖。"此"渠水"当是"湡水"之讹。《说文》又云："漅水出赵国襄国，东入湡。"此"冯水"恐亦"漅水"之讹也。

广平国。武帝征和二年置，为平干国。宣帝五凤二年复故。按：王温舒为广平都尉，在元朔、元狩之间，是平干国未置之前，已为广平郡矣。五凤二年，平干缪王坐杀谒者，会薨，不得代，国除，仍为广平郡，故云"复故"也。当云"故广平郡某年置"，乃与"复故"之文相应。哀帝建平三年，更置广平国，《志》又失书，皆脱漏之甚者。

河间国。故赵。　按：河间与真定、信都、广平皆故赵地，常山、中山虽为郡，仍属赵也。《志》或书或不书。

甾川国。剧。　按：北海郡亦有剧县，《志》称甾川后并北海，则二剧疑即一地。然北海之剧，本是侯国，即甾川懿王子错所封，盖析剧县之乡为侯国，别属北海，而剧县之隶甾川如故，非重出也。

东平国。故梁国。　当云"故梁"，无"国"字。

广陵国。高帝六年，属荆州。　"州"字衍。高帝六年，封刘贾为荆王，兼有广陵之地，故云"属荆"。其时未设诸州刺史，不得言"荆州"也。

本秦京师为内史，分天下作三十六郡。　今以《志》考之，则三十六郡者，三川、河东、南阳、南郡、九江、会稽、颍川、砀、泗水、薛、东郡、琅邪、齐、上谷、渔阳、右北平、辽东、辽西、代、钜鹿、邯郸、上党、太原、云中、九原、雁门、上郡、陇西、北地、汉中、巴、蜀、长沙、南海、桂林、象郡也。裴骃注《史记》，以鄣、黔中与内史足三十六郡之数，而不数南海三郡，与《汉志》不合。

高祖增二十六。 谓河内、汝南、江夏、豫章、常山、中山、清河、魏郡、涿郡、勃海、平原、千乘、泰山、东莱、东海、广汉、定襄、桂阳、武陵、鄣郡、城阳、济南、楚国、燕国、淮阳国并内史也。《晋志》以鄣郡为秦置，此《志》但云"故鄣郡"，不云秦郡，盖楚汉之际所置也。孝惠时，齐王献城阳郡为鲁元公主汤沐邑，高后割齐之济南郡为吕王奉邑，知此二郡当置于高帝矣。

文、景各六。 文帝六，谓河间、菑川、胶东、胶西、庐江、衡山。景帝六，谓北海、济东、即东平。山阳、济阴、江都、广川也。文帝建国九，济南、城阳因旧郡，济川即泰山郡。景帝建国九，中山、常山、清河因旧郡，济川国后废，故皆不数。

武帝二十八。 谓冯翊、扶风、恒农、陈留、临淮、零陵、天水、安定、西河、朔方、武都、武威、张掖、酒泉、敦煌、犍为、牂柯、越巂、益州、玄菟、乐浪、苍梧、交阯、合浦、九真、广平、真定、泗水也。南海、郁林、日南即秦南海三郡，沈黎、文山、珠厓、儋耳、临屯、真番、苍海后皆废，故不数。

昭帝一。 金城也。

侯国二百四十一。 今数之，止百九十有四，盖史有阙文。

自井十度至柳三度，谓之鹑首之次。 十二次宿度，惟载鹑首、鹑火、寿星、析木，余皆阙如，盖班氏未定之本。其述分野，既以东平、须昌、寿张为宋分，又云东平、须昌、寿张皆在济东，属鲁，非宋地也。当考，亦疑而未决之词也。所述星度，与蔡邕《月令章句》合，较之《律历志》，每次大率差五六度。

汝南之召陵、灈强、新汲、西华、长平，河南之开封、中牟、阳武、酸枣、卷。 以《志》考之，新汲属颍川，非汝南；酸枣属陈留，非河南，盖汉时郡国属县，更易靡常，史家不能考而悉书之。

自东井六度至亢六度，谓之寿星之次。 "东井"当作"轸"。

南至浮水、繁阳、内黄、斥丘。　《志》未见浮水县,繁阳以下属魏郡。

南得涿郡之易、容城、范阳、北新城。　按:中山国有北新成县,不属涿郡,"成""城"字亦异。

自危四度至斗六度,谓之析木之次。　"危"当作"尾"。

子之营兮,遭我虖巇之闲兮。　古书"营"与"环"通,《说文》:"营,市居也。"读如阛阓之阛。"还"与"环"音亦同也。"猲"、"农"声相近,故文或为"巇"。

东平、须昌、寿张。　寿张本名寿良,光武避赵王良讳,改"良"为"张",此班氏追改。

沟洫志

山行则梮。　《史记》"山行即桥","桥"与"梮"、"则"与"即"皆声相近也。

武安侯田蚡为丞相,其奉邑食鄃。　"鄃"与"俞"同,清河郡之县也。俞侯栾布子贲,以景帝中六年嗣侯,元狩六年,坐为太常牺牲不如令,国除。当武安为相时,贲尚无恙,而奉邑得食鄃者,布封邑仅千八百户,除所封之外,仍属之有司也。

艺文志

《记》百三十一篇,七十子后学者所记也。　按:郑康成《六艺论》云:"戴德传《记》八十五篇,戴圣传《记》四十九篇。"此云"百三十一篇"者,合大小戴所传而言。《小戴记》四十九篇,《曲礼》、《檀弓》、《杂记》皆以简策重多,分为上下,实止四十六篇,合大戴之八十五篇,正协百卅一之数。《隋志》谓《月令》、《明堂位》、《乐记》三篇,为马融所足,盖以《明堂阴阳》三十三篇、《乐记》二十三篇别见《艺文志》,故疑为东汉人附益,不知刘向《别录》已有四十九篇矣。《月令》三篇,小戴入之《礼记》,而《明堂阴阳》与《乐记》仍各自为书,亦犹《三年问》出于《荀子》,《中庸》、《缁衣》出于《子思子》,其本书无妨单行也。《记》本七十子之徒所作,后人通儒各有损益,河间献王得之,大小戴各传其学,郑氏《六艺论》言之当矣。谓大戴删《古礼》二百四篇为八十五篇,小戴又删为四十九篇,其说始于晋司空长史陈邵,而陆德明引之,《隋志》又附益之,然《汉书》无其事,不足信也。或谓《汉书》不及《礼记》,考河间献王所得书,《礼记》居其一,而《郊祀志》引《礼记》"燔柴于太坛,祭天也;瘗薶于太折,祭地也",又引《礼记》"天子祭天地及山川岁遍",又引《礼记》"天子籍田千亩以事天墜",又引《礼记·祀典》:即祭法也,《律历志》谓之祭典。"功施于民则祀之。天文,日月星辰,所昭仰也;地理,山川海泽,所生殖也。"又引《礼记》:"唯祭宗庙社稷,为越绂而行事。"《梅福传》引《礼记》:"孔子曰:某,殷人也。"《韦玄成传》亦引《礼记·王制》、《礼记·祀典》之文,皆在四十九篇之内。《志》不别出《记》四十九篇者,统于百三十一篇也。

《春秋古经》十二篇。 谓《左氏经》也。《刘歆传》"歆校秘书,见古文《春秋左氏传》",又云"《左氏传》多古字古言"。许慎《五经异义》言:"今《春秋》公羊说,古《春秋》左氏说。"

合于尧之克攘。注:"攘,古让字。" 按:《说文》:"揖攘字从手,责让字从言,攘夺字从支。"

《易》之嗛嗛,一谦而四益。注:"嗛字与谦同。" 古书"言"旁字与"口"旁字往往相通,故"谦"或为"嗛"。

《五子胥》八篇。 "五",古"伍"字。《吕氏春秋》"五员亡荆",《古今人表》"伍参"亦作"五参",非文之讹。《陈涉传》"铚人五逢",《史记》作"伍徐"。

凡数术百九十家。 "十"字衍。

校勘记

① "曲城",原作"曲成",误。据《汉书·郊祀志》改。
② "书见",原作"尽见",误。据《汉书·艺文志》改。
③ "所出",原作"所在",误。据《汉书·地理志》改。

廿二史考异卷八

汉书三

陈胜传

陈胜字涉,阳城人。师古曰:"《地理志》属汝南郡。" 按:汝南、颍川皆有阳城县,汝南之阳城为侯国,宣帝时始置,此当是颍川之阳城也。

项籍传

梁使羽与沛公别攻城阳。 "城阳"当作"成阳"。

诸别将皆属,号卿子冠军。 "皆属"下当有"义"字。

瑕丘公申阳者。孟康曰:"瑕丘县之老人也,姓申,名阳。" 予谓此"公"非老人之称。春秋之世,楚县令皆僭称公。楚汉之际,官名多沿楚制,故汉王起沛,称沛公,楚有萧公、薛公、郯公、留公、柘公,汉有滕公、戚公,皆县令之称。此瑕丘公亦是瑕丘县令,孟说非也。

张耳传

东井者,秦分也,先至必亡。 "亡"字疑误。

贯高等乃壁人柏人,要之置厕,文颖曰:"置人厕壁中,以伺高祖。"予谓"置"者,邮传之名。"厕"与"侧"同,非厕溷之厕也。伏人于置侧,欲要而杀之。

韩王信传

成帝时,继功臣后,封增兄子岑为龙雒侯。薨,子持弓嗣。 按:《功臣表》:"元封当作元延。元年,节侯共以宝从父昆弟绍封,子敞嗣。"盖增之兄子,于宝为从父昆弟也。惟两侯之名,《表》、《传》各异,未详孰是。

荆燕吴传

荆王刘贾。　宗室王例不书姓,刘贾、刘泽独书姓,衍文。

故孽子悼惠王王齐七十二城,庶弟元王王楚四十城。　按:《高帝纪》"封齐王七十三县",此云"七十二",或彼文误也。《楚元王传》及《高纪》俱云"王三十六县",此云"四十城",恐误。

御史大夫晁错营或天子。　师古曰:"营,谓回绕之也。"　"营"与"荧"通,非"回绕"之义。

刘向传

父德。武帝时,治淮南狱。　按:淮南王安以谋反诛,事在元狩元年。此传言昭帝即位,"德待诏丞相府,年三十余"。自元狩元年,数至后元二年昭帝即位,实三十六年矣。当淮南狱起之时,恐德尚未生,安得预治狱之列?

孝武帝时,兒宽有重罪系,按道侯韩说谏曰:"前吾丘寿王死,陛下至今恨之;今杀宽,后将复大恨矣!"上感其言,遂贳宽,复用之。　此事《宽传》不载,韩说名在《佞幸传》,而能为宽强谏,亦自可取,当表而出之。

下太傅韦玄成。　玄成为太子太傅,不当删"太子"字,盖转写失之。

故其《诗》曰:密勿从事。　"密勿"即"黾勉",声之转也。古读"勿"如"没"。《尔雅》"蠠没,勉也",亦"密勿"之异文。

日月鞠凶。　"鞠"、"告"声相近。

雨雪麃麃,见晛聿消。　"聿"、"曰"声相近。

《易》曰:"飞龙在天,大人聚也。"　"聚"、"造"声相近。

及秦惠文、武、昭、严襄五王。　惠文,一也。武,二也。昭,三也。严襄即庄襄,四也。此云"五王"者,盖昭王之后,尚有孝文王,《传》脱"孝文"二字耳。

刘歆传

博见强志。　"志",古"识"字。后文"贤者志其大者,不贤者志其小者",《艺文志》"多见而志之",皆从古文。

田叔传

赵陉城人也。 《史记》,陉城今在中山国。考《地理志》,中山有苦陉,有陆成,无陉城县也。

曹参传

遂取临淄,还定济北郡。师古曰:"时未有济北郡,史追书之耳。"按:项羽封田安为济北王,都博阳,田荣攻杀安,并三齐之地,因以济北为郡,非追书也。

击龙且军于上假密。文颖曰:"或以为高密。" "高"、"假"声相近。

参之相齐,齐七十城。 按:《吴王濞传》"悼惠王王齐七十二城",《高五王传》亦云"食七十余城",此云"七十者",举成数也。

哀帝时,乃封参玄孙之孙本始为平阳侯。 按:《功臣表》本始乃参玄孙之玄孙,《传》脱"玄"字。

张良传

景驹自立为楚假王,在陈留。 "陈"字衍。
封雍齿为什方侯。 《功臣表》作"汁防"。

陈平传

阳武户牖乡人也。师古曰:"阳武,县名,属陈留。" 按《地理志》,阳武属河南,不属陈留。

更封平为曲逆侯,尽食之。 汉时封县侯,户数多少不同,如萧何始封酂,食八千户,后又益封二千户;元狩中,以酂户二千四百封其曾孙庆;宣帝时,以酂户二千封其玄孙建世。封号虽同,而租入迥别,盖一县之户,不止此数,除侯所食外,其余归之有司也。高祖功臣尽食一县者,惟平一人。

周勃传

于是阴谋以为少帝及济川、淮阳、恒山王皆非惠帝子。 此称"恒山",后称"常山",史驳文也。考《外戚恩泽侯表》,高后时,以孝惠子侯者四人:襄城侯义,三年为常山王,更名弘。即少帝也。轵侯朝,四年为常山王。壶关侯武,六年为淮阳王。昌平侯大,七年为吕王。《异姓诸侯王表》:"高后七年,吕王产徙梁,十一月丁巳,王大始,故平昌侯。"《恩泽侯表》作"昌平侯"。《传》称济川王,《表》称吕王,其实一人也。初,高后割齐之济南郡为吕王奉邑,及吕产徙封,改吕国曰济川,以王孝惠之子,此事之所宜有者,则济川即济南矣。孝景时,分梁为济川国。考梁孝王始封,其时济南王辟光尚存,七国既平,梁又未尝益封,此两济川者,名同而实异也。

文帝择勃子贤者,皆推亚夫,乃封为条侯。 师古曰:"县在勃海,《地理志》作'蓨'字,其音同耳。" 按:《地理志》勃海郡有修市县,侯国,应劭读"修"为"条",此清河纲王子寅所封也。又信都国有修县,师古亦读为"条",亚夫所封,盖信都之修,非勃海之修市也。《志》作"修",不作"蓨",小颜注误。

夏侯婴传

夏侯婴,沛人也。 婴本夏侯氏,而标目称"滕",不称"夏侯";《石奋传》标题不云"石",而云"万石",皆因史公元文,然于例终未画一。

曾孙颇,尚平阳公主,坐与父御婢奸,自杀,国除。 颇尚主,主随外家姓,号孙公主,故滕公子孙更为孙氏。 按:汉景帝女平阳公主,本阳信公主,王皇后生。元帝女平阳公主,卫倢伃生。其外家皆非孙氏,此夏侯颇所尚之平阳公主,盖别是一人,不知何帝女也。马端临《帝系考》载:高祖一女,鲁元公主;文帝二女,馆陶长公主及周勃子胜之所尚公主;景帝三女,平阳公主、南宫公主、隆虑公主;武帝五女,鄂邑盖长公主、夷安公主、卫长公主、诸邑公主、阳石公主;宣帝二女,馆陶公主、敬武公主;元帝三女,平都公主、平阳公主、颍邑公主,皆据班《史》《纪》、《传》。然尚有未备,如博成侯张建,建始四年,坐尚阳邑公主与婢奸主旁,数醉骂主,免。夏侯颇尚平阳公主,成帝微行,过阳阿主作乐。此三事皆遗漏,而南宫公主婿耏申,见《功臣侯表》,马氏亦失书。

灌婴传

灌婴,睢阳贩缯者也。 依班《史》例,当云"睢阳人也,以贩缯为生"。

傅宽传

傅宽以魏五大夫骑将从。 傅宽、靳歙二人,史失其所居郡县。

郦食其传

陈留高阳人也。 按《地理志》,陈留郡无高阳县,盖乡名,非县名。涿郡、琅邪郡皆有高阳县,然非食其所居之高阳也。《高祖纪》:"沛公西过高阳。"文颖云:"聚邑名,属陈留圉。"按:圉县,汉属淮阳,后汉始属陈留。臣瓒云:"《陈留传》在雍丘西南。"

娄敬传

娄者,刘也,赐姓刘氏。 "娄"、"刘"声相近,今吴人呼娄江曰"刘家河",吾邑娄塘市,土人亦呼"刘"。

济北王勃传

国除,为北安县,属泰山郡。 按《地理志》,泰山郡无北安县,惟卢县,注云"济北王都",疑"北安"为"卢"之误,或初名"北安",而后改"卢"也。

息夫躬传

乌孙两昆弥弱,卑爰疐强盛。 卑爰疐,《匈奴传》作"卑援疐"。
循乌孙就屠之迹。 "孙"字衍。

卫绾传

代大陵人也。 按《地理志》,大陵县属太原,不属代郡,汉初以山南太原之地属代国,故系大陵于代。

直不疑传

稍迁至中大夫。　按：《公卿表》："景帝中六年，中大夫令直不疑更为卫尉。"此传脱"令"字，中大夫令，本卫尉也。景帝初改，后复。

周仁传

以是得幸，入卧内。　周仁列于《佞幸》，乃与万石君、直不疑同传，似非其伦。

张欧传

景帝时尊重，常为九卿。至武帝元朔中，代韩安国为御史大夫。按《公卿表》，欧代安国为御史大夫，在元光四年，非元朔也。任御史大夫五年，以老病请退，则在元朔中耳。《表》于景帝五年，书"安丘侯张欧为奉常"。据《传》，欧为安丘侯说少子，未尝嗣侯，此《表》之误也。又《表》于景帝元年，有廷尉欧，不书姓，疑亦张欧也。

文三王传

地北界泰山，西至高阳，苏林曰："陈留北一作"比"县。"　高阳非县名，文颖以为聚邑名者，得之。

与睢阳太守客俱出同车。　按：睢阳非郡名，不得有太守，当作淮阳，因上有"睢阳"字，相涉而误耳。《史记》本作"淮阳"，淮阳国景帝四年除为郡，故得置太守。梁与淮阳接壤，故太守客得至梁境，为睢阳人所杀也。

贾谊传

夫树国固必相疑之执。　沈彤曰："夫"当作"大"。郑氏云：今建立国泰大，其执必固相疑也。若作"夫树国"云云，则当请废封建矣。或于"固"字句绝，则当请无立国于险矣，而下文皆不之及。但言国不可太大，宜众建诸侯而少其力，故知"夫"为"大"之讹。

诸侯之地，其削颇入汉者，为徙其侯国，及封其子孙也，所以数偿之。　沈彤曰："也"当作"他"，谓诸侯或以罪黜，其地被削，多入于汉者。若因其所存地为国,则国小而其子孙亦不得封,故为之徙其侯国,并封其子孙于他所,如其被削之数偿之也。师古注误。

病非徒瘇也,又苦跇蹩。师古曰:"跇,古蹠字,音之石反。足下曰蹩,今所呼脚掌是也。" 按:《说文》无"跇"字。小颜读为"蹠",恐亦臆说,当是"呍"字之讹。《说文》:"呍,胫肉,一曰曲胫,读若逴。"渠追切。"蹩"亦当从《说文》作"蟞"。蟞,弻戾也。呍蟞,谓足胫反戾,不便行动。

晁错传

丞相青翟、中尉嘉、廷尉欧劾奏错。 是时开封侯陶青为丞相,"翟"字衍文也。因武帝时有丞相严青翟,相涉而误。《景帝纪》"元年,遣御史大夫青翟",误与此同。

枚乘传

凡可读者,不二十篇。 "不"当作"百"。《艺文志》:"枚皋赋百二十篇。"

路温舒传

钜鹿东里人也。 《地理志》钜鹿郡无东里县。

韩安国传

梁城安人也。 按《地理志》,成安县属陈留郡。陈留本梁地,武帝始置为郡,故史系之梁耳。"城"当作"成"。

若是,则北发、月氏可得而臣也。师古曰:"发,犹征召也。" 北发,北狄地名。师古注误,详见《武帝纪》。

赵敬肃王彭祖传

大鸿胪禹。 王禹也。

中山靖王胜传

今诸侯以私恩自裂地分其子弟,而汉为定制封号,辄别属汉郡。

按《地理志》，诸侯王国二十，如赵、真定、河间、广阳、城阳、广陵皆止四县，菑川、泗水止三县，高密、六安皆五县，鲁六县，东平、楚皆七县。窃疑汉初大封同姓，几据天下之半，文景以后，稍有裁制，然诸侯王始封，往往兼二、三郡之地，其以罪削地者，史亦不多见，何至封域若此之小？及读《中山王胜传》，谓武帝"用主父偃谋，令诸侯以私恩自裂地封其子弟，而汉为定制封号，辄别属汉郡。汉有厚恩，而诸侯地稍自分析弱小"云，始悟诸侯王国所以日削者，由王子侯国之多。以《王子侯表》征之，城阳五十四人，赵三十五人，河间二十三人，菑川二十一人，鲁二十人，王国之食邑，皆入于汉郡，无怪乎封圻之日蹙矣。郡领县多者，无过于琅邪、东海，琅邪县五十一，东海县三十八。琅邪与城阳、菑川、胶东、高密四国邻，东海与鲁、泗水、楚、城阳诸国邻，侯国之析置者多属焉。此所领之所以多于它郡也。中山之陆成，《表》作陆城。新处，《表》作薪处。安险皆尝为侯国，改属它郡矣。陆成、新处皆属涿，惟安险《表》失书所属，亦当属涿郡也。宣元之世，中山绝而复封，所封又是帝子，故稍以旧封益之。如北新城，刘向以为涿郡，《地理志》末论十二国分域，盖出于刘向。而《志》属中山，亦是后来益封之证也。

　　哀帝复立云客弟广汉为广平王。薨，无后。平帝元始二年，复立广川惠王曾孙伦为广德王，奉靖王后。　　罗愿曰：按《诸侯王表》，广汉至王莽时犹在，安得遽云"薨无后"？此广德王伦自以广川系绝故封，考之《广川惠王传》，可见非续中山也。中山子孙侯者二十余人，不应取于见绝之广川明矣。大昕按：刘敞以此伦封广德王，广川王后又封广德王，俱是平帝二年事，必有一误。今据罗氏辨正，则此传"薨无后"以下二十三字，明是衍文，"伦"、"瘉"字形相近，非有二人也。

李广传

　　陇西成纪人也。　　按《地理志》，成纪县属天水，不属陇西。天水郡武帝所置，汉初盖属陇西也。

　　典属国公孙昆邪。　　即平曲侯公孙浑邪，丞相贺之大父也。

　　将军其率师东辕，弥节白檀。孟康曰："白檀，县名，属右北平。"按《地理志》，白檀属渔阳，不属右北平。孟注因下有"右北平"字而误耳。

卫青霍去病传

路博德,西河平州人。　《地理志》西河郡有平周,无平州。

董仲舒传

先是辽东高庙、长陵高园殿灾,仲舒居家,推说其意,屮稿未上,主父偃侯仲舒,私见,嫉之。　按《主父偃传》,元光元年,西入关;而高庙、高园殿灾,乃在建元六年,其明年始改元元光,计其年月,似不相应。

公孙弘传

其以高成之平津乡户六百五十,封丞相弘为平津侯。　《恩泽侯表》云"三百七十三户",高成属勃海郡,《表》作"高城"。

好问近乎知。　此《礼记·中庸》文,今本作"好学"。

兒宽传

居位九岁,以官卒。　《表》称"为御史大夫,八年,卒"。

张汤传

劾鼠掠治,传爱书。　"传"当作"傅",傅音"附",谓"附于爱书"也。师古训为"传逮",似非。

王朝,齐人,以术至右内史。　《公卿表》作"王黾"。"黾"与"朝"同。《司马迁传》"《爰盎朝错列传》第四十一",即黾错也。

张安世传

子勃嗣。　表作"敞",古书"勃"为"敎","敎"与"敞"字形相涉,因讹为"敞"耳。

杜业传

业有材能。　业字君都,见《公卿表》。

钜鹿太守孙宏。　《翟方进传》作"孙闳"。

司马迁传

昔在颛顼。 刘知幾谓篇首当云"司马迁字子长，冯翊夏阳人"，继以"其《自序》曰"云云，方合著述之体。其说固然，然此例人所共知，孟坚命世大才，讵犹未了。盖叔皮父子踵史迁而作书，故《自叙》一篇，悉因旧文，附以后事，取述而不作之义，意主挏谦，非失于检照也。

燕剌王旦传

其者寡人之不及与。 "其者"之"者"，读如"诸"。

广陵王胥传

宣帝即位，封胥四子圣、曾、宝、昌皆为列侯。 下文云"胥子南利侯宝，坐杀人夺爵"，即四侯之一也。予弟晦之曰：考《王子侯表》，但有朝阳荒侯圣、平曲节侯曾、南利侯昌三人，别无名宝者。《表》称"南利侯昌，地节二年，坐贼杀人免"，此传云"南利侯宝"，疑误。

武五子传赞

建元六年，蚩尤之旗见，其长竟天。[①] 后遂命将出征，略取河南，建置朔方。其春，戾太子生。 按本传，戾太子，元狩元年立为皇太子，年七岁矣。初，上年二十九，乃得太子，甚喜。以年岁推之，戾太子生于元朔元年，非建元六年也。《卫青传》："元朔元年春，卫夫人有男。"《外戚传》："孝武卫皇后元朔元年生男据，遂立为皇后。立七年，而男立为太子。"皆与本传合。孟坚赞语似未推校年岁，若卫青收河南，置朔方郡，则在元朔二年，又在戾太子生之后矣。

严助传

而中国之人，不能其水土也。师古曰："能，堪也。" "能"、"耐"二字，古书多通用。《食货志》"能风与旱"，《晁错传》"其性能寒"，"其性能暑"，《赵充国传》"汉马不能冬"，《西域传》"不能饥渴"，师古皆读如"耐"，此亦当从"耐"音。

朱买臣传

会邑子严助贵幸。 "邑子"犹言"邑人",助与买臣皆吴人,同邑,故有"邑子"之称。《疏广传》:"公卿大夫、故人邑子设祖道供张东都门外。"《赵广汉传》:"广汉疑其邑子荣畜教令。"师古曰:"苏贤同邑之子也。"《尹翁归传》:"定国家在东海,欲属托邑子二人。"师古曰:"邑子,同邑人之子也。"皆与此同义。六朝碑多有题"邑子"者。

吾丘寿王传

吾丘寿王。 《两都赋序》作"虞丘","虞"、"吾"声相近。

东方朔传

平原厌次人也,师古曰:"《高祖功臣表》有厌次侯爰类,是则厌次之名,其来久矣。而说者乃云后汉始为县,于此致疑,斯未通也。" 按《地理志》,平原郡有富平侯国。应劭云:"明帝更名厌次,后人因疑西京无厌次之名。"考厌次侯爰类传子,至孝文五年以谋反诛国除,而张安世封富平侯在昭帝时,其封邑本在陈留郡,及子延寿嗣侯,上书让减户邑,徙封平原,乃在宣帝之世,然则昭帝以前,平原无富平侯国也。盖厌次国除之后,本为厌次县,宣帝移富平侯国于此,始去厌次之名。明帝时,仍复其旧。《水经注》谓厌次故名,非始明帝,盖复故耳,其说精而当矣。汉时列侯国除,有即为县者,如武帝以穰之卢阳乡,宛之临駣聚封霍去病为冠军侯,去病子嬗薨,国除,为冠军县是也。武帝以高成之平津乡封公孙丞相为平津侯,元帝以僮之乐安乡封匡衡为乐安侯,而《地理志》无平津、乐安县,是国除之后,仍为乡矣。南阳郡有博山侯国,故顺阳县,哀帝以封丞相孔光改名,明帝改曰顺阳,亦是从其旧名,与厌次正相类。

是娄数也。师古曰:"娄数,戴器也。以盆盛物戴于头者,则以娄数荐之。" 《释名》:"娄数犹局缩,皆小意也。"《说文》:"檽㔶,负戴器。"娄数,即檽㔶,声之转也,与"寄生"声亦相近,故树上之寄生,亦有娄数之名。《广韵》:"娄数,四足几也。"此与苏林"四股钩"之说相近,皆以形相似名之。

公孙贺传

语在《江充》、《戾园传》。 按：《外戚·王夫人传》云："语在《戾太子传》。"《刘屈氂传》云："语在《太子传》。"上文有"戾"字。故但称"太子"。而此与《江充传》俱称"戾园"，亦例之不一也。

朱云传

成帝时，丞相故安昌侯张禹以帝师位特进，甚尊重。 按：禹以成帝河平四年为丞相，鸿嘉元年，以老病乞骸骨，赐安车驷马，罢就第，以列侯朝朔望，位特进。此称"位特进"，则在罢相之后，故朱云但斥言"安昌侯张禹"，不言"丞相"，而成帝亦但以"廷辱师傅"罪云也。文当云"故丞相安昌侯"，今本以"故"字属"丞相"下，乃转写之误耳。

梅福传

《书》曰：毋若火，始庸庸。 今本作"焰焰"。"庸"、"焰"声相近。
遂下诏封孔子世为殷绍嘉公。 孔何齐初封殷绍嘉侯，寻进爵为公。

霍光传

自先帝时，桀已为九卿。 《公卿表》："后元二年，太仆上官桀为左将军。"其初除太仆，《表》不得其年，盖征和二年。公孙敬声有罪下狱，即以桀代之也。
御史大夫蔡谊。 即蔡义也。《儒林传》亦作蔡谊。按：郑仲师注《周礼》云：古者书"仪"，但为"义"。即威仪字。今时所谓"义"，为"谊"。即"仁义"字。《汉书·项籍传》赞："仁谊不施。"《董仲舒传》："布德施仁以厚之，设谊立礼以导之，知自贵于物，然后知仁谊。知仁谊，然后重礼节，将欲兴仁谊之休德，明帝王之法制。正其谊，不谋其利。五尺童子羞称五伯，为其先诈力而后仁谊也。"《夏侯胜传》"孝武皇帝躬仁谊"，皆以"谊"为"义"。义者，宜也，故字从"宜"。《儒林传》东郡太守翟谊，即翟义。

金日磾传

宣帝即位，赏为太仆，霍氏有事萌牙，上书去妻。　按《公卿表》，宣帝甘露四年，秺侯金赏为侍中、太仆，距霍氏之亡已十六年矣。霍氏有事之始，赏只为侍中，未任太仆也。

日磾传子节侯赏。　《功臣表》失载赏谥。

赵充国传

至征和五年。　按：征和无五年，疑有误。

数使使尉黎、危须诸国。　《西域传》作"尉犁"。

充国乞骸骨，赐安车、驷马、黄金六十斤，罢就第。　按：《公卿表》于神爵二年书"后将军充国"，不言何年罢免。据此传，似即是神爵二年事。而《常惠传》言"甘露中，后将军充国薨，天子遂以惠为右将军"，则充国虽以病免，宣帝犹以将军待之，终充国之身，虚将军位不置也。

元始中，修功臣后，复封充国曾孙伋为营平侯。　《恩泽侯表》失载此事。

常惠传

是时乌孙公主上书言匈奴发骑田车师。　此传与《西域传》相同者，几三百言。

谥曰壮武侯。　《功臣表》作"壮侯"。

陈汤传

君子以功覆过，而为之讳行事。　按：小颜解"行事"为灭项之事，是也。刘贡父疑其不辞，欲以"行事"属下句，浅陋可笑。

西域都护段会宗为乌孙兵所围，驿骑上书，愿发城郭敦煌兵以自救。丞相王商、大将军王凤及百僚议数日不决。　按《会宗传》，竟宁阳朔中，再为西域都护，不云为乌孙所围，惟元延中尝被围，其时又非都护，且不与丞相王商、大将军王凤同时。此传云会宗为乌孙所围，似当在阳朔中。又考《公卿表》，王商于河平四年罢相，以张禹代之。其明年，始改元阳朔。使会宗果于阳朔中被围，则丞相乃张禹，非王商矣。以二传参互考之，当有一误，或《会宗传》"阳朔"字当为"河平"，或此传"王商"，当为"张禹"也。

段会宗传

天水上邽人也。　按《地理志》，上邽县属陇西。《赵充国传》、《外戚·上官皇后传》亦云"陇西上邽人"。此作"天水"，疑误。

末振将杀大昆弥，会病死，汉恨诛不加。　按《西域传》，大昆弥翎侯难栖杀末振将，汉恨不自责诛末振将，复使段会宗斩其太子番丘。会宗以难栖杀末振将，虽不指为汉，合于讨贼，奏以为坚守都尉。是末振将实难栖所杀，《传》以为病死者，误也。

小昆弥乌犁靡者，末振将兄子也。　《西域传》作"安犁靡"，"乌"、"安"声相近。

两龚传

执金吾阎崇。　《公卿表》作"阎宗"。

鲍宣传

宣不知情。宋祁曰："情"字上疑有"其"字。　按：《后汉书·孔融传》："汉律，与罪人交关三日已上，皆应知情。知情者应坐罪，不知情者不坐。"故《扬雄传》云："雄不知情，有诏勿问。"宋子京疑"情"上当有"其"字，盖未考汉律也。

韦贤传

黼衣朱绂。注："朱绂为朱裳画为亚文也。亚，古弗字。"　"亚"当作"㔷"，两"已"相背也。与"亚"次字音义全别，此朱绂，诸侯之服，当训为"韠"，不当作"黼黻"解。师古注误。

丙吉传

岂宜褒显。　"岂宜"者，犹言"宜"也。古人语急，以"岂不"为"不"，"不可"为"可"。此当言"岂不宜"，亦语急而省文耳。朱子文疑当为"直"字，非孟坚之旨。

眭孟传

孝昭元凤三年正月。 眭孟言灾异,涉妖妄,盖夏贺良之流,其事已见《五行志》,不必别为立传。

夏侯胜传

初,鲁共王分鲁西宁乡以封子节侯,别属大河。大河后更名东平,故胜为东平人。 按:鲁共王子宁阳侯恬、瑕丘侯政,皆谥节侯。此传所称"节侯",盖宁阳侯也。《地理志》,宁阳属泰山郡,不属东平。盖宣帝建东平为王国,复以宁阳属它郡。

从始昌受《尚书》及《洪范五行传》,说灾异。 始昌习《尚书》,名已见《儒林传》。其说灾异,只有言柏梁台灾事,附见《胜传》可矣,乃以"两夏侯"题其篇目,何也?

京房传

房以建昭二年二月朔拜,上封事。 "二月"当作"三月"。以《三统术》推,是年正月甲午朔,二月甲子朔,房封事所称"辛酉"者,正月二十八日也。己卯、庚辰、辛巳则二月之十六、十七、十八日也。张晏注以辛巳蒙气乘卦为《晋卦》、《解卦》,太阳侵色为《大壮》。考《卦气图》,《晋》、《解》、《大壮》皆二月卦,则房上封事必在二月后矣。

乃辛巳,蒙气复乘卦,太阳侵色。张晏曰:"《晋卦》、《解卦》也。太阳侵色,谓《大壮》也。" 以《三统术》推,是年二月二十四日丁亥春分,其前六日辛巳,正当《晋卦》用事之始,而蒙气乘之,春分后《解卦》用事,又六日七分,而《大壮》乃用事,则三月癸巳朔也。《大壮》消息卦,《晋》、《解》皆杂卦。

乃丙戌小雨,丁亥蒙气去。 丙戌,四月二十四日。其明日丁亥,直小满,《小畜卦》用事,亦杂卦也。

己丑夜有还风,尽辛卯。 己丑,四月二十七日。辛卯,二十九日。

至癸巳,日月相薄。 癸巳,五月二日,正当《乾卦》用事之始,而有相薄之异,故云"邪阴同力,而太阳为之疑"也。

翼奉传

注：翼氏《风角》曰："木落归本，水流归末，故木利在亥，水利在辰。""利"当作"形"。木刑于亥，水刑于辰，火刑于午，金刑于酉，五行家所谓自刑也。亥为木之生方，故云本；辰为水之死方，故云末。

七月己酉，地复震。 以《三统术》推，初元二年七月己未朔，无己酉日，恐是"乙酉"之误。

盖闻圣贤在位，云云。 按：《元帝纪》初元二年三月，诏书举茂材异等直言极谏之士，文与此略同。其七月，又有诏书，却无举直言极谏事。此传误合两诏为一，因添"一年地再动"之语。

今年太阴建于甲戌。 古法太阴与太岁不同。奉上封事，在初元二年，以今法推之，太岁正在甲戌，盖以太岁为太阴，实自奉始矣。汉初言太岁者，皆用超辰之法，故太初之元，岁在丙子。依此下推，初元二年岁当在癸酉，而云甲戌者，以《三统术》计之：太初元年岁星在婺女六度，已是星纪之末，则太岁亦在丙子之末，太岁与岁星每年多行一分，至太始二年，岁星已度寿星而入大火，太岁亦超乙酉而在丙戌矣。故算至初元二年，太岁得在甲戌也。

注：孟康曰："太阴在甲戌，则太岁在子。" 按：太阴在戌，太岁当在申，孟说非也。

律以庚寅初用事，历以甲午从春。孟康曰："十一月庚寅日，黄钟律初起用事也。" 按：推律自岁前十一月始，依《三统术》推，得初元二年，天正癸亥朔。即初元元年十一月也。冬至与朔同日，庚寅则月之二十八日也。冬至日黄钟律始用事。孟云"庚寅日黄钟律初起用事"，其法未详也。又以《三统术》推，是年二月四日甲午春分，故云"历以甲午从春"。

尹翁归传

少子岑，历位九卿，至后将军。 岑字子河，尝为执金吾，元延元年为后将军。《公卿表》作"右将军"，误。

韩延寿传

延寿代萧望之为左冯翊,而望之迁御史大夫。　按《公卿表》,望之之后,尚有左冯翊强一人,非即以延寿代也。望之由冯翊迁大鸿胪,又二年,而拜御史大夫,其时延寿亦为左冯翊矣。《传》所书未核。

郑崇传

上遂下诏曰:朕幼而孤,皇太太后躬自养育,惠泽茂焉。前追号皇太太后父为崇祖侯,惟念德报未殊,朕甚恧焉。侍中光禄大夫商,皇太太后父同产子,其封商为汝昌侯。　按:《哀帝纪》:"建平四年二月,封帝太太后从弟侍中傅商为汝昌侯。六月,尊帝太太后为皇太太后。"此诏称"皇太太后",史家追改。

萧望之传

下少府宋畸问状,注:"畸音居宜反。"《公卿表》作"宋畴",字之讹也。《宣帝纪》有詹事畸,师古曰:"宋畸也。亦音居宜反。"盖由詹事历大鸿胪、左冯翊,迁少府。

萧育传

历冀州、青州两部刺史。　育又为朔方刺史,见《冯野王传》。本传失书。

冯奉世传

其先冯亭,为韩上党守。　此传述冯氏先世百有余言,与司马迁、扬雄自序略相类,疑冯商续《太史公书》,亦有自序,孟坚仍其元文耳。

送大宛诸国客,至伊修城。　《西域传》:"吏士四十人田伊循。""循"、"修"二字相似,因讹作"修"耳。《三国志·蜀后主传》:"费祎为蜀降人郭循所杀。"《祎传》亦作"郭循",而《魏三嗣主传》、《张嶷传》并作"郭修"。

东平王宇传

《诗》不云乎？毋念尔祖，述修厥德。 "述"与"聿"同。《尔雅》："遹，自也。"孙炎云："遹，古述字，读聿。"

定陶王康传

追尊共王为共皇帝。 "帝"字衍文。《哀帝纪》、《外戚传》但云"共皇"，无称"帝"之文。丁姬初称"共皇后"，后称"帝太后"。太后之号，从子不从夫也。汉制，非有天下者，不称帝。故高帝父太公称"太上皇"，而后汉追称"孝德皇"、"孝崇皇"、"孝仁皇"，皆不称"帝"。

匡衡传

于是司隶校尉王尊劾奏衡。 此奏已见《尊传》，较此文为详。

封乐安侯，食邑六百户。 《恩泽侯表》作"六百四十七户"，此举其成数耳。

初元元年，郡图误以闽佰为平陵佰。 汉时郡国各有图，至魏犹然，清河、平原争界，八年更二刺史不决，孙礼请以烈祖初封平原时图决之是也。

衡遣从史之僮，收取所还田租谷千余石入衡家。 按：衡以建昭三年封侯，距初元之元，已十三年。又四岁，为成帝建始元年，衡多收租入三岁矣。此租谷千余石，即三岁中多收之数，郡初上计簿时还之官，至是乃复收之也。以是推之，列侯封户虽有定数，要以封界之广狭，定租入之多寡，不专以户数为定也。

司隶校尉骏、少府忠行廷尉事劾奏衡。 按《公卿表》，衡以建始三年十二月免相，而张忠为少府，在建始四年，不应有劾衡事。衡免相时，廷尉则何寿也。

薛宣传

壹关相乐。师古曰："关，古笑字也。" 《说文》无"笑"字。徐铉本增入。"关"亦不知所从，当即"芺蓟"之"芺"。《说文》："媄，从女，芺声，女子笑也。""莞尔"之"莞"亦从艸，明"芺"即古"笑"字矣。汉隶从竹、从艸之字,皆省作卝,后人往往相乱。如著作字当从竹,而反从艸;笑语字当从艸,而反从竹,皆由隶省而讹也。隶书艸在上者,或变为两点一画,故班《史》或作"关",亦有作"咲"者,此即从艸之证。李阳冰谓"竹得风,其体夭屈,如人之笑",较之"以竹鞭犬",稍为近理。要皆臆造,不可信。

翟义传

熙!我念孺子。师古曰:"熙,叹辞。"《大诰》"熙"作"已","已"盖"熙"之省文。

谷永传

《传》曰:饥而不损兹谓泰,厥灾水,厥咎亡。师古曰:"《洪范传》之辞。" 按《五行志》,乃京房《易传》之文,非《洪范传》文,小颜注误也。《五行志》"厥咎牝亡",此传脱"牝"字。

师丹传

上于是追尊定陶共王为共皇帝。 "帝"字衍,下文称"共皇"者不一辞,皆不云"帝"也。详见《定陶王康传》。

扬雄传

百牙绝弦破琴。 即伯牙也。古文"伯"、"百"通用。
赞曰:雄之自序云尔。 予谓自"雄之自序云尔"以下,至篇终,皆传文,非赞也。《司马迁传》亦称"迁之自序云尔",然后别述迁事,以终其篇,与此正同。迁有赞而雄无赞者,篇中载桓谭及诸儒之言,褒贬已见,不必别为赞也。此"赞曰"二字,后人妄增,非班《史》本文。

儒林传

择掌故以补中二千石属,文学掌故补郡属,备员。师古曰:"云备员者,示以升擢之,非藉其实用也。" 按:师古说非也。平津本意,以诏书尔雅深厚,非俗吏所解,故选文学掌故补卒史,所谓"以儒术缘饰吏事"也,安得云不藉其实用乎?"备员"盖蒙上"不足"之文,谓如有不足，当以文学掌故充之，毋使缺额耳。中二千石属，即谓内史大行卒史。郡属，即谓郡卒史。刘攽谓卒史迁而为属，亦非是。

沛戴崇子平，崇为九卿。　《公卿表》无崇名，据《张禹传》，崇盖任少府也。

喜因不肯仞。　"仞"，古"认"字。《说文》无"认"。

唯京氏为异党，焦延寿独得隐士之说，托之孟氏，不相与同。师古曰："党读曰傥。"　惠栋曰：按文义，当以"党"字属上句。异党，犹言异类也。

商善为算，著《五行论历》，四至九卿。　以《公卿表》考之，永始三年，詹事许商为少府。绥和元年，又由侍中、光禄大夫为大司农，其年又迁光禄勋，当云"三至九卿"也。又据《沟洫志》，商尝为博士、将作大匠、河堤都尉，皆在未为詹事以前。

号其门人沛唐林子高为德行，平陵吴章伟君为言语，重泉王吉少音为政事，齐炔钦幼卿为文学。　班《史》书人名字，例至精密，它书已见字者，不更书。唐林字子高，已见《鲍宣传》而又书者，因三人而类及之也。

王式，东平新桃人也。　按《地理志》，东平国无新桃县。《后汉书·光武纪》："庞萌、苏茂围桃城。"注："任城国有桃聚故城，在今兖州任城县北。"又《刘永传》："庞萌自号东平王，屯桃乡之北。"注："桃乡故城在今兖州袭丘县西北。"此即东平之新桃也。

琅邪左咸，咸为郡守九卿。　《公卿表》建平元年，左咸为大司农。三年，为左冯翊。元寿二年，复由复土将军为大鸿胪。元始五年，又为大鸿胪，盖四至九卿矣。

循吏传

九江以召父应诏书。　信臣不书名，非史例也。《盖宽饶传》称魏相为"魏侯"，《郑崇》、《萧育传》称贡禹为"贡公"，《叙传》称桓谭为"桓生"，皆史家刊正，未归画一。

酷吏传

南阳有梅免、百政。师古曰："梅、百皆姓也。"　"百"与"伯"通。

于是赐小史爵关内侯,食遗乡六百户。 汉制,列侯大者万余户,小者数百户。武帝时,襄城侯桀龙四百户,骐侯驹几五百二十户,膫侯毕取五百一十户,荻苴侯韩陶五百四十户,邢侯李寿一百五十户,寿封户太少,疑有误。而圉小史得食六百户,是列侯封邑,有时不如关内侯之多也。

便舆出,瘗寺门桓东。如淳曰:"陈宋之俗,言桓声如和,今犹谓之和表。"师古曰:"即华表也。" "桓"、"和"、"华"声皆相近。

游侠传

拜镇戎大尹、天水太守。 按:王莽改"天水"曰"镇戎","太守"为"大尹"。既云"镇戎大尹",不当更云"天水太守",疑本注文,后人误入正文。

佞幸传

邓通,蜀郡南安人也。 《地理志》南安属犍为郡,不属蜀郡。犍为,武帝所置,汉初盖属蜀也。

韩嫣弟说,亦爱幸,以军功封案道侯。巫蛊时,为卫太子所杀,子增,封龙雒侯、雒当作额。大司马、车骑将军。自有传。 按:说、增父子已附《韩王信传》,说以爱幸,故又牵连书于《嫣传》,不必更及其子也。

后姊嬜为龙雒思侯夫人。 "雒"当作"额"。韩宝嗣父增,为龙额侯,谥曰"思"。

朱诩子浮,建武中贵显,至大司马、司空,封侯。 按《后汉书》,浮为大司空,未尝为大司马也。岂以其尝为大司马主簿,相涉而误欤?

南粤传

故济北相韩千秋。 《李陵传》作"济南相"。

西域传下

昆莫,王号也,名猎骄靡,后书昆弥云。师古曰:"昆莫本是王号,而其人名猎骄靡,故书云昆弥。昆取昆莫,弥取骄靡。弥、靡音有轻重耳,盖本一也。" 予谓小颜说非也。"昆弥"即"昆莫","弥"、"莫"声相转,犹宛王毋寡,一作"毋鼓","鼓"、"寡"声相转,其实一耳。"莫"之为"弥",译音有轻重,而名号未改,非取王名之一字而沿以为号也。

焉耆国王治员渠城。 "员渠"即"焉耆"之转,与"尉犁国王治尉犁城"、"危须国王治危须城",初不异也。

外戚传上

孝惠张皇后,少帝、恒山、淮南、济川王皆以非孝惠子诛。 "淮南"当作"淮阳"。

孝景王皇后。初,皇太后微时所为金王孙生女俗,在民间。师古曰:"言随俗而在闾巷,未显贵。" 予谓"俗"盖金氏女之名。

孝武陈皇后。堂邑侯午薨,生男须嗣侯。② 《功臣表》作"季须"。

史皇孙王夫人。封舅无故为平昌侯,武为乐昌侯,食邑各六千户。《外戚侯表》无故、武皆六百户。

外戚传下

孝成许皇后。五月庚子,鸟焚其巢太山之域。 《五行志》"河平元年二月庚子,泰山山桑谷有鼟焚其巢",此作"五月",误。下文有三月四月可证。

后姊平安刚侯夫人谒等。 董教增曰:"《表》未见此侯,惟邛成家有安平侯王舜子章,谥刚侯,然非平安也。"予谓《地理志》千乘郡有平安侯国,当是王舜所封。若豫章郡之安平侯国,则长沙孝王子所封,涿郡之安平,又非侯国也。

孝成赵皇后。票骑将军贪耆钱,不足计事。 票骑将军谓曲阳侯王根也。

于是免新成侯赵钦、钦兄子成阳侯䜣皆为庶人。 按:《外戚侯表》:"成阳节侯赵临,以皇后父侯,薨,子䜣嗣。新成侯钦,以皇太后弟封,建平元年,皆坐弟昭仪绝继嗣免。"《表》以钦与䜣皆为昭仪之兄,《传》以䜣为钦兄子,必有一误。

孝平王皇后。迎皇后于安汉公第宫。师古曰:"本是莽第,以皇后在是,因呼曰宫。" 董教增曰:此当以"第"为句,"宫"字连下"丰歆"

读，即前文大司徒宫、大司空丰、光禄大夫歆三人也。颜氏"第宫"之说，失之远矣。

王莽传上

前将军何武、后将军公孙禄互相举。 按：《公卿表》、《何武传》俱云禄为左将军，此作"后将军"，误也。

王莽传中

义阳、东都曰六州。 《地理志》"雒阳，莽曰宜阳"，即此义阳也。

其以益岁以南付新平。新平，故淮阳。苏林曰："陈留圉县，莽改曰益岁。" 按《地理志》，圉县本属淮阳，不属陈留，岂莽时尝改属陈留乎？圉县，莽曰益岁，今《地理志》亦无之。

昏以戊寅之旬为忌日。 莽以戊子代甲子为六旬首，戊寅旬中无子，故忌之。

王莽传下

夙夜连率韩博。 按：《地理志》："不夜县，莽曰夙夜。"此云"连率"，则莽尝置为郡矣。寿光县，莽曰翼平亭，而此传有"翼平连率田况"，亦其类也。

立安为新迁王。服虔曰："迁音仙。"师古曰："迁犹仙耳，不劳假借音。" 予谓"迁"之读"仙"，方是古音。《律历志》："少阴者，西方；西，迁也。阴气迁落物。""西"、"迁"声相转，犹《尚书大传》云"西方，鲜方也。"莽称"《紫阁图》文，太一、黄帝，皆得瑞以迁。今本或作"仙"。所谓'新迁'者，乃太一新迁之后也"。诸"迁"字皆作"仙"解，故知服音为是。

直货钱二十五。 《食货志》作"货泉"，钱，即"泉"字。

会世祖与兄齐武王伯升。 伯升，光武之兄，故字而不名。刘圣公，光武所事也，故亦称字。

追措前队丑虏。 莽改南阳为前队，所云"丑虏"，指光武兄弟也。孟坚于王莽指斥之词，无所隐讳，所以著莽之恶，于光武盛德，初无损也。

叙传上

上于是引商、丹入为光禄大夫，伯迁水衡都尉，与两师并侍中。
按：《公卿表》："元延元年，侍中、光禄大夫赵彪大伯为侍中、水衡都尉，三年卒。"计其年，正许商、师丹除侍中、光禄大夫之时也。伯为水衡都尉，《表》不应失载，疑赵彪即班伯之讹。

既系挛于世教矣。　"挛"，古"恋"字，《说文》无"恋"。

思有短褐之市褒。　"短"当作"裋"。《说文》："裋，竖使布长襦。"《贡禹》、《货殖传》并有"裋褐不完"之语。

又况幺麿，尚不及数子。郑氏曰："麿音麼。小也。"晋灼曰："此骨偏麿之麿也。"师古曰："郑音是也。骨偏麿自音麻，与此义不相合。晋说失之。"　予按：《说文》无"麼"字，徐铉等新附。而有"䯸"字。䯸，瘑病也，与"麿"同。"幺"言其小，"麿"言其病。童谣所称"见一寒人，言欲上天"，隗嚣少病寒，以是刺之也。晋说得之。

欥中和为庶几兮。师古曰："欥，古聿字。"　欥从曰，不从日。《诗》"遹求厥宁"，《说文》引作"欥"。

叙传下

洫洫纷纷。　即《吕刑》"泯泯棼棼"也。"洫"、"泯"声相近。《诗》"绵绵其麃"，《韩诗》作"民民"。

六世耽耽，其欲淑淑。　《易》"其欲逐逐"，《子夏传》作"攸攸"。苏林音"攸"为"迪"。"迪"、"逐"声相近。

校勘记
① 原"蚩尤之旗"下漏"见"字，据《汉书·武五子传》补。
② "生男"，《史记·外戚传》作"主男"。

廿二史考异卷九

汉书四

侯国考

汉制,列侯所食邑为侯国。西京侯者,封户有多少,所食或尽一县,或止一乡一亭,皆以侯国称之,如陈平封阳武之户牖乡,公孙丞相封高成之平津乡,匡衡封僮之乐安乡,师丹封厚丘之中乡,何武封不其之氾乡,所食不过一乡,皆别于县,而自为侯国,恩有降杀,秩无尊卑也。后汉始定为都乡侯、乡侯、都亭侯、亭侯之差,于是有侯而不为国者矣。高祖之世,功臣侯者百五十余人,其封邑所在,班孟坚已不能言之;武、昭以后侯者,《班表》始著其地,亦有不备者,盖疑而阙之,或转写脱去也。《地理志》载侯国,皆据当时见存者,若中山之曲逆,陈平所封;清河之鄃,栾布所封;南阳之冠军,霍去病所封;汝南之定陵,淳于长所封;丹阳之秣陵、胡孰,江都易王子所封;魏之阴安,济北贞王子所封,《志》皆不云侯国者,其时国已除也。考哀、平间侯国,《志》皆不书,《王子侯表》堂乡以下十一侯,《恩泽侯表》殷绍嘉以下三侯,皆成帝绥和以后所封,而《志》亦不之及,然则《志》所书侯国,盖终于成帝元延之末。惟博山一侯,或后人增加也。《志》称侯国二百四十一,今数之,止百九十有四。予证以诸表,各标其始封姓名,又补《志》之失注者二十五人,后之读班《史》者,庶有取焉。

河东郡

　　骐_{驹几。}

东郡

　　阳平_{王禁,《志》失注。}

陈留郡

　　长罗_{常惠。}

颍川郡

　　成安郭忠。　　　　　　周承休姬延年。

汝南郡

　　阳城刘德。　　　　　　安成王崇。

　　宜春王诉。　　　　　　弋阳任官。

　　归德先贤掸。　　　　　安昌张禹。

　　安阳王音。　　　　　　博阳丙吉。

　　成阳赵临。

南阳郡

　　鄝萧何。　　　　　　　博山孔光。

　　安众长沙定王子丹。　　春陵长沙定王子买。

　　新都王莽。　　　　　　红阳王立。

　　乐城许延寿。　　　　　博望许舜。

　　复阳长沙顷王子延年。

南郡

　　高成长沙顷王子梁,《表》作高城。勃海亦有高城县,与长沙太远。《志》
失注。

江夏郡

　　钟武长沙顷王子度。

庐江郡

　　松兹六安共王子霸。

九江郡

　　当涂魏不害。　　　　　博乡六安缪王子交。

　　曲阳王根。

山阳郡

　　城都王商。《表》作成都。　　黄梁敬王子顺。《表》在济阴。

　　爰戚赵长年。　　　　　郜成王奉光封邛成侯。宋祁曰:"郜当
　　　　　　　　　　　　　　　作邛。"《表》在济阴。

　　中乡梁敬王子延年。　　平乐梁敬王子迁。

　　郑梁敬王子罢军。　　　甾乡梁敬王子就。《表》在济南。

　　栗乡东平思王子护。　　曲乡梁荒王子凤。《表》在济南。

西阳东平王子并。《表》在东莱。

沛郡

广戚楚孝王子勋。　　　　　　公丘鲁共王子顺。

敬丘鲁共王子政封瑕丘侯，当即此。　洨赵敬肃王子周舍。

建成黄霸。　　　　　　　　　建平杜延年。《表》在济阳。

栗赵敬肃王子乐。　　　　　　扶阳韦贤。

高梁敬王子舜。　　　　　　　高柴梁敬王子发。

漂阳梁敬王子钦，《志》失注。　　平阿王谭。

东乡梁敬王子方，《志》失注。　　临都梁敬王子未央，《志》失注。

义成甘延寿，《志》失注。　　　祁乡梁夷王子贤。

魏郡

即裴赵敬肃王子道，《表》作挏裴，　邯会赵敬肃王子仁。
　在东海。

平恩许广汉。　　　　　　　　邯沟赵顷王子偃。《表》作邯冓。

钜鹿郡

象氏赵敬肃王子贺。　　　　　新市广川缪王子吉。

安定燕刺王子贤。　　　　　　历乡广川缪王子必胜。

乐信广川缪王子疆。　　　　　武陶广川缪王子朝。

柏乡赵哀王子买。　　　　　　安乡赵哀王子喜。

常山郡

桑中赵顷王子广汉。　　　　　封斯赵敬肃王子胡伤。

乐阳赵顷王子说。　　　　　　平台史玄。

都乡赵顷王子景，《表》在东海。

清河郡

东阳清河纲王子弘。　　　　　信乡清河纲王子豹，《表》作新乡。

涿郡

广望中山靖王子忠。　　　　　州乡河间献王子禁。

樊舆中山靖王子修。　　　　　成中山康王子喜。

良乡赵共王子交封梁乡侯，或即此。利乡中山顷王子安，《表》在常山。

临乡城阳顷王子云。城阳当作　益昌广阳顷王子婴。
　广阳，《表》误。

阳乡_{广陵顷王子发。}　　　　西乡_{广阳顷王子容。}

阿武_{河间献王子豫。}　　　　高郭_{河间献王子曘。}

新昌_{燕刺王子庆。}

勃海郡

定_{齐孝王子越。}　　　　　参户_{河间献王子免。}

柳_{齐孝王子阳已。}　　　　临乐_{中山靖王子光。}

修市_{清河纲王子寅。}　　　　景成_{河间献王子雍。}

章乡_{钟祖,《表》作童乡。}　　　蒲领_{清河纲王子禄。}

平原郡

平昌_{王无故。}　　　　　　羽_{济北式王子成。}

富平_{张安世。}　　　　　　合阳_{梁喜。}

楼虚_{瞀顺。}　　　　　　　龙頟_{韩曾}

安_{济北贞王子乐,《表》作安阳侯。坫曰:"阳"应作"炀",谥也。}

千乘郡

平安_{王舜封安平侯,即此。《史记·将相名臣表》本作平安。《汉表》误也。}

被阳_{齐孝王子燕。}　　　　繁安_{齐孝王子忠。}

延乡_{李谭,《志》失注。}

济南郡

朝阳_{广陵厉王子圣。}　　　猇_{赵敬肃王子起。}

宜成_{燕仓,《表》作宜城,在济阴。}

泰山郡

柴_{齐孝王子代,《志》失注。}　　宁阳_{鲁共王子恬。}

富阳_{东平思王子萌,《志》失注。}　桃山_{城阳孝王子钦。}

桃乡_{东平思王子宣。}　　　式_{城阳荒王子宪,《志》失注。}

齐郡

广_{菑川孝王子便,《志》失注。}　广饶_{菑川靖王子国,《志》失注。}

北乡_{菑川孝王子谭。}　　　平广_{菑川孝王子服封平侯,当即此。}

台乡_{菑川孝王子眕,《志》失注。}

北海郡

剧魁_{菑川懿王子黑。}　　　瓡_{城阳顷王子息。}

剧_{菑川懿王子错。}　　　　平望_{菑川懿王子赏。}

平的菑川懿王子强。　　柳泉胶东戴王子疆,《表》在南阳。

乐望胶东戴王子光。　　饶胶东康王子有成侯饶,疑《表》误,当为饶侯成也。

平城胶东顷王子邑。　　密乡胶东顷王子林。

羊石胶东顷王子回。　　乐都胶东顷王子诉。

石乡胶东顷王子理。　　上乡胶东顷王子歂。

新成胶东顷王子根,《表》作新城。　　成乡高密顷王子安。

胶阳高密顷王子愆封胶东侯。胶东王国名,当是胶阳也。

东莱郡

平度菑川懿王子行,《志》失注。　　临朐菑川懿王子奴,《表》在东海,《志》失注。

牟平齐孝王子渫,《志》失注。　　阳乐胶东顷王子获封乐阳侯,疑即此。

徐乡胶东共王子炔,《志》失注,《表》在齐。

琅邪郡

虚水城阳顷王子禹。　　临原菑川懿王子始昌,《表》在临众,下注云"临原"。《史记》作"临原"。

祓城阳顷王子霸封挟侯,当即此。　　鉼菑川靖王子成。

雩段城阳顷王子泽,《志》作"虖葭"。　　云齐孝王子信。

稻齐孝王子定。　　皋虞胶东康王子建。

魏其胶东康王子昌。　　兹乡城阳荒王子弘。

箕城阳荒王子文。　　高广城阳荒王子勋。

高乡城阳惠王子休。　　柔城阳荒王子山封枣侯,当即此,字形相涉。

即来城阳荒王子佼。　　丽高密共王子赐封丽兹侯,当即此。

武乡高密顷王子庆。　　伊乡城阳戴王子迁。

新山称忠。　　高阳薛宣。

昆山城阳荒王子光。　　参封城阳戴王子嗣。

折泉城阳荒王子根。　　博石城阳荒王子渊。

房山城阳荒王子勇。　　慎乡《表》未见。

驷望冷广。　　安丘高密顷王子常。

高陵翟方进。　　临安胶东共王子闵。

石山城阳戴王子玄。

东海郡

良成鲁安王子文德。　　　　兰祺鲁安王子临朝，《表》作兰旗。

南成城阳共王子贞，《表》作南城。　山乡鲁孝王子绾。

建乡鲁顷王子康。　　　　　容丘鲁安王子方山。

东安鲁孝王子疆。　　　　　建阳鲁孝王子咸。

于乡泗水勤王子定。　　　　平曲广陵厉王子曾。

都阳城阳戴王子音。　　　　阴平楚孝王子回。

邵乡鲁顷王子闵。　　　　　武阳史丹。

新阳鲁顷王子永。　　　　　建陵鲁孝王子遂。

昌虑鲁孝王子弘，《表》在泰山。　都平城阳荒王子丘。

临淮郡

西平于定国，《志》失注。　　高平王逢时。

开陵成娩。　　　　　　　　昌阳泗水戾王子霸。

广平广陵孝王子德。　　　　兰阳广陵孝王子宜封兰陵侯，即此。

襄平广阳厉王子䯽。刘攽曰："广阳无厉王，当是广陵。"

乐陵史高。

豫章郡

海昏昌邑哀王子贺，《志》失注。　安平长沙孝王子习，《表》在钜鹿，误。

桂阳郡

阳山长沙孝王子宗。　　　　阴山《表》未见。

零陵郡

夫夷长沙定王子义，《志》失注。　都梁长沙定王子定。

泉陵长沙定王子贤，《表》作"众陵"，误。

广平国

南曲清河纲王子迁，《志》失注。　曲梁平干顷王子敬，《志》在魏郡。

广乡平干顷王子明，《表》在钜鹿，《志》失注。

平利平干顷王子世，《表》在魏郡，《志》失注。

平乡平干顷王子壬，《表》在魏郡，《志》失注。

阳台平干顷王子田封阳城侯，即此。

城乡平干顷王子庆，《表》作成乡，《志》失注。

信都国

乐乡_{河间献王子佟}，《表》在钜鹿。"乡"误"卿"。

平堤_{河间献王子招}，《表》在钜鹿。

桃_{广川缪王子良}，《表》在钜鹿，《志》失注。

西梁_{广川戴王子辟兵}，《表》在钜鹿。

昌成_{广川缪王子元}。　　　　东昌_{清河纲王子成}。

《志》未见者

利昌_{代共王子嘉}。　　　　怀昌_{菑川懿王子高遂}，《史记》作"壤"。

顷阳_{胶东顷王子共}。　　　　昌乡_{胶东顷王子宪}，以元寿二年免。

卑梁_{高密顷王子都}。　　　　菜丘_{东平思王子顷}，疑即泰山之乘丘，"菜"字误。

陵石_{胶东共王子庆}，疑即东莱之阳石。　　　　乐昌_{王武}，《表》在汝南。

问：侯国例不属诸侯王，故王子而侯者，必别属汉郡。广平、信都亦诸侯王国也，而得有侯国，何故？曰：《班志》郡国之名，以元始二年户口籍为断；其侯国之名，则以成帝元延之末为断。元延之世，广平、信都皆郡也，非国也。国已除为郡，则从前之改属它郡者，复返其旧。迨哀帝建平中，复置此二国，则侯国必仍改属它郡，特史家不能一一载之尔。试观广平领县十六，而户止二万七千有奇，信都领县十七，而户止六万五千有奇，以附近郡国准之，不应县多而户少乃尔，盖改郡为国之后，未必仍领若干县也。

廿二史考异卷十

后汉书一

光武帝纪上

高祖九世之孙也。 按：纪、传所述世数，多不一例。此纪光武为高祖九世孙，自高祖至光武九世，实八世孙也。《皇后纪》伏后为大司徒湛八世孙，自湛至后八世，实七世孙也。至《刘永传》称梁孝王八世孙，自孝王至永父立，已八世矣，如依二纪之例，亦当云九世孙也。考：班《史》诸表，自始封至子、孙、曾孙、玄孙、玄孙之子，即为六世，此以封爵之世次言，故合始封计之，他传则否。《孔光传》云"孔子十四世孙"。自孔子至光，实十五世。推此论之，当以《永传》为是。

立刘圣公为天子。 范《史》于淮阳王、圣公、齐武王缜皆字而不名，盖殊于诸王也。《汉书·王莽传》圣公、伯升皆不名。

骠骑大将军宗佻，注："骠骑大将军武帝置，自霍去病始。" 按：去病为骠骑将军，无"大"字。

又别号诸贼铜马、大肜、高湖、重连、铁胫、大枪、尤来、上江、青犊、五校、檀乡、五幡、五楼、富平、获索等。 按：铁胫、上江、五楼，纪不载其后事。《冯异传》："击破铁胫于北平。"《吴汉传》："与偏将军冯异，击昌城五楼贼张文等，破之。"

建武元年，以前高密令卓茂为太傅。注："高密，县，属高密国，今密州县，故城在今县之西南。" 按：《卓茂传》作"密令"，注云："密，今洛州密县也。"传称"天下大蝗，河南二十余县皆被其灾，独不入密县界"，则茂作令在河南之密，非高密矣。纪文衍一"高"字，章怀不能考正，随文注之，以致自相抵牾。《水经注》："密县城东门南侧，有汉密令卓茂祠。"

二年，强干弱枝，所以为治也。 章怀避唐讳，凡"治"字多改为

"理"，或为"化"，今本间有作"治"者，皆宋人校改。

真定王杨。　《刘植耿纯传》皆作"扬"。

临邑侯让。　《耿纯传》作"林邑"。

三年，西州大将军隗嚣。　按：《隗嚣传》"自称西州上将军"，"自是名震西州"，"命嚣为西州大将军"，"每及西州之事"，《公孙述传》"使西州豪杰"，《来歙传》"西州未附"，"西州方略"，"西州士大夫皆信重之"，"西州新破"，《窦融传》"西州地势局促"，"西州豪杰遂复附从"，《马援传》"因留西州"，"常独为西州言"，"拔自西州"，"卒破西州"，《耿恭传》"安丰侯窦融昔在西州"，《邓骘传》"凉部叛羌，摇荡西州"，《杜林传》"问以经书故旧及西州事，林前于西州得漆书《古文尚书》"，《申屠刚传》"西州发兵，人人怀忧"，《庞参传》"方今西州流民扰动"，"乃为西州士大夫所笑"，《虞诩传》"辟西州豪杰为掾属"，《桥玄传》"上邽姜岐，守道隐居，名闻西州"，《皇甫规传》"爰自西州，侵及泾阳"，"自以西州豪杰"，《郑太传》"明公出自西州"，《赵壹传》"窃伏西州"，皆谓凉州也。《陈宠传》"西州豪右并兼"，《廉范传》"父客死于蜀汉，范遂流寓西州。西州平，归乡里"，《任文公传》"西州智士死，我乃当之"，谓益州也。《陈龟传》"今西州边鄙，土地墝埆"，则兼并、凉二州言之。《光武纪》"后拔邯郸，北州弭定"，《彭宠传》"使谒者韩鸿持节徇北州，北州众多疑惑"，"是时北州破散，而渔阳差完"，《吴汉传》"北州扰惑"，"北州震骇"，《邓禹传》"北州略定"，《景丹传》"景将军北州大将"，《刘植传》"北州疑惑"，《朱浮传》"北州忧恐"，《刘虞传》"虞以恩厚得众，怀被北州"，《乌桓传》"北州乃定"，皆谓幽州也。《崔寔传》"寔从兄烈，有重名于北州"，烈，涿郡安平人。安平后属博陵郡。《伏恭传》"由是北州多为伏氏学"，恭为常山太守。谓冀州也。《温序传》"将兵平定北州"，《陈龟传》"便习弓马，雄于北州"，《董卓传》"乞将之北州，效力边垂"，谓并州也。《鲁恭传》"是时东州多盗贼"，《郑太传》"东州郑玄，学该古今"，谓青州也。《伏湛传》"东州号为伏不斗云"，湛，琅邪人。谓徐州也。《陈俊传》"东州新平"，则兼青、徐二州言之。《樊准传》"今虽有西屯之役，宜先东州之急"，《邓皇后纪》"又遭水潦，东州饥荒"，此又兼兖、冀、徐诸州言之矣。《王常传》"更始不量愚臣，任以南州"，注：谓行南阳太守。《桓帝纪》"盗贼征发，南州尤甚"，谓荆州也。《郭太传》"始至南州，过袁奉高，不宿而去，从叔度累日不去”，谓豫州也。<small>袁、黄皆汝南人。</small>《张纲传》“南州晏然”，《许荆》传“郡滨南州”，《徐稚传》“此必南州高士徐孺子也”，谓扬州也。张纲为广陵太守，在徐州部，而与扬境密迩，故亦有“南州”之称矣。《南蛮传》“南州水土温暑”，谓交州也。《郑均传》“前安邑令毛义，淳洁之风，东州称仁”，《方术传》“会稽谢夷吾，出自东州”，义，庐江人。庐江、会稽皆属扬州，当云“南州”，而称“东州”者，扬在雒阳之东南。《职方氏》“东南曰扬州”，故亦可称“东州”也。《刘焉传》：“南阳、三辅民数万户，流入益州，焉悉收以为众，名曰‘东州兵’。”此因益州在西，故呼中土为“东州”，非史家之通称也。

四年，进幸临平。注：县名，属钜鹿郡。　按：《续志》无此县，盖建武六年所省。

光武帝纪下

七年，诏郡国出系囚，见徒免为庶民。　按：章怀注范《史》，避太宗讳，“民”字皆改为“人”，如《光武纪》“兆人涂炭”、“为人父母”、“祖宗之灵、士人之力”是也。今本仍有作“民”者，则宋以后校书者回改。然亦有不当改而妄改者，如建武七年，“诏郡国出系囚，见徒免为庶民”，十一年，“诏敢灸灼奴婢，论如律，免所灸灼者为庶民”，十二年，“诏陇、蜀民被略为奴婢自讼者，及县官未报，一切免为庶民”，十三年，“诏益州民自八年以来被略为奴婢者，皆一切免为庶民”，十四年，“诏益、凉二州奴婢，自八年以来自讼、在所官，一切免为庶民”，殇帝延平元年，“诏宗室坐事没入宫者，今悉免遣，及掖庭宫人，皆为庶民”。此“庶民”本当作“庶人”，校书者不知“庶民”与“庶人”有别，而一例改之。然建武五年，“诏郡国出系囚，见徒免为庶人”，六年，“诏王莽时吏人没入为奴婢，不应旧法者，皆免为庶人”，此两处仍未改也。凡律言“庶人”者，对奴婢及有罪者而言，与它处泛称“庶民”者，迥乎不同。今本有改有不改，由当时校书不出一手故尔。又《崔寔传》引景帝诏曰“加笞与重罪无异，幸而不死，不可为民”，此亦不当改而妄改者也。又一卷之中，或改或否，如《明帝纪》中元二年，“诏流人无名数，欲自占者，人一级”，永平三年，“诏流人无名数，欲自占者，人一级”，十七年，“诏流人无名数，欲占者，人一级”，而永平十二年、十八年，俱云“流民无名数，欲占者,人一级"。《鲁恭传》前云"万人之命,在于一举",后云"万民者,天之所生"。又有一文重见,而或改或否,如《光武纪》"民无所措手足",《章帝纪》"人无所措手足",《梁统传》"人无所厝手足",《郎颢传》"安上理人,莫善于礼",《张纯传》"安上治民,莫善于礼"。《荀爽传》同。又如《逸民传》,章怀本改为"逸人",今虽已回改,而《法雄传》中"逸人"字,仍未改,皆校书者之不学也。

八年,河西太守窦融。 按:"河西"非郡名,不当有太守,当依前五年作"河西大将军"。

率五郡太守,与车驾会高平。注:"五郡谓陇西、金城、天水、酒泉、张掖。" 按:陇西、天水二郡,非窦融所统,当从《融传》,以武威、敦煌足五郡之数。

十三年二月丙辰,诏曰:长沙王兴、真定王得、河间王邵、中山王茂,皆袭爵为王,不应经义。 按:真定王得,即建武二年所封真定王杨子德也,"德"、"得"古字通,此景帝子常山宪王之后也。中山王茂,光武族父,建武元年封,亦长沙定王之后。河间王邵,建武七年,以故河间王封,未详其世系。长沙王兴,当亦定王之后,史不为立传,而本纪亦不载受封年月,疑与邵皆更始所封也。

丁巳,降太原王章为齐公、鲁王兴为鲁公。 按:《齐武王传》,建武二年,立章为太原王,十一年,徙章为齐王。是章由齐王降封公,《纪》云"太原王"者,误也。齐、鲁二王降封,本传俱不载,建武十九年,进齐、鲁公爵为王,传亦不书,皆史之疏也。

省并西京十三国:广平属钜鹿,真定属常山,河间属信都,城阳属琅邪,泗水属广陵,淄川属高密,胶东属北海,六安属庐江,广阳属上谷。注:"据此,惟有九国,云十三,误也。" 按:《续志》"北海国"下云:"建武十三年,省菑川、高密、胶东三国,今本"省"讹作"有"。以其县属。"盖其时以高密四县封邓禹,胶东六县封贾复,故不立王国,而并属之北海。高密与淄川同在省并之内,非以淄川属高密也。《志》又称"世祖并省郡国十",今并高密计之,正合十国之数,乃知《纪》云"十三国"者,误衍"三"字,而"淄川"下又衍"属"字耳。章怀注据《纪》文止有九国,以证"十三"之误,则知唐初此本已误矣。

十五年正月丁未,有星孛于昴。丁未,有星孛于营室。 "丁未"

重出,当有一误。以《天文志》证之,似下"丁未"误也。予以《四分术》推得是年正月戊寅朔,则丁未为月之三十日,彗星见四十九日而灭,其灭当在三月十九日乙未,而《志》云"二月乙未灭",亦误。

十七年二月乙亥晦,日有食之。 《五行志》作"乙未"。

十九年正月,追尊孝宣皇帝曰中宗,始祠昭帝、元帝于太庙。 按:《祭祀志》,是年"雒阳高庙四时加祭孝宣、孝元,凡五帝"。此云"昭帝",误。

于赫有命,系隆我汉。 蔚宗宋人,不应有"我汉"之称,此必沿《东观》旧文。

明帝纪

永平三年,去其螟蜮,注:"蜮,一名短狐。" "蜮"当为"螣",即"螣"字。《尔雅》作"螣"。注以为"短狐",失之。

十三年十月壬辰晦,日有食之。 《五行志》作"甲辰"。

注:仲叔围治宾客。 下两"治"字作"主",盖章怀所改,此"治宾客"之"治",又后人回改。

十七年正月,甘露降于甘陵。 按:清河之甘陵,本厝县,安帝始改名,不应此时先有之,恐有讹字。

注:"杨浮《异物志》"。 "浮"当作"孚"。

章帝纪

建初四年七月,葬明德皇太后。 按:光烈、章德、和熹、安思、顺烈、桓思、灵思诸后之葬,皆书"皇后",此独书"太后","太"字疑衍。

孔子曰:学之不讲,是吾忧也。又曰:博学而笃志,切问而近思,仁在其中矣。 按:"博学"以下,乃子夏之言,非孔子语。《蔡邕传》"小能小善,虽有可观,孔子以为致远恐泥",亦子夏语也。《汉书·艺文志》引"虽小道,必有可观者焉",王充《论衡》引"死生有命","纣之不善,不如是之甚",皆以为孔子语。说者以为古人引书多误,其实非也。考《艺文志》云:"《论语》者,孔子应答弟子时人,及弟子相与言,而接闻于夫子之语也。"云"接闻于夫子",则其言皆孔子所取矣。故汉人引《论语》,虽弟子之言,皆归之孔子,非由记忆之误。

六年五月辛酉，赵王盱薨。　按：《赵王良传》："子节王栩嗣，立四十年薨。"而《本纪》中元元年、永平六年并书"赵王盱"，惟永平五年书"赵王栩"，必有一误。"栩"与"盱"，音相近而讹也。

元和二年四月乙巳，客星入紫宫。　《天文志》作"元年四月丁巳"。

《春秋》于春每月书"王"者，重三正。注：《礼记》曰："正朔三而改，文质再而复。"　此《礼·三正记》之文，注脱"三正"二字。

章和元年七月，烧当羌寇金城，护羌校尉刘盱讨之。　以《西羌传》校之，其时校尉乃张纡，非刘盱也。

八月乙未晦，日有食之。　《五行志》在元和元年，此上文已书"乙未幸沛"，又重书"乙未"。

和帝纪

孝和皇帝讳肇。注：臣贤案：许慎《说文》："肇音大可反，上讳也。"　按：《说文》云"上讳"者，乃从戈之肇，非从攴之肇。且《说文》无反切，乃后人所增益。章怀以为《说文》有音者，非也。今本《说文》用孙愐《唐韵》切音，读肇为直小切，与"兆"音同，不知何以有大可切之音。疑即"直小"两字之讹。

永元三年，阜陵王种薨。　按：《光武十王传》作"冲"。《说文》无"种"字，"种"即"冲"也。

诏曰：高祖功臣，萧、曹为首，有传世不绝之义，曹相国后容成侯无嗣。　顾淞曰："此诏萧、曹并举，而独云曹相国后无嗣，则酂侯有后矣。今据前书《功臣表》，酂侯九世孙禹，王莽建国元年，更为萧乡侯，莽败，绝。而平阳侯十世孙宏，光武建武二年，以举兵佐军绍封，传子旷。《表》云'今见'，则孟坚修史时尚存也。与此诏正相反，未知其审。"予按：《韦彪传》亦云："建初七年，诏求萧何后，封何末孙熊为酂侯。建初二年，已封曹参后曹湛为平阳侯，故不及焉。"则曹之有后审矣。而一云建武所封，一云建初所封，其名又复互异，且《班表》、《韦传》皆云平阳侯，而此诏称容成侯，皆事之可疑者也。

四年，射声校尉郭璜，璜子侍中举。　按：《天文志》郭举为侍中射声校尉，举父璜，长乐少府。《皇后纪》、《窦宪传》亦同。《纪》似误。

九年，越骑校尉赵世等。　《西羌传》作"赵代"，盖章怀避唐讳改之。《赵熹传》亦作"代"，此《纪》作"世"，又唐以后人回改。

十一年，复置右校尉官，注：《东观记》曰："置在西河鹄泽县。"按：《郡国志》无鹄泽县，盖后汉并省。据此记，则和帝时尚未省也。

安帝纪

恭宗孝安皇帝。　按：献帝初平元年，有司奏和、穆宗。安、恭宗。顺、敬宗。桓威宗。四帝无功德，不宜称宗。故《和帝》、《顺帝》、《桓帝纪》俱不称"某宗"，独此纪书"恭宗"，盖删之不尽也。

永初元年，封帝弟常保为广川王。　按：安帝弟名"常保"，而子亦名"保"，当有一误。

三年，大鸿胪九江夏勤为司徒。　按：范《史》三公除拜，皆载于本纪，其人无传者，则书郡以显之，用班《史·公卿表》之例也。夏勤事已附见《樊倏传》，延光二年，东莱刘熹为司徒，熹名见《冯鲂传》，阳嘉二年，沛国施延为太尉，延名见《陈忠传》，于例皆不必书郡。

四年，徙金城郡，都襄武。　汉时郡所治亦曰"都"，《臧洪传》"徙为东郡太守，都东武阳"是也。

元初四年二月乙巳朔，日有食之。　《五行志》作"乙亥"。

延光三年九月庚申晦，日有食之。　《五行志》作"庚寅"。

四年，侍中谢恽。　据《后妃传》，恽为虎贲中郎将，非侍中也，侍中当是加官。

顺帝纪

永建二年，注："刘光字仲辽，即太尉刘矩之弟。"　按：《刘矩传》称"叔父光"，此注误。《风俗通》：刘矩父字叔辽。

阳嘉元年，海贼曾旌等寇会稽。　《天文志》作"曾于"，古书"旌"或作"旍"，"于"当是"旍"之讹。

分祷祈请，靡神不禜。　按：《云汉诗》云"上下奠瘗，靡神不宗"，毛训"宗"为"尊"。汉时三家诗必有作"禜"字者。《祭法》："零宗，祭水旱也。"郑读"宗"为"禜"，是"宗"与"禜"通，注以"靡神不举"释之，似未然。

杨州六郡妖贼章河等。　《天文志》作"章何"。

建康元年，遣御史中丞冯赦。　当作"冯绲"。

桓帝纪

建和二年，封帝弟顾为平原王，奉孝崇皇祀。　《河间王开传》云"更封帝兄都乡侯硕为平原王"，与《纪》互异。

三年，监寐瘝叹，疢如疾首。　监寐，犹假寐也。"监"、"假"声相近。《刘陶传》："屏营彷徨，不能监寐。"《袁绍传》："我州君臣，监寐悲叹。"

延熹元年，分中山置博陵郡。　予弟晦之曰："按《隶释》，《灵台碑》有博陵、蠡吾、管遵。又《孔彪碑》阴，故吏有博陵安平六人、博陵安国三人、博陵高阳一人、博陵南深泽二人。安国、蠡吾故属中山，安平、南深泽、高阳故属河间。然则博陵一郡，兼得中山、安平、河间之地，不独分中山也。"《党锢传》："刘祐，中山安国人。"安国后别属博陵。

五年四月乙丑，恭陵东阙火。注：安帝陵也。　《五行志》作"恭北陵"。恭北陵者，顺帝母李氏陵也。

八年己酉，南宫嘉德署黄龙见，千秋万岁殿火。　按：此上承正月丙申晦日食，则"己酉"上当脱"二月"两字，《五行志》亦云"二月"也。依此文，似龙见一事，火灾又一事，《志》于"黄龙"下无"见"字，"万岁殿"下多"皆"字，则"黄龙"亦是殿名，与嘉德署同日火也。

五月丙戌，太尉杨秉薨。　按：《风俗通》云："六月九日未明，太尉杨秉暴薨。"应劭与秉同时，其记月日当可信。

九年正月辛亥朔，日有食之。　《五行志》作"辛卯。"

九月，南阳太守成瑨、太原太守刘质并以谮弃市。　按：《陈蕃》、《王允》、《刘般》、《襄楷传》俱作"刘瓆"。考《说文》无"瓆"字，当以"质"为正也。瑨、质被谮弃市，据《陈蕃传》，在延熹八年。时蕃为太尉，上疏极谏，明年，李膺等以党事下狱，蕃又疏谏。帝恶其切直，托以辟召非人策免。《纪》书此事于蕃免官之后，似失其次矣。《天文志》在九年十一月。

灵帝纪

父苌,世封解渎亭侯。　按:《董皇后纪》亦称"解渎侯苌",独《河间王开传》作"长",古书"长"、"苌"多通用。

建宁二年十月,司隶校尉朱瑀。　按:《党锢》及《窦武传》皆作"朱寓",此作"瑀",误。同时有长乐五官史朱瑀,乃宦官党于曹节者,见《窦武传》。此别是一人。

庚子晦,日有食之。　《五行志》作"戊戌",此误。

三年,济南贼起,攻东平陵。注:"东平陵,县名,故城在今济州东。"　"济州"当作"齐州"。

熹平元年,甘陵王恢薨。　按:《清河王庆传》"梁太后立安平孝王子经侯理为甘陵王,是为威王。理立二十五年薨,子贞王定嗣,定立四年薨,子献王忠嗣",别无名恢者。考理以桓帝建和二年封,至熹平元年,恰二十五年,则恢与理实一人也。

三年,中山王畅薨,无子,国除。　按:《中山王焉传》:"穆王畅立三十四年薨,子节王稚嗣,无子,国除。"是畅本有子,而国亦未即除也。

四年,封河间王建孙佗为任城王。　按《光武十王传》,佗为建子,非建孙。

六年,卫尉陈球为司空。　按《球传》,其时为廷尉,非卫尉。

太常河南孟戫为太尉。　按:《成阳尧庙碑》"济阴太守河南匽师即偃师。孟府君讳郁,字敬达,治《尚书经》,历典六郡,威教若神",即其人也。"戫"与"郁"同。碑立于永康元年,至熹平六年,相距十年矣。注云"字叔达",而碑云"敬达","叔"、"敬"二文相似,碑已亡失,莫能决其然否。

中平元年,下邳王意薨,无子,国除。　按:《下邳王衍传》:"中平元年,意薨,子哀王宜嗣,数月薨,无子。建安十一年,国除。"是意亦有子。

二年二月己亥,广阳门外屋自坏。　《五行志》作"癸亥"。予以《四分术》推得是年二月庚子朔,不得有己亥日,《纪》误。

十月庚寅,司空杨赐薨。　以《四分术》推,是月丙申朔,无庚寅,庚寅乃九月二十四日也,月日必有一误。

四年,护乌桓校尉公綦稠。 《刘虞传》作"箕稠"。

献帝纪

兴平元年,是岁谷一斛五十万。 自"是岁"以下百一十五字,又见《董卓传》,当删彼存此。

三年,杀光禄勋邓泉。 《五行志》作"邓渊",此作"泉"者,章怀避讳改。

建安元年,封卫将军董承为辅国将军,伏完等十三人为列侯。 按:《董卓传》,是时封董承、伏完等十余人为列侯。"董承"下不当有"为"字,十三人者,董承、伏完、丁中、种辑、钟繇、郭溥、董芬、刘艾、韩斌、杨众、罗邵、伏德、赵蕤也。见袁宏《后汉纪》。但伏完袭父爵不其侯,当在桓、灵之世,岂待此时始封列侯? 此史文之可疑者,窃意完但增加食户,其子德别受列侯之封耳。

五年,越骑校尉种辑。 《董卓传》作"长水校尉"。

六年三月丁卯朔,日有食之。 《五行志》作"十月癸未"。

十一年,济、北海、阜陵、下邳、常山、甘陵、济阴、平原八国皆除。 《通鉴》作"齐、北海",闽本亦是"齐"字,今本作"济",转写之讹也。明帝子济阴王长早薨,无后,安帝废太子保为济阴王,其后人承大统,即顺帝也。此后无封济阴者,必"济北"之讹。

十七年,立皇子敦为东海王。 按:东海王只以建安五年薨,子羡嗣,魏受禅始除,不应别封皇子,当是"北海"之讹。

十九年,讨朱建于枹罕。 《天文志》作"宋建",《董卓传》作"宗建",《三国志》亦作"宋建"。

二十二年,丞相军师华歆为御史大夫。 按:《魏志·华歆传》云"魏国初建,为御史大夫",是歆为魏国之御史大夫,非汉廷之御史大夫也。刘昭注《百官志》云:"建安十三年,罢司空,置御史大夫。御史大夫郗虑,免,不得补。"考建安十九年,废皇后伏氏,虑尚在职。至廿一年,封魏王操,则宗正刘艾行御史大夫事。廿五年禅位,则太常张音行御史大夫事,然则郗虑以后,汉廷无真授御史大夫,其说信矣。《魏志·太祖纪》书华歆为御史大夫,而不书郗虑,虑为汉臣,歆为魏臣故也。歆之除授,不当书于《汉纪》,且使歆而得书,则钟繇为相国,何以转不书乎？蔚宗未达官制，因有此误。

皇后纪上

世讥范蔚宗创为《皇后纪》，非也。《晋书》称华峤作《汉后书》九十七卷，有《帝纪》十二卷，《皇后纪》二卷，峤以皇后配天作合，前史作《外戚传》以继末编，非其义也，故改《皇后纪》，次《帝纪》之下。然则皇后之纪，乃峤自出新意，蔚宗特因之不改尔。

亲属别事，各依列传。其余无所见，则系之此纪。注："谓贾贵人、虞美人之类是也。" 此言后妃亲属，如阴、马、邓、窦之伦，事迹昭著，别为列传。其无事可见者，附此此纪，不更立《外戚传》，若郭况、阎显、邓康之类是也。注似未达其旨。

郭皇后。后从兄竟，以骑都尉从征伐有功，封为新郪侯，官至东海相。竟弟匡，为发干侯，官至太中大夫。 按：新郪侯竟、发干侯匡历官，具详于后，此文可省并也。今依《史通·点烦》之例，可省二十字。

窦皇后，扶风平陵人。 按：马皇后，援之少女；梁贵人，竦之女；邓皇后，禹之孙；和帝阴皇后，光烈后兄识之曾孙；献帝曹皇后，操之中女。援、竦、禹、识皆有传，操之大父腾，亦见《宦者传》，故史不言"某郡县人"。窦皇后，融之曾孙女，而又书"扶风平陵人"；伏皇后，湛之八世孙，而又书"琅邪东武人"，是自乱其例也。班超，彪之少子，而又书"扶风平陵人"；黄琼，香之子，而又书"江夏安陆人"；荀彧，淑之曾孙，而又书"颍川颍阴人"；郑太，众之曾孙，而又书"河南开封人"；周举，防之子，而又书"汝南汝阳人"；皇甫嵩，规之兄子，而又书"安定朝那人"；伏恭，湛之兄子，而又书"琅邪东武人"；袁绍，汤之孙，袁术，逢之子，而又书"汝南汝阳人"；李固，郃之子，而又书"汉中南郑人"；法真，雄之子，而又书"扶风郿人"；周燮，燕之后，而又书"汝南安城人"，皆繁复可省。

梁贵人，上尊谥曰恭怀皇后，与姊大贵人俱葬西陵，仪比敬园。注："敬园，安帝祖母宋贵人之园也。" 按：注说非也。章帝葬敬陵，以窦皇后合葬，而梁太后别葬西陵。史称"仪比敬园"者，谓置令丞守卫如敬陵之制。《百官志》："每陵园令各一人，掌守陵园，案行扫除。"故称敬陵曰敬园，犹西京之高园、文园也。若清河王庆之母宋贵人，别葬樊濯聚，和帝时，庆欲求作祠堂，恐有自同恭怀梁后之嫌，遂不敢言。

安得有敬园之称乎？其后安帝嗣立，追尊祖母为敬隐皇后，距恭怀改葬，二十余年矣。《祭祀志》"安帝建光元年，追尊祖母陵曰敬北陵，亦就陵寝祭，太常领如西陵"，此则敬北陵之"仪比西陵"耳。章怀何不考其年代，而妄为之说乎？

皇后纪下

宋皇后。父酆，执金吾，封不其乡侯。 按：伏湛于建武六年封不其侯，传国八世，至献帝时始绝。而宋酆于灵帝之世，得封不其乡侯者，伏氏食邑三千六百户，除所食之外，尚有它乡也。

其职僚品秩，事在《百官志》。 按：蔚宗《志》今已失传，其名目可考者，有《五行》、《天文志》，见《蔡邕传》；有《礼乐》、《舆服志》，见《东平王苍传》；有《百官志》，见此《纪》。

建武十五年，封舞阳长公主。 当作"舞阴"。《梁松传》："尚舞阴公主。"按：舞阴与涅阳、馆陶二主同时以皇女封，但当云"公主"耳。其加"长"字，当在明、章之世。史家省文，并作一事书之也。蔡邕《独断》云："帝女曰公主，姊妹曰长公主。"此汉家故事，章怀据此文，谓帝女尊崇亦为长，非惟姊妹，失其旨矣。

廿二史考异卷十一

后汉书二

刘圣公传

更始复疑王匡、陈牧、成丹与张卬等同谋，乃并召入，牧、丹先至，即斩之。　按：《邓禹传》言更始诸将王匡、胡殷、成丹等，皆诣宗广降，则丹未尝斩也。二传必有一误。

子巡嗣，复徙封灌泽侯。注："灌泽，今泽州县。"　"灌泽"当为"濩泽"。

刘永传

西防贼帅山阳佼疆。[①]　注："西防，县名。故城在今宋州单父县北。"　《郡国志》未见此县。《前志》山阳郡有西阳县，"阳"、"防"字形相似。

隗嚣传

庶无负子之责。　《史记·鲁世家》："若尔三王，是有负子之责于天。"小司马云：《尚书》"负"为"丕"，郑玄读"丕"曰"负"。负子，谓负上天之责也。章怀注非是。王伯厚尝言之。

齐武王縯传

建武十五年，追谥伯升为齐武王。　按：《北海王兴传》亦云"十五年追谥仲为鲁哀王"，然考之《本纪》，建武十五年四月癸丑，追谥兄伯升为齐武公、兄仲为鲁哀公，谥号虽同，而王公爵异。以情事推之，是岁封皇子十人皆为公，又前二年降封赵、齐、鲁三王为公，则追谥两兄，亦必以公爵明矣。至十七年，皇子封公者皆进为王。十九年，又进赵、齐、鲁三国公为王,然后伯升与仲皆追称为王耳。二传所书,盖未得其实。

赵王良传

十三年,降为赵公,十七年,薨于京师,子节王栩嗣。 按:《光武纪》:"建武十七年正月,赵公良薨。十九年四月,进赵、齐、鲁三国公爵为王。"是栩初袭公爵,又二年,始进为王。史于降封公之后,即书"节王栩嗣",文虽简,而意不贯。

子献王赦嗣。 按:赵王赦以建安十六年薨,而阜陵王赦亦以建安中薨。此二王同时同名,此事之可疑者。

城阳恭王祉传

封于零道之春陵乡。 《前志》、《续志》俱作"泠道"。

泗水王歙传

更封茂为穰侯。 《光武纪》:"茂封单父侯。"

来歙传

以歙有平羌、陇之功,故改汝南之当乡县为征羌国焉。 按:汝南郡无当乡县,"县"字疑衍。《水经注》:"征羌县,故召陵县之安陵乡安陵亭也。"

邓禹传

五品不训。 《史记·五帝本纪》作"五品不驯"。《正义》读"驯"为"训"。《周礼·地官》有"土训",郑司农读"训"为"驯"。"驯"、"训"古通用。训者,顺也。与"逊"义亦同。《刘恺传》:"调训五品。"《周举传》:"五品不训,责在司徒。"《谢夷吾传》:"下使五品,咸训于嘉时。"

冯异传

又降匈奴于林阖顿王。 注:《山阳公载记》"顿"字作"碻"。《前书音义》"阖"音"蹋","顿"音"碻"。 按:"顿"、"碻"声相近,《说文》无

"阖"字,当是"阚"字之讹,《三国志》作"蹋顿"。

横被四表,昭假上下。　"横被"即《书》"光被"也。《汉书·王莽传》:"昔唐尧横被四表,无以加之。"《王褒传》:"化溢四表,横被无穷。"班固《西都赋》亦云"横被六合",盖《尧典》"光被"字,汉儒传授本作"横"矣。《释言》:"桄,颎充也。""桄"即"横"字古文。"炗"为"芡",与"黄"相似,故"横"或为"桄"。《孔传》出于魏、晋之间,《尧典》"横"已作"光",而训"光"为"充",犹存古义。后世因作"光辉"解,失汉儒之本旨矣。

贾复传

食郁秩、壮武、下密、即墨、梃胡、观阳,凡六县。注:"六县皆属胶东国。"　《汉志》胶东国有挺县[②],无挺胡县。"胡"字疑衍。

吴汉传

分汉封为三国。　按:吴汉封广平侯,食广平、斥章、曲周、广年四县。此所封乃汝南之濯阳、新蔡,南阳之筑阳,与广平远不相涉,何云"分汉封为三国"乎? 或后来徙封汝南,而范《史》失载耳。

臧宫传

公孙述将延岑,盛兵于沅水。注:"沅水出广汉,解见《光武纪》。"按:《光武纪》:"建武十一年,臧宫与公孙述将延岑战于沈水。"注引《水经注》:"沈水出广汉县,下入涪水。"本或作"沉水"及"沅水"者,并非。则此"沅"字乃"沈"之讹。

耿弇传

至浚靡而还。　《前志》、《续志》俱作"俊靡"。

封牟平侯。　此封况子舒为牟平侯,而况之封隃糜如故也,史有脱文耳。

宝女弟为清河孝王妃,及安帝立,尊孝王母为孝德皇后,以妃为甘园大贵人。　按:《安帝纪》:"建光元年,追尊皇考清河孝王曰孝德皇,皇妣左氏曰孝德皇后,祖妣宋贵人曰敬隐皇后。又追尊孝德皇元妃耿氏为甘陵大贵人。"此传以孝德皇后为孝王之母,误矣。甘园,甘陵之园也。

耿国传

建武二十七年,代冯勤为大司马。 按:《光武纪》是年五月,"改大司马为太尉,骠骑大将军、行大司马刘隆即日罢,以太仆赵意为太尉,大司农冯勤为司徒。"则是建武廿七年以后,不复置大司马,而冯勤亦未尝任大司马,安得以耿国代之乎?此"大司马"当是"大司农"之讹。盖勤既迁司徒,其大司农缺以国代之耳。

铫期传

攻拔乐阳、槁、肥累。注:"乐阳,县名,属常山郡。今恒州槁城县也。" 注"常山郡"下脱"槁"字。《班志》本作"槁城",此云"槁"者,省文也。《郡国志》无此三县,盖建武中并省。

邳彤传

万封重平侯,绥封平台侯。注:"重平县属渤海郡,平台县属常山郡。" 此注据《前志》,《郡国志》无此二县,盖建武后并省。王懋竑云:"平台《前志》属济南。注属常山,误。"予谓济南郡只有台县,无平台县。《汉书》刊本误以邹平之"平"连下"台"字,后人因读为"平台"耳。章怀之说,不可易也。

耿纯传

与绵曼贼交通。注:"绵曼故城在今恒州石邑县西北,俗音讹,谓之人文故城也。" 古者"文"如"岷",与"曼"声相近。

宿至代郡太守,封遂乡侯。 《寒朗传》有隧乡侯耿建,盖即宿之后。

马成传

建武九年,代来歙守中郎将,率武威将军刘尚等破河池,遂平武都。明年,大司空李通罢,以成行大司空事。 按:《光武纪》,马成平武都在建武十一年,其行大司空事,在十二年。与传异。

马武传

世祖击尤来、五幡等,败于慎水。　按:《光武纪》作"顺水"。注本或作"慎水"者,误。

定封为扬虚侯。　注不言扬虚所在。按:《汉书》,齐悼惠王子将闾封扬虚侯。

窦融传

金城太守库钧。　按:下文云"以库钧为金城太守",则此时未为太守,疑亦是都尉也。

融长子穆尚内黄公主。　内黄公主不见于《皇后纪》,疑诸王女。

马援传

良工不示人以朴。　"朴",古"璞"字,木皮为"朴",故玉之皮亦曰"朴"。"鼠朴"与"玉璞"本非异文也。《说文》无"璞"字。

更为援制都布单衣。注:《东观记》"都"作"荅"。　"都"、"荅"声相近。

前披舆地图,见天下郡国百有六所。　按班《史·地理志》"郡国百有三",此据平帝元始之籍也。今云"百有六所",岂王莽以后又有增置乎?

以扶乐侯刘隆为副。注:"扶乐,县名,属九真郡。"　按:陈国有扶乐县,隆封国当在此,未必远至九真也。《隆传》云"扶乐乡侯"。

鲁恭传

永元十二年,代吕盖为司徒。　《和帝纪》在十三年。

经曰:后以施令诰四方。　郑康成《易》"诰"作"诘",注云:"诘,止也。"此传云"君以夏至之日,施命令止四方行者",则恭所引《易》,亦作"诘"矣,后人据王辅嗣本改为"诰"尔。

冯勤传

由，黄门侍郎，尚平安公主。注："《东观记》亦云安平，《皇后纪》云'由尚平邑公主'。纪、传不同，未知孰是。" 刘攽曰："传作平安，注云安平，必有一误。然安平是县名，则安平是矣。"予谓"平安"亦县名，属广陵郡，贡父偶未检及耳。"平安"与"平邑"只一字之异，未可遽以"安平"为是也。

赵憙传

以憙守简阳侯相，荆州牧奏憙才任理剧，诏以为平林侯相。 按：简阳、平林二县，两《汉志》皆无之，盖建武初置，不久即省，亦未知何人所封也。《光武纪》注："平林在今随州随县东北。"

冯衍传

饥者毛食。注：案：《衍集》"毛"字作"无"，今俗语犹然，或古亦通乎？ 古音"无"如"模"声，转为"毛"，今荆、楚犹有此音。

登平阳而怀伤。注："平阳，县名，在今岐州岐山县西南。" 按：两汉三辅无平阳县。《史记·秦本纪》："宁公徙居平阳。"《正义》云："岐山县有阳平乡，乡内有平阳聚。"

郎颛传

今立春之后，火卦用事，当温而寒，违反时节。 按：郑康成注《稽览图》云：《杂卦》，九三上六决温，九三上九微温。魏《正光历》同。立春之后，小过用事，九三上六决温之卦，故云火卦。

正月三日至乎九日，三公卦也。注：凡卦法，一为元士，二为大夫，三为三公，四为诸侯，五为王位，六为宗庙。分卦直日之法，爻主一日，即三日九日并为三公之卦也。 按：注说非也。京氏卦气，直日之法，坎、离、震、兑用事，分至之首，得八十分日之七十三，余卦皆主六日八十分日之七。郎宗父子世传六日七分，即其术也。今以《四分术》推，阳嘉二年，年前十一月甲戌朔，二十九日壬寅冬至，《坎卦》用事；次日癸卯，十二月朔也。自癸卯至戊申，《中孚卦》用事；己酉至甲寅，《复卦》用事；乙卯至庚申，《屯卦》用事；辛酉至丙寅，《谦卦》用事；丁卯至壬申，《睽卦》用事；癸酉至戊寅，《升卦》用事；癸酉闰十二月朔日也。己卯至甲申，《临卦》用事；乙酉至庚寅，《小过卦》用事；辛卯至丙申，《蒙卦》用事；丁酉至癸卯，《益卦》用事；丁酉至壬寅六日，又岁前冬至小，余三十二分之八，即八十分之二十也，则《坎卦》用事。已侵次日十三分，而自《中孚》用事以来，余分所积，又七十分，故《益卦》用事，尽癸卯日，而尚有赢分也。甲辰至己酉，《渐卦》用事。《渐》主正月，三公之卦也。是岁正月壬寅朔，甲辰为月之三日，甲辰至己酉，尽六日而尚有余分，故云"正月三日至九日，《三公卦》也。"自正月九日至二月九日，《泰》、《需》、《随》、《晋》、《解》五卦更代用事，而及于《大壮》，故颙再上书言"今月九日至十四日，《大壮》用事"，今月谓二月也。

今月十七日戊午，徵日也。　　纳音之法，戊午属火，于五音为徵，故以戊午为徵日。

《易·中孚传》曰：阳感天，不旋日。　　此《易·稽览图》之文也。其书首言甲子卦气起《中孚》，故汉儒谓之"《中孚传》"。

臣窃见去年闰十月十七日己丑夜，有白气从西方天苑趋左足，入玉井，数日乃灭。　　按：颙上便宜七事，在阳嘉二年。《顺帝纪》"阳嘉元年闰月戊子，客星出天苑"，即其事也。纪书闰月于十二月之后，则是闰十二月也。以《四分术》推之，是岁闰余十八，闰当在十二月后，其月癸酉朔十七日，恰得己丑。此传云"闰十月"者，误也。"十"字盖衍文，或当云"闰十二月"。

臣伏惟汉兴以来，三百三十九岁。于《诗三基》，高祖起亥仲二年，今在戌仲十年。注："基"当作"朞"，谓以三朞之法推之也。　　按："《诗三基》"者，盖《诗泛历枢》之别名，犹《稽览图》称《中孚传》也。其法盖以三百六十岁为一周，十二辰各三十年，一辰又别为孟、仲、季各十年，故下云"戌仲已竟，来年入季"也。

襄楷传

平原隰阴人也。注"隰阴县在隰水之南，故城在今齐州临邑县西。"　"隰"当作"濕"。《郡国志》平原郡有濕阴县。濕，他合反，即漯水也。《班志》作"漯阴"。按《说文》"济漯"字本作"濕"，隶省作"濕"，

"燥濕"字本作"溼",后世借"濕"为"燥溼"字,而以"漯"为水名,不知"漯"为"濕"之讹也。其正作"濕"者,多与"隰"相乱。《左氏·哀十年传》注:"济南有隰阴县。"陆德明误音"习"。

梁统传

更封高山侯。 高山,县名,属临淮郡。

曹褒传

父充,持《庆氏礼》。 "持"本是"治"字,章怀避讳改之。《隗嚣传》"申屠刚、杜林为持书",《杜林传》"为持书",《平来历传》"持书侍御史龚调",《蔡邕传》注"太伯端委以持《周礼》",皆本"治"字,而唐人改为"持"也。《郅恽传》"理《韩诗》、《严氏春秋》",则"治经"之"治",或改为"持",或改为"理",初无一定。若《侯霸传》"治《谷梁春秋》",《吴良传》"又治《尚书》",此又校书者转改。

郑康成传

初,中兴之后,范升、陈元、李育、贾逵之徒,争论古今学。 古学谓《左氏春秋》;今学则《公》、《谷》二家也。范升、李育主《公羊》说,陈元、贾逵主《左氏》说。

门生相与撰玄答诸弟子问《五经》,依《论语》作《郑志》八篇。按:《隋书·经籍志》"《郑志》十一卷,魏侍中郑小同撰。《郑记》六卷,郑玄弟子撰",与此传不合。考《孝经正义》云:"郑君卒后,其弟子追论师所著述及应对时人,谓之《郑志》。郑之弟子分证门徒,各述所言,更为问答,编录其语,谓之《郑记》。"是《郑志》出于诸弟子明矣。郑氏门人见于《郑志》与《郑记》者,有赵商、张逸、刘琰、炅模、田琼、孙皓、泠刚、任厥、氾阎、一作阁。陈铿、焦氏、崇精、鲍遗、王权、崇翱、焦乔疑即焦氏。等,《传》惟载河内赵商一人,余人爵里不可考。

凡玄所注《周易》、《尚书》、《毛诗》、《仪礼》、《礼记》、《论语》、《孝经》。 按:蔚宗述康成所注有《孝经》,而谢承、薛莹、司马彪、袁山松诸家皆无之。《隋志》但云"郑氏注",《旧唐志》始实以康成。邢昺《孝经疏》谓郑君弟子作《郑志目录》,记郑所注书,不及《孝经》,赵商作《康成碑铭》，亦不言注《孝经》，则非郑所注审矣。《三礼》皆康成注，流传至今，乃本传有《仪礼》、《礼记》，而无《周礼》，此转写之脱漏。

《答临孝存周礼难》。 临孝存名硕，北海人。范《史》多称人字，《孔融传》"郡人甄子然、临孝存知名早卒"，皆字而不名。

东莱王基。 按：《魏志》基卒于元帝景元二年，不言年寿若干，而《基碑》云年七十二，溯其生年，当在初平元年庚午。康成以建安五年庚辰卒，其时基仅十一岁，不得在弟子之列，恐范《史》误也。基治经常申郑而驳王肃，故蔚宗疑为康成弟子，要是私淑郑学，非亲受业者也。

郑兴传

乃征为太中大夫。 按：郑康成注《周礼》，称兴为"郑大夫"、众为"郑司农"。兴以县令终，而称"大夫"，举其贵者称之也。

范升传

子以人不间于其父母为孝，臣以下不非其君父为忠。 按：《汉书》杜邺对策言"孔子善闵子骞守礼不苟，从亲所行，无非理者，故无可间也"，范升说与邺略同，盖汉儒相承古义。

陈元传

卒渊圣独见之旨。 章怀注本避唐讳，改"渊"为"深"，或为"泉"，今本诸"渊"字皆后人回改，如《章帝纪》"聪明渊塞"、"谅惟渊体"，《安帝纪》"若坠渊水"，《陈宠传》"曾是渊轨"，《刘恺传》"沈重渊懿"，《文苑传》"椒酒渊流"，《逸民传》"覆巢竭渊"，《方术传》"何故败我濯龙渊"，《儒林传》"历神渊"，《郑康成传》之"国渊"，《西羌传》之"马文渊"，皆是也。

桓郁传

宗正刘方，宗室之表，善为《诗经》。 方，平原人，范《史》无传。考章帝元和二年诏书称"襄城令刘方"，则其时方尚为县令，至永元四年，由宗正拜司空，首尾裁八年尔，颇怪其迁转之骤。今观窦宪疏，乃知方以宗室通经术，故有不次之擢也。

法雄传

子真,在《逸人传》。 "逸人"即"逸民",章怀避讳,改为"人"字,后来追改,不及遍检,它传故或改或否耳。《列女·王霸妻传》亦云"霸已见《逸人传》",《赵岐传》:"汉有逸人,姓赵名嘉。"

班彪传

扶风安陵人也。 《班超传》云"扶风平陵人",当有一误。

父稚,哀帝时,为广平太守。 《汉书·叙传》作"广平相"。广平,诸侯王国,当云"相",不当云"太守"也。

班固传

表以泰华、终南之山。 "泰华",《文选》作"太华",蔚宗避父讳,如郭林宗、郑公业名皆作"太"字,此赋"泰华"、"泰紫"、"泰清"之类,必后人所改。

弟五伦传

臣愚不足采。 文章未完。

宋意传"宋"当作"宗"

擢拜阿阳侯相。 按:阿阳县属汉阳郡,不云侯国,而上党之阳阿为侯国,此"阿阳"或"阳阿"之讹。

东海王彊传

建武十九年,封为东海王,二十八年就国,兼食鲁郡,合二十九县。 按:《郡国志》东海十三城,赣榆本属琅邪,实十二城,鲁国六城并之,止十八县,而琅邪郡之开阳、临沂、即丘、缯,下邳国之下邳、曲阳、司吾、良成,广陵郡之海西,泰山郡之南城、费,皆故属东海,故云"二十九县"。

使大司空持节护丧事。 司空,冯鲂也。"大"字衍。

沛王辅传

建武十五年，封右冯翊公。　《光武纪》无"冯"字，《中山王焉传》"封左冯翊公"，与此传同，皆衍文也。左翊、右翊，盖取嘉名，非分冯翊地为左右。

中元二年，封辅子宝为沛侯。　按：沛为王国之名，不应更有沛侯，疑字有讹。

楚王英传

建武三十年，以临淮之取虑、须昌二县益楚国。注：临淮无须昌，有昌阳县，盖误也。　按：《郡国志》无昌阳，盖顺帝时已并省矣。取虑，《志》仍属下邳，即临淮。盖楚国既除之后，复其旧也。

济南王康传

建武三十年，以平原之祝阿、安德、朝阳、平昌、隰阴、重丘六县益济南国。　朝阳即东朝阳，平昌即西平昌，"隰"盖"湿"之讹，《续志》无重丘县，盖后来所省。《前志》朝阳本属济南，不知何时改隶平原也。

东平王苍传

永平二年，以东郡之寿张、须昌，山阳之南平阳、槁、湖陵五县益东平国。　按：《郡国志》，南平阳三县仍属山阳。

阜陵王延传

建武三十年，以汝南之长平、西华、新阳、扶桑四县益淮阳国。注："扶桑故城在陈州太康县北。""扶桑"当依闽本作"扶乐"。

琅邪王京传

永平二年，以太山之盖、南、武阳、华，东莱之昌阳、卢乡、东牟六县益琅邪。　按：《前志》泰山郡有华县，而《续志》无之。今据此传，则永平之世，华县见在。而《三国志》称臧霸为太山华人，《孔宙碑》阴亦有题"泰山华"者，疑华县在东汉初未尝并省，志偶漏此一县耳。

上书愿徙宫开阳，以华、盖、南武阳、厚丘、赣榆五县，易东海之开阳、临沂，肃宗许之。　此事在建初五年。考《前志》、《续志》，厚丘本属东海。据此，似又尝改隶琅邪矣。

朱穆传

丁亥之岁，刑德合于乾位，注："历法，太岁在丁、壬，岁德在北宫；太岁在亥、卯、未，岁刑亦在北宫，故合于乾位也。"　按：《汉书·艺文志》，《刑德》七卷，《五行奇胲刑德》[③]二十一卷。今皆不传。《淮南·天文训》言"刑德合四岁而分，十六岁而复合，刑不得入中宫，而迁于木"，则其说自汉初已有之矣。今依其法衍之：甲己之岁，德在东宫；乙庚之岁，德在西宫；丙辛之岁，德在南宫；丁壬之岁，德在北宫；戊癸之岁，德在中宫。故《王莽传》云"仓龙癸酉，德在中宫"，《张纯传》云"仓龙甲寅，德在东宫"也。申、子、辰之岁，刑在东方，子刑卯也。亥、卯、未之岁，刑在北方，卯刑子也。寅、午、戌之岁，刑在南方，巳、酉、丑之岁，刑在西方，午、酉自刑也。翼氏《风角》云"金刚火疆，各守其乡"，即午、酉自刑之谓也。又云"二阴并行，是以王者忌子、卯"，即子、卯相刑之谓也。《苏竟传》云"德在中宫，刑在木"，谓建武四年戊子之岁也。此传云"丁亥之岁，刑德合于乾位"，乾位谓北方也。

近则郑吉、张子孺。　王懋竑曰：张安世不当独称字，乃章怀所改也。"世"皆改作"代"，而人名不合改，故称其字。

乐恢传

成阳高凤。　按：《逸民传》"高凤，南阳叶人"，此"成阳"恐是"南阳"之讹，或别有同姓名者。

袁安传

伏念南单于屯。　本名"屯屠何"，此单举上一字。

张酺传

赵王张敖之后也，敖子寿，封细阳之池阳乡。　《史记·吕后本纪》："寿为乐昌侯。"《功臣表》作"受"。徐广云"今细阳之池阳乡"，盖本此。《汉书·功臣表》不言乐昌所在,宣帝封舅王武为乐昌侯,则《表》系之汝南。细阳本属汝南,则武所封,当亦在池阳乡矣。

周景传

遂连及中常侍防东阳侯侯览。　刘贡父据《览传》"览,防东人,封高乡侯",证此文当为"高乡"之误,是矣。予又疑高乡即防东之乡,故传称为防东乡侯,因下文有"东武阳"字,又误"乡"为"阳"也。

郭躬传

时廷尉河南吴雄季高。　按:《孔庙百石卒史碑》:"雄,河南原武人。"

陈宠传

美郑乔之仁政。　《春秋传》"乔"作"侨",古人名字恒相应,产者,生也。木高曰"乔",有"生长"之义,故名乔,字子产,后人增加人旁。

先是洛县城南。　"洛"当作"雒",广汉郡所治。

东平相应顺。　应顺亦汝南人,奉之曾大父也,其为东平相,迁左冯翊,则《奉传》所未及载。

班超传

焉耆王舜,舜子忠,独谋悖逆。　按:《明帝纪》、《西域传》不载焉耆王之名,独见于此诏。

应奉传

为郡决曹史,行部四十二县。　按:《郡国志》,汝南郡领三十七城。此云"四十二",未详。

应劭传

灵帝时,举孝廉,辟车骑将军何苗掾。　按:《风俗通·正失篇》:"予为萧令,谒辞故司空宣伯应。"考宣酆为司空,在延熹九年十二月,次年四月免,是劭为萧令在灵帝初,而《传》失书。

夫时化则刑重,时乱则刑轻。《书》曰"刑罚时轻时重",此之谓也。注:"犯化之罪固重,犯乱之罪为轻。" 按:《汉书·刑法志》:"治则刑重,乱则刑轻。犯治之罪固重,犯乱之罪为轻也。"本《荀子·正论篇》。此传及注中"化"字,本是"治"字,唐人讳"治",故章怀注范《史》,多改"治"为"理",亦有改为"化"者。《张奋传》"王者化定制礼,功成作乐",《曹褒传》"功成作乐,化定制礼",《王符传》"乱生于化,危生于安,化国之日舒以长,乱国之日促以短",《仲长统传》"乱世长而化世短,此"世"字后人所改。君子用法制而至于化,小人用法制而至于乱,或以之化,或以之乱",《爰延传》"尚书令陈蕃任事则化,中常侍、黄门预政则乱"是也。"世"皆改为"代",亦有改为"时"者,此传"时轻时重"是也。

缇缯十重。注:"缯音袭。" 古文"袭"与"习"通,《士丧礼》"裳者以褶,则必有裳",注:古文"褶"为"袭"。

陈王羡传

遗诏徙封为陈王,食淮南郡。 "淮南"当作"淮阳",《和帝纪》"改淮阳为陈国,遗诏徙西平王羡为陈王",是其证也。淮阳王昞以章和元年薨,未为立嗣,故以其地改封羡,参考纪、传,左验明白。或疑"淮"当为"汝"者,非也。后见嘉靖闽本果作"淮阳",私喜予言之不妄。

乐成王党传

建初四年,以清河之游、观津,勃海之东光、成平,涿郡之中水、饶阳、安平、南深泽八县益乐成国。注:《前书》及《郡国志》清河无游县。按:观津本属信都,即乐成。不知何时改隶清河也。《史记·外戚世家》"窦皇后,清河观津人",此在信都置郡之前。《郡国志》:中水、成平属河间。

和帝诏削东光、鄚二县。 鄚本属钜鹿,不知何时改隶乐成。窃意建初所益八县,钜鹿之鄚,当居其一,史误以为清河之游,清河本无游县也。

下邳王衍传

建初四年,以临淮郡及九江之钟离、当涂、东城、历阳、全椒合十七

县益下邳国。　按：下邳本东海属县，今置为王国，而以临淮郡地益之。《志》称下邳国十七城，除下邳、曲阳、司吾、良成、夏丘本不属临淮，其余十二县，并钟离五县，正合十七之数。但《志》所载东成，即九江之东城，实重出一县，当并下邳计之，为十七也。钟离、当涂、历阳、全椒四县，《志》仍属九江，《传》又不见削地事。考汉世王子封侯者，例别属它郡，钟离、历阳，志称侯国，必王子侯也。其二县，志不言侯国，或分封未几，而国除为县乎？

梁王畅传

建初四年，徙为梁王，以陈留之郾、宁陵，济阴之薄、单父、己氏、成武，凡六县，益梁国。　按：《前志》己氏本属梁国，薄、单父、成武本属山阳，且济阴王长亦同时益封，以理揆之，不应夺济阴以界梁，恐《传》文误也。《郡国志》"郾"作"傿"，此字亦误，当为"鄢"。

淮阳王昞传

建初四年，徙为淮阳王。以汝南之新安、西华益淮阳国。　按：汝南郡无新安县，疑新阳之讹也。《郡国志》，西华仍属汝南。

济阴王长传

建初四年，以东郡之离狐，陈留之长垣益济阴国。　《郡国志》，长垣仍属陈留。

陈禅传

州辟治中从事。注：《续汉志》曰："每州有治中从事。"　按：章怀避唐讳，凡"治"字，或改为"理"，或改为"化"，或改为"持"。此"治中"字，亦必改易，宋人校书者又回改耳。《袁绍传》"以审配为治中"，又有"治中刘惠"。

故《诗》云：以雅以南，韎任朱离。注：《毛诗》无"韎任朱离"之文，盖见《齐》、《鲁》之诗也。　予谓"韎任"句上下当有脱文，未必《诗》有此语。

校勘记

　① "佼彊",《后汉书·刘永传》作"佼彊"。

　② "挺县",《后汉书·贾复传》作"梃"。

　③ "五行奇胲刑德",《汉书·艺文志》作"五音奇胲刑德"。

廿二史考异卷十二

后汉书三

崔骃传

涿郡安平人。 安平县本属涿，章帝建初四年，改隶乐成国，顺帝改乐成国为安平，因县以名也。桓、灵之世，安平改隶博陵郡，故《孔彪碑》阴故吏名有“博陵安平崔烈”，而《程夫人》亦称烈为冀州名士也。涿郡属幽州，乐成、博陵则属冀州。

犯孔戒之冶容，注：《易·系辞》曰：“冶容诲淫。”郑玄云：“谓饰其容而见于外曰冶。” 冶容，郑本作“野容”，故有“见于外”之训。

贵启体之归全兮，庶不忝乎先子。 按：崔宗仕莽显贵，篆亦至二千石，已昧守贞之谊。汉室中兴，正当匡时以盖前愆，乃更辞归不仕，去就偾倒如此，而云“无忝先子”，何颜之厚乎？此传叙述家世，词多溢美，盖由东观诸臣阿其所好，蔚宗承其旧文，不加芟削，未为有识也。《东观记·儒林传》有崔篆，乃元嘉初增入，时崔寔为史官，即篆玄孙也。

当其无事，则躐缨整襟。注：“躐，践也。此字宜从手。《广雅》云：‘躐，持也。’《史记》曰：‘摄缨整襟。’” 按：《说文》：“擸，理持也。”字宜从“手”，不从“足”。《史记·日者传》本作“猎缨正襟”，“猎”亦“擸”之讹，此作“摄”者，因下文相涉而误。

吾亦笑子屑屑而不已也。注：“屑屑犹区区也。” 按：《王良传》“往来屑屑不惮烦也”，注引《方言》云“屑屑，不安也”，二注互异，当以彼注为是。

岂可不庶几夙夜，以永众誉。 古音“众”如“终”。《春秋传》：“众父卒。”《释文》音终。葛本改作“终”，非。

周燮传

荀恁字君大。 按：《刘平传》"数荐达名士承宫、郇恁等"，即此荀恁也。《说文》无"荀"字，当以"郇"为正。恁父越，见《汉书·鲍宣传》，亦作"郇"。

盖诡时审己，以成其道焉。注："诡，违也。" 按：《中庸》云："君子之道费而隐。"郑氏注："言可隐之节也。费犹佹也，道不费则仕。""佹"与"诡"同。费本又作"拂"，"拂"亦训"达"。此序云"诡时审己以成其道"，即《记》所谓"君子之道费而隐"也。《冯衍传》"诡于众意"，注亦训"诡"为"违"。

常肆勤以自给。注："肆，陈也。" "肆"当为"肄"字之讹。

黄宪传

余曾祖穆侯。 按：范宁撰《谷梁集解》，往往采其先人及兄弟子侄之说，蔚宗作史，亦举曾祖穆侯、汪。王父豫章君、宁。先大夫宣侯。泰。

杨秉传

中常侍单超弟匡。 按：《弟五种传》以匡为超兄子，《宦者传》以为超弟子。

杨赐传

熹平二年，代唐珍为司空。 按：《灵帝纪》："熹平二年正月，司空宗俱薨。二月，以光禄勋杨赐为司空。七月，司空杨赐免，太常唐珍为司空。"是赐代宗俱，而珍代赐也。《传》误。

以问侍中任芝、中常侍乐松。 按：中常侍惟宦者为之，乐松初为鸿都文学，见《酷吏·阳球传》。继为侍中祭酒，见《蔡邕传》。又为奉车都尉，见《刘陶传》。皆非宦者之职。赐前上书言"乐松处常伯"，汉人称侍中为"常伯"，则松官侍中明矣。此云"中常侍"，误也。

济北王寿传

永和四年,立战乡侯安国为济北王。　《和帝纪》"封故济北王寿子安为济北王",无"国"字。

河间王开传

永宁元年,邓太后封开子翼为平原王,奉怀王胜祀;子德为安平王,奉乐成王党祀。　按:《安帝纪》是年与平原王同封者,乃济北王寿之子乐成王苌也。其明年为建光元年,邓太后崩,乐成王苌亦以罪废。又明年为延光元年,始改乐成国为安平,封河间王开子得为王,得与德本一人也,此传盖有脱文。

熹平三年,使使拜河间安王利子康为济南王。　按:光武子有济南安王康,此济南王亦名康,先后同国同名,亦可疑也。《御览》引《续汉书》,此济南王名庚。

张皓传

时清河赵腾上言灾变,讥刺朝政,章下有司,收腾系考。　按:《杨震传》:"河间男子赵腾诣阙上书,指陈得失。帝怒,收考诏狱。震上疏救之,帝不省,腾竟伏尸都市。"此安帝延光二年事也。皓为司空,在顺帝永建元年冬,又有赵腾以言事获咎,因皓上疏谏,得减死一等。相距仅三、四载,姓名又相同,疑一事而传闻异词也。

王畅传

闻伯夷之风者,贪夫廉,懦夫有立志。　此语见《孟子》。今本"贪"作"顽","贪"与"廉"相反,当从"贪"为是。《丁鸿传》论亦同。

种劭传

及左中郎刘范、谏议大夫马宇。　《董卓传》云"侍中马宇、右中郎将刘范"。

刘陶传

武旅有禀藻之士。注:"武旅,周武王之旅。禀得水藻,言喜悦也。" 按：今文《太誓》云："师乃鼓鼗谍，师乃掐前歌后舞。""凫藻"即"鼗谍"，文异义同也。《杜诗传》"将帅和睦，士卒凫藻"，亦用斯语。章怀知其为武王事，而不引《太誓》以实之。

谢弼传

建宁二年，一本作三年。**诏举有道之士，弼与东海陈敦、玄菟公孙度俱对策。** 按：《灵帝纪》"建宁元年五月，诏郡国守相举有道之士各一人"，"二年"当是"元年"之误。

时青蛇见前殿。 《五行志》："熹平元年四月甲午，青蛇见御坐上。"《杨赐传》亦作熹平。以弼封事证之，当是建宁元年，非熹平也。

又荧惑守亢。 《天文志》不载此事。

今之四公，唯司空刘宠断断守善，余皆素餐致寇之人。注："四公谓刘矩为太尉，许训为司徒，胡广为太傅及宠也。" 按：刘宠为司空，在建宁元年。注所举太尉刘矩，亦以元年十一月免官，似章怀本元是建宁元年，非二年矣。惟许训为司徒，与《本纪》未合。

盖勋传

昔庄贾后期，穰苴奋剑。 按：东汉人避明帝讳，改"庄"为"严"。此称"庄贾"，《董卓传》亦有"穰苴斩庄贾"之语，《明帝纪》"楚庄无灾，以致戒惧"，皆后来校书者不学辄改之也。《西南夷传》"楚顷襄王时，遣将庄豪"，又云"滇王者，庄蹻之后"，《西羌传》"鲁庄公伐秦"，此蔚宗叙事之词，故不避汉讳。

张衡传

祖父堪，蜀郡太守。 按：张堪在列传第二十一卷，彼云"南阳宛人"，此云"南阳西鄂人"，县名小异耳。何焯瞻谓别一张堪，非是。《朱晖传》称"同县张堪"，晖亦宛人也。

不见是而不惽。注："惽犹闷也。" "惽"、"闷"声相近。

缋幽兰之秋华兮。 《说文》："缋、维纲中绳也，读若画，又读若维。"诸家读为户珪反者是也。章怀读为"纂"，则文当从"隽"。考《说文》有"缋"无"纗"，章怀音误矣。

羁要袅以服箱。　刘攽曰：案：要袅，古良马，当作"褭"，从"马"。按："要袅"之名，本取叠韵。刘必改从"马"，则"要"亦当作"骡"，所谓泥俗而不通于古也。《文选》"羁"作"縶"。

愁蔚蔚以慕远兮。　《文选》作"郁郁"。

颙羁旅而无友兮。　注："颙，独也。"　"颙"与"块"同声相近，《说文》："颙，读若魁。"

马融传

《诗》咏囷草。　注：《韩诗》曰"东有囷草"。　"囷"当从闽本作"圃"。《诗》"东有甫草"，郑氏读如"圃"。

其土毛则榱牧荐草。　注："榱牧，未详。"　"榱"盖与"萑"同。《尔雅》："萑，山韭是也。牧，菽蓿也。"

陈子筹昏。　注："陈子，陈平，善于筹策也。"　陈子，古之善算者。《周髀经》云"荣方问于陈子"是也。章怀以为陈平，误矣。

旝旜掺其如林。　《说文》："旝，建大木，置石其上，发以机，以追敌也。"诗曰："其旝如林。"季长所见本与叔重同。

狱㺗熊。　注："㺗亦狂也。"　"㺗"当作"猘"。

天地虹洞。　注："虹洞，相连也。"　"虹洞"与"鸿绚"同。

骇怐底伏。　注："底伏犹滞伏也。"　《春秋传》："物乃坻伏，郁湮不育。"注："坻，止也。""坻"与"底"同。

族孙曰碑。　按：《三辅决录》云"马融族子"。见《袁绍》、《孔融传》注。

蔡邕传

出补河平长。　《郡国志》无河平县。

宣王遭旱，密勿只畏。　按：《云汉》之诗云"黾勉畏去"，刘向引《诗》"黾勉从事"，作"密勿从事"。向世习《鲁诗》，知《鲁诗》"黾勉"字皆作"密勿"矣。伯喈封事，盖用《云汉》诗文，而章怀不能注也。《胡广传》"密勿夙夜"，《傅毅传》"密勿朝夕"，《谢夷吾传》"密勿在公"。

今者道路纷纷，复云有程大人者。　按：《陈球传》云："阳球小妻，程璜之女，璜用事宫中，所谓程大人也。"汉时宫人中耆宿，皆称"中大人"。见《邓禹传》。韦昭云:"古者名男子为丈夫,尊父妪为大人,故宫婢亦有大人之称。"崔烈因傅母入钱得为司徒,《烈传》所云"程夫人",疑即此人。

叔父卫尉质,又与将作大匠杨球有隙,球即中常侍程璜女夫也。 "杨"当作"阳"。据《陈球传》,则程璜即程大人,乃是女子。此传云中常侍,则是宦者,非妇人矣。未审谁得其实。

左雄传

褒艳用权。注:"褒艳谓褒姒也。艳,美色也。" 按:章怀注用毛氏说,郑康成则以艳妻为厉王后,谓《正月》恶褒姒灭周,《十月之交》疾艳妻煽方处,则褒、艳非一人。此疏上言幽、厉昏乱,下言褒、艳用权,则亦与郑氏说同。《鲁诗》"艳"作"阎",《尚书·中候》作"剡","阎"、"剡"、"艳"文异实同,盖其女族姓,非训美色也。汉成帝时,谷永对策云"昔褒姒用国,宗周以丧。阎妻骄扇,日以不臧",两汉经师皆主此说,故康成从之。

或色斯以求名。 此用《论语》"以色斯当远举"之义。《三国志·崔琰传》"哲人君子俄有色斯之志",《汉张寿碑》"常怀色斯",《元宾碑》"翻翥色斯",《郑固碑》"将从雅意色斯,自得斥彰",《长田君碑》"色斯去官",《抱朴子·外篇》"或色斯而不终日",盖汉魏人用歇后语多如此。

周举传

延熹四年,辟司徒李郃府。 "延熹"当作"延光"。

黄琬传

出为鲁、东海二郡相。 按:汉制,诸侯王国称相,郡称太守,此"郡"当为"国"之误。

荀淑传

有子八人:俭、绲、靖、焘、汪、爽、肃、專。 "專"当作"尃",即"敷"字。陶渊明《四八目》云"俭字伯慈,绲字仲慈,靖字叔慈,焘字慈光,汪字孟慈,爽字慈明,肃字敬慈,尃字幼慈"。见张璠《汉纪》。

荀爽传

行至宛陵。 "宛"与"菀"同,此河南之菀陵,非丹阳之宛陵。

陈寔传

字仲弓。 洪氏《隶续》载《陈寔碑》云"字仲躬"。

中平四年,年八十四,卒于家。 碑云:"春秋八十三,中平三年卒。"

李固传

司徒郃之子也,郃在《数术传》。 "数术"当作"方术"。

吴祐传

所谓观过斯知人矣。 今本《论语》"人"作"仁"。古书"仁"、"人"二字多通用,然以"人"义为长。

延笃传

为平阳侯相。 此山阳之南平阳,非河东之平阳。

孝悌也者,其为人之本与。 此据葛氏本,诸本皆作"仁"。 今本《论语》"人"作"仁"。按:《初学记·友悌部》《太平御览·人事部》引《论语》,俱云"其为人之本与",有子先言"其为人也孝弟",后言"其为人之本",首尾相应,亦当以"人"为长也。

史弼传

陛下隆于友于。 按:《袁绍传》亦云:"友于之性,生于自然。"六朝人好用此语:《三国志·陈思王植传》"今之否隔,友于同忧",《吴三嗣主传》"友于之义薄矣",《许靖传》注"处室则友于不穆",《晋书·长沙王乂传》"友于十人,同产皇室",《东莱王蕤传》"曾无友于之情",《王浑传》"亏友于款笃之义",《傅咸传》"无友于之情",《孝友传论》"笃友于而宣范",《宋书·庐江王祎传》"克敷友于",《桂阳王休范传》"先帝穆于友于",《范泰传》"孝慈天至,友于过隆",《南齐书·豫章王嶷传》"友于之爱"、"垂友于之性"、"朕友于之深",《王思远传》"友于甚至",《梁书·陈伯之传》"朱鲔涉血于友于",《南史·齐文惠太子传》"太子见上友于既至",《梁临川王宏传》"武帝于友于甚厚",《袁彖传》"辨谳之日,友于让生",《北史·李顺传》"笃穆友于,见称于世",《李谧传》"幼事兄瑒恭顺,尽友于之诚",《薛聪传》"友于笃穆",《房彦谦传》"上副圣主友于之意",要皆滥觞于后汉也。

卢植传

将有楚人胁比,尹氏立朝之变。 《公羊传》:"灵王作乾溪之台,三年不成。楚公子弃疾胁比而立之。"章怀注不引《公羊》,而引《左氏》"周走而呼"云云,非植意也。

皇甫规传

自以连在大位,欲退身避第。 "第"当作"弟","避弟"谓己避位,而弟得辟召也。此事见《风俗通·过誉篇》。下文"避第仕途",亦"弟"字之讹。章怀注谓"欲归第避仕宦之途",误矣。

张奂传

敦煌酒泉人也。注:"酒泉,县名,地多泉水,今永州晋昌县东北。" 闽本"永"作"阳"。考《唐书·地理志》,晋昌县属瓜州。"永"、"阳"二字俱误。按:酒泉,郡名,非县名,当作"渊泉"。胡三省注《通鉴》云:"奂,敦煌渊泉人。"胡所见本尚未讹也。《汉志》敦煌郡有渊泉县,《晋志》作"深泉",盖避唐讳。章怀本亦当作"深",后人妄改为"酒"耳。《郡国志》作"拼泉","拼"亦"渊"字之讹。

陈蕃传

车驾幸广城校猎。注:"广城,苑名,在今汝州梁县西。" "城"当作"成"。马融上《广成颂》,即此。

齐景公欲观于海,放乎琅邪。晏子为陈百姓恶闻旌旗舆马之音,举首嚬眉之感。 此误以孟子对齐宣王语为晏子之言。

党锢传

郭林宗、贾伟节为其冠。　按:《何颙传》亦云"郭林宗、贾伟节"等,蔚宗避家讳,故郭泰不书名,并伟节亦字之。《岑晊传》"郭林宗、朱公叔等皆为友",亦因郭而及朱也。

范康。　《荀淑》、《窦武传》并作"苑康"。

张俭。外黄令毛钦。　胡三省曰:"外黄县属陈留郡,黄县属东莱郡。"毛钦盖为黄县令,"外"字衍。

郭太传

初,太始至南州,过袁奉高,不宿而去;从叔度,累日不去。或以问太。太曰:奉高之器,譬之泛滥,虽清而易挹。叔度之器,汪汪若千顷之陂,澄之不清,挠之不浊,不可量也。已而果然,太以是名闻天下。　予初读此传,至此数行,疑其词句不伦:蔚宗避其父名,篇中前后,皆称"林宗",即它传亦然。此独书其名,一疑也;且其事已载《黄宪传》,不当重出,二疑也;叔度书字而不书姓,三疑也;前云"于是名震京师",此又云"以是名闻天下",词意重沓,四疑也。后得闽中旧本,乃知此七十四字,本章怀注引《谢承书》之文,叔度不书姓者,蒙上"入汝南则交黄叔度"而言也,今本皆傫入正文,惟闽本犹不失其旧。闽本系明嘉靖己酉岁按察使周采等校刊,其源出于宋刻,较之它本为善。如左原以下十人,附书《林宗传》末,今本各自跳行,闽本独否。"泛滥",《黄宪传》作"氿滥",谓氿泉、滥泉也。此作"泛",讹。

孔融传

故发辞偏宕。　《说文》:"宕,过也。"

荀彧传

朗陵令淑之孙也。　《荀淑传》:"补朗陵侯相。"汉制,县为侯国,则置侯相一人治之,其职与令长同,故亦通称为"令"也。东莱之不其,亦侯国,而《董恢传》称"除不其令"。

明年,又为操镇东司马。　此初平二年之明年也。据《魏志》,操为镇东将军在建安元年,则初平三年,安得便称镇东司马乎?《魏志·或传》本云"明年,太祖领兖州牧,后为镇东将军,常以司马从",然则领兖州在此年,而除镇东司马,不在此年也。范《史》删去"领兖州"句,遂误以镇东司马为是年事矣。

将军本以兖州首事,故能平定山东,此实天下之要地,而将军之关、河也。　按:《魏志·或传》云:"河济,天下之要地也。今虽残坏,犹易以自保,是亦将军之关中、河内也。"盖上言高祖保关中,光武据河内,皆深根固本,以制天下,故以兖州比关中、河内,范《史》删去二字,未当。

袁绍既兼河朔之地,有骄气。而操败于张绣,绍与操书甚倨。注"陈琳为绍作檄书"云云。　按:传云"绍与操书",注以"檄书"当之,误矣。操为张绣所败,在建安二年,而绍宣檄乃在建安五年,亦不相涉。

皇甫嵩传

征为议郎,迁北地太守。　按:下文灵帝召群臣会议,嵩亦与焉,似无出守事,或已迁而未之官耶?

朱儁传

博士郑玄等。　是时康成避地徐州,陶谦以师友待之,故与谦同列名。中平五年,康成与荀爽、韩融等并以博士征,虽未就职,犹以"博士"称之也。

董卓传

乃任吏部尚书汉阳周珌。　王懋竑曰:"汉时尚书六曹,止称尚书,不以曹名官也。'吏部'则东汉初无此称,此范《史》之误。"予按:灵帝末,梁鹄为选部尚书,见《续汉·百官志》注。而《蜀志·许靖传》亦云"以汉阳周毖为吏部尚书",似汉末已有"吏部"之称矣。章怀注引《英雄记》云"周毖,武威人",此与《蜀志》俱云汉阳,未知孰是。

杀卫尉种拂等。　按:《献帝纪》、《种拂传》皆云太常,非卫尉也。
四年,张杨为将杨丑所杀。　按:《献帝纪》在三年十二月。

刘虞传

前中山相张纯。　《南匈奴》、《乌桓传》俱作"前中山太守"。

公孙瓒传

齐桓立柯会之盟。　"会"当作"亭"。《典略》本作"亭"。

陶谦传

初，曹操父嵩避难琅邪时，谦别将守阴平，利嵩财宝，遂袭杀之。　按：《应劭传》谓谦素怨嵩子操数击之，乃使轻骑追嵩杀之。二说互异，当以《谦传》为正。操欲吞并徐部，文致谦罪，以为出兵之名耳。韦曜《吴书》谓"归咎于陶谦"者，得之。

袁绍传

父成，五官中郎将。　华峤《汉书》作"左中郎将"，见《三国志》注。《袁安传》云"左中郎"，似失之。

除濮阳长。　《许劭传》称绍为"濮阳令"。

少府阴循、执金吾胡母班、将作大匠吴循。　《献帝纪》"循"皆作"修"，《魏志》亦作"吴修"，当以"修"为正。

操奸阉遗丑。　"奸"当作"赘"。《汉书》如淳注："淮南俗，卖子与人作奴婢，名曰赘子。"操父嵩本夏侯氏，为中常侍曹腾养子，故云"赘"也。《三国志》注及《文选》并是"赘"字。

刘表传

荆州八郡，可传檄而定。　注：《汉官仪》曰："荆州管长沙、零陵、桂阳、南阳、江夏、武陵、南郡、章陵等是也。"　按：《郡国志》无章陵郡，盖汉末所增置。《祢衡传》"黄祖子射为章陵太守"，《三国志》"太祖征荆州，以赵俨领章陵太守"，又刘表将有"章陵太守蒯越"是也。《水经注》："安昌县故蔡阳之白水乡也。汉元帝以长沙卑湿，分白水、上唐二乡为春陵县。光武即帝位，改为章陵县。魏黄初二年，更从今名，故义阳郡治也。"章怀太子云：春陵故城在今随州枣阳县东。《魏志·彭城王据传》:"黄初二年,为章陵王,其年徙封义阳。"依郦氏说,则义阳即汉末之章陵郡,非有两地矣。但郦所云安昌县,为汉蔡阳县地,而汉之义阳侯国,则平氏县地,魏初置义阳县,即因汉侯国之旧,虽均属南阳郡,而相距且数百里,究难混而为一。窃意黄初置义阳国,虽取义阳县为名,而治所实在安昌,即章陵郡故治。但魏文多忌讳,恶章陵之名,置不用耳。至晋泰始初,封义阳王望,乃徙治义阳县。

刘焉传

并州刺史张懿。 《蜀志·刘二牧传》作"张益"。

遂就拜鲁镇夷中郎将,领汉宁太守。注:袁山松《书》:建安二十年,置汉宁郡。 按:曹公破张鲁,在建安二十年。而鲁领汉宁太守,乃在其前,则"汉宁"之名,由来已久,大率刘焉父子所表授耳。山松《书》盖据曹公破汉中之岁书之。《魏志》"建安二十年,复汉宁郡为汉中",盖得其实矣。

袁术传

遂果僭号,自称仲家。注:"仲"或作"冲"。 "冲家"犹"冲人"、"冲子"也,当以"冲"为是。

循吏传

刘矩。叔父光,顺帝时为司徒。 按:《顺帝纪》永建二年七月,太常刘光为太尉,四年八月免,未尝为司徒也。

以叔父辽未得仕进。 当云"父叔辽",传写颠倒耳,见《风俗通·十反篇》。

刘宠,弟方,官至山阳太守。 此别一刘方。

仇览。时考城令河内王涣。 "涣"当作"奂",河内武德人,见《范丹传》,非广汉之王涣也。

酷吏传

周纾。常筑墼以自给。 刘攽曰:墼非筑所成,当作"埏"。《说文》:"墼,瓬适也。"洪氏《隶续》有《永初官墼文》云"眉州人掘武阳故

城,时或得之"。《传》云"筑壐"者,以壐筑城垣也。刘贡父破为"堲",
非是。

阳球。案松、览等皆出于微蔑。　微蔑,犹言微末也。

尔前事吾父子如奴,闽本"事"上有"奉"字。**奴敢反汝主乎?**　按:阳
球诛王甫辈,虽快人意,然球本中常侍程璜女夫,又以私憾蔡质,故飞
章陷质、邕父子。王萌所云"事吾父子如奴",殆非诬也。传曰:"无瑕
者,可以戮人。"

宦者传

皆剥割萌黎。　"萌"与"氓"通。

**孙程。李元为褒信侯,杨佗为山都侯。注:"褒信、山都并属南阳
郡。"**　按《郡国志》,褒信属汝南,不属南阳。

单超。故汝南太守下邳李暠。　此与《苏不韦传》之李暠同时,又
同姓名。

时下邳县属东海。　按:《郡国志》下邳国十七城,其一曰下邳,故
属东海。凡县名先书者,为郡所治,则下邳县乃王都所在矣。下邳王
衍,以永平十五年封,传国三世,至建安十一年国除。《超传》载徐宣为
下邳令,黄浮为东海相,则桓帝延熹中也,岂其时下邳王已徙都它邑,
而以县仍属东海乎?

曹节。越骑营五百妻有美色。　《舆服志》谓之"伍伯"。《祢衡
传》:令五百将出,欲加箠。

吕强。汝阳李巡。　巡官中黄门,即注《尔雅》者。

张让。发太原、河东、狄道诸郡材木。　"狄道"非郡名,当云
"陇西"。

论。三世以嬖色取祸。注:"夏以末嬉,殷以妲己,周以褒姒。"
"三世"当为"三代",章怀注范《史》,凡"世"字皆改为"代",以避唐讳,
宋以后校书者复改正之。此"三代"字蔚宗本文,校书者不知而妄改。

儒林传上

乃更修黉宇。注:《说文》曰:"黉,学也。"　按:《说文》无此文,徐
铉以"黉"为俗书。

欧阳歙。乐安千乘人也。 按：和帝永元七年，始置乐安国。歙卒于光武之世，当称千乘人。《前书》：欧阳和伯千乘人。牟长卒章帝朝，而《传》称乐安临济人，皆史臣追书。

孔僖。世祖复封均子志为褒成侯。志卒，子损嗣。永元四年，徙封褒亭侯。 按：《孔龢碑》载："元嘉三年，司徒雄等奏称，褒成侯四时来祠。"又《韩敕碑》阴有褒成侯孔建寿名，碑立于永寿二年。洪适疑"建寿"即损之字。又据《安帝纪》，延光三年，赐褒成侯帛，及二碑俱称"褒成"，以证损未尝徙封，其说当矣。考《郡国志》无褒成侯国，则褒成之封，当是亭侯，非县侯。史例当书"褒成亭侯"，或偶脱"成"字，蔚宗因误以为徙封褒亭尔。魏文帝黄初二年诏，亦称褒成之后，绝而莫继。

儒林传下

薛汉。会稽澹台敬伯。 今吴县南有澹台湖，盖以姓得名。建武、永平之际，吴地尚属会稽也。

何休。蕃败，休坐废锢，乃作《春秋公羊解诂》，覃思不窥门，十有七年。 按：陈蕃事败在建宁元年九月，是岁岁在戊申。而休卒于光和五年壬戌，首尾仅十有五载，而晚年又应公府之辟，历官议郎、谏议大夫，则著书杜门，大约不过十年耳。光和二年，以上禄长和海言，令党人禁锢小功以下皆除之。《传》所谓"党禁解"者，当在此时，至中平元年，大赦天下党人，则休已先卒矣。

许慎。少博学经籍。 按：慎子冲《上说文表》云：慎本从贾逵受古学。

为郡功曹，举孝廉，再迁除洨长，卒于家。 冲表称"臣父故太尉南阁祭酒"，《传》失书。冲上表在安帝建光元年九月，其时慎已病，当卒于安帝之末也。

文苑传上

杜笃。痛偓西戎。 "偓"与"阏"同，"痛偓"犹"壅遏"也。

盖夫燔柴剸蛇。注："剸，之兖反。" "剸"，古"断"字。

刘珍。又撰《释名》三十篇，以辨万物之称号云。 按：《隋书·经籍志》："《释名》八卷，《刘熙》撰。"《直斋书录解题》亦云："《释名》八卷，汉征士北海刘熙成国撰，凡二十七篇。"

文苑传下

赵壹。**荣纳由于闪榆。**　注："闪榆，倾佞之貌。榆音输。"　按："闪榆"，犹言"陕输"。曹大家《女诫》云"动静轻脱，视听陕输"，注："陕输，不定貌也。"《集韵》作"陕揄"，"揄"，从手旁。

刘梁。**庚桑琐隶，风移碨磈。**　"碨磈"，即"畏垒"也。《史记》云"畏累虚、亢桑子之属皆空语"。崔谔注《庄子》本作"纍"，俗作"累"，又加"石"旁耳。《说文》作"銀鐻"。

高彪。**后迁内黄令。**　"内黄"当为"外黄"之讹。申屠蟠，陈留外黄人。此云到官上书荐县人申屠蟠等，可证其非内黄也。洪氏《隶释》有《外黄令高彪碑》。

祢衡。**《激楚》、《扬阿》，至妙之容，台牧者之所贪。**　注：台牧，未详其义。《融集》作"堂牧"。①　《文选》载此表作"掌技"。

独行传

刘茂。**时小吏所辅。**　注：所，姓也。《风俗通》曰：宋大夫华所事之后。　按：《左氏传》有华御事，未见名"所事"者。《春秋·隐九年》："侠卒。"《谷梁》云"所侠也"。

彭修。**会稽毗陵人。**　按：毗陵，顺帝时析属吴郡，修与钟离意同时，其时未置吴郡。张武，吴郡由拳人。高彪，吴郡无锡人，则皆在分郡以后矣。陆续称会稽吴人，其孙康称吴郡吴人，续仕明帝之世，康在灵帝时也。

陈重。**少与同郡雷义为友。**　按：《袁敞传》言："尚书郎朱济、丁盛立行不修，张俊欲举奏之。二人恐，因陈重、雷义往请俊。俊不听，因共私赂侍史，使求俊短，得其私书，封上之。"雷、陈虽以善交称，然与恝人为朋，私相请托，难免比匪之伤矣。

方术传上

是以通儒硕生忿其奸妄不经，奏议慷慨，以为宜见藏摈。注："谓桓谭、贾逵、张衡之流也。"　按：贾逵傅会图谶，具见本传，此序亦云逵以附同称显。注乃以逮与桓谭、张衡并称,误矣。

许杨。汝南旧有鸿郤陂。 《汉书》作"鸿隙","隙"与"郤"同。

高获。遂远遁江南,卒于石城。注:"石城在今苏州西南。" 按:石城,县名,属丹阳郡。此注恐误。

方术传下

董扶。诸葛亮问广汉秦密。 《蜀志》"密"作"宓",宓字子敕,当取"谨宓"之"宓",世俗借用"堂密"字。

华佗。漆叶屑一斗。 "斗"当依《魏志》作"升"。汉隶"斗"作"升",与"升"字相似,故易混耳。

费长房。而逢长房为谒府君。 汉人称太守为"府君"。然叙事之文,当从其实,此传多采鄙俗小说,未及厘正。若"东海君"、"葛陂君"之称,岂可秽正史乎?

章帝时,有寿光侯者。注:"寿,姓也。" 按:寿光,国名,光武封更始子鲤为寿光侯,又北海王普初封寿光侯是也。此侯失其姓名,故举其爵。下云"侯为劾之"、"侯复劾之",可证注以"寿"为姓之误。

甘始、元放、延年皆为操所录,问其术而行之。 元放,左慈之字。慈事已见前,此"元放"二字衍也。曹操不称姓,亦脱文。自左慈以后,中隔计子勋、上成公、解奴辜、张貂等数人,皆不与操同时,不当遥承其文。

吾本师姓韩,字雅。 裴松之注《魏志》,引《辩道论》云"姓韩,字世雄"。

列女传

曹世叔妻。令皇后诸贵人师事焉,号曰大家。 此"家"字相传读如"姑"。考古书"家室"之"家",亦读为"姑"。《诗》"宜尔室家,乐尔妻帑",以"家"协"帑";《左氏传》"侄其从姑,六年其逋,逃归其国,而弃其家",以"家"协"姑"、"逋",今人皆转为古牙切,独此"大家"字尚存古音。

庞涓母。福禄长尹嘉义之。 "福禄"当作"禄福",详见《郡国志》。

孝女叔先雄者,犍为人也。　《水经注》:"符县长赵祉,遣吏光尼和,以永建元年十一月诣巴郡,没死。子贤,求丧不得。女络,年二十五岁,有二子,五岁以还。至二年二月十五日,尚不得丧,络乃乘小船至父没处,哀哭自沈,梦告贤曰:'至二十一日,与父俱出。'至日,父子果浮出江上。郡县上言,为之立碑。"与此传所载即一事,而姓名互异。《华阳国志》亦云"符有先络,爨道有张帛","络"与"帛"协韵,则其名当为"络",不为"雄"矣。《水经注》亦引"符有光洛"二语,"洛"即"络"之讹。"先"与"光"字形相涉,常璩书与范《史》皆作"先",而史又多"叔"字,《广韵》亦以"叔先"为复姓,则此女本姓"叔先",或单称"先",犹诸葛之称"葛"也。"雄"当是"雒"字之讹,"雒"与"络"同音,《国语》"王孙雒",今本亦讹为"雄",此其证也。王伯厚引《水经注》以为"光终","终"亦讹字。

西南夷传

桓帝时,郡人尹珍自以生于荒裔,不知礼义,乃从汝南许慎、应奉受经书图纬。　按:许慎与应奉不同时,奉仕桓帝朝,而慎之卒,盖在安帝之世,不得到桓帝也。《华阳国志》作明、章之世,则与许慎时代相及矣。但珍既受业许慎,岂能更与应奉同朝?传闻异词,要皆不足信。

西羌传

陆浑戎自瓜州迁于伊川,允姓戎迁于渭汭,东及轘辕。在河南山北者,号曰阴戎。　按:《左氏传》:"僖二十二年,秦、晋迁陆浑之戎于伊川。"杜注:"允姓之戎居陆浑,在秦、晋西北,二国诱而徙之伊川,遂从戎号,至今为陆浑县也。"又昭九年,"晋梁丙、张趯率阴戎伐颍,王使詹桓伯辞于晋曰:允姓之奸,居于瓜州,伯父惠公归自秦,而诱以来,使逼我诸姬,入我郊甸。"杜注:"阴戎,陆浑之戎也。"然则陆浑之戎,系出允姓,与允姓戎非二种,此传似歧而二之。

和帝永元四年,训病卒。　按:上文已有永元元年,此又举永元,词之赘也。以传例推之,"和帝"二字,应移在前文"永元"之上。

领护羌校尉卫瑶。　《顺帝纪》作"卫琚"。

南匈奴传

单于姓虚连题。注:《前书》曰:"单于姓挛鞮氏。" 按:"连题"即"挛鞮"之转。

北匈奴入云中,遂至渔阳,太守廉范击却之。 按:范为云中太守,"太守"上当有"云中"二字。

屈兰、储卑、胡都须等。 《章帝纪》"屈"作"屋"。

北单于复为右校尉耿夔所破。 "右"当作"左"。

新降一部大人阿族等遂反畔。 《安帝纪》:"南匈奴左日逐王叛。"

南匈奴左部句龙王吾斯、车纽等背叛。 《顺帝纪》作"句龙大人","王"与"大人"皆匈奴尊称,译语小异。

右部醯落与休著各、胡白马铜等十余万人反。 《灵帝纪》作"休屠各"。按:"休屠"之"屠"音"储",而"著"亦音直虑切,译语有轻重,其实一也。《乌桓》、《鲜卑传》俱云"休著屠各",此必读范《史》者音"著"为"屠",后遂换入正文耳。《晋书·匈奴传》:北狄以部落为类,其入居塞者,有屠各、鲜支、寇头、乌谭等十九种,屠各最豪贵,故得为单于。

乌桓传

因徙乌桓于上谷、渔阳、右北平、辽东五郡塞外。 按:文止有四郡,盖脱"辽西"二字。

校勘记

① "堂牧",《后汉书·祢衡传》注作"掌伎"。

廿二史考异卷十三

续汉书一

律历志上

黄钟，一日。 按：黄钟、太簇、姑洗、蕤宾、林钟、南吕、应钟七律，皆主一日，所谓"五音之正，各终一日"者也。其余五十三律，或主五日，或六日，或七日，或八日，合三百六十六日，所谓"以六十律分期之日"也。

南授，十三万九千六百七十。 当作"七十四"，脱"四"字。

中吕，十三万一千七十二。 此数以三除之，即有奇零不尽，时息以下亦然。由中吕下生，不能及黄钟之半律，故又转而上生。此下盛变、南中、离宫、内负、制时、物应、依行、重上生者，凡七变，而后终六十律之数。

南事，十二万四千一百五十四。 按：六十律终于南事，南事之律，固不能下生矣。转而上生，其数在大吕、分否之间，未始不可引而申之也。

下生。南事穷，无商、徵，不为宫。 按：十二律之变，穷于南事，安得云下生乎？疑"下"为"不"字之讹。

离宫，十二万一千八百一十九。 当云"一千八十九"。

解形，十一万九千一百三。 当云"十万"。

分积，十万六千一百八十八。 当云"八十七"。

分乌，九万三千一百一十七。 当作"一十六"。

故待诏严崇。 《宋书·历志》作"严嵩"。古文"崇"、"嵩"通，汉武帝改"嵩高山"为"崇高"。

律历志中

自太初元年，始用《三统历》。 按：何承天谓刘歆之生，不逮太初，訾讥司马氏，以为不知而妄言，其实非也。太初造术以前，四千六百一十七岁为上元，一元之中，即有三统，《三统》与《太初》异名而同实。刘子骏用《太初》法推衍之，以说《尚书》、《春秋》，又追日月五星同起牵牛之始，以为太极上元，初非别立一术，则《三统》之名，不自歆始也。承天号称知历，何未悟及此？

史官用太初邓平术，有余分一，在三百年之域，行度转差。 按：《四分术》岁三百六十五日四分日之一，《太初术》以千五百三十九之三百八十五为斗分，较之《四分》又多千五百三十九分之一，所谓"余分一"也。积至三百年，当赢七十五分，则冬至益后天，故云"行度转差"。

太尉属梁鲔、司徒严勖。 此严勖亦司徒之掾属，非司徒也，史脱文。

以《太初历》考，太初元年，尽更始二年，二十四事，十得晦。 以上下文校之，"十得晦"句上下当有脱文。

其值东井、舆鬼，出赤道北五度。 当云"二十五度"，脱"二十"两字。

中兴以来，图谶漏泄，而《考灵曜》、《命历序》皆有甲寅元。 按：《淮南·天文训》以太阴纪岁，元始甲寅，而太初改历，亦云复得阏逢摄提格之岁。《史记·历术甲子篇》云"太初元年，岁名焉逢摄提格"，则太初本用甲寅元矣。但汉初言甲寅元者，乃指太阴，非谓太岁。元帝时，翼奉上封事，始误合太阴、太岁为一。纬候出于哀、平间，术士习闻甲寅元，而不知太阴、太岁之分，又不知超辰之法，而甲寅元遂移于太岁矣。《尚书·考灵曜》、《春秋命历序》今已不传，惟《易·乾凿度》尚存，亦用甲寅元也。

百四十四岁，而太岁超一表。 "表"当作"辰"。

汉祖受命，因秦之纪，十月为年首，闰常在岁后，不稽先代，违于帝典。 古法子、丑、寅月迭为三统，无以建亥为岁首者。《尧典》云"闰月正四时成岁"，是四时皆可置闰，而秦法置闰常在岁终，此二事皆违经而背古也。

五是以备。　《洪范》"五者来备"，此云"五是"，盖汉儒传本异也。闽本、汲古阁本作"五者"，则后人据今本《尚书》易之。《李云传》"五氏来备"，"氏"古"是"字。《荀爽传》"五趐咸备"，"趐"亦训"是"。

两历相课，六千一百五十六岁，而《太初》多一日。　《四分术》岁有小余四分日之一，《太初术》小余千五百三十九分日之三百八十五，两法相课，则四岁之中，小余皆满一日，而《太初》尚赢千五百三十九分之一也。积至六千一百五十六岁，而余分又满一日。

上纳其言，遂改历事。　详文义，是安帝纳尚书令忠言，仍用《四分》，不复议改。蔡邕云"延光元年，中谒者亶诵亦非《四分》庚申，上言当用《命历序》甲寅元，公卿百僚参议正处，竟不施行"，谓此事也。沈约《志》亦云"亶等遂寝"，此文"遂"下当有"罢"字，或是"寝"字。

《乾凿度》八十分之四十三为日法。　当云"八十一分"。

从太初至永平十一年，百七十岁。　当云"百七十一岁"。

至永和二年，小终之数浸过。　"永和"当作"元和"。

《四分历》仲纪之元，起于孝文皇帝后元三年，岁在庚辰。上四十五岁，岁在乙未，则汉兴元年也。又上二百七十五岁，岁在庚申，则孔子获麟。　今世所推甲子纪元，盖出于此。古术家用百四十四年超辰之法，《汉志》云"高帝伐秦，太岁在午"，则文帝后三年，太岁当在卯也。

太初元年，岁在丁丑，上极其元，当在庚戌，而云丙子，言百四十四岁超一辰，凡九百九十三超，岁有空行八十二周有奇，乃得丙子。

按：《三统术》上元至太初元年，十四万三千一百二十七算，以百四十四除之，得九百九十三。余百三十五。此为上元以来太岁超辰之数，以此数并入积算，起丙子算，至太初元年，复得丙子矣。东汉以后，术家不知太岁当超辰，但依六十之数，上溯太初，以为岁在丁丑，又以为上元当在庚戌，非太初本法也。郑康成注《周官》"冯相氏十有二岁"云："岁谓太岁，岁星与日同次之月，斗所建之辰，乐说说岁星与日常应太岁月建以见，然则今历太岁非此也。"东京诸儒知太岁有跳辰法者，独康成一人而已。岁星与太岁相应，太岁超九百九十三辰，则岁星亦超九百九十三次，十二次而一周，故云"八十二周有奇"。

案：百七十岁，二蔀一章。　当云"百七十一岁"。

及《命历序》积获麟至汉，起庚子蔀之二十三岁，竟己酉、戊子及丁卯蔀六十九岁，合为二百七十五岁。 按：《元命包》、《乾凿度》皆云开辟至获麟，二百七十六万岁。以元法收之，得六百有五，余岁一千二百。又以蔀法收之，得积蔀十五，其余六十，则获麟之岁，入乙酉蔀六十一年，依此推至汉文后二年，适足五蔀之数。故次年得为元首，复起甲子蔀也。《命历序》以甲寅为元，较《元命包》积年少一百一十四算，以元法蔀法收之，正入庚午蔀之二十三年。此云"庚子"，当为"庚午"之讹也。然依此推至汉文庚辰岁，不当甲子蔀首，不可立元矣。

汉元年岁在乙未，上至获麟，则岁在庚申。推此以上，上极开辟，则不在庚申，谶虽无文，其数见存。 按：自获麟至开辟，二百七十六万岁，以六十除之恰尽。获麟之岁，既是庚申，则开辟之始，亦必庚申矣。当云"元在庚申"，"不"字乃"元"字之讹。

而光、晃以为开辟至获麟，二百七十五万九千八百八十六岁，获麟至汉，百六十二岁。 按：光、晃说开辟至获麟岁数，与《春秋命历序》同；而获麟至汉初，则较《命历序》少百一十四岁。依此推至高帝元年，则当在壬寅，而非乙未矣，故蔡邕谶其谬。

恂术以五千六百四十日有九百六十一食为法。 "日"当作"月"。古法百三十五月有二十三食，即宗诚术也。今冯恂术五千六百四十月有九百六十一食，较古法稍强。刘洪《乾象术》万一千四十六月有千八百八十二食，又强于恂术。

律历志下

斗建移辰，谓之。日月之行。 "日"上脱一"月"字。

璇衡追日以察敛。 "察"下脱"发"字。

中法，四十二。 "四"当作"三"，置日余百六十八，以三十二除之，得五日三十二分之八，即四分之一。《前志》所谓"策余"也。每月中气三十日又三十二分之十四，故以三十二为中法。

其月食百三十五。 "食"字衍。

得五百二十三之二十而一食。 "百"当作"月"。《春秋正义》云：《三统》之术，以五月二十三分月之二十而一食也。《四分术》亦同。

五百一十三分之五十也。 "五十"下脱"五"字。

分终其法，因以与蔀相约，得四与二十七，五之，会二千五十二。

按：七十六岁为蔀，以二十七乘之，得二千五十二。五百一十三为会岁数，以四乘之，亦得二千五十二。然则二千五十二岁，而蔀分与会分适相直，故名之曰蔀会也。"五之"两字难解，闽本、汲古阁本作"互"，亦非是，当云"名之曰蔀会"，传写脱讹耳。

蔀会，三千五十三。　当云"二千五十二"，以蔀会除元会，得数二十，故云"二十而与元会"。

月数，百二十五。　"二"当作"三"。

食法，二十二。　当云"二十三"。

其余以蔀会除之，所得以七十二乘之，满六十，除去之。　置蔀会数以六十除之，尚余十二，故以七十二乘，与以十二乘同。满六十去之，乃得与纪首岁名相直也。

所得数，从天纪算之起外，所以入纪。　"之"、"起"、"以"三字皆衍文，或云"起"当在"算"上。

各以不入纪岁名命之。　"不"当作"所"。

天纪岁名，地纪岁名，人纪岁名，蔀首。　按：此四行今本皆失其次，试为别而言之：自庚辰至甲申，天纪岁名也。自庚子至甲辰，地纪岁名也。自庚申至甲子，人纪岁名也。自甲子至乙酉，则蔀首天正朔旦、冬至之日，因以为蔀名也。最下一至二十，则蔀首之次第，因一纪之中，各有二十蔀，故以次列之也。校书者不知天纪岁名当与庚辰并列，误升于上，余皆以次递升，遂至舛误不可究诘，今特为更正如下：

天纪岁名、地纪岁名、人纪岁名、蔀首

甲子	庚辰	庚子	庚申	一
癸卯	丙申	丙辰	丙子	二
壬午	壬子	壬申	壬辰	三
辛酉	戊辰	戊子	戊申	四
庚子	甲申	甲辰	甲子	五
己卯	庚子	庚申	庚辰	六
戊午	丙辰	丙子	丙申	七
丁酉	壬申	壬辰	壬子	八

丙子	戊子	戊申	戊辰	九
乙卯	甲辰	甲子	甲申	十
甲午	庚申	庚辰	庚子	十一
癸酉	丙子	丙申	丙辰	十二
壬子	壬辰	壬子（本作壬午误）	壬申	十三
辛卯	戊申	戊辰	戊子	十四
庚午	甲子	甲申	甲辰	十五
己酉（本作乙酉误）	庚辰	庚子	庚申	十六
戊子	丙申	丙辰	丙子	十七
丁卯	壬子	壬申	壬辰	十八
丙午	戊辰	戊子	戊申	十九
乙酉	甲申	甲辰	甲子	二十

　　加大余二十九，小余四百九十。　　"九十"下脱"九"字。

　　一术，以大周乘年，周天乘减之，余满蔀日，则天正朔日也。　　此条有脱误，依法推之，当以大周乘入蔀年，又以周天乘闰余相减，大周者，周天乘章月之数，闰余则不盈章月之数，以周天乘之，则分母相同，故可相减。余满蔀月，得一为积日，满六十去之，其余为大余，以所入蔀名命之算外即天正朔日。盖以大周乘入蔀年，以蔀月除之，所得即天正冬至日。然惟蔀首之岁，岁前冬至，与朔同日，常岁冬至后于经朔，由闰余所积，故以闰余化为日分相减，而得天正朔日也。"周天乘"下当脱"闰余"二字，"蔀日"当作"蔀月"。

　　以月余乘之，满中法得一。　　"月余"当作"日余"。

　　一术，以为五乘冬至小余，以减通法，余满没法得一，则天正后没也。　　"为五"当作"十五"，以十五乘冬至小余，与通法相减，余满没法得一，即冬至距后没之日数也。起冬至算外为后没日。

　　置入蔀积月，以日乘之。　　当云"置入蔀积日，以蔀月乘之"。

积度加斗二十一度，加二百三十五分。　此以蔀月为度法，九百四十分之二百三十五，即四分之一也。

经斗除十分。　当作"除十九分"。此以蔀法为度法，七十六分之十九，与九百四十分之二百三十五，其比例同，皆四之一也。

积度加斗二十一，十分。　"十分"当云"十九分"。

其冬下旬，月在张、心署之。　按：《乾象》、《景初术》俱有此文。考《隋书·刑法志》："陈制，晦朔八节六齐，月在张、心日，并不得行刑。"今术家以二十八宿配日月五星，房、昂、虚、七星属日，心、张、危、毕属月。

谓尽漏分后尽漏尽也。　此九字当是衍文。

置其节气夜半之数。　"夜半"当作"夜漏"。

以月数乘积。　"积"下当有"食"字。

求后食加五百二十分。　"百"当作"月"。

又以四百九十乘积月。　"九十"下当有"九"字。闽本有"九"字。

不满法，法什之。　下"法"字衍。

五星数之生也。　当提行。各本皆误接前行。

以章法乘周率为用法。　"用"当作"月"。

以月之月乘积，为朔大小余，乘为入月日余。　此处有脱讹。今以算求之，当以蔀日乘积月如蔀月，而一为积日，不尽为小余，积日满六十去之，余为大余也。又以蔀日乘月余，以月法乘朔，小余并之，以四千四百六十五约之，所得如日度法，而一为入月日，不尽为日余也。

以率去日率，余以乘周天，本或作"大"，讹。如日度法，为度之余也。"以"下脱"周"字，"为度之余"，当云"为积度度余"。

木。日余，万四千六百四十七。　"七"当作"一"。

火。入月日十一。　"一"当作"二"。

土。入月日二十三。　"三"当作"四"。

水。月余，二十一万七千六百六十。　"六十"下脱"三"字。

虚分四百四十九。　"九"当作"一"。

入月日二十七。　"七"当作"八"。

日度法，四万七千六百三十一。　"一"当作"二"。

满其月法得一，从小积为月余。　"小积"下脱"不尽"二字。

以蔀日乘之入纪月。　"之"字衍。

以四千四百六十五约之。　四千四百六十五者,章法乘章月之数也。

所得得满日度法得一。　"所得"下衍"得"字。

余一加晨得夕。加夕得晨。　"余一"当作"金、水"。

其月余得一月者,又余二十九。　"又"下疑有脱文,当云"加大余二十九,小余四百九十九"。

小余满蔀月得一,如大余。　"如"当作"从"。

木,晨伏,十六日七千二百二十分半。　"二百"当作"三百"。

八十四日进十二度。　"进"当作"退"。

伏复十六日七千二百二十二分半。　"二百"当作"三百","二十二分"当作"二十分"。北宋本、闽本俱作"二十分"。

行星三十二度与万三百一十四分。　"三十二"当作"三十三"。

八十四日行一十二度。　当云"百八十四日行百一十二度"。

一见六百三十六日,行百三度。　"行"下脱"三"字。

日行行四十六分度之三十三,　下"行"字衍。

四十六日行三十三度而。　"而"下脱"疾"字。

日行一度九十分度之十五。　"九十"下脱"一"字。

一合二百九十二日百八十一分。　"日"下脱"二"字。

行百六度而进。　"进"当作"迟"。

伏五日退四度而后合。　"后"当作"复"。

凡三合一终。　"三合"当作"再合"。

九日行八度,留不行二日。　"二日"下脱"旋"字。

一见三十二日,行三十度。　"度"上脱"二"字。

以步法伏日度分,如星合日度余。　"如"当作"加"。

以天度乘昼漏夜漏,减三百而一。　当云"满二百而一"。

冬至,斗二十度百一十分八分。　当作"二十一度八分",因下有"百一十五"之文而重出耳。此以三十二为度法,分满法即进为度,无有过三十一分者。

大寒心半。　当云"心二半"。

立春危七度二十一分。　"七"当作"十"。

雨水室八度二十八分。　　"八度"当作"九度"。

惊蛰壁八度三分。　　"八"当作"九"。

大暑星四度三分。　　"三"当作"二"。

霜降氐十四度十三分。　　"三"当作"二"。

注："每次三十二度三十三分之十四。"　　当云"三十度三十二分之十四"。

自危十度至壁八度。　　"八"当作"九"。下文"自壁八度至胃一度"同。

立春、惊蛰居之。　　此以惊蛰为正月中气，雨水为二月节，依古法也。《四分术》以雨水为正月中。

从上元太岁在庚辰以来，尽熹平三年，岁在甲寅，积九千四百五十五岁也。　　《四分术》本以汉文帝后三年庚辰岁为元，在熹平甲寅前三百三十五年，又追上两元，计九千一百二十岁，以为上元，距开辟之始，二百七十五万一千二百岁也。《四分术》以章帝元和二年施行，在熹平甲寅前九十年，此算积年乃及熹平者，盖刘洪撰记时附益之。

而颛顼用乙卯。　　唐一行《日度议》引《洪范传》云"历纪始于颛顼上元太始阏逢摄提格之岁、毕陬之月、朔日己巳立春，七曜俱在营室五度"，则《颛顼》亦用甲寅，与此《志》异。然《日度议》又云"鲁宣公十五年，《颛顼》弟十三蔀首，以丁巳平旦立春"，则《颛顼历》元在春秋前七百八十四年，正是乙卯岁，殷祖辛之元祀也。术家皆上追开辟，此独始于殷代，故云"断取近距"。

殷用甲寅。　　按：《前志》载《殷历》云："成汤用事十三年十一月甲子朔旦冬至，终六蔀首，当周公五年正月戊午朔旦冬至，又竟十四蔀。至汉元帝初元二年，复为纪首。"初元二年，岁在甲戌，则前一纪首乃甲寅岁也。

周用丁巳。　　李淳风说："周历上元丁巳，至鲁僖公五年丙寅，积二百七十五万九千七百六十九算。"较《元命包》所说开辟至获麟之岁，少五十七算。

汉兴承秦，初用乙卯。　　唐一行《日度议》云："《颛顼历》上元甲寅辰初合朔立春，七曜皆在艮维之首。盖重黎受职于颛顼，帝尧复其子孙，俾掌天地四时，以及虞、夏，故本其所由生，命曰《颛顼》，其实《夏历》也。汤作《殷历》，更以冬至为上元，周人因之，距羲和千祀,昏明中星率差半次,夏时直月节者,皆当十有二中,故因循夏令。其后吕不韦得之,以为秦法,更考中星,断取近距,以乙卯岁正月己巳合朔立春为上元。"

追汉三十五年庚辰之岁。 "三"当作"四"。

加六百五元一纪,上得庚申。 自开辟至汉文帝后三年,积二百七十六万三百二十算,以元法收之,得六百有五,其余一千五百二十,恰满一纪之数。

洪能为算,述叙三光。 此卷首千余言,述推步之原,精微简要,非洪不能作。后之步天者,宜宝之。

礼仪志上

斋日内有污染,解斋。 《说文》引《汉律》云:"见衃变不得侍祠。"衃,妇人污也。

上巳,官民皆絜于东流水上。 "絜",古"禊"字。应劭云:"禊者,絜也,言自絜濯也。"见《南齐书》。《说文》无"禊"字。

礼仪志中

注:维建宁四年七月乙未。 《本纪》:"七月癸丑,立贵人宋氏为皇后。"

今使太尉袭使持节奉玺绶。 按:《灵帝纪》,太尉闻人袭以三月免官。此立后乃在七月,或《纪》所书月日误。

以朱索连荤菜,弥牟朴蛊钟。 "弥牟"五字未详。

以桃印长六寸,方三寸,五色书文如法,以施门户。 桃印,《宋书·礼志》作"桃卯"。注称"桃印本汉制,所以辅卯金",则"印"当为"卯"之讹。

周人木德,以桃为更。 "更"即"梗"字,下文云"设桃梗、郁儡、苇茭"是也。

太子具乐器。 "太子"当作"大子"。

礼仪志下

《巴俞》擢歌者六十人,为六列。 《献帝纪》注引此文作"嬥歌",

音徒了反。

祭祀志上

及中宫宿五官神。　"中宫"当作"中官"。

二十八宿外宫星。　"外宫"当作"外官"。《汉书·天文志》："经星常宿中外官,凡百一十八名。"

甲午,禅于梁阴。　"梁阴"即"梁父"也。

祭祀志中

元和二年正月,诏曰。　《章帝纪》作"二月"。

祭祀志下

于是雒阳高庙四时加祭孝宣、孝元,凡五帝。　前此雒阳庙祀高帝、文帝、武帝,今加祭宣、元二帝,故云"五"也。

注:世祖庙乐名宜曰《大武》之舞。　按:下文引《枢机铃》当作《琁机铃》。曰:"有帝汉出,德洽作乐。"名予①虞《韶》、禹《夏》、汤《濩》、周《武》无异,不宜以名舞。盖言乐名大予,与《韶》、《夏》、《濩》相同,不宜更以"大"名舞也。又引《诗传》云"颂言成也,一章成篇,宜列德",此言歌诗宜名《武德》之舞,不宜单称《大武》也。然则东平王苍之议,正主《武德》之舞。其前云乐名宜称《大武》者,或当时公卿有此议,故博引图纬、经传以驳之耳。沈约《乐志》言"苍总定公卿之议曰:宗庙宜各奏乐,不应相袭,所以明功德也。承《文始》、《五行》、《武德》,为《大武》之舞,又制《舞歌》一章,荐之光武之庙",此是错会《东观书》意。苍所制歌诗,固云《武德》舞,不云《大武》舞也。近有据沈约《志》以讥范《史》之误者,由未寻绎斯文,而意为之说尔。

和帝追尊其母梁贵人曰恭怀皇后,陵。　当云"陵曰西陵",史脱去三字。

高庙五主,世祖庙七主。　五主者,高、文、武、宣、元也。七主者,光武、明、章、和、安、顺、桓也。

陈严具。　王懋竑曰:"严"当作"装",东汉讳"庄"为"严",遂并改焉。予谓"装"、"妆"皆俗字,古文本作"庄",故东汉人称"妆具"曰"严具"。《魏志·田畴传》"戒其门下趣治严",即治装也。

天文志上

建武九年七月,金犯轩辕大星。　按:《志》载五星凌犯,或称太白、荧惑、岁星、填星、辰星,或称金、木、水、火、土,前后俱不画一。

天文志中

永元六年,度辽将军朱徵。　《和帝纪》、《匈奴传》俱作"朱徽"。

元兴元年十月二日,和帝崩。　按:和、殇二帝《纪》俱云"十二月辛未"。

永初三年,彗星起天菀。　《安帝纪》作"天苑","苑"、"菀"古字通。

四年后,太郡张敏免官。　《安帝纪》作"张禹"。

永和三年,江贼蔡伯流数百人攻广陵、九江,烧城郭,杀都长。《顺帝纪》作"九江贼",此脱"九"字,"都长"上脱"江"字。

四年,中常侍张逵、蘧政、阳定,内署令石光。　"阳"当作"杨","内署"当作"内者",《百官志》有内者令。

逵等自知事不从,各奔走,或自刺,解貂蝉投草中逃亡,皆得免。按:《梁商传》云"收逵等,悉伏诛",此云"皆得免"者,妄也。

天文志下　此卷注全阙

和平元年十二月甲寅,梁太后崩。　《桓帝纪》在二月,此衍"十"字。

延熹五年,京兆虎牙都尉宋谦。　《桓帝纪》作"宗谦"。

八年,太仆南乡侯左胜。　《桓帝纪》、《宦者传》俱作"左称",《赵岐传》:"中常侍左悺兄胜。"

河南尹邓万。　"万"下脱"世"字,盖唐人避讳去之。《爰延传》亦作"邓万"。

虎贲中郎将安乡侯邓鲁。　"安乡"当作"安阳",据《皇后纪》。"鲁"当作"会"。据《桓帝》及《皇后纪》。

后六年,司徒刘群为中常侍曹节所谮,下狱死。　按:熹平之世,司徒无下狱死者,惟光和二年,刘郃以谋诛宦官下狱死,群当为郃之讹也。自熹平二年至光和二年,相距恰六载矣。

五行志一

建光元年,京都及郡国二十九。　《续志》凡"京师"皆作"京都",避晋讳也。《百官志》间有作"京师"者,乃后人妄改。

皆帻而衣妇人衣绣拥髻。　《光武纪》作"绣䙱"。

后父禁,为平阳侯。　"平阳"当作"阳平"。《蔡邕传》注引此文,亦误作"平阳",刘贡父已辨之。

河内牢川诣阙上书。　《党锢传》作"牢修"。

五行志二

汉阳、河阳中失火。　"河阳"当作"阿阳"。

先是亳后因贱人得幸。　按:桓帝邓皇后初冒姓梁氏,帝恶梁氏,改姓为"薄"。而《李云传》云"立掖庭民女亳氏为皇后",此志亦云"亳后",盖古文"亳"与"薄"通。《汉书·地理志》"山阳郡薄县",臣瓒云"汤所都也"。《史记·封禅书》"亳人谬忌",亦称"薄忌"。

皇后兄何进、异父兄朱苗。　按:《灵帝》及《何后纪》皆称"何苗"。苗本姓朱,惟见于此。此称异父兄,而前卷称同母弟,亦小异。

五行志三

延熹八年四月,济北水清。　"济北"下脱"河"字。

五行志四　此卷注全阙

匈奴单于于除难鞬叛。　"难"字衍。

使征西将军刘尚击之。　此又一刘尚,乃南阳宗室袭封朝阳侯者。

建光元年九月己丑,郡国三十五地震。　《安帝纪》作"十一月"。

延光元年九月戊申,郡国二十七地震。　《安帝纪》作"甲戌"。

二年,京都郡国三十二地震。　《安帝纪》无"十二"字。

四年十月丁巳,京都郡国十六地震。　《顺帝纪》作"十一月"。

永和二年四月庚申,京都地震。 《顺帝纪》作"丙申"。

光和元年二月辛未,地震。 《灵帝纪》作"己未"。

校勘记

① "名予",《后汉书·祭祀志下》注作"各与"。

廿二史考异卷十四

续汉书二

郡国志一

河南尹。注："秦三川郡，高帝更名，世祖都雒阳，建武十五年，改曰河南尹。" 予弟晦之曰："此司马彪本注，它郡国放此。"

卷有垣雝城，或曰古衡雍。 "垣"、"衡"声相近。

菟陵。《前志》作"苑陵"，杜预注《左氏传》作"宛陵"。"苑"、"菟"、"宛"古皆通用。

成皋。 "皋"当作"皋"，字形相涉而讹。河内郡平皋，《志》亦讹为"皋"。

河内郡。山阳邑。 顺帝阿母宋娥封山阳君。

获嘉侯国。 冯石所封，获嘉公主子。

河东郡。平阳侯国。 冯奋所封，平阳公主子。

闻喜邑。 和帝女闻喜公主。

垣有王屋山，沇水出。 "沇"即"沇"字，古人从"水"字，或横写如"䀇"、"䫄"之类，"沇"作"沇"，亦是以立水为横水，隶省为"六"尔。兖州本以沇水得名，非两字也。

濩泽侯国。 更始孙刘巡所封。明帝时，有濩泽侯邓鲤。

有祁城山。 晦之曰："祁"当作"析"。

恒农郡。恒农，烛水出。注：《前志》"出衡山岭下谷"。 晦之曰："衡"当作"衙"。

有务乡。注："赤眉破李松处。"《刘圣公传》作"蓈乡"，音莫老反。

左冯翊。衙。 汉碑作"䣝"。

右扶风。隃糜，侯国。 耿况所封。又耿弇封好畤侯，传四世，至安、顺时,尚无恙,而《志》无此县,未知其审。

右司隶校尉,注:"曹公分关中,置汉兴郡,国游楚为太守。""国"当作"以"。游楚事见《魏志·张既传》注。

郡国志二

颍川郡。襄。《前志》无此县。

舞阳邑。 顺帝长女舞阳公主。

临颍。 和帝女封临颍公主,《志》似脱"邑"字。桓帝时,边韶为临颍侯相,盖公主之子袭封为侯也。

汝南郡。平舆。注:"有挚亭,见《说文》。""挚"当作"挚",《说文》:"汝南平舆有挚亭,读若晋。"

新阳侯国。 阴就所封。

汝阳。 按:顺帝季女封汝阳公主,《志》所据者,顺帝时图籍,则汝阳下宜有"邑"字,或其时尚幼,未有封邑也。

新息国。 "国"上当有"侯"字,马援所封。

灈强侯国。 阴兴子博所封。

安城侯国。 铫期封安成侯,即此安城也。《前志》亦作"安成"。期子丹徙封葛陵,光武又封刘赐为安成侯。

铜阳侯国。 阴兴子庆所封。

安阳侯国。 吴汉兄子彤所封。

富波侯国。 《东观记》:光武封皇考姊子周均为富波侯。

朗陵侯国。 臧宫所封。

弋阳侯国。 刘国所封。

征羌侯国。 本汝南之当乡,光武封来歙于此,《前志》无。

思善侯国。 《前志》无。

褒信侯国。 《前志》无。顺帝封中黄门李元。

原鹿侯国。 《前志》无。光武封阴识于此。

定颍侯国。 《前志》无。顺帝时,封郭镇。

固始侯国,故寝也,光武中兴,更名有寝丘。 按:《前志》汝南郡有寝县。应劭云:"孙叔敖子所邑之寝丘是也。世祖更名固始。"又淮阳国有固始县,师古云:"本名寝丘,楚令尹孙叔敖所封地。"予意汝南、淮阳地相毗连，光武封李通，或兼食二县之地，而国都在寝，遂移固始之名于彼耳。

　　山桑侯国。　　王常所封。

　　梁国。谷孰。　　《前志》无。光武封更始子歆为谷孰侯。

　　隖，故属陈留。　　《前志》作"傿"。应劭谓即"郑伯克段于鄢"之鄢。《续志》用杜预说，以颍川之隖陵为春秋之鄢，而刘昭以郑伯克段事实之。洪亮吉云："京城、廪延，皆在郑东北，自陈留之傿至共，道里亦近，应氏说不可易也。"

　　薄，故属山阳，所都。　　晦之云："所"上脱"汤"字。

　　沛国。竹邑侯国。　　彭城靖王子阿奴所封。

　　杼秋，有澶渊聚。注：《左传》："襄二十年，盟于澶渊。"　　按：春秋之澶渊，杜云在顿丘县南。刘昭以杼秋之澶渊当之，非也。

　　陈国。扶乐。　　《前志》无。光武封刘隆为扶乐乡侯。

　　武平。　　《前志》无。

　　鲁国。　　按：建武二年，封兄子兴为鲁王。二十八年，徙封北海，此后无封鲁王者。而《志》称国不称郡，盖自光武以鲁国益封东海恭王，终东京之世，鲁常为东海国所属，而鲁国之名未改，故明帝时钟离意、和帝时汝郁、灵帝时陈逸皆称"鲁相"，而曲阜孔庙永兴、永寿、建宁诸石刻皆有"鲁相"之称，初不称"太守"也。

　　鲁有牛首亭。注：《左传》："桓十四年，宋伐郑，取牛首。"　　按：《左传》之牛首，杜元凯以为郑邑，刘昭以鲁之牛首亭当之，非也。《水经注》："沙水又东南，径牛首亭东。《左传》'宋人与诸侯伐郑东郊，取牛首'者也，俗谓之车牛城矣。"

　　魏郡。阴安邑。　　章帝女阴安公主。

　　钜鹿郡。广宗。　　《前志》无。平帝元始二年，封代孝王元孙如意为广宗王，当即其地也。顺帝封宦者王成为侯国。

　　常山国。都乡侯国。　　东京人封都乡侯者甚多，都乡者，近郭之乡，班在乡侯之上，非皆常山之都乡也。熊方《年表》于"都乡侯"皆注云"常山"，非是。常山之都乡，西京已为侯国，乃赵顷王子景所封，王莽时绝，未审东京更封何人。

　　栾城。注："在县西南六十里。"　　"在"上有脱文，《前志》无此县。

中山国。蠡吾侯国。　河间孝王子翼所封,桓帝父也。

安平国。阜城故昌城。　按:《前志》昌城县属信都郡,而勃海郡却有阜城县。

经。　《前志》无。安平孝王得子理封经侯。

南深国,故属涿。　"国"当作"泽"。案:《前志》涿郡、中山皆有深泽县,而涿郡加"南"字,《续志》有南深泽,无深泽。

赵国。中丘。　当云"故属常山"。

勃海郡。浮阳侯国。　光武封刘植从兄歆,顺帝封中黄门孙程,程徙封宜城,死,又封其养子寿。

郡国志三

陈留郡。封丘有桐牢亭,或曰古虫牢。　古音"虫"如"同"。《诗》"蕴隆虫虫",徐仙民音徒冬反,《韩诗》亦作"烔烔",故"虫牢"转为"桐牢"也。

己吾。　《前志》无。

东郡。乐平侯国。　梁竦子棠所封。

谷城。　《前志》无。

任城国。任城有桃聚。注:"光武破庞萌于桃乡。"　《汉书》:王式,东平新桃人,即此桃乡也。

泰山郡。嬴有铁山。　"山"字当连下句。山茌,县名也。

济北国。卢有平阴城,有防门,有光里。　光里,即《春秋传》"广里"也。杜预谓"防有门,于门外作堑,横行广一里"者,非是。

成。　《前志》泰山郡有式县,无成县。

山阳郡。方与有泥母亭,或曰古宁母。　"泥"、"宁"声相近。

金乡。　《前志》无。

防东。　《前志》无。

济阴郡。乘氏侯国。　梁竦子雍所封。

单父侯国。　初封刘茂,后封梁竦子翟。

东海郡。　按:光武封子彊为东海王,传国最久,中间无改国为郡之事。此"郡"字当为"国"之讹。

合城。　《前志》有合乡,无合城。《晋书·地理志》东海亦只有合乡县,此"城"字必"乡"之讹。

琅邪国。西海。　《前志》无"西海",盖"海曲"之讹。《刘盆子传》:"琅邪海曲有吕母。"注:"海曲,县名,故城在密州莒县东。"

即丘侯国,故属东海。　按:永平中,吴良左转为即丘长,是明帝时犹未为侯国也。

缯侯国。　刘敞所封。敞,东海恭王之后,故《志》云"故属东海"。

彭城国,高帝置为楚,章帝改。　按:《袁安传》:"永平十三年,楚王英谋为逆,事下郡覆考。明年,三府举安能治剧,拜楚郡太守。"然则国除之后,本为楚郡,至肃宗遗诏徙封六安王恭为彭城王,乃更为彭城国也。

下邳国。僮侯国。　沛献王子嘉所封。

潘旌。　《前志》作"播旌"。

东城。　当云"故属九江"。

曲阳侯国。　淄川王子凤所封。

右徐州刺史部,注:《魏氏春秋》曰:"初平三年,分琅邪、东海为城阳、新城、当作利城。昌虑郡。"　按:《魏志·太祖纪》:"建安三年,分琅邪、东海、北海为城阳、利城、昌虑郡。"以《臧霸传》考之,盖禽吕布后所置。《魏氏春秋》以为初平三年分者,误。

郡国志四

济南国。菅有赖亭。注:《左传》:"哀六年,公如赖。"　按:《左传》云:"使胡姬以安孺子如赖。"此云"公",误也。

邹平。　按《温序传》"为邹平侯相",是邹平尝为侯国也。

平原郡。鬲侯国。　朱祐所封。

乐安国,高帝西平昌置,为千乘。　按:文当云"高帝置",不应有"西平昌"三字,其为衍字无疑。后读《宦者传》"彭恺为西平昌侯",注云"西平昌县属平原郡",乃悟此三字当属上文"平原郡",而平原郡"九城"当为"十城"。因此三字错入乐安注中,校书者遂改"十"为"九",以合见存之数耳。北海有平昌县,故称"西"以别之。《晋志》平原国亦有西平昌县。

北海国。高密侯国。　邓禹所封。

昌安侯国。　　邓禹子袭所封。

夷安侯国。　　邓禹子珍所封。

胶东侯国。　　贾复所封。《前志》有胶东国,无胶东县。

即墨侯国。　　贾复子宗所封。

拒。　　当作"挺"。《宋书·州郡志》:"挺,令。前汉属胶东,后汉属北海。"或以琅邪之拒当之,非也。

东莱。曲成侯国。　　明帝时有曲成侯刘建。《韩敕碑》有曲成侯王暠。

掖侯国。　　欧阳歙封夜侯,即掖也,传子复,以无子,国除。

葛卢。　　《前志》无。

不期侯国。　　伏湛封不其侯,即此。

南阳郡。冠军邑。　　顺帝第二女冠军公主。

舞阴邑。　　安帝妹舞阴公主。

复阳侯国。　　顺帝封中黄门李建。

湖阳邑。　　光武姊湖阳公主。

淯阳邑。　　光武女淯阳公主。

涅阳。　　安帝妹涅阳公主食邑,当有"邑"字。

山都侯国。　　顺帝封中黄门杨佗。

郦侯国。　　顺帝封长乐太官丞王国。

蔡阳侯国。　　城阳恭王子平所封,后徙竟陵。

安众侯国。　　《汉书·王子侯表》:"安众侯丹,以长沙定王子封,传六世崇,为王莽所灭。建武二年,以崇从父弟宠绍封,十三年,子松嗣。"班孟坚修史时见存。

筑阳侯国。　　光武封吴汉子盱,后徙封平春。

顺阳侯国。　　光武封族兄嘉,传子参,削为南乡侯。

成都。　　《前志》无。

襄乡。　　《前志》无。

南乡。　　《前志》无。顺阳侯刘参有罪,削为南乡侯,即此。

南郡。中庐侯国。　　顺帝封中黄门孟叔。

华容侯国。　　顺帝封中黄门王康。

邔侯国。　　淄川王终子柱所封。

宜城侯国。　　顺帝封中黄门孙程。

临沮侯国。　　顺帝封中黄门史汎。

枝江侯国。　　顺帝封中黄门李刚。

江夏郡。轪侯国。　　王霸子符所封。

竟陵侯国。　　城阳恭王子平所封。

蕲春侯国。　　陈俊子浮所封。

平春侯国。　　《前志》无，章帝封吴汉子盱。

南新市侯国。　　《前志》无。

零陵郡。湘乡。　　《前志》无。

昭阳侯国。　　《前志》无。

武陵郡。注："晋代太守赵厥。"《晋书》"厥"作"廞"。

作唐。　　《前志》无。

长沙郡。湘南侯国。　　顺帝封中黄门黄龙。按：顺帝即位之始，宦侍侯者十九人，封邑具载范《史》。此志于广宗、广平、皆属钜鹿。东阿、范县、皆属东郡。祝阿、属平原。析、属南阳。夷陵、属南郡。下隽属长沙。诸县，皆不云侯国，恐传写遗脱，未必元文之漏。或云：涿郡范阳县，《志》称侯国，王道封范县侯，疑是"范阳"之讹也。

醴陵。　　《前志》无。

九江郡。合肥侯国。　　坚镡所封。

阜陵。　　按：章和元年，置阜陵国，食五县，以寿春为王都，传国至桓帝初，暂绝而复继，与汉相终始。《志》独不载，何也？

庐江郡。临湖侯国。　　故乐成王苌所封。

龙舒侯国。　　明帝封楚王英舅子许昌。

居巢侯国。　　刘般所封。

六安国。　　明帝时，有六安侯刘盱，章帝尝封弟恭为六安王，以庐江郡为国，寻复故。

会稽郡。太末。注："初平三年，分立新安县。建安四年，孙氏分立丰安县。二十三年，立遂昌县。"　按：《宋书·州郡志》："丰安，汉献帝兴平二年，孙氏分诸暨立也。遂昌，孙权赤乌二年，分太末立，曰平昌。晋武帝太康元年更名。"是遂昌立县，不在建安之世，其初名亦不称"遂昌"也。惟新安之分自太末，则沈约《志》亦在初平三年，而建安廿三年所分者,则为定阳,非遂昌也。若丰安为诸暨所分,则又与太末无与矣。未审孰是。

章安,故冶,闽越地,光武更名。注:"《晋元康记》曰:"元康"当作"太康"。**'本鄞县南之回浦乡,章帝章和元年立。'未详。"** 按:《郑巨君传》:"旧交阯七郡贡献转运,皆从东冶泛海而至。"所云东冶,即会稽之冶县,巨君以章帝建初八年为大司农,其时尚称东冶,则非光武更名明矣。又考《班志》,冶与回浦,本是二县,意者东汉初尝省回浦入鄞县,故有"回浦乡"之称。

东部侯国。 按:《宋书·州郡志》,候官,前汉无,后汉曰东候官,属会稽。此"东部侯国",当即"东候官"之讹。汉时未见有封东部侯者也。又《郑巨君传》注,引《太康地志》云:"汉武帝名为东冶,后改为东候官。"是章安为回浦,东候官为冶,各不相涉。《太康志》本自了然,《志》以章安为故冶,疑未可信。《吴志·虞翻传》:"太守王朗亡走浮海,翻追随营护,到东部候官,候官长闭城不受。"

豫章郡。注:"豫章县,建安立。" 按:《宋书·州郡志》"豫宁,汉献帝建安中立,吴曰要安,晋武帝太康元年更名",即谓此县也。据此注,似本名豫章,晋初改为豫宁。

南昌。注:《豫章记》曰:"江、淮惟此县及吴、临湘三县是也。" 按:应劭《汉官》云:"荆、扬江南七郡,唯有临湘、南昌、吴三令尔。"见《百官志》注。盖汉制,万户以上为令,万户以下为长。而江南七郡,唯有三令,此外户口虽繁,只从小县之例,不得置令。《豫章》所云,正与应氏合,"三县"当是"三令"之讹。

海昏侯国。 宣帝封昌邑王贺于此,王莽篡位,绝。建武初复封。

石阳。 《前志》无。

郡国志五

汉中郡。褒中,注:"有唐公防祠。" "防"当作"房",汉人隶书"房"或作"防",因讹为"自"旁。

巴郡。注:谯周《巴记》曰:"初平六年,赵颖分巴为二郡。" 按:初平纪元,止于四年,《巴记》云六年者,误也。"赵颖",《三国志》作"赵韪"。

以垫江为治所,安汉以下为永宁郡。 按:《华阳国志》:"赵颖建议以垫江以上为巴郡,治安汉,江州至临江为永宁郡。"是安汉、垫江同在巴郡之内,而安汉且为郡治。颖为安汉人,故欲移巴郡之名于安汉也。此文似有误。

刘璋分巴,以永宁为巴东郡。 按:《华阳国志》"改永宁为巴郡",非巴东也。

广汉郡。德阳。 《前志》无。

蜀郡。八陵。 《前志》有蚕陵,无八陵,《晋志》亦作"蚕陵"。

犍为郡。南安有鱼泣津。 晦之云:"泣"当作"涪"。《吴汉传》:"汉与公孙述将魏党、公孙永战于鱼涪津。"注云:"在南安县,北临大江。"刘昭注引《蜀都赋》注,作"鱼符津","符"、"涪"声相近也。

荷节。 《前志》有符,无荷节,疑"荷"乃"符"之讹,而衍一"节"字也。《水经》"江水东过符县",注引"符有先络,僰道有张帛",是后汉亦名符县矣。或谓东京改名符节,晋时复为符者,非也。

牂牁郡。进乘。 《前志》作"进桑"。

越巂郡。三缝。 《前志》作"三绛"。

益州郡。母掇。 《说文》"棳"从"木",此从"手",误。《前志》亦作"棳"。

同濑。 注:《地道记》曰:"铜虏山,米水所出。"《前志》云"谈虏山,迷水所出","铜"、"谈"声相近,"米"即"迷"也。县盖以山得名。"濑"、"虏"声亦相近。《前志》"同"作"铜"。

广汉属国都尉。 "都尉"二字衍。

陇西郡。鄣。 《前志》无。

汉阳郡。显亲。 《前志》无。光武封窦融弟友为侯国。

武都郡。羌道。 当云"故属陇西"。

安定郡。乌枝。 《前志》作"乌氏"。师古读"氏"为"支"。《梁统传》亦作"乌氏"。

酒泉郡。福禄。 《前志》作"禄福"。《魏志·庞淯传》及皇甫谧《列女传》载庞娥事云"禄福赵君安之女"。又云"禄福长尹嘉"。《曹全碑》亦云"拜酒泉禄福长",则知作"福禄"者,误也。

表氏。 《前志》作"表是","是"、"氏"古通用也。《灵帝纪》:"光和三年,表是地震,涌水出。"

沙头。 《前志》作"池头"。《魏志·阎温传》:"攻酒泉沙头、乾齐二县。"

延寿。 《前志》无。

敦煌郡。拼泉。 当作"渊泉"。

张掖居延属国。居延。注:"献帝建安末,立为西海郡。" 按:《晋志》:"西海郡故属张掖,汉献帝兴平二年,武威太守张雅请置。"《献帝起居注》:"建安十八年,复《禹贡》九州。"雍州部已有西海郡,是西海立郡,不在建安之末也。

太原郡。榆次有凿壶。注引《史记》曰:"韩、魏杀智伯,埋于凿壶之下。" "壶"当作"台",字形之讹。

五原郡。河除。 当作"河阴"。

云中郡。箕陵。 《前志》无。

右并州刺史部郡九。注:《古今注》曰:"建武十一年十月,西河、上郡属魏。" "魏"字误。按:《光武纪》:"建武十一年,省朔方牧,并并州",此西河、上郡必朔方刺史所部,至是始属并州耳。班《史》:"冯野王为上郡太守,朔方刺史萧育奏封事荐之。"是上郡属朔方部之证也。注文当有脱漏,又因下引《魏志》,而衍一"魏"字耳。

涿郡。北新城。 当云"故属中山"。

广阳郡,世祖省并上谷,永平八年复。 《和帝纪》:"永元八年九月,复置广阳国。"此"永平"当为"永元"之讹。

代郡。北平邑。 章帝女平邑公主。章怀注:"平邑,属代郡。"《前志》无"北"字。

上谷郡。甯。 《前志》作"宁",古书"宁"与"甯"通,广甯县,《前志》亦作"广宁"。

渔阳郡。儵奚。 《前志》作"厗奚"。

辽东郡。无虑。 此下当有"有医无虑山"五字。

候城。 按:玄菟郡有候城,云"故属辽东",则此"候城"为衍文矣。

乐浪郡。乐都。 《前志》无。

辽东属国。昌辽,故天辽。 洪亮吉曰:《水经注》:"白狼水又东北径昌黎县故城西。《地理志》云交黎也。应劭曰：今昌黎。"然则"昌辽，故天辽"，当作"昌黎，故交黎"也。予谓"黎"、"辽"声相近，故"昌黎"亦作"昌辽"，犹"乌氏"为"乌枝"、"厗奚"为"傂奚"也。

　　无虑，有医无虑山。　晦之曰："《安帝纪》元初二年，鲜卑围无虑县，又攻夫犁营。注云：'无虑属辽东郡，有医无虑山，因以为名。'夫黎，县名，属辽东属国。《鲜卑传》注亦同。惟"夫犁"作"扶黎"。然则章怀所见本，辽东属国有夫黎，无无虑也。无虑既属辽东，不应重出，窃意此'无虑'当是'夫犁'之讹，因声相近而误耳。此'有医无虑山'句，当移于'辽东无虑'之下。"

　　南海郡。增城。　《前志》无。

　　交趾郡。麊泠。　《说文》作"𡎱泠"。

　　《汉书·地理志》凡郡国百三，世祖中兴，省郡国十，明帝置郡一，章帝置郡国二，和帝置三，安帝又命属国别领比郡者六，至于孝顺，凡郡国百五。　今以《志》考之，世祖省郡国十：广平、真定、河间、城阳、泗水、淄川、高密、胶东、六安、广阳也。明帝置永昌郡。章帝置任城国。和帝置济北、河间、广阳三国。安帝置蜀、广汉、犍为、张掖、居延、辽东属国。顺帝置吴郡，合之得郡国百有五。此失载顺帝所置之郡，尚称章帝置郡国二，故总数虽合，而实不合也。然章帝所置，任城国之外，尚有阜陵一国，则其云"置郡国二"者，本自无误。而《志》不载阜陵者，或所据版籍正在永嘉、本初之间，阜陵绝而未继之时乎？

百官志一

　　注："西曹掾安众郑均。"　此又一郑均。

百官志二

　　博士祭酒一人，六百石。本仆射，中兴转为祭酒。　"本仆射"上当有"本注曰"三字。

　　太子乐令一人，六百石。　"太子"当作"大予"。《明帝纪》永平三年，"改大乐为大予乐"。注引《汉官仪》云："大予乐令一人，秩六百石。"

百官志三

侍中,本注曰:无员。 按:《朱穆传》言:"汉家旧典,置侍中、中常侍各一人,黄门侍郎一人。"《宦者传》:"永平中,始置员数,中常侍四人,小黄门十人。自明帝迄乎延平,其员稍增,中常侍至有十人,小黄门二十人。"此《志》于侍中、中常侍、黄门侍郎、小黄门皆云"无员",亦未深考耳。

丙署长七人,皆四百石,黄绶。 "黄绶"二字疑衍。公卿以下绶制,已见《舆服志》,不应单出此条。

百官志四

中宫仆一人,千石。本注曰:宦者,主驭。本注曰:太仆,秩二千石,中兴省"太",减秩二千石。 下"注"字衍,谓本名"太仆",后省"太"字也。"减秩二千石",当云"减秩千石"。

百官志五

注:"建安十八年,复《禹贡》九州。雍州得恒农、京兆、左冯翊、右扶风、上郡、安定、陇西、汉阳、北地、武都、武威、金城、西平、西郡、张掖、张掖属国、酒泉、敦煌、西海、汉兴、永阳、东安南凡二十二郡。" 按:廿二郡之名,不见于《郡国志》者凡六,西平郡盖分金城置,《晋志》:领西都、临羌、长宁、安夷四县。西郡盖分张掖置。《晋志》:领日勒、删丹、仙提、万岁、兰池五县。西海郡,献帝兴平二年置,即张掖居延属国也。《晋志》:领居延一县。汉兴郡,盖曹公分关中置,永阳郡则献帝初平四年分汉阳置也。惟东安南一郡无可考,疑本作"南安"而衍"东"字耳。《秦中记》:"中平五年,分汉阳置南安郡。"《晋志》:"南安郡领豲道、新兴、中陶三县。"

豫州部郡本有颍川、陈国、汝南、沛国、梁国、鲁国,今并得河南、荥阳都尉,凡八郡。 按:东汉始以属国都尉领城,比于郡守。嗣后内地分置都尉,亦得称郡。晋泰始初,置荥阳郡,盖因魏之荥阳都尉也。《魏志·李通传》:"太祖分汝南二县,以通为阳安都尉。"而《赵俨传》云:"袁绍遣使招诱豫州诸郡,惟阳安郡不动,而都尉李通急录户调。"

此亦以都尉为郡之证也。裴松之引《魏略》云"李胜尝为荥阳太守"，当在魏主芳之世。似魏世已有荥阳郡矣。

凡州所监都为京都，置尹一人。　按"京都置尹一人"，《志》正文也。上六字乃注文，讹舛不可通。予谓"监都"之"都"，当作"部"。以上文云某"州部郡国"若干，因解"部"字义以足成之。当云"凡州所监为部"，字讹，又慎倒其文耳。

公主所食汤沐曰国。　"国"当作"邑"。

本注曰太仆，比二千石，武帝改，但曰仆。　"注"字衍。此言王国之"仆"，其初亦称"太仆"，武帝时，始去"太"字耳。

谒者，比四百石，本注曰：掌冠长冠。本员十六人，后减。　此注疑有脱误。据"太子洗马"注云"员十六人，职如谒者"，则王国之谒者，亦宜有十六人矣。汉朝谒者掌宾赞受事，及上章报问，则王国之谒者所掌，亦宜如之。或云：掌冠长别是一官，如礼乐长、卫士长之类，则员不得若是之多也。

舆服志上

属车四十六乘。　当作"三十六乘"。

黄绶，武官伍伯。文官辟车。　谓黄绶武官导从用伍伯，文官导从用辟车也。汉制，四百石至二百石皆黄绶。

轮下、侍阁。　《明帝纪》注引作"铃下"。《魏志·管辂传》所谓"老铃下"也。

主县假给辟车鲜明卒。　洪氏《隶续》载汉碑画象，有"鲜明骑"。

舆服志下

《尚书·皋陶篇》。　伏生《今文尚书》以《益稷》合于《皋陶谟》，故引"日月星辰、山龙华虫"之文为《皋陶篇》也。

记曰：知天者冠述。　"述"读如"聿"。《诗》"聿修厥德"，《汉书》引作"述修"。《尔雅》："遹，自也。"孙炎云："遹"，古"述"字。"聿"与"遹"同，故"鹬冠"字亦为"述"也。

簪以瑇瑁为摘。　"摘"即"揥"字，所以摘发，《诗》所谓"象揥"也。

南山丰大特。　兽名，见《史记·秦本纪》。

廿二史考异卷十五

三国志一

　　裴松之《表》："上搜旧闻,傍摭遗逸。"　按:松之注所引书有谢承《后汉书》、字伟平,吴武陵太守。司马彪《续汉书》、字绍统,晋秘书监。华峤《汉书》、字叔骏,晋少府。张璠《汉纪》、袁宏《汉纪》、字彦伯,晋东阳太守。《隋志》作《后汉纪》。王沈《魏书》、字处道,魏秘书监。鱼豢《魏略》、魏郎中。韦曜《吴书》、字弘嗣,吴侍中。胡冲《吴历》、晋尚书郎。张勃《吴录》、环氏《吴纪》、名济,晋太学博士。阴澹《魏纪》、官左将军。袁晔《献帝春秋》、一作晔,字思光。孔衍《汉魏春秋》、字舒元,晋广陵太守。孙盛《魏氏春秋》、孙盛《晋阳秋》、字安国,晋秘书监。习凿齿《汉晋春秋》、字彦威,晋荥阳太守。王隐《晋书》、字处叔,晋著作郎。虞预《晋书》、字叔宁,晋散骑常侍。干宝《晋纪》、字令升,晋散骑常侍。一作《晋书》。刘艾《灵帝纪》、《献帝纪》、汉侍中。乐资《山阳公载记》、晋著作郎。《献帝起居注》、不详撰人。《魏武故事》、不详撰人。司马彪《九州春秋》、记汉末事。王粲《英雄记》、《隋志》称《汉末英雄记》。《曹瞒传》、吴人作,无姓名。郭颁《世语》、颁,一作班,晋襄阳令。《隋志》称《魏晋世语》。虞浦《江表传》、字允源,晋鄱阳内史。鱼豢《典略》、《魏末传》、不详撰人。《献帝传》、不详撰人。谯周《蜀本纪》、字允南。王隐《蜀记》、傅畅《晋诸公赞》、字世道,晋秘书丞。《泰始起居注》、李轨撰。陆机《晋惠帝起居注》、字士衡,晋平原内史。孙盛《魏世谱》、《蜀世谱》、《三朝录》、不详撰人。《晋百官名》、裴云:不知谁所撰也,皆有题目,亦作《百官名志》。《晋百官表》、疑与上一书。《晋中经簿》、荀勖撰,字公曾,晋中书监。《三辅决录》、赵岐撰,晋挚虞注。《先贤行状》、不详撰人。《唐书·艺文志》有李氏《海内先贤行状》三卷。《魏名臣奏》、不详撰人。《汉末名士传》、不详撰人。张俨《默记》、吴大鸿胪。魏文帝《典论》、蒋济《万机论》、字子通,魏太尉。《傅子》、晋司隶校尉傅休奕撰。《袁子》、晋给事中袁准撰,号《正论》。司马彪《战略》、葛洪《抱朴子》、字稚川。虞喜《志林》、字仲宁,晋征士。殷基《通语》、吴零陵太守。应劭《风俗通》、字仲远。张华《博物志》、字茂先。干宝《探神记》、荀勖《文章叙录》、挚虞《文章志》、一名《文章流别志》。《决疑要注》、字仲治，晋太常。杜氏《新书》、不详撰人名，似是家传之类。顾恺之《启蒙注》、徐众《三国评》、《隋志》有《三国志评》二卷，徐爰撰，未知即此否？孙盛《异同评》、或作《异同杂语》，又作《异同记》，又作《杂记》，其实一书也。孙绰《评》、字兴公，晋廷尉。《太康三年地记》、不详撰人。皇甫谧《帝王世纪》、《高士传》、《逸士传》、《列女传》、俱谧撰，字士安。张隐《文士传》、隐，一作骘，一作衡，《隋志》作隐。《汝南先贤传》、魏周斐撰。《陈留耆旧传》、魏散骑侍郎苏林撰。《零陵先贤传》、不详撰人。《楚国先贤传》、晋张方撰。陈寿《益部耆旧传》、《益部耆旧杂记》、蜀陈术撰，字申伯。《会稽典录》、虞预撰。《华阳国志》、常璩撰。王范《交广二州春秋》、广州大中正，太康八年上。王隐《交广记》、荀绰《九州记》、字彦舒，勖之孙也，晋下邳太守，有《冀州记》、《兖州记》。《襄阳记》、不详撰人。《异物志》、后汉议郎杨孚撰。陆氏《异林》、不详撰人名。《列异传》、《隋志》，魏文帝撰。葛洪《神仙传》、应璩《书林》、字休琏。山涛《启事》、字巨源。卫恒《四体书势序》、字巨山，晋黄门郎。左思《蜀都赋》、字太冲。庾阐《扬都赋》、字仲初，晋给事中。及《荀氏家传》、《袁氏世纪》、《庐江何氏家传》、《会稽邵氏家传》、傅畅《裴氏家记》、庾氏、孙氏、阮氏、嵇氏、孔氏、刘氏、陈氏、王氏、郭氏、诸葛氏、崔氏之谱。郑玄、荀彧、祢衡、邴原、吴质、刘廙、任嘏、王弼、何劭作传。孙资、嵇康、兄喜作传。华佗、管辂、弟辰作传。赵云、费祎、虞翻、诸葛恪、荀勖、程晓、潘岳、潘尼、孙惠、卢谌、机、云之《别传》，《王朗家传》、《陆氏世颂》、《陆氏祠堂像赞》，高贵乡公、陈思王、王朗、诸葛亮、傅咸、姚信、张超之集，凡百四十余种。其与史家无涉者，不在数内。

中书侍郎、西乡侯臣裴松之上。　《宋书》、《南史》俱失载西乡侯。

魏

武帝纪

迁为济南相，国十有余县。　《续汉志》："济南国领十县。"或汉末更有增置之县,故云"十余县"。

建安元年,斩辟、劭等。谓刘辟、黄劭。　按:建安五年,汝南降贼刘辟等叛应袁绍,见下文及《蜀先主传》。则此时无斩辟之事,《纪》文有误。

三年,分琅邪、东海、北海为城阳、利城、昌虑郡。　按:《臧霸传》:"太祖禽吕布,索得霸,见而悦之,使霸招吴敦、尹礼、孙观、观兄康等。太祖以霸为琅邪相,敦利城、礼东莞、观北海、康城阳太守。"是东莞亦此时所置也。昌虑郡,建安十一年省入东海。利城郡未审何时并省。黄初六年,利城郡兵蔡方等以郡反,杀太守徐质,则魏初尚有之。

六年,汝南贼共都等。　《蜀先主传》作龚都。"龚"与"共",古字通。

八年,东平吕旷、吕详叛尚。　《袁绍传》详作翔。

九年,尚惧,故豫州刺史阴夔及陈琳乞降。　"故"上当有"遣"字。

十一年,凿渠自呼沲入泒水。注:"泒音孤。"　"泒"当作"泒",从瓜得声。今讹为支泒字。

十二年,尚、熙与蹋顿、辽西单于楼班、右北平单于能臣抵之等将数万骑逆军。　以《乌丸》、《鲜卑传》考之,右北平单于乃乌延,非能臣抵之。其名能臣氏者,则代郡乌丸,非右北平也。"氏"与"抵"音相近。

辽东单于速仆丸。　《乌丸传》作苏仆延,译音无定字也。彼传前称乌丸大人苏仆延,后称速附丸,亦即一人。古音"附"如"仆"。

十六年,与韩遂、杨秋、李堪、咸宜等叛。　"堪"当作"堪"。

十七年,割河内之荡阴、朝歌、林虑,东郡之卫国、顿丘、东武阳、发干,钜鹿之瘿陶、曲周、南和,广平之任城,赵之襄国、邯郸、易阳,以益魏郡。　按:光武并广平国入钜鹿郡,此后未见复置。疑"广平"下衍一"之"字。任城属兖州,不当以益魏郡,盖亦衍一"城"字。或据刘昭《注续汉志》引此文作"广平之广平、任城"。似当时已有广平郡。然《献帝起居注》,建安十八年,冀州部三十二郡,不数广平。《晋志》亦云"广平郡,魏置"。则刘注"广平之"三字明是衍文,不足据以为证。闽本《后汉书》无此三字。

十九年,省安东、永阳郡。　按:《献帝起居注》:"初平四年,分汉阳为永阳郡。"安东之名，则《前志》无之。惟《晋志》载灵帝置南安郡，亦汉阳郡地也。《续百官志注》引《献帝起居注》："建安十八年，复《禹贡》九州。"雍州领二十二郡，东安南居其一。予初疑为南安之讹。此《纪》上文有"南安"字，似所省之安东，亦即南安之讹矣。然《明帝纪》："太和二年，天水、南安、安定三郡吏民叛。"则南安仍未并省也。何承天以为南郡，魏分天水立，然《魏志》亦无明文。或者建安已省，而复置于魏初乎？

二十年，分汉中之安阳、西城为西城郡，置太守；分锡、上庸郡，置都尉。　按：是岁曹公始得汉中，分其地，立西城、上庸二郡。其时尚有房陵郡，亦汉中所分，而《纪》不之及者，非曹公所置也。考《续汉志》房陵县注引《巴汉志》："建安十三年，别属新城郡。"房陵即新城所治，故亦称房陵郡矣。《纪》云"上庸置都尉"，而《蜀志·刘封传》："封与孟达会上庸，上庸太守申耽举众降。"则上庸亦置太守也。建安廿四年，蜀先主取汉中，而西城三郡亦归于蜀。其明年，孟达背蜀降魏，文帝并房陵、上庸、西城三郡为新城郡，以达为太守，治上庸。又以申仪为魏兴太守，屯洵口。自是汉中入蜀，而新城、魏兴入魏，一郡之地分属两国矣。

于是分巴郡，以胡为巴东太守，濩为巴西太守。　按：巴东、巴西二郡乃刘璋所分，其地久属益部，但遥假以名耳。朴胡、杜濩寻为蜀先主所杀，曹公不能有其地也。

初置名号侯。[①]　按：黄初元年，以汉诸侯王为崇德侯；二年，封孔羡为宗圣侯，皆名号侯也。

注：又置关内外侯十六级。　"内"字疑衍。

二十三年，代郡、上谷乌丸无臣氏等叛。　按：《任城王彰传》止言"代郡乌丸反"，疑"上谷"二字衍也。"无臣氏"即"能臣氏"之讹。

文帝纪

注：《春秋玉版谶》曰："代赤眉者魏公子。"[②]　即上文所云孔子《玉版》也。

或以杂文为蒙。　古书"蒙"与"厖"通。《诗·秦风》："蒙伐有苑。"郑云："蒙，厖也。画杂羽之文于伐，故曰厖伐。"又《邶风》"狐裘蒙戎”，《春秋传》作“厖茸”，故蒙有杂文之训。《易·杂卦传》：“蒙杂而著。”

两日，昌字。 按：《说文》：昌“从日从曰”，不从两日。尹敏谓谶书中多近鄙别字，如土乙力为地、人十四心为德，及此类皆是。

柏城子高以义为贵。 柏城，《庄子》作“伯成”。

昔光和七年，岁在大梁，武王始受命，为时将讨黄巾。是岁改元为中平元年。建安元年，岁复在大梁。 按：古法，岁星百四十四年而超辰一次。依《三统术》，汉元年，岁在鹑首；孝武太初元年，岁在星纪。至太始二年，超寿星入大火，则光武建武二十六年，当超大火入析木。献帝兴平元年，当超析木入星纪。依此推算，中平元年，岁当在玄枵；建安元年，岁当在娵訾，与苏林等所言差二三次。其故何在？在盖后汉用《四分术》，岁星日行四千七百廿五分之三百九十八，约三百九十三年而超五次，则每七十八九年即超一次。自汉元年岁在鹑首，至中平之元凡三百九十年，当超五次，故中平初得在大梁也。

黄初元年，京都有事于太庙。 晋史臣避景帝讳，称京师为“京都”，或曰“京邑”。

二年，授杨彪光禄大夫。 按：《魏纪》惟太傅、太尉、大司马、大将军、司徒、司空、骠骑大将军、车骑将军、卫将军除、免、薨皆书。杨彪为光禄大夫，朝见位次三公。刘放、孙资加左右光禄大夫、仪同三司，故特书之，然亦不书其卒，惟资以骠骑将军，亦书薨也。《蜀志》惟丞相、司徒、大司马、大将军得书。《吴志》则丞相、大将军、大司马、太尉、司徒、司空得书。而辅吴将军张昭以耆德旧臣，亦书卒。

三年三月乙丑，立帝弟鄢陵公彰等十一人皆为王。 今以《诸王传》考之，是年以皇弟封王者，任城王彰、章陵王据、下邳王宇、谯王林、北海王衮、陈留王峻、河间王幹、戈阳王彪、庐江王徽凡九人。《纪》云“十一人”，似误也。鄄城王植以四月戊申封，与任城诸王不同日，且是县王，非郡王，任城诸王皆由公进封，惟植以罪贬侯，故不得郡王。故不在此数。又考文帝子以黄初三年封王者凡六人，平原王叡、河东王霖、京兆王礼、淮南王邕、清河王贡、广平王俨。《本纪》惟载叡、霖二人，亦未免阙漏。

明帝纪

太和二年，分新城之上庸、武灵、巫县为上庸郡，锡县为锡郡。 按：黄初元年，并西城、房陵、上庸为新城郡，以孟达为太守。至是达诛，复分其地为三也。"武灵"当作"武陵"，本前汉旧县，属汉中。后汉并省，疑蜀先主更置也。巫县疑亦蜀所置。《晋志》谓之北巫，以南郡有巫县也。

三年，诏曰："礼，皇后无嗣③，择建支子以继大宗，则当纂正统而奉公义，何得复顾私亲哉！" 按：汉成帝立定陶王为太子，太后欲令傅太后、丁姬十日一至太子家。成帝曰："太子承正统，当共养陛下，不得顾私亲。"及哀帝即位，追尊定陶共皇。④师丹议："《礼》，子亡爵父之义，为人后者为之子，故为所后服斩衰三年，而降其父母期，明尊本祖而重正统也。"魏武帝未立太子，崔琰言："五官将仁孝聪明，宜承正统。"齐王芳废，群臣奏："高贵乡公，文皇帝之孙，宜承正统。"盖古人言正统者，皆主嫡子承祧及为后大宗之义。《丧服传》云："大宗者，尊之统也。"又云："正体于上，又乃将所传重也。"正统二字，实出于此。后儒纷纷聚讼，皆郢书燕说也。

四年六月戊子，太皇太后崩。　《后妃传》作"五月"。

六年，改封诸侯王，皆以郡为国。　按：是年改封郡王者，任城王楷、彰子。陈王植、彭城王据、燕王宇、沛王林、中山王衮、陈留王峻、琅邪王敏、范阳王矩子。赵王幹、楚王彪、东平王徽、曲阳王茂、北海王蕤、东海王霖、梁王悌、元城王礼嗣子。鲁阳王温，邯郸王邕嗣子。凡十六人。又黄初六年，改封诸王为县王，此事亦当载于《本纪》。

陈思王植薨。　诸王薨，例不书谥。"思"字衍。

青龙二年二月乙未，太白犯荧惑。　《宋书·天文志》作己未。按：下文有癸酉，乙未与癸酉相去三十九日，不得在一月，当从《宋志》。

景初元年，分魏兴之魏阳、锡郡之安富、上庸为上庸郡。省锡郡，以锡县属魏兴郡。　按：魏兴郡，《志》不言何年置，以《刘封传》证之，当在黄初元年也。魏阳县，《晋》、《宋》二《志》皆无之。

九月，皇后毛氏卒。　按：嘉平三年，皇后甄氏书崩。此悼后以不得其死，故变文书卒也。文帝黄初二年，夫人甄氏非后，而亦书卒，盖以子贵录其母。然两后书葬,而甄夫人不书葬,至追谥为后,改葬乃书。

分襄阳临沮、宜城、旍阳、邔四县,置襄阳南部都尉。　旍阳即旌阳。

二年二月癸丑,月犯心距星。　《宋志》作己丑,误。

分沛国萧、相、竹邑、符离、蕲、铚、龙亢、山桑、洨、虹十县为汝阴郡。　按:《晋志》,汝阴郡统八县,与此无一同者,疑此有误也。山桑县,《续汉志》属汝南。

宋县、陈郡、苦县皆属谯郡。宋县即宋公国也,后汉属汝南,晋属汝阴。

以沛、杼秋、公丘、彭城丰国、广戚,并五县为沛王国。　丰本属沛,今系彭城之下,恐误。丰尝为王国,故有丰国之称。

帝曰:"司马懿临危制变。"　承祚书称司马懿必云宣王,惟此称名,盖述帝语,不得云宣王也。然亦后人追改。《蜀后主传》"魏使司马懿由西城"、"魏司马懿、张郃救祁山"、《李严传》"平说司马懿等开府辟召"、《吴主传》"闻司马懿南向"、"又司马懿前来入舒,旬日便退"、《诸葛恪传》"加司马懿先诛王凌,续自陨毙",皆后人所追改也。《魏三少帝纪》书中抚军司马炎者二,书中垒将军司马炎、抚军大将军新昌乡侯炎、晋太子炎者各一。寿为晋臣,不当斥武帝名,盖亦后人所改。

齐王芳纪

景初三年,以辽东东沓县吏民渡海居齐郡界。　《续汉志》:辽东郡有沓氏县。

正始元年,以辽东汶、北丰县民流徙渡海。　《续汉志》:辽东郡有汶县,《班志》汶作文。无北丰县。

嘉平六年,注:"廷尉定陵侯臣繁。"　"繁"当作"毓"。

少府臣褒。　"褒"当作"袤"。此时公卿列名者四十六人,以本《志》及《晋书》考之,太尉长社侯孚者,司马孚也;大将军武阳侯师者,司马师也;司徒万岁亭侯柔者,高柔也;司空文阳亭侯冲者,郑冲也;行征西安东将军新城侯昭者,司马昭也;卫尉昌邑侯伟者,满伟也;太仆巍者,庾巍也;廷尉定陵侯毓者,钟毓也;大鸿胪芝者,鲁芝也;大司农祥者,王祥也;少府袤者,郑袤也;永宁卫尉祯当是何祯也;司隶校尉颍昌侯曾者,何曾也;河南尹兰陵侯肃者,王肃也;中护军永安亭侯望者,司马望也;武卫将军安寿亭侯演,当是曹演也;中坚将军平原侯德者,甄德也;屯骑校尉关内侯陔,当是武陔;步兵校尉临晋侯建,当是郭建;射声校尉安阳乡侯温,当是甄温;侍中曰小同者,郑小同也;曰颙者,荀颙也;曰酆者,赵酆也;曰博平侯表者,华表也;侍中中书监安阳亭侯诞者,韦诞也;散骑常侍曰璜者,当是司马孚之子璜;曰关内侯芝者,郭芝也;尚书仆射光禄大夫高乐亭侯毓者,卢毓也;尚书曰观者,王观也;曰嘏者,傅嘏也;曰亮者,袁亮也;曰赞者,崔赞也;曰骞者,陈骞也;中书令康者,孟康也;博士峻者,庾峻也。《晋书·任恺传》"父昊,魏太常",此奏有太常晏,晏、昊字形相似,疑即其人也。光禄大夫关内侯孙邕,见《论语集解序》。荀彧孙霬,与司马景王、文王亲善,官至中领军,此奏有中垒将军昌武亭侯虔,疑即霬也。永宁太仆闳、大长秋模、城门校尉宪、越骑校尉睢阳侯初、长水校尉关内侯超、散骑常侍仪、御史中丞钤、博士范八人,未详其族姓。

太后遭合阳君丧。　太后母杜氏也,《后妃传》作郃阳。

高贵乡公纪

正元二年闰月壬子,司马景王薨于许昌。　《晋书》作"辛亥"。

甘露元年。注:"帝慕夏少康,因问颙等。"　按:少康之论,意常在司马氏也,聪明太露,终为权臣所忌,失艰贞自晦之义。能处此者,其后周武帝乎?

王肃云:"尧顺考古道而行之。"　按:王肃卒于是年,而其说已为博士所习,进讲人主之前。盖肃兼通诸经,强辩求胜,又以三公之子,早登显要,易为人所信从也。

博士马照。　按:《毛诗正义》往往载马昭说,即其人也。昭说经,主郑氏,与王肃多异。

注:"惟正始三年九月辛未朔,二十五日乙未直成,予生。"　按:高贵乡公以甘露五年遇弑,岁在庚辰,年才二十,计其生年,当在正始二年辛酉。此云三年者,传写之讹也。考《通鉴目录》,正始二年九月正是辛未朔,是岁闰六月,立冬在九月望后,月建于亥,故未直成日。

三年。注：“东里衮后为于禁司马，见《魏略·游说传》。” 按：鱼豢《魏略》今已不存，其诸传标目多与它史异。如董遇、贾洪、邯郸淳、薛夏、隗禧、苏林、乐详七人为《儒宗传》，常林、吉茂、沐并、时苗四人为《清介传》，脂习、王修、庞淯、文聘、成公英、郭宪、单固七人为《纯固传》，孙宾硕、祝公道、杨阿若、鲍出四人为《勇侠传》，王思诸人为《苛吏传》，并见裴氏注。田畴、管宁、徐庶、胡昭诸人为《知足传》，见《梁书》。及此《游说传》是也。王粲、繁钦、阮瑀、陈琳、路粹诸人合传，焦先、扈累寒贫诸人合传，当亦有目，今不可考矣。若秦朗、孔桂之为《佞倖传》，则沿迁、固之旧目也。

四年，分新城郡，复置上庸郡。 按：景初元年，复置上庸郡，自后未见并省之文。

陈留王奂纪

景元元年，进大将军司马文王位为相国，封晋王⑤，增封二郡，并前满十。 按：甘露三年，以并州之太原、上党、西河、乐平、新兴、雁门，司州之河东、平阳八郡为晋公国。此又增司州之恒农、雍州之冯翊二郡。

后妃传

文德郭皇后，安平广宗人也。 按：《续汉志》广宗属钜鹿郡，不属安平。《晋志》始属安平，盖沿魏之旧。

袁绍传

韩馥长史耿武、别驾闵纯、治中李历谏馥。 《后汉书·袁绍传》亦载此事，同时进谏者，有骑都尉沮授，无李历。

公孙瓒传

朝议以宗正东海刘伯安既有德义。 按：纪事之文当称名，承祚《志》多有称字者，如此传之刘伯安、虞。《管宁传》之陈仲弓、寔。《许靖》、《潘濬》、《尹默传》之宋仲子、忠。《张裔传》之许文休、靖。《彭羕传》之秦子勑、宓。《尹默传》之司马德操、徽。《秦宓传》之任定祖、安。

谯允南、周。《顾雍传》之蔡伯喈、邕。《士燮传》之刘子奇陶。皆是。若孙炎之称叔然，则以避晋武帝讳故也。范蔚宗《史》亦好称人字，如郭林宗、贾伟节、黄子艾、和阳士、董子仪、严子陵之类甚多。

公孙度传

分辽东郡为辽西、中辽郡，置太守。 《晋书·地理志》："带方郡，公孙度置"，本传却不载，而于《东夷传》见之。

太和二年，渊胁夺恭位。明帝即位，拜渊扬烈将军、辽东太守。 按：明帝以黄初七年即位，其明年，改元太和。传以明帝即位承太和二年之下，误也。"位"字当是衍文。

曹仁传

后攻费、华、即墨、开阳，谦陶谦。**遣别将救诸县。**⑥ 按：即墨属青州之北海郡，陶谦为徐州牧，未得有其地，疑是即丘之讹。

夏侯太初传

缅缅纷纷。 即《书》"泯泯棼棼"也。"泯"、"缅"声相近。《汉书·叙传》作"湎湎纷纷"。

清河王经。注："《世语》曰：'经字彦伟。'" 《管辂传》注："字彦纬。"当从糸旁。

荀彧传

祖父淑，字季和，朗陵令。 当从司马彪《书》、张璠《纪》作"朗陵侯相"。

永汉元年，举孝廉。 《后汉书》作中平六年。考献帝以中平六年九月即位，改元永汉，两号实在一年。

国渊传

乐安盖人也。 按：盖县属泰山，不属乐安。"盖"当为"益"字之讹。

田畴传

旧北平郡治在平冈,道出卢龙,达于柳城。　《前汉志》右北平郡有平刚县。即平冈也。

畴自以始为居难。　"居"当作"君"。

王修传

行司金中郎将。　按:陈琳《为袁绍檄》,称操特置发丘中郎将、摸金校尉,即谓此也。《韩暨传》:"就加司金都尉。"

邴原传

注:"国之将陨,螫不恤纬。"　"螫"古"嫠"字,《说文》无"嫠"。

司马芝传

以芝为管长。　"管"当作"菅"。济南有菅县,故下文有"驰檄济南"之语。

王朗传

东海郡人也。　"郡"当作"郯"。

蒋济传

楚国平阿人也。　按:平阿县,前汉属沛,后汉属九江,晋属淮南。魏以九江郡为楚王国,故平阿属楚。

司马朗传

以朗为"伊、颜之徒,虽非圣人,使得数世相承,太平可致"。　伊、颜以下,乃朗驳钟繇、王粲之论,当云"朗以为"。今本误颠倒两字。

郑浑传

又贼靳富等,胁将夏阳长、邵陵令并其吏兵入礐山。　按:冯翊无邵陵县,若汝南之召陵,则与冯翊远不相涉,疑即郃阳之讹。

乐进传

阳平卫国人也。 按：卫国，汉属东郡，建安十七年，割卫国益魏郡，寻分魏郡为东、西部，卫当在东部管内。黄初二年，以魏之东部为阳平郡，故卫国属阳平也。《晋志》卫属顿丘。顿丘即故东郡所分。魏、晋之际，郡县改隶无常如此。

李典传

迁离狐太守。 按：离狐县，前汉属东郡，后汉属济阴郡，史无置郡之文，盖建安初暂置而即罢耳。

李通传

分汝南二县，以通为阳安都尉。 按：《魏略》称通领阳安太守，盖以都尉行太守事也。《赵俨传》："袁绍遣使招诱诸郡，惟阳安郡不动。"盖当时都尉别领县者，亦称郡矣。

朗陵长赵俨。 按：汉制，大县置令，小县置长。此与《赵俨传》称朗陵长，而《田豫传》称除朗陵令，当有一误。

阎温传

天水西城人也。 按：天水无西城县，盖即西县。

任城王彰传

注："帝受禅，封为中牟王。" 据本传，彰子楷尝封中牟王，非彰也。

沛王林传

沛穆王林，建安十六年封饶阳侯。 按：《武帝纪》注引《魏书》，封子豹为饶阳侯。又《魏略》云："杜夫人生沛王豹。"见《文选注》。而此传亦称林为杜夫人生，是林一名豹，犹赵王幹一名良也。

赵王幹传

注:"良年五岁,而太祖疾困。" 按:鱼豢《书》称良五岁失父,当生于建安二十一年丙申矣。然二十年已封亭侯,则五岁之说未得其实。裴松之言楚王彪大幹二十岁,据彪以嘉平三年辛未赐死,年五十七,推其生年,当在兴平二年乙亥,幹小于彪廿岁,当以建安二十年乙未生也。

楚王彪传

国除为淮南郡。 按:汉之楚国治彭城,魏之楚国盖治寿春,即汉九江郡也。黄初二年,封子邕为淮南公,以九江郡为国。三年,进爵为王。明年,邕徙封陈,当即为淮南郡矣。太和六年,彪封楚王,又改郡为楚国。彪王二十年,以罪废,复为郡也。

元年,为有司所奏。 当是青龙元年,史脱"青龙"二字。

和洽传

子禽嗣。注:"禽音离。" "禽",当为"离"字之讹。

杜袭传

时将军许攸拥部曲,不附太祖,而有慢言。 此当别是一人,非南阳许攸也。

裴潜传

注:"建安初,关中始开。诏分冯翊西数县为左内史郡,治高陵;以东数县为本郡,治临晋。" 按:刘昭注《续汉志》不载此事。

高柔传

昔仲尼亮司马牛之忧。 "亮"即"谅"字。据《论语》,司马牛忧无兄弟,而子夏解之。此云仲尼,未审所出。

孙礼传

历山阳、平原、平昌、琅邪太守。　按:《续汉志》无平昌郡。《宋志》魏文帝分城阳立平昌郡。而《晋志》载魏文增置郡七,不及平昌者,以置郡未久,旋复并省也。

高堂隆传

今若有人来告,权、备并修德政。　按:隆上疏在明帝景初改元以后,蜀先主殂谢久矣,云备误也。《通鉴》"备"作"禅"。

《周礼》,天府掌九伐之则,以给九式之用。　按:《周礼·天官》有大府,无天府。九赋之财给九式。郑氏注:"大府,文也。""伐"当为"赋","则"当为"财","天府"亦"大府"之讹。

田豫传

公孙瓒使豫守东州令。　"东州"当作"束州",县名,属河间。

迁弋阳太守。　据此传,弋阳置郡当在建安之世;《晋志》谓魏文帝所置,似未然。

郭淮传

讨蜀护军夏侯霸督诸军屯为翅。　"为翅"当作"鸟翅"。胡三省云:"鸟翅,要地也,魏屯兵守之。嘉平元年,降蜀将句安于翅上,即此地也。"《陈泰传》亦作"为翅"。

徐邈传

文帝践阼,历谯相,平阳、安平太守。　按:《晋志》平阳郡,魏少帝置。据此传,则文帝时已有此郡矣。或云"平阳"当为"阳平"。

举善而教,仲尼所美。　按:魏、晋人引《论语》,多于"教"字断句。如《仓慈传》注:"举善而教,恕以待人。"《魏略·令狐邵传》。《顾邵传》:"举善以教,风化大行。"《陆绩传》注:"臣闻唐虞之政,举善而教。"《晋书·卫瓘传》"圣王崇贤,举善而教",皆是也。《刘馥传》"举善而教,不能则劝",虽引成文,亦似以四字为句。考应劭《风俗通》载汝南太守欧阳歆下教云:"盖举善以教,则不能者劝。"则汉时经师句读已然矣。

胡质传

楚国寿春人也。 寿春县,两汉属九江郡,魏以九江为楚王国,故属楚也。《吴志》,蒋钦称九江寿春人,则据汉郡县言之。

王昶传

今屯苑,去襄阳三百余里。 "苑"当作"宛"。

子浑嗣。 按:承祚之《志》,范頵称其辞多劝戒,然如何夔、裴潜、郑浑、杜畿、陈矫、卫觊、贾逵、王昶诸传,颇多溢美之词,盖由诸人子孙在晋显达,故增加其美。而李丰、张缉辈忠于曹氏,乃不得立传。曹爽、何晏、邓飏之恶,亦党于司马者,饰成之。初非实录,其亦异于良史之直笔矣。

毌丘俭传

大战梁口。注:"梁音渴。" "梁"字不当有"渴"音,疑误。

诸葛诞传

黄初中,利城郡反,杀太守徐箕。 《文帝纪》作"徐质"。

管辂传

辂至列人典农王弘直许。 此弘直二字名,而下文单称直。《蜀先主传》先书同宗刘德然父元起,而后书起。《孙策传》先书吴人严白虎,而后书虎,皆非史例,疑传写脱去。

其日乙卯,则长子之候也。 于卦位,卯属东方震,震为长男。

申未为虎。 按:虞仲翔说坤为虎,坤位西南,在未申之间也。于天文参为白虎,位亦在申。

内方外员,五色成文,含宝守信,出则有章。 "文"与"章"非韵,疑"成文"二字当为"文成"也。

夫余传

注：“昔北方有槀离之国。”⑦　《后汉书》作索离国。章怀云：“索或作槀。”“槀”盖“槖”之讹。

南至施掩水。　《后汉书》作掩淲水。

高句丽传

其官有相加、对卢、沛者、古雏加、主簿、优台丞、使者、皁衣先人。“古雏加”，《后汉书》作“古雏大加”，谓掌宾客之官也。“优台”下无“丞”字。“皁”作“帛”。

有涓奴部。　《后汉书》作“消奴”。下同。

州郡县归咎于句丽侯绉。　“绉”当作“骓”。下同。

辽东太守蔡风。　《后汉书》作蔡讽。

宫死，子伯固立。　《后汉书》：“宫死，子遂成立。⑧　遂成死，子伯固立。”此文疑有脱误。

今句丽王宫是也。　按：承祚作《志》之时，位宫久已破亡，不应云“今王”，盖承旧史之文。

东沃沮传

东部都尉治不耐城。　《汉志》作不而。

校勘记

① “初置名号侯”，中华书局本“初”作“始”。
② “代赤眉者魏公子”，中华书局本无“眉”字。
③ “皇后无嗣”，中华书局本“皇”作“王”。
④ “追尊定陶共皇”。中华书局本“共”作“恭”。
⑤ “封晋王”，中华书局本“王”作“公”。
⑥ “从攻费华即墨开阳”，中华书局本“从”作“后”。
⑦ “北方有槀离之国”，中华书局本“槀”作“高”。
⑧ “宫死，子遂成立”，据中华书局本“宫”讹作“官”。

廿二史考异卷十六

三国志二

蜀

刘二牧传

并州杀刺史张益,梁州杀刺史耿鄙。 按:《后汉书·灵帝纪》:"中平五年,休屠各胡攻杀并州刺史张懿。"此作张益,盖避晋宣帝讳改之。《纪》又称:"中平四年,凉州刺史耿鄙讨金城贼韩遂,鄙兵大败。"不言被杀,与此传异。汉时无梁州,此称梁者,音之讹也。

及太仓令,会巴西赵韪弃官,俱随焉。 《华阳国志》无"会"字,以"太仓令"下属,当从之。

先主传

中山靖王胜之后也。胜子贞,元狩六年封涿县陆城亭侯。 按:《汉书·王子侯表》,陆城侯贞以元朔二年六月封,《志》误。又西京无亭侯之名,"亭"亦衍文也。《地理志》中山国有陆城县,即此陆城侯国。盖本中山之地,贞以王子封侯,因改隶涿郡。其后酎金失侯,地入于汉为县。宣、元之世,中山绝而更封,仍以县还中山也。

使为青州刺史田楷以拒冀州牧袁绍。[①] "为"字误,当是"助"字之讹。

彼州殷富,户口百万。 《华阳国志》作"鄑州"。登,下邳人,下邳属徐州,故云"鄑州"也。"彼"字误。

青州刺史袁谭,先主故茂才也。 汝南在豫州部,先主领豫州牧,故得举谭茂才。

先主亦推璋持镇西大将军。 "持"当作"行"。

分遣将军吴兰、雷同等入武都。 《周群传》作雷铜。

大破渊军,斩渊、郃及曹公所署益州刺史赵颙等。 此时张郃未死,"郃"字衍。

左将军、领长史、镇军将军臣许靖。 "领"字衍。彼传不书镇军将军,史之漏也。

臣父群未亡时,言西南数有黄气,直立数丈。 按:此奏列名者有刘豹、向举、张裔、黄权、殷纯、赵莋、杨洪、何宗、杜琼、张爽、尹默、谯周等,而忽称臣父,果何人之父邪?《华阳国志》云"周群父未亡时",似当从之。又按《周群传》云:"子巨,亦传其术。"或"臣"为"巨"之讹,而上脱周字邪?惜不得善本校之。

光禄勋黄权。 按:上文已有偏将军黄权,不应重见。考杨戏《辅臣赞》注:先主为汉中王,用零陵赖恭为太常,南阳王柱为光禄勋,汉嘉王谋为少府。此传三人连名,必是王柱,非黄权也。《黄权传》亦无除光禄勋事。

后主传

延熙十六年,大将军费祎为魏降人郭循所杀。《费祎传》同。 《魏志》"循"作"修"。

十八年,维却住钟题。 《邓艾传》作钟提。《姜维传》亦作题。

然经载十二而年名不易,军旅屡兴而赦不妄下,不亦卓乎!注:"臣松之以为'赦不妄下',诚为可称;至于'年名不易',犹所未达。建武、建安之号,皆久而不改,未闻前史以为美谈。'经载十二',盖何足云?" 按:昭烈之殁,政由葛氏,礼乐征伐自下出者十余年,以曹、马之辈当此,其改元自立必矣。自古大臣握重权者,身死之后,嗣君亲政,亦必改元,更革其旧。后主信任武侯,不以存没有间;张邈上书诋亮,下狱诛死,其任贤勿疑,有足称者。孔明卒于建兴十二年,前此不改元,孔明事君之忠也;继此不改元,后主知人之哲也;君明臣忠,此承祚所谓"卓"也。不然,建兴之号终于十五,何不云"十五",而云"十二"乎?裴氏所讥,殊未达其旨趣。

二主妃子传

先主甘皇后。 按：先主甘皇后、穆皇后，后主敬哀皇后、张皇后，皆称皇后。而孙吴诸后则降称夫人。又《蜀志》称昭烈曰先主、安乐公曰后主，后主之太子璿特为立传，且正其太子之号；《吴志》则曰权、曰亮、曰休、曰皓，皆斥其名，可见承祚原以天子之制予蜀，未尝侪蜀于吴也。

诸葛亮传

琅邪阳都人也。汉司隶校尉诸葛丰后也。 按：亮、瑾、诞兄弟分仕三国，各为立传，传首皆著其郡县。亮、诞两传又皆云"诸葛丰之后"。盖三书可合可分，取其首尾完具，不嫌重复也。《魏志》钟繇与子会各有传，传首俱云"颍川长社人"，则重沓无当矣。

侍中、侍郎郭攸之、费祎、董允等。 按：诸葛亮《出师疏》，本传已载其全文，而侍中郭攸之、费祎，侍郎董允等云云复载《允传》；将军向宠云云又载《向郎传》，亦重出也。

注："几败伯山。" 汲古阁本"伯"作"北"，声之讹也。胡三省云："几败伯山，谓与乌桓战于白狼山时也。"古书"伯"与"白"通。

关羽传

将军传士仁屯公安。② 按：杨戏《季汉辅臣赞》并《注》及《孙权》、《吕蒙传》俱无"传"字，盖其人士姓而仁其名也。此传仁与糜芳并举，③而下文但称芳、仁，亦可证"传"为衍字矣。

张飞传

羽年长数岁，飞兄事之。 按：关、张二人史不载其卒年。《志》于蜀臣书年者自诸葛亮、庞统、法正、马超而外，勋德如蒋琬、董允、费祎，武略如关、张、黄忠、赵云皆不书年。许靖、谯周年逾七十，于叙事偶及之，初不关乎义例。杜琼年八十余，孟光年九十余，以上寿故书。马良兄弟死于非命，故亦书之，皆随便文，非以为褒贬也。

马超传

　　右扶风茂陵人也。　按：两《汉书》例，惟官名称左右，若称人籍贯，但云冯翊扶风而已。此传云"右扶风茂陵人"、《法正传》"右扶风郿人"，两"右"字当省。

　　因为前都亭侯。　"前"字疑衍，《先主传》亦称都亭侯。

赵云传

　　注："沔阳长张翼。"　沔阳当作江阳。

法正传

　　子邈，官至奉车都尉、汉阳太守。　汉阳即天水也，三国属魏，更名天水，法邈盖遥领之，若杨仪遥署恒农太守、张翼领扶风太守之类耳。

许靖传

　　吴郡都尉许贡。　《孙策传》作"吴郡太守"。

麋竺传

　　曹公表竺领嬴郡太守。　嬴郡领五县，盖分泰山置。竺既去官，郡亦旋废，故《晋志》不及之。

秦宓传

　　秦宓，字子勅。　《后汉书·董扶传》作秦密。

陈震传

　　蜀既定，为蜀郡北部都尉，因易郡名，为汶山太守。　按：《后汉书·西南夷传》："冉駹夷者，武帝所开。元鼎六年，以为汶山郡。"《汉书》作文山。宣帝省并蜀郡为北部都尉。灵帝时，复分蜀郡北部为汶山郡。是汶山立郡，其来已久。或汉末仍复并省，至先主定蜀后复为郡也。

廖立传

中郎郭演长。 演长当是攸之字。

李严传

注:"行前监军征南将军臣刘巴。" 按:刘子初卒于章武二年,而李平之废乃在建兴九年,盖别是一人,姓名偶同耳。

行护军征南将军当阳亭侯臣姜维。 "征南"当作"征西"。

刘琰传

以琰为固陵太守。 固陵即巴东也。《华阳国志》:"初平元年,刘璋分胸忍至鱼复为固陵郡。建安六年,鱼复蹇允争巴名,乃改固陵为巴东。"是刘璋时已名巴东矣。据此传,知先主定蜀,复为固陵,故《华阳志》又云"章武元年,胸忍徐虑、鱼复蹇机以失巴名,上表自讼,先主听复为巴东"也。

魏延传

仪等令何平在前。 何平即王平也。

杨仪传

建安中,为荆州刺史傅群主簿,背群而诣襄阳太守关羽。 此荆州刺史傅群,盖曹公所授。

杜微传

王元泰、李伯仁、王文仪、杨季休、丁君幹、李永南兄弟、文仲宝等。 按:伯仁、君幹、仲宝三人不见于本志。常璩《华阳志》有丞相参军文恭,字仲宝,梓潼人。君幹,疑即《出师表》所称丁立也。

来敏传

敏随姊夫奔荆州,姊夫黄琬是刘璋祖母之侄。 此又一黄琬。

李譔传

与同县尹默俱游荆州，从司马徽、宋忠等学。　按：《尹默传》云："远游荆州，从司马德操、宋仲子等受古学。"一称其名，一称其字，虽文可互见，要为体例未一，且不免重出之病。

谯周传

泰始五年，予尝为本郡中正，清定事讫，求休还家，往与周别。

按：承祚撰《蜀志》，不立叙传，惟于此传一见为郡中正事。又泰始十年，撰定《诸葛亮集》，上表一篇，附见《亮传》，自署平阳侯相。《晋书》云"补阳平令"者误。

周长子熙，熙子秀，字元彦。　按：桓温以晋穆帝永和三年丁未岁平蜀，上表荐秀，秀年及八十；而承祚修史，大约在太康之世，即云在太康末，秀亦才弱冠，又无名位，何用书其名字？当是裴氏注后来搀入正文耳。

郤正传

假文见义，号曰释讥。　承祚《志》以简质胜，然如曹植责躬应诏之诗、郤正之释讥、华核之草文、薛莹之献诗、魏文帝策吴王九锡文、吴主罪张温之令、许靖与曹公之书、周鲂诳曹休之词、骆统理张温之表、胡综托吴质之文，事无系乎兴亡，语不关于劝戒，准之史例，似可从删。杨戏《季汉辅臣赞》既全录其文，而志不立传者复注其行事于下，西州文献，借以不坠，厥功诚伟矣。然自我作古，亦非前史之例也。

马忠传

初，建宁郡杀太守正昂，缚太守张裔于吴。　《后主》及《张裔传》俱作益州郡。考益州郡之改名建宁，在丞相亮南征以后，此时不当云建宁也。

张嶷传

初，越巂郡自丞相亮南征高定之后，④叟夷数反，杀太守，是后太守不敢之郡,只住安定县,去郡八百余里。　按:《两汉》、《晋》、《宋》诸《志》,益州部无安定县,以《华阳国志》考之,盖安上县也。安上县属越巂,《晋志》亦不载。

苏祁邑君冬逢。　《汉志》作苏示。

邓芝传

义阳新野人。　按:义阳不在蜀境内,汉末亦未有义阳郡,盖史据魏、晋之郡县书之。《来敏传》亦云义阳新野人。

芝为大将军二十余年。　按:芝止为车骑将军,未尝为大将军。"大"字衍。

张翼传

高祖父司空浩。　"浩"当作"晧"。

翼曰:"可止矣,不宜复进,进或毁此大功。"维大怒曰:"为蛇画足。"　按:《华阳国志》"为蛇画足"亦是翼语,此以为维语,似失之。

杨戏传

自此之后卒者,则不追谥,故或有应见称纪而不在乎篇者也。追谥犹言追美也,蒋公琰、费文伟、邓伯苗、宗德艳、马德信、王子均、张伯岐之属,皆卒于延熙四年以后,故不著于《赞》。

注:"邓方为庲降都督,住南昌县。"　按:南昌县不见于两《汉志》。《华阳国志》:"朱提郡有南昌县,故都督治,有邓安远城。"此县盖先主所置矣。《宋书·州郡志》:"南秦县本名南昌,晋太康元年更名。"据常璩书,朱提属县五,有南昌,又有南秦。璩,蜀人,所言当不误,《宋志》未可信也。

杨威才干。　按:注"费观为振威将军",二文当有一误。

赞杜辅国、周仲宣。⑤　按:杜微字国辅、周群字仲直,皆见本传,与此互异。

注:"辅元弼为巴郡太守。"　巴郡当作巴东。《华阳国志》:"章武元年,南郡辅匡为巴东太守。"

注:"习文祥历巂、郫令,南广汉太守。"　按:蜀有南广郡,延熙中

置,无南广汉郡。

校勘记

① "使为青州刺史",中华书局本"为"作"与"。

② "将军传士仁屯公安",据中华书局本"傅"讹作"传"。

③ "传仁与糜芳并举","傅"讹作"传"。

④ "丞相亮南征高定之后",中华书局本"征"作"讨"。

⑤ "周仲宣",中华书局本"宣"作"直"。

廿二史考异卷十七

三国志三

吴

孙破虏讨逆传

三十六万一旦俱发。 "万"当作"方"。见《后汉书·皇甫嵩传》。

中平三年，遣司空张温行车骑将军，西讨章等。 《后汉书·灵帝纪》在二年。

表拜怀义校尉。 按：汉时，城门校尉、司隶校尉任寄最重，而屯骑、越骑、步兵、长水、射声诸校尉亦典兵之官，号为五校。西京更有胡骑、虎贲二校尉，故云七校。若命将出征，则大将军营五部，部皆有校尉，不常置也。边塞则有护羌校尉、护乌桓校尉，西域有戊己校尉。灵帝置西园八校尉，有上军、中军、下军、典军、助军左、助军右、左校、右校之名，自后校尉渐多。曹操为骁骑校尉、周珌为督军校尉、盖勋为讨虏校尉、公孙瓒亦为讨虏校尉、应劭为袁绍军谋校尉，皆见于《后汉书》。其见于《魏志》者，夏侯惇折冲校尉、曹仁厉锋校尉、曹洪鹰扬校尉、贾诩讨虏校尉、乐进讨寇校尉、于禁平虏校尉；见于《吴志》者，孙策为怀义校尉，又为折冲校尉、孙权为奉义校尉、刘基辅义校尉、孙静、鲁肃皆奋武校尉、孙瑜恭义校尉、孙辅扬武校尉、孙韶丞烈校尉、张纮正议校尉、陆逊定威校尉、陆抗、陆凯皆建武校尉、贺齐平东校尉、全琮奋威校尉、周鲂昭义校尉、是仪忠义校尉；见于《蜀志》者，法正军议校尉、费祎昭信校尉、来敏典学校尉、周群儒林校尉，大率皆武职也。蜀先主置司盐校尉，较盐铁之利，亦名盐府校尉，则名虽为校尉，实非典军之职，王连、吕乂、岑述皆尝为之。

已而更用丹阳陈纪。^①　　此别是一人，非颍川陈纪也。

吴主传

建安十年，权使贺齐讨上饶，分为建平县。　　按：《晋志》无上饶及建平县。《宋书·州郡志》：鄱阳郡有上饶县，吴立。《太康地志》有，王隐《地道》无。疑初立县，名建平，后改为上饶也。

十三年，分歙为始新、新定、犁阳、休阳县。注：《吴录》曰："晋改休阳为海宁。"　　按《太平寰宇记》："吴避孙休名，改休阳为海阳。晋平吴，改为海宁。"《吴录》考之未详也。犁阳，《贺齐传》作"黎阳"。

十五年，分长沙为汉昌郡，以鲁肃为太守，屯陆口。　　按：是时长沙为刘备所据。建安十九年，权始得长沙三郡，汉昌仍并入长沙，不别立郡矣。《宋书·州郡志》："长沙郡有吴昌侯国，后汉立，曰汉昌，吴更名。"考两《汉志》无汉昌县，盖汉末所立也。予弟晦之云："《周憬碑》阴，有长沙汉昌骞祗，字宣节。碑立于灵帝熹平时。"此县必桓、灵时置也。胡三省云："隋废吴昌入罗县；唐武德八年，又省罗县入湘阴。则知吴立汉昌郡，在唐岳州湘阴县界也。"《水经注》："江水左径乌林南，又东。右岸得蒲矶口，即陆口也。"

十九年，获庐江太守朱光及参军董和。　　此又一董和，非蜀之董和。

黄武二年，魏以为蕲春太守。　　按《宋书·州郡志》："吴立蕲春郡，寻阳县属焉。"据此《志》，则蕲春郡盖魏所置，而吴因之耳。《宋志》："晋太康元年，省蕲春郡，以寻阳属武昌，改蕲春之安丰为高陵及邾县，皆属武昌。"然则吴之蕲春郡领蕲春、寻阳、安丰、邾四县也。

五年，分三郡恶地十县为东安郡，^②以全琮为太守。　　按《水经注》："黄武四年，孙权以富春为东安郡，分置诸县。"沈约《州郡志》亦云："黄武四年，以富春为东安郡。"与此相差一岁。盖分郡之议在四年，而全琮为守在五年也。郡治富春县，其九县无考。《太平寰宇记》："建德、桐庐二县，俱黄武四年分富春置。"当是东安属县也。

黄龙三年，会稽南始平言嘉禾生。　　按《宋书·州郡志》："临海郡有始丰县，吴立曰始平，晋武帝太康元年更名。"即此《志》所云南始平也。《宋书·符瑞志》作南平始，误颠倒两字。临海本属会稽东部。

太元二年四月，权薨。　按：《蜀志》称先主、后主而不名。吴主权、亮、休、晧皆斥其名。蜀先主称殂，而吴主称薨，此承祚书法之别也。

三嗣主传

太元元年冬，权寝疾。明年四月，权薨，太子即尊号，大赦，改元。是岁，于魏嘉平四年也。闰月，以恪为帝太傅。　按：是年二月，权改元神凤。及亮即位，改元建兴。此《传》"闰月"之上当有"建兴元年"四字，以《孙休传》书"永安元年冬十月"、《孙晧传》书"元兴元年八月"例之可见。

太平三年，与太常全尚、将军刘丞谋诛綝。　《孙綝传》作刘承。承、丞古通用。

永安元年，威远将军授为右将军、县侯。　《孙綝传》"授"作"据"。

凤皇三年，会稽妖言章安侯奋当为天子。　按：孙奋被诛，并及其五子，亦当书于《晧传》。

天玺元年，遣兼司徒董朝、兼太常周处至阳羡县，封禅国山。　史能之《毗陵志》云："碑有大司空朝，而无处名。"按：《处传》"处仕吴，止东观令、无难督"，无兼太常之事。岂史氏见处为阳羡人，辄附益邪？当以碑为正。

士燮传

交州刺史朱符为夷贼所杀。　按：《薛综传》："故刺史会稽朱符，多以乡人分作长吏，侵虐百姓，强赋于民，百姓怨叛，山贼并出，攻州突郡。符走入海，流离丧亡。"不云为贼所杀。两传盖互见也。

妃嫔传

植宣成侯。[③]　"宣成"当作"宣城"。

宗室传

孙壹入魏，黄初三年死。　按：壹以孙亮太平二年奔魏，即魏甘露二年也，距文帝黄初三年壬寅已三十六年矣；此云黄初，必误也。《魏志·高贵乡公纪》:"甘露四年十一月,车骑将军孙壹为婢所杀。"盖壹入魏三年而死尔,"黄初"二字当是衍文。

张昭传

凡在庶几之流,无不造门。　王弼以庶几为慕圣。何晏解《论语》,亦云"庶几圣道"。王充《论衡》云:"孔子之门,讲习五经,五经皆习,庶几之才也。"《顾邵传》:"自州郡庶几及四方人士,往来相见。"《晋书·王羲之传》:"母兄鞠育,得渐庶几。"盖魏、晋人好用庶几字。

顾邵传

乌程吴粲起于微贱,邵拔而友之。　吴粲即吾粲也,吴、吾音相似。颍川周昭著书称"吾粲由于牧竖,豫章扬其善,以并陆、全之列"。谓此也。

张秉,云阳太守。　按:云阳县即汉吴郡之曲阿,嘉禾三年更名,其置郡当在嘉禾以后也。《晋志》叙吴所置郡不及云阳,盖不久即省矣。

顾谭传

陷没五营将秦儿军。　"儿"当作"晃"。见《吴主传》。

步骘传

明德慎罚,哲人惟刑。　"哲"当作"折",用《吕刑》"折民惟刑"语。

张纮传

注:"吾欲图徐州,宜近下也。"　按:秣陵与广陵隔江相对,而广陵属徐州部。权意欲都秣陵,以图广陵,故云"欲图徐州"。裴氏讥之,殆未审于地理矣。

薛综传

南海黄盖为日南太守。　此别是一人,非黄公覆也。

后得零陵赖恭,先辈仁谨,不晓时事。　按:赖恭仕蜀,官至太常,而《志》不立传。以《士燮传》及此传参考之，盖建安中，刘表承制授恭交州刺史，为苍梧太守吴巨所逐，乃归先主也。

吕蒙传

使普肃万人屯益阳。④　"普"当作"鲁"。

韩当传

迁偏将军，领永昌太守。　永昌郡属益州，盖遥领之。下文又云"领冠军太守"。冠军县属南阳，权亦未能有其地。

蒋钦传

以经拘、昭阳为奉邑。　按：吴诸将食邑，如孙皎赐沙羡、云杜、南新市、竟陵为奉邑，孙韶食曲阿、丹徒二县，吕蒙食下隽、刘阳、汉昌、州陵，徐盛赐临城县为奉邑，朱治以娄、由拳、无锡、毗陵为奉邑，吕范以彭泽、柴桑、历阳为奉邑，又改溧阳、怀安、宁国之类，皆县名也。经拘、昭阳，汉时无此县名。《宋志》："邵陵郡有邵阳县，吴立曰昭阳。"即钦所食邑矣。经拘未详。

陈武传

庐江松滋人。　按：《班志》，庐江郡有松兹县，《续汉志》无之，则东京已省此县，疑汉末复置也。《晋志》松滋属安丰郡。东晋于寻阳侨置松滋郡，遥隶扬州。安帝省为松滋县，属寻阳郡，则江北之松滋，移于江南矣。东晋又于汉武陵郡孱陵县之上明地侨立河东郡，所领有松滋县。沈约云："疑是有流民寓荆土，故名。"今荆州府之松滋县盖沿其名，非汉、魏之松滋也。

陈表传

以表领新安都尉。　按：孙权于建安十三年立新都郡，晋太康平吴，始改新安。此云新安，盖新都之讹，因下文有会稽新安县，相涉而误耳。《诸葛瑾传》注引《吴书》云"新都都尉陈表"。

在会稽新安县。　此新安即衢州信安县。沈约《志》："东阳郡信安县,汉献帝初平三年,分太末立,曰新安。晋武帝太康元年更名。"东阳本会稽西部都尉,故云会稽新安县。若新都郡本丹阳之地,不得系以会稽也。

甘宁传

拜西陵太守,领阳新、下雉两县。 此西陵郡,盖分汉江夏郡之地。阳新县亦吴置,今兴国州地也。陆抗拜镇军将军,都督西陵,步阐为西陵督。此西陵即汉之夷陵县,黄武元年改名,与此非一地。

潘璋传

迁豫章西安长。 按:两《汉》、《晋》、《宋志》,豫章郡并无西安县。《太平寰宇记》:"西安县故城在分宁县西二十里,汉献帝建安中置,开皇元年废。"《寰宇记》又云:"武宁县,古西安县也,后汉建安中分海昏县立西安县,晋太康元年改为豫宁。"

权即分宜都至、秭归二县为固陵郡。 "至"当作"巫"。《魏氏春秋》云"建安二十四年,吴分巫、秭归为固陵郡",是也。

丁奉传

三年,奉贵而有功。 三年下脱"卒"字。

虞翻传

注:"郑玄所注《尚书》,以《顾命》康王执瑁,古'月'即冒字,与日月之月异。似'同',从误作'同',既不觉定,复训为杯。" 按:今本《尚书》"同""瑁"连文,同为爵名。瑁为天子执瑁之瑁,各是一物。仲翔谓古月似同,郑氏从误作同,又训为酒杯,以此讥郑之失。则古本只有"瑁"字,古文作"月",而郑作"同"也。今本《尚书》出于梅赜,或亦习闻仲翔说,兼取二文,以和合郑、虞之义乎?马融本亦作"同"。汉人又有加金旁作"铜"字者,并见仲翔说。

成王疾困凭几,洮颒为濯,以为潎衣成事,"洮"字虚更作"濯",以从其非。 按:"濯"即古"洮"字。《周礼·春官·守祧》:"古文祧为濯。"《诗》"佻佻公子",《韩诗》作"嬥嬥",盖古文"兆"旁与"翟"旁多相通用，仲翔讥郑更字，非也。

又古大篆"𰈗"字读当为"栁"，古"栁""𰈗"同字，而以为昧。　按：《说文》"𰈗象开门，𠨷_{古文西}。象闭门；𰈗为春门，万物已出；𠨷为秋门，万物已入"。𰈗、𠨷二文相似，汉人往往误读。《尧典》"宅西曰昧谷"，伏生今文本作"栁谷"。郑康成依贾逵所奏，定为"昧谷"。昧、𠨷莫鲍切。声相近，故仲翔讥之。谓其误𠨷为𰈗也。考《周礼·缝人》"衣翣栁之材"。郑注引《书》"度西曰栁谷"为证。又《尚书大传》"秋祀栁谷"。郑注"栁，聚也。齐人语"。则康成亦读为"栁"，未尝与"𰈗"混也。

"分北三苗"，"北"，古"别"字。　按：《说文》"仌，别也。从二八"。仌、北字形相似，故误为北。⑤

太尉山阴郑公。　谓郑巨君。

决曹掾上虞孟英，三世死义。　按：《后汉书》："孟尝，会稽上虞人。其先三世为郡吏，伏节死难。"史不著其名，英盖其一也。

劓𰬵候主簿任光。　按：字书无劓字，盖鄮之讹。鄮，莫候切。此"𰬵候"二字，当作"莫候反"，本小字夹注，误入正文，又误合"莫反"二字为"𰬵"也。

故太尉上虞朱公。　谓朱儁。

昔越王翳让位，逃于巫山之穴。　《会稽志》："巫山在山阴县北一十八里。"

鄮大里黄公，洁己暴秦之世，高祖即阼，不能一致，惠帝恭让，出则济难。　按：《陈留志》："夏黄公姓崔，名广，字少通，齐人。隐居夏里修道，故号曰夏黄公。"仲翔以为会稽鄮人。仲翔去西京未远，当得其实。

处士邓卢叙，弟犯公宪，自杀乞代。　按：邓非会稽属县，当是"鄮"字之讹。乾道《四明图经》亦以为鄮人，惟"卢"作"虞"为异，二字形相涉，正史固多舛讹，图经亦传写之本，未能决其是非也。

耸，越骑校尉，累迁廷尉，湘东、河间太守；暠，廷尉尚书，济阴太守。　按：河间、济阴二郡，不在吴封内，盖入晋以后所授官也，于史例不当书。

朱据传

孙亮时，二子熊、损各复领兵，为全公主所谮，皆死。　按：《妃嫔传》："太平中，孙亮知朱主为全主所害，问朱主死意？全主惧曰：'我实不知，皆据二子熊、损所白。'亮杀熊、损。"《孙綝传》云："亮内嫌綝，乃推鲁育朱据所尚公主名。见杀本末，责怒虎林督朱熊、熊弟外部督朱损不匡正孙峻，乃令丁奉杀熊于虎林，杀损于建业。"以二传推之，熊、损之死，出于亮意，非由全主所谮。谓全主诬罪二人则可，谓之谮不可也。

吴主五子传

注："元逊诸葛恪。才而疏，子嘿顾谭。精而很，⑥叔发谢景。辨而浮，孝敬范慎。深而狭。后四人皆败。"　按：谢景、范慎二人未见败事。

霸二子，基、壹。　按：孙静之孙亦名壹，于霸子为族父，似不应同名。

贺齐传

时王朗奔东治。　"治"当作"冶"。

候官既平，而建安、汉兴、南平复乱。　汉兴即吴兴县，后属建安郡。沈约云："吴兴，汉末立，曰汉兴，吴更名。"此别一吴兴，非乌程之吴兴也。

全琮传

黄武七年，权到皖，使琮，与辅国将军陆逊击曹休，破之于石亭。是时丹阳、吴、会山民复为寇贼，攻没属县，权分三郡险地为东安郡，琮领太守。至，明赏罚，招诱降附，数年中，得万余人。权召琮还牛渚，罢东安郡。　按：《吴主传》："黄武五年，分三郡恶地十县置东安郡，以全琮为太守，平讨山越。七年三月，罢东安郡。"盖琮从陆逊击曹休，在罢郡还牛渚之后，此传于破曹休下始叙分置东安郡云云，失其次矣。

钟离牧传

少爰居永兴。　爰，易也。《春秋传》："晋于是作爰田。"《说文》：

"爰作趄。趄田,易居也。"《陆瑁传》:"同郡徐原,爰居会稽。"

魏遣汉发县长郭纯。[⑦] "发"当作"葭"。汉葭,县名,属涪陵郡。《通鉴》作"汉葭",盖温公所见本不误。

陆凯传

赤乌中,除儋耳太守。 儋耳郡,晋、宋二《志》皆不载。

陆敬宗传

天策元年。 《三嗣主传》作"天册"。

是仪传

郡相孔融嘲仪,言"氏"字"民"无上,可改为"是",乃遂改焉。 按:氏、是本一字,犹姒与弋、嬴与盈、姞与郅可以互用。徐众讥其"忘本诬祖",由于未通古文。

南、鲁二宫初立,仪以本职领鲁王傅。仪嫌二宫相迫切[⑧],**乃上疏。** 按:赤乌五年,立子和为太子,霸为鲁王,权宠爱霸,与和无殊,故有二宫之称。和废徙后二年,乃封南阳王,则霸已赐死久矣,南、鲁之文,于义不通,当云东宫与鲁王初立,下文乃称二宫,斯得之。

诸葛恪传

曰阳长胡伉得降民周遗。 按:丹阳郡无曰阳县,恐有讹字。

至于子张、子路、子贡等七十之徒,亚圣之德,然犹各有所短。 今人称孟子为亚圣,盖本于赵岐题辞,不知子张、子路、子贡诸贤,当时皆有亚圣之目也。

孙峻传

将军孙仪、孙邵、綝、珣等。 "綝"当作"林"。

孙綝传

遣从兄虑将兵逆据于江都。 下文云"峻从弟虑",盖峻之从弟于綝为从兄,实一人也。《三嗣主传》作孙宪,"宪"与"虑"字形相涉而误,当以宪为正。孙权之次子虑封建昌侯，此峻从弟，不应与同名也。

綝迁大将军，假节，封永宁侯。　《三嗣主传》作永康侯，误也。同时张布封永康侯。

王蕃传

丞相陆凯上疏曰："常侍王蕃黄中通理。"　凯疏已见本传，此重出。

贺邵传

会稽山阴人也。　按：邵为后将军贺齐之孙，依史例，当于篇首著其世系，不应更书郡县也。或于《齐传》末书孙邵有传。

皓疑其托疾，收付酒藏，掠考千所，邵卒无一语，竟见杀害。　《晋书·贺循传》："元帝与循言及吴时事，因问曰：'孙皓常烧锯截一贺头，是谁邪？'循未及言，帝悟曰：'是贺邵也。'循流涕曰：'先父遭遇无道，循创痛巨深，无以上答。'"此传不载烧锯截头事，裴注亦不之及。

韦曜传

注："曜本名昭，史为晋讳，改之。"　按：《三国志》于晋诸帝讳多不回避，如《后妃传》"惟色是崇，不本淑懿"、《高堂隆传》"故宜简择，留其淑懿"、《吴主王夫人传》"追尊大懿皇后"、《步夫人传》"有淑懿之德"，以至太师、军师、昭烈、昭献、昭文、昭德、昭告之类，不胜枚举。《蜀后主传》"景耀六年，改元炎兴"，亦未回避，而《诸臣传》但称景耀六年，不书炎兴之号，最为得体。此韦曜之名，注家以为避晋讳。予考书中段昭、董昭、胡昭、公孙昭、张昭、周昭辈皆未追改，何独于曜避之？疑弘嗣本有二名也。

华核传

熙光紫闼，青璅是凭。　按：凭依字古作"冯"，本读如蓬，后转为符风切。此文以凭与庸、隆、中、风、崇、重、融、穸为韵。冯翊之冯，唐人亦入东韵。

校勘记

　①"丹阳陈纪",中华书局本"阳"作"杨"。

　②"分三郡恶地十县为东安郡",中华书局本"为"作"置"。

　③"植宣成侯",中华书局本"成"作"城"。

　④"使普肃万人屯益阳",中华书局本"普"作"鲁"。

　⑤"按《说文》仈别也从二八",《说文》:"仈,分也。从重八。"

　⑥"子嘿精而很",中华书局本"很"作"狠"。

　⑦"汉发县长郭纯",中华书局本"发"作"葭"。

　⑧"仪嫌二宫相迫切",中华书局本"迫"作"近"。

廿二史考异卷十八

晋书一

宣帝纪

南郡太守同郡杨俊。　按:《魏志》俊为南阳太守,非南郡也。

太和四年,泝沔而上,至于朐䏰,拔其新丰县。　此非京兆之新丰,其地当在巴东郡,而晋、宋二《志》皆无此县。《太平寰宇记》:"开州开江县本汉朐䏰县地。蜀先主建安二十一年,于今县南二里置汉丰县,以汉土丰盛为名。"当即此新丰也,魏虽拔之,而不能守。

谥曰文贞,后改谥文宣。　按:《礼志》"魏朝初谥宣帝为文侯,景帝为武侯,[①]文王表不宜与二祖同,于是改谥宣文、忠武"。然则初谥文,无贞字也。《礼志》及《文帝纪》并称舞阳宣文侯,《宋书·礼志》同。此云文宣,亦转写之误。

景帝纪

及宣帝薨。　按:宣、景、文三帝之卒,《纪》皆书崩,用陈承祚《魏志》之例也。此薨字乃后人所改。

谥曰武公。　按:仲达、子元皆封舞阳侯,而谥云武公者,以官三公故也。宣帝谥曰文贞,贞亦当为公之讹矣。《礼志》称文侯、武侯,则以爵称之。

武帝纪

泰始二年,诏"本为县侯者传封次子为亭侯为,乡侯为关内侯"。　"为亭侯"之下不当有"为"字。

三年。　《本纪》例当书而遗漏者,如诸州分置皆书,而泰始三年分益州为梁州,太安二年复分益州为宁州并失书。诸王初封皆书,而泰始中封随王迈,《职官志》作"万"。惠帝时封新野王歆、南平王祥、淮陵王濯,怀帝时封豫章王诠、豫章王端,元帝时封谯王承并失书。诸帝庙号皆书,而孝武庙号烈宗失书。三公薨皆书,而义熙三年,司徒扬州刺史王谧薨失书。南渡以后,荆州都督刺史皆书,而太元九年,桓石民除荆州失书。河西张氏子弟嗣立皆书,而太宁元年,张茂卒,兄子骏嗣失书。

七年,分益州之南中四郡置宁州。　　按:地理志,分益州之建宁、兴古、云南,交州之永昌,合四郡为宁州。《纪》不及交州,略也。

九年二月,立安平亭侯隆为安平王。　　本传作平阳亭侯。

咸宁元年八月,以故太傅郑冲、太尉荀颛、司徒石苞、司空裴秀、骠骑将军王沈、安平献王孚等及太保何曾、司空贾充、太尉陈骞、中书监荀勖、平南将军羊祜、齐王攸等皆列于铭飨。　　按:《郑冲传》:"咸宁初,有司奏,冲与安平王孚等十二人皆存铭太常,配食于庙。"《荀颛传》:"咸宁初,诏论次功臣,将配飨宗庙。所司奏颛等十二人铭功太常,配飨清庙。"《石苞传》:"咸宁初,诏苞等并为王功,列于铭飨。"《裴秀传》:"咸宁初,与石苞等并为王公,当作功。配享庙庭。"《荀勖传》:"咸宁初,与石苞等并为佐命功臣,列于铭飨。"《贾充传》:"与石苞等为王功,配飨庙庭。"又安平王孚、齐王攸《传》并有"配飨太庙"之文,独王沈、何曾、陈骞、羊祜四传略不及之。昔汉宣帝图画功臣于麒麟阁,班《史》于《苏武传》末述其事,列叙十一人官位姓名,它《传》及《本纪》不复更书。明帝图画中兴二十八将于南宫云台,范《史》亦仅一见于《马武传》末,盖史例之简严如此。今郑冲等铭飨事已见《本纪》,而《传》复重述之,且又有书有不书,文既繁复,而绌漏之讥,转难免矣。

三年正月,立安平穆王隆弟敦为安平王。　　按:《安平王·孚传》:"隆立四年,咸宁二年薨。无子,国绝。"又《常山王衡传》:"无子,以安平世子邕第四子敦为嗣。"依二《传》所言,隆以无子国除,而敦所嗣者乃常山王衡也。今考隆以咸宁二年薨,次年即立其弟承安平之封。盖邕为孚世子,大宗不可绝,故以敦后之。隆虽无子,国固未尝绝也。若衡之卒在泰始二年,距咸宁三年,已十载矣,又不应至是始为立嗣也。《礼志》:"咸宁二年,安平穆王薨,无嗣,以母弟敦继献王后。"此可证二《传》之误。

　　五年十月，汲郡人不准掘魏襄王冢，得竹简小篆古书十余万言，藏于秘府。　按：《束皙传》作太康二年、《卫恒传》作太康元年，与《纪》互异。赵明诚《金石录》据《太公庙碑》、及荀勖《序穆天子传》俱云太康二年，以正《晋纪》年月之误。其说固确，然亦未检束、卫两《传》也。杜预《春秋后序》亦作太康元年。

　　太康九年十二月，立河间平王洪子英为章武王。　按：《河间王洪传》："洪二子威、混。威嗣，徙封章武。其后威继义阳王望，更立混为洪嗣。"未知孰是。又齐王冏子有名英者，不应与章武同名。此"英"字疑误。

惠帝纪

　　永平元年春正月乙酉朔。　按：年号当以后改者为定。是年正月，诏改永熙二年为永平元年，其三月诛太傅杨骏等，大赦改元。以诸《志》、《传》参校之，盖改永平为元康也。永平纪元仅二月余，元康纪元乃有九年，其不应书永平审矣。又史书改元之例，凡年号已冠于年首者，不更书。如《武帝纪》"咸宁元年春正月戊午朔，大赦，改元"、"太康元年三月乙酉，大赦，改元"，不云改元咸宁、改元太康也。若一岁频改元者，则以后改之元冠于年首，而不更书，其余则书以别之。如《惠帝纪》"永兴元年春正月，改元永安。七月，改元建武。冬十一月，留台，改元复为永安。十二月，大赦，改元"。不云改永兴者，已冠年首故也。今此年正月改元，则书永平；三月改元，不书元康，正与永兴元年之例相合，可证古本亦必以元康冠年首，校书家不知而妄改尔。

　　五月甲戌，毗陵王轨薨。　按：《武十三王传》："毗陵悼王轨，年二岁而夭。太康十年，追加封谥，以楚王玮子义嗣。"又《武帝纪》，太康十年十一月，立始平王子仪为毗陵王。楚王玮初封始平王。"仪"与"义"古字相通，即一人也。轨之薨不当在惠帝时，《纪》殆误矣。

　　八月己巳，进西阳公羕爵为王。　按：《地理志》，西阳县属弋阳郡，别无西阳郡之名，盖《志》之漏也。以《羕传》考之，元康初，羕由西阳县公进封郡王。惠帝还洛，以汝南、期思、西陵益其国。永嘉初，复以邾、蕲春益之。期思、西陵、邾、蕲春四县元属弋阳，则西阳即弋阳所分矣。而《传》以期思、西陵系之汝南，是此二县又尝改隶汝南，亦《志》

所不载也。成帝咸和初，兼降为弋阳县王，而西阳国除为郡。《纪》、《传》所载西阳太守，有蒋巽、樊峻、邓岳、曹据、何元度、桓冲、桓嗣、孟怀玉、徐浩诸人。

三年十月，太原王泓薨。 按：《太原王辅传》："子弘立，元康中为散骑常侍，后徙封中丘王。三年薨。"以《纪》证之，则太原未有徙封之事，而名亦互异，此必有一误矣。《高密王泰传》："封陇西王，改封高密。"而《惠帝纪》元康九年仍书"陇西王泰薨"，亦《纪》、《传》抵牾之证。

五年十月，武库火。 《五行志》在闰月庚寅。

永康元年正月己卯，日有食之。 按：上书正月癸亥朔，则己卯为月之十七日，必无日蚀之理，恐传写错乱耳。《天文志》亦与此同。

永宁元年三月，伦遣其将闾和出伊阙，张泓、孙辅出堮坂。 按：《齐王冏传》："伦遣其将闾和、张泓、孙辅出堮坂。"《赵王伦传》："孙辅等率兵七千，自延寿关出，张泓、闾和等率九千人，自堮坂关出。"皆与《纪》异。《地理志》：阳城县有堮坂关，即堮坂也。新城县有延寿关，即伊阙。

六月，封路季小黄公，卫毅平阴公。 《齐王冏传》路季作路秀，平阴作阴平。

八月，徙南平王祥为宜都王。 按：《吴王晏传》："子祥嗣淮南王允。"其初封南平，改封宜都，《传》俱不载。

永兴元年十二月，诏齐王冏前应还第，长沙王乂轻陷重刑，封其子绍为乐平县王，以奉其嗣。 按：《齐王冏传》："永兴初，赦其三子超、冰、英还第，封超为县王，以继冏祀。"超与绍本一人，转写之讹，当以超为正也。

二年四月，诏封乐平王绍为齐王。 按：《齐王冏传》："光熙初，追复王本封，以子超嗣爵。"未详孰是。

八月，骠骑将军范阳王虓逐冀州刺史李义。 按：本《传》，虓为刘乔所破，自拔渡河，王浚表虓领冀州刺史。盖即逐义而代之也。虓既得冀州，引兵再渡河，而乔遂败。此先后之可考者。《纪》先书逐李义于八月，而于九月书刘乔破虓于许昌，似失其次。李义当作温羡，以刘琨、温羡二《传》证之，可知。

光熙元年八月，骠骑将军范阳王虓为司空。 本《传》作司徒。

怀帝纪

太熙元年,封豫章郡王。 按:《武帝纪》:"太康十年,立皇子炽为豫章王。"此误。

光熙元年十一月,立妃梁氏为皇后。 史不为后立传,不知其本末。按:《太平御览》引臧荣绪《晋书》云:"梁皇后讳兰璧,安定人。祖桓,汉季仪同三司。父芬,司徒。后初为豫章王妃,怀帝即位,为皇后。永嘉中,没于贼。"此条可补《晋书》之阙。

十二月己亥,封彭城王植子融为乐城当作"成"。**县王。南阳王模杀河间王颙于雍谷。** 按:《河间王颙传》:"永嘉初,诏书以颙为司徒,乃就征。南阳王模遣将梁臣于新安雍谷车上扼杀之,并其三子。诏以彭城元王植子融为颙嗣,改封乐成县王。薨,无子。建兴中,元帝又以彭城康王释子钦为融嗣。"又《成帝纪》:"咸和五年九月甲辰,徙乐成王钦为河间王。六年六月丙申,复故河间王颙爵位,封彭城王植子颙"颙"字疑误。为乐成王。"此二《纪》一《传》之文,皆舛错不完。今参而考之,乐成王融之封本以嗣颙,而《怀纪》乃书于颙被杀之前。颙方就征,且有三子,必不豫为立后,且雍谷之杀与乐成之封必非一日,《纪》所书既未足信。《传》云"永嘉初诏书以颙为司徒"。考永嘉改元尚在光熙后一年,颙已先死矣,此又《传》之失也。怀帝时,既为颙立后,当复其爵位矣,何以咸和六年始云复颙爵位? 盖河间,郡也;乐成,县也。乐成之封本由罪降,至咸和五年,钦始复河间本封,因请追复颙爵,此事理之应有者。而其下又云"封彭城王植子颙为乐成王",则恐有误。钦已嗣颙,不当更有嗣乐成者,且亦不当与颙同名,殊可疑也。

永嘉元年七月,以平东将军、琅邪王睿为安东将军、都督扬州江南诸军事、假节,镇建邺。 按:《元帝纪》:"东海王越之收兵下邳也,假帝辅国将军。寻加平东将军、监徐州诸军事,镇下邳。俄迁安东将军、都督扬州诸军事。越西迎大驾,留帝居守。永嘉初,用王导计,始镇建邺。"是琅邪镇建邺以前,已转安东将军矣。《王导传》:"帝出镇下邳,请导为安东司马。"此其证也。

八月,分荆州江州八郡为湘州。 按:《地理志》"怀帝分长沙、衡阳、湘东、零陵、邵陵、桂阳,及广州之始安、始兴、临贺九郡置湘州"。

是九郡,非八郡也。其长沙六郡旧俱属荆州。惠帝元康元年,分桂阳属江州。《纪》称分荆州、江州,不及广州,误矣。

四年十一月,加凉州刺史张轨安西将军。 按:《轨传》,永兴中已加安西将军。及王弥寇洛阳,轨遣北宫纯等率州军击破之。怀帝嘉其忠,进西平郡公,不受。然则永嘉四年所加者,乃西平之封,非安西将军也。

六年七月,岁星、荧惑、太白聚于牛、斗。《天文志》:"荧惑、岁星、太白聚牛、女之间。" 按《元帝纪》②:"永嘉中,岁、镇、荧惑、太白聚斗、牛之间。"③《王廙传》亦云:"臣以壬申岁永嘉六年,岁在壬申。见用为鄱阳内史。七月,四星聚于牵牛。"然则此《纪》及《天文志》并脱"镇星"二字矣。予友褚刑部寅亮言:"七月斗建申,日在鹑尾之次,去星纪极远。太白在日前后,最远不过四十五度,何缘违日而在斗、牛、女之间? 若在九月十月之交,或有此事耳。恐'七月'当为'十月'之讹。"

愍帝纪

建兴元年五月,诏琅邪王曰:"前得魏浚表。" 时浚屯兵洛北石梁坞,刘琨承制假浚河南尹,故得上表长安。或疑为王浚之讹者,非是。

十月,荆州刺史陶侃讨杜弢党杜曾于石城。 以杜弢、杜曾二传考之,曾不与弢同党。

二年六月,刘曜、赵冉寇新丰诸县。 《刘聪载记》作"赵染"。

元帝纪

建武元年,幽州刺史、左贤王、渤海公段匹磾。 《匹磾传》不言封渤海公。

单于、广宁公段辰,辽西公段眷。 段辰者,涉复辰也;段眷者,疾陆眷也,各称一字者,省文。

太兴元年十二月,彭城内史周抚杀沛国内史周默以叛。④ 此周抚一名坚,沛人,非周访之子抚也。

永昌元年四月,吴国内史张茂。 此又一张茂,与凉州刺史同姓名。

七月,王敦自加兖州刺史郗鉴为安北将军。 按:鉴非敦之党,且亦不可云"自加"也。以《敦传》考之,当是自领江州牧,与郗鉴事初不相涉,盖传写有脱文。

成帝纪

咸和四年八月,刘曜将刘胤等帅众侵石生。 此与江州刺史刘胤同时,而又同姓名。

九年六月乙卯,太尉长沙公陶侃薨。 《侃传》作七年,误也。

咸康四年八月,分宁州置安州。 考《地理志》,是时所分者牂柯、夜郎、朱提、越巂四郡也。前此惠帝太安二年《华阳国志》作元年。复置宁州,不书于《本纪》,则此宁州无根矣。《志》又载李寿分宁州兴古、永昌、云南、朱提、越巂、河阳六郡为汉州。考咸康四年,正李寿僭位之日,虽立此州,亦未能尽有其地也。

七年十二月,罢安州。 《地理志》在八年。

穆帝纪

永和四年九月丙申,慕容皝死,子隽嗣伪位。⑤ 按:皝虽称燕王,尚称臣于晋。隽嗣位之始,未僭帝号,于例不当书伪位也。

五年二月,征北大将军褚裒使部将王龛北伐。 《褚裒传》作徐龛。按:太山太守徐龛先已为石勒所杀,当从《纪》。

七月,王龛、李迈及石遵将李农战于代陂。 李农,《裒传》作李菟。

七年八月,冉闵豫州牧张遇以许昌来降。 按:是时洛阳亦入于晋,故九月即有修复山陵之使也。洛阳,晋之故都,准以史法,其得与失皆当大书于《本纪》,乃《晋史》于永和七年、太元九年收复洛阳皆略而不书,失轻重之宜矣。考永嘉五年辛未,刘聪陷洛阳,厥后沦于刘、石者凡四十年。至永和七年辛亥,石氏乱,而晋复之,桓温因有移都之议。越十有四年,为兴宁三年乙丑,而为慕容恪所陷。苻坚灭慕容氏,洛阳又入于秦,前后陷没凡十有九年。至太元九年甲申,苻氏乱,而晋再有之。越十有五年,为隆安三年己亥,复为姚兴所陷。又十有七年,为义熙十二年丙辰,刘裕北伐,后秦将姚光以洛阳降,而晋三有之。及宋武受禅,洛阳犹在晋域也。东晋君臣虽偏安江左,犹能卓然自立,不与刘、石通使,旧京虽失,旋亦收复,视南宋之称臣称侄,恬不为耻者,相去霄壤矣,讵可以清谈轻之哉!

简文帝纪

咸安元年十一月,以冠军将军毛武生都督荆州之沔中、扬州之义成诸军事。 按:《毛穆之传》武生,穆之小字。"徙督扬州之义成、荆州五郡、雍州之京兆军事,襄阳、义成、河南三郡太守"。《纪》不书雍州、京兆者,阙也。荆州五郡谓南阳、襄阳、新野、义阳、顺阳也。据《桓冲传》。孝武太元中,侨置雍州于襄阳,刺史常兼督襄阳诸郡。

二年七月,立会稽王昌明为皇太子。 按:《孝武纪》,帝讳曜,字昌明。此称字不称名,盖以字行也。

孝武帝纪

太元四年十二月己酉朔,日有蚀之。 《天文志》作闰月。

十四年六月,使持节、都督荆、益、宁三州诸军事、荆州刺史桓石虔卒。 以列传考之,石虔但为豫州刺史,其为荆州刺史者,桓石民也。

安帝纪

隆安三年十一月,妖贼孙恩陷会稽,吴国内史桓谦、临海太守新蔡王崇、义兴太守魏隐并委官而遁,吴兴太守谢邈、永嘉太守司马逸皆遇害。 按:《孙恩传》,桓谦作桓谨、魏隐作魏𫟛、司马逸作谢逸。《南史·孝义传》作司马逸之。

元兴元年二月,桓玄败王师于姑孰,谯王尚之、齐王柔之并死之。 按:《桓玄传》,玄至姑孰,攻谯王尚之,尚之败。玄入京师,矫诏加己总百揆,侍中、都督中外诸军事、丞相、录尚书事、扬州牧。据《本纪》,在三月。于是玄入居太傅府,害毛泰、泰弟邃、荀逊、庾楷父子、袁遵、谯王尚之等。然则尚之之死,在三月玄入京师之后,不当在二月也。

义熙五年,慕容超将慕容兴宗寇宿豫,阳平太守刘千载、南阳太守赵元并为贼所执。 按:南阳与宿豫相去甚远,《宋书·武帝纪》作济南,似为近之。予考是时阳平与济阴皆寓治宿豫,则赵元当是济阴太守,不特非南阳,恐亦非济南也。

校勘记

① "景帝为武侯",中华书局本"帝"作"王"。

② "按元帝纪","元"为"怀"之讹。

③ "太白聚斗牛之间","斗牛"误倒,应为"牛斗"。

④ "杀沛国内史周默以叛",中华书局本"叛"作"反"。

⑤ "永和四年九月景申",按"景"为"丙"之讹。

廿二史考异卷十九

晋书二

天文志上

考之径一不啻周三率,周百四十二而径四十五。　此周径之率盖王蕃所创。其后祖冲之定密率,径一百一十三周三百五十五,约率径七周廿二,较此数稍弱。

天径三十二万九千四百一里。　按:周天一百七万一千里,以径四十五周百四十二之率约之,当云径三十三万九千四百一里,此"二"字当是"三"之讹。

天文志中

安帝隆安五年闰月癸丑,天东南鸣。十六年九月戊子,天东南又鸣。　按:隆安纪元止于五年,其明年改元元兴矣,此云"十六年"误。

永熙元年四月庚申帝崩。　按:武、惠二《纪》俱云以己酉崩,相差十一日。且是岁正月改元太熙。四月,武帝崩。太子即位,乃改永熙。以先帝之崩系之后君之年,亦非也。

安帝隆安二年,郗恢遣邓启方等。　《本纪》作邓启。

义熙元年十一月,荆州刺史魏咏之卒。　此卷书咏之卒,而下卷书咏之薨;此卷书左仆射孔安国薨,下卷书卒。又下卷永和五年,征北大将军褚裒卒,其下即书裒薨。史之无定例如此。

七年七月,朱龄石克蜀,蜀人寻反,又讨之。　按:《安帝纪》,龄石以义熙八年西伐,九年七月克蜀。此云七年,误也。下条即有"九年七月,朱龄石灭蜀"之文,其不相检照如此。下卷亦引龄石克蜀事,误与此同。

惠帝光熙元年十二月,太白犯填星。是后河间王为东海王越所杀。　按:河间王颙为南阳王模所杀,模虽党于越,未可便称越杀之。

天文志下

孝武太元二年九月壬午,太白昼见,在角。角,兖州分野。升平元年五月,大赦。　按:升平在太元之前,大赦亦与上事无涉,当是错简。

义熙十二年七月,刘裕伐姚泓。十三年八月,擒姚泓。十四年,刘裕还彭城,受宋公。十一月,《纪》作十二月。左仆射前将军刘穆之卒。明年,西虏寇长安,雁州刺史朱龄石陷没。十二月,帝崩。　按:穆之卒亦在十三年,而朱龄石陷没及安帝崩俱十四年事。义熙纪元终于十四年,不得更有明年,《志》皆误。

地理志上

始皇初并天下,削罢列侯,分天下为三十六郡。三川、河东、南阳、南郡、九江、鄣郡、会稽、颍川、砀郡、泗水、薛郡、东郡、琅邪、齐郡、上谷、渔阳、右北平、辽西、辽东、代郡、钜鹿、邯郸、上党、太原、云中、九原、雁门、上郡、陇西、北地、汉中、巴郡、蜀郡、黔中、长沙,凡三十五郡,与内史为三十六郡也。　此《史臣本》注盖用裴骃说。王伯厚云:"三川,汉河内、河南两郡、鄣郡,汉丹阳郡、砀郡,汉梁国、泗水,汉沛郡、薛郡,汉鲁国、九原,汉五原郡、黔中,汉武陵郡、内史,汉三辅及恒丰郡。"予按《汉志》,武陵郡高帝置,不云即秦之黔中。《后汉书·南蛮传》:"秦昭王使白起伐楚,略取蛮夷,始置黔中郡。汉兴,改为武陵。"王氏之说本此。而丹阳郡但云故鄣郡,不云秦郡,疑鄣郡亦汉初所置也。

于是兴师踰江,平取百越,又置闽中、南海、桂林、象郡,凡四十郡。按:汉志"本秦京师为内史,分天下作三十六郡",是内史不在三十六郡之内也。《汉志》言"秦所置郡凡三十三,合南海三郡为三十六"。闽中则汉武平闽、粤,后虚其地而不有,故《汉志》不之数也。此以鄣、黔中为秦置,并内史为三十六郡;合闽中、南海诸郡为四十,皆与《汉志》异。

汉祖革秦之敝,分内史为三部,更置郡国二十有三。桂阳、江夏、豫章、河内、魏郡、东海、楚国、平原、梁国、定襄、泰山、汝南、淮阳、千乘、东莱、燕国、清河、信都、常山、中山、勃海、广汉、涿郡,合二十三也。三内史,河上、渭南、中地也。《地理志》曰:高祖增二十六,武帝改河上、渭南、中地以为京兆、冯翊、扶风,是为三辅也。　按:志以内史分三部,与新置郡国二十三,适合二十六之数,故引《汉志》以实之。然《汉志》谓文、景各六,武帝二十六,与此皆不相应,单举斯语,未免傅会。又考《汉志》,梁国即秦砀郡,非高帝所增;信都国亦无高帝置之文,则仍不能强合也。河上、渭南、中地三郡虽高帝所置,然未几而废,仍为内史。三辅之分,实自武帝始。

文增厥九。广平、城阳、淄川、济南、胶西、胶东、河间、庐江、衡山,武帝改衡山曰六安。 按:广平非文帝所置,当置于武帝初。王温舒为广平都尉,此其证也。后为平干国。文帝建国九,其一乃济北也,武帝时并入泰山郡。胶西国,宣帝改曰高密。

景加其四。济北、济阴、山阳、北海也。宣改济北曰东平。 按:景帝建国九,济川、济东、山阳、济阴、江都、中山、广平、清河、常山也。置郡一,北海也。中山、清河、常山皆高帝所置郡,济川后废,故《汉志》云"景帝增六"也。《志》失举江都、广川,又误以济东为济北,不知济北乃文帝所置也。济东国除为大河郡,宣帝改为东平国。此云改济北曰东平,大谬。广川即信都,信都国立于元、哀之世,而《志》谓高帝时已有之,亦误。

武帝开越攘胡,初置十七,南海、苍梧、郁林、合浦、交趾、九真、日南、珠崖、儋耳九郡,平西南夷置牂柯、越巂、沈黎、汶山、犍为、益州六郡,西置武都郡,又分立零陵郡,合十七郡。**拓土分疆,又增十四。**恒农、临淮、西河、朔方、酒泉、陈留、安定、天水、玄菟、乐浪、广陵、敦煌、武威、张掖。 按:广陵即景帝所置江都国,非武帝创置。武帝建国三,平干、即广平。真定、泗水也,志皆失举。

昭帝少事,又增其一。金城也。至平帝元始二年,凡新置郡国七十有一,与秦四十,合一百一十有一。 按:《汉志》所载郡国一百三,正元始二年以前之制,此云百一十有一者,误也。珠崖、儋耳、沈黎、汶山四郡后废。南海、郁林、日南即秦之南海三郡。而闽中郡则汉未尝置。王伯厚谓除此八郡,正合《汉志》一百三之数,愚以为犹未尽也。分内史为三辅,视秦仅增其二。梁国即秦砀郡,不当重出。而武帝所置真定、泗水,《志》犹遗之。秦泗水郡,汉改为沛郡。汉之泗水国则分东海置,非一地也。

光武投戈之岁,在雕耗之辰,郡国萧条,并省者八。城阳、淄川、高密、胶东、六安、真定、泗水、广阳。 以《后汉书·光武纪》、《续汉·郡国志》参考之，光武所省郡国凡十，此《志》尚失载河间、广平二国。或疑河间以复置，故不书；则广阳后亦复置，何以仍载乎？

明帝置一，永昌也。**章帝置二。**任城、吴郡。　　按：分会稽置吴郡在顺帝时，《志》以为章帝置，盖承《续汉志》之文而误以吴郡当之，不知章帝所置，任城之外，固有阜陵国也。《志》于《扬州篇》仍云"顺帝分会稽立吴郡"，一卷之中，前后自相抵牾。

和、顺改作，其名有九。和置济北、广阳，顺改淮阳为陈，改楚为彭城，济东为东平，临淮为下邳，千乘为乐安，信都为安平，天水为汉阳。　　按：和帝所置尚有河间国，《志》却失载。临淮为下邳、天水为汉阳，明帝所改也。淮阳为陈、楚为彭城、千乘为乐安，和帝所改也。明帝改信都为乐成，安帝又改为安平，东平则西京旧国也，《志》并以为顺帝所改，失之甚矣。

而郡国百有八焉。省前汉八，分置五，改旧名七，因旧九十六，少前汉三也。　　按：前汉郡国百有三，自光武至顺帝并省者八，真定、城阳、泗水、淄川、高密、胶东、六安、广平。省而复置者二，河间、广阳。分置者四，永昌、任城、济北、吴郡。改旧名六，因旧八十九，又属国别领比郡者六，广汉属国后为阴平郡、蜀郡属国后为汉嘉郡、犍为属国后为朱提郡、居延属国后为西海郡、辽东属国后为昌黎郡、张掖属国后不见。故《续志》云郡国百五也。此《志》皆误。

桓、灵颇增于前，复置六郡。桓，高阳、高凉、博陵；灵，南安、鄱阳、庐陵。按：博陵郡，桓帝延熹元年分中山置，《本纪》有明文。灵帝中平五年，分汉阳置南安郡，见《秦州记》。刘昭所引。此外别无置郡之证。刘昭注《续汉志》云，兴平元年，孙策分豫章立庐陵郡；建安十五年，孙权分豫章立鄱阳郡；二十五年，分合浦立高梁郡，本高凉县。皆在献帝之世。而高阳国则晋泰始元年所置。见本《志》。此以为桓、灵增置者，误也。《后汉书·西南夷传》："灵帝时，以蜀郡属国为汉嘉郡，又分蜀郡北部为汶山郡。"刘昭以为安帝延光三年置。此二郡，《志》反失之。

魏武定霸，三方鼎立，生灵版荡，关洛荒芜，所置者十二郡，新兴、乐平、西平、新平、略阳、阴平、带方、谯、乐陵、章武、南乡、襄阳。**所省者七。**上郡、朔方、五原、云中、定襄、渔阳、庐江。　　按：新兴省云中、定襄、五原、朔方置。乐平析上党地、西平析金城地、新平析安定、右扶风地、略阳析汉

阳地。本名广,魏晋初更名。阴平即广汉属国。带方析乐浪地、谯析沛郡
地、乐陵析平原地、章武析勃海、河间地、南乡析南阳地、襄阳析南郡
地。考新平郡,献帝初平元年置,其时曹公尚未得政。带方郡则公孙
度所置,与魏无涉。又献帝初平四年,分汉阳置永阳郡;兴平二年,置
西海郡;建安三年,置城阳郡,《志》皆失之。又按本《志》西平、新平二
郡下俱云汉置,魏武定霸犹奉汉号,谓汉置可,谓魏武置亦可也。乐
平、阴平、章武三郡下俱云晋置,则与此文相戾矣。

而文帝置七。 朝歌、阳平、弋阳、魏兴、新城、义阳、安丰。 朝歌本河内
地,晋改为汲郡。阳平本东郡地,建安中割以益魏郡;及文帝受禅,乃复
析之。《魏志》称文帝分魏郡东部为阳平郡,西部为广平郡,此不数广
平者,漏也。弋阳析江夏、汝南地,魏兴、新城皆析汉中地,义阳析
南阳地,即汉末之考陵郡。安丰故庐江地。考《魏志》,田豫为弋阳太守,
在太祖时,则建安之末已有弋阳郡。而刘靖,黄初中为庐江太守,则亦
尝置庐江郡矣。

明及少帝增二。 明,上庸;少,平阳。 按:蜀置西城、房陵、上庸三
郡,魏文并为新城郡,以降将孟达为太守。明帝诛达,复分其地为上
庸、锡郡,锡郡旋废,故《志》不及也。平阳析河东置。又本《志》称魏置
者,尚有广平、城阳、汝阴、魏置,后废。昌黎即汉之辽东属国。四郡。

得汉郡者五十四焉。 按:《续汉志》所载郡国百有五,蜀得其十
一;吴得其十八;其余七十有六,魏武省其七,则魏所得汉郡当为六十
九矣。汉司隶部之河南、河内、河东、恒农、京兆、冯翊、扶风,豫州之颍
川、汝南、梁国、沛国、陈国、鲁国,冀州之魏郡、钜鹿、常山、中山、安平、
河间、清河、赵国、勃海,兖州之陈留、东郡、东平、任城、泰山、济北、山
阳、济阴,徐州之东海、琅邪、彭城、下邳、广陵,青州之济南、平原、乐
安、北海、东莱、齐国,荆州之南阳,扬州之九江,并州之上党、太原、西
河、雁门,凉州之陇西、汉阳,即天水。武都、金城、安定、北地、武威、张
掖、酒泉、敦煌、张掖居延二属国,幽州之涿郡、广阳、代郡、上谷、右北
平、辽西、辽东、玄菟、乐浪、昌黎。即辽东属国。皆魏所有,不止五十
四也。

蜀先主于汉建安之间初置郡九。 巴东、巴西、梓潼、江阳、汶山、汉嘉、朱
提、宕渠、涪陵。 按:巴东、巴西皆析巴郡置,江阳本犍为、枝江都尉,此

三郡皆置于刘璋时。汶山郡,汉武所立,后废,灵帝复立。汉嘉即蜀郡属国,亦灵帝所立,非始于先主也。朱提即犍为属国,亦称犍为南部。见《华阳国志》。涪陵初称巴东属国,与宕渠皆析巴郡地,梓潼析广汉地。

后主增二。云南、兴古。　　**按:**云南郡分建宁、永昌置,兴古郡分建宁、牂柯置,皆在建兴三年。建宁,汉之益州郡也。《志》云刘禅改广汉属国为阴平郡,见《益州篇》。此以阴平为魏武所置,故不数。又《华阳国志》称,刘氏延熙中,分置东广汉咸熙初省。及南广郡,《志》皆不及。

得汉郡者十有一焉。　　谓巴蜀、汉中、广汉、犍为、牂柯、越嶲、益州、永昌,及蜀郡、犍为二属国也。

吴主大皇帝初置郡五。临贺、武昌、珠崖、新安、庐陵南部。　　临贺析苍梧地,武昌析江夏地,新安析丹阳地,本名新都,晋初改曰新安。庐陵南部即晋之南康郡也。汉武置珠崖、儋耳二郡,元帝时罢。孙氏置郡,亦不见于陈寿《志》,惟《陆凯传》云:"赤乌中,除儋耳太守。"意者合珠崖、儋耳为一郡乎?孙权尝改合浦为珠官郡,孙亮时复旧名。此珠官非珠崖也。庐陵、鄱阳、高凉三郡亦孙氏所置,《志》误以为桓灵时置,故不及。权又尝置西陵郡,以甘宁为太守;置彭泽郡,以吕范为太守;置东安郡,以全琮为太守,皆不久而省。

少帝、景帝各四。少:临川、临海、衡阳、湘东。景:天门、建安、建平、合浦北部。　　临川即豫章东部、临海即会稽东部、衡阳即长沙西部、湘东即长沙东部、建安即会稽南部,天门析武陵地,建平析宜都地。《吴录》孙休永安三年,分合浦立北部尉,领平山、兴道、宁浦三县。《晋志》宁浦郡,吴置。即此合浦北部也。《广州记》,建安廿三年,吴分郁林立宁浦郡,治平山县。与《吴录》异。

归命侯亦置十有二郡。始安、始兴、邵陵、安成、新昌、武平、九德、吴兴、东阳、桂林、荥阳、宜都。　　始安即零陵南部、始兴即桂阳南部、邵陵即零陵北部,安成析长沙、豫章、庐陵地,新昌析交阯地,九德析九真地,吴兴析吴、丹阳地,东阳析会稽地,桂林析郁林地,武安则扶严地也。宜都郡本刘备分南郡置,张飞、孟达、樊友相继为太守。建安廿四年入吴,在孙权时,非皓所置也。荥阳非吴地,毕中丞沅以为营阳之讹,良然。然志云穆帝分零陵立营阳郡,《宋志》亦云江左分零陵立,则亦非皓所置矣。

得汉郡者十有八。 谓南郡、江夏、零陵、桂阳、武陵、长沙、丹阳、会稽、吴、豫章、南海、苍梧、郁林、合浦、交阯、九真、日南，实十七郡，而云十八，未详。

晋武帝太康元年，既平孙氏，凡增置郡国二十有三。 荥阳、上洛、顿丘、临淮、东莞、襄城、汝阴、长广、广宁、昌黎、新野、随郡、阴平、义阳、毗陵、宣城、南康、晋安、宁浦、始平、略阳、乐平、南平。 荥阳析河南地，即汉末之荥阳都尉也。上洛析京兆地、顿丘析东郡地、临淮析下邳地、东莞析琅邪地、襄城析颍川地、汝阴析汝南地、长广析东莱地、广宁析上谷地、昌黎即辽东属国、新野、随、义阳皆析南阳地、毗陵析吴郡地、宣城析丹阳地、南康即庐陵南部、晋安析建安地、宁浦即合浦北部、始平析京兆、扶风地、略阳即广魏改名、南平则因吴南郡改名也。义阳、乐平皆魏置，而又入增置之列；阴平亦以为魏武置，而又重出，前后不检照如此。又检本《志》，晋初分广汉立新都郡，分河间立高阳国、分勃海立章武国，此处皆未之及。高阳、章武已入汉魏所置之列，新都一郡不宜遗漏也。

凡十九州，郡国一百七十三。 仍吴所置二十五，仍蜀所置十一，仍魏所置二十一，仍汉旧九十三，置二十三。 今据《续汉志》与本《志》参互考之，后汉郡国一百五，并省者八，陈、渔阳、上郡、五原、云中、定襄、朔方、张掖属国也。改旧名者十二，濮阳、即东郡。高平、即山阳。淮南、即九江。天水、即汉阳。范阳、即涿、魏改。燕、即广阳。建宁、即益州，蜀改。阴平、即广汉属国，蜀改。汉嘉、即蜀郡属国，汉末改。朱提、即犍为属国，蜀改。西海、即居延属国，汉末改。昌黎即辽东属国，魏改。也。汉末增置者六，博陵、新平、西平、西郡、南安、汶山也。魏置者十五，平阳、广平、阳平、谯、弋阳、安丰、乐陵、带方、本公孙度置。新兴、襄阳、新城、魏兴、上庸、广魏、南乡也。蜀置七，巴东、巴西、江阳、皆刘璋置。梓潼、涪陵、云南、兴古也。吴置二十六，庐陵、鄱阳、宜都、本刘备置。天门、建平、衡阳、湘东、邵陵、武昌、安成、吴兴、东阳、新都、临海、建安、临川、新昌、武平、九德、临贺、始安、始兴、桂林、高凉、高兴、宁浦也。新置二十二，荥阳、上洛、汲、顿丘、襄城、汝阴、章武、高阳、广宁、乐平、始平、新都、城阳、长广、东莞、临淮、义阳、南平、宣城、毗陵、晋安、南康也。义阳、东莞、章武、汝阴、城阳、长广诸郡，魏时皆有之，《志》以为晋置，恐未尽然，或中废而复立耳。又改广魏曰略阳、南乡曰顺阳、吴之新都曰新安。其仍汉旧名者八十五郡耳。又按本《志》，司州统郡国十二、兖州八、豫州十、冀州十三、幽州七、平州五、并州六、雍州七、凉州八、秦州六、梁州八、益州八、宁州四、青州六、徐州七、荆州二十二、扬州十八、交州七、广州十，合计之止一百七十二。盖青州脱北海一郡。

凡周天积百七万九百一十三里，径三十五万六千九百七十里。此古法径一周三之率，"七十"下当有一字。《天文志》："周天一百七万一千里，径三十五万七千里。"亦是古率，而与此小异。

阳平郡清泉县。 本清渊，避唐讳改。敦煌郡渊泉作深泉，亦避唐讳。

侨立河东郡，统安邑、闻喜、永安、临汾、恒农、谯、松滋、大戚八县。 大戚即广戚，隋避炀帝讳改。

陈留国，魏武帝封。 袁廷梼曰：武帝当作元帝，即常道乡公也。晋受禅，封为陈留王，追谥元皇帝。

济阳郡，汉置。统县九。 按：汉无济阳郡，盖"济阴"之误。《卞壶传》"济阴冤句人"。《宋书·州郡志》于城武、离狐二县并云"《晋太康地志》属济阴"可证。今《志》作"济阳"，为传写之讹也。惠帝分陈留为济阳国，领济阳、考城诸县，与此郡全不相涉。《晋志》亦失书。

东平国刚平县。 《续汉志》济北国有刚县。前汉属泰山郡。《左传》"哀八年，齐人归讙"。杜预注"在东平刚县北"。是晋时仍名刚也。而"隐五年，卫师入郕"，注又云"东平刚父县西南有郕乡"，此《志》又云"刚平"，未审孰是。

泰山郡南武城县。 按：《续汉志》，泰山郡南城县故属东海，《汉书》本作"南成"，后汉始加土旁。不知何时增入"武"字。考《景献羊皇后》、《惠羊皇后》、《羊祜传》、《宋书·羊欣羊元保传》并云泰山南城人。武帝分泰山郡置南城郡，封羊祜为南城郡公，亦以县得名也。《宋·齐州郡志》、《隋·地理志》皆称南城，无云"南武城"者，惟《晋志》多一"武"字，殆因下文有南武阳县相涉而误也。杜预注哀十四年《传》云"泰山南城县西北有舆城"；其注襄十九年《经》"城武城"则云"泰山南武城县"，二文似相抵牾。然刘昭注《续汉志》引襄十九年注亦云"南城县"，初无"武"字，则杜注此条"武"字亦后人所增也。南城本春秋武城之地，《史记》亦有南武城之称。见《仲尼弟子列传》。但晋世只名南城，不名南武城。

新泰县,故曰平阳。 《汉志》,泰山郡有东平阳县,云"东"者,别于河东之平阳、山阳之南平阳也。《续汉志》无此县,盖尝并省,未审何时重立。《春秋》宣八年"城平阳"。杜预注"今泰山有平阳县",即此平阳矣。其改名新泰,据《水经注》,在晋武帝元康九年。元康,惠帝年号,或太康之讹?

东牟县,故牟国。 "东"字衍。考两《汉志》,泰山郡有牟县,即春秋牟国也,与东莱之东牟非一地。《羊祜传》"诏以泰山之南武阳、牟、南城、梁父、平阳五县为南城郡",是晋时亦名牟县也。

明帝以郗鉴为刺史,寄居广陵,置濮阳、济阴、高平、泰山等郡,后改为南兖州。 按:晋南渡后侨置徐、兖、青诸州,俱不加"南"字。刘裕灭南燕,收复青、徐故土,乃立北青、北徐州,而侨置之名如故。是时兖境亦收复,不别立北兖州,但以刺史治广陵,或治淮阴,而遥领淮北实郡。义熙末,乃以兖州刺史治滑台,而二兖始分,然侨立之州,犹不称南。至永初受禅以后,始诏除"北"加"南"。沈休文《州郡志》谓晋成帝立南兖州,寄治京口,时又立南青州及并州。此特据后来之名追称之,非当时有南兖、南青之名也。此《志》乃谓成帝后改南兖州,则自郗鉴以后领兖州刺史者,《纪》《传》一一可考,曷尝有称南兖者乎?盖唐初史臣误仞宋代追称为晋时本号,著之正史,沿讹者千有余年,至予始觉其谬,愿读史者共审之!

安帝分广陵郡之建陵、临江、如皋、宁海、蒲涛五县置山阳郡,属南兖州。 以《宋志》考之,安帝义熙中,分广陵立山阳郡,所统者山阳、盐城、本盐渎,安帝改。东城、左乡四县也。又分广陵立海陵郡,所统者则建陵、临江、如皋、宁海、蒲涛五县也。《志》误。

置南新蔡郡,属南豫州。 按:晋世无"南豫"之名。宋武经略中原,以豫州镇寿阳,而遥领淮北诸实郡,豫犹未分;至永初受禅后,分淮东、西为二,乃有南豫之称。此《志》亦误以宋人追称为晋时本号也。《宋志》,江州有南新蔡,即是此郡;晋属豫州,至宋改属江州耳。

章武国,泰始元年置。 按:序称魏武置十二郡,章武其一也。杜恕坐事徙章武郡,在魏嘉平元年,是章武郡不始于晋矣。

燕国安国县国相,蜀主刘禅封此县公。 安国当作安乐,即渔阳之安乐也。魏武省渔阳郡,盖并入燕郡,其近塞地则弃之。

代郡富城县。　"富城"当作"当城"。

穆帝永和五年,慕容隽僭号于蓟,是为前燕。七年,隽移都于邺。按:本纪"永和八年,隽僭帝号于中山,称燕",与此不同。考《载记》隽以永和五年僭即燕王位,其时尚都龙城,未得蓟也。其徙都蓟,盖在永和六年。次年,克中山。又次年,克邺。僭帝号然犹都蓟城也。隽之迁邺,当在升平二年以后,《志》未得其实。

咸宁二年十月,分昌黎、辽东、玄菟、带方、乐浪等郡国五置平州。按:《帝纪》泰始十年二月,分幽州五郡置平州,年月不合。考《卫瓘传》,瓘"除征北大将军、都督幽州诸军事、幽州刺史。至镇,表立平州,后兼督之"。则分立平州之议出于瓘。瓘以泰始七年八月被命之镇,是平州当置于泰始,不当在咸宁也。

惠帝改新兴为晋昌郡。　新兴郡治九原,此并州之晋昌也。《志》又云惠帝元康五年,分敦煌、酒泉为晋昌郡,此凉州之晋昌也。同时有两晋昌郡,或有一误。

京兆郡阴般县。　即汉之阴槃也。《续汉志》作阴盘。两汉皆属安定。宋敏求《长安志》,临潼县东新丰故城,即高帝为太上皇所立。后汉灵帝末,徙安定郡阴盘县,寄治于此城。今亦谓之阴盘城。

安定郡西川县。　两汉无此县。

有秦国流人至江南,改堂邑为秦郡,侨立尉氏县属焉。　按:《宋志》,安帝改堂邑为秦郡。此《志》系于元帝。考王国宝、毛泰为堂邑太守,并在安帝时,则堂邑之改秦郡,是安帝非元帝审矣。尉氏为陈留属县,考义熙中,檀韶、向弥、檀祗并为秦郡太守;北陈留内史虞丘进亦以秦郡太守督陈留郡事,则陈留侨郡亦在堂邑界,当是义熙九年土断时省陈留郡,以其县入秦郡也。

武威郡揖次县。　当作揖次。孟康读揖为子如切。汉隶胥、胥二字多相乱,故讹为"揖"。隋开皇初,改广武县曰邑次,又因揖、邑同音而讹也。

西海郡,故属张掖,汉献帝兴平二年,武威太守张雅请置。　按:刘昭注《续汉志》以为建安末立。

阴平郡,泰始中置。统县二,阴平、平广。　按:《志》叙魏武置郡十二,阴平居其一。而《益州篇》云刘禅建兴二年,分广汉属国为阴平郡。此又云泰始中置,一卷之中,三处互异。又考《宋书·州郡志》,北阴平领阴平、平武二县。平武,蜀立,本曰广武,晋武帝太康元年更名。此《志》作平广,亦误。

江左分梁为秦,寄治梁州。 按:孝武立秦州,寄治襄阳。安帝世始治梁州之汉中南郑耳。据《宋志》,江左又侨立安固、怀宁二郡,属南秦,《志》却未及。

安帝时,又立新巴、汶阳二郡。 按:《宋志》荆州有汶阳郡,先属梁州,即此郡也。但何承天《志》云"新立",似非晋所置。《南齐书·蛮传》云"桓温割以为郡",又不当安帝时。

又有北新巴、华阳、南阴平、北阴平四郡。 按:华阳郡,《宋志》云《永初郡国》、何《志》并无;徐《志》新立,则非晋所立矣。上文称"晋人流寓于梁、益者,仍于二州立南北二阴平郡"。此复举南阴平、北阴平,亦似重出。

其后又立巴渠、怀安、宋熙、白水、上洛、北上洛、南宕渠、怀汉、新兴、安康等十郡。 按:十郡之名并见《宋志》,然巴渠、怀安、宋熙、北上洛,彼《志》皆云"新立",则非晋所置矣。且宋熙之名不应晋末先有之也。白水郡,《永初郡国》、何《志》皆无之;徐《志》始有,则亦宋所立,非晋置矣。怀汉,宋孝建二年立;新兴,宋末省晋昌郡立;安康亦宋末立,皆非晋置。盖《晋志》叙江左侨置州郡多不可信。

献帝初平元年,刘璋分巴郡立永宁郡。建安六年,改永宁为巴东,以巴郡为巴西。二十一年,刘备分巴郡立固陵郡。蜀章武元年,又改固陵为巴东郡,巴西郡为巴郡。 按:《华阳国志》,初平元年,征东中郎将安汉赵颍《三国志》作赵韪。建议分巴为二郡。颍欲得巴旧名,故白益州牧刘璋:以垫江以上为巴郡,庞羲为太守,治安汉;以江州至临江为永宁郡,朐忍至鱼复为固陵郡。巴遂分矣。建安六年,鱼复蹇允白璋争巴名。璋乃改永宁为巴郡,以固陵为巴东,徙羲为巴西太守,是为三巴。然则固陵郡亦刘璋所分。特初分三郡时,以故巴郡为永宁,治江州。而移巴郡之名于安汉,出于赵颍私意。故永宁、固陵二郡民起而争之,由是巴郡还复其旧,而以新置之巴郡为巴西,固陵为巴东,此三巴创设之本末也。《水经注》云,汉献帝初平元年,分巴为三郡,可证三郡之分,始于刘璋;而三郡俱有巴名,则在建安六年。此《志》云云,非其实矣。又考刘焉以兴平元年卒，子璋始为益州牧，则初平元年，璋尚未牧益州，诸书俱属之刘璋，未免有误，或初平当为兴平之讹乎？谯周《巴记》，初平六年，初平纪元止于四年，此云六年，误。赵颖分巴为二郡，欲得巴旧名，故郡以垫江为治，安汉以下为永宁郡。建安六年，刘璋分巴，以永宁为巴东郡，垫江为巴西郡。今按《晋》《宋》二《志》，安汉并属巴西，不属巴东。《宋志》垫江，汉旧县，建安六年度巴西，刘禅建兴十五年复旧。盖初平以安汉、垫江属新置之巴郡。建安六年，改新巴郡为巴西，则两县俱隶巴西矣。又考《晋》《宋》二《志》，巴郡领县四：江州、临江、垫江、枳。惟垫江由巴西改属，乃在蜀后主之世。若临江、江州皆永宁郡之属县，而后来并属之巴郡，岂非永宁后改巴郡之明证乎？《三国志》，张飞至江州，破璋将巴郡太守严颜，是巴郡仍治江州也。法正与刘璋笺言："张益德数万之众，已定巴东。"又云："今此全有巴东、广汉、犍为，过半已定，巴西一郡，复非明将军之有。"是巴郡之外，又有巴东、巴西，刘璋时已然矣。而《华阳志》云："巴东郡，先主入益州，改为江关都尉。建安二十一年，以朐忍、鱼复、羊渠及宜都、巫、北井六县为固陵郡。章武元年，朐忍徐虑、鱼复蹇机以失巴名，上表自讼，先主听复为巴东。"此则蜀先主之世又改固陵，复以郡人言，仍称巴东也。

太和八年，复为晋有。　太和当作太元。苻坚之败，在太元八年。其后二年，始复梁、益，史约略言之耳。

隆安二年，又立晋熙、遂宁、晋宁三郡。　按：《梁州篇》称，桓温平蜀之后，于德阳界东南置遂宁郡。此复载于《益州篇》，或初置属梁州，后乃改属益州乎？又安帝立始康郡，义熙中，时延祖尝为始康太守。《志》失载此郡。

太安二年，惠帝复置宁州，又分建宁以西七县别立为益州郡。永嘉二年，改益州郡曰晋宁，分牂柯立平夷、夜郎二郡。　按：《宋书·州郡志》，太安二年复立，增牂柯、越巂、朱提三郡。《志》不载增领三郡，其失一也。《王逊传》："逊以地势形便，上分牂柯为平夷郡，分朱提为南广郡，分建宁为夜郎郡，分永昌为梁水郡，又改益州郡为晋宁郡，事皆施行。"《志》惟载平夷、夜郎，不及南广、梁水二郡，其失二也。且王逊以永嘉四年除宁州刺史，踰年乃至镇，《宋志》以为永嘉五年所分，与

《逊传》相应。此《志》作二年，恐是转写之误。

地理志下

济南郡，汉置。统县五：平寿、下密、胶东、即墨、祝阿。 按：汉之济南，治东平陵，今历城县地。领县十四，与此所领无一同者。《舆地记》云，晋以平寿为济南郡治。考其属邑，乃汉北海、平原、胶东地，非济南地也。于钦《齐乘》引之。据此，似晋之济南与汉之济南，名同而实异矣。及读《宋志》，济南太守领广城，当作历城。朝阳、著、土鼓、逢陵、平陵即东平陵也。六县。土鼓、逢陵二县下云"晋无"。则历城四县皆晋所有也。朝阳县下云"晋曰东朝阳"。《太康地志》"属乐安"。则历城诸县在晋俱属济南也。又"北海太守领都昌、胶东、剧、即墨、下密、平寿六县"。惟剧县下云"《晋太康地志》属琅邪"，今《志》属东莞。其余五县不云改属。则晋时平寿诸县仍属北海也。又考杜预《左传集解》济南郡有历城县，见桓十八年。有平陵县、见庄十年。有於陵县，昭十年。有湿阴县，哀十年。而平寿见襄四年。及即墨县襄六年。自属北海郡，北海又别有都昌县，庄元年。皆不与此《志》合。《武帝纪》"泰始元年，封皇从叔父遂为济南王，凌为北海王"，是北海与济南并置。今《志》有济南无北海，始悟此《志》本有脱文，后人以北海所领之县误连缀于济南郡下。或遂谓晋之济南不治历城，乃治平寿，岂其然乎？惟祝阿一县，杜元凯明云今属济南郡。《永初郡国志》济南郡亦有祝阿，则不当列于平寿四县之下，盖文字烂脱之余，后人妄为补缀耳。后读《魏书·地形志》，济南郡之历城、著、今本误作"著"。平陵、朝阳四县俱云"二汉、晋属"。句。太原郡之祝阿县，则云"二汉属平原，晋属济南"，正与予言合。惟北海郡之下密、都昌、平寿、胶东四县，皆云"晋属齐郡，后属"。似此数县，晋世尝并于齐郡，后乃仍归北海，然亦是齐郡，非济南也。

长广郡，咸宁三年置。 按：《三国志·何夔传》："太祖时，迁长广太守。"则汉末已有长广郡。但晋之长广郡止领三县，而夔上言所领六县，似晋时郡境，视魏为削矣。

又分城阳之黔陬、壮武、淳于、昌安、高密、平昌、营陵、安丘、大剧、临朐十一县为高密国。 按：营陵以下五县皆隶东莞，不隶城阳，恐有脱文也。东莞有广县，此云大者，疑亦避隋炀讳改之。

以侨立州为南青州，而后省南青州，而北青州直曰青州。　按：晋无南青州之名，说已见前，此亦误承《宋志》追称，以为本号也。省青州入兖州，在永初受禅以后，不应阑入《晋史》。

东莞郡，太康中置。　按：《三国志》，太祖禽吕布，以尹礼为东莞太守。《臧霸传》。黄初中，胡质为东莞太守。《胡质传》。明帝时，张缉为东莞太守。《张既传》。而司马晃为东莞太守，亦在魏代。《晋书》本传。则汉末至魏，已有东莞郡矣。晋武帝即位之初，封叔父伷为东莞王，是晋初本有东莞郡，非太康始置也。但咸宁三年，徙东莞王伷为琅邪王，即以东莞益其国。自后东莞不为郡者九年，至太康四年伷薨，而后东莞复为郡耳。北海之剧县，《晋志》隶东莞。而《太康地志》云属琅邪者，太康之初，东莞并于琅邪也。《水经注》：东莞县，魏文帝黄初中立为东莞郡。不知建安中已有之。

元帝渡江之后，徐州所得惟半，乃侨置淮阳、阳平、济阴、北济阴四郡。　按：淮阳四郡，《宋志》皆在徐州部内。即晋末之北徐州。彼志云"淮阳，晋义熙中土断立。北济阴，宋孝武孝建元年立"，则皆非元帝侨置矣。《安帝纪》："义熙五年，慕容超将慕容兴宗寇宿预，阳平太守刘千载为贼所执。"此阳平侨置淮北之证。淮阳领甬城、宿预等县，去京都水七百，陆五百五十，亦淮北地也。《志》既云临淮、淮陵沦没，石氏乃置此四郡，则四郡宜在淮南，微独与《宋志》不合，即与《安帝纪》亦自相抵牾矣。宋末失淮北，始侨立北淮阳、北济阴于广陵，阳平于山阳，《志》殆误仞宋末侨置之郡，以为元帝所立乎？

以江乘置南东海、南琅邪、南东平、南兰陵等郡，分武进立临淮、淮陵、南彭城等郡，属南徐州，又置顿丘郡属北徐州。　按：元帝之世，蔡豹为徐州刺史，镇下邳。豹死，而卞敦以刺史镇泗口，寻退保盱眙，未闻有南、北徐之分。此一误也。当时侨立诸郡，或在江南，或在江北，虽非故土，而不加"南"字。义熙收复全徐，由是有北彭城、北琅邪、北兰陵之称。永初受禅，乃诏郡县寓立于南者，听以南为号；以北为名者，悉除之。而《志》谓元、明之世，已有南琅邪、南东平、南兰陵、南彭城、南下邳、南东莞诸名。此二误也。顿丘本属司州，即使侨立徐土，徐州刺史得兼督之，而未经土断，当犹存司州之名，不得云属北徐州。此三误也。东平本属兖州，虽侨置江南，与东海、琅邪、兰陵之元属徐州者有别，未经土断，当犹属兖州，不得云属南徐州。此四误也。

南濮阳、南太平、南泰山。 按：晋无"太平郡"，当是广平之误。《宋志》谓《永初郡国》有广平郡，寄治丹徒，后省为县，属南太山者是也。

义熙七年，始分淮北为北徐州，淮南但为徐州，统彭城、沛、下邳、兰陵、东莞、东安、琅邪、淮阳、阳平、济阴、北济阴十一郡。 是时徐州全境俱已收复，分为二州，画淮为界。《志》称淮南仍为徐州，可见前此无南徐之称也。彭城以下十一郡皆北徐州所统，当时本称北彭城、北沛、北下邳、北兰陵、北东莞、北琅邪，《志》依永初诏书，除"北"字。依《宋志》，尚失数东海一郡，而北济阴为宋孝建所立，不应义熙已有之，当去北济阴，而增东海为十一郡也。其徐州仍寄治京口，而遥领广陵、山阳、海陵、盱眙、钟离诸实郡。《志》不言北徐州所统郡，而直以彭城等十一郡系于徐州之下，岂误仞彭城等为淮南侨置之郡乎？然徐州所统，合侨郡实郡计之，实不止十一，而淮阳以下四郡皆在淮北，不在淮南，进退皆失据矣。

晋武平吴，分南阳立义阳郡。 下文云"义阳郡，太康中置"。太康元年，即平吴之岁也。 按：武帝泰始元年，即封从伯父望为义阳王，是义阳置郡，不始于太康，当是因魏之旧耳。叙例以为魏文帝置。考《三国志》，黄初三年，改封章陵王据为义阳王。景初元年，分襄阳之邧叶县属义阳郡。又邓艾，义阳棘阳人，来敏、邓芝俱云义阳新野人，是魏有义阳郡矣。

顺阳郡，太康中置。 按：顺阳即南乡郡。《水经注》："汉建安中，割南阳右壤为南乡郡，逮晋，封宣帝孙畅为顺阳王，在太康十年。因为立顺阳郡，而南乡为县。"旧治酂城，永嘉中，丹川浸没，至永和中，徙治南乡故城。本《志》亦云："建安十三年，魏武得荆州，分南阳西界立南乡郡。晋武帝平吴，改南乡为顺阳郡。"则此云"太康"中置者非也，但顺阳郡名则定于太康耳。杜预注《左传》云"谷国在南乡筑阳县北"，又云"商密，今南乡丹水县"，又云"析，今南乡析县"，又云"阴县，今属南乡郡"。盖杜氏注《左》时，犹未有顺阳之封也。叙例太康元年，增置郡国二十三，不数顺阳，以顺阳即南乡也。

义阳郡，统县十二。 《水经注》引阚骃《十三州志》云："晋太始中,割南阳东鄙之安昌、平林、平氏、义阳四县置义阳郡于安昌城。"与此多寡迥异。考杜元凯注《左传》云:"蓼国,今义阳棘阳县东南湖阳城。"又云:"邓国,今义阳邓县。"又陈寿《蜀志》:"来敏、邓芝俱云义阳新野人。"皆与此《志》合。骃所说,恐未足据。

惠帝又分义阳立随郡,分南阳立新野郡。　按:义阳本领十二县,新野、穰、邓、蔡阳、随、安昌、棘阳、一本作枣阳。厥西、平氏、厥西是一县,平氏是一县。今本或以厥为一县,西平氏为一县,误。义阳、平林、朝阳是也。后分新野、穰、蔡阳、邓、棘阳等县立新野郡,则新野亦义阳所分矣。即云义阳故属南阳,而以例言之,当云分义阳,不当云分南阳也。《水经注》:"晋咸宁二年,封扶风武王少子歆为新野郡公,割南阳伍属、棘阳、蔡阳、穰、邓、山都封焉。"　按:本《传》,歆始封县公,其进封郡王乃在惠帝时,与《水经注》不合。"伍属"二字亦讹。《志》又云:"穆帝时,以义阳流人在南郡者立为义阳郡。安帝又侨立南义阳、东义阳郡。"是晋时有四义阳矣。又按《随穆王整传》:"整封清泉侯,先薨。武帝以义阳国一县追封为随县王。子迈嗣。太康九年,以义阳之平林益迈为随郡王。"则随郡之分在武帝时,非惠帝所分矣。《宋志》亦云"太康年分义阳为随国"。

桓温又分南阳立武宁郡。　按:《宋志》:"武宁太守,晋安帝隆安五年,桓玄以沮、漳降蛮立。"《桓玄传》亦载此事。此云桓温,误也。

义熙十三年,省湘州、置置字衍**。长沙、衡阳、湘东、零陵、邵陵、营阳还入荆州。**　按:《宋志》,晋怀帝永嘉元年立湘州,成帝咸和三年省。安帝义熙八年复立,十二年又省。此《志》于咸和省并、义熙复立皆阙而不书,疏漏甚矣。

秦始皇并天下,以置鄣、会稽、九江三郡。项羽封英布为九江王,尽有其地。　按:项羽封英布,但得九江一郡耳,非能尽有楚故地也。是时羽自称西楚霸王,王梁、楚九郡,若尽以与布,羽更有何地乎?《史》、《汉》皆无此语。

景帝四年,封皇子非为江都王,并得鄣、会稽郡,而不得豫章。按:《汉书·地理志》广陵县下云:"江都易王非、广陵厉王胥皆都此,并得鄣郡,而不得吴。"吴即会稽郡也。而会稽郡下又云"景帝四年属江都"。二文自相矛盾。考《江都易王传》称"吴已破,徙王江都,治故吴国"。谓江都王所治,即吴王濞故都,非能尽有其地也。严助、朱买臣为会稽太守,其时江都国尚无恙,则会稽之不属江都明矣。

　　明帝太宁元年,分临海立永嘉郡,而扬州统丹阳、吴郡、吴兴、新安、东阳、临海、永嘉、宣城、义兴、晋陵十一郡。　今自丹阳至晋陵数之,止十郡,盖脱会稽一郡。

　　改陵阳为广陵。　"广陵"当作"广阳"。

廿二史考异卷二十

晋书三

律历志上

应钟之数四十二,蕤宾之数五十七,大吕之数七十六,夷则之数五十一,夹钟之数六十八,无射之数四十五,中吕之数六十。 此皆约其大数言之,若论三分损益之密率,则应钟之数四十二又三分之二,蕤宾之数五十六又九分之八,大吕之数七十五又二十七分之二十三,夷则之数五十又八十一分之四十六,夹钟之数六十七又二百四十三分之一百三,无射之数四十四又七百二十九分之六百九十二,中吕之数五十九又二千一百八十七分之二千三十九也。凡余分之数,过半以上当进之,不及半当弃之。今应钟之余分过半而只云四十二,夹钟之余分不及半而即云六十八,于算例未密,或传写之讹。

扬子云曰:"声生于日,谓甲己为角,乙庚为商,丙辛为徵,丁壬为羽,戊癸为宫也。" 按:《太玄》又云,甲己之数九,乙庚八,丙辛七,丁壬六,戊癸五,证以《史记》徵九、商八、羽七、角六、宫五之文,则甲己当为徵,丙辛为羽,丁壬为角也。

律历志中

造《黄初历》,以四千四百八十三为纪法,千二百五十为斗分。按:《宋志》,千二百五为斗分。此多一"十"字,误也。韩翊本谓《乾象》减斗分太过,故稍益之,非谓《四分》当复。今用斗分千二百五十,不惟强于《四分》,且强于《三统》,理所必无,故知《宋志》为是也。

至平中,刘洪改为《乾象》。① 至平当作熹平。或"至"下脱"熹"字。

黄初二年六月二十七日戊辰加时未日蚀。 《天文志》作"戊辰晦",盖二十九日也。若二十七日,去合朔尚远,岂有合朔之理? 此传写差误。

三年十一月二十九日庚寅。 《天文志》作"庚申晦"。此作"寅",误。

二年七月十五日癸未,日加壬月景蚀。 当云"月加景"。景者,丙也。避唐讳改。丙与壬冲,故月蚀。此脱一"加"字。

《乾象历》。乾法,千一百七十八。 诸本脱"八"字,今以意增。盖倍纪法为乾法也。

周天,二十一万五千一百四十。 "四十"当作"三十"。

通数四十一。 "四"当作"三"。

日法,四百五十七。 当云"千四百五十七",脱"千"字。

余岁,三千九十。 "余岁"当作"余数",《三统术》所谓策余也。

章月,二百四十五。 "四"当作"三"。

会日,万一千四十五。 "会日"当作"会月"。

闰余十二以上,岁有闰。 "有"本或作"不",误。

求二十四气。置冬至小余,加大余十五,小余五百一十五,满二千三百五十六从大余。 按:《乾象》以五百八十九为纪法,二千三百五十六者,四因纪法也。置余数三千九十,以二十四气平分之,各得百二十八又四分之三。数有奇零,不便布算,故以四因之。五百一十五者,四因百二十八,又纳余分三也。小余满纪法为日,小余既四因之,故亦四因纪法为日法也,当云"置冬至大余,四其小余",今本脱此四字耳。

求次没,加大余六十九,小余六十。 当云"小余六十四"。

求次月,小月加度二十二,分二百五十八。 月行每日十三度二百一十七分,积二十九日,行三百八十七度四百三分,满周天去之,余二十二度二百五十八分也。

求次月,加度二十九,大分三百一十二,小分满会数从大分,大分满纪法从度。 大分三百一十二之下,疑脱"小分二十三"五字。法以章岁乘通法,如会数而一,得一万七千三百九十二又四十七分之二十三,即小分也。以纪法除所得数,得积度二十九,又不尽数三百一十二,是为大分。大分以纪法为分母,小分以会数四十七。为分母。每月月行一周天,又多行二十九度五百八十九分之三百一十二又四十七分之二十三也。

以章闰乘余年，满章月为积闰。 "章月"当作"章岁"。以比例之理言之，章岁与章闰若积年与积闰也；若以章月为法，则当以章闰乘积月，满章月得积闰。法为章月与章闰，若积月与积闰。

五满会率得一月。 五字衍，盖因上文而重出耳。

推卦用事日。因冬至大余，倍其小余，坎用事日也。加小余千七十五，满乾法从大余，中孚用事日也。求次卦， 一本"次"作"坎"，误。**各加大余六，小余百三。其四正各因其中日，而倍其小余。** 按：六十四卦用事直日之法，本之京房，而《乾象》、《景初》、《正光》诸术皆用之。其法以坎、离、震、兑用事，在分至之首，得八十分日之七十三，余卦皆六日八十分日之七，惟颐、晋、井、大畜皆五日八十分日之十四，较它卦少七十三分。所少之数即四正卦坎、离、震、兑。用事之分数也。《乾象术》推卦用事，以乾法千一百七十八当一日。千一百七十八分日之千七十五，即八十分日之七十三强也。千一百七十八分日之百三，即八十分之七弱也。必倍其小余者，《乾象》推冬至术，以纪法五百八十九为日法，今以千一百八十八为日法，是倍纪法之数。故必倍其小余，乃可入算也。《景初术》推卦用事，因冬至大余六，其小余与《乾象》异，何也？曰《景初》推冬至以纪法千八百四十三为日法。其推卦用事，则以元法万一千五十八为日法。元法乃六倍纪法之数，故亦六其小余，无二理也。《正光术》推冬至与推卦用事，并以蔀法六千六十为日，故即因冬至大小余，与《乾象》、《景初》数殊而理不殊也。

推五行用事。 置冬至大小余，加大余二十七，小余九百二十七，满二千三百五十六从大余。此亦四因纪法为日法也。当云："因冬至大余，四其小余。"

满其法得一度辰。 "度"字衍。

一日十四度十分，月行分三百七十六。 "三"当作"二"。月行分者，每度以十九乘之，加入余分，则一日所行之分也。

益二十二。 每日月平行十三度十九分度之七，以十九通之，得二百五十四，是为小周。月行分在盈限，以过于小周为益，不及小周为损。其在缩限，则反之，不及小周为益，过于小周为损。损之益之，亦恰合小周之数也。

五日十四度八分。 "八分"两字衍。

八日十三度七分损四。　月行一转，惟第八日、第二十二日，此两日恰合平行之数，无所损益。然月行由益而损，正在此日，故不云损若干，但云损也。损下不当有"四"字，第二十二日亦然。

朔行大分，一千八百一。　大分下脱"万"字。以周半即半小周。乘通法，得五百四十六万四千三百二，如通数而一，得十七万六千二百六十七又三十一分之二十五，以历周减之，得一万一千八百一，是为朔行大分，又余二十五为小分也。此文之下当有"小分二十五"五字。

以上元积月乘朔行大小分，满通数四十一从大分。　"大小分"下当更有"小分"二字，"四十"当作"三十"。

求次月，加一日，日余五千二百三十三分二十五。　当云"日余五千八百三十二"，盖朔小余千四百五十七分之七百七十三，其比例如五千九百六十九即周日法。之三千一百六十六又三十一之二十五也。以周虚加之，得五千八百三十二为日余，二十五为小分。

求弦望，各加七日，日余二千八百八十三，小分二十九半。弦望小余千四百五十七之五百五十七半，其比例加五千九百六十九之二千二百八十三，又小分二十九半也。　当云日余二千二百八十三。

十三日限余三千九百一十二，微分一千七百五十二。诸本"微"作"徽"，误。此为后限。　今按术家食限之说，盖昉于此。《乾象术》，月行十三日七千八百七十四分日之五千二百有三，而一入交。朔入交则日蚀，望入交则月蚀，入交前后一日有奇，皆为可食之限，过此则不食矣。限余谓日小余以此为限也。有后限则必有前限，下文云入历在前限余前、后限余后者，月行中道也。此有前限之证也。《元嘉》月行阴阳法，本依洪术。其于入历二日之下，有前限余及微分之数。十三日之下，有后限余及微分之数。可证《乾象》元有前限，当在二日之下，而传写脱之耳。然则前限、限余、及微分之数亦可考乎？曰：前限者，交后之限也。后限者，交前之限也。凡交前交后之限必相等。何承天、祖冲之术并同。今以后限余减月周，余三千九百六十一，并周日分五千二百三，其得九千一百六十四，满七千八百七十四分，即月周。收为一日，余一千二百九十分。又借一分，作二千二百九，即微分法。减后限微分，尚余微分四百五十七，是距交一日一千二百九十分以内为食限矣。然则前限余当在第二日，日余千二百九十弱也。宜于二日之下，添注一十九字。云限余千二百八十九，微分四百五十七，此为前限，则前后之文相应矣。

朔合分，万八千三百二十八。微分，九百一十四。微分法，二千二百九。 以周天乘朔望合数，得二亿二百四十二万七千三百三十，如会月而一，得一万八千三百二十八，即朔合分也。又余万一千四十五分之四千五百七十，约之，以五约之。为二千二百九分之九百一十四。故以二千二百九为微分法，九百一十四为微分。微分今本皆作徵分，误也。后放此。

其余不满历周者，为入阳历，余去之。 "余"当作"满"。

求次月，加二日，日余二千五百八十。 置朔合分，以月周除之，得二日又七千八百七十四分日之二千五百八十，则每月阴阳历一周之后入历日及日余也。

入历在前限余前，后限后者月行中道也。 后限下脱"余"字，当依《元嘉术》增入。

其余三日而一为少。 "日"字衍。

升分乘周率，为升分。 此篇云"升分"者，皆斗分之讹。隶书"斗"作"升"，与"升"似，故传写易混。

以合月法朔小余，并之。 "合月法"下当有"乘"字。

生度数、度余。 当云"五星度数、度余"。盖星字烂脱，止存下半，又脱去五字。

减多为度余分，以周天乘之，以日度法约之，所得为度，不尽为度余。 木、火、土以周率减日率余，为度余分。金、水周率大于日率，则即以周天乘日率，以日度法约之，为度数及度余也。

过周天法之及十分。 "法"当作"去"，"十"当作"斗"。

木：日余，三百三十八万四千四十六。 "三十"当作"四十"，又"四千"下脱"六百"二字。

火：斗分，四十九万四千二十五。 "二十"当作"一十"。

土：日度法，二百七万八千五百八十。 "八十"下当有"一"字。

水：日余，六百三十一万九百六十七。 "三十"当作"四十"。

不减满岁中，即合其年。 "减"字衍。

律历志下

章月二百四十五。　"四"当作"三"。

会通，七十九万百一十。　以通数除之，得五月又十三万四千六百三十分月之十一万六千九百六十而一食，较之古术二十三分之二十稍弱，亦不相远也。以章岁乘会通，如章月而一，得积年六万三千八百八十一，尚有余分五十五，难以入算。故不立会岁之目约之，则七十九万百一十月，有十三万四千六百三十食也。

朔望合数，六万七千三百一十五。　此以通数当会率，故即以半通数今人所谓望策。为朔望合数。

入交限数，七十三万二千七百九十五。　"三"当作"二"，依《宋志》改。

甲子纪第一。　《景初术》六纪而为一元，甲子、甲戌、甲申、甲午、甲辰、甲寅皆纪首日名也。通数乘纪月，满日法而一，得六十七万三千一百五十，是为纪日，即周天也。以六十去之，尚余十日，必更六纪，而天正朔旦冬至复于甲子也。

其日蚀望者，定小余如在中节者定小余如所近中节间限数、限数以下者，算上为日。　"日蚀"当作"月蚀"。"如在中节"以下八字疑是衍文，《宋志》无之。定小余法，见后《推合朔交会篇》。又按中节限数、间限之分，始于《景初》。冬至日出辰初，故限数最多；夏至日出寅正，故限数最少。其余中节，各以日出早晚分限数之多少。不及此限者，夜漏未尽，犹为前日也。

刘子骏造《三正历》以修《春秋》。　即《三统历》也。

又六千余岁辄益一日，凡岁当累日为次，而故益之，此不可行之甚者。　按《三统》以三百八十五为斗分，较之《四分术》，率六千一百五十六岁而益一日，此亦微分累积而成，非无故而增一日也。元凯似未喻推步之原，故所修《长历》有频置两闰者。

斗分，六百五。　当改大字别为一行，不应分注"没法"之下。

周天，八十万五千二百二十。　此文重出，"八十"下脱"九"字。

历周，四十万七千六百一十。　此半周天之数也，"四十"下脱"四"字。

会率，一千八百八十三。 "三"当作"二"，倍朔望合数为会率也。

通周，十六万七千六百三。 "六百"当作"六十"。以日法除之，得二十七日又六千六十三分之三千三百六十二，是为周日日余。则月行迟疾一周之日数也。

周日日余，三千三百六十三。 "六十三"当作"六十二"。

五星约法，据出见以为正，不系于元本。 古术，日月五星交会俱起于一元。至姜岌乃有五星约法，止据出见，不更求元。郭守敬《授时术》不立积年，盖滥觞于此矣。

礼志上

可依准王景侯所撰《丧服变除》。 谓王肃也。肃为晋武之外祖父，故称谥而不名。

魏元帝咸熙元年，进文帝爵为王。 是年八月，文帝崩。是年当在明年。

武帝泰始元年十二月，追尊宣王妃张氏为宣穆皇后，景王夫人羊氏为景皇后。 按《武帝纪》"泰始二年正月辛丑，尊景皇帝夫人羊氏曰景皇后，宫曰弘训"，不与追尊同时。且弘训皇后《后妃传》作"弘训太后"。以咸宁四年崩，泰始初固无恙也，不当入追尊之列。

于是追祭征西将军、豫章府君、颍川府君、京兆府君。 汉人称郡守曰府君。晋宣帝之曾祖量，豫章太守；祖隽，颍川太守；父防，京兆尹，故皆称府君。而征西独称将军，不相混也。然永和二年，有司奏称征西、豫章、颍川三府君；领司徒蔡谟议，亦称四府君，则征西亦称府君矣。《宋书·礼志》高祖开封府君、曾祖武原府君、皇祖东安府君、皇考处士府君、七世右北平府君、六世相国掾府君。开封、武原皆县令，而相国掾、处士皆冒府君之称。自后士大夫叙述先世，遂以府君为通称矣。

成帝咸康五年，始作武悼皇后神主，祔于庙，配飨世祖。 按《帝纪》，悼后配飨在咸康八年，《后妃传》则云七年。盖定议于七年，至八年三月始奉主入庙耳。《志》云五年，误。

武帝咸宁五年十一月，弘训羊太后崩。 《本纪》在四年六月。

礼志中

孝武宁康中，崇德太后褚氏崩。 按：褚后崩在太元九年，此云宁康中，误。

博士徐藻议。 此议已见《后妃传》，而《志》又载之，文之复也。《宋志》作"徐恭"。

尚书左仆射何澄、右仆射王雅、尚书车胤、孔安国、祠部郎徐广议。

按：《宋志》，此议只有徐广一人，而《广传》亦载其文。盖主议者广，而澄、雅诸人附和之耳。此议亦见《后妃传》，而《志》又载之，皆当刊去其一。

成风显夫人之号，昭公服三年之丧。 昭公事未详，当是文公之讹也。《后妃传》及《宋志》并与此同。惟《宋书·徐广传》作"僖公"。然成风薨于文公四年，不当僖公之世，亦未可为据。

谓宜同于为祖母后齐衰期。 《后妃传》作"齐衰三年"。《宋书》、《志》、《传》亦皆作"三年"。此云期者，误也。

太康七年秋，扶风王亮薨。 按《本纪》，是年九月，扶风王骏薨，非亮也。

孝武帝太元四年九月，皇后王氏崩。 《帝纪》、《后妃传》俱在"五年"。

礼志下

司空张华等。 按：武帝太康元年，华未为司空，其时司空则齐王攸也。且司空上公，不当列于尚书之后，盖后人妄改。

职官志

建安四年，以执金吾荣郃为尚书左仆射，仆射分置左右，盖自此始。 按：《宋书·百官志》"以荣郃为尚书左仆射，卫臻为右仆射"，此《志》脱一句。"郃"、"郃"字形相涉，当以"郃"为正。

中领军将军，魏官也。汉建安四年，魏武丞相府自置。 按：《宋志》："汉有南北军，卫京师。武帝置中垒校尉，掌北军营。光武省中垒校尉，置北军中候，监五校营。魏武为丞相，相府自置领军，非汉官也。"盖领军即汉北军中候之职。但汉之中候秩止六百石，魏、晋以后之领军则以贵臣为之。自领护之权重，而执金吾遂废不置，卫尉亦为间曹矣。此《志》叙领军原委，不如《宋志》之详备。且建安四年，魏武未为丞相，《志》亦误。

资重者为领军、护军，资轻者为中领军、中护军。　按：《宋志》"领、护资重者为领军、护军将军"，此脱"将军"二字。

案文帝初，置中卫，及魏武帝受命，分为左右卫。　此晋武帝事，非魏武帝也。"魏"字衍。文帝亦谓晋文帝，非魏文帝。

晋以领、护、左右卫、骁骑、游击为六军。　上文所列伏波、抚军、镇军、龙骧、典军、上军、辅国诸将军虽有名号，而无职司。此领护等六军及四军、五校皆典军之官，故别为一类。

舆服志

史臣曰：昔者乘云效驾。　按：《天文》、《地理》、《律历》、《礼乐》、《职官》、《食货》、《五行》、《刑法》诸序首或引书、传，或自立论，未有冠以"史臣"者；独《舆服》一篇有"史臣曰"三字，此义例之未衷于一也。

古之贵者不乘牛车，汉武帝推恩之末，诸侯寡弱，贫者至乘牛车，其后稍见贵之。自灵、献以来，天子至士遂以为常乘。　按：古制，乘车、兵车、田车皆曲辕驾驷马，惟平地任载之车驾牛，乃有两辕。《考工记》所谓"大车之辕，挚其登又难"者也。牛车本庶人所乘。《史记·平准书》言："汉兴，接秦之敝，自天子不能具钧驷，而将相或乘牛车。"则汉初贵者已乘之矣。晋时御衣车、御书车、御轺车、御药车、画轮车皆驾牛，则并施于卤簿。《隋书·阎毗传》言："属车八十一乘，以牛驾车，不足以益文物。"是自晋至隋，属车皆驾牛也。《石崇传》："崇与王恺出游，争入洛城，崇牛迅若飞禽，恺绝不能及。密货崇帐下问其所以。答曰：'牛奔不迟，良由驭者逐不及反制之，可听蹁辕则驶矣。'"《王衍传》："衍引王导共载，在车中揽镜自照，谓导曰：'尔看吾目光在牛背上矣。'"《王导传》："导营别馆以处众妾。妻曹氏将往焉。导恐妾被辱，遽命驾，犹恐迟之，以所执麈尾驱牛而进。"《世说》："刘尹临终，外请杀车中牛祭神，答曰：'某之祷久矣。'"《南史·刘瑀传》："与何偃同从郊祀，偃乘车在前，瑀蹋马及之，谓偃曰：'君辔何疾？'偃曰：'牛骏驭精，

所以疾耳。'"《徐湛之传》:"与弟淳之共车行,牛奔车坏。"《朱修之传》:
"至建业,牛奔坠车折脚。"《刘德顺传》:"善御车,尝立两柱,使其中劣
通车轴,乃于百余步上振辔长驱,未至数尺,打牛奔从柱间直过。"《梁
本纪》:"常乘折角小牛车。"《萧琛传》:"郡有项羽庙,前后二千石皆于
听拜祠,以轺下牛充祭。"《北史·高允传》:"特赐允蜀牛一头、四望蜀
车一乘。"《彭城王勰传》:"登车入东掖门,度一小桥,牛伤,人挽而入。"
《北海王详传》:"宣武之亲政,详与咸阳王禧、彭城王勰并召入,共乘犊
车。"《常景传》:"齐神武以景清贫,特给车牛四乘,妻孥方得达邺。"《元
仲景传》:"兼御史中尉,每向台恒驾赤牛,时人号'赤牛中尉'。"《尔朱
世隆传》:"今旦为令王借车牛一乘,车入,到省西门,王嫌牛小,系于关
下槐树,更将一青牛驾车。"《毕义云传》:"高元海遣犊车迎义云入北
宫。"《琅邪王俨传》:"魏氏旧制,中丞出,千步清道,王公皆遥住,车去
牛,顿轺于地,以待中丞过。其或迟违,则赤棒棒之。"《和士开传》:"遣
韩宝业以犊车迎士开入内。"《牛弘传》:"弟弼常醉,射杀弘驾车牛。"
《艺术传》:"天兴五年,牛大疫,舆驾所乘巨犗数百头,同日毙于路侧。"
此则自晋至隋王公士大夫竞乘牛车之证也。

食货志

　　荀羡为北府都督,镇下邳,起田于东阳之石鳖,公私赖之。　　按:
《荀羡传》:"除北中郎将、徐州刺史、监徐兖二州、扬州之晋陵诸军事。寻
北镇淮阴,屯田于东阳之石鳖。又领兖州刺史,镇下邳。"则屯田石鳖,乃
在移镇下邳之前也。羡以北中郎将都督诸军,故有北府之称,省文也。

五行志上

　　安帝元兴二年十二月,桓玄篡位。其明年二月庚寅夜,涛水入石
头。商旅方舟万计,漂败流断,骸胔相望。三年十月己丑朔夜,涛水入
石头,漂没杀人,大航流败。　　按:元兴二年之明年,即三年也,庚寅后
己丑止一日,盖一事而重出耳。

校勘记

　　① "至平中刘洪改为乾象",中华书局本"至平"作"熹平"。

廿二史考异卷二十一

晋书四

后妃传

惠羊皇后。贾后既废,孙秀议立后。后外祖孙旂与秀合族,又诸子自结于秀,故以太安元年立为皇后。 按:《帝纪》永康元年十一月,立皇后羊氏,正当伦、秀专政之日。其明年,孙秀伏诛。又明年,始改元太安,则此《传》云"太安"者,误矣。《五行志》亦称永康元年。

成恭杜皇后,讳陵阳。 按:《宋书·州郡志》:"杜皇后讳陵。"此衍一"阳"字也。咸康四年,以后讳,改宣城之陵阳县为广阳,可证后名无"阳"字。

太尉王夷甫外孙。 按:成帝讳衍,故史家于王夷甫字而不名。此旧史本文,唐史臣亦因而不改尔。

章太妃周氏。哀帝即位,诏有司议贵人位号,太尉桓温议:宜称夫人;尚书仆射江彪议:应曰太夫人。 按:《礼志》:"桓温议宜称太夫人;江彪谓可言皇太夫人。"与《传》不同,当从《志》。

哀靖王皇后。兴宁二年崩。 《本纪》在三年。

废帝孝庾皇后。太和六年崩。 《本纪》在元年。

孝武文李太后。左仆射何澄等议:应同于为祖母后,齐衰三年。 《礼志》作"齐衰期"。《宋书·徐广传》亦称"齐衰三年"。

安德陈太后。太元十五年薨,赠夫人,追崇曰皇太后。 按:《帝纪》追尊在安帝隆安三年。此有脱文。

王祥传

汉末遭乱,扶母携弟览避地庐江,隐居三十余年。 按:祥以泰始五年薨,年八十五。上溯汉建安九年,祥始二十岁。即使避地更在其前,距为徐州别驾之日,只二十余年耳。此"三十"当为"二十"之误也。

徐州刺史吕虔,檄为别驾,祥年垂耳顺,固辞不受。览劝之。 按:《魏志》吕虔为徐州刺史,在文帝时。计文帝黄初元年,祥才三十有六耳。即被征在黄初之末,亦止四十余,何得云"耳顺"也。王隐《晋书》云"祥始出仕,年过五十",盖据举秀才、除温令而言,非指为别驾之日也。

虔委以州事,于时寇盗充斥,祥率厉兵士,频讨破之。 按:《魏志》:"吕虔请祥为别驾,民事一以委之,讨利城叛贼,斩获有功。"此《传》云"寇盗充斥",即谓"利城叛贼"也。刘知幾以为汉建安中徐州未靖时事,盖未考《魏志》耳。

泰始五年薨。 《纪》在四年四月。

王览传

以览为宗正卿。 按:汉以太常、光禄勋、卫尉、宗正、廷尉、太仆、大鸿胪、大司农、少府为"九卿",而官名无"卿"字。魏、晋、宋、齐并因汉制,梁武帝增置十二卿,始于官名下系以"卿"字。今《晋史》诸传间有称"某卿"者,如《王览传》"以览为宗正卿",《何遵传》"迁太仆卿",《卫瓘传》"转廷尉卿",《司马允之传》"追赠太常卿",《山涛传》"除太常卿",《何攀传》"廷尉卿诸葛冲",《挚虞传》"父模,魏太仆卿。虞为卫尉卿、太常卿",《周浚传》"父斐,少府卿",《卞敦传》"父俊,历位廷尉卿",《谢安传》"父裒,太常卿",《孙绰传》"转廷尉卿",皆唐初史臣不谙官制,随意增加,非当时本称。

子裁,抚军长史。 《王导传》:"父裁,镇军司马。"

何曾传

文帝为晋王,曾与高柔、郑冲俱为三公,将入见,曾独致拜尽敬,二人犹揖而已。 按:高柔卒于景元四年,司马昭未为晋王。至咸熙元年封王,其时三公则太尉王祥、司空荀𫖮也。《传》误。

贾充与庾纯因酒相竞,曾议党充而抑纯,以此为正直所非。 今以《庾纯传》考之,曾与荀𫖮、齐王攸议云,纯不求供养,于礼律未有违,惟讥其荒酒肆忿之失。石苞则诋其荣官忘亲、不忠不孝矣。史于《苞传》无贬词，而独责曾一人，抑何自相刺谬也。

石苞传

泰始八年薨。　《纪》在九年二月。

石崇传

初，崇家稻米饭在地，经宿皆化为螺，时人以为族灭之应。　按：《卫瓘传》"初，瓘家人炊饭，堕地尽化为螺，岁余及祸"，二事正相类。又《裴楷传》"初，楷家炊黍在甑，或变为拳，或作血，或作芜菁，子其年而卒"，事亦相近也。

羊祜传

诏以泰山之南武阳、牟、南城、梁父、平阳五县为南城郡。　按：南城置郡，以封羊祜。祜固辞不拜，郡亦旋废。故《地理志》不载此郡。

故太尉广陵公准，党翼贼伦，祸加淮南。　按：羊祜、卫瓘皆称姓，而陈准不书姓，脱文也。考《惠帝纪》，淮南王允被害之后，陈准始除太尉、录尚书事，其党于赵王伦可知。又《淮南王允传》："允率兵围相府，太子左率陈徽，勒东宫兵鼓噪于内以应允。徽兄淮，时为中书令，遣麾驺虞幡以解斗。"所云"淮"者，即"准"字之讹。是淮南之败，准实为之矣。

陈骞传

元康二年薨。　按：《本纪》："骞以太康二年十一月薨。"元康，惠帝年号，骞不及事惠帝也。

卫恒传

魏初有钟、胡二家，为行书法。　谓钟繇、胡昭也。

河间王洪传

混小子滔，初嗣新蔡王确，亦与其兄俱没。后得南还，与新蔡太妃不协。太兴二年，上疏以兄弟并没在辽东，章武国绝，宜还所生。混封章武王。**太妃讼之，事下太常，**云云。**诏还袭章武。** 按：《元帝纪》："建武元年十一月，封汝南王子弼为新蔡王。太兴元年十一月，新蔡王弼薨。"弼之嗣新蔡，在滔还袭章武之后。弼既薨于太兴元年，则滔上疏请还本生事，断不在太兴二年矣。

位至游击大将军。 按：《职官志》有"游击将军"，无"大"字。

太原王辅传

魏末，为野王太守。 按：《地理志》，魏所置郡无"野王"之名。

下邳王晃传

咸宁六年薨。 咸宁，武帝年号也。晃事惠帝，由尚书令迁司空，《纪》书"元康六年正月薨"。此云"咸宁"，误。

高阳王珪传

诏以太原王辅子缉袭爵。 按：晋宗室诸王多同名者，有高阳王缉，又有中山王缉；有南宫王承，又有谯王承。

高密王略传

略字元简。 按：高密孝王略，字元简，而《本纪》书"高密王简"。沛顺王景，字子文，而《本纪》书"沛王子文"。城阳怀王景，字景度，而《本纪》书"城阳王景度"。盖当时诸王有以字行者。

新蔡王腾传

封东嬴公。 按：《惠帝纪》"光熙元年九月，进东嬴公腾爵为东燕王"，本《传》失书。

范阳王绥传

咸宁五年薨。 《本纪》在四年。

范阳王虓传

永兴三年，暴疾薨。《惠帝纪》："虓薨于光熙元年十月。" 按：是岁十月改元光熙,则当书光熙为正。

任城王陵传

泰始元年,封北海王,三年,转封任城王。　按:《武帝纪》咸宁三年八月,徙北海王陵为任城王,《传》云泰始三年转封,未审谁是。

咸宁五年薨。　《本纪》在太康四年四月。

西河王斌传

武帝受禅,封陈王。三年,改封西河。　按:西河之封,据《帝纪》亦在咸宁三年,与任城同时。此传下有"咸宁四年"之文,则亦以为泰始三年矣。

贾充传

初充伐吴时,常屯项城,军中忽失充所在。　按:《晋史》好采小说,而此《传》芜累尤甚,盖由作史者恶充之奸,故于《贾后传》及此篇缕述其女淫秽之迹。然左氏、史公亦道中冓之言,曷尝冗俗若此乎?项城军中为鬼所录,叩头请命,益诞妄不足信矣。

刘寔传

元康九年,策拜司空。　《惠帝纪》在永康元年。

王浑传

及诛杨骏,崇重旧臣,乃加浑兵。浑以司徒文官,主史不持兵,持兵乃吏属绛衣。自以偶因时宠,权得持兵,非是旧典,皆令皂服。　按:《职官志》:"诸公及开府从公加兵者,主簿已下,令史已上,皆绛服。太尉虽不加兵,吏属亦皆绛服。"浑以司徒加兵,于法吏属当绛衣,乃辞而不居者,以一时误恩,非由功赏;且政出多门,恐为权幸所忌耳。

王济传

与甄德妻长广公主。　按:《晋诸公赞》云:"甄德字彦孙,司马景王以女妻德,早亡。文王复以女继室,即京兆长公主也。"见《魏志·后妃传》注。此云"长广公主",封号互异。

王濬传

太子洗马孟康。 此与注《汉书》之孟康,未审即一人否?

山涛传

及羊祜执政,时人欲危裴秀,涛正色保持之,由是失权臣意。
按:泰始初,羊祜为尚书右仆射,故云"执政"也。《祜传》云:"王佑、贾充、裴秀,前朝名望,祜每让,不处其右。"此《传》所言,似秀之危出于祜意,且以权臣目祜,与彼《传》殊相矛盾矣。羊公盛德,何致有此!

王戎传

父浑凉州刺史。 同时有两王浑:一太原人,一琅邪人。

乐广传

值世道多虞,朝章紊乱,清己中立,任诚保素而已。 按:赵王伦之篡位,广与满奋、崔随进玺绶于伦,可谓之"清己中立"乎?

崔洪传

荐雍州刺史郤诜,代己为左丞。 按:《郤诜传》,洪荐诜为左丞,累迁雍州刺史。据此《传》,似先为刺史,而后为左丞矣。

李重传

于时内官重,外官轻,兼阶级繁多,重议之,见《百官志》。 按:《晋书》有《职官志》,不称"百官志",且亦不载李重之议。又《司马彪传》:"泰始初,武帝亲祠南郊,彪上疏定议,语在《郊祀志》。"考《晋书》不立《郊祀志》,惟有《礼志》,亦不载彪议也。《张亢传》"领佐著作,述《历赞》一篇,见《律历志》"。今《志》初无其文。《挚虞传》:"表论封禅,见《礼志》。又议玉辂、两社事,见《舆服志》。"今考《礼志》载卫瓘等奏请封禅表,列诸臣名,初不及虞。若玉辂之议,则《舆服志》亦无之。惟两社议见于《礼志》,然亦非《舆服志》也。盖自唐以后,修史不出一人之手,《志》、《传》之文,不相检照,至于如此。敬播诸臣,未免失其职矣。

阮籍传

景元四年冬卒。 嵇、阮殁于魏世,又非佐晋创业,如魏荀彧、宋刘穆之之比,系之《晋史》,义例安在?

刘伶传

刘伶字伯伦。 刘知幾曰:旧《晋史》本无《刘伶》、《毕卓传》,皇家新撰,以补前史所阙。

皇甫方回传

王敦遣从弟廙代陶侃,廙既至荆州,大失物情,百姓叛廙迎杜弢。 按:《陶侃传》:"敦留侃不遣,左转广州刺史,以王廙为荆州。侃之佐吏将士诣敦请留侃,敦怒,不许。侃将郑攀、苏温、马儁等不欲南行,遂西迎杜曾以距廙。"《王廙传》:"王敦左迁陶侃,使廙代为荆州,将吏马俊、即马儁。郑攀等上书请留侃,敦不许。廙为俊等所袭,奔于江安。贼杜曾与俊、攀北迎第五猗以距廙。"《杜曾传》:"王廙为荆州刺史,曾距之。"以三《传》参考,则荆州将吏距王廙迎杜曾,乃在廙未到州之先。且所迎者杜曾,非杜弢也。

束皙传

汉太子太傅疏广之后也。王莽末,广曾孙孟达避难,自东海徙居沙鹿山南,因去"疏"之"足",遂改姓焉。 《说文》:"疏从㐬、从疋。"以疋得声,隶变"疏"为疎,与"束缚"之"束"本不相涉。疋,古"胥"字,古人"胥"、"疏"同声,故从疋声也。"疏"之改"束",自取声相转,如"耿"之为"简","奚"为之"嵇"耳。唐人不通六书,乃有"去足"之说。

其《纪年》十三篇,记夏以来,至周幽王为犬戎所灭,以事接之,"事"上当有"晋"字,刊本脱。三家分,仍述魏事,至安釐王之二十年。 今世所传《竹书纪年》,起黄帝,而此云"夏以来",然则黄帝至唐、虞事,出于后人附益,非汲冢之旧矣。《纪年》附注,相传出于沈约。然《梁书》、

《南史·约传》备载所撰述，初不及此书。《隋经籍》、《唐艺文志》载《纪年》，或云十二卷，或云十四卷，俱不言约有附注，则附注亦非休文所作也。

郗诜传

郗诜字广基，济阴单父人也。 按："郗"从"谷"，"谷"与"膝"同，汉隶从"谷"旁者，或变为"圣"，故"郗"或作"郤"，与从"希"之"郗"，音义全别。今《晋书》刊本，"郗"字亦讹为"郤"，而"郗"、"郤"二姓遂混而无别。今考定，望出河南济阴者，读如"隙"，郗正、郗诜是也；望出山阳高平者，读如"绤"，郗虑、郗鉴是也。陆鲁望诗"一段清光染郗郎"，此用郗诜事，当为厼音。而黄伯思讥其误读，又不然矣。

陆云传

成都王颖表为清河内史。 晋时郡置太守，王国则置内史，行太守事。然名称率相乱，如陆云称清河内史，亦称太守，陆氏《异林》。桓彝称宣城内史，《成帝纪》及本传。亦称太守，《桓温》、《苏峻》诸传。苏峻称历阳内史，本传。亦称太守，《成帝纪》。孙默称琅邪太守，《元帝纪》。亦称内史，《石勒载记》。邵存称武邑内史，亦称太守，《邵续传》。周广称豫章内史，《元帝纪》。亦称太守，《华轶传》。王旷称丹阳太守，《陈敏传》。亦称内史，《顾荣传》。王承称东海太守，《王湛传》。亦称内史。《名士传》。

夏侯湛传

乃作《昆弟诰》。 夏侯孝若《昆弟诰》模拟《尚书》，乃王莽、宇文泰《大诰》之流，词最浅劣，不知史家何以录之。

潘岳传

谧二十四友，岳为其首。 按：二十四友姓名已具《贾谧传》，而石崇、潘岳、刘琨诸《传》又及之，无怪乎丛冗之讥矣。况《谧传》二十四人以石崇为首，亦自相矛盾。

江统传

建武中，以马援领陇西太守，讨叛羌，徙其余种于关中，居冯翊、河东空地。　按：《后汉书·西羌传》"徙置天水、陇西、扶风三郡"，与此异。

故何熙、梁觐戎车屡征。　"觐"当作"慬"。

由是于弥扶罗求助于汉。　"弥"字衍，"于扶罗"即刘元海之祖也。

罗宪传

师事谯周，周门人称为子贡。　事亦见《文立传》。

追封西鄂侯。　《三国志》注引《襄阳记》云："晋王拜宪凌江将军，封万年亭侯，泰始元年，改封西鄂县侯。"此《传》云"追封"者，误也。

罗尚传

太康末，为梁州刺史。　《李特载记》作"凉州"。

又攻尚于成都，尚退保江阳。　以《李特载记》考之，尚无退保江阳之事。

荆州刺史宗岱。　《惠帝纪》及《李特载记》并作"宋岱"。

乃使兵曹从事任锐伪降。　《李特载记》作"任明"，《蜀录》作"任睿"，予谓当以"睿"为本名，晋人避元帝讳易之，"锐"取同音，"明"取同义也。

俄而尚卒，雄遂据有蜀土。　《惠帝纪》："雄自郫城攻尚，尚委城而退。"《李雄载记》亦云："尚留牙门罗特固守，尚委城夜遁。"盖尚之弃成都，在李雄嗣立之后，可证前此未尝退保江阳也。

汝南王亮传

西晋之政乱朝危，虽由时主，然而煽其风、速其祸者，咎在八王，故序而论之。　按：《晋史》以汝南王亮、楚王玮、赵王伦、齐王同、长沙王乂、成都王颖、河间王颙、东海王越八人总为一传，不与宣、文、武诸子同篇，盖因晋时有《八王故事》一书，《隋志》不言撰人。刘孝标注《世说》屡引之。故取其名。然于劝善惩恶之旨，殊未当也。赵王伦，晋之乱贼，当与桓玄同科。齐王冏起义讨伦，虽以骄溢致败，较诸成都、河间、东海之大失臣节者，不可同年语矣。史乃以赵伦、齐冏并称，何其不分皂白乎？汝南王亮为贾后所害，本无大过，亦不当以煽风速祸责之。

牵秀传

武邑观津人。 按：武邑、观津二县皆属安平国，《志》不载分置武邑郡事，然《邵续传》先称"兄子武邑内史存"，后称"帝假存武邑太守"，则当时固有武邑郡矣。《贾谧传》称"安平牵秀"，则举其故郡而言。

刘琨传

琨乃说冀州刺史温羡，使让位于琥。 《惠帝纪》"范阳王琥逐冀州刺史李义"，今以《温羡》及《琨传》证之，琥所代者，实温羡，非李义也。

匹磾从弟末波。 《段匹磾》、《邵续传》作"末杯"，"杯"、"波"声相近，译音无定字也。

祖纳传

平北将军王敦闻之，遗其二婢。 按：王敦未尝为平北将军，《传》误也。此事见《世说·德行篇》，但云"王平北"，不著其名。刘孝标注以为王乂也。《王衍传》：父乂，为平北将军。《世说》称王敦，必云"王大将军"，《晋史》好采《世说》，岂此例尚未之知邪？

李矩传

聪因愤恚，发病而死。 是时刘聪强盛，小挫未至大创，何至愤恚而死？此夸大之词，不足信。

段匹磾传

东郡鲜卑人。 "郡"当作"部"。

父务勿尘。 《北史·徒河传》作"务目尘"，古读"勿"如"没"，与"目"声相近。

以务勿尘子疾陆眷袭号。　《石勒载记》及《北史》并作"段就六
眷"，"就"、"疾"声相近，故下文亦称"就陆眷"。

魏浚传

东郡东阿人也。　《地理志》东阿属济北国。

清河王遐传

四子覃、龠、铨、端。　《怀帝纪》"立豫章王诠为皇太子"，即铨也，
偏旁小异。

吴王晏传

乃贬为宾徒县王，后徙封代王，伦诛，诏复晏本封。　按：《帝纪》
永宁元年六月，复封宾徒王晏为吴王，不见徙封代事。宾徒县属昌
黎郡。

东海王冲传

其以小晚生奕继哀王为东海王。　按：哀王冲于明帝为昆弟。今
成帝以己子继之，于哀王为大父行，故有"小晚生"之称也。琅邪王焕，
元帝子，而元帝令云"晚生朦弱"，是晋人呼其子为"晚生"之证也。《海
西公纪》不言继哀王事，此史文之漏。

晋书五

王导传

桓彝初过江，见朝廷微弱，谓周颛曰："我以中州多故，来此欲求全活，而寡弱如此，将何以济?"忧惧不乐。往见导，极谈世事，还，谓颛曰："向见管夷吾，无复忧矣。"　按:《温峤传》亦云:"江左草创，纲维未举，峤殊以为忧。及见王导，共谈欢然，曰:江左自有管夷吾，吾复何虑?"此一事而传闻异辞也。《裴秀传》末云:"王导为司空，既拜，叹曰:裴道期、刘王乔在，吾不得独登此位。"《刘隗传》末云:"王导初拜司徒，谓人曰:刘王乔若过江，我不独拜公也。"此一事而重出也。《丁潭传》云:"王导尝谓孔敬康有公才而无公望，丁世康有公望而无公才。"《卢骏传》又云:"王导尝谓骏曰:孔愉有公才而无公望，丁潭有公望而无公才。"此亦一事而重出也。《齐王攸传》:"攸薨，帝哭之恸。冯纨侍侧曰:齐王名过其实，而天下归之，今自毙陨，社稷之福也。陛下何哀之过? 帝收泪而止。"《冯纨传》:"帝闻攸殒，哀恸特深。纨侍立，因言曰:齐王名过于实，今得自终，此乃大晋之福，陛下何乃过哀? 帝收泪而止。"此亦一事而重出也。

温峤传

古镇将多不领州，皆以文武形势不同故也。宜选单车刺史别抚豫章，专理黎庶。　按:刺史不督军者，谓之"单车刺史"。《南齐书·百官志》:"晋太康中，都督知军事，刺史治民，各用人。惠帝末，乃并任。非要州，则单为刺史。"《隋书·百官志》"其庶姓为州，若无将军者，谓之单车刺史"是也。考之晋初，羊祜以车骑将军都督荆州诸军事，而别有荆州刺史。杨肇、王浑以安东将军都督扬州诸军事，而别有扬州刺史应绰。及周浚、山简以征南将军都督荆、湘、交、广四州诸军事,而别有荆州刺史王澄。王浚以宁朔将军都督幽州诸军事,而别有幽州刺史石堪。此都督与刺史并置之证也。南渡以后,都督例领本州刺史,其兼督它州,则视权任之轻重而损益焉。亦有都督而非刺史者,如纪瞻以镇东长史加扬威将军、都督京口以南至芜湖诸军事,应詹以南平太守督南平、天门、武陵三郡军事,李矩以荥阳太守都督河南三郡军事,桓豁以新野、义成二郡太守督沔中七郡军事,谢琰以会稽内史都督五郡军事,桓伊以淮南太守督豫州之十二郡、扬州之江西五郡军事是也,然事权较之刺史轻矣。

刘隗传

谨按,行督运令史淳于伯刑血著柱,遂逆上,终极柱末二丈三尺。《郭璞传》作"丞相令史",盖本丞相府之令史,以督运获罪也。

郭璞传

身与鬼并,精见二午。　按:《遯》为乾宫二世卦,六二丙午,九四壬午,二爻俱变,故云"精见二午"也。世为身,午火为官鬼,故云"身与鬼并"也。《遯》之《蛊》,《蛊》九二辛亥,亥水克午火,故有被创之象。

又岁涉午位,金家所忌。　是岁岁在壬午,晋以金德王,金畏火,故忌午。

庾冰传

以本号除都督江荆宁益梁交广七州、豫州之四郡军事,领江州刺史。　按:晋自南渡以后,侨立豫州诸郡于江、淮之间,故江州刺史常兼督豫州诸郡。《谢尚传》:"庾冰薨,复以本号督豫州四郡,领江州刺史。"《哀帝纪》:"兴宁三年二月,以桓冲监江州、荆州之江夏随郡、豫州之汝南西阳新蔡颍川六郡军事、江州刺史。"《桓嗣传》:"冲既代豁西镇,诏以嗣督荆州之三郡、豫州之四郡军事、江州刺史。"《桓伊传》:"桓冲卒,迁都督江州、荆州十郡、豫州四郡军事、江州刺史。"《王恭传》:"会稽王道子以其司马王愉为江州刺史,割庾楷四郡使愉督之。"《何无忌传》:"义熙二年,迁都督江荆二州江夏、随、义阳、绥安、豫州西阳、新蔡、汝南、颍川八郡军事，江州刺史。"所云"豫州四郡"者，西阳、新蔡、汝南、颍川也。四郡之中，惟西阳为豫州旧郡，西阳县，汉属江夏郡，隶荆州，魏晋分置弋阳郡，改属豫州。其余皆侨置也。

桓彝传

尝过舆县，县宰东海徐宁。 《传》末又附徐宁事，凡百二十言，与此略同。若于此文"竟历显职"之下，增入八字，云"终左将军江州刺史"，而后条则尽芟之，则文省而事亦无漏矣。

桓豁传

温既内镇，以豁监荆扬雍州军事、领护南蛮校尉、荆州刺史。 以《本纪》考之，是时豁所监者，仅扬州之义成、雍州之京兆二郡，非尽督扬雍二州。《传》所书意在省文，而不知非其实也。其后进监宁益军事，又进督交广并前五州军事。及其卒也，《纪》但书都督荆梁宁益交广六州诸军事，不及雍扬者，以所督止两郡也。《豁传》不载进督梁州，盖史失之。豁卒，以其弟冲代之。《传》称都督江荆梁益宁交广七州、扬州之义成、雍州之京兆、司州之河东军事，而《本纪》但云都督荆江梁益宁交广七州诸军事，不及扬雍司三州，是其例也。《地理志》，孝武始于襄阳侨立雍州，仍立京兆、始平、扶风、河南、广平、义成、北河南七郡。《桓宣传》，宣与李阳平襄阳，陶侃使宣镇之，以其淮南部曲立义成郡。此义成、京兆两郡得在荆州界内也。义成本以淮南人户立，故系之扬州。

桓冲传

迁督荆州之南阳襄阳新野义阳顺阳、雍州之京兆、扬州之义城当作成。七郡军事。 此所谓"沔中七郡"也。《桓豁传》："督沔中七郡。"

迁振威将军、江州刺史、领镇蛮护军、西阳谯二郡太守，顷之，进监江荆随豫三州之六郡军事。 以《哀帝纪》考之，六郡者，荆州之江夏、随，豫州之汝南、西阳、新蔡、颍川也。当云"监江州及荆豫二州之六郡军事"，文义乃安。

于是改授都督徐兖豫青扬五州之六郡军事、车骑将军、徐州刺史，以北中郎府并中军,镇京口。　　按:《本纪》"宁康三年五月,以中军将军、扬州刺史桓冲为镇北将军、徐州刺史,镇丹徒",是时未为车骑将军也。先是徐、兖二州刺史,常以北中郎将领之,或加号"平北"、"安北"将军,冲名位既重,故加号"镇北",四镇在四安、四平之上。以中军将军兼领镇北将军,不别置镇北府。其北中郎府官吏,皆并入中军府也。今书"改授车骑将军",则与"并中军"之文不相应。又此时徐、兖、豫、青皆无实土,州所治者,扬州之晋陵耳。所云六郡,不知何所指也。自桓温、刁彝、王坦之领徐、兖二州,皆镇广陵。其单称徐州刺史,自冲始;移镇京口,亦自冲始。而京口遂专"北府"之名矣。嗣后王蕴代冲为徐州刺史,镇京口,谢玄除兖州刺史,镇广陵,而徐、兖遂分两镇。

谢尚传

俄而复转西中郎将、督扬州之六郡诸军事、豫州刺史。　　"六郡"谓淮南、庐江、历阳、安丰、堂邑、宣城也。

永和中,出为都督江西淮南诸军事、前将军、豫州刺史,镇历阳,加都督豫州扬州之五郡军事。　　前云"六郡",此云"五郡"者,不数宣城也。六郡惟宣城在江东,此云"都督江西、淮南",则宣城不在所督之内矣。

谢安传

乃以桓石民为荆州,改桓伊于中流,石虔为豫州。　　是时桓伊为豫州刺史,改除江州,以石虔代之。云"中流"者,江州介荆、扬之中也,然词意未甚明白。

谓所亲曰:昔桓温在时,吾常惧不全。忽梦乘温舆,行十六里,见一白鸡而止。乘温舆者,代其位也。十六里止,今十六年矣。白鸡主酉,今太岁在酉,吾病殆不起乎。　　按:桓温以宁康元年癸酉薨,安始代之,至太元十年乙酉,只十有三年耳。

谢琰传

至义兴,斩贼许允之,迎太守魏鄢还郡。　　《孙恩传》作"魏傿","傿"与"鄢"通。《本纪》作"魏隐","隐"、"傿"声亦相近。

以琰为会稽内史、都督五郡军事。　五郡者，会稽、新安、东阳、临海、永嘉也。

谢玄传

进据白马，与贼大战，破之。　今宝应县西白马湖，即晋时白马也。

进封玩豫宁伯。　《宋书·州郡志》，豫章郡有豫宁县，晋武帝太康元年更名。而《晋志》不载，据此，则晋时固有豫宁矣。

桓宣传

东府赫然，更遣猛将。　此在元帝未即位以前，帝以镇东大将军领扬州刺史，故称"东府"也。其后以京都所在，刺史不加"征东"、"镇东"之号，而"东府"之名犹存，故扬州治所称"东府城"也。

毛穆之传

桓冲使穆之督梁州之三郡军事、右将军、西蛮校尉、益州刺史、领建平太守，假节，戍巴郡。　梁州三郡，谓巴西、梓潼、宕渠也，见《殷仲堪》传。

陈寿传

出补阳平令。　按：泰始十年，寿上表，称"平阳侯相"，此云"阳平令"，恐误。寿为张华所知，武帝之世，华未为司空，《传》云"司空张华"，亦误也。

孙盛传

祖楚，冯翊太守。　楚自有传，以例言之，当云"冯翊太守楚之孙"，而刊去"太原中都人"一句。

父恂，颍川太守。　《孙楚传》作"洵"。据此《传》，恂为颍川太守，在郡遇贼被害，而《楚传》云洵未仕而早终，二文自相矛盾。考之《晋阳秋》，则颍川太守为是，而名当为"洵"也。

著《晋阳秋》，写两定本，寄于慕容隽。　按：盛以书枋头事忤桓

温,诸子私改之,故与定本多不同。枋头之役,在慕容時时,隽已先死
久矣。

王雅传

　　东海剡人,魏卫将军肃之曾孙也。祖隆,后将军。 "剡"当作
"郯"。考《三国志》注,隆为肃子虔之子,则雅实肃之玄孙。

王恭传

　　**以恭为都督兗、青、冀、幽、并、徐州、晋陵诸军事、平北将军、兗、青
二州刺史,假节,镇京口。** 按:晋南渡已后,徐、兗二州刺史,或镇京
口,或镇广陵,或镇下邳,率以一人领之。太元二年,以王蕴为徐州刺
史,镇京口;谢玄为兗州刺史,镇广陵,始分为二。未几,谢兼领徐州,
仍合为一。朱序代谢玄,以青兗二州刺史镇淮阴,不带徐州者,以会稽
王道子领徐州刺史故也。序既移镇,以谯王恬为青兗二州刺史,镇京
口,而兗州之名移于江南。恬卒,乃以王恭代之。安帝即位,道子解徐
州,其刺史当即恭兼领。恭败,以刘牢之代为都督,别除谢琰徐州刺
史。琰死,司马元显领徐州,元显为桓玄所害,乃以桓修为徐、兗二州
刺史,镇京口;桓弘为青州刺史,镇广陵,自是徐、青二州隔江分治。义
熙初,刘裕领徐,尝以青州刺史诸葛长民镇丹徒。宋既受禅,遂以京口
为南徐州治,广陵为南兗州治,而二州始有实土矣。王恭出镇之日,晋
陵尚属扬州,当云"扬州之晋陵",史有脱文尔。

　　**初,都督以"北"为号者,累有不祥,故桓冲、王坦之、刁彝之徒,不
受镇北之号。** 按:徐、兗二州都督,例以"北"为号,故有"北府"之称。
如褚裒号征北大将军,荀羡、郗昙号北中郎将,皆卒于镇;范汪号安北
将军,以罪免;庾希号北中郎将,以罪诛;郗愔号平北将军,亦以病去
官,此皆在桓冲诸人之前者也。孝武宁康元年九月,刁彝以北中郎将
镇广陵,次年正月卒。其二月,王坦之以北中郎将镇广陵,次年五月
卒。其月,除中军将军桓冲为镇北将军、徐州刺史,镇丹徒,冲以刁、王
二人皆以"北"为号,相继殂殒,乃辞"镇北"之号,仍前中军将军,故冲
传云"以北中郎府并中军"也。刁彝、王坦之皆为北中郎将,未尝加镇
北之号。不受镇北者,独桓冲一人。论历官之年月,则刁最在先,王次

之,桓又次之。此传偁倒错误,以《帝纪》及三人《传》参考之,黑白了然矣。

庾楷传

楷上疏,以江州非险塞之地,而西府北带寇戎,不应使愉分督。是时楷以西中郎将领豫州刺史,镇历阳。考南渡以后,豫州或治历阳,或治寿春,或治姑孰,而都督例以"西"为号。《桓温传》"诏以西府经袁真事,故军用不足,给世子熙布三万匹、米六万斛",此称寿春为"西府"也。此《传》云"西府北带寇戎",此称历阳为"西府"也。《刘毅传》"西府二局,文武盈万",此称姑孰为"西府"也。《南史·谢朓传》"为齐随王子隆镇西功曹,转文学,因事求还,道中为诗寄西府",子隆时镇荆州,则荆州亦有"西府"之称矣。西府、北府原无定所,但以当时军府之号为目耳。

刘敬宣传

军次黄兽。 《宋书》"次遂宁郡之黄虎,去成都五百里",此作"黄兽",避唐讳也。《南史》作"黄武"。

刘毅传

诏以毅为都督豫州扬州之淮南、历阳、庐江、安丰五郡诸军事,豫州刺史。 文称"五郡",而实四郡,盖脱堂邑一郡。

俄进拜卫将军、开府仪同三司。 按:《宋书·武帝纪》:"抚军将军刘毅抗表南征,公与毅书止之。"似无进拜卫将军之事,或进拜而辞不受也。

俄进毅为都督荆宁秦雍四州之河东、河南、广平、扬州之义城_{当作}"成"。四郡诸军事,卫将军,荆州刺史。 按:《桓冲传》称"司州之河东",《宋书·刘道规传》称"司州之河南",则此"四州"下当脱"司州"二字。

何无忌传

义熙二年,迁都督江荆二州江夏、随、义阳、绥安、豫州西阳、新蔡、汝南、颍川八郡军事,江州刺史,增督司州之恒农、扬州之松滋。 按:

江夏四郡皆属荆州，当云“都督江州、荆州之江夏、云云。豫州之西阳”，云云。恐后人妄改之也。《地理志》云：“旧江州督荆州之竟陵郡，及何无忌为刺史，表以竟陵去州辽远，去江陵三百里，荆州所立绥安郡人户入境，欲资此郡助江滨戍防，以竟陵郡还荆州。又司州之恒农、扬州之松滋二郡，寄在寻阳，人户杂居，并宜建督。安帝从之。”与此《传》正合。

张茂传

太宁三年卒。　按：《本纪》失书茂之卒。《通鉴》：“太宁二年五月甲申，茂薨。”盖据《十六国春秋》之文，当得其实。

张骏传

太宁元年，骏犹称建兴十二年。　按：愍帝建兴元年，岁在癸酉，至明帝太宁元年癸未，止十有一年，不当称十二年。且《茂传》云“以太宁三年卒”，则太宁元年骏尚未嗣位，其踳驳显然。今据《通鉴》，茂实以太宁二年薨，而骏嗣其位，仍用建兴之号，则与十二年之数恰合矣。此“元年”亦是“二年”之讹。

又分州西界三郡置沙州，东界六郡置河州。　按：《地理志》：“张茂以校尉、玉门、大护军三郡三营为沙州，张骏分兴晋、金城、武始、南安、永晋、大夏、武成、汉中凡八郡。为河州。”与此互异。

张重华传

以书诱宛戍都尉宋距。　“距”当作“矩”。《忠义传》：“矩字处规。”

进封福禄县伯。[①]　前已云封福禄伯，此不当云“进封”，恐重出耳。

时年二十七，在位十一年。　按：《穆帝纪》：“永和二年五月，凉州牧张骏卒，子重华嗣。九年十月，重华卒，子耀灵嗣。”是重华在位仅八年耳。传云“父卒时，年十六”，今考重华嗣位不及十一年，则所载年岁，亦不足信。

李暠传

玄盛以安帝隆安四年立，是岁庚子。至宋少帝景平元年灭，是岁癸亥。据河右凡二十四年。 按：《北史》，武昭王以魏道武天兴二年立，当云"三年"，此刊本之讹。后主以明元太常五年而亡，据河右凡二世二十一年，较之《晋史》相差三岁。考玄盛以晋义熙十三年薨，即魏太常二年。见《安帝纪》。又三年，而宋受禅，是岁西凉亡，本传乃云"士业立四年而宋受禅"，此所以误多三年也。[②]

孝友传

颜含。琅邪莘人也。 《地理志》琅邪无莘县。含曾孙延之，《南史》称琅邪临沂人。

良吏传

潘京。太守赵廞尝问曰："贵郡何以名武陵？"京曰："鄙郡本名义陵，在辰阳县界，与夷相接，数为所攻。光武时，移东出，送疑是遂字。得全完。共议易号，《传》曰'止戈为武'，《诗》称'高平曰陵'，于是名焉。" 按：京所答者，委巷相传之言，刘昭注《续汉志》，已疑其无所据矣。予考《汉志》，武陵郡本有义陵县，而后汉无之。盖光武时所并省，其故城想在辰阳县界，因讹为此说耳。或前汉武陵郡本治义陵，光武中兴，乃徙治临沅，故以是实其言乎？

儒林传

刘兆。济南东平人。 "东平"下当脱"陵"字。济南在青州部内，故《传》云"兆儒德道素，青州无称其字者"，非兖州之东平也。予向疑《地理志》济南郡下有脱简，今检《解系传》及此《传》，则济南有著县，有东平陵县，本书已有明证矣。

有五子：卓、炤、燿、育、脐。 兆诸子既无表见，何必更列其名？史家征人谱牒而不加刊削，往往有此失。

徐邈。东莞姑幕人。 按：《地理志》，姑幕属城阳郡，盖南渡后省城阳入东莞也。邈与广兄弟各有传，则篇首叙所居郡县，当删去其一。

又邈字仙民,《传》当书而失书。

文苑传

李充。父矩,江州刺史。　此又一李矩,非平阳之李矩也。

伏滔。平昌安丘人也。　按:《地理志》安丘属东莞郡,又云"惠帝元康十年,置平昌郡",亦不言所领何县。以《宋志》考之,则安丘、平昌、东武、琅邪、朱虚五县皆隶平昌也。又考《三国志》,孙礼历平昌太守,则魏时亦尝置平昌郡。

隐逸传

孟陋。武昌人也。　孟陋与孟嘉兄弟也,一称江夏鄳人,一称武昌人。

艺术传

戴洋。王导遇病,召洋问之。洋曰:君侯本命在申。　按:《王导传》:"咸和五年薨,时年六十四。"③　计其生平,则武帝泰始三年丁亥岁也,与"本命在申"之说不合。

元帝将登阼,使洋择日,洋以为宜用三月二十四日景午。太史令陈卓奏用二十二日,言昔越王用甲辰,三月反国,今与此同。洋曰,云云。乃从之。　今按:《元帝纪》:"建武元年三月辛卯,即晋王位,大赦改元。"以术推之,是月癸未朔,辛卯乃月九日也,其二十四日丙午,却非即位之日。又"太兴元年三月景辰,百寮上尊号,是日即皇帝位"。以术推之,是月丁未朔丙辰,则月十日也。三月无丙午日,丙午乃二月二十九日,与洋所言,无一合者。

辛德在南方,酉受自刑。　辛与丙合,丙禄在巳,巳为南方。

太宁三年正月,有大流星东南行。洋曰:至秋,府当移寿阳。及王敦作逆,约问其胜败。　按:王敦作逆,及祖约退守寿阳,俱太宁二年事。

佛图澄。又令一童子絜斋七日,取麻油合胭脂,躬自研于掌中,举手示童子,粲然有辉。童子惊曰:有军马甚众,见一人长大白皙,以朱丝缚其肘。澄曰:此即曜也。　今俗传"圆光"之术,盖出于此。

列女传

在诸伪国,暂阻王猷,天下之善,足以惩劝,亦同搜次,附于卷末。
谓刘聪妻以下诸人也。然僭伪诸国,非晋声教所及,其夫既殊而异之,其
妻妾又引而近之,于义未安。窃谓刘聪妻刘氏、靳康女、苻坚妾张氏、苻
登妻毛氏、慕容垂妻张氏、段丰妻慕容氏、吕纂妻杨氏、吕绍妻张氏,事关
家国,皆当见于《载记》;张天锡妾阎氏、薛氏,李玄盛后尹氏,亦当附书本
传;惟苏若兰、陕妇人、王广女三人无可附丽,不妨存之卷末。

桓温传

雄又与将军桓冲战白鹿原,又为冲所破。　　按:《穆帝纪》:"苻雄
悉众及桓温战于白鹿原,王师败绩。"此云为桓冲所破,非其实也。

温自江陵北伐,行经金城,见少为琅邪时所种柳皆已十围。　　温
少时尝为琅邪太守。《宋书·州郡志》:"晋乱,琅邪国人随元帝过江千
余户。太兴三年,立怀德县。成帝咸康元年,桓温领郡,镇江乘之蒲洲
上,求割丹阳之江乘县境立郡。"则温所治之琅邪,在江南之江乘,金城
亦在江乘,今上元县北境也。温自江陵北伐,何容取道江南邪?推其
致误,乃因庾信《枯树赋》有"昔年移柳,依依汉南"之语,遂疑金城为汉
南地耳。不知赋家寓言,多非其实。即以此赋言之,殷仲文为东阳太
守,在桓玄事败之后,而篇末乃言"桓大司马闻而叹曰",岂非子虚亡是
之谈乎?此事出《世说·言语篇》,但云"北征",本无"江陵"字。

孟嘉。　　嘉不预温逆谋,非沈充于王敦可比,何故附《温传》之末?
当改入《文苑》。

慕容廆载记

宇文悉独官。　　《北史》作"逊昵延"。

八年,廆卒。　　史于僭伪之主皆书"死",惟慕容廆、姚弋仲二人书
"卒",以其为晋臣也。

慕容儁载记

拜儁为使持节、侍中、大都督、都督河北诸军事、幽冀并平四州牧。

《穆帝纪》但云"幽平二州牧"。

苻登载记

坚之族孙也。　此称"族孙",而后文屡称"曾孙",不可解。

兴将死,告同成曰:与卿累年共击逆羌,事终不克,何恨之深。可以后事付卿小弟司马。　按:《苻丕载记》称毛兴为诸羌所杀,何缘临终附登后事? 一卷之中,自相抵牾如此。

姚苌载记

自谓以火德承苻氏木行。　按:魏承汉为土德,晋承魏为金德,苻氏称木行者,盖以前、后赵为一代当水德也。

姚兴载记

先是苻登使弟广守雍、予崇屯胡空堡,闻登败,各弃守走。登无所投据,遂奔平凉。　此事已见《苻登载记》,当云"苻登奔平凉"。

遂割南乡、顺阳、新野、舞阴等十二郡归于晋。　按:《晋》、《宋》二《志》俱不言有舞阴郡,当是姚兴所立。此四郡为实土,余皆侨郡也。

吕光载记

乾归弟轲弹来奔。　《乞伏乾归载记》作"轲殚"。

吕纂载记

道士句摩罗耆婆,耆婆即罗什之别名也。　"句"、"鸠"声相近,然下文又称"鸠摩罗什",一篇之中,名氏互异,亦一病也。六朝称僧为"道人",此"道士"当为"道人"之讹。《鸠摩罗什传》亦云"道士之操"。

乞伏国仁载记

置武城、武阳、安固、武始、汉阳、天水、略阳、滠川、甘松、匡朋、白马、苑川十二郡。　按:天水、略阳,晋旧郡。武始,则张骏所置。汉阳,即天水郡,国仁析而二之。苑川在天水勇士县。

乞伏乾归载记

兵犹火也,不戢将自焚。　按:乞伏父子生长西徼,不习华书。而史纪国仁言"先人有夺人之心",乾归言"兵犹火也,不戢将自焚",又言"孤违蹇叔,以至于此"。词人文饰,失其本真,大率如此。

项羽斩庆子以宁楚。　庆子者,卿子冠军也。《史记》徐广注"卿,一作庆"。古书"庆"与"卿"通。

建安元年。　"建安"当作"隆安"。

冯跋载记

蠕蠕勇斛律。　蠕蠕即柔然也。《魏书》作"蠕蠕",《宋》、《齐》、《梁书》皆作"芮芮",《周书》作"茹茹",《北史》有《蠕蠕传》,而诸《传》间有作"茹茹"者,盖译音无定字。

蠕蠕斛律为其弟大但所逐。　《魏书》、《北史》俱作"大檀"。

今大魏威制六合。　按:燕与魏为敌国,其臣子必多指斥之词,而北燕太史令张穆言"大魏威制六合",南燕尚书潘聪言"滑台北通大魏、西接强秦",中书侍郎韩范言"可以西并强秦、北抗大魏",此皆魏史臣所改。张穆事见魏收《书》。潘聪、韩范之语当出崔鸿《十六国春秋》,皆魏臣也。唐人修晋史,不当沿袭其文。

秃发乌孤载记

初寿阗之在孕,母胡掖氏因寝产于被中,鲜卑谓被为"秃发",因而氏焉。　按:秃发之先,与元魏同出,"秃发"即"拓跋"之转,无二义也。古读轻唇音如重唇,故赫连"佛佛"即"勃勃","发"从"友"得声,与"跋"音正相近。魏伯起《书》尊魏而抑凉,故别而二之,《晋史》亦承其说。

校勘记

① "福禄县伯",当作"福禄县侯",见劳格《晋书校勘记》。
② 原"士业立"下漏"四"字,据《晋书·李暠传》补。
③ "咸和"当作"咸康",见劳格《晋书校勘记》。

廿二史考异卷二十三

宋书一

武帝纪上

庆忌生阳城肃侯岑。 按:《汉表》:"阳城釐侯庆忌薨,子飒嗣,王莽败,绝。"未见有名"岑"者,殆东京绍封宗室侯之一乎?

高祖以晋哀帝兴宁元年岁次癸亥三月壬寅夜生。 按:《孝穆赵皇后传》"兴宁元年四月二日,生高祖",与《纪》异。

以高祖为中兵参军,军、郡如故。 "军"谓建武将军,"郡"谓下邳太守也。晋自南渡以后,军府僚佐,皆带本州守相,取其干禄,故高祖以北府参军,得领下邳太守。及建义之后,幕僚如刘穆之为录事参军、堂邑太守,徐羡之除琅邪内史,仍为从事中郎,刘怀慎为镇军参军、彭城内史,刘粹为镇军参军、沛郡太守,孟怀玉为镇军参军、下邳太守,高祖时领徐州刺史,诸人所领,皆徐州郡也。文帝以西中郎将镇荆州,张邵为司马、领南郡相,谢晦为荆州刺史,请庾登之为长史、南郡太守。南郡,荆州治也。张茂度为司马休之平西司马、河南太守,休之为荆州刺史,而河南亦侨立于荆部也。始兴王濬镇湘州,以庾炳之为司马、领长沙内史;羊希为广州刺史,请其女夫萧惠徽为长史、带南海太守,皆其例也。亦有以幕僚而领县令者,如刘荣祖参世子征房军事、领遂成令,周颙为益州刺史萧惠开府主簿,带肥乡、成都二县令,齐高帝为南兖州刺史,荀伯玉为镇军中兵参军、带广陵令,梁武帝为雍州刺史,张弘策为录事参军、带襄阳令也。

封公第三子义隆为北彭城县公。 史例,诸帝皆不称名,而以讳字代之。此《纪》"义隆"字屡见,盖校书者妄改也。此书"北彭城"而后,但书"彭城",盖依永初诏书去之。

增都督南秦凡二十二州。 按:宋武于元兴三年起义时,都督扬、徐、兖、豫、青、冀、幽、并八州，又加督江州。义熙元年，加督荆、司、梁、益、宁、雍、凉，并前为十六州。二年，加督交、广二州。五年，加北青、北徐二州。八年，加督湘州。至是增督南秦，是为二十二州也。胡三省注《通鉴》，不详考《本纪》，辄举南徐、南豫、南兖、郢以足之，不知晋时侨立诸州本无"南"字，且其时兖、豫未分为二，郢州宋孝建中始立，晋末无此州也。徐州虽分为两，然南燕克复之后，增置北徐州，未尝以京口之徐为南徐，胡所举皆误也。秦州侨立于汉中，称"南秦"者，以别于仇池之"北秦"，晋末但称秦州，史家据宋制追称之。

又加公北雍州刺史。 晋南渡，侨立雍州于襄阳，今将北伐关中，故遥立北雍州领之。

义真既还，为佛佛虏所追。 即赫连"勃勃"也。古读"佛"如"弼"，"弼"、"勃"声相近。

武帝纪下

永初元年七月，平西将军乞佛炽盘。 "乞佛"即"乞伏"也。

八月，诸旧郡县以北为名者，悉除。寓立于南者，听以南为号。 按：义熙十二年，以徐州之彭城、沛、兰陵、下邳，兖州之高平、鲁、泰山诸郡封宋国，此寓立于南之郡也。十三年，以徐州之北琅邪、北东莞、北东海、北谯、北梁，豫州之北颍川、北南顿诸郡益宋国，此以"北"为名之郡也。晋世侨置郡县，皆无"南"名。《州郡志》称晋明帝立南下邳郡，成帝立南沛郡；又云南义阳太守，晋末以义阳流民侨立；又云南河东太守，晋成帝咸康三年，征西将军庾亮以司州侨户立。诸"南"字皆永初以后所加，而休文追称之，非晋时已有此名也。《晋志》元帝以江乘置南东海、南琅邪、南东平、南兰陵等郡，分武进立南彭城郡，明帝又立南沛、南清河、南下邳、南东莞、南平昌、南济阴、南濮阳、南太平、当作广平。南泰山、南济阳、南鲁等郡，皆永初以后所加。唐人修晋史者，误仞为晋制，殊愦愦矣。

三年二月，左卫将军张纪为湘州刺史。 "纪"当作"邵"。

少帝纪

武帝长子也。 按：《纪》、《传》书诸帝，皆称庙号，独此《纪》书"武帝"者四,而仍有称"高祖"者。又它篇例称魏为"索虏",而此《纪》一云"魏军克滑台",一云"魏主拓跋嗣薨",全非休文之例。又如义熙十二年正月,以豫章公世子为西中郎将、豫州刺史。三月,除征虏将军、徐兖二州刺史,镇京口。十四年六月,除中军将军、副贰相国府。皆宜见于《本纪》,而略不及,卷末无史臣论,其非休文书显然。盖此篇久亡,后人杂采它书以补之,故义例乖舛如此。又《文帝纪》首称武帝第三子,《孝武帝纪》称文帝第三子,《前废帝纪》称孝武帝长子,《明帝纪》称文帝第十一子,《后废帝纪》称明帝长子,《顺帝纪》称明帝第三子,以至《武三王》、《文九王》、《文五王》、《孝武十四王》、《明四王》、《二凶传》篇首皆称谥,余文则仍称庙号,此于史例殊为可议,或后来校书者以意辄改,非休文本意也。《长沙王道怜传》称"高祖中弟",《临川王道规传》称"高祖少弟",此当是休文本文。

景平二年五月,江州刺史檀道济、扬州刺史王弘入朝。 按:是时道济为南兖州刺史,非江州;弘为江州刺史,非扬州也。扬州治辇下,时以司空徐羡之领之。《纪》所书皆误。

文帝纪

改授都督荆益宁雍梁秦六州、豫州之河南广平、扬州之义成松滋四郡诸军事、西中郎将、荆州刺史。永初元年,进督北秦,并前七州,又进督湘州。 按:宋世荆州刺史常都督荆、湘、雍、益、梁、宁、南北秦八州诸军事,惟谢晦不督梁州,临川王义庆、南郡王义宣不督湘州,故但云七州。义宣后亦进督湘州。雍州刺史常都督雍、梁、南北秦四州,惟刘道产止督三州,不督北秦也。《州郡志》止有秦州,无南、北之分。今考秦州本治陇西,晋南渡后,寄治汉中,常以梁州刺史兼之,是为南秦,即《志》所载秦州也。仇池氏杨氏世授北秦州刺史,其地不入版图,故不载于《志》。然南北秦之名昉于何代,史家宜详述之,不应竟阙。《晋志》云"江左分梁为秦,寄居梁州,又立氏池为北秦州",则北秦之名,东晋已有之,盖自义熙三年授杨盛始矣。南徐、南兖之名,皆起宋初,则秦州加"南"字,亦必在永初以后矣。

元嘉六年五月,以抚军司马檀道济为益州刺史。 按:檀道济时为江州刺史,未尝除益州,此当为刘道济也。监本作"刘"。

九月，于秦州置陇西、宋康二郡。《刘道产传》同。　按：《州郡志》，秦州无宋康郡。又《纪》称"元嘉九年，于广州立宋康郡"，是同时有两宋康矣。

十八年，省南徐州之南燕、濮阳、广平郡。　按：《州郡志》，南徐州有南濮阳郡，不言何时省并，与《纪》不相应。《志》又不载南燕郡侨立本末。考《晋书·谢玄传》云"都督徐兖青三州、扬州之晋陵、幽州之燕国诸军事"，"燕国"与"晋陵"连文，疑即侨立于晋陵界。《虞丘进传》："元兴三年，从定京邑，除燕国内史。"

二十七年四月，安北将军、徐兖二州刺史武陵王赞当作"讳"。降号镇军将军。　按：《孝武纪》亦云"坐汝阳战败，降号镇军"，及以《百官志》证之，则中、镇、抚三号比四镇，班在四安、四平之上，由"安北"改"镇军"，乃是叙迁，非左降也。至次年降号北中郎将，乃为真降耳。

二十九年九月，抚军将军、徐兖二州刺史萧思话加冀州刺史，兖州如故。　是时冀州刺史张永失律，思话为统帅，亦当任咎，故解徐州，除冀州刺史代永，仍兼领兖州也。《纪》所书未核。

孝武帝纪

徙都督雍梁南北秦四州、荆州之襄阳竟陵南陵顺阳新野随六郡诸军事。　"南陵"当作"南阳"。

元嘉三十年六月，以司州刺史鲁爽为南豫州刺史。　按：是时无南豫州，"南"盖衍文也。自元嘉二十二年，罢南豫州并寿阳，至孝武大明三年，始复分置，中间无南豫者计十年。

大明五年四月，雍州刺史海陵王休茂杀司马庾深之，举兵反。义成太守薛继考讨斩之。　按：《休茂传》："继考为休茂尽力攻城，及休茂死，诈称立义，乘驿还都，事泄伏诛。"则继考乃党于休茂者，《纪》所书误矣。《南史》云"参军尹元义起义斩之"，为得其实。

明帝纪

泰始元年，将肆枭、獍之祸，骋商、顿之心。　"商"谓商臣，"顿"谓冒顿也。

后废帝纪

泰豫元年闰月,割南豫州南汝阴郡属西豫州,西豫州庐江郡属豫州。 按:《州郡志》"泰豫元年,以南汝阴度属豫州,豫州之庐江度属南豫州",初无"西豫"之名。然《南史·庐陵王义真传》称"得志日,以慧琳道人为西豫州刺史",《南齐书·张岱传》"宋明帝初以岱堪干旧才,除使持节、督西豫州诸军事、辅国将军、西豫州刺史",《南齐·州郡志》"太祖以西豫吏民寡刻,分置两州,损费甚多",又"永明四年,冠军长史沈宪启:二豫分置,以桑堁子亭为断,颍川汝阳在南谯、历阳界内,悉属西豫;庐江居晋熙、汝阴之中,属南豫。求以颍川、汝阳属南豫,庐江还西豫",则当时本有"西豫"之称,殆以寿阳故称"西府",因以西豫呼之。而《宋》、《齐》二《志》不以"西豫"标目者,以其未著甲令也。《南齐书·鱼腹侯子响传》,前称"出为豫州刺史",后称"在西豫时"。

顺帝纪

昇明三年正月,新除给事黄门侍郎萧讳为雍州刺史。 谓文惠太子也。约《书》成于永明六年,其时武帝无恙,而不敢斥言宫讳,其于诸王则名之。

三月,崇太傅为相国,总百揆,封十郡为齐公。 《宋书》称齐高帝曰"齐王",武帝曰"齐王世子",此变其文云"太傅"者,不得云"以齐王"、"为齐公"也。下文云"以中军大将军讳为南豫州刺史、齐公世子副贰相国",亦变其文,避不辞也。

律志

《律志序》。 自孟坚合"律"、"历"为一志,后之作史者皆因之。休文序例不言更分为二,则亦因固、彪之旧矣。此《志》三卷,首篇当题《律历上》,次篇为中,末篇为下。今以首篇为《律志》,下二篇为《历上》、《历下》,盖后人妄改,非休文之旨也。序为八志总例,列于卷首,著作之体宜尔。汲古阁本题作《律志》,尤为乖妄。

黄初中,铸工柴玉巧有意思,形器之中,多所造作。协律都尉杜夔令玉铸钟,其声清浊多不中法,数毁改作,玉甚厌之,谓夔清浊任意,更

相诉白于魏王。 此"魏王"谓魏武也。魏武当国之时,安得有黄初之号？盖采《三国志·夔传》之文,而误会其旨也。考《夔传》先云:"太祖以夔为军谋祭酒、参大乐事,教习讲肄,备作乐器。"后云"黄初中为太乐令、协律都尉",此言夔所终之官也。后又云"汉铸钟工柴玉云云",乃追叙夔造乐器时,与玉有郤,而文帝爱待玉,因不悦夔之由。非谓铸钟在黄初中也。休文博识,何不子细乃尔。

历志上

其冬下旬,月在张心,署也。① "署也"当作"署之"。《四分》、《乾象术》俱有此文。《隋书·刑法志》:"晦朔、八节、六齐、月在张、心日,并不得行刑。"月在张、心,非推步不能知,故司天署其日言于朝,古人之慎刑如此。

晋江左时,侍中平原刘智。 智字子房,司空寔之弟也,仕武帝朝,非江左时。《志》误。

礼志一

《书》曰:若稽古帝舜,曰重华,建皇授政改朔。 考《太平御览》八十一卷,引《尚书中候·考河命篇》云"曰若稽古帝舜,曰重华,钦翼皇象",又李善《文选注》引《尚书中候》云"建黄授政改朔",是此一十五字,皆出《中候》。高堂隆所引,偶脱"中候"二字,朱锡鬯欲移此文于《舜典》之首,以代姚方兴二十八字,殆非也。"建皇",《文选注》作"建黄",皇甫谧谓"以土承火,色尚黄也",此作"皇",疑误。

礼志二

司徒长史王申。 "申"当作"甲",王甲、李乙、丙丁,皆设为姓名。毛本作"壬申",尤误。监本正作"王申"。

罍浴谓以香薰草药沐浴也。 《周礼》本作"釁","罍"即"釁"之省也。"薰"、"釁"声相近。

晋孝武太元元年,崇德太后褚氏崩。 "元年"当作"九年",字形相涉而讹。

大学博士徐恭议。 《晋志》作"徐藻"。

故成风显夫人之号,昭公服三年之丧。 昭公,《徐广传》作"僖公"。然成风之薨,不在僖公之世,且安帝于李后为祖母,非僖公于成风之比。窃谓当是"文公"之误也。

谓应同于为祖母后,齐衰期。 《徐广传》作齐衰三年"。

博士丘迈之议:案吴商议,闰月亡者,应以本正之月为忌,谓正闰论虽各有所执,商议为允。 此条当有脱文。商议主六月为忌,未见有主七月者,何云"各有所执"乎?

礼志五

晋武帝问侍臣旄头何义,彭推对曰,秦国有奇怪,触山截水,无不崩溃,唯畏旄头,故武士服之。 按:《史记·秦本纪》"文公伐南山大梓,丰大特",《正义》引《录异传》云:"秦文公时,雍南山有大梓树,文公伐之。树断,中有一青牛出,走入丰水中。其后牛出丰水中,使骑击之,不胜。有骑堕地复上,发解,牛畏之,入不出。故置旄头,汉、魏、晋因之。"彭推之说,盖出于此。

乐志一

东平宪王苍总定公卿之议曰:"宗庙宜各奏乐,不应相袭,所以明功德也。承《文始》、《五行》、《武德》,为《大武》之舞。"又制舞哥一章,荐之光武之庙。 按:范《史》"明帝永平三年十月,烝祭光武庙,初奏《文始》、《五行》、《武德》之舞",不云《大武》之舞。《东观书》载东平王苍议,虽有"宜曰《大武》之舞"一语,而下文即云"不宜以名舞",其所制歌诗,又仍称《武德舞》,则苍定议,正谓宜名《武德》之舞。所云"庙乐不相袭"者,特谓乐章不宜沿旧辞耳。故明帝诏称"骠骑将军议可进《武德》之舞如故"也。休文似未审上下文义,虽删取《东观书》,却失《东观》之旨。

哥师尹胡能哥宗庙郊祀之曲。 《说文》:"哥,声也,古文以为'谓'字。"篇中乐歌字皆作"哥",盖用古文。

晋中书令王珉与婢婢有情,爱好甚笃,婢捶挞婢过苦。 "婢"即"嫂"字。《礼》"食三老、五更于太学",蔡邕以为"五叟"也。《列子·黄帝篇》:"禾生、子伯出行,宿于田更商丘开之舍。"注:"更,当作叟。"《庄子·达生篇》"视其后者而鞭之",崔譔本"鞭"作"趣",云"匿也"。《史记·韩世家》"虏得韩将鲠、申差于浊泽",徐广云："鲠，一作鲠。"则"更"、"叟"二文相通久矣。王右军帖亦以"娿"为"嫂"字。

空侯，初名坎侯，言其坎坎应节奏也。后言空者，讹也。　予谓"坎"、"空"声相近。《说文》引《诗》"籁籁舞我"，"籁籁"即"坎坎"也。而"赣"即从"簳"得声。"赣"与"贡"同。则"坎"之为"空"，又何疑焉？休文精于四声，而未达四音相转之理，故动多窒碍。

天文志一

周天一百七万一千里，一度为二千九百三十二里七十一步二尺七寸四分四百八十七分分之三百六十二。　每度里步尺寸分数，皆以《四分》旧术推之，置周天里数四因之为实，千四百六十一为法，如法而一，得二千九百三十二里，余数以三百乘之三百步为里也。为实，如法得七十一步，余数又以六乘之六尺为步也。为实，如法得二尺七寸四分又千四百六十一分之一千八十六，即四百八十七之三百六十二也。分母、分子皆以三约之。

则天径三十二万九千四百一里一百二十二步二尺二寸一分七十一分分之十。　以周百四十二、径四十五之率求之，当云"径三十三万九千四百一里一百二十二步三尺二寸一分七十一分分之九"也，此文尚有差误。

天体圆如弹丸，而陆绩造浑象，其形如鸟卵。　今欧逻巴椭圆之说，似出于此。

刘向《五纪》说，《夏历》以为列宿日月皆西移，列宿疾而日次之。宋儒言，日月五星皆左旋，日行速，月行迟，盖本于此。

案：此说应作"轩昂"之"轩"，而作"昕"，所未详也。　"昕"、"轩"声相近，休文未悟古音，故云"未详"。

符瑞志下

晋成帝咸康八年，庐江春谷县留珪，夜见门内有光，取得玉鼎二枚。[2]　按：《晋志》春谷县属宣城，不属庐江。盖南渡后曾侨立庐江郡于此，而史失载尔。《志》又载："穆帝永和元年，庐江太守路永上言，于春谷城北，见水岸边有紫赤光。"永和在咸康之后也。又云："成帝咸和元年，宣城春谷县山岸崩，获石鼎。"咸和在咸康之前，其时春谷尚属宣城，盖自苏峻、祖约作乱之后，淮南流人始移江南，此庐江置郡，必于咸和四年以后矣。

五行志五

元帝太兴初，又有女子阴在腹上，在扬州，性亦淫。京房《易妖》曰："人生子，阴在首，天下大乱；在腹，天下有事；在背，天下无后。"此下又一条云："晋中兴初，有女子，其阴在腹，当齐下。自中国来江东，性甚淫，而不产。京房《易妖》曰：'人生子，阴在首，天下大乱；在腹，天下有事；在背，天下无后。'"此一事两见，当删而未删者也。

州郡志一

何、徐《州郡》。　按：何承天、徐爰皆撰《宋书》，并有《州郡志》。承天撰史在元嘉之世，所撰《志》惟《天文》、《律历》，余皆奉朝请山谦之作也。爰书起自义熙之初，讫于孝武之末。休文志州郡，大较以孝武大明八年为正，盖因徐氏之旧，而亦兼载宋末事，然如湘州之广兴、临庆，既皆依明帝改名，而江州之晋安，何以不用改名？此亦自乱其例矣。

扬州。丹阳，尹。秦鄣郡，治今吴兴之故鄣县。　按：《汉志》但言故鄣郡，不言秦所置。裴骃注《史记》，始以鄣郡当秦三十六郡之一。此《志》与裴说同。

海宁，令。孙权分歙为休阳县，晋武帝太康元年更名。　按：《太平寰宇记》引《邑图》云："吴避孙休之名，改为海阳县，晋平吴之后，改为海宁县。"《志》失书吴改名一节。

南徐州。永初二年《郡国志》，又有南沛、南下邳、广平、广陵、盱眙、钟离八郡。　今数之，止六郡，盖脱海陵、山阳二郡。

南兰陵，太守。　按：休文志州郡，于诸州书"去京都水陆若干"，于诸郡则书"去州水陆若干、去京都水陆若干"，唯州所治郡，不云"去京都水陆若干"者，已见于州也。南徐州领郡十七，南东海为州所治，此外则南琅邪、晋陵、义兴皆有实土，故有水陆里数，南兰陵以下十三郡,有户口而无水陆里数者,侨寓无实土也。诸州皆放此。

广陵,令。前汉属泗水。 "陵"当作"凌","广"字衍。

南彭城,太守。江左侨立,晋明帝又立南下邳郡,成帝又立南沛郡,孝武以二郡并并南彭城。 按:宋武帝先世彭城人,过江居丹徒县之京口里。永初元年诏曰:"彭、沛、下邳三郡,首事所基,情义缱绻。彭城桑梓本乡,加隆攸在,优复之制,宜同丰沛;其沛郡、下邳可复租布三十年。"此则彭、沛、下邳皆侨立于京口矣。刘康祖彭城吕人,刘毅彭城沛人,刘粹沛郡萧人,史称其家在京口;孝穆赵皇后下邳僮人,家亦必在京口也。刘穆之、秀之东莞莒人,徐邈东莞姑幕人,孟怀玉平昌安丘人,檀韶高平金乡人,史亦言其世居京口,即此州之南东莞、南平昌、南高平矣。侨郡无实土,故不言所治。

文帝八年,省广平郡为广平县。 当云"文帝元嘉十八年",此脱三字。

徐州。元徽元年,分秦郡之顿丘、梁郡之谷孰、历阳之酇立新昌郡。 按:《南齐书·州郡志》,新昌郡领顿丘、谷熟、尉氏三县,无酇县。

平昌,太守,后废帝元徽元年立。 "平昌"当作"新昌"。

南兖州。南濮阳、南泰山、济阳、南鲁山郡。 "南鲁"下衍"山"字。

《永初郡国》又有舆、肥如、路、真定、新市五县,并二汉旧名,肥如属辽西,路属上党。 "路"当作"潞"。

新市,《永初郡国》云,四县本属辽西。 "新市"下有脱文,当云"二汉、晋属中山"。

孝武大明五年,分广陵为沛郡,治肥如县。时无复肥如县,当是肥如故县处也。二汉、《晋太康地志》并无肥如县。 按:《志》于"广陵郡"下云"肥如,汉旧名,属辽西"矣,此云"并无肥如"者,谓沛郡自汉、晋以来,并无肥如一县,非谓汉无肥如也。肥如本辽西县名,因晋末侨立辽西郡于广陵界,后经省并,故广陵得有肥如县。《符瑞志》:"元嘉十九年,广陵肥如石梁涧中出石钟九口。"何承天修《志》,讫于元嘉二十年,其时尚有肥如,故《志》云何有肥如、新市。然则肥如之省,其在拓跋南侵之后乎?此条云"时无复肥如"者,谓孝武之时,广陵已无肥如，乃以其地立沛郡耳。细检此二条之文，初无矛盾，说者多援以为口实，是不然矣。

沛郡宜是大明五年以前省，其时又立也。　按：《徐州篇》云"文帝元嘉中，分南沛为北沛，属南兖，而南沛犹属南徐。孝武大明四年，以南沛并南彭城"，与此文可互证。盖当时沛郡流人，或家江北，或家江南，初无实土。而徐州刺史亦兼领江北。迨文帝分南徐、南兖二州，画江为界，故以南沛之寄治广陵者，别为北沛，属之南兖，而江南之南沛，仍如故也。孝武时，省江南之南沛，而以广陵之北沛为南沛，又分肥如地立为郡治，而南沛始有实土矣。何云北沛，徐云南沛，各据当时之名书之，其实只是一郡。而休文所云大明五年以前省者，乃省江南之南沛，非省江北之沛也。肥如，今之天长县。

北淮太守，宋末侨立。　"淮"下脱"阳"字。

兖州。《永初郡国》有东郡、陈留、濮阳三郡，而无阳平郡，领白马、凉城、东燕三县。　白马三县当属东郡，此"领"字上盖脱"东郡"二字。

州郡志二

南豫州。永初二年，分淮东为南豫州，治历阳，淮西为豫州。[③]　此下当有"治寿阳"三字。

文帝元嘉七年，又分，五年，割扬州之淮南、宣城又属焉，徙治姑孰。　此条当有脱文。以《本纪》及《南平王铄传》考之，文帝元嘉七年，罢南豫州，并豫州。十六年，复分豫州之淮南为南豫州。二十二年，罢南豫州，并寿阳。孝武大明三年，分淮南、北复置二豫州。五年，移南豫州治淮南于湖县。于湖，即姑孰也。当云"文帝元嘉七年，合二豫州为一。十六年，又分。二十二年，又合。孝武大明三年，又分。五年，割扬州之淮南、宣城又属焉"，则首尾相应矣。

泰始四年，以扬州之淮南、宣城为南豫州，治宣城。　按：《帝纪》："泰始五年，分豫州、扬州立南豫州。"盖分豫州之历阳、扬州之淮南宣城也，事见《庐江王祎传》。《志》失书历阳郡，又误以为四年事。

七年，复分历阳、淮阴、南谯、南兖之临江立南豫州。　按：《本纪》孝武大明七年，割历阳、秦郡置临江郡，以历阳之乌江、秦郡之怀德二县置。前废帝永光元年，罢临江郡。此后未见复置之文。

南汝阴太守,江左立。 此汝阴治合肥。《本纪》"泰始七年,妖寇宋逸攻合肥,杀汝阴太守王穆之"是也。

南梁太守,晋孝武太元中侨立于淮南。 此"淮南"谓寿春也。东晋改曰"寿阳",避郑太后讳。《向靖传》"义熙八年,督马头淮西诸军事、龙骧将军、安丰汝阴二郡太守、梁国内史,戍寿阳",《刘粹传》"永初三年,督豫司雍并四州、南豫州之梁郡弋阳马头三郡诸军事、豫州刺史、领梁郡太守、镇寿阳",此梁郡侨立寿阳之证也。寿春本汉旧县,自太元移梁郡于此,并立睢阳县为治所,而"寿春"遂不为县名矣。

安帝始有淮南故地,属徐州,武帝永初二年,还南豫。 按:太元初,苻坚兵败,已复淮南,其后仍没于慕容氏。至安帝义熙中,刘裕平南燕,淮南复入版图。《志》云"始有"者,晋自南渡以后,寿阳屡复屡失,至是始为晋有也。此地本属扬州,江左尝以豫州刺史镇之,义熙中,始改属徐州。宋初,仍属豫州,故云"还"。

文帝元嘉二十五年,以豫部蛮民立茹由、乐安、光城、雩娄、边城史水、开化、边城七县,属弋阳郡。 "边城"字重出,当去其一。"雩娄"下"边城"两字当删。

徐《志》有边城两,领雩娄、史水、开化、边城两县。 此上下"两"字皆误。详其文义,谓立边城郡,领雩娄等四县也。上"两"字疑"郡"字之讹,下"两"字疑"四"字之讹。

豫州。《永初郡国》、何、徐寄治睢阳。 睢阳即寿阳也。晋末,侨立南梁郡于寿阳,并置睢阳县,后乃省寿阳入睢阳,名实之混淆如此。凡豫州属郡,言"去州水陆若干"者,皆据寿阳而言。

江州。豫宁侯相,汉献帝建安中立,吴曰要安,晋武帝太康元年更名。 按:《晋志》豫章郡有豫章县,无豫宁。此转写之讹。考王昙首以诛徐羡之等功追封豫宁县侯,子僧绰、孙俭皆袭豫宁之封。此《志》以豫宁为侯国,正相符合。《南史·僧绰》及《俭传》并称豫宁侯,而《宋书·僧绰传》、《齐书·俭传》乃作豫章,亦误也。《南齐志》豫章郡亦有豫宁县。《南史》王亮封豫宁县公,裴之横封豫宁侯,则豫宁县名自晋迄梁未之改也。"要安"当为"西安"之讹。《太平寰宇记》:"武宁县,古西安县也。后汉建安中分海昏立西安县。晋太康元年,改为豫宁。"《三国志·潘璋传》"迁豫章西安长",是吴时县名"西安"之证。

南康，公相。 按：刘穆之以佐命功追封南康郡公，子孙世袭。晋宋之制，郡为王国，则置内史；为公国，则置"公相"，其职与太守同。此郡既为公国，而所领南康县又称"公相"，盖其时别有封南康县公者。

南新蔡，太守，江左立，去州水二百。 《晋志》"孝武因新蔡郡人，于汉九江王黥布旧城置南新蔡郡"，即此郡也。《元和郡县志》："九江故城在黄梅县西南七十里，汉九江王黥布所筑。"

青州。广城，令，汉旧县。 当作"历城"。

司州。恒农，领恒农、陕、宜阳、黾池、卢氏、曲阳，凡七县。 今数之，止六县。

河内，寄治河南，领温、野王、轵、河阳、沁水、山阳、怀、平皋、朝歌，凡十县。**东京兆**，寄治荥阳，领长安、万年、新丰、蓝田、蒲阪，凡六县，合十六县。 今数之，河内止九县，东京兆止五县。

州郡志三

荆州，刺史，汉治武陵、汉寿，魏、晋治江陵。 按：魏之荆州治襄阳，不能得江陵也。《志》误。

文帝世，又立宋安左郡。 按："司州环水县"下云："宋安，本县名，孝武大明八年，省义阳郡所统东随二左郡，立为宋安县，属义阳。明帝立为郡。"而《豫州蛮传》亦云："世宗初即位，西阳蛮田益之、义之等起义，攻郢州，克之。以蛮户立宋安、光城二郡，以义之为宋安太守。"是宋安郡实明帝所立矣。此云"文帝立宋安左郡"，而"南豫州光城左郡"下亦云"大明八年，省光城左郡为县，属弋阳"，则两郡先已有之。孝武时省为县，至明帝而复立也。

巴东，公相，谯周《巴记》云，初平六年。[④] 初平纪元无六年，《巴记》误。

荆州帐下司马赵魋。 "荆州"当作"益州"。

建议分巴郡诸县汉安以下为永宁郡。建安六年，刘璋改永宁为巴东郡。 "汉安"当作"安汉"。考《晋》、《宋》二《志》，安汉属巴西，不属巴东也。据《华阳国志》，鱼复、朐忍诸县，初平中，始分为固陵郡。建安六年，鱼复蹇允白璋争巴名，乃改固陵为巴东。若永宁之分，虽与固陵同时，其后改称巴西，与巴东不相涉。

汶阳,太守。何《志》新立。先属梁州,"梁"一作"渠"。误。**文帝元嘉十一年度。** 按:《南齐书·蛮传》:"汶阳本临沮西界,二百里中,水陆迂狭,鱼贯而行,有数处不通骑,而水白田甚肥腴。桓温时,割以为郡。西北接梁州新城,东北接南襄阳,南接巴巫。"然则汶阳郡晋时已有之,何承天以为"新立"者,非也。

南河东,太守,晋成帝咸康三年,征西将军庾亮以司州侨户立。 按:《晋志》"渡江后,以河东人南寓,于汉武陵郡孱陵县界上明地侨立河东郡",即此郡也。桓冲为荆州刺史、都督司州之河东军事,亦指此。宋初侨立诸郡,例加"南"字。

湘州。晋怀帝永嘉元年,分荆州之长沙、衡阳、湘东、邵陵、零陵、营阳、建昌、江州之桂阳八郡立。 按:《晋志》,湘州始置,凡九郡,有始安、始兴、临贺,而无营阳、建昌,与此不合。考营阳郡,《晋志》以为穆帝立,此《志》亦云江左分零陵立,则怀帝时不应有营阳矣。

重安,侯相。 按:《南齐书·王敬则传》始封重安县子,邑三百五十户,后增封为千三百户,又增至二千五百户,又加五百户。户增则爵宜序迁,据此志有重安侯相,知敬则在宋末已封重安侯,而传不书者,漏也。齐初封敬则寻阳郡公,止三千户,又知二千余户之必为侯国矣。

雍州。元嘉二十六年,割荆州之襄阳、南阳、新野、顺阳、随五郡为雍州。 按:随郡本属荆州,孝武孝建元年度属郢,前废帝永光元年度属雍,明帝泰始五年还郢,改为随阳,后废帝元徽四年度属司州,见司州下。是元嘉廿六年随未尝属雍也。又考宋时雍州刺史如刘遵考、刘道产、萧思话、武陵王骏,俱称"都督荆州之南阳、竟陵、顺阳、襄阳、新野、随六郡诸军事",盖在元嘉二十六年以前,雍州未有实土也。随王诞以元嘉二十六年除刺史,柳元景以元嘉末、孝建初两除刺史,武昌王浑以孝建元年除刺史,刘延珍以孝建二年除刺史,并云"都督荆州之竟陵、随二郡诸军事",不及南阳等四郡者,已在雍州管内也。而随郡仍系之荆州,可证元嘉时随未尝属雍矣。至大明二年,除海陵王休茂,五年,除永嘉王子仁及刘秀之,八年,除晋安王子勋,并称"都督郢州之竟陵、随二郡",则此二郡孝武时属郢州之证也。及前废帝永光元年五月,割郢州随郡属雍州,自后湘东王彧、沈攸之除雍州刺史,但云"都督郢州之竟陵"，不言随郡。至明帝泰始五年四月，随郡又改属郢州，故《张兴世传》复云"都督郢州之竟陵、随二郡"也。袁颛以永光元年九月、张永以泰始四年除刺史，本传称"都督郢州之竟陵、随二郡"；巴陵王休若以泰始二年除刺史，本传称"都督荆州之竟陵、随二郡"，皆误。

汎阳，令。晋武帝太康五年立，属南乡，仍属顺阳。　按：《晋志》，顺阳郡无汎阳。

华山，太守。胡人流寓，孝武大明元年立。　按：《梁书·康绚传》："宋永初中，康穆举乡族三千余家入襄阳之岘南，宋为置华山郡蓝田县，寄居于襄阳"，是华山立郡，不始于孝武也。孝武始分实土郡县，以为侨郡县境，故史以为孝武所立。

州郡志四

宁州。南广，太守。晋怀帝——本作"武帝"，非是。分朱提立。　据《晋书·王逊传》，分朱提为南广，亦逊所请也。

西平，太守。晋怀帝永嘉五年，宁州刺史王逊分兴古之东立。何《志》晋成帝立，非也。　按：《王逊传》不言分立西平郡，《华阳国志》"西平郡刺史王逊，时爨量保盘南，逊出军攻讨，不能克。逊薨后，刺史尹奉募徼外夷刺杀量，盘南平，乃割兴古、云南之盘江、南如、南零三县为郡"，是西平非逊所分矣。

东河阳，太守。晋怀帝永嘉五年，宁州刺史王逊分永昌、云南立。按：《王逊传》不言分立东河阳郡。

梁水，太守。晋成帝分兴古立。　按：《王逊传》："逊以地势形便，上分永昌为梁水郡。"此云晋成帝立，又以为分兴古地，皆不合。洪亮吉曰：案《水经注》"刘禅分兴古之盘南，置郡于梁水县"，则蜀时已有此郡，东晋复立耳。

百官志上

魏及晋两朝置十九人，江左初，减为九人，皆不知掌何经。　按：魏、晋十九博士，固无可考。若江左之九人，则《礼志》载"大兴初，议欲修立学校，唯《周易》王氏、《尚书》郑氏、《古文》孔氏、《毛诗》、《周官》、《礼记》、《论语》、《孝经》郑氏、《春秋左传》杜氏、服氏各置博士"是也，

《论语》、《孝经》合置博士一人。何云不知所掌乎？

百官志下

宁朔至五威、五武将军。 五威者，建威、振威、奋威、扬威、广威也。五武者，建武、振武、奋武、扬武、广武也。宁朔将军班在五威、五武之上，而前卷叙列将军独遗之，此传写偶脱一行耳。《南齐志》，宁朔将军列于辅国之后，据此《志》官品先后次之，似宁朔当在龙骧之后矣。

校勘记

① "月在张心"，原作"夕在张心"，误，径改。

② "玉鼎二枚"，中华书局本《宋书》作"一枚"。

③ "永初二年"，中华书局本《宋书》作"三年"。

④ "初平六年"，据《晋书·地理志》当作"元年"。

廿二史考异卷二十四

宋书二

后妃传

少帝司马皇太妃。 以前废帝何皇后、后废帝江皇后例之，当称"司马皇后"，目录亦书"皇后"，而《传》作"太妃"，必刊本之讹。

吴兴长公主讳荣男。 史家之例，惟帝、后书"讳"，诸王皆直书名。休文此《传》云"吴兴长公主讳荣男"，"临川长公主讳英媛"，"豫章康长公主讳欣男"，"新蔡公主讳英媚"，皆以公主而称"讳"，非礼也。公主可以不名，即欲名之，当如本《传》"会稽宣长公主兴弟"、"义兴恭长公主惠媛"、"东阳献公主英娥"之例，不应自乱其法。《南史》因休文元文，不加刊削，均失之矣。

刘穆之传

臣契阔屯泰，旋观始终。 按："契阔"字见于《诗·击鼓篇》。《毛传》云："契阔，勤苦也。"六朝人好用此二字，如《王弘传》"绸缪先眷，契阔屯夷"，《范泰传》"契阔戎阵，颠狈艰危"，《王僧达传》"契阔历朝，绸缪眷遇"，《颜师伯传》"契阔大难，宜蒙殊报"，《刘延孙传》"契阔唯旧，几将二纪"，《南齐书·褚渊传》"契阔屯夷，绸缪终始"，《王俭传》"契阔艰运，义重常怀"，皆取勤苦之义。

王弘传

奏弹谢灵运曰：世子左卫率康乐县公谢灵运，力人桂兴淫其嬖妾，杀兴江涘，弃尸洪流。请以见事免灵运所居官。 按：《灵运传》"迁相国从事中郎、世子左卫率，坐辄杀门生免官"，即其事也。六朝人所谓"门生"，即僮仆之属。然《徐湛之传》："门生千余人，皆三吴富人子，姿质端妍，衣服鲜丽。每出入行游，涂巷盈满；泥雨日，悉以后车载之。"
《灵运传》又云"奴僮既众，义故、门生数百"，则门生与僮奴亦自有别。
《南史·王琨传》："琨为吏部郎，吏曹选局，贵要多所属请。琨自公卿
下至士大夫，例为用两门生。"《王思远传》："内外要职，并用门生。"《陆
慧晓传》："王晏选门生补内外要局。"是门生亦有入官之路，高于僮仆
一等也。

檀道济传

以建义勋，封吴兴县五等侯。　　按：五等之封，但假虚号，未有户
邑，盖出一时权宜之制。如长沙王道怜初封新兴县五等侯，后封新渝
县男，食邑五百户；檀道济初封吴兴县五等侯，后封作唐县男，食邑四
百户；王镇恶初封博陆县五等子，后追封汉寿县子，食邑五百户；向靖
初封山阳县五等侯，后封安南县男，食邑五百户；刘粹初封西安县五等
侯，后封摄阳县男，食邑五百户；孟龙符初封平昌县五等子，后封临沅
县男，食邑五百户；刘钟初封安丘县五等侯[①]，后封永新县男，食邑五百
户；虞丘进初封龙川县五等侯，后封望蔡县男，食邑五百户；胡藩初封
吴平县五等子，后封阳山县男，食邑五百户，是五等侯尚在县子、县男
之下也。

又增督青州徐州之淮阳、下邳、琅邪、东莞五郡诸军事。　　文云
"五郡"，而实四郡，当有脱误。《谢晦传》称"青州徐州之淮阳、下邳、琅
邪、东莞七郡"，"七"字亦误。

**迁都督江州之江夏、豫州之西阳、新蔡、晋熙四郡诸军事，征南大
将军，江州刺史。**　　"江州"下当有"荆州"二字，是时江夏属荆州，《孝
武纪》称"荆州之江夏"是也。

谢晦传

及同党庾登之、孔延秀、周超等并伏诛。　　按：下文云"庾登之、殷
道鸾、何承天并皆原免"，则登之实未诛也。

王镇恶传

索虏野坂戍主异弱公。　　"异"当作"黑"。黑弱公，即于栗䃺也。

栗磾为河内镇将，好操黑矟以自标。宋武帝与之书，题曰“黑矟公麾下”，魏因拜为黑矟将军。“矟”、“稍”声相近，亦即“槊”字。

檀韶传

高平金乡人也。　韶与弟祗、道济三人各有传，传首皆云“高平金乡人”；王弘与弟昙首、昙首子僧绰、弘子僧达各有传，传首皆云“琅邪临沂人”；谢瞻与弟晦、谢弘微与子庄各有传，传首皆云“陈郡阳夏人”；刘怀肃与弟怀慎各有传，传首皆云“彭城人”，颜延之与子竣各有传，传首皆云“琅邪临沂人”；袁淑与兄子觊、粲各有传，传首皆云“陈郡阳夏人”，此类甚多，删而存其一可矣。

都邑既平，为镇军将军，加宁远将军。　是时宋武帝为镇军将军，韶为其府参军，不当云“为镇军将军”也。依史例，当云“转镇军参军”，此传写之讹，非史本文之误。“宁远”则杂号将军，班秩本卑，故韶以参军得带之。

迁龙骧将军、秦郡太守、北陈留内史。　按：向弥、檀韶、檀祗并除秦郡太守、北陈留内史，虞丘进亦除秦郡太守、督陈留郡事，而弥有“戍堂邑”之文，则北陈留与秦郡皆侨治堂邑矣。《州郡志》，秦郡有尉氏县，又称《永初郡国》领平丘、外黄、雍丘、浚仪诸县，[②]此皆陈留县名，可证晋末本有陈留郡，殆义熙九年，土断侨流郡县时，并入秦郡也。

向靖传

名与高祖同。　宋武帝王父名“靖”，当云“名与高祖祖讳同”。

刘怀慎传

仍督江北淮南诸军事、前将军、南晋州刺史。　“晋”当作“青”。是岁青州刺史檀祗卒于广陵，故以怀慎代之。

高祖迁都寿春。　《晋书·恭帝纪》“元熙元年八月，刘裕移镇寿阳”，即其事也。宋虽建国，犹在臣位，不当遽云“迁都”。

刘粹传

封滠县男。　袁廷梼曰“滠”下脱“阳”字。《州郡志》，江夏郡有滠阳县。《徐羡之传》作"湿阳县男"。

孟怀玉传

义熙八年,迁江州刺史,寻督江州豫州之西阳、新蔡、汝南、颍川、司州之松滋六郡诸军事。 《庾悦传》亦云"六郡",今数之,止五郡,且松滋郡属扬州,不属司州,盖有脱文也。考义熙初,何无忌都督江州,表称"司州之弘农、扬州之松滋,二郡寄在寻阳,人户杂居,并宜建督"。安帝从之。庾悦承无忌之后,而怀玉继之,皆兼督弘农松滋二郡、并豫州四郡,故云六郡。《传》文当云"司州之弘农、扬州之松滋",今本脱去五字耳。义熙土断以后,省弘农、松滋二郡皆为县,属寻阳,故檀韶、王弘镇江州,但云"督豫州之西阳、新蔡二郡",不更言弘农、松滋也。

朱龄石传

臧熹,敬皇后弟,咸服高祖之知人。 《南史》:"臧熹,敬皇后弟也,亦命受其节度。及战克捷,众咸服帝知人。"此文"敬皇后弟"下当有脱文。

寻进监益州巴西、梓潼、宕渠、南汉中、秦州之安固、怀宁六郡诸军事。 按:巴西以下四郡,晋时属梁州,宋元嘉以后,始改隶益州,龄石时为益州刺史,而兼监梁州之四郡、秦州之二郡,故云六郡也。"益州"当为"梁州","州"下脱"之"字,以《吉翰》、《张茂度传》证之,可见。安固、怀宁二郡,《晋书·地理志》俱失载。

傅弘之传

晋武帝太康三年,复立灵州县。 按《晋志》,北地无灵州县。

垣护之传

以为督冀州之济南、乐安、太原三郡诸军事,宁远将军,冀州刺史。 是时冀州寄治历城,领广川、平原、清河、乐陵、魏郡、河间、顿丘、高阳、勃海九郡,而济南、乐安、太原三郡,乃在青州管内,太原郡寄治济南大山境内。常以冀州刺史兼督之。《张永》、《申恬传》并云"督冀州青州之济南、乐安、太原三郡诸军事、冀州刺史",可证也。此"冀州"下当有"青州"二字。

俄迁大司马、辅国将军、领南东海太守。　"大司马"下当有脱文，是时江夏王义恭以大司马领南徐州刺史，除护之为大司马僚佐，兼郡守，非迁大司马也。

进督徐州之东莞阙。二郡军事。　时护之以青、冀二州刺史镇历城。故事，青州刺史常兼督徐州之东安、东莞二郡，则此阙文当为"东安"二字。

宗室传

长沙王道怜。时北青州刺史刘该反。　按：此时青州之地，尚为慕容氏所据，北青州当侨立于徐州境。

代诸葛长民为并州刺史、义昌太守。　按：晋末，侨置并州于江北。义熙初，刘道规除督淮北诸军事、并州刺史、义昌太守，道规移镇江州，而诸葛长民代之。长民移青州，因以道怜代之，但假以军号，仍领石头戍也。《晋书·长民传》不云为并州刺史，盖史之阙漏。永初九年，省并州入南充。

临川王义庆。元嘉十六年，改授都督江州之西阳、晋熙、新蔡三郡诸军，卫将军，江州刺史。　当云"豫州之西阳、晋熙、新蔡"，史脱"豫州"二字。

庾悦传

卢循逼京都，以为督江州豫州之西阳、新蔡、汝南、颍川、司州之松滋六郡诸军事，建威将军，江州刺史。　"司州"下有脱文，当云"司州之弘农、扬州之松滋"也。一本"六郡"作"五郡"，盖校书者不知史有脱字，而以意改之耳。

褚叔度传

出为使持节、监雍梁南北秦四州之南阳、竟陵、顺阳、义阳、新野、随六郡诸军事，征虏将军，雍州刺史。　是时南阳六郡皆属荆州，《志》于"四州"下脱去"荆州"二字。

子暧，一作"授"。尚太祖第六女琅邪贞长公主。　按：《后妃传》，王藻尚太祖第六女临川长公主讳英媛,藻下狱死,主再适豫章太守庾冲远,未及成礼而冲远卒。琅邪、临川俱称"第六女",恐有一误。

张永传

永及申坦并为统府抚军将军萧思话所收,系于历城狱。 时永为冀州刺史,而思话以徐、兖二州刺史、持节监徐、兖、青、冀四州,故云"统府"。《褚叔度传》"交州刺史杜慧度以事言统府",时叔度以广州刺史都督交、广二州也。

起永督青州之东安、东莞二郡诸军事,辅国将军,青州刺史。 按:东安、东莞二郡属徐州,不属青州,当云"督青州徐州之东安、东莞二郡",史脱"徐州"二字,以《杜骥》、《颜师伯传》证之,可知也。一本作"乐安、东莱",两郡元在青州管内,何须更书?此校书者以意妄改耳。

臧焘传

子夤,尚书主客郎徐羡之征西功曹,为攸之尽节,事在《攸之传》。 "徐羡"当作"沈攸",《攸之传》所载功曹臧寅,即其人也。"夤"与"寅"同。休文为齐臣,故于袁粲、沈攸之皆以反叛书,而臧寅为攸之尽节,特书以美之,直道之在人心,不可泯也。

徐广传

广子豁,在《良吏传》。 按《良吏传》,豁乃广兄子,晋太子右卫率邈之子也,史脱"兄"字。

傅隆传

迁御史中丞。 按:《南齐书·陆澄传》云:"宋世左丞羊玄保弹豫州刺史管义之、谯、梁群盗,免义之官;中丞傅隆不纠,亦免隆官。"此《传》不载免官事,殆纠而未行也。

范泰传

顺阳山阴人也。 按《州郡志》,顺阳无山阴县。《梁书·范云》、《范缜传》并云"南乡舞阴人",南乡与顺阳本一郡,似山阴当为舞阴之讹。而《州郡志》舞阴属南阳,未详其故。

颍川陈载,已辟太保掾,而国子取为助教,即太尉淮之弟。 "淮"当作"準",史家避顺帝讳,改"準"为"准",因讹为"淮"耳。《荀伯子传》"故太尉广陵公陈淮",亦"準"之讹。

荀伯子传

故太保卫瓘,本爵萧阳县公。 萧阳,《晋书》作"葍阳"。考《晋书·地理志》,不见此二县名。

武三王传

义宣别有传。 "义宣"上当有"义康"二字。

庐陵王义真。乃以义真行都督雍凉秦三州之河东、平阳、河北三郡诸军事,安西将军,雍州刺史。 按:《晋志》河东平阳二郡属司州,河北县本属河东郡,盖是时析置为郡也。"三州"下当有"司州"二字。毛德祖督司州之河东、平阳、河北,见《索虏传》。

又进督并东秦二州、司州之东安定、新平二郡诸军事,领东秦州刺史。 按:东安定、新平二郡,暂置旋失,故不见于《州郡志》。然考《晋志》,安定、新平皆雍州属郡,而《营浦侯遵考传》云"长安平定,以督并州、司州之北河东、北平阳、北雍州之新平、安定五郡诸军事",则此二郡当属雍州,非司州矣。彼《传》云"五郡",而数之止四郡,盖脱一郡。以此《传》前后文参证之,则所脱者即河北郡也。

王华传

以长弟终绍封。 《南史》"终"作"佟"。

何尚之传

孟颛字彦重,本昌安人。 按:《武帝纪》称"平昌孟昶",昶族弟《怀玉传》云"平昌安丘人",《南史·谢灵运传》附见孟颛事,亦云"平昌安丘人",此"本"字当为"平"之讹,"安"下又脱"丘"字。

颛之尚太祖第四女临海惠公主。 按:《赵伦之传》,伦之孙倩,尚文帝第四女海盐公主,与临海未审即一人否。或与赵离婚之后,再嫁何氏,又进封临海也。

谢灵运传

申谞事于周王。 "谞"当作"赞",申伯食采于谢,为谢氏得姓之始,故引《诗》"亹亹申伯,王缵之事"。

造步兵而长想。 "步兵"当作"步丘"。

作《山居赋》,并自注以言其事。 按:宋世文士以谢、颜为首,故各立专传。而《灵运传》载其两赋,《山居》一篇,并自注亦详载之,休文之倾倒于谢至矣。此例前史未有,继之者张渊之《天象》、颜之推之《观我生》,十七史中,唯此三赋有注耳。

两智通沼。 "智"字不见字书,访之通人,亦无知者。

武二王传

南郡王义宣。元嘉十三年,出都督江州豫州之西陵、晋熙、新蔡三郡诸军事,镇南将军,江州刺史。 "西陵"盖"西阳"之讹。《州郡志》,西阳本属豫州,孝武孝建元年度郢州,明帝泰始五年又度豫,后又还郢。考汉之西阳,在淮水之南,即今光山县地。晋南渡后,荆州刺史庾翼表移西阳、新蔡二郡荒民就陂田于寻阳,而江州界内,遂有侨立之西阳郡矣。自后西阳与新蔡、汝南、颍川谓之"豫州四郡",江州刺史常兼督之。义熙土断,省汝南、颍川两郡,又分庐江立晋熙郡,故自义熙十二年,讫元嘉之末,除江州督者,必兼督豫州之西阳、新蔡、晋熙三郡也。孝武之世,晋熙王昶、晋安王子勋、始安王休仁除江州刺史,则云"都督郢州之西阳、豫州之新蔡、晋熙三郡",其时西阳已度郢州矣。王景文以泰始二年除刺史,西阳尚属郢州,及泰始六年,桂阳王休范出为都督江郢司广交五州、豫州之西阳新蔡晋熙、湘州之始兴四郡诸军事、江州刺史,则西阳仍属豫州也。元徽元年,晋熙王燮为使持节、监郢州豫州之西阳、司州之义阳二郡诸军事、郢州刺史,其时西阳尚属豫州,而郤在郢州部内矣。

沈攸之传

今遣新除使持节、督郢州之义阳诸军事、平西将军、郢州刺史黄

回。　　按:《黄回传》"督郢州、司州之义阳诸军事",此脱"司州"二字。

柳元景传

除宁朔将军、京兆广平二郡太守,于樊城立府舍,率所领居之。时京兆、广平二郡皆侨治襄阳。

沈庆之传

领军将军刘湛之。　　"之"字衍,下文"及湛之被收"同。

萧思话传

聚党于东莞发干县。　　按《州郡志》,发干属东安,不属东莞。

南汉中太守萧讳。　　此传称"萧讳"者,齐高帝之父承之,追谥宣帝者也。《略阳清水氐传》"思话使司马萧讳先驱进讨",亦谓承之。

文五王传

庐江王袆。都督广交二州、荆州之始兴临安二郡诸军事、平越中郎将、广州刺史。　　按:"临安"非郡名,当云"荆州之始兴、临贺、始安三郡"。传写脱误耳。《州郡志》于始兴、临贺、始安郡,并云"晋成帝度荆州,宋元嘉二十九年度广州",据此《传》,知元嘉二十九年特以广州刺史兼督此三郡,其地犹属荆州也。

孝武十四王传

始安王子真。监广交二州、始兴、始安、临贺三郡诸军事,平越中郎将,广州刺史。　　按:是时始兴三郡属湘州,当云"湘州之始兴、始安、临贺",此脱去三字,以《临海王子顼传》证之,可知也。

王景文传

高祖第五女新安公主,先适太原王景深,离绝。当以适景文,固辞以疾,故不成婚。　　按:《褚叔度传》,弟湛之,尚高祖第七女始安哀公主,主薨,复尚高祖第五女吴郡宣公主。吴郡主以姊继妹,必是改醮,殆始封新安,进封吴郡耳。徐湛之母会稽长公主,永初三年诏称"永兴公主",亦是始封永兴,进封会稽也。王僧绰尚东阳献公主,而《王俭传》称"嫡母武康公主",当亦始封武康,进封东阳也。孝武女山阴公主,废帝时改封会稽长公主,史所载独此一事,余皆无明文。

读《论语》,至"周监于二代",外祖何尚之戏之曰:耶耶乎文哉。六朝人呼父为"耶",梁世费觊诗云"不知是耶非",简文谓觊不识其父,见《颜氏家训》,今本"觊"作"旭",传写之讹。此亦以父名戏之也。《说文》:"憾,有文章也。"《论语》"郁郁乎文哉",本当作"憾"后人省去"有"旁,隶变为"或",荀或字文若,王或字景文,皆取斯义。读此《传》,知六朝《论语》本为"或"字,今以"郁夷"字代之,音同而义别矣。

绚即答曰:草翁 毛本作"蓊",误。 风必偃。 《南史》云"草翁风必舅",盖尚之子名偃,于绚为舅也。此作"偃",乃校书者妄改。

殷孝祖传

迁西阳王子尚抚军、宁朔将军、南济阴太守。 "抚军"下当有脱文,是时子尚以抚军将军都督南徐、兖二州,南济阴即南徐州属郡,孝祖盖为抚军府僚佐,而带南济阴太守也。

沈文秀传

景和元年,迁督青州之东莞、东安二郡诸军事,建威将军,青州刺史。 当云"督青州、徐州之东莞、东安二郡",史脱"徐州"二字,下文诏书可证。

遣将慕舆白曜。 《南北史》俱作"慕容白曜","容"、"舆"声相近。

袁粲传

王蕴谓粲已败,即便散走。齐王以报敬则,率所领收蕴杀之,并诛伯兴。 按:是时刘韫为领军将军、直门下省,卜伯兴为直阁,故粲欲令二人率宿卫兵攻萧道成。而道成亦以王敬则为直阁,防二人之变。此敬则所杀者,刘韫非王蕴也。王蕴自石头逃斗场,被禽斩于秣陵市,与伯兴非同时。《传》因上文有"蕴谓粲已败"云云,故误尔。当从《南史》。

恩幸传

戴法兴。山阴有陈载者，家富。　《南史》作"陈戴"。

阮佃夫。李道儿，新涂县侯。　《南史》作"新渝"，或是"新淦"之讹。《州郡志》新淦、新喻皆侯相。

荆雍州蛮传

有雄谿、横谿、辰谿、酉谿、舞谿。　"舞谿"，《南史》作"武溪"。

天门溇中令宗侨之。　《南史》作"宋矫之"。

南阳太守朱昙韶。　《南史》作"朱韶"。

且渠蒙逊传

武威人焦朗入姑臧。　《晋书》作"魏安人"。"魏安"当是张氏、吕氏所置郡县名也。

蒙逊攻焦朗杀之。　《晋书》云"攻朗克而宥之"，与此《传》不同。

追到西支间。　《晋书》作"解支涧"，"解"当作"鲜"，"鲜"、"西"声相近也。

蒙逊第三子茂虔。　"茂虔"，《北史》作"牧犍"，"茂"、"牧"声相近，"犍"与"虔"同音。

自序

昔金天氏有裔子曰昧，生允格、台骀。台骀能业其官，帝颛顼嘉之，封诸汾川。其后四国：沈、姒、蓐、黄。沈子国，今汝南平舆沈亭是也。　按：休文自序家世，谓出少昊之裔，而《唐书·宰相世系表》言沈氏出自姬姓，周文王第十子聃叔季，食采于沈，今汝南平舆沈亭即其地也。二说互异。考台骀封于汾川，沈国亦当近汾，与汝南相去甚远。古读"沈"如"耽"，"耽"与"聃"又相通用，则《唐表》较之休文序为可信矣。但《唐表》谓鲁成公八年为晋所灭，沈子逞奔楚，生嘉，嘉二子尹丙、尹戊，为楚左司马，则谬妄已甚。蔡灭沈，以沈子嘉归，在鲁定公四年。而沈尹将中军，乃在鲁宣公时，若沈尹戊与吴战死，即蔡灭沈之岁也。《表》以戊为嘉子，又改"戊"为"戌"，且沈尹本以官为氏，乃割"尹"

字连下为名,尤极荒唐,不如休文自序之当也。

刺史褚升度至。 "升"当作"叔"。

桓玄、谯纵、卢循、马、鲁之徒,身为晋贼,非关后代。 按:司马休之、鲁轨忠于晋室,奈何称为"晋贼",使与桓、谯同科?且休文修史,已在易代之后,非有回避而不为别白,良史之义,岂其然乎?徐爰《宋书》今已失传,据此表,知列传托始桓玄,兼及谯纵、卢循、司马休之、鲁轨、吴隐之、谢混、郗僧施、刘毅、何无忌、魏咏之、檀凭之、孟昶、诸葛长民诸人,盖沿陈寿、范蔚宗之例,而沈约非之。自后南北八史列传,只述开国功臣,胥用沈法。至《新》、《旧唐书》,乃复遵两汉之例,以李密、王世充等列于功臣传之前矣。又考《恩幸传》,爰初议本欲以桓玄比新莽,人之《晋书》;孝武诏引项籍、圣公之例,令人宋典。而休文自序称"臧质、鲁爽、王僧达诸《传》,皆孝武所造",然则唐人修《晋书》,题云"御撰",亦有前例也。

校勘记

① "安丘县",原漏"丘"字,据《宋书·刘钟传》补。
② "永初郡国",原误作"永初郡县",据《宋书·州郡志》改。

廿二史考异卷二十五

南齐书

高帝纪

于是为南兰陵兰陵人也。 此重言"兰陵"者,郡县兼举也。吕安国广陵广陵人,曹虎下邳下邳人,周盘龙北兰陵兰陵人,萧景先、萧谌、萧坦之、萧惠基皆南兰陵兰陵人,张绪吴郡吴人,庾易新野新野人,刘怀慰平原平原人,皆兼书郡县之例。监本少"兰陵"二字,盖刊书者妄去之。《州郡志》南徐州无南兰陵郡,盖齐初并省。

伪冯翊太守蒲旱子。 《宋书·萧思话传》作"蒲旱子"。

新安王子鸾有盛宠,简选僚佐,为北军中郎中兵参军。 按:子鸾以北中郎将领南徐州刺史,太祖为其僚属,当云"北中郎中兵参军",此多一"军"字。

武帝纪

永明六年,以宕昌王梁弥承为河、凉二州刺史。 按:齐高帝父名"承之",而南琅邪郡有承县,未闻改易。至建武三年,方省并。此宕昌王名弥承,亦直书不讳。高帝名"道成",而第六子晃封安成王,《州郡志》有安成郡及夷道、蒉道、利成、绥成、始成诸县,盖齐世遵古"二名不偏讳"之礼也。《文惠太子传》"转秘书丞,以与宣帝讳同,不就",此在未受宋禅以前,尚沿宋制。若受禅以后,则官名如中丞、左丞、右丞之类,皆无所避矣。薛道渊避太祖偏讳,但称"渊",陈承叔避宣帝讳,改名"嗣叔",俱在宋世。

北兖、北徐、豫、司、青、冀八州。 当为"六州",或上有脱文。

十一年,孝子顺孙义夫节妇。 梁武帝父名"顺之",故子显修史,多易为"从"字,如《天文志》"五星从伏"、"太白从行"、"荧惑从行"、"岁星太白俱从行"、"辰星从行"之类,宋顺帝亦作"从帝"。今汲古阁本,惟《祥瑞志》、《豫章王嶷》、《王琨传》各两见,《刘休传》一见,余篇多作"顺帝",盖后人所改。监本于此数处,亦改为"顺"字矣。《百官志》"汉顺帝"宋本亦作"从",《州郡志》"从阳郡从阳县",汲古阁改为"顺阳",唯监本尚是"从"字。而《张敬儿》、《陈显达传》中仍为"顺阳"。《陈显达传》"南乡县故顺阳郡治也",宋本作"从阳"。此《纪》及《明帝纪》俱有"顺孙"字,元本必作"从孙",后来校书者以意改易耳。

明帝纪

永明五年,为持节、监豫州郢州之西阳、司州之汝南二郡军事、右将军、豫州刺史。 按《州郡志》,司州汝南郡寄州治,州治即义阳,似非豫州所当兼督。而齐世除豫州者,例兼督司州之汝南,未审其故。

东昏侯纪

永元三年,光禄大夫张环镇石头。 "环"当作"瓖"。

和帝纪

中兴元年,以黄门郎萧澹行荆州府州事。 "澹"当作"憺"。

礼志上

故骠骑大将军王敬则,故镇东大将军陈显达。 按:敬则、显达二人此时见存,不应加"故"字,校刊者妄意配飨庙庭之人必已身故,谬加此字耳。

故太子祔太庙,既无先准。 宋顺帝讳"準",故沈约《史》"準"皆作"准"。《南齐史》"先准"、"前准"、"旧准"等,皆"準"之省也。《州郡志》"庾准为刺史",《百官志》"平准令",《张绪传》"不可以为准则"。

既迨尊所不及。 "迨"当作"追"。

乐志

又纳音数,一言得土,三言得火,五言得水,七言得金,九言得木。 《抱朴子·内篇》云:"按《玉策记》及《开名经》,皆以五音六属,知人年命之所在，子午属庚，卯酉属己，寅申属戊，丑未属辛，辰戌属丙，巳亥属丁。一言得之者，宫与土也；三言得之者，徵与火也；五言得之者，羽与水也；七言得之者，商与金也；九言得之者，角与木也。"予按：纳音之数，生于纳甲，虚乾坤不用，惟取六子。震纳庚子午，巽纳辛丑未，坎纳戊寅申，离纳己卯酉，艮纳丙辰戌，兑纳丁巳亥，皆本数，故属土。戊子午、己丑未、丙寅申、丁卯酉、甲辰戌、乙巳亥皆距本数三位，故属火。丙子午、丁丑未、甲寅申、乙卯酉、壬辰戌、癸巳亥皆距本数五位，故属水。甲子午、乙丑未、壬寅申、癸卯酉、庚辰戌、辛巳亥皆距本数七位，故属金。壬子午、癸丑未、庚寅申、辛卯酉、戊辰戌、己巳亥皆距本数九位，故属木也。《五行志》：丁卯阳徵，甲寅阳羽，壬辰阳羽，辛巳阳商，甲辰阳徵，丁酉阳徵，庚申阴角，庚寅阳角，己巳阳角，皆依纳音而言。

天文志上

太史令、将作匠文孝建陈天文奏曰。^① "文孝建"似是人姓名，然孝建乃孝武年号，不应以命名，恐有误。

州郡志上

南徐州，镇京口，吴置幽州牧，屯兵治焉。　按：吴孙韶镇京口，加领幽州牧，特宠以虚名，非置幽州于此地也。

淮陵郡。甄城。　按：《宋州郡志》无此县，若云"鄄城"之讹，则已见南濮阳，不当重出也。

晋末以广陵控接三齐，故青、兖同镇。　按：晋南渡，侨立徐、兖二州，常以一人领之。太元十二年，朱序以青、兖二州刺史镇淮阴，此青、兖同镇之始。序移镇，而谯王恬、王恭相代为青、兖二州刺史，皆镇京口，不闻治广陵也。桓玄以桓弘为青州刺史，治广陵，不兼兖州。及刘裕平桓氏，自领徐、青、兖三州，后又以兖州授刘藩，青州授诸葛长民，两镇仍分，而长民还治京口。及刘藩诛，而刘道怜复为青、兖二州刺史，镇京口。义熙八年，檀祗为青州刺史，镇广陵，又不兼兖州。祗卒，而刘怀慎代之，亦不兼兖州。此云"青、兖同镇"者，谓义熙末两刺史同治广陵，非以一人兼领也。宋初省青入兖，而广陵常为南兖州治所矣。

有平阳石鳖，田稻丰饶，所领惟平阳一郡。　据下文，当为阳平郡,转写颠倒耳。《周山图传》亦云"于石鳖立阳平郡"。

阳平郡寄治山阳。 按:阳平郡治石鳖,在山阳境内。

州郡志下

梁州当带南秦州刺史。 "当"盖"常"字之讹。

百官志

国相。 当作"相国"。

诸曹有录事、记室、户曹、仓曹、中直兵、外兵、骑兵、长流、贼曹、城局、法曹、田曹、水曹、铠曹、集曹、右户十八曹。 今数之,止十六曹。

凡诸小号,亦有置府者。 "冠军"以下,皆小号将军也。若出镇方州,则亦开府置官属,罢镇则止。

自令、仆以下,五尚书八座。 令、仆射并吏部、度支、左民、都官、五兵、祠部六尚书为"八座",若置左、右仆射,则减祠部尚书一人,亦八座也。

领军将军。 晋、宋以来,将军有二等,自骠骑至龙骧将军,皆虚号,非持节出镇,不得领兵。此领、护、左右卫、骁、游、前后左右军将军,则皆主兵之官也。

皇后传

宣孝陈皇后,魏司徒陈矫后。 当云"司徒矫",不宜更安"陈"字。《崔祖思传》称"崔琰七世孙"。

豫章王嶷传

太祖带南兖州,镇军府长史萧讳在镇,忧危既切,期渡江北起兵。 监本但云"太祖在镇",无"带南兖州"以下十一字,惟汲古阁本有之。按:是时齐祖为中领军,在都参机务,虽领南兖州刺史、镇军将军,初不之镇,故以长史萧顺之行州府事。而苍梧凶暴,齐祖恐不自全,故又欲还镇起兵。南兖州治广陵,故云"江北"也。若云太祖在镇,则已到江北,无缘更欲渡江,且与下意矛盾矣。盖史之难读,由于校书者之无学,而任意删改如此者,不少矣。

第四子子行，洮阳侯，早卒，子元琳嗣。　按：嶷子十六人，长子子廉，谥哀世子，未及嗣爵；嗣豫章之封者，嶷孙元琳也。《南史》以元琳为子廉之子，今乃系元琳于洮阳侯子行之下，似元琳为子行之子，而嗣封洮阳矣。子显，嶷之第八子，述其家事，不宜有误，盖文简而意不达尔。

堂堂烈考，德迈前踪。　嶷为子显之父，故有"烈考"之称，然传中序列诸子，不及子显名。

褚渊传

父湛之，骠骑将军，尚宋武帝女始安哀公主。　按：湛之初尚始安公主，继尚吴郡公主，见渊弟《澄传》。吴郡亦武帝女。

渊少有世誉，复尚文帝女南郡献公主。　按：下文云"渊妻宋故巴西公主"，一传之中，前称"南郡"，后称"巴西"，而王俭撰渊碑文，又云"选尚余姚公主"。余姚，县名，南郡、巴西皆郡名，盖由县主进封郡主。而"南郡"、"巴西"前后互异，又何说也？

王俭传

俭察太祖雄异，先于领府衣裾。　时齐祖为中领军，故云"领府"。
天应人顺。　"人顺"，宋本作"民从"。

柳世隆传

出为虎威将军。　监本作"武威"。
辅国将军、骁骑将军萧讳。　汲古阁本注"鸾"字。今以《宋书·沈攸之传》考之，乃萧顺之，非齐明帝也。顺之，梁武之父，故讳其名。

垣崇祖传

敕崇祖修治苟陂田。　"苟"当作"芍"。

张敬儿传

乃以敬儿为持节，督雍梁二州、郢司二郡军事。　按：雍州刺史常兼督郢州之竟陵、司州之随郡，非尽督郢、司二州也。《柳世隆传》称

"持节督雍梁二州,郢州之竟陵、司州之随郡诸军事,征虏将军,宁蛮校尉,雍州刺史,新除镇军将军张敬儿",盖得其实。此《传》但云"郢、司二郡",殊未核也。敬儿初镇雍州,官征虏将军,本传亦未之及。

王敬则传

敬则之来,声势甚盛,裁少日而败,时年七十余。　按《南史》,时年六十四。

刘怀珍传

平胡中郎将。　王元载为徐州刺史,亦带平胡中郎将,而《宋》、《齐志》俱未载此官名。

李安民传

祖嶷,卫军将军。　子显父名嶷,此书于"嶷"字亦不避。

王玄邈传

泰始初,迁辅国将军,清河、广平二郡太守,幽州刺史。　按:《宋州郡志》未见侨立幽州之文,盖侨置未久,而旋废也。

刘善明传

族兄乘民。　按:善明父名"怀民",而族兄亦名"乘民",乘民子又名"怀慰",盖疏属不相回避。

乘民病卒。　按:《刘怀慰传》云"父乘民死于义嘉事难",与此互异,当有一误。

出为辅国将军、西海太守、行青冀二州刺史。　按:《宋州郡志》"泰始七年,割赣榆置郁县,立西海郡,隶侨青州",故善明以西海太守、行青冀二州刺史也。《齐志》无西海郡,盖后来并省。

封新涂伯。　"涂"当作"淦"。

苏侃传

苏侃字休烈。　《祥瑞志》"侃"作"偘"。"偘"即"侃"之俗体。侃字休烈,而弟名烈,亦可疑也。

周盘龙传

北兰陵兰陵人也,宋世土断,属东平郡。　按:史称"南兰陵"者,南徐州之兰陵也;称"北兰陵"者,徐州之兰陵也。《宋志》徐州兰陵郡领昌虑、承、合乡三县,不见兰陵县,疑《志》有脱漏矣。宋泰始以后,淮北陷没,侨立淮南,土断改属东平,故《齐志》无北兰陵之名也。

薛渊传

明帝迁右军司马。　此时明帝尚未即位,当有舛讹。考《明帝纪》"永明五年,为右将军、豫州刺史",渊殆为其府司马耳。当云"迁明帝右军司马"。

转大司马、济阳太守。　按:齐世除大司马者,唯豫章王嶷、王敬则二人,非渊所得授此。盖蒙上"右军司马"之文,由右军司马,转为大司马府之司马也。

桓康传

以康为持节,督青冀二州、东徐之东莞琅邪二郡朐山戍、北徐之东海涟口戍诸军事,青冀二州刺史。　按:《州郡志》止有南徐、北徐,初无东徐之名,惟青州有东莞、琅邪二郡,治朐山,盖齐初尝别为东徐矣。《志》又称"建元初以东海郡属冀州",今考桓康出镇,在建元四年,其时东海尚属北徐,虽为青冀刺史所督,犹未改隶冀州,《志》所书恐非其实。

曹虎传

迁南中郎司马,加宁朔将军、南新蔡太守。永明元年,徙为安成王征虏司马,余官如故。　按:安成王暠以建元四年,出为南中郎将、江州刺史,永明元年,进号征虏将军,虎盖由员外常侍,出为暠府司马。南新蔡,江州属郡,故府僚得兼领之也。暠既进号征虏将军,而虎仍为其府司马,府名虽改,职事如故,传乃云"徙为安成王征虏司马",似南中郎别是一人矣。当云"迁安成王南中郎司马",次云"随府转征虏司马",于例乃协。

二年,进督为监。 《宋书·百官志》:晋世都督诸军为上,监诸军次之,督诸军为下。

王僧虔传

巴峡流民,多在湘土,僧虔表割益阳、罗、湘西三县缘江民立湘阴县,从之。 按:湘阴置县,在宋明帝时,《宋书·州郡志》失载。

临川王映传

仍复为冠军将军、南兖州刺史、假节都督,复为监军督五州如故。 此亦"进督为监"也,上文"假节都督"字两见,俱当为"假节督",误衍"都"字耳。

长沙王晃传

迁为持节、监豫司二州之西阳诸军事、西中郎将、豫州刺史。 当云"监豫司二州、郢州之西阳诸军事",传脱"郢州之"三字。

刘悛传

彭城安上里人也。彭城刘同出楚元王,分为三里,以别宋氏帝族。 按:宋武帝出自彭城绥舆里,[②]其二里则安上、丛亭也。宣帝子器,为楚孝王,其曾孙居巢侯般,般子太尉恺,恺子司空茂,徙居丛亭里。唐时知幾、秩、迅皆其裔也。丛亭刘虽出自汉,却非楚元王之后。

鱼复侯子响传

都督豫州郢州之西阳汝南二郡军事、冠军将军、豫州刺史。 按《州郡志》,郢州但有汝南县,隶江夏郡,而无汝南郡。以《明帝纪》、《崔慧景》、《王广之》、《萧遥欣》、《萧遥昌》诸传证之,知当云"司州之汝南",传脱"司州之"三字。

进南豫州之历阳、淮南、颍川、汝阳四郡。 "进"下当有"督"字。《州郡志》颍川、汝阳二郡皆属豫州,不属南豫。

巴陵王子伦传

永明十年,迁北中郎将、南琅邪彭城刺史、二郡太守。 "刺史"二字衍,盖罢南豫而领两郡守也。

周颙传

益州刺史萧惠开赏异颙,携入蜀,为厉锋将军,带肥乡、成都二县令。 按:《宋》、《齐》二《志》,成都无肥乡县。

徐孝嗣传

并为太子劭所杀。 汲古阁本无"太"字,注云:"宋本作'太祖'。"予谓"太祖"乃"太初"之讹。元凶僭号,改元太初。史叙元凶朝事,多称"太初"。《王僧虔传》云"兄僧绰,为太初所害",与此文同。刊本讹为"太祖",后人以意改为"太子劭"耳。

萧遥欣传

仍为督豫州之西阳、司州之汝南二郡,辅国将军,豫州刺史。 当云"督豫州郢州之西阳、司州之汝南二郡",传有脱文。

王秀之传

出为晋平太守。 按:《宋书·明帝纪》"泰始四年,山阳王休祐改封晋平王,改晋安郡为晋平郡",而《宋》、《齐州郡志》并不载晋平之名,此史之漏也。据《子显书》,王秀之、虞愿、丘仲起皆为晋平太守,张融与吏部尚书王僧虔书云"阮籍爱东平土风,融亦欣晋平闲外",皆宋季事。至齐武帝即位,封子子懋为晋安王,则晋平复为晋安,当在齐初矣。

陆慧晓传

未尝卿士大夫,或问其故,慧晓曰:贵人不可卿,而贱者可卿。 汲古阁本"卿"作"轻",误。

谢朓传

沈昭略谓朓曰:卿人地之美,无忝此职,但恨今日刑于寡妻。 按文义,当以朓妻怀刀欲杀之,故援"刑于"语以相谑。《南史》改云"但恨不可刑于寡妻",词拙而意浅矣。此云沈昭略,《南史》以为范缜,亦异。

王奂传

祖僧朗,宋左光禄仪同。 当云"左光禄大夫、开府仪同三司",史省文。

江夏王宝玄传

少帝送少姬二人与之。 按:《江夏王宝玄》、《鄱阳王宝夤》二《传》皆前称"东昏",后称"少帝",《裴叔业传》称东昏为"少主",《魏虏传》亦称"少帝",《萧坦之传》称郁林王为"少帝",《茹法亮传》"二少帝并居西殿",谓郁林与海陵也。《梁书·江淹传》前称苍梧王为"少帝",后称郁林王为"少帝"。

鄱阳王宝夤传

中兴二年,谋反诛。 按:宝夤起兵不克奔魏,事见《魏史》。此云"诛"者,据梁人之词,以为宝夤已死,其在魏者伪也。《魏书》作"宝寅",不从"夕",据其字"智亮",当以"寅"为是。

文学传

祖冲之。唐世冬至日在合宿之左五十许度,伐之初,即《秦历》。《宋志》云"汉代之初,即用《秦历》",此讹"代"为"伐",又脱"汉"、"用"二字,"合"当作"今"。

良政传

刘怀慰。平原平原人。 按:《刘怀珍》、《刘善明》二《传》俱云"平原"人,此独书"平原平原",于例亦未画一。

高逸传

顾欢。道士与道人战儒墨,道人与道士辩是非。　按:六朝呼僧为"道人":《宋书·后废帝纪》"晚至新安寺,就昙度道人饮酒",《庐陵王义真传》"与慧琳道人周旋异常",《西南夷传》"有昙标道人,与羌人高阇谋反","又有慧严、慧议道人,并在东安寺",《齐书·孝义传》"志公道人",《魏虏传》"玄高道人"、"道人法秀"。《南史·东昏侯纪》"蒋山定林寺一沙门,病不能去,为军人所得,应时杀之。左右韩晖光曰:老道人可念",《梁后妃传》"瑶光寺智远道人",《宋宗室传》前称"慧琳道人",后称"沙门慧琳",《梁宗室传》"道人释惠思",《恩幸传》"宋时,道人杨法持,与高帝有旧,昇明中,以为僧正",《海南诸国传》"宋世名僧有道生道人,又有慧严、慧议道人",是"道人"即沙门之别称,不通于羽士。此《传》云"道士与道人战儒墨",而《南史·陶贞白传》亦云:"道人、道士并在门中,道人左,道士右",则"道人"与"道士"之别较然矣。

孝义传

吴欣之。晋陵利城人也。　按:利城县本属东海,晋南渡,侨立江南,《宋》、《齐州郡志》俱属南东海郡。

魏虏传

雍州、凉州、秦州、沙州、泾州、华州、岐州、河州、西华州、宁州、陕州、洛州、荆州、郢州、北豫州、东荆州、南豫州、西兖州、东兖州、南徐州、东徐州、青州、齐州、济州二十五州在河南;湘州、怀州、秦州、东雍州、肆州、定州、瀛州、朔州、并州、冀州、幽州、平州、司州十三州在河北。　按:自雍至济,数之止廿四州,盖脱一州也。据《通鉴》注,则"济州"之下,当有光州。然以魏收《地形志》考之,光州、延兴五年改为镇,景明元年复。子显所载者,魏太和初之疆域,其时似不当有光州矣。河南有秦州,而河北又有秦州,亦必有误。"湘"当作"相"。

世号为索干都。　"索干"即"桑乾"之转。

目录序

臣等因校正其讹谬。　　今本《南齐书》卷十五《州郡志下》,卷卅五《高十二王传》,卷四十四《徐孝嗣传》,卷五十八《高丽传》,各阙一叶。卷五十九《史臣论》,亦有阙文。曾子固序但云"校正讹谬",不云"文有脱落",则宋时萧《史》固完善也。又按:《史通·序例篇》云"沈《宋》之《志序》,萧《齐》之《序录》,虽皆以序为名,其实例也",则子显书当有《序录》一篇,刘知幾犹及见之,而今失其传矣。《晋书》亦有《序例》一篇,今本皆无之。

臣恂、臣宝臣、臣穆、臣藻、臣洙、臣觉、臣彦若、臣巩。　　此序曾巩所作,其云"彦若"者,赵彦若也;"觉"者,孙觉也;"洙"者,孙洙也;"藻"者,钱藻也;"宝臣"者,丁宝臣也。

校勘记

① "文孝建陈天文奏曰",据中华书局本《南齐书·校勘记》,"文孝建"当作"陈文建"。

② "绥舆里",原漏"舆"字,据中华书局本《宋书·校勘记》补。

廿二史考异卷二十六

梁　书

武帝纪上

仰生太傅望之。　当云"太子太傅"，脱"太子"二字。

隶江州刺史王广。　当云"王广之"，脱"之"字。

魏帝自率大众。　此称"魏帝"，下文又称"魏主"，于例似不画一。

兽视其间。　思廉避唐讳，凡"虎"字皆改为"兽"，或为"武"。此纪"兽视"、"天兽"、"兽步"、"兽牙"、"神兽门"、"仁兽阙"、"兽而傅翼"，皆本"虎"字，回避改易。而篇中又有"持白虎幡"、"势同履虎"、"饵之虎口"、"虎贲之士"、"克虎牢城"云云，皆明人不学，擅改本文也。

先是，东昏以刘山阳为巴陵太守。　按：《萧颖达》、《柳忱传》并作"巴西"。

以豫州之梁郡、历阳，南徐州之义兴、扬州之淮南、宣城、吴兴、会稽、新安、东阳十郡。　今数之止九郡，盖脱一郡。

齐圣广渊。　《梁》、《陈书》避唐讳，皆改"渊"为"深"，此"渊"字盖后来校书者所改。《刘峻传》"坠之渊泉"。

武帝纪中

天监三年八月，魏陷司州，诏以南义阳置司州。　按：是岁，司州刺史蔡道恭为魏人所围，曹景宗不能救，道恭卒，城遂陷。四年，以郑绍叔为司州刺史。《绍叔传》云："义阳为魏所陷，司州移镇关南，绍叔创立城隍，广田积谷，招纳流民，百姓安之。"绍叔所治，即南义阳也。其六年，绍叔征还，以马仙琕代之。七年，魏人以悬瓠城内附，诏仙琕以兵赴之。既而魏人破悬瓠，仙琕退走，魏军进据三关。明年，仙琕征还，以夏侯亶持节督司州诸军事、司州刺史、领安陆太守。盖自南义阳徙镇安陆也。十二年,宣召还,当以张惠绍代之。其后惠绍征还,而康绚代之,并领安陆太守。绚以天监十八年征还,代之者未审何人。普通七年,除夏侯夔持节督司州诸军事、司州刺史,亦领安陆太守。大通二年,魏郢州刺史元愿达以义阳内附,诏改为北司州,以夔为刺史,兼督司州,盖梁之失义阳,计二十有五年,而复得之。中大通二年,夔征还,而除陈庆之都督南北司西豫豫四州诸军事、南北司二州刺史,自是义阳复为重镇。

五年五月,张惠绍克魏宿预城。 按:宿预城得而不能守,《纪》但书克,不书陷,此史臣粉饰之词。

九年正月,以轻车将军晋安王讳简文帝。**为南兖州刺史。** 按:《简文帝纪》:"天监八年,为云麾将军、领石头戍事。九年,迁使持节都督南北兖青徐冀五州诸军事、宣毅将军、南兖州刺史。" 不云尝为轻车将军也。

十二年闰月,特进中军将军沈约卒。 按:《约传》但云"为特进左光禄大夫、侍中行太子少傅",不云"除中军将军"。今考《南史》本传称"加特进,迁中军将军、丹阳尹,侍中特进如故",则传有脱文矣。

武帝纪下

普通四年六月,分霍州置义州。 按:《纪》书"普通二年,义州刺史文僧明以州叛入于魏",则义州之名,先已有之。

中大通元年五月,魏主元子猷弃洛阳。 "子猷"当作"子攸",《陈庆之传》亦作"子攸"。

六年三月,以行河南王可沓振为西秦河二州刺史、河南王。 按:可沓振名不见《诸夷传》。

太清元年二月,魏司徒侯景求以豫章、"章"字衍。**广、颍、洛、阳、**当作"扬"。**西扬、东荆、北荆、襄、东豫、南兖、西兖、齐等十三州内属。** 按《侯景传》载景降表云:"与豫州刺史高成、广州刺史暴显、颍州刺史司马世云、荆州刺史郎椿、襄州刺史李密、兖州刺史邢子才、南兖州刺史石长宣、齐州刺史许季良、东豫州刺史丘元征、洛州刺史朱浑愿、扬州刺史乐恂、北荆州刺史梅季昌、北扬州刺史元神和等",今本脱去"暴显"以下十四字,据《通鉴考异》补入。"朱浑愿",《考异》作"尔朱浑愿"。当从之。

此十三州之名也。《纪》有西扬，《传》作北扬，《纪》有东荆，《传》但云荆，未审谁是。

二年九月景寅。　唐人修史避讳，改丙丁之"丙"为"景"，今监本《梁书》皆作"丙"，盖后来校书者所改。独此年九月"景寅"、十一月"景戌"、《简文帝纪》大宝二年四月"景子"、《元帝纪》太清三年九月"景寅"，数处偶未改易。汲古阁本皆用"景"字。

元帝纪

太子舍人萧歆。　"歆"当作"韶"。

式哥且诵。　"哥"古"歌"字。

何必西瞻虎据。　此卷内"兽贲缇骑"、"为兽傅翼"、"如貔如兽"，诸"兽"字皆"虎"字也。此"虎据"字又明人所改。

敬帝纪

太平二年正月，分寻阳、太原、齐昌、高唐、新蔡五郡置西江州，即于寻阳仍充州镇。　按：寻阳本江州治所，侯瑱为刺史，移镇豫章。瑱为余孝顷所败诣阙，孝顷遂据新吴，称刺史。故此《纪》称孝顷为南江州刺史，而《陈书·周文育传》称为"新吴洞主"也。西江州之设，盖以备孝顷，其刺史疑即以周文育为之。故孝顷疑惧，举兵以应萧勃，及孝顷退走，即正授文育江州刺史也。《隋志》不载西江州之名，亦以其不久即废也。梁时置太原郡于彭泽县，齐昌郡今蕲州，高唐郡今宿松县，新蔡郡今黄梅县地。

史臣侍中郑国公魏徵曰。　按：思廉修《梁》、《陈书》，皆因其父察所撰而续成之。《梁史》诸论，述其父说，必称"陈吏部尚书姚察曰"，仿孟坚《汉书》称"司徒掾班彪"之例也。其但称"史臣"者，出自思廉新意，惟《列传》弟二十七王僧孺四人论，称"史臣陈吏部尚书姚察"，疑是传刻之误，察非唐臣，不应系以史臣之名也。《陈书》惟高祖、世祖二《纪》论为姚察所作，余皆思廉自撰。《本纪》终篇别有总论一篇，出于魏徵之手，徵亦同时兼领史局者，故称"史臣"而著其名。《梁》、《陈》二史，俱有史臣侍中郑国公魏徵《总论》一篇，《北齐书》称"郑文贞公魏徵总而论之"云云，盖百药《本纪》已亡，后人取《北史》补之。李延寿进史之时,魏郑公已先殁,故称其谥也。《周》、《隋》二史皆无魏徵《总论》,岂本有而后来失之乎?《陈书·张贵妃传》末称"史臣侍中郑国公魏徵考览记书,参详故老"云云,凡六百余言,以大臣领史事,而不攘人之善以为己作,郑文贞洵不可及矣。

后妃传

高祖德皇后郗氏。归葬南徐州南东海武进县东城里山。 按:《太祖后张氏传》称葬武进县东城里山,此《传》并详其州郡,史家之例,当前详而后略,今乃前略而后详,何也?

丁贵嫔。普通七年十月庚辰薨。《武帝纪》作"十一月",《传》误。

徐妃之无行,自致歼灭,宜哉。 按:徐妃失行,不见于本传,而论忽及之,疑传文有漏落也。

哀太子大器传

中大通三年,封宣城郡王。《武帝纪》作"四年"。
太清三年六月癸酉,立为皇太子。《简文纪》作"丁亥"。

王茂传

历后行军参军。 当云"后军行参军",传写倒尔。
开府同三司之仪。 诸纪传除仪同者,或书"开府仪同三司",或书"开府同三司之仪",似有区别。据此《传》,先书"开府同三司之仪",本纪亦同。而诏书直称"开府仪同三司",则是文异而实同也。

萧颖达传

起家冠军,兄颖胄,齐建武末,亦为西中郎外兵参军,俱在西府。 按:《夏侯详传》称"南康王长史萧颖胄",《柳忱传》亦称"西中郎长史萧颖胄",《夏侯亶传》称"长史萧颖胄",则其时颖胄实以长史行州府事,非外兵参军也。"起家冠军"句亦不成文,疑此段文有脱落,或颖胄为长史,而颖达为外兵参军乎?

杨公则传

鲁山城主孙乐祖。 "鲁"本或作"曾",误。 《武帝纪》作"张乐祖"。

邓元起传

萧藻将至。 上云"萧深藻",此但云"萧藻"者,本名"渊藻",以避讳,或改为"深",或省一字,犹贞阳侯"渊明"或单称"明",或称"深明"也。

范云传

南乡舞阴人。 按:《宋》、《齐》二《志》俱无南乡郡,而有南乡县,为顺阳郡治所,舞阴则南阳之属县也。盖梁时避武帝父讳,改顺阳郡为南乡耳。

我与范尚书少亲善,申四海之敬。 盖用《论语》"四海之内皆兄弟"语。

沈约传

初,约久处端揆,有志台司。 六朝人以仆射为"端揆","台司"谓三公也。

贵则景、魏、萧、曹。 "景、魏"谓"丙吉"、"魏相"也。《许懋传》"汤又不应传外景","外景"即"外丙",思廉避唐讳改。

张稷传

时雍州刺史曹武度樊城岸,以稷知州事。 据此,则"知州"之名,六朝时已有之,但不过权摄之称,非如宋世竟为正官也。

王莹传

复为黄门侍郎、司马。 司马者,骠骑府之司马也,盖蒙上"骠骑长史"之文。

马仙琕传

豫州人白早生杀其刺史琅邪王司马庆曾。 《安成王秀传》作"司马悦"。

推乡人胡游为刺史。 《本纪》作"胡逊"。

十一年,迁持节督豫北豫霍三州诸军事,信武将军,豫州刺史,领南汝阴太守。 是时豫州治合肥,南汝阴郡亦侨置于合肥。《冯道根传》"天监八年,假节督豫州诸军事、豫州刺史、领汝阴太守",亦当为南汝阴,史缺"南"字耳。道根征还,而仙琕代之。

宗夬传

宗夬字明敳。 盖取"夬扬于王庭"之义,诸本作"史",误。

祖景。 "景"即"炳"字,《南史》避唐讳,称"少文"而不名。

父繁,西中谘议参军。 "西中"下脱"郎"字。

隆昌末,少帝见诛。 按:《江淹》、《宗夬》二《传》俱称郁林王为"少帝"。

刘坦传

天监三年,迁西中郎,卒。 宋、齐以后,四中郎将皆皇子弟为之,庶姓无除授者。坦盖由平西司马迁西中郎司马耳。

刘季连传

逐遂宁太守谯希渊。 此卷内"渊"字屡见,皆校书者所改。陈伯之子虎牙,《本纪》改作"兽牙",此卷仍书"虎牙",亦非思廉元本。《王志传》:褚渊为司徒。

王志传

志家世居建康禁中里马蕃巷。 "马蕃",《南史》作"马粪"。

王泰传

仍迁仁威长史、南兰陵太守、行南康王府、州、国事。王迁职,复为北中郎长史,行豫章王府、州、国事,太守如故。　按:天监十年,以南康王绩为都督南徐州刺史,进号仁威将军,十六年,征还,以豫章王综为北中郎将、南徐州刺史。泰先为南康王长史,继为豫章王长史。六朝时,府僚多领郡县职,泰在南徐为幕僚之长,故领南兰陵太守,南兰陵本隶南徐州也。凡诸王冲幼出镇开府,多以长史行州府事。或府主以事它出,亦以府僚行事,杨公则为湘州刺史,帅师赴夏口,以刘坦为辅国长史、行湘州事是也。

张充传

张绪少有清望,诚美选也,然东士比无所执。　"东士"句颇难解,《南史》云"南士由来少居此职",较明白。

柳恽传

琅邪王元长见而嗟赏。　按:《柳恽》、《徐勉》二《传》于王融皆字而不名,疑当时避齐和帝讳,史家未及更易。

临川王宏传

天监四年,高祖诏北伐,以宏为都督南北兖、北徐、青、冀、豫、司、霍八州北讨诸军事。　按:《武帝纪》"天监六年,分豫州置霍州",则其时尚无霍州。

会征役久,有诏班师。　《梁史》于宏洛口溃师之役,皆讳而不书,不如《南史》之直笔。

长沙嗣王业传

高祖长兄懿之子也,懿字元达。　按:长沙王懿以忠获咎,《齐书》既不为立传,其在梁朝,犹光武之伯升也。史仅附见其子《业传》,而叙事亦多脱落,其自益州罢还,为西中郎长史、行郢州事,武帝遣张弘策说以自全之计,固执不从。虽别见《本纪》及它《传》,乃并郢州行事亦失书之。

周舍传

南津获武陵太守白涡书。 《南史》作"始兴相白涡"。

徐勉传

徐勉少而厉志。 按:勉与周舍同传,而论不及舍一字,不无偏枯之病。何敬容与谢举同传,论亦不及举。

明山宾传

庚桑方有系。 "庚"疑"庚"之讹。

殷钧传

南郡范云。 "南郡"当作"南乡"。

裴之横传

又随僧辩追景,平郢、鲁、江、晋等州。 按:鲁、晋二州,《本纪》失书建立年月。

夏侯亶传

都督豫州缘淮南豫、霍、义、定五州诸军事。 按:《本纪》失书定州建立年月。《安成王秀传》:"司州叛蛮田鲁生,弟鲁贤、超秀,据蒙笼来降,以超秀为定州刺史。"魏收《志》"南定州萧衍置,治蒙笼城",即隋之麻城县也。

夏侯夔传

谯州刺史湛僧智,围魏东豫州刺史元庆和于广陵。 此广陵乃魏侨立之广陵。《魏书·地形志》:"东豫州,太和十九年置,治广陵城。"《隋志》"汝南郡之新息县,后魏置东豫州",即广陵城所在矣。《武帝纪》:"中大通四年,改魏南兖州为谯州。"以羊鸦仁为刺史,即今亳州。据此《传》,则谯州之名,先已有之,但不知治于何所耳。

二年,魏郢州刺史元愿达请降。 按:上文云"八年"者,普通之八年也。此云"二年"，则大通二年也。《本纪》普通无八年，盖其年三月，即改元大通。《传》既不言改元，则"二年"上须添"大通"字。

转使持节，督豫、淮、陈、颍、建、霍、义七州诸军事。 按：淮、陈、颍、建四州，《本纪》失书建立年月。据《隋志》，汝南郡之新息县，后魏置东豫州，梁改西豫州，又改淮州。而汝南之城阳县有废白狗县，梁时亦置淮州。汝阴郡之颍阳县，梁时为陈州陈留郡，而汝南郡之朗山县，梁时亦置陈州。未知夔所督者何地也。颍州即汝阴郡汝阴县，建州即弋阳郡之殷城县地，义州即弋阳郡之定城县地。

刺史萧渊明引为府长史，渊明彭城战殁。① 此"战没"谓没于魏，非身死也。思廉避唐讳，当云"深明"，此《传》及《傅岐》、《王僧辩》、《侯景》诸《传》作"渊明"，皆校书者所改。《谢征传》"临汝侯渊猷"。

南康王会理传

都督南北兖、北徐、青、冀、东徐、谯七州诸军事。 按：东徐州之名，《本纪》未见。考《魏志》，东徐州盖置于宿豫郡。

庐陵王续传

又出为使持节，都督荆、郢、司、雍、西北秦、梁、巴、华九州诸军事，荆州刺史。 按："西秦"疑是"南秦"之讹。巴、华二州建立年月，《本纪》失书。据《杜崱传》"父怀宝，官至梁州刺史，大同初，魏梁州刺史元罗举州内附，怀宝复进督华州"，则华州盖置于大同初矣。华州之名，《隋志》亦无之。

邵陵王纶传

时年三十三，百姓怜之。 按：纶被害在大宝二年辛未，距天监十三年甲午始封之岁，已三十八年矣。史称"年三十三"，必误也。且梁武诸子，纶次居六，元帝次居七，元帝生于天监七年，纶既长于元帝，计其卒时，最少亦当四十四五岁也。

陈庆之传

又表省南司州。 按：庆之卒于大同五年，而《羊鸦仁传》"大同七年,除都督南北司、豫、楚四州诸军事,北司州刺史",则其时尚有南司州。至太清元年,鸦仁始为司、豫二州刺史,镇悬瓠,南司之省,盖在太清初,庆之殁已久矣。

兰钦传

中昌魏人也。 按:《南齐书·州郡志》梁州有东昌魏郡,又新城郡有昌魏县,初不见"中昌魏"之名。

西魏相宇文黑泰。 本名"黑獭","獭"、"泰"声相近。

王僧孺传

起为安西成王参军。 此句有脱误。

张率传

与晋安王讳令曰:近张新安又致故。其人才笔弘雅,亦足嗟惜。随弟府朝,东西日久,尤当伤怀也。比人物零落,特可潜慨,属有今信,乃复及之。 此语已见《到洽传》。

刘孝绰传

范云年长绘十余岁,其子孝才与孝绰,年并十四五。[②] 按:《范云传》:"子孝才嗣。""孝"、"季"字形相似,疑即一人。

先圣以众恶之,必监焉,众好之,必监焉。 此用《论语》,改"察"为"监",避其家讳也。

张缵传

改为使持节,都督湘、桂、东宁三州诸军事,湘州刺史。 按:东宁州之名,《本纪》亦失书。《隋志》,始安郡义熙县,旧曰齐熙,置齐熙、黄水二郡及东宁州。

都督雍梁北秦东益、郢州之竟陵、司州之随郡诸军事。 按:《诸夷传》:"大同元年,克复汉中,杨智慧遣使上表,求率四千户归国,诏许焉,即以为东益州。"盖北秦、东益二州,皆仇池杨氏之地。

萧子恪传

所谓殷鉴不远,在夏后之代。 按:思廉修史,在贞观之世,于太宗偏名初不回避。此文改"世"为"代",乃高宗以后人转写移易,非《梁史》元本。

萧子范传

其年,葬简皇后,使与张缵俱制哀策文。 今以《缵传》考之,其时缵未能还都,无缘有制文事。

谢举传

世人为之语曰:"王有养、炬,谢有览、举。"养、炬,王筠、王泰小字也。 此语已见《王筠传》,不应重出。

何敬容传

祖攸之,宋太常卿。 按《南史》,敬容之祖佟之,位侍中,与此异。《南齐书》亦作"佟之",疑此传误也。《儒林传》有何佟之,盖别是一人同姓名者。

朱异传

论。朱异、贺琛并起微贱。 按:贺琛直言时政,非权倖比,不宜与朱异合传。

元法僧传

都督广、越、交、桂等十三州诸军事。 "十三州"之名,《纪》、《传》俱未详。

元愿达传

仕魏为中书令、司州刺史。 《本纪》作"郢州刺史",此误。魏之郢州,与梁之司州本一地,但地从主人,不可假借也。

王神念传

历武阳、宣城内史。 "武阳"疑"武陵"之讹。

羊侃传

时秦州羌有莫遮念生者。 "莫遮",《魏书》作"莫折",声之转也。

除西晋州刺史,破郭元建于东关,迁使持节、信武将军、东晋州刺史。 按:东、西晋二州,当是元帝所置。《隋志》"同安郡,梁置豫州,后改曰晋州",初不见东、西之名。

羊鸦仁传

都督南北司、豫、楚四州诸军事。 按:《本纪》失载楚州建立年月。《魏志》"西楚州,萧衍置,治楚城,领汝阳、仵城、城阳三郡",即此楚州也。

诏鸦仁督士州刺史桓和之、仁州刺史湛海珍等。 按:士、仁二州,《本纪》未载建立年月。《武帝纪》称"兖州刺史桓和"。

仍为都督豫、司、淮、冀、殷、应、西豫等七州诸军事,司豫二州刺史。 按:冀、殷、应诸州,《本纪》未详置立年月。《隋志》"项城县,东魏置扬州,梁改殷州",即鸦仁所督之殷州也。

到溉传

彭城武原人。 按:溉与弟洽各立传,《洽传》云:"彭城武原人也。宋骠骑将军彦之曾孙。祖仲度,骠骑、江夏王从事中郎。父坦,齐中书郎。"《溉传》又云:"彭城武原人。曾祖彦之,宋骠骑将军。祖仲度,骠骑、江夏王从事中郎。父坦,齐中书郎。"溉从父弟《沆传》又云:"彭城武原人。曾祖彦之,宋将军。"何其词之不惮烦也。当依《谢举》、《王承》二《传》之例,乃为简而有法。

顷之,坐事左迁金紫光禄大夫。 按:金紫光禄大夫似非左迁之官。

许懋传

又《礼记》云：三皇禅奕奕，谓盛德也。五帝禅亭亭，谓特立独起于身也。三王禅梁甫，连延不绝，父殁子继也。　按：《礼记》无此文，当作《礼说》。《礼说》者，《礼纬》也。下文云"异乎《礼说》"，可证"记"为"说"之讹矣。"亭"之言"特"，"梁"之言"连"，皆取声相近。

郑玄有参、柴之风。　《论语》："柴也愚，参也鲁。"盖讥其愚鲁。

刘孺传

彭城安上里人也。　列传例书郡县，此书里而不书县，亦变例。

寻阳王大心传

出为使持节，都督郢、南北司、定、新五州诸军事。　《本纪》不见新州之名。《隋志》"江夏郡旧置郢州，梁分置北新州"，即此新州也。

王僧辩传

率巴州刺史淳于量、定州刺史杜龛、宜州刺史王琳、郴州刺史裴之横等。　按：《隋志》"巴陵郡，梁置巴州"，"郁林郡，梁置定州"，亦称南定州。"夷陵郡，梁置宜州"，惟桂阳郡云"平陈置郴州"，不云梁所置。《裴之横传》亦不云为郴州刺史，疑此传误也。梁时，益部亦有巴州，治阆中，又谓之北巴州；司部亦有定州，蛮田氏所据。

世祖乃命罗州刺史徐嗣徽、武州刺史杜崱。　按：《隋志》，湘阴县，梁置罗州。武陵郡，梁置武州，下邳郡，梁亦置武州。据《崱传》"由武州刺史、迁镇蛮护军、武陵内史"，则必武陵之武州矣。

文盛传

督梁南秦沙东益巴北巴六州诸军事，仁威将军，秦州刺史。　按：晋、宋以来，梁、秦二州同治汉中，都督常兼领二州刺史。天监三年，夏侯道迁叛，而梁失汉中地，乃移梁州于西城。大同元年，汉中复为梁有。《隋志》"西城郡，梁置梁州"，据天监三年以后言之也。又云"寻改曰南梁州"，则据大同元年以后，梁州复治汉中，当以西城为"南梁"矣。

文盛除秦州,未知治所,然受命东讨,初未之任也。

杜岸传

世祖以为持节、平北将军、北梁州刺史。　按:《隋志》未见北梁州之名,盖大同初,梁州复治汉中,以西城为南梁,而汉中遂有"北梁"之称。

杜龛传

世祖以为持节、忠武将军、郧州刺史。　按:郧州之名,《本纪》及《隋志》俱失书。龛叔幼安,世祖以为西荆州刺史,西荆州亦《隋志》所失载也。

孝行传

刘昙净。彭城莒人也。　按:彭城郡无莒县,莒属东莞郡。"莒"当作"吕"。

刘霁。父闻慰,齐工员郎。　"工"当作"正"。

弟杳,在《文士传》。　"文士"当作"文学"。

文学传上

刘昭。历为宣惠豫章王中军、临川记室。　"临川"下脱"王"字。

何逊。东海剡人也。　"剡"当作"郯"。

周兴嗣。河南献舞马,诏兴嗣与待诏到沆、张率为赋,高祖以兴嗣为工。　按:《张率传》云:"高祖以率及兴嗣为工。"且传中载赋全篇,则率之赋尤工于兴嗣矣。且亦重出。

文学传下

刘峻。父珽,宋始兴内史。　"珽",《南史》作"琔之",《魏书·刘休宾传》作"旋之"。

刘杳。祖乘人,宋冀州刺史。　按:杳与霁、歊昆弟三人,一在《孝行传》,一在《文学传》,一在《处士传》。《霁传》云:"平原人,祖乘民,宋冀州刺史。父闻慰,齐正今本作"工",误。员郎。"《杳传》云:"平原人,祖乘人,宋冀州刺史。父怀慰,齐东阳太守,有清绩,在《齐书·良政传》。"《歆传》云:"祖乘民,宋冀州刺史。父闻慰,齐正员郎。"文既重沓,而或云"闻慰",或云"怀慰",名亦互异。"乘民"之为"乘人",盖避唐讳改易。然思廉史成于贞观之世,于太宗二名初未偏讳,此"人"字后人据《南史》改之,非思廉本文。

谢徵。　"徵"当为"微"字之讹。

又为临汝侯渊猷制《放生文》。　"渊"当为"深",此后人所改。

处士传

孟子曰:今人之于爵禄,得之若其生,失之若其死。　今本无。

何点传

亦隐居吴郡兽丘山。　"兽丘"即"虎丘",避讳改。

初,褚渊、王俭为宰相。　唐人避讳,改"渊"为"深"。褚渊或称其字。《南史》载此文,云"回既世族"。此作"渊",亦后人所改。

何子季传

今遣领军司马王果。　"王果",《南史》作"王杲之"。

止足传

鱼豢《魏略·知足传》,方田、徐于管、胡,则其道本异。谢灵运《晋书·止足传》,先论晋世文士之避乱者,殆非其人;惟阮思旷遗荣好遁,远耻辱矣。《宋书·止足传》有羊欣、王微,咸其流亚。　按:鱼豢、谢灵运之书,今已不传。鱼书盖以田畴、徐庶、管宁、胡昭四人标为"知足"也。沈约《宋书》,羊、王与张敷同传,初未标"止足"之目,不知思廉所称《宋书》,果何人作。

良吏传

庾荜。父深之,宋应州刺史。　按:宋时无应州,此必误也。《南史》:"深之,宋义兴太守。"袁廷梼曰:当是"雍"字之讹。

何远。东海郯人也。　"郯"当作"郯"。

西北戎传

河南。子休运筹袭爵位。 "休运"当作"伏连"。

宕昌。天监四年,王梁弥博来献甘草、当归。 按:《武帝纪》"天监元年,安西将军宕昌王梁弥頜进号镇西将军",此在弥博之前,而《传》不及之。

武兴。绍先死,子智慧立。大同元年,克复汉中,智慧遣使上表,求率四千户归焉。诏许焉,即以为东益州。 按:《武帝纪》:"大同元年十二月,以平西将军、秦南秦二州刺史、武兴王杨绍先进号车骑将军、平北将军、北益州刺史,阴平王杨法深进号骠骑将军。"则大同初,绍先尚存,杨法深当是杨定之后袭封者,而《传》不及之,皆史之蹟驳也。

侯景传

又有柔玄镇兵吐斤洛周。 《魏书》、《北史》俱作"杜洛周",当从此《传》。"吐斤"本代复姓,声讹为"杜"。

越常之贡来臻。 "常"即"裳"字。《说文》:"常,下帬也,或从衣。"

西求救于黑秦。 "秦"当作"泰"。

又曰:吾昨夜梦吞土,卿试为思之。不害曰:昔重耳馈块,卒反晋国;陛下所梦,将符是乎。 此语已见《简文帝纪》。

高祖常夜梦中原牧守皆以地来降,举朝称庆,寤甚悦之。旦见中书舍人朱异,说所梦。 此段问答亦见《朱异传》,而此较详。

校勘记

①"战殁",据《梁书》及本条上下文意,当作"战没"。

②"其子孝才"当作"季才"。正因《刘孝绰传》讹称范云之子为"季才",而《范云传》有"子孝才嗣"语,钱大昕才有"季、孝相似,疑即一人"之说。

廿二史考异卷二十七

陈　书

目录

高祖纪上

仍命高祖监宋隆郡，所部安化二县元不宾。　按：《隋志》，信安郡平兴县旧置宋隆郡，领初宁、建宁、熙穆、崇德、召兴、崇化、南安等县。未见"安化"之名，或云即南安、崇化二县，各举下一字，犹称山阴、会稽为"稽阴"也。

使持节都督六郡诸军事、军师将军、南江州刺史。　此南江州未审置于何所。余孝顷亦为南江州刺史。

时宁都人刘蔼等。　按：《杜僧明》、《周文育》诸《传》作"刘法尚"。

齐平秦王中流矢死。　此平秦王不著姓名，高归彦封平秦王，其时无恙。

齐送贞阳侯渊明。　唐人避庙讳，改"渊"为"深"，或但称"明"，此《纪》与《徐陵传》俱有"渊明"字，亦校书者所改。

公龙骧虎步。　此"虎"字亦后人追改。韩擒虎，《北史》但作"韩擒"，而《陈书·后主纪》、《陈慧纪》、《高宗诸子》、《后主诸子》、《任忠》、《樊猛》、《鲁广达》诸《传》俱称"擒虎"，皆后人追改。

高祖纪下

永定元年，长城县公道谭。　前卷作"道谈"。

二年正月，北徐州刺史唱义之初首为此职。　"唱"当作"昌"。昌义之梁时为北徐州刺史,盖尝任左右骁骑者,校书者不知昌义之为人姓名,妄于"昌"旁加"口",又增一"初"字,浅陋可笑。

四月,江阴王薨。 按:梁敬帝之弑,《陈史》但书"薨",《南史》易"薨"为"殂",而以"陈志"系之。又《衡阳王昌传》:"天嘉元年三月,入境,诏令主书舍人缘道迎接。景子济江于中流,船坏,以溺薨。"《南史》则云"济江于中流,殒之,使以溺告",延寿直笔,胜于思廉远矣。《梁书·高祖纪》《临川王宏传》于洛口溃师之役,皆讳而不书,姚氏父子修史于易代之后,何必讳饰乃尔?

十二月,割吴郡盐官、海盐、前京三县置海宁郡,属扬州。 按:《隋志》失载此事。前京县不见于宋、齐《志》,大约梁所置也。《隋志》于常熟县下云:"梁置信义郡,平陈废,并所领海阳、前京、信义、海虞、兴国、南沙入焉。"似梁时前京属信义郡,与此《纪》异。

以安成所部广兴六洞置安乐郡。 按:《隋志》亦失载此事。《南齐志》,广兴县属安成郡。《隋志》无此县,疑平陈后所废。

以宁远将军、北江州刺史熊昙朗为开府仪同三司。 按:《昙朗传》无除北江州刺史之文。陈时北江州治南陵,而昙朗据丰城、新淦之地,与南陵隔远,盖遥以州名授之。

世祖纪

天嘉元年三月,分荆州之天门、义阳、南平,郢州之武陵四郡,置武州。其刺史督沅州,领武陵太守,治武陵郡。其都尉所部六县,为沅州。别置通宁郡,以刺史领太守,治都尉城。 按:梁末已有武州,盖中废而更立也。据此文,武州与沅州非一地,而《隋志》云"武陵郡,梁置武州,后改曰沅州",似不然矣。通宁郡之名,《隋志》亦未见。

五月,改桂阳之汝成县为庐阳郡,分衡州之始兴、安远二郡置东衡州。 按:以《侯安都传》考之,当时东衡州实领三郡,始兴、安远及庐阳也。《纪》文尚未该备,"汝成"当作"汝城"。宋、齐《志》及《安都传》皆作"城"字。庐阳,《隋志》作"卢阳",监本亦是"卢"字。又考《欧阳頠传》称"梁元帝承制,以始兴郡为东衡州",则东衡州实置于梁末,不知何年省入衡州,至是复置耳。

棫朴载哥。 "哥",古"歌"字。

二年四月，分荆州之南平、宜都、罗、河东四郡置南荆州，镇河东郡。　河东郡治松滋县。南荆州之名，《隋志》失书。罗郡，《志》亦未见也。南平郡前年已改隶武州。

十一月，以武昌、国川为竟陵郡，以安流民。　此侨置之竟陵，《隋志》亦失书。

三年六月，以会稽、东阳、临海、永嘉、新安、新宁、晋安、建安八郡置东扬州。　按：梁时已置东扬州，陈武帝平张彪之后，命文帝都督会稽十郡，遂省东扬不置，至是又复其旧也。考陈文帝于梁末建节，称"都督十郡"，其后徐度、沈恪、沈钦镇会稽，则云"九郡"。九郡之名，见于《徐度》、《沈恪传》，较此《纪》多信安一郡。十郡，则史未详其名。

四年二月，以平南将军华皎为南湘州刺史。　本传但云湘州刺史，"南"字疑衍。

六年七月，临川太守骆文牙。　本传及《陈宝应传》但称"骆牙"。

九月，罢豫章郡。　此事疑有误，宣帝子有豫章王叔英，可证豫章郡未尝罢也。

废帝纪

光大二年正月，罢吴州，以鄱阳郡还属江州。　按：陈时有两吴州，废帝所废之吴州治鄱阳，后主所置之吴州治吴郡。

《宣帝纪》。　依高祖、世祖之例，当以"高宗"题目，而诸本俱题"宣帝"，目录亦然，皆误也。

太建五年五月，石梁城降。　按：上书"徐槾克石梁城"，此又云"石梁城降"，复沓甚矣。《通鉴》作"瓦梁城"，盖温公所见本不误，当据以改正。《隋志》，六合县，有后齐所置瓦梁郡。

北高唐郡城降。　按：《隋志》，同安郡宿松县，梁置高唐郡。今本"唐"误作"塘"。又江都郡清流县有废乐钜、高塘二县。初不见"北高唐郡"之文。

六月，豫章内史程文季克泾州城。　胡三省曰："齐泾州治石梁，是年四月，徐槾已克石梁城。"

七月，周炅克巴州城。　《隋志》，黄冈县有后齐所置巴州。

淮北绛城及谷阳士民并诛其渠帅，以城降。　胡三省谓绛城盖虹县城,又引彭城郡之谷阳县证此谷阳,其实皆非也。此文承"周炅克巴州城"之下,《炅传》本云"江北诸城","淮"、"绛"二字盖转写之误耳。谷阳亦当在江北,与蕲、黄相近。

八月,罢南齐昌郡。 按:《隋志》蕲春县,后齐置齐昌郡,而无南齐昌之名。此《纪》有南齐昌,又有齐昌,则当时实有二郡,《隋志》遗其一耳。

九月,阳平城降。 按:是年四月,已书"阳平郡城降",此又云"阳平城降",是有两阳平矣。考《隋志》江都郡安宜县,梁置阳平郡。又《魏志》楚州所领有阳平郡,领阳平、濮阳二县。或前所书者,安宜之阳平;后所书者,钟离之阳平乎? 东魏楚州治钟离城。

高唐太守沈善度。 《通鉴》作"善庆"。

左卫将军樊毅克广陵楚子城。 按:魏收《志》:"东豫州,太和十九年置,治广陵城。"樊毅所克者,当指此,非江都之广陵也。

十月,以黄城为司州,治下为安昌郡,浐湍为汉阳郡,三城依梁为义阳郡,并属司州。 按:胡三省《通鉴》注,引魏收《志》"谯州下蔡郡有黄城县",以为黄城在寿阳西;又引《水经注》"柴水东径黄城西,东北入于淮,谓之淮口",以证成其说。以予考之,乃大谬也。考《隋志》黄陂县,后齐置南司州,后周改曰黄州;又有安昌郡。则黄城即黄陂城,因后齐尝置南司州,故陈亦仍司州之名也。《隋志》于黄陂县下又云:"后齐置产州,陈废之。"此《纪》所云浐湍者,即后齐之产州。彼《志》但言废州,不言改置汉阳郡者,史之阙漏也。《隋志》木兰县下云:"梁置梁安郡,又有永安、义阳二郡",即此《纪》之义阳郡也。《周书·杞国公亮传》"大象初,与韦孝宽等伐陈,亮自安陆道攻拔黄城",黄城与安陆相近,则必为黄陂城,非淮口之黄城矣。当时北征元有两路,吴明彻大军由寿阳趋彭、沛,而周炅、鲁天念辈别取江北蕲、黄之地。《纪》、《传》所载,本不相混。胡氏乃以下蔡之黄城当之,则安昌、汉阳、义阳皆风马牛不相及矣。

七年三月,及南豫、江、郢所部在江北诸郡。 按:南豫州之历阳、临江,江州之齐昌、新蔡、高唐,郢州之齐安、西阳,所谓"江北诸郡"也。

改梁东徐州为安州,武州为沅州。 梁之东徐治宿豫,此武州当治下邳郡,非武陵之武州也。《隋志》,"下邳县,梁置武州下邳郡,魏改州曰东徐,后周改曰邳州",而不见"沇州"之名。

移谯州镇于新昌郡。　《隋志》所谓南谯州,即今之滁州。

五月,分北谯县置北谯郡,领阳平所属北谯、西谯二县。合州之南梁郡,隶入谯州。　　北谯即今全椒县。《隋志》"庐江郡慎县,东魏置平梁郡,陈曰梁郡",即此《纪》之南梁郡也。西谯县则《隋志》无之。

八年十一月,分江州晋熙、高唐、新蔡三郡为晋州。　按:晋熙郡,梁末已置晋州,后为北齐所有,改为江州,今仍复其旧也。

十年八月,改秦郡为义州。十月,罢义州及琅邪、彭城二郡。立建兴,领建安、同夏、乌山、江乘、临沂、湖熟等六县,属扬州。　按:义州之废置及建兴郡,《隋志》皆缺而不书。

十一年十二月,南北兖、晋三州,及盱眙、山阳、阳平、马头、秦、历阳、沛、北谯、南梁等九州。　"九州"当作"九郡"。

十二年八月,周使持节、上柱国、郧州总管、荥阳郡公司马消难,以郧、随、温、应、土、顺、沔、儇、岳等九州。　周时郧州置总管府,《隋志》漏而不书,并郧州亦不知所在。胡三省谓周置郧州于沔阳,亦以意度之耳。州所领有安陆、城阳二郡,城阳即应城县。见《隋·本纪》。而消难之降,陈授以大都督、总督安、随等九州八镇诸军事,寻又改安陆郡为南司州,疑周之郧州总管府即置于安陆矣。随州即晋、宋之随郡,温州即隋京山县,应州即隋应山县,土州即隋土山县,顺州即隋顺义县,沔州,《隋志》未见,疑即沔州郡。"儇"当作"澋",澋州即隋吉阳郡,岳州即隋孝昌县。

十一月,其丹阳、吴兴、晋陵、建兴、义兴、东海、信义、陈留、江陵等十郡。　今数之,止九郡。

十三年四月,分衡州始兴郡为东衡州,衡州为西衡州。　按:天嘉元年,已分置东衡州,中间未见并省,非史有脱漏,则重出矣。

十月,改鄱阳郡为吴州。　按:后主祯明元年,割吴郡置吴州,不应同时有两吴州。盖鄱阳复置吴州之后,未几即罢,而史家失书也。

后主纪

五就莫来,五能不至。　"五能"当作"八能"。

杜僧明传

城破,斩二侯。 按:"二侯"谓交州刺史武陵侯萧谘、广州刺史新渝侯萧映也。《武帝纪》作"新喻"。《传》不书谘之爵,则"二侯"字无根。《南史》同。

周文育传

监州王劢以文育为长流令。 按:广州无长流县。《南史·文育传》无"令"字,盖衍文也。都督府有长流参军,不言"参军"者,省文,后人妄加"令"字。

高祖以侯瑱拥据温州。 "温州"盖"江州"之讹,《南史》作"江州"。

侯安都传

徐嗣徽等复入丹阳,至湖熟,高祖追安都还,率马步拒之于高桥。 今江宁府通济门外二十里有高桥门,即古高桥也。

而勃戾不悛。 "勃"与"悖"同。

侯瑱传

都督江、晋、吴、齐四州诸军事、江州刺史。 晋州治晋熙郡,吴州治鄱阳郡,惟齐州不见于《隋志》。

欧阳頠传

改授都督广、交、越、成、定、明、新、高、合、罗、爱、建、德、宜、黄、利、安、石、双十九州诸军事。 按:以《隋志》证之,广州治南海,交州治龙编,越州治合浦,成州治封川,定州治郁林,明州治交谷,新州治新兴,高州治高凉,合州治海康,罗州治石龙,爱州治九真,建州治安遂,德州治九德,黄州治安平,利州治金宁,安州治钦江,惟宜、石、双三州无考。《旧唐志》:"梁分建州之双头洞立双州。"

吴明彻传

可都督豫、合、建、光、朔、北徐六州诸军事。 是时豫州治寿阳,合州治合肥，建州治包信，即殷城。光州治光城，即光山。北徐盖治临沂，惟朔州不见于《隋志》。按：魏收《志》："南朔州，萧衍置，治齐坂城，领梁、新蔡、边城、义阳、新城、黄川六郡。梁郡领新息县。"而黄川郡，据《隋志》，乃光山县地，则朔州盖在光、息之间矣。

程灵洗传

出为高唐、太原二郡太守。　按：梁、陈之际，侨立高唐郡于宿松，太原郡于彭泽，故灵洗以郡守镇南陵。

程文季传

寻乘金翅助父镇郢城。　金翅，舟名。

又督北徐、仁州诸军事，北徐州刺史。　按：《隋志》琅邪郡旧置北徐州，而仁州无可考。今据魏收《志》"仁州，萧衍置，治赤坎城，领临淮一郡，郡领已吾、义城二县，而已吾为州郡治"，则已吾即赤坎城矣。《隋志》："彭城郡之谷阳县，旧有已吾、义城二县，后齐并以为临淮县，大业初并入。"则已吾即谷阳县地。又"彭城郡之蕲县，后齐置仁州，大业中州废。"谷阳与蕲当亦相去不远也。

黄法𣤶传

太平元年，割江州四郡置高州，以法𣤶为高州刺史，镇于巴山。按：《世祖纪》"天嘉四年，罢高州，隶入江州"，与此文相应。而《梁书·敬帝纪》、《隋书·地理志》并不载此事，史之漏也。巴山郡，梁置，领大丰、新安、巴山、新建、兴平、丰城、西宁七县，余三郡未详。胡三省以为临川、安成豫宁，不审何据。考是时江州刺史侯瑱为余孝顷所逼，弃州诣阙，则析置高州，所以分孝顷之势也。然前此周迪据有临川之地，梁元帝授以高州刺史，则高州之名，不始于此矣。

淳于量传

都督郢、巴南司定四州诸军事。　此南司州即隋之黄陂县，《宣帝纪》所谓黄城也。此定州即魏收《志》所云南定州治蒙笼城者，隋改名麻城。"麻"、"蒙"声相近。

胡颖传

以颖为五原太守。 五原郡未详所在。

徐敬成传

寻复为持节、都督安元潼三州诸军事、安州刺史,镇宿预。 此安州即梁之东徐州,治宿预。潼州治夏丘。元州盖即下邳郡。《隋志》:"下邳,梁置武州。"而《陈书·宣帝纪》"太建七年,改武州为沅州",其时荆部已有沅州,以此传证之,当为"元州"矣。《隋志》不载元州之名,亦漏也。

沈恪传

光大二年,迁使持节、都督荆武祐三州诸军事、平西将军、荆州刺史。 按:祐州之名,不见于《隋志》。《宣帝纪》"太建十二年,淳于陵克祐州城",未知即此祐州否?

都督广、衡、东衡、交、越、成、定、新、合、罗、爱、德、宜、黄、利、安、石、双等十八州诸军事。 按:《欧阳𬱟传》"都督十九州",此有衡、东衡,而无明、高、建。及南康嗣王方泰都督十九州,本传云"广、衡、交、越、成、定、明、新、合、罗、德、宜、黄、利、安、建、石、崖",数之,实十八州,盖史有脱文。后主末年,除王勇"总督衡、广、交、桂、武等二十四州诸军事",则史家不能悉数之矣。

徐世谱传

除通直散骑常侍、衡州刺史资镇河东太守。 "镇"当作"领"。梁、陈之间,往往有以刺史资领郡守县令者,程灵洗以谯州刺史资领新安太守,徐世谱以衡州刺史资领河东太守,陈详以青州刺史资领广梁太守,熊昙朗以桂州刺史资领丰城县令,黄法𣰰以交州刺史领新淦县令,钱道戢以东徐州刺史领钱塘、余杭二县令,章昭达先除定州刺史,而后为长山县令,亦是以刺史资领县令也。又有以刺史资监别州者,陈拟以雍州刺史资监南徐州,华皎以新州刺史资监江州是也。

鲁悉达传

梁元帝授持节、仁威将军、散骑常侍、北江州刺史。　此北江州当置于晋熙郡，及悉达济江而归，高祖授以北江州刺史，则移治江南。《隋志》所云“南陵郡，陈置北江州”是也。

齐遣行台慕容绍宗，以众三万来攻郁口诸镇。　按：慕容绍宗之死，在齐未受禅以前，安得此时尚存？此史家传闻之误。《南史》亦承旧文，而未据《北史》以正之。

周敷传

梁内史始兴藩王萧毅。　按《梁书》及《南史》，始兴王憺薨，世子亮嗣，无名毅者。

周炅传

授戎威将军、定州刺史、带西阳武昌二郡太守。　梁置定州于江北蒙笼城，陈初画江为界，未得有其地。炅盖镇武昌，而遥带州名耳。

进授使持节、西道都督安蕲江衡司定六州诸军事、安州刺史。此安州当是安陆郡，蕲州即蕲春，又为齐昌郡，江州即永安郡，《隋志》谓之北江州。衡州即齐安郡，司州即黄陂，《隋志》谓之南司州。其时皆未入版图，方议北伐，遥假六州之名耳。

以众二万，出自巴、蕲。　《隋志》，黄冈县有后齐所置巴州，即此传之巴州，非巴陵之巴州也。

衡阳王昌传

寻与高祖俱往荆州。　“高祖”当作“高宗”。
又与高祖俱迁关右。　“高祖”当作“高宗”。

南康愍王昙朗传

上曰：不承则上刑。　“上刑”，《南史》作“上测”。按：《隋书·刑法志》载陈时律令，其有赃验显然而不款，则上测立。立测者，以土为垛，高一尺，上圆劣，容囚两足立。鞭二十，笞三十。讫，著两械及杻，上垛。一上测七刻,日再上。

蔡景历传

衡阳献王时为吴兴郡,昌年尚少。　当移"昌"字于"衡阳献王"之下。

祯明元年,配享高祖庙庭。　《本纪》不载此事,疑所配享乃高宗也。

王通传

父琳,司徒、左长史。　此别一王琳。

刘仲威传

随庄入齐,终于邺中。　按:仲威仕于萧庄,庄败,随入北齐,义不臣陈,当附《梁史·刘之遴传》,不应入《陈书》。

沈炯传

字礼明。　《南史》作"初明"。

马枢传

梁邵陵王纶为南徐州刺史,素闻其名,引为学士。　按:梁时东宫有学士,据此传,则王府亦有学士也。又梁有寿光殿学士、士林馆学士、西省义学士。陈有嘉德殿学士、姚察、沈不害、陆琰。宣明殿学士、姚察、陆琛。天保殿学士、陆玠。德教殿学士、蔡翼、陆从典、阮卓。撰史学士、顾野王、傅绰。五礼学士,沈德威。而东宫亦有学士,有义省学士。

华皎传

寻诏督寻阳、太原、高唐、南北新蔡五郡诸军事,寻阳太守。　此南、北新蔡郡当在江北黄梅县,而《隋志》无其文。黄梅县本名永兴,隋开皇初改曰新蔡,盖因旧郡名以名县耳。

萧乾传

陈宝应在建、晋。　"建、晋"谓建安、晋安也。《褚玠传》："稽、阴大邑，久无良宰。"谓会稽、山阴也。

谢峤传

陈郡夏阳人也。　"夏阳"当作"阳夏"。

萧引传

靖即悟旨，尽遣兄弟下都为质。　按：萧引奉使广州，在太建末。及后主至德初，仍命陈方庆以兵袭靖诛之。陈氏武功之不振，盖由于此。

陆子隆传

东昌县人修行师。　按：《隋志》，庐陵郡有东昌县。

周弘正传

出为郢令。　梁之郢县，未审所在。袁廷梼曰："郢"疑是"鄿"字。

世祖九王传

二男早卒，本书无名。　思廉所称"本书"，当即其父察撰述之本。

初，高祖兄始兴昭烈王道谈，梁绍泰二年，追赠侍中、使持节、都督南兖州诸军事、南兖州刺史，封义兴郡公。　按：《高祖纪》"梁太平二年，诏赠高祖兄道谈散骑常侍、使持节、平北将军、南兖州刺史、长城县公"，与此互异。敬帝以绍泰二年改元太平，始进封陈霸先义兴郡公，则道谈赠官，必在太平以后。且《纪》于永定元年，书"追赠皇兄长城县公道谈太尉，封始兴郡王"，似无追封义兴郡公之事。又《高祖纪》称"梁太平二年，赠弟休先—本或作"休光"。南徐州刺史、武康县侯"，而《南康王昙朗传》称休先追封"武康县公"，疑亦传误。

高宗二十九王传

晋熙王叔文。荆州刺史陈纪。　即"陈慧纪"也，史脱一字。

萧摩诃传

封廉平县伯。　按《隋志》，廉平县属清远郡。

任忠传

改封梁信都郡公。　《南史》无"都"字。考《隋志》，梁有梁信郡，领梁信县，隋为封川县。

孝行传

谢贞。孤子衅祸所集。　按：贞以母忧去职，父已先亡，而自称"孤子"，可证温公《书仪》"母亡称哀子"，唐以后始有之。

儒林传

沈不害。寻兼文林著士。　按：陈时学士之外，又有著士，张正见、阮卓皆为撰史著士。据此传，则文林馆亦有著士矣。

王元规。因不失亲，古人所重。　此以"因"作"婚姻"解，与《论语》孔安国义异。

文学传

何之元。骠骑王琳，崇立后嗣，虽不达天命，然是其忠节，今以如干卷为《后嗣主》。　按：何之元《梁典》自敬帝禅陈，即继以会稽王庄，称为后嗣主，其直笔非思廉所及。

廿二史考异卷二十八

魏书一

序纪

神元皇帝元年,岁在庚子。 是岁,魏文帝受汉禅,改元黄初。

昭成皇帝。司马聃死,衍子千龄僭立。 按:魏收《史》于慕容元真、石大雅、苻永道、冯文通皆称字,避魏讳也。晋哀帝名丕,无所回避,何以亦称字?

太祖纪

登国三年,渡弱落水。 "弱落"即"饶乐"声之转。

世祖纪下

太平真君三年,征南将军东安公刁雍东趋广陵。 此非扬州之广陵,在今光州息县,魏时尝置东豫州于此。

高祖纪上

延兴元年,刘彧将垣崇祖率众二万,自郁洲寇东兖州。 此东兖州治瑕丘,即刘宋之兖州。魏泰常中已置兖州于滑台,故此加"东"字。《游明根传》"由都督兖州诸军事、瑕丘镇将,就拜东兖州刺史"是也。

二年,以万安国为大司马、大将军,封安城王。 "安城"当作"安成"。《安国传》亦误作"安城"。

太和元年,广川公皮欢喜。 本传作"皮喜"。

高祖纪下

十六年,诏祀唐尧于平阳,虞舜于广宁,夏禹于安邑,周文于洛阳。

"周文"当为"周公"之讹。《北史》亦误。

十八年,可诏荆、郢、东荆三州,勒敕蛮民。 是时荆州治鲁阳,郢州治南安,今叶县。东荆州之名,不见于《地形志》。据《蛮传》:"延兴中,大阳蛮酋桓诞拥沔水以北、潢叶以南八万余落,遣使内属,高祖拜诞征南将军、东荆州刺史,治于朗陵。太和十年,移居颍阳。"而《隋志》云"淮安郡,后魏置东荆州",其地即隋之比阳县,未审孰是。房亮、杨大眼、薛真度、郦道元、寇治、元显恭、陆恭之、杜颐、张熠、裴佗俱尝为东荆州刺史。

二十年,广州刺史薛法护南叛。 按:《地形志》:"广州,永安中置,治鲁阳。"据此《纪》,则广州之名,先已有之,但其时鲁阳为荆州治所,未知广州治何城也。太宗时,公孙表为广州刺史。

世宗纪

太和二十三年,南徐州刺史沈陵南叛。 按:是时沈陵据宿豫以叛,则南徐州治宿豫也。而《地形志》谓"宿豫郡,高祖初立东徐州",似误。太和之世,东徐治团城,不应更置于宿豫也。

肃宗纪

熙平二年,城青、徐、兖、泾、平、营、肆七州所治东阳、历城、瑕丘、平凉、肥如、和龙、九原七城。 按:诸州治所,《地形志》具载之,惟泾州,《志》云治临泾城,而《纪》作平凉,未详。

正光二年,南荆州刺史桓叔兴自安昌南叛。 按:南荆州不载于《地形志》,安昌盖其治所也。《隋志》"春陵郡,后魏置南荆州,西魏改为昌州",即此。

孝昌三年,东秦州刺史潘义渊以汧城降。 按:《地形志》"北华州,太和十五年置东秦州,后改治杏城",则东秦即北华也。而此《纪》下文即有"贼帅胡引祖据此华州以应之"之语,似别有一东秦州。

出帝纪

永熙元年,夏州徙民郭迁据宥州反。 "宥"非州名,《通鉴》作"青州",当从之。

以侍中、骠骑大将军封阴之、任祥并为仪同三司。　“阴之”当是“隆之”之讹。

二年,都督河渭部三州诸军事、骠骑大将军、世袭河州刺史梁景叡。　按:“部”非州名,恐是“郡”字之讹。

孝静纪

天平元年,以魏郡、林虑、广平、阳丘、汲郡、黎阳、东濮阳、清河、广宗等郡为皇畿。　按:《地形志》无阳丘郡,当是阳平、顿丘二郡,各脱一字耳。《志》亦无东濮阳,“东”下当脱“郡”字。《志》尚有北广平一郡,《纪》亦脱之。

元象元年,豫州刺史尧雄攻扬州,拔之。　“扬”当作“阳”。《地形志》:阳州领宜阳、金门二郡。

兴和二年,西魏行台宫延和、陕州刺史宫元庆率户内属,置之河北。　按:《地形志》,汲郡汲县有陈城,“兴和二年,恒农人率户归国,仍置义州于城中”,即此事也。汲郡在河北,恒农即陕州。天平末,陕州入西魏。兴和中,乃立义州,置恒农、新安、渑池、宜阳、金门诸郡,以抚其流民也。魏收《孝静纪》已亡,后人据它书补之,其于西魏事例书“宝炬”,独此书“西魏”,盖沿旧文,而未及改更耳。

四年,封祖裔为尚书右仆射。　祖裔,即隆之也,此独书其字。

武定七年,相谭侯萧退来降。　“相谭”当作“湘潭”。

皇后传

景穆恭皇后郁久闾氏,河东王毗妹也。　《外戚传》,闾毗本蠕蠕人,蠕蠕姓郁久闾氏,后改称闾氏。此传犹仍旧称,盖非魏收本文也。《高宗纪》但云母闾氏。

昭成子孙传

常山王素。于涿鹿之阳,立平原郡以处之。　此事《地形志》不载。

可悉陵。沮渠茂虔令一骁将。　“茂虔”即“牧犍”,译音无定字。但魏收《史》皆用“牧犍”字,此作“茂虔”,盖后人以它书补缀,未及检改。

陈留王崇。子建,建子琛,位恒、朔二州刺史。 按:魏宗室多同名者。陈留王崇之孙名琛,而陇西仑公之子亦名琛,文成之孙又有河间王琛。任城王澄之孙名朗,而章武王彬之孙亦名朗。即后废帝。南安王桢之孙长广王名从日、从华,而咸阳王禧之孙亦与同名。昭成之孙有毗陵王顺,而任城王澄之子亦名顺。道武之子有阳平王熙,而中山王英之子亦名熙。道武之子有河间王修,而广平王怀之子亦名修。即出帝。武昌王鉴之子名亮,而江阳王继之孙亦名亮。烈帝之后有东阳王丕,而明元之子又有乐平王丕。明元之子有建宁王崇,而昭成之后亦有陈留王崇。昭成子有秦王翰,而太武子又有东平王翰,亦尝封秦王。南安王桢之孙有章武王融,而阳平王新成之孙亦名融。河南王曜之曾孙有武昌王鉴,而安乐王长乐之孙亦名鉴。文成子有广川王略,而中山王英之子亦名略。献文子有赵郡王幹,而昭成之后亦有新蔡公幹。高阳王雍之孙有济北王徽,而城阳王长寿之孙亦名徽。秦王翰之孙有中山王纂,而南平王浑之孙亦名纂,中山王略之弟又名纂。河南王曜之子有武昌王提,而临淮王谭之子亦名提,烈帝之后又有乐城侯提。广阳王渊之子名湛,而章武王融之弟亦名湛。明元之子有新兴王俊,而章武王彬之孙亦名俊。道武之子有清河王绍,而常山王遵之曾孙亦名绍。常山王遵之孙有城阳公忠,而乐浪王万寿之曾孙亦名忠。临淮王提之子名昌,而咸阳王禧之子亦名昌。太武之子有临淮王谭,而赵郡王幹之子亦名谭。淮南王他之孙名显,而武昌王平原之孙亦名显。淮南王他之曾孙名均,而汝阴王天赐之孙亦名均。卫王仪之子有南阳王良,而乐安王范之子亦名良。阳平王新成之子名钦,而彭城王勰之孙亦名钦。至若景穆之子、阳平济阴二王俱名新成,因称济阴为"小新成"以别之,此其尤异者也。广阳王深本名渊,后人避唐讳追改,非与赵王深同名。

道武七王传

禹。东海太守带峒峿戍主。 "峒"当作"峔",本"司吾",后人加"山"旁。

伯和。谥曰哀王。 此下脱一叶。

景穆十二王传中

任城王澄。澄奏宜以东中带荥阳郡，南中带鲁阳郡，西中带恒农郡，北中带河内郡。 此奏在肃宗朝既未见纳，然元苌于世宗时，已为北中郎将、带河内太守矣。陆清都以南中郎将带鲁阳太守，未详何时。杨津肃宗时除北中郎将、带河内太守。

天网恢恢，疏而不漏。 今本《老子》皆作"不失"，惟景龙石刻本作"不漏"。

东阿公顺。广阳王渊，奸徽妻于氏。 此传及《肃宗纪》、《李崇》、《崔光》、《辛纂》、《贺拔胜》、《儒林》、《文苑传》俱云"广阳王渊"，而《太武五王传》作"深"，盖《魏史·太武五王传》已亡，后人取《北史》补之，《北史》避唐讳，改"渊"为"深"，而校书者不知追改也。

景穆十二王传下

中山王英。衍中军大将军、临川王萧宏。 按：《魏史》于诸帝之讳，皆回易本字，如崔宏称元伯、慕容恪称元恭是也。而《纪》、《传》于萧宏之名，多不回避，必非魏收元文，当从《岛夷传》作"萧密"为是。余皆后人据《南史》追改。

贵平。除平北将军、南相州刺史。 按：《地形志》不载南相州之名。

献文六王传上

咸阳王禧。高祖以诸弟典三都。 "三都"谓中都、内都、外都也。三都大官皆典狱讼者。

孝文五王传

清河王怿。囚怿于门下省，诬怿罪状。 据此文，知《胡后传》所书逼幸怿事，出于元义诬陷，不足信也。此卷文多残阙，如怿子亶袭王爵、孝武西奔、亶承制行事，皆当见于本传。又《广平王怀传》全篇俱阙，《汝南王悦传》亦有脱文，卷末又无史臣论赞。

崔玄伯传

加周兵将军。 按：魏初将军之号，有晋兵、奚斤、楼伏连、薛提。奚斤又为大将军。吴兵、公孙表、毛修之。楚兵、叔孙建、王慧龙。郑兵、奚斤。秦兵、贺狄干。宋兵、周几。鲁兵、安原。卫兵、王斤。陈兵、尉眷、张蒲。周兵、崔玄伯。胜兵、张济。义兵，封礼。又正直将军叔孙建、功劳将军元屈、直意将军王洛儿、忠意将军车路头、黑稍将军于栗䃌，皆前代所未有也。

显祖以为安南将军、南冀州刺史。 按：刘宋冀州治历城，魏因崔道固故官授之，信都有冀州，故加"南"字。

尉古真传

出为平西将军、东凉州刺史。 按：《地形志》无东凉州。

古弼传

赐名曰笔，取其直而有用。后改名弼，言其辅佐材也。 北人读"弼"如"笔"。译音无定字，非必别有取义。

陆真传

都督沃野、武川、怀朔三镇诸军事，安北将军，怀朔镇大将。 按：江阳王继，高祖时，由抚冥镇都大将，转都督柔玄、抚冥、怀荒三镇诸军事、柔玄镇大将。陆延于正始初，由武川镇将，除都督沃野、武川、怀朔三镇诸军事、怀朔镇大将。宇文福亦为都督怀朔、沃野、武川三镇诸军事、怀朔镇将。是六镇之中，又以柔玄、怀朔为要镇也。其后置朔州于怀朔镇，慕容契为都督朔州，沃野、怀朔、武川三镇三道诸军事，朔州刺史。杨椿为都督朔州，抚冥、武川、怀朔三镇三道诸军事、朔州刺史。

于栗䃌传

都督兖、桓二州诸军事，镇南将军，枋头都将。 "桓"当作"相"。

高湖传

汉太傅衷之后。　按:《唐书·宰相世系表》"后汉渤海太守高洪,居渤海蓨县。四世孙褒,字宣仁,太子太傅",此即湖之祖也。此"太傅"上当有"太子"二字。汉时太傅为上公,除授者甚少,安得有高衷其人乎?"衷"亦"褒"之俗体字。《易》"衷多益寡",《唐石经》作"褒"。

都督寿、徐、齐、济、兖五州诸军事。　"寿"当作"青"。《地形志》无寿州。

崔浩传

今兹害气在扬州,不宜先举兵。　是岁岁在庚午,午害丑,丑为星纪,吴、越之分。

又雪之消液,才不敛尘。　"才不",《通鉴》作"仅能"。

李顺传

平东将军、西兖州刺史。　此西兖州治滑台,非《地形志》之西兖州也。《志》之西兖治定陶,乃孝昌中所置。

仍除北雍州刺史。　按:《地形志》无北雍州。

正光二年,南荆州刺史桓叔兴驱掠城民,叛入萧衍。衍资以兵粮,分筑谷陂城,以立洛州,逼土山戍。　梁置洛州于南荆境内,寻为魏人所陷,故《隋志》不载。

司马楚之传

奚斤既平河南,以楚之所率户民,分置汝南、南阳、南顿、新蔡四郡,以益豫州。　是时豫州治虎牢,楚之屯据汝、颍间,距南阳尚远,盖侨置也。

杀姚纵夫于寿春。　《通鉴》作"耸夫"。

开府仪同三司、云中镇大将、朔州刺史。　魏初置朔州于云中,楚之及子金龙、宝龙相继为刺史。

刁雍传

延和二年，立徐州于外黄城，置谯、梁、彭、沛四郡九县。 按：《地形志》阳夏郡济阳县有外黄城，延和二年置徐州，皇兴初罢。盖徐州治外黄者，三十余年，至皇兴初，薛安都以彭城入魏，乃移州治彭城也。

臣镇去沃野八百里。 刁雍时为薄骨律镇将，表称"臣镇去沃野八百里"，则沃野与薄骨律非一地。而《通鉴》注引宋白云"太和十年，改薄骨律镇为沃野镇"，不知何据。慕容契正始初除都督沃野、薄骨律二镇诸军事、沃野镇将。

遵少不拘小节。 自此以下，复述遵事，遥接上文"遵字奉国，袭爵"句，而间以遵弟献、献弟融、融弟肃云云。太史公列传叙事，往往如此。刊本以融弟肃提行，而"遵少不拘小节"云云，即承其上。汲古阁本遂疑"遵"字乃"肃"字之误，大不然矣。楷、尚、整皆遵之子，非肃子也。

萧衍新化太守杜性、新化令杜龙振、平阳令杜台定等，率户三千据地内附。 按：刁遵时为洛州刺史，治上洛，则此新化郡当距上洛不远。考《地形志》南郢州宕都郡有西新化、东平阳二县，疑即梁之新化郡也。

薛辩传

长子初古拔，一曰车毂拔。 "初"与"车"、"古"与"毂"声相近，汲古阁本"毂"作"辂"，误。

除冠军将军、南豫州刺史。 南豫州治悬瓠，即《地形志》之豫州也。

与南兖州刺史游明根。 《明根传》作"东兖"，此误也。正光中始置南兖州于谯城，延兴时尚无"南兖"之名。

自徙都洛邑，凤子兄弟移属华州河西郡焉。 按：《地形志》华州无河西郡。

赠都督冀定太三州诸军事、车骑将军、冀州刺史。 太州盖天平中所置，而《地形志》无之。监本"太"作"泰"。

和因表立东夏州，世宗从之。 据《地形志》，东夏州，延昌二年置。

寇赞传

拜赞安远将军、南雍州刺史,治于洛阳,立雍州之郡县以抚之。 按:南雍州之置,《地形志》亦阙而不书。

迁建威将军、郢州刺史,及高祖南迁,郢州地为王畿,除弘农太守。 按:高祖迁洛之后,于洛京置司州,罢怀、陕、郢、北豫、东雍诸州属焉,仿古王畿千里之制也。《魏史》避显祖讳,皆称“恒农”,此独不回避,盖后人妄改。《杨播传》亦有作“弘农”者。

刘休宾传

稍迁幽州刺史,镇梁邹。 此刘宋侨立之幽州,无实土,《宋志》亦不载。

房法寿传

加法寿绥边将军、魏郡太守。 此魏郡侨置于齐地,《地形志》所谓“东魏郡,治历城,后徙台城”者也。

以兼侍中房灵宾督清河、广川郡事,戍盘阳。 《地形志》“东清河郡治盘阳城”,故房士隆亦以东清河太守带盘阳镇将,崔勔以清河太守带槃阳镇将。“槃”与“盘”同。

以功赐爵壮武侯,加平远将军。 按:上文法寿已授平远将军矣,不应更加“平远”之号,前后当有一误。考《房彦谦碑》述其先世云“法寿以魏郡太守立功归魏,封庄武侯、“壮”、“庄”二字古相通。使持节、龙骧将军、东冀州刺史”,然则后所加者,盖龙骧将军也。平远将军弟四品,龙骧将军弟三品,故云“加”。

韦阆传

又有武功苏湛。 按:《韦阆传》末附见武功苏湛、天水姜俭二人。刊本误以“苏湛”提行,而又有“武功”四字赘于前文之下,不可通矣。

裴骏传

出为平南将军、郢州刺史。询以凡司戍土蛮酋田朴特地居险要,

众逾数万,足为边捍,遂表朴特为西郢州刺史。 按:西郢州之置,不载于《地形志》。据此传,盖在肃宗时也。《隋志》"比阳县又有比阳故县,置西郢州,西魏改为鸿州",即此。

辛绍先传

孝昌初,释褐南司州龙骧府录事参军。 按:《地形志》"南司州,魏正始元年为郢州,孝昌三年陷,萧衍改为司州,武定七年复",乃有"南司"之名。辛子馥仕孝昌初,其时无南司州也。

后除给事中、南冀州防城都督。 此南冀州治聊城。《地形志》:"平原郡,武泰初立南冀州,永安中罢州。"《路思令传》:"割冀州之清河、相州之阳平、齐州之平原以为南冀州。"

持节为南济、冀、济、青四州慰劳使。 南济州未详所在。

许彦传

武定末,东阳平太守。 东阳平郡属兖州。

西高阳太守。 按:《地形志》,瀛州、青州皆有高阳郡,以地望准之,瀛州之高阳在西。

李诉传

父崇。 此又一李崇。

以崇为平西将军、北幽州刺史。 北幽州未详所在。

高允传

京兆韦阆友规。 《阆传》作"友观"。

允秋月巡境,问民疾苦,至邵县。 邵县即邵上郡,此时罢为县,属河内郡,允为怀州刺史,正其属县也。

允与从叔济、族兄毗、及同郡李金俱被征。 按:篇末并举三人名,乃但叙济、毗而不及金,何也?若云金事别见《李叔虎传》,则此文又为繁复矣。济字叔民,毗字子翼,已见前《征士颂》,而又书之,是不可省乎?《征士颂》"金"作"钦"。

崔鉴传

孝昌末,冀州流民聚于河外,因立东冀州,除秉为刺史。　东冀州未详所在。

尉元传

散骑侍郎张引,领卒二千守茱萸。　按:《地形志》,彭城郡吕县有茱萸山。

元表淮阳郡上党令韩念祖。　按:尉元在徐州,表称南济阴郡睢陵县人赵怜等,乞念祖为令,诏听如请。然《地形志》无上党、睢陵二县,并未见南济阴郡名。考沈约《州郡志》淮阳郡有上党县,本流寓郡,并省来配,济阴郡有睢陵县,皆属徐州。徐州又有北济阴郡,故称“南”也。魏初得徐、兖诸州,其郡县大率因宋旧,后来郡县有并省,又多析置之州,名目纷然,考证益难矣。茹皓寓居淮阳上党。

以山阳在畿内,改为博陵郡开国公。　按:孝文迁洛之后,畿内郡国,不以分封,故河南王幹徙封赵郡,颍川王雍徙封高阳,平阳公丕徙封新兴,山阳公尉诩改封博陵,荥阳侯李冲改封阳平,河东侯薛达改封华阴。

韩茂传

先是河外未宾,民多去就,故权立东青州,为招怀之本。新附之民,咸受优复,然旧人奸逃者,多往投焉。均表陈非便,朝议罢之。东青州未详所在,显祖初,游明根为东青州刺史。

刘昞传

除其一子为郢州云阳令。　按:《地形志》,云阳县属广州定陵郡,太和中,郢州治南安,其时未有广州也。

李孝伯传

迁之于兖、豫之南,置淮阳郡以抚之。　是时魏未得淮北之地,兖州治滑台,豫州治虎牢,此淮阳郡亦侨置,非东楚州之淮阳也。

崔挺传

又除都督三荆诸军事。 三荆谓荆州、东荆、南荆也。荆州亦称"西荆",辛纂行西荆州事。

武泰初,改郡为唐州。 按:《地形志》:"晋州,孝昌中置唐州,建义元年改。"武泰之元年,即孝昌四年也。其年即改建义,则平阳之为唐州,不及一年。《樊子鹄传》,尔朱荣向洛假节,都督河东正平军事,行唐州刺史。建义初,拜晋州刺史。

以本将军出除管州刺史。 "管"当作"营"。

杨播传

建义初,除冠军将军、东雍州刺史,其年州罢。 据此传,东雍州于建义初始罢,而《地形志》云:"东雍州,太和中罢。"未详谁是。

出除都督雍、南豳二州诸军事,本将军,雍州刺史。 按:《地形志》无南豳州。

永熙中,以本将军除北雍州刺史。 按:《地形志》无北雍州。

薛安都传

永平初,分梁州晋寿为益州。 按:《地形志》:"益州,正始中置。"永平元年,即正始五年也。

田益宗传

都督光城、弋阳、汝南、新蔡、宋安五郡诸军事。 按:《地形志》"东豫州领汝南、东新蔡、新蔡、弋阳、长陵、阳安六郡",与此互异。《志》所据者,武定之郡县;《传》所书者,太和之郡县也。

兴祖太和末,亦来归附。景明中,假郢州刺史。及义阳置郢州,改授征虏将军、江州刺史,治麻城。兴祖卒,益宗请随兴代之,世宗不许,罢并东豫。 隋时立麻城县,盖因此名。《地形志》有北江州,未审即其地否?

王肃传

除都督豫阙。东郢三州诸军事、本将军、豫州刺史。　按：太和十八年，置东郢州于汝阴，治社亭城。

加都督豫、南兖、东荆、东豫四州诸军事。　此南兖州治涡阳，非《地形志》之南兖治谯城者也。《志》之南兖州，正光中置。

邢峦传

河间郑人也。　"郑"当作"鄚"。

萧渊藻是群剧少年。　《北史》作"裙屐少年"，此云"群剧"，疑后人妄改。

李平传

顿丘人也，彭城王嶷之长子。　按：《皇后》、《外戚》二《传》俱云梁国蒙县人，而此《传》及《李崇传》俱云顿丘人，此里居之互异也。嶷封彭城王，《外戚传》亦失之。

李崇传

许昌县令兼纮麻戍主陈平玉南引衍军。　按：《地形志》扬州颍川郡之许昌县有碅石山，即此《传》之许昌，非曹魏建都之许昌也。

崔亮传

高祖闻之，嘉其清贫，诏带野王令。　魏世京职俸薄，亮虽任中书侍郎、尚书左丞，而干禄犹不如县令之饶裕，故令其带野王令，同时北中府长史裴聿亦带温令。

崔休传

青州九郡民。　按：《地形志》：青州领齐、北海、乐安、渤海、高阳、河间、乐陵七郡。

裴延俊传

孝庄初,为广州防蛮都将、行广汉郡事。 "广汉"当作"汉广"。

袁翻传

皇兴中,东阳州平,随文秀入国。 按:青州治东阳城,东阳非州郡之名,当云"青州平",或云"东阳平",词意乃通。

刘藻传

在任八年,迁离城镇将,太和中,改镇为岐州。 按:《地形志》"岐州,太和十一年置治雍城镇",则岐州本雍城镇也。据此《传》,藻为雍城镇将,在任八年,乃迁离城镇将,则离城与雍城非一地。岐州乃离城镇所改,与《志》自相矛盾。

傅竖眼传

南徙渡河,家于磐阳。 磐阳即盘阳,汉之般阳县也,东清河郡治此。

拜灵越镇远将军、青州刺史、贝丘子,镇羊兰城。 按:《地形志》,沧州乐陵郡之厌次县,有羊阑城。《韩均传》谓"河外未宾,权立东青州"者,疑即此。皇兴初,慕容白曜定青州,因于此加"东"字。

萧衍遣其信武将军、衡州刺史张齐。 按:《南史》,齐为南梁州刺史。

都督梁、西益、巴三州诸军事。 按:《地形志》无西益州。

李神传

累迁威远将军、新蔡太守、领建安戍主。 按:《地形志》豫州、东豫州、颍州、霍州、南定州、蔡州、扬州、南朔州、南建州皆有新蔡郡。《梁书·夏侯详传》:"建安戍为魏所围,以详为建安戍主,带边城、新蔡二郡。"其后席法友为安丰、新蔡二郡太守、建安戍主,法友去而胡景略代之。其时建安戍尚属齐。景明元年,魏始得寿阳,移兵攻建安,景略请降,自是建安始属魏,而李神亦以新蔡太守领建安戍主,是新蔡郡常治建安矣。此新蔡疑是扬州之新蔡。据《地形志》，所领有新蔡、固始二县，《一统志》云"新蔡废郡在固始县东"者也。

转宁远将军、陈留太守，领狄丘戍主。　　此陈留疑亦扬州之陈留。

夏侯道迁传

衍以王镇国为刺史。　　"镇"当作"珍"。

杨大眼传

以功封安成县开国子。　　按：《杨大眼造像记》石刻作"安戎县"。安戎属略阳郡，与仇池为近，此作"成"，传写之讹也。《北史》作"安城"，亦误。

尔朱荣传

太祖初以南秀容川原沃衍，欲令居之。　　"南秀容"盖肆州之秀容。

都督并、肆、汾、广、恒、云六州诸军事。　　按：广州治鲁阳，非荣所得督，当是"燕"字之讹。

则彭、韦、伊、霍夫何足数。　　"彭、韦"谓大彭、豕韦也。监本"韦"作"韩"，误。

尔朱仲远传

兼尚书左仆射、三徐州大行台。　　"三徐"者，徐州及北徐、东徐也。

尔朱度律传

复除军州刺史。　　"军"字误。

张普惠传

衍又遣定州刺史田超秀、田僧达等，窃陷石头戍，径据安陂城。按：《地形志》"南朔州之边城郡，治石头城"，即石头戍也。

樊子鹄传

乃分兵击衍苞州、然州、宕州、大涧、蒙县等五城。　此梁所置诸城,当去谯城不远。

贺拔胜传

都督三荆、二郢、南襄、南雍七州诸军事。　按:《地形志》无南雍州。

胜兄可泥。　即贺拔允也。

寻诏岳都督泾、北豳、二夏四州诸军事。　按:《地形志》无北豳州。

加岳都督三雍、三秦、二岐、二华诸军事,雍州刺史。　后魏置北雍州于华原,东雍州于郑县,据《隋志》。并雍州为"三雍"也。"三秦"之名未详,据《地形志》,但有秦与南秦,太和中,尝置东秦,即北华也。

诏岳都督雍、华、北华、东雍、二岐、豳、四梁、二益、巴、二夏、蔚、宁、南益、泾二十州诸军事。　"四梁"谓梁及东梁、南梁、北梁也。《周书》:"魏废帝三年,改东梁为金州,南梁为隆州,北梁为静州。"今《地形志》无北梁,史之阙也。宁与南益二州,《地形志》亦失书。

常景传

仍诏景为幽、安、元等四州行台。　幽、安、元止三州,而云"四州",恐有误。《地形志》亦无元州。

外戚传上

李峻。峻与五弟诞、嶷、雅、白、永等前后归京师,峻封顿丘公,雅、嶷、诞等皆封公位显,后进峻爵为王。　按:魏收《史·外戚传》上卷已亡,后人以它书补缀,故嶷等封号及事迹皆不详。考《显祖纪》:"和平六年,封繁阳侯李嶷为丹阳王。皇兴元年,进冯翊公李白爵梁郡王。"而《李平传》云"彭城王嶷之长子",则嶷初封丹阳王,又改封彭城也。《李崇传》云:"袭爵陈留公。"崇为诞之子,则"陈留"必诞之封号也。《高祖纪》"太和四年,顿丘王李钟葵有罪赐死",此峻之后袭爵者,而

《传》亦不载。

良吏传

杜纂。又诣赭阳、武阴二郡，课种公田。　"武阴"疑是"舞阴"之讹。《地形志》无此二郡，盖后来省并。

术艺传

刘灵助。破西胡于韩陵山。　"西"当作"四"。"四胡"谓尔朱天光、尔朱兆、尔朱度律、尔朱仲远也。

刘裕传

遣其党俞伯奇出顿大屯。　"大屯"疑"大雷"之讹。

萧道成传

围宝卷辅国将军、北新安丰二郡太守胡景略于建安城。　"北新"下脱"蔡"字。

萧衍传

衍将萧晄寇淮阳。　《梁书》有吴平侯景，即此"萧晄"也，唐人避讳追改。

荆州刺史桓叔兴。　当作"南荆州"，脱"南"字。

益州刺史萧润猷。　"润"当作"渊"。

黑獭亡山之走。　"亡"当作"芒"。

氐传

后称藩于晋，永和十年，改初为天水公。　此篇以东晋永和、太和、咸安纪年，后乃用登国之号，又称晋国号，不斥晋帝姓名，盖非魏收《史》之旧，后人取《北史》补入。

匈奴宇文莫槐传

子丘不勤立，尚平文女。　按：《序纪》，丘不勤妻平帝绰。女，非平文帝郁律。女。此《传》误,《北史》亦与此同。

自序

成帝世,终钜鹿太守。　　此"成帝"谓汉成帝也。魏歆仕于汉成帝朝,而其子悦乃仕于元魏太武之世,此理之所必无者。伯起亦通人,何至愦愦乃尔。良由《魏史·自序》久亡,后人节取《北史》补之,而《北史》又有脱简,后人无从校正尔。

于是与通直常侍房延祐、司空司马辛元植、国子博士刁柔、裴昂之、尚书郎高孝幹。　　按:魏收《上十志启》,启末列名者,有辛元植、刁柔、高孝幹,而无房延祐、裴昂之,又多前西河太守綦母怀文一人。

前后二表一启焉。　　按史例,序、论、表、启皆出收一人之手。此"二表一启"下,当有"独出于收"四字。

廿二史考异卷二十九

魏书二

天象志三

皇始二年六月庚戌,月掩金于端门外。 此即前卷所书"月掩太白"事,占验亦略同。盖魏收《志》第三、第四卷阙失,后人以张太素《书》补之。太素《天文志》只有两卷,凡月与五星变异,但依年代顺叙,不复区别,与魏收《志》体例各殊,故此卷月掩犯多与前两卷重出。

由是魏为北帝,而晋氏为南帝。 按:太素唐人,故于南、北朝无偏党之词。其书萧衍起兵襄阳,推南康王宝融为帝,则称东昏为东主,和帝为西君。其书东、西魏事,则云"由是分为二国",又云"东、西帝割据山河",又云"梁、魏三帝皆大赦改元",非若魏收之党于邺都、魏澹之党于关西也。

明年,齐将陈达伐我南鄙,陷澧阳。 澧阳,《本纪》作"醴阳";陈达即陈显达也,当是唐人避讳去"显"字。

天象志四

是时渤海王欢起兵信都。 魏收《史》称高欢为"齐献武王"。此《志》前书"渤海王欢",后书"大丞相欢"。

地形志上

今录武定之世,以为《志》焉。 按:伯起志州郡,不述太和全盛之规,转录武定分裂之制,至秦、雍以西,不在东魏疆域之内,乃据永熙缩籍以足之,未免自乱其例矣。

魏尹。贵乡,天平二年分馆陶置,治赵城,有东中郎将治。 按:《孝静帝纪》"天平元年,初置四中郎将,于礓石桥置东中",盖即贵乡县地。

东郡,秦置,治滑台城。 按:《志》载州郡所治,皆举城名,而不言其县,故考证为难。今略言其可知者,滑台城即东郡之白马县也。晋州治白马城,则平阳之禽昌县也。《太平寰宇记》:"后魏擒赫连昌于白马城,置禽昌县。"

濮阳郡。城阳,二汉、晋属济阴。 "城"当作"成"。

常山郡。孝章,建初中为淮阳,永元二年复。 按:后汉无改常山为淮阳之事,此魏收之误。卷末考证一条,已详言之。盖宋馆阁诸臣刘攽、范祖禹辈所驳正也。

钜鹿郡。槀城有肥垒。 按:《汉志》真定有肥累县,晋以后盖省入槀城。当云"有肥累城",后人转写作"垒",又脱"城"字,误以为"垒壁"之"垒"矣。

鄡,二汉、晋属,有鄡城。 "鄡"不成字,当作"鄡"。《说文》:"鄡,钜鹿县,从邑,枭声。"《汉志》作"鄡"。"鄡"与"枭"文异而音义同。

渤海郡。脩,前汉、晋属,号修,后改。 修与汉晋无异,文何以云改?据列传,高氏、封氏皆称渤海蓚人,乃知晋以前本作"脩",后魏改从"艸"耳。上"脩"字当作"蓚"。

武邑郡。灌津,前汉属信都。 《汉书》"灌"作"观"。

北五城郡。 "五城"之"五",《隋志》皆作"伍"。五城、定阳本汾州属郡。孝昌中,寄治西河,并移西河郡于平阳界,兴和中,又析置北五城、定阳郡,皆在隋之临汾县地。

汾州,延和二年为镇,太和十二年置州,治蒲子城。 按:《穆罴传》:"高祖时为吐京镇将,后改吐京镇为州,仍以罴为刺史。"然则魏初本为吐京镇,蒲子城即吐京镇也。汾州之治西河,自裴良始。

吐京郡,真君九年置。 按:《水经注》:"吐京郡治即土军县之故城也。"汉西河郡有土军县,字随声而讹。

东雍州,世祖置,太和中罢,天平初复。 按:前晋州平阳郡下云:"真君四年,置东雍州,太和十八年罢。"然则世祖所置之东雍州在平阳;此天平复置之东雍州,乃在邵郡,名虽同而地实异矣。

安州,皇兴二年置,治方城,天平中陷,元象中,寄治幽州北界。 按:《通鉴》"梁普通七年,魏安州石离、穴城、斛盐三戌兵反应杜洛周,众合二万,洛周自松岍赴之",即魏孝昌二年也。则安州之陷,似当在孝昌中,与燕、营二州之陷同时矣。今考《江文遥传》称:"文遥为安州刺史,善于绥抚,甚得物情。时杜洛周、葛荣等相继叛逆,幽、燕已南悉没,唯文遥孤城独守,百姓皆乐为用。卒官,长史许思祖等复推其子果行州事,遣使奉表,庄帝嘉之。既而贼势转盛,救援不接,乃携诸弟并率城人东奔高丽。天平中,诏高丽送果等。"盖至是始闻安州之陷,故《志》系之天平中也。其后招其遗民,寄治幽部,故地迫近库莫奚,遂为瓯脱矣。

密云郡,治提携城。　按:《汉志》,渔阳郡有厗奚县。孟康读"厗"为"题",即此"提携"也。此云郡治提携城,而白檀县下又云郡治,则白檀即提携城矣。汉时白檀、厗奚本是两县,盖后来省厗奚入白檀县,又移县治于故厗奚城也。

广阳郡。燕乐,州郡治。　按:上文云安州治方城,而此燕乐为州郡治,则燕乐城亦即方城矣。而普泰元年又别置方城县,盖孝昌沦陷之后,侨立此县,非即燕乐故地也。

南汾州。　按:南汾州领北吐京、西五城、南吐京、西定阳、定阳、北乡、五城、中阳、龙门九郡,《志》不言何时置,又不言治何城。考《隋志》:"文城郡,东魏置南汾州,其首县曰吉昌,后魏为定阳县,并置定阳郡。"则南汾州当治定阳城矣。即今吉州。此《志》有定阳郡,而无定阳县,所未详也。《孝庄纪》:"永安三年,以元显恭都督晋、建、南汾三州诸军事,晋州刺史。"则南汾之置,当亦在永安初矣。

南营州,孝昌中,营州陷,永熙二年置,寄治英雄城。　按:英雄城未详所在。《隋志》"上谷郡遂城县旧曰武遂,后魏置南营州",则英雄城即遂城也。但后魏上谷郡无武遂县,惟冀州武邑郡有之,本汉县,属河间,后汉、晋属安平,后齐废县入武彊,与上谷之武遂,似非一地。

东燕州,太和中,分恒州东部置燕州,孝昌中陷。　以《穆罴传》考之,燕州盖治广宁也。

天平中,领流民置,寄治幽州宣都城。　按:幽州无宣都城,一本作"宜都",亦误,当是"军都"之讹。《隋志》:"涿郡昌平县旧置东燕州。"考两汉及晋,军都、昌平各自为县,后魏军都县有昌平城,则已并昌平于军都,隋又改军都为昌平也。

建德郡,真君八年置,治白狼城。　按:《世祖纪》:"延和元年,车驾至和龙,冯文通、石城太守李崇、建德太守王融十余郡来降。"则建德郡后燕已有之,魏特因其故名耳。《志》无石城郡,盖并入建德矣。

营丘郡,正光末置。　按:《世祖纪》"延和元年,徙营丘、成周、辽东、乐浪、带方、玄菟六郡民三万家于幽州,开仓以赈之",是营丘郡后燕所置。而《志》以为正光末置者,世祖灭燕之后,营丘、成周、带方、玄菟诸郡皆已并省,正光末又复置耳。

蔚州,永安中改怀荒、御夷二镇置。　按:六镇改州,魏收《史》言之不详,惟怀朔为朔州,御夷、怀荒为蔚州,薄骨律为灵州,见于本《志》。

廓州,武定元年置,治肆州敷城界廓城。一本作"郭城"。　按:《隋志》"雁门郡崞县,后魏置,曰石城,东魏置廓州,有广安、永定、建安三郡,寄山城",与此《志》云治敷城,似不合。考敷城、石城俱肆州秀容郡之属县,盖隋时并敷城入石城,因附书于下也。

武州,武定元年置,治雁门川,武定三年,始立州城。　按:《隋志》:"雁门郡繁畤县,后魏置,并置繁畤郡,有东魏武州及吐京、齐、新安三郡寄在城中。"此《志》之雁门川,即繁畤郡,且寄治郡城,非别立州城也。

地形志中

兖州,后汉治山阳昌邑,魏、晋治廪丘。　今本脱"廪"字。

刘义隆治瑕丘。　汉山阳郡有瑕丘县,刘宋、元魏皆以瑕丘为兖州治所,而不置瑕丘县,至隋始复置焉,即今滋阳县也。

青州,司马德宗治东阳城,魏因之。　东阳城即今益都县。

广川郡,刘裕置,魏因之,领县三:武强、索卢、中水。　此齐州之广川郡,即隋长山县地,非冀州之广川也。

太原郡,刘义隆置。　《宋志》:"文帝元嘉十年,割济南、太山立。"《隋志》"长清县,有东太原郡",即此郡也。刘宋尝置并州于此,《房法寿传》:"刘彧以房崇吉为并州刺史、领太原太守,治升城。"

太原,司马德宗置,魏因之,治升城。有麋沟、垣城。　当云"垣苗城",史脱"苗"字。《慕容白曜传》"既至升城,垣苗、麋沟二戍拒守不下”，是二城距升城不远也。“縻”、“靡”音相近。

颍川郡，长社。　按：《南史·鲁爽传》“宋武帝定长安，鲁轨奔魏，魏以轨为荆州刺史，镇长社。轨死，爽代为荆州刺史，镇长社”，是魏初尝置荆州于此，《志》亦失书。

济州，治济北碻磝城，泰常八年置。　今长清县西北有废碻磝城。

平原郡，武泰中立南冀州，永安中罢州。　按：南冀州，分冀州之清河、相州之阳平、济州之平原置，以路思令为刺史，永安中，葛荣灭，而州亦省也。

南清河郡，晋泰宁中分平原置，治莒城。　按：晋世纪元有“太宁”，而无“泰宁”。考《房亮传》“普泰中，济州刺史张琼，表所部置南清河郡”，乃知“晋”字本“普”字之讹，又衍一“宁”字耳。

东济北郡，孝昌三年置。　按：郑辑之孝静初除东济北太守、带肥城戍主，则郡治肥城也。

光州，治掖城，皇兴四年分青州置，延兴五年改为镇，景明元年复。　按：吕豹子为东莱镇将，后改镇为州，行光州事，是光州未复之时，为东莱镇也。

东牟郡，孝昌四年分东郡、陈留置，治雍丘。　“孝昌”以下十三字，当在“阳夏郡”下，误重出于此。

梁州，治大梁城。　大梁城即浚仪城也。

汝南郡。上蔡，州郡治。　上蔡城即悬瓠城也。

义阳郡，永安三年置郢州，天平四年罢州置。　此义阳非梁之司州，盖孝昌末，即梁大通二年。郢州刺史元愿达以义阳叛入于梁，乃侨立郢州及义阳郡于豫州界，即隋真阳县地。《隋志》“真阳县，旧置郢州，东魏废州置义阳郡”，即此。

新蔡郡，晋置，孝昌中陷，后复，治石母台。　按：《太平寰宇记》：“石母台在平舆县西北五十步。”

城阳郡，太和三年置，后罢，武定初复。　按：《韦珍传》“破崔慧景，拥降民七千余户内徙，表置城阳、刚陵、义阳三郡以处之”，即太和三年置城阳郡事也。刚陵、义阳二郡，当与城阳俱罢，故《志》不及之。天平四年所置之义阳，与韦珍表置之义阳非一地，故《志》不言复置也。

广陵郡，兴和中分东豫州置。　按：魏之东豫州，本治广陵城。孝昌三年,州没于梁,故兴和中别置广陵郡,以招抚流民。《志》云分东豫置,不知兴和之世,东豫已不属魏矣。

南阳平郡,治沛南界,后寄治彭城。 按:薛昙尚熙平二年除徐州谷阳戍主、行南阳平郡事,则谷阳为南阳平治所,即沛南界矣。《隋志》云"彭城郡之谷阳县,后齐置谷阳郡",此即旧南阳平郡所治。又云"彭城县,后周并沛及南阳平二郡入",则据后来寄治而言。

南兖州,正光中置,治谯城。 据《范绍传》,盖析徐、豫二州置。

陈留郡。小黄,刘裕置,魏因之,有曹腾墓、曹嵩墓、邓艾祠。 此陈留郡侨置于谯郡,故小黄有曹氏墓,浚仪有城父城,谷阳有老子庙,若梁州之陈留,则汉旧郡也。

马头郡,司马德宗置,魏因之。正光中陷,天平中复,治建平城。 按:汉沛郡有建平县,章怀太子云"建平故城在今亳州酂县西北,一名马头城",《后汉书·铫期传》注。即此马头郡也。魏时淮南、北皆有马头郡,此南兖州之马头,领蕲、己吾、下邑三县,在淮北;又楚州治钟离。亦有马头郡,领蕲、平预二县,在淮南,今怀远县西南有马头城是也。

胶州,永安二年置,治东武陵。 "陵"当是"城"字之讹。

南青州,治国城,显祖置为东徐州,太和二十二年改。 "国城",《通鉴》作"圂城",胡三省云:"圂城当在唐沂州沂水县界。圂,户困翻。"予按:《高间传》"以本官领东徐州刺史,与张谠对镇团城",《刘休宾传》亦云"东徐州刺史张谠所戍团城,领二郡",则"国城"当为"团城"之讹,或作"圂城",亦误。

北徐州,永安二年置。此州不言治所。 按:《隋志》"琅邪郡旧置北徐州",盖治琅邪之即丘矣。

东楚州,司马德宗置宿豫郡,高祖初立东徐州,后陷。世宗初改为镇,后陷。武定七年复,改为宿豫郡。 按:《隋志》"宿豫郡,后魏置南徐州,梁改为东徐州,东魏又改曰东楚州",与此《志》异。考皇兴元年,宿豫始入于魏。正始三年,梁将张惠绍拔宿豫,仍不能守。永平元年,成景俊杀宿豫戍主,以城降梁,自是不隶魏者,四十余年。及侯景之乱,始归东魏,乃有东楚州之名。

高平郡,治大徐城。 按:《杜颙传》"正光中,迁盱眙太守、带大徐戍主",疑即此大徐也。大徐城,隋为徐城县,今泗州地也。

朱沛，武定七年改萧衍朱沛、修仪、安丰三郡置。 修仪，《隋志》作"循仪"。

东豫州，太和十九年置，治广陵城，孝昌三年陷，武定八年复。按：广陵城今光州息县地。考《田益宗传》："太和十七年，奉表归款。十九年，拜都督光城、弋阳、汝南、新蔡、宋安五郡诸军事，南司州刺史。后以益宗既渡淮北，不可仍为司州，乃于新蔡立东豫州，以益宗为刺史。"是广陵城即新蔡地矣。梁大通元年，即魏孝昌三年。谯州刺史湛僧智围魏东豫州刺史元庆和于广陵，庆和举城降，以僧智领东豫州刺史。自是广陵属梁，又改为西豫州。太清元年，以北广陵为淮州，即此广陵也。又二年，有侯景之乱，而广陵又入于魏，此《志》所云"武定七年复"，正其时也。

义州，萧衍置，武定七年内属。 此州不言治所，亦无所领郡县。《隋志》"罗田县，梁置义州义城郡"，当即此。《通鉴》："梁普通二年，义州刺史文僧明拥所部降魏，魏以为西豫州刺史。"胡三省谓此义州当置于齐安郡木兰县界，盖以意度之，未及检《隋志》也。

汝阴、弋阳二郡，萧衍置双头郡。魏因之。 "双头郡"者，两郡同治，一人带两郡守也。此本汝阴郡地，又侨立弋阳郡，《宋志》所谓"帖治"。

北陈留、颍川二郡，萧衍为陈州，武定七年改置。 《隋志》"汝阴郡颍阳县，梁曰陈留，并置陈留郡及陈州，东魏废州"，即此陈州也。本双头郡，《隋志》止举陈留，而不及帖治之郡，他皆类此。

谯州，景明中置涡阳郡，孝昌中陷，武定七年复置州，治涡阳城。按：涡阳，隋为山桑县，今之蒙城县也。《隋志》云"后魏置涡州，梁改西徐州，东魏改谯州"，此《志》无置涡州之文。又孟表为萧鸾马头太守，太和十八年，据郡归诚，除南兖州刺史，领马头太守、镇涡阳，则太和中尝置南兖于涡阳，而《志》亦未之及也。

伊阳郡，武定二年置，治伏流城。后陷，寄治州城。 按：《隋志》"河南郡陆浑县，东魏置伊川郡，领南陆浑县。开皇初，废郡改县，曰伏流"，是伏流城即南陆浑县也。彼《志》云"伊川郡"，此云"伊阳"，未审孰是。州城不知所在，据《隋志》，陆浑县又有东魏北荆州，则州城距伏流当亦不远。

南司州，刘彧置司州，正始元年，改为郢州，孝昌三年陷，萧衍又改为司州，武定七年复，改置。　此宋、齐、梁之司州，魏正始初始得之，改为郢州，其后又入于梁。梁末丧乱，复为东魏所得，乃仍司州之名。邺中已有司州，故此加"南"字。若梁之南司州，治安陆，与此初不相涉。

齐安郡。保城，刘骏置，魏因之。　《宋志》作"宝城"。

鄳有石城山。　《汉》、《晋》、《宋志》皆作"鄳"。

钟离、陈留二郡。灌丘有郡阳城。　"郡阳"当是"邵阳"之讹。

汝阴郡，州治。　州治，即合肥城也。《宋志》南汝阴郡汝阴县所治，即二汉、晋合肥县。

南陈郡，州治。　此《志》以南陈郡为霍州治，而《隋志》于霍山县下云"梁置霍州及岳安郡岳安县"，岂南陈郡后亦并入霍山乎？

睢州，萧衍置潼州，武定元年平，改置，治取虑城。　"元年"，监本作"九年"。考武定纪元止于八年，则以为"九年"者，误矣。据下文淮阳、谷阳、睢南、临潼诸郡，俱云"六年置"，则睢州之置，亦当在六年。字形相涉，误为"元"尔。取虑城在今虹县北。

南定州，萧衍置，魏因之，治蒙笼城。　按：《南史·梁安成王秀传》"司州叛蛮田鲁生、鲁贤、超秀据蒙笼来降，武帝以鲁生为北司州刺史，鲁贤北豫州刺史，超秀定州刺史"，是梁时但称定州，至魏始加"南"字，以别于中山之定州也。今麻城县西有故蒙笼城。州所领郡五，而弋阳郡为州治。《隋志》于麻城县下云"陈置定州"，不知梁与东魏已有之，又不言曾立弋阳郡，皆其疏也。

西楚州，萧衍置，魏因之，治楚城。　按：《隋志》"汝南郡城阳县，后魏置城阳郡，梁置楚州，东魏置西楚州"，州盖以楚王城得名。今息县西有成阳废县，一名楚子城。《孝静纪》"天平三年，侯景攻克楚州，获刺史桓和"，即此州也。

仵城郡，萧衍置，魏因之。　《隋志》"城阳县有梁置伍城郡"，即此仵城也。"五"与"午"古字通。

西淮州，萧衍置，魏因之，治豫州界白狗堆。　按：《隋志》"真阳县又有白狗县，梁置淮州，后齐废州以置齐兴郡，郡寻废。开皇初，改县曰淮川"，即此淮州也。淮阴有淮州，故此加"西"字。州领淮川一郡、真阳、梁兴二县,而淮川为州治,故隋改县为淮川,而真阳名县,亦因乎此。

谯州,萧衍置,魏因之,治新昌城。　此淮南之谯州,所谓南谯州也。《隋志》"清流县旧曰顿丘,置新昌郡及南谯州。开皇初,改为滁州",即此。

临徐郡,治葛城。　"徐"当作"滁"。

梁郡,州治。　《宋志》:"南梁郡,睢阳县所治,即二汉、晋寿春县。"

淮州,萧衍置,魏因之,治淮阴城。　《隋志》"山阳县有后魏淮阴郡",即此。

仁州,萧衍置,魏因之,治赤坎城。　此州唯领临淮一郡,《志》以己吾县为州郡治,则己吾即赤坎城矣。《隋志》:"彭城郡之谷阳县旧有己吾、义城二县,后齐并以为临淮县。"然则梁所治仁州,即隋谷阳县也。《太平寰宇记》:"赤坎故城在虹县西南一百九十五里,梁天监八年,置赤坎戍,大同二年,废戍置仁州。"

光州,萧衍置,魏因之,治光城。　此《志》州名相同者,有两光州:一治掞城,一治光城;有两秦州:一治上封,一治蒲坂,辩见后。有两谯州:一治涡阳,一治新昌;有两义州:一寄治汲郡,一不言治所;有两洛州:一治洛阳,一治上洛;有两梁州:一治大梁,一治南郑;有两南郢州:一治赤石关,一领北遂安、冯翊、江夏等郡,不言治所。

南朔州,萧衍置,魏因之,治齐坂城。　此州未审所在,州领梁、新蔡、边城、义阳、新城、黄川六郡。考《隋志》光山县有旧黄川郡,盖即朔州所领之黄川矣。梁无北朔州,此"南"字魏所加。

南建州,萧衍置,魏因之,治高平城。　按:《隋志》"殷城县,梁置义城郡及建州并所领平高、当作"高平"。新蔡、新城三郡",即此南建州也。梁时本称建州,"南"字盖东魏所加,以别于高都之建州也。据此《志》,新城郡乃南朔州所领,不隶于南建,盖《隋志》之误,然即此可证朔、建二州相距不远也。

南郢州,萧衍置,魏因之,治赤石关。　按:州所领有定城、边城、光城三郡。《隋志》:"定城县,后齐置南郢州。"武定八年,即齐天保元年,故《隋志》以为后齐置。据此《志》,则南郢之名,实始于梁也。

沙州,萧衍置,魏因之,治白沙关城。 此州未审所在。今光山县西南有白沙关,与麻城县界,疑即梁所置沙州也。《隋志》麻城县有建宁郡,盖即沙州所领之建宁郡。《萧衍传》:景明四年,衍将吴子阳寇白沙,中山王英大破之。

北江州,萧衍置,魏因之,治鹿城关。湘州,萧衍置,魏因之,治大治关城。 按:《隋志》:"木兰县,梁置梁安郡,又有永安、义阳二郡,后齐置湘州,后改为北江州。"则湘与北江即一州而更名。据此《志》,北江州领义阳、齐昌、新昌、梁安、光城、齐兴六郡,而义阳之义阳县为州郡治;湘州领安蛮、梁宁、永安三郡,而安蛮之新化县为州郡治,则明系两州,不可混而为一。盖梁时本是二州,魏末因梁旧,亦分湘、北江为二。迨后齐并省州郡,以北江入湘,又移北江之名于湘尔。

汴州,萧衍置,魏因之,治汴城。 此州未审所在。州领沛、汲古阁本作"汴"。临淮二郡,沛郡领萧、颍川、相三县。考《隋志》:"梁郡虞城县,后魏曰萧,后齐废。又后魏置沛郡,后齐废。"疑即梁时所置汴州也。

魏书三

地形志下

雍州。 此卷所载三十三州,皆西魏疆域,不在东魏版图之内,故皆无户口实数。

京兆郡,山北。 此县姚兴所置,见《太平寰宇记》。

阴槃,二汉属安定,晋属。 《寰宇记》"昭应县东十二里故城,即汉新丰县,后汉灵帝末,移安定郡阴槃寄理于此",则京兆之阴槃,与安定之阴槃非一地。

咸阳郡。 《寰宇记》:"苻坚于今县东北长陵城置咸阳郡,后魏太和二十年,移咸阳郡于泾水北,今泾阳县也。"

南岐州。 《志》不言所治,以《隋志》考之,当治固道郡之梁泉县。永熙中,有南岐州刺史卢侍伯;武定中,有南岐州刺史尧难宗。

广业郡。 按:南岐州领三郡,《志》唯于固道郡云"延兴四年置",余皆阙之。考《皮豹子传》"子喜,高祖初,拜都督秦雍荆梁益五州诸军事、仇池镇将,酋帅强奴子等各率户归附,于是置广业、固道二郡以居之",则广业郡亦延兴中置矣。

槃头郡。 《隋志》作"盘头"。

洛聚郡。 《隋志》作"落丛"。

益州,正始中置。 按:魏未得蜀地,置益州于晋寿,所谓"小益州"也。

巴州,郡县阙。 此州不载所治及建立之年。按:正始二年,邢峦请于巴西立巴州,事未及行,其后竟以严始欣为巴州刺史,盖在正始、永平之间。

梁州,萧衍梁、秦二州,正始初改置。 宋、齐以后,梁、秦二州刺史常以一人领之,以南郑为治所。正始二年,梁将夏侯道迁据南郑入魏,魏始立梁州,其治所盖仍在南郑也。

南梁州,郡县阙。 此州不载所治及建立之年。考《通鉴》:"梁中大通元年,即魏永安元年。魏子建奏以隆城镇为南梁州。"胡三省以为即阆中城,未知然否。

东梁州。 此州亦不载建立之年。据《淳于诞传》及《寰宇记》,盖置于孝昌三年,其治所当在安康也。

随平郡。 《隋志》作"赵平"。

鹑觚,前汉属山城。 "觚"当作"觚","山城"当作"北地"。

河州。有伏乾。 诸本"乾"下阙二字。按:乞伏国仁尝自称河州牧,当云"乞伏乾归置","有"盖"乞"之讹。

渭州。 《志》失书置州之年,《前废帝纪》有渭州刺史侯莫陈悦,其治所当在陇西襄武县。

南安阳郡。 此"阳"字疑衍,《隋志》:"陇西县旧曰内陶,即中陶。置南安郡。"

高平郡,领县二,高平、里亭。 按:《隋志》:"平高县,后魏置太平郡,后改为平高。"《周书》:"李穆除原州刺史,又以贤子为平高郡守,远子为平高县令,叔侄三人皆牧宰乡里。"然则此郡县名皆当为"平高",而上文"原州治高平城",亦当为"平高"也。

鄯州,郡县阙。 鄯州即旧西平郡。孝庄时有鄯州刺史侯莫陈悦。

瓜州,郡县阙。 瓜州即故敦煌地。《孝庄纪》有瓜州刺史元太荣,又高昌王世子光亦为瓜州刺史。

华州,太和十一年分秦州之华山、澄城、白水置。 刊本"华山"作"山山",误。 此州不言治所,以《安定王燮传》考之,盖初治李润堡,世宗时移治古冯翊城也。

秦州。 此秦州不言治所,以《水经注》考之,盖治蒲坂也。考《志》中州名相同者,多加东、西、南、北以别之。太和改洛为司,因以上洛为洛,天平以大梁为梁,其时南郑之梁已失,非同时有两洛州、两梁州也。惟光、义、谯、南郢系武定新附之州,沿萧梁旧名,未及更正,故有重复耳。独两秦州并置者六十余年,何以不议改易?且延和元年改雍州为秦州，其时赫连定甫平，秦州初入版图，岂有复置秦州之理？予积疑者数载，后读《食货志》称"并、肆、汾、建、晋、泰、陕、东雍、南汾九州"，《灵征志》"天平四年，泰州井溢"，"太和二年，泰州献五色狗"，《薛辩传》"赠都督冀、定、泰三州诸军事"，汲古阁本。"泰"作"大"。《出帝纪》"泰州刺史万俟普拨"，又《齐书·莫多娄贷文传》"仍为汾、陕、东雍、晋、泰五州大都督"，《周书·薛端传》"高祖谨泰州刺史"，《侯植传》"父欣，泰州刺史"，史言"泰州"者多矣，而《地形志》无之，乃悟蒲坂之"秦州"，当为"泰州"之讹，字形相涉，读史者不能是正，非一日矣。

陕州，太和十一年置，治陕城，八年罢。 当云"十八年罢"，盖迁洛之后，以畿内罢州也。

恒农郡。北陕，后汉、晋曰陕，有曲沃城。 此非桓叔始封之曲沃。《水经注》云："《春秋》文公十三年，晋侯使詹嘉守桃林之塞，处此以备秦，时以曲沃之官守之。"故曲沃之名，遂为积久之传矣。

洛州，太延五年置荆州，太和十一年改。 当作"太和十八年"，字误。

荆州，太和中治穰城。 按：上卷鲁阳郡云"太和十八年，改为荆州，二十二年罢置"，然则太和十八年以前，荆州仍治上洛。及迁都洛阳，移洛州于上洛，而荆州徙治鲁阳。二十二年，克南阳，始迁荆州于穰城，则在太和末年矣。此云"太和中治穰城"，尚脱改治鲁阳一节，合前后文考之，方得其实。

襄城郡。方城，有赭阳城。 按：襄州之襄城郡云"萧道成置，魏因之，治赭阳城"，其所领方城、郏城、伏城、舞阴、翼阳、赭城六县，亦与此同，疑孝昌中析荆州置襄州，其实一地也。

北清郡。 "清"当作"淯"。《肃宗纪》："北淯悬危，南阳告急。"《杨大眼传》："出为荆州刺史，北淯郡尝有虎害，大眼搏而获之。"

恒农郡。国。 "国"当作"圉"，字之讹也。《宋志》："雍州之恒农郡，寄治五垄，领邯郸、圉、卢氏三县。"

襄州，孝昌中置。 按：《隋志》："颍川郡之叶县，后齐置襄州。"据此《志》，则襄州之置，不始于后齐矣。州治赭阳城，今裕州地。

南安郡，太和十三年置郢州，十八年改为南中府，天平初罢府置，后陷。 按：《隋志》，叶县有东魏置定南郡。据此《志》，则东魏所置，本名南安郡,领南安、南舞、叶、南定四县,初无定南郡也。二《志》未审谁是。魏收仕于东魏,其述东魏郡县,当得其实。南安县,一本作"安南"。

南襄州。 此《志》不言治所。《隋志》"舂陵郡之湖阳县,后魏置西淮安郡及南襄州",当即此。唐并湖阳入枣阳。

西淮郡。 《隋志》作"西淮安郡"。

南广州。 按:《隋志》不见南广州之名。《孝庄纪》有南广州刺史郑先护。《周本纪》:"魏废帝三年,改南广为淯州。"

郢州。 按:魏以梁之司州即义阳。为郢州,此州盖孝昌中义阳沦没之后侨置者。《隋志》"真阳县旧置郢州,东魏废州置义阳郡",即此郢州也。县又有后魏安阳县,即此州所领之安阳郡也。

南郢州。 此州未详何年建立。考韦朏为荆、郢和稟大使、南郢州刺史,在肃宗朝;而孝武时有南郢州刺史史宁;西魏有南郢州刺史耿令贵、韦瑱。此州之置,当在正光、孝昌以前矣。《周本纪》魏废帝三年,改南郢为归州,周武帝天和二年,省归州入唐州,其地当在今随州西北。

江夏郡,领县二:屈阳、郢阳。 按:《隋志》"淮安郡慈丘县,后魏曰江夏,并置江夏郡",盖即南郢州之江夏郡也。

永安郡。 按:南郢州所领十二郡,今刊本残阙,失其二。又有两永安郡,所领县各不同,而不加东、西、南、北以别之。六朝郡县侨置,虽多重复,然一州领郡若干,未有同名者,独南广州有两襄城,与此两永安,皆可疑也。

淅州。 按:《隋志》"淅阳郡,西魏置淅州",即此,后人加水旁耳。据此《志》,则后魏已有之,不始于西魏矣。西魏所置州郡,非魏收《史》所当书也。考《周书·泉企传》"以破萧宝寅功,迁左将军、淅州刺史",则淅州之置,当在永安初矣。

修阳郡。 按:孝武帝名修,而此有修阳郡修阳县,盖此州及所领郡县,皆置于孝武以前。魏收仕于东魏,以孝武播迁失国,不以君礼待之,故不为讳也。《宋志》"顺阳郡,《永初郡国》有朝阳、武当、酂、阴、泛阳、筑、析、修阳八县",则修阳郡盖析顺阳置也。《水经注》,淅水径修阳县故城北,县即淅之北乡也。

析阳郡。 按:《北史·韦孝宽传》:"普泰中,从荆州刺史源子恭镇穰城,以功除淅阳郡守,时独孤信为新野郡守,同隶荆州。"是普泰之世,析阳又隶荆州,盖魏末分争,州郡之隶属无常,史家不能悉纪也。

律历志上

世祖平凉土,得赵厥所修《玄始历》,后谓为密,以代《景初》。按:魏收《志》不载《玄始术》,唐一行《大衍议》言《玄始术》气分二千四百四十三,又言《玄始术》因刘洪《纪法》,增十一年,以为章岁,而减闰余十九分之七,然则《玄始术》章岁六百、章闰二百廿一、章月七千四百二十一也。

岁中十三,年一十二次。　当云"岁中十二,一年一十二次",误并"二"、"一"为"三"字。

推合又交会月蚀去交度。　按:《正光术》凡七篇,《推月朔术》第一,《推二十四气术》第二,《推合朔入历迟疾盈缩》第四,《推日月合朔弦望度术》第五,《推五行没灭易卦气候上朔术》第六,《推五星六通术》第七,独不见第三,盖"推合朔交会去交度"以下本别为一篇,当云"推交会术第三",列于此行之前,转写遗脱尔。

加法得一为少。　"加"当作"如"。

以定并少为半疆。　"定"当作"之"。

礼志二

淹中之经,孔安所得,唯有卿大夫士馈食之篇。而天子诸侯享庙之祭、禘祫之礼尽亡。　按:《汉·艺文志》云:"《礼古经》者,出于鲁淹中及孔氏,与十七篇文相似,多三十九篇。及《明堂阴阳》、《王史氏记》所见,多天子诸侯卿大夫之制,虽不能备,犹愈仓等推《士礼》而致于天子之说。"盖《礼古经》本五十六篇,较之高堂生所传十七篇,实多三十九篇。今孙惠蔚谓"孔氏所得,唯有卿大夫士馈食之篇",则误以高堂生所传十七篇为孔安国所得矣。六朝文词唯取偶俪,往往割截名字以足句,此称孔安国为"孔安",亦其类也。

礼志四

传重者主宗庙,非谓庶人祭于寝也。兼累世承嫡,方得为嫡子嫡孙耳。不尔者,不得继祖也。　按:嫡孙持重之服,主有宗庙者而言。刘芳之议,自不可易。今庶人无爵,而以孙上陵诸父,非《礼》意也。

惟周之士,不显奕世。　此许叔重所引,"奕"字较"亦"义为长。

乐志

汤武所以。　此下阙一叶。

食货志

其司、冀、雍、华、定、相、秦、洛、豫、怀、兖、陕、徐、青、齐、济、南豫、东兖、东徐十九州。　此时司州治平城,洛州治洛阳,豫州治虎牢,则悬瓠为南豫矣。兖州治滑台,则瑕丘为东兖矣。东徐州即南青州。穆亮都督豫、洛、南北豫、徐、兖六州诸军事,谓虎牢与悬瓠也。

幽、平、并、肆、岐、泾、荆、凉、梁、汾、秦、安、营、幽、夏、光、郢、东秦。　此时荆州治上洛,东秦州治杏城,即北华州。梁州盖治洛谷。郢州未详所治,《地形志》"南安郡,太和十三年置郢州,十八年改为南中府"者是也,其地当在今叶县。

司州万年、雁门、上谷、灵丘、广宁、平凉郡。　魏初都平城,置司州,其所领郡县,魏收《志》皆阙而不书。今据此《志》,知万年等六郡当时皆隶司州,又皇兴中,置平齐郡于平城西北,当亦隶司州也。

怀州邵郡上郡之长平、白水县。　按:《地形志》:"皇兴四年,置邵上郡,太和中并河内,孝昌中改邵郡。"此文当云"邵上郡",误多一"郡"字。长平,《地形志》作"苌平"。邵上郡本属怀州,《地形志》亦未载。

青州北海郡之胶东县,平昌郡之东武、平昌县,高密郡之昌安、高密、夷安、黔陬县。　按:《地形志》,平昌、高密二郡皆属胶州,胶州置于永安二年。太和之世,尚未立胶州也。《地形志》,东武、平昌二县属高密郡,昌安属平昌郡,与此《志》亦异。

秦州河东之蒲坂、汾阴县。　按:《地形志》汾阴属北乡郡,不属河东。

北地郡之三原、云阳、铜官、宜君县。　按:《地形志》,北地郡无三原县。

徐州北济郡之离狐、丰县,东海郡之赣榆、襄贲县。　当作"北济阴郡",《志》脱"阴"字。《地形志》:东海郡属海州,襄贲别属海西郡,亦隶海州。

灵征志上

桓州刺史穆泰等。 "桓"当作"恒"。

司州之河北、河东、正平、平阳。 按:孝文迁洛,以洛阳为司州,其所领郡县,不载于《地形志》。今据此《志》,州所领有河南、河北、河东、正平、平阳、颍川、汲、恒农、荥阳。

永平三年,南秦州广业、仇池郡大风。 按:《地形志》,南秦州无广业郡,南岐、东益二州皆有之。

太和三年,雍、朔二州大霜。 按:《地形志》:"朔州本秦五原郡,延和二年置为镇,后改为怀朔,孝昌中改为州。"是太和以前未有朔州,而此《志》太和中屡见朔州,盖即云州也。《地形志》:"云州,旧置朔州。"

太和八年,冀、州、相三州蚼蛈害稼。 "冀州"之"州"字误。

灵征志下

景明三年,秦州上言,南稻、新兴二县木连理各一。 按:《地形志》未见此二县。

释老志

有仙人成公兴,不知何许人。 按:殷绍《上四序堪舆表》云:"臣以姚氏之世,行学伊川,遇游遁大儒成公兴,从学《九章算术》。兴字广明,自云胶东人也。"盖即其人。

目录序

故房延祐、辛元植、睦仲、刁柔、裴昂之、高孝幹皆不工纂述。 按:《序传》及收《上十志启》俱无睦仲名。①

其书亡逸不完者,无虑三十卷。 今据刊本目录,阙者:本纪第三、《明元帝》。第十二,《孝静帝》。列传第一、《后妃》。第二、《神元平文子孙》。第三、《昭成子孙》。第五、《明元六王》。第六、《太武五王》。第七上、

《景穆十二王》上。第八、《文成五王》。第十、《孝文五王》。第十三、《长孙嵩》等。第廿二、《王洛儿》等。第六十九、《綦儁》等。第七十、《李琰之》等。第七十一上、《外戚》。第七十一下、《外戚》。第七十三、《文苑》。第七十四、《孝感》。第七十五、《节义》。第七十七、《酷吏》。第八十九、《氐》、《羌》等。第九十、《西域》。第九十一、《蠕蠕》等。第九十二,《序传》。志第三、《天象》三。第四,《天象》四。凡二十六卷。不全者:列传第七十二、《儒林》。第七十九、《艺术》。第八十,《列女》。凡三卷。

臣敳、臣恕、臣焘、臣祖禹谨序目录。 臣敳者,刘敳也。臣恕者,刘恕也。臣祖禹者,范祖禹也。二刘与范皆长于史学,故引书考证校它史为精审。

校勘记

① "睦仲",据《北齐书·魏收传》当作"眭仲让"。

廿二史考异卷三十一

北齐书

神武帝纪

齐高祖神武皇帝。 按:李百药《北齐书》,本纪八篇,列传四十二篇,共五十卷。今据世所传本审正之,惟本纪第四、《文宣帝》。列传第五、《赵郡王琛》等。第八、《段荣》。第九、《斛律金》。第十、《孙腾》等。第十一、《贺拔允》等。第十二、《张琼》等。第十三、《高乾》、《封隆之》。第十四、《李元忠》等。第十五、《魏兰根》、《崔悛》。第十六、《孙搴》等。第十七、《张纂》等。第卅三、《暴显》等。第卅四、《阳斐》等。第卅五、《李稚廉》等。第卅六、《儒林传》。第卅七、《文苑传》。第四十二,《恩幸传》。凡十八篇,系百药元本,其余大抵取《北史》补足之。其列传第十八、《薛琡》等。第十九、《万俟普》等。第廿一、《李浑》等。第廿二、《崔暹》等。第卅二,《尉瑾》等。文与《北史》异,而无论赞。第卅八、《循吏传》。第卅九、《酷吏传》。第四十、《外戚传》。第四十一,《方伎传》。亦与《北史》异,而有序无赞,似经后人删改。或百药书亡,而以《高氏小史》补之乎? 凡纪、传中有史臣论,有赞,及称高祖、世宗、显祖、肃宗、世祖庙号者,皆李《史》之旧文,其称神武、文襄、文宣、孝昭、武成者,则《北史》之文。晁公武谓百药避唐朝名讳,不书世祖、世宗之类,不知承规修史,在贞观初,其时"世"字并不回避,李勣之名,至高宗朝始去"世"字。《梁》、《陈》、《周书》皆不避"世祖"、"世宗"字,承规与思廉、德棻同时,何独异其例乎? 盖嘉祐校刊诸史之时,此书久已残阙,而杂采它书以补之,卷首《神武纪》,即是《北史》之文。晁氏不加详审,遽以为例有不一,其实非也。以史例言之,"高祖"上不当系以"齐"字,此亦沿《北史》之文,而未及芟削者。监本卷首无"齐"字。

镇将辽西段长常奇神武貌,谓曰:"君有康济才,终不徒然。"便以

子孙为托。　　按：段长、庞苍鹰二事，《齐书》在《蔡儁传》，《北史》移入《神武纪》。

文襄帝纪

臣等详《文襄纪》，其首与《北史》同，而末多出于东魏《孝静纪》；其间与侯景往复书，见《梁书·景传》；其所序列，尤无伦次。盖杂取之以成此书，非正史也。　　此宋嘉祐校刊诸臣所记。南监本本纪第五、第七，列传第二、第四、第六、第七、第廿五、第廿六、第廿七卷末，俱云："此卷与《北史》同。"又列传第二十卷末云："此卷牵合《北史》而成。"第廿一卷末云："此卷虽非《北史》，而无论赞，疑尚非正史。"第廿九卷末云："此传与《北史》同，但不序世家，又无论赞，疑非正史。"汲古阁本皆无之，或明人校刊者所题也。百药修史在唐贞观初，乃南监本每卷首题云"隋太子通事舍人李百药撰"，明人之无学如此。

文宣帝纪

乾明元年二月丙申，葬于武宁陵，谥曰文宣皇帝，庙号威宗。武平初，又改为文宣，庙号显祖。　　按：乾明初，上谥号曰"高祖文宣皇帝"，天统元年，改谥"景烈皇帝"，庙号"威宗"，武平元年，复改"显祖文宣皇帝"。此《纪》有脱文。

论曰。　　按：百药史论，皆称"史臣曰"，其称"论曰"者，皆《北史》之文也。《齐史》八纪已亡其七，惟此篇犹是百药之旧，而论不著"史臣"，盖校书者依前后篇之例改之。

孝昭帝纪

孝昭皇帝。　　此篇亦《北史》之文。本纪例书庙号于篇首，而《孝昭纪》不书肃宗，"肃"字亦无回避，未审其故。

皇建元年，诏以故太师尉景、故太师窦泰、故太师太原王娄昭、故太宰章武王库狄干、故太尉段荣、故太师万俟普、故司徒蔡儁、故太师高乾、故司徒莫多娄贷文、故太保刘贵、故太保封祖裔、故广州刺史王怀十三人配飨太祖庙庭；故太师清河王岳、故太宰安德王韩轨、故太宰扶风王可朱浑道元、故太师高昂、故大司马刘丰、故太师万俟受洛干、故太尉慕容绍宗七人配飨世宗庙庭；故太尉河东王潘相乐、故司空薛修义、故太傅破六韩常三人配飨显祖庙庭。　是时以文宣为高祖，此"显祖"当为"高祖"之误。《清河王岳传》云配飨高祖，此云配世宗，当是《传》误。《蔡儁传》云赠司空，此云司徒，未知孰是。封祖裔即隆之也。万俟普、普子受洛干、高乾、乾弟昂、封隆之、刘丰、潘乐、薛循义、破六韩常诸《传》俱失书配飨事。

后主纪

武平四年，杀侍中崔季舒、张雕虎。　《儒林传》称"张雕"，盖避唐庙讳，此"虎"字后人所加，或本是"武"字也。《北史·儒林传》作"张雕武"，汲古阁本"虎"作"唐"，尤误。

郑文贞公魏征总而论之曰。　百药《书》当依《梁》、《陈史》之例，称"史臣侍中郑国公魏征"，此卷本据《北史》，《北史》成于高宗朝，故称其谥。

文襄六王传

河南康舒王孝瑜。　"康舒"，《北史》作"康献"。

赵郡王叡传

孝昭临崩。　百药《书》例称诸帝庙号，此称"孝昭"，亦后人所改。

库狄干传

子士文嗣。　按：士文，隋之酷吏。《隋史》已为立传，不应阑入《齐书》，盖后人以《库狄干传》亡，取《北史》补之，而不知限断之例，遂并《士文传》牵连入之。昔人云："作奏虽工，宜去葛龚。"校书之无学，其谬累至于如此。

斛律金传

留金守信都，领恒、云、燕、朔、显六州大都督。　此六州即神武所领六镇兵。《赵郡王琛传》所云"六州大都督"、"六州九酋长大都督"，《孙腾传》"六州流民大都督"，皆此六州也。但六州之名，尚少其一，史有脱文,盖脱"蔚州"也。

高祖使金统刘丰、大汗步薛等。 "大汗步𦬑"即"步大汗萨"也。"步"、"大"二字慎倒转写之讹。"菩萨"字本于释氏书,"萨"字不知所从,盖即"𦬑"字声转,为桑割切。六朝唐人碑刻,"萨"旁无从"产"者,而"𦬑"亦或书为"薛",可证"𦬑"、"萨"本一字。唐玄应《一切经音义》云:"菩萨,本或作扶薛。"此《传》"步大汗萨"亦作"𦬑",此古字之仅存者。监本改为"萨",于文虽画一,而古字日亡矣。列传有𦬑孤延,亦代人,复姓𦬑孤,唐初人有萨孤吴仁。萨孤、𦬑孤疑即一族。

诏金第二子丰乐。 丰乐本名羡,而诏称其字,当时风俗敦朴,不以称字为嫌也。《齐书》多称人字,如万俟受洛干、_{洛。}可朱浑道元、_{元。}高乾邕、_{乾。}高敖曹、_{昂。}杨遵彦、_{愔。}封祖裔、_{隆之。}高仲密、_{慎。}邢子才、_{邵。}段孝先、_{韶。}王元景、_{昕。}祖孝征、_{珽。}源文宗、_{彪。}李宝鼎、_{铉。}苏珍之_{琼。}之类,皆上下通称,故史家因之。

斛律光传

庸国公可叱雄等。 《北史·王雄传》:"赐姓可频氏。"

贺拔允传

与弟岳,杀贼帅卫可肱。 《北史》作"卫可瑰","瑰"、"肱"声相近。《高阿那肱传》虽作"肱"字,世人皆称为"瑰"音,此其证也。

库狄盛传

割并州之石艾县、肆州之平寇县、原州之马邑县各数十户。 按:《魏》、《隋》二《志》所载原州,后为平凉郡,与马邑相距甚远。《魏志》无马邑县,《隋志》有马邑郡,而无马邑县。

张保洛传

牒舍乐,武成初开府仪同三司、营州刺史,封汉中郡公,战殁关中。 "武成"疑是"武威"之讹。此段附出诸臣,各著里居,不应舍乐独殊其例。当云"武威人",而其下尚有脱文尔。此传既附见舍乐事,而《慕容俨传》末叙尔朱将帅归顺立功者,又有武威牒舍乐名,云:"牒舍乐少从尔朱荣，为军主统军、后西河领民都督。尔朱兆败，率众归高祖，拜镇西将军、金紫光禄大夫，以都督隶侯景。破贺拔胜于穰城，又与诸将讨平青、兖、荆三州，拜镇西将军、营州刺史。天保初，封汉中郡公，后因战，没于关中。"史之重复不检照如此。

尧雄传

白苟堆，梁之北面重镇。 梁置西淮州于白苟堆，今正阳县地，淮阴为淮州治所，故此加"西"。

扬州刺史育宝。 《北史》本传作"是宝"，《宇文贵传》作"是云宝"，"云"、"育"声相近。

王则传

天平初，行荆州事、都督三荆、二襄、南雍六州军事。 按：魏收《志》荆州之外，惟有北荆州，而北荆置于武定二年，则天平初未有也。此"三荆"盖指南荆、东荆，并荆州为三。《隋志》："春陵郡，后魏置南荆州，西魏改为昌州。淮安郡，后魏置东荆州，西魏改为淮州。"《贺拔胜》、《独孤信传》所称"三荆"，皆指此。"二襄"谓襄及南襄也。南雍之名，《魏志》亦不载，《隋志》"春陵郡之蔡阳县，梁置蔡阳县，后魏置南雍州"是也。

慕容绍宗传

梁武帝遣其兄子贞阳侯渊明等。 当云"贞阳侯明"，后人加"渊"字。

士肃弟建中，袭绍宗爵。 建中，《北史》作"三藏"，"三藏"盖建中小字，入周、隋后，以小字行尔。

薛循义传

薛循义。 《北史》作"修义"，《孝昭纪》亦作"修义"。魏、齐碑刻，人旁字多从"亻"旁，故"修"、"循"二文多相混。

天平初，除卫将军、南中郎将、带汲郡太守、顿丘淮阳东郡黎阳五郡都督。 淮阳与汲郡回远，恐是"濮阳"之讹。《北史·孝静纪》："天平元年,初置四中郎将,于礓石桥置东中,蒲泉置西中,济北置南中,洛水置北中。"魏收《志》惟云"魏郡贵乡县有东中郎将治",余皆失书。

步大汗萨传

大安狄那人也。 《北史》作"代郡西部人",大安、神武、广宁皆六镇改州所置之郡,统言之,则为代人,大率皆鲜卑也。

慕容俨传

西荆州为梁将曹义宗所围。 魏时荆州治穰城,对东荆而言,故曰"西荆"。

时北育太守宋带剑谋叛。 "北育"盖荆州属郡,《魏志》荆州领郡八,有北清,而无北育,盖传写之讹,当为"北淯"也。此传"淯"去"水"旁。

高乾传

徙居河、济之间,魏因置东冀州。 按:《魏志》不见东冀州之名。
长子继叔,袭祖洛城县侯。 按:乾父翼封乐城县侯,此称"洛城",前后互异。河间有乐城县,疑即翼所封。

高季式传

老,字安德,屌人。 安德,郡名,非老之字。盖校书者妄加"字"耳。

封隆之传

隆之弟子孝琬,父祖曹。 按:《北史》:"孝琬父兴之,字祖胄。"以隆之字祖裔推之,当以"胄"为正,《传》失书其名尔。

李元忠传

分广平易阳、襄国、南赵郡之中丘三县为易阳郡。 此事在永安中,魏收《志》失载。

卢文伟传

以功授仪同三司、扬州刺史，镇宜阳。　"扬"当作"阳"。

陈元康传

天保元年，修起居注。　"天保"当是"天平"之讹。

杜弼传

窃唯《道》、《德》二《经》，阐明幽极。　按：老子《道德》五千言，河上公、王弼注本，皆以上篇为《道经》，下篇为《德经》。予家藏唐人石刻景龙二年本、开元御注本，皆分《道经》、《德经》为二。后魏杜弼注《老子》，上表亦称"《道》、《德》二《经》"，贾公彦《周礼疏》，亦引《道经》、《德经》云云，可证唐以前本，皆有《道经》、《德经》之分也。

徐远传

刺史陆士茂诈杀室韦八百余人。　汲古阁本"室"作"失"。

王纮传

乾明元年，昭帝作相。　《齐书》例称孝昭为肃宗。此称"昭帝"，亦后人妄改。

平鉴传

即启授征西怀州刺史。　"征西"下当有脱文。

韦子粲传

谐与粲俱入国，粲富贵之后，遂特弃道谐。　"道谐"、"子粲"皆二名，不当单举一字，且与上下文例不一。盖传写脱落也。

元坦传

齐天保初。　此系《齐史》，不当著"齐"字，此卷屡见"齐"字，盖后人采《北史》以补《齐书》之阙，偶未芟削尔。

元弼字辅宗，魏司空之子。 弼乃晖业之父，终于魏朝，不当阑入《齐史》，更不当列于晖业之后。此由校书之人无学，徒知持撦《北史》，而不顾先后之倒置也。又考《北史》，弼字邕明，不字辅宗，其父郁亦未为司空，或诸元别有仕齐名弼者，而后人妄牵合之。

元韶传

元韶字世胄。 当云"彭城王勰之孙"。

赞曰：元氏蕃炽，凭兹庆灵，道随终运，命偶淫刑。 此卷惟存赞语十六字，传文与论俱亡，后人以《北史》补之。

李绘传

未几，遂通《急就章》。 汲古阁本脱去三百余字，误以《高隆之传》文儳入。又《文宣纪》末亦脱去一叶，词意不属，当从监本。

李玙传

子诠、韫、诵。 按：《北史·叙传》："玙子诠，诠弟谧，谧弟诵，诵弟世韫；诠字世良，谧字世安，诵字世业。"则世韫当亦以字行者。《传》失载谧一人，又以韫为诵兄，皆不若《北史》之可信。《传》载韫与陆令萱女弟私通，得授太子舍人，诵以女妻穆提婆子，超迁临漳令，《北史》皆没而不书，非实录也。

高德政传

汝兄如虎。 此"虎"字后人追改。

王昕传

邢邵后见世宗。 此传称庙号，或是《齐书》元文。弟《晞传》则全是《北史》，亦无论赞。

王琳传

乃遣使奉表诣齐。 此篇乃后人取《南史》足成，故多外齐之词。

萧明传

封须阳侯。　"须"当作"湏",即贞阳也。《北史》无《萧明传》,此篇当是百药元文,自萧祇以下,皆以《北史》补入。

裴让之传

裴让之字士礼。　按:《裴让之》、《张宴之》、《陆卬》、《王松年》、《辛术传》皆不著本贯郡县,盖校书者但知写《北史》以补足卷数,而不及检其先世郡望,几于智昏菽麦矣。

邢邵传

灵太后令曰。　按:太昌之世,灵太后死已久矣。此《传》本出于《北史》,而《北史》文亦脱落,误以《李崇传》杂入,其实子才初无请立明堂事也。

祖珽传

范阳遒人也。　"遒"当作"逎",汲古阁本作"狄道",尤误。

暴显传

遣与步汗萨、慕容俨等。　步汗萨即步大汗萨也。
与梁泰州刺史严超达。　"泰"当作"秦"。
从摄口入江。　"摄"当作"濄"。

卢叔武传

卢叔武。　《北史》作"叔彪",唐人讳"虎",史家多改为"武",亦有作"彪"者,此人盖名"叔虎"也。

袁聿修传

出除信州刺史,即其本乡也。　按:《隋志》:"淮阳郡项城县,东魏置扬州及丹杨郡,梁改曰殷州,东魏又改北扬州,后齐改信州。"聿修,陈郡人,故称本乡。

未曾受升酒之馈。 "升"当作"升",即"斗"字。

李稚廉传

除济阴郡守,带西兖州刺史。 西兖州治济阴郡。

儒林传

齐时儒士,罕传《尚书》之业,徐遵明兼通之。遵明受业于屯留王
总,传授浮阳李周仁及渤海张文敬及李铉、权会,并郑康成所注,非古
文也。下里诸生,略不见孔氏注解。 按:魏、晋以后,经学莫盛于北
方,郑康成《易》、《书》、《诗》、《三礼》,惟河北诸儒笃信而固守之。小王
之《易》,伪孔之《尚书》,虽风行江左,不能传于河朔;《春秋》亦宗服子
慎,故当时有"宁道周孔误,讳言郑服非"之谚。见《唐书·元行冲传》。隋
世河间、信都二刘,兼通南北学,唐初诸儒,多出二刘之门,由是撰定
《正义》,以王《易》、孔《书》、杜《春秋》列诸学官,而郑、服之义亡矣。

文苑传

樊逊。未若龙驾虎服。 此"虎"字后人追改,下文"雕兽画龙"之
"兽",亦本"虎"也,校书者又不能改。

颜之推。非社稷之能卫。 此下脱一句,监本有小字注"童汪锜"
三字。

昵狄牙而乱起。 狄牙即易牙。

实未改于弦望,遂□□□□□,及都□而升降。 诸本俱阙六字。

次曰敏楚。 "敏"当作"愍",即"愍"字。之推又有子名游秦,盖
入周后所生。

睦豫。 《广韵》"睦"字下不云"又姓"。它书亦未见睦姓者,然诸
本皆从"目"旁。

酷吏传

邴珍。从高祖起义。 此《传》称"高祖",不称"神武",疑百药
《书》止存《序》及《邴珍》一篇,宋游道以下,取《北史》补之。

廿二史考异卷三十二

周　书

文帝纪下

魏废帝三年正月,改北华为鄜州。　《隋书》"鄜"作"敷"。

南夏为长州。　《隋志》,朔方郡长泽县有后魏大安郡,及置长州;不云尝为南夏州,《志》之漏也。

北梁为静州。　此州未详所在。

阳都为汾州。　此语未详。魏之汾州,本治西河,其地不属西魏。据《隋志》,则文城、今吉州。龙泉今隰州。二郡,后周俱曾置为汾州,未知《纪》所云阳都在何地也。

南汾为勋州。　勋州即玉壁城,韦孝宽以晋州刺史,移镇玉壁,兼摄南汾州事,是玉壁尝为南汾州矣,而《隋志》失书。

南幽为宁州。　南幽即《魏志》之幽州也。西魏置幽州于白土,即隋新平县。而此加"南"字。

南广为淯州。　《隋志》"淯阳郡,西魏置蒙州,汲古阁本作"蒙州"。仁寿中改曰淯州",未知即此淯州否。

东巴为集州。　《隋志》"汉川郡难江县,后周置集州",不云尝为东巴州。

北应为辅州。　《隋志》"淮安郡桐柏县,西魏置淮阳郡及辅州",不云尝为北应州。此州疑是梁所置,梁置应州于应山县,故此有"北应"之称矣。

恒州为均州。　按:西魏有三恒州。《隋志》,北地郡三水县,西魏置恒州,寻废,一也;又弘化郡归德县,西魏置恒州,后周废,二也;此《纪》之恒州,盖在山南沔北境,而《隋志》失书。均州后省入唐州。

沙州为深州,宁州为麓州,义州为岩州。　此三州未详所在。

江州为沔州。　　《隋志》：“沔阳郡甑山县，西魏置江州。”不云后改沔州，《志》之漏也，裴宽为沔州刺史，即此。

肆州为塘州。　　“塘”当作“唐”。

扬州为颍州。　　此西魏所立之扬州，未审治所。

司州为宪州。　　按：《隋志》不见宪州之名，惟安陆郡吉阳县下云“梁置义阳郡，西魏改为南司州，寻废”，岂即此司州乎？周武帝天和二年，以宪州入昌州，《志》亦不载。

南平为升州。　　按：《隋志》：“舂陵郡湖阳县，后魏置西淮安郡及南襄州。后郡废，州改为南平州。西魏改曰升州，后又改曰湖州。”是湖州即升州矣。据此《纪》，改南襄为湖州，南平为升州，则南襄与南平实是两州，《隋志》混而为一，非也。

南郢为归州。　　按：《魏志》“南郢州领北遂安、冯翊、江夏、香山、永安、新平、宜民诸郡”，不言治所。《隋志》：“汉东郡唐城县，西魏立肆州，寻曰唐州，后周省均、款、涢、归四州入。”今随州西北有唐城废县，后魏之南郢，当亦在随州西北也。

凡改州四十六。　　今自华州至眉州数之，止四十五，盖有脱误。

明帝纪

二年，河北置虞州。　　《隋志》“河东郡河北县旧置河北郡”，不云曾置虞州。

武帝纪上

保定元年，南宁州遣使献滇马及蜀铠。　　按：保定二年，又书“分南宁州置恭州”，而《隋志》无南宁州之名。惟犍为郡开边县云“大业初，废恭州协州入焉”，疑即此《纪》之恭州矣。

天和二年，省东南诸州，以颍州、归州、涢州、均州入唐州。　　按：《隋志》：“汉东郡唐城县，西魏立肆州，寻曰唐州，后周省均、款、涢、归四州入，改曰唐州。”此四字疑讹。又“安贵县，梁置北郢州，西魏改为款州。”此《纪》有颍无款，“款”与“颍”行书相似，未知孰是。又考《隋志》：“武当县，梁置兴州，后周改为丰州，开皇初改为均州。”则周时武当尚无均州之名，不知天和所并之均州又在何地。

油州入纯州。　《隋志》不见油州之名。考纯州即隋桐柏县，县有旧置淮南县，开皇末改为油水，盖即旧油州矣。

睢州入襄州。　按：《隋志》："襄阳郡南漳县，西魏立南襄阳郡，后周置沮州，寻废。""沮"与"睢"古字通用，《左传》"江汉睢漳"，"睢"即"沮"也。

五年，大将军郑恪率师平越巂，置西宁州。　按：《隋志》："越巂郡，后周置严州，开皇六年，改曰西宁州。"据此《纪》，则西宁州后周所置，不始于隋也。

建德元年三月景辰，诛大冢宰晋国公护。　按：是年三月癸卯朔，丙辰则月十四日也。《护传》云"三月十八日"，与《纪》异。唐人避讳，改"丙"为"景"，今刊本有作"丙"者，乃后人追改。

武帝纪下

五年。是日，诏曰。　此下刊本皆脱数行。

六年，关东平，合州五十五、郡一百六十二、县三百八十五、户三百三十万二千五百二十八。　按：《隋志》："后齐国灭，州九十有七、郡一百六十、县三百六十五、户三百三万。"与《周史》异。

宣帝纪

大象元年，河阳、幽、相、豫、亳、青、保七总管。　"保"当作"徐"。

静帝纪

大象二年，诏南定、北光、衡、巴四州民。　此衡、巴二州，后齐所置，在今黄冈县地。

昌黎郡置魏州。　"昌黎"当作"昌乐"。

皇后传

武帝朱皇后。太祖以后赐高祖，后稍得亲幸。大象元年二月，改为天元帝太后。①　按："亲幸"之下，当云"生宣帝，宣帝宣政元年七月，尊为帝太后"。

晋荡公护传

及汝姑儿贺兰盛洛。 按:《贺兰祥传》"字盛乐,父初真,尚太祖姊建安长公主",即此盛洛也。"洛"、"乐"文异音同。

代奰王达传

所管沣州刺史蔡泽。 按:后周无沣州,疑是丰州之讹,泽为祐之弟。

李弼传

侯景率河南六州来附。 按:《文帝纪》亦云"举河南六州来附",而《王思政传》乃云"分布诸军,据景七州十二镇",疑《思政传》误。

于谨传

曾祖婆,魏怀荒镇将。祖安定,平凉郡守、高平郡将。父提,陇西郡守,茌平县伯。 按:《北史·于栗䃅传》:"栗䃅孙致,致弟天恩,天恩子仁生,位太中大夫。仁生子安定,平原郡太守、高平郡都将。安定子子提,陇西郡守、茂平县伯。"《唐书·宰相世系表》"于天恩生太中大夫仁,仁生高平郡都将子安,子安生陇西郡守子提",与《北史》世次略同,则《周书》以婆为谨曾祖者,误矣。谨之祖名安定,《周书》、《北史》并同,而《唐表》作子安,则《表》之误。

怡峰传

拜东西北三夏州诸军事、夏州刺史。 按:《隋志》但有东夏与夏州,无西夏、北夏之名。长孙俭为秦州长史,时西夏州仍未内属,而东魏遣许和为刺史,俭以信义招之,和乃举州归,时太祖以俭为西夏州刺史,总统三夏州。是西夏即夏州,对东夏,故云"西夏"也。《魏志》有西夏州,寄治并州界,此东魏所置,与此无涉。

王德传

泾州所部五郡。 按:《魏志》:"泾州领安定、陇东、新平、随平、平凉、平原六郡。"未知此时省何郡也。

豆卢宁传

武成元年，迁都督利沙文三州诸军事、利州刺史。　按：《赵刚传》"孝闵帝践祚，出为利州总管、利沙方渠四州诸军事"，沙、文、方三州不见于《隋志》。

杨忠传

其西义阳郡守马伯符以下溠城降。　按：《宋志》"荆州有南义阳郡，晋末以义阳流民侨立，领厥西、平氏二县"，即此西义阳也。《隋志》："汉东郡唐城县，后魏曰溮西，置义阳郡，西魏改溮西为下溠。"据此《传》，梁武丧败之后，义阳始入西魏，则《隋志》云"后魏置义阳郡"者，考之未审矣。溮西即厥西，宋、齐以来旧县名。义阳郡亦非后魏始置也。

乃授忠都督三荆、二襄、二广、南雍、平、信、随、江、二郢、淅十五州诸军事，镇穰城。　按：《隋志》："湖阳县，后魏置西淮安郡及南襄州，后郡废，州改为南平州。"此有二襄，又有平州，盖《隋志》误合南襄与平州为一。若江陵当阳县，后周亦置平州，此时尚未属魏也。梁于巴东郡置信州，此时亦未属魏，不知忠所督信州置于何所。《隋志》"甑山县，梁置梁安郡，西魏改曰魏安郡，置江州"，即此江州矣。

攻梁齐兴郡及昌州，皆克之。　齐兴郡即武当县也。《隋志》："春陵郡，后魏置南荆州，西魏改曰昌州。"据此，知其地曾入于梁，而昌州之名，亦因梁旧矣。

汝南城主李素。　此非豫州之汝南。《隋志》"安陆郡吉阳县，梁置曰平阳，及立汝南郡"，盖即邵陵王纶所据之汝南也。

乃拜总管泾、幽、灵、云、盐、显六州诸军事，泾州刺史。　按：幽州与泾绝远，当是"豳"字之讹。

司马消难传

寻出为交州总管。　"交州"当为"邔州"之讹，即"郇"字也。
所管邔、随、温、应、士、顺、沔、环、岳九州。　"士"当作"土"，"环"

当作"溠"。

陈宣帝以为都督安、赵九州八镇。 "赵"当作"随"。

卢辩传

孝武至长安。 上文云"及帝入关",即谓魏孝武也。依史例,当前书"孝武",后书"帝"。

李贤传

遂于平州北筑汶阳城以镇之。 按:《阳雄传》:"蛮帅文子荣窃据荆州之汶阳郡,又侵陷南郡之当阳、临沮等数县,诏遣开府贺若敦等讨平之,即以其地置平州。"《隋志》:"南郡之当阳县,后周置平州,而夷陵郡之远安县,旧置汶阳郡。"二郡地本相接也。

李远传

寻授都督义州、恒农等二十一防诸军事。 "义州"当作"义川"。《隋志》:"恒农之卢氏县,西魏置义川郡。"

李基传

孝闵帝践阼,出为海州刺史。 此后周之海州,未审治所。

梁台传

大统十五年,拜南夏州刺史。 按:《隋志》不载南夏州。《周本纪》:"魏废帝三年,改南夏为长州。"

史宁传

建康袁氏人也。 此凉州之建康,非扬州之建康也。"袁氏"当是"表氏"之讹。

转通直散骑常侍、东义州刺史。东魏亦以故胡黎苟为东义州刺史。宁仅得入州,黎苟亦至,宁迎击破之,斩其洛安郡守冯善道。 此东义州未知所在。洛安郡,《隋志》亦未见。《权景宣传》:东魏又以土民韦默儿为义州刺史,镇父城。

权景宣传

乃授并、安、肆、郢、新、应六州诸军事,并州刺史。　此并州治随郡,西魏所置,非太原之并州也。

除辅国将军、南州刺史。　"南"下脱"荆"字,后魏本以鲁阳为广州,至是郭贤以南荆州刺史镇鲁阳,其后转广州刺史,改从旧名,非移镇也。

宇文盛传

出为延、绥、丹三州三防诸军事。　"三防"谓武安、伏夷、安民也。

于翼传

转陕熊等七州十六防诸军事、宜阳总管。　据此,则宜阳尝置总管府,建德五年移于陕州也。《隋志》不及宜阳置总管事,亦史之阙。

寻即除洛怀等九州诸军事、河阳总管。　按:河阳置总管府,《隋志》亦失书。

仍敕河阳、襄州、安州、荆州、泗州总管。　"泗"当作"四",襄、安、荆三州并河阳为四,后周无泗州也。

韦孝宽传

大统八年,转晋州刺史。　《隋志》:"绛县,后周置晋州,建德五年废。"

元定传

魏安西将军、务州刺史。　按:《魏志》无务州,"务"字疑讹。

裴宽传

保定元年,出为汾州刺史,寻转鲁山防主。　"汾"当作"沔",《陈书·程灵洗传》可证也。《周本纪》:"魏废帝三年,改江州为沔州。"《隋志》于沔阳郡甑山县云"西魏置江州",而不及改沔州事,亦为疏漏。

杨敷传

还授使持节、蒙州诸军事、蒙州刺史。　此州盖在荆州部内，后周之荆州治穰城。《隋志》"淯阳郡，西魏置蒙州"是也。

崔讷传

除使持节、崇德安义等十三防、熊和忠等三州诸军事、崇德防主。"忠"当作"中"。《隋志》："新安县，后周置中州。"

薛端传

基州地接梁陈。　《隋志》："竟陵郡丰乡县，西魏置，又置基州及章山郡。"

王士良传

俄除鄜州刺史。　《隋志》"上郡，后魏置东秦州，后改为北华州，西魏改为敷州"，即此州也。"鄜"、"敷"字异音同。

令狐整传

丰州旧治，不居人民，赋役参集，劳逸不均。整请移治武当，诏可其奏。　丰州旧治，盖席固所据齐兴郡城也。

郭彦传

属纯州刺史樊舍卒。　按：《蛮传》"魏废帝初，蛮酋樊舍举落内附，以为淮州刺史"，即其人也。淮州后改为纯州。

苏亮传

亮弟湛，字景俊。　按：苏湛终于魏世，未尝仕周，且其事迹已见《魏书》，不当阑入《周史》。

宇文神举传

所部东寿阳县土人相聚为盗，率其党五千人来袭州城。　按：《隋志》并州寿阳县下云："开皇十年，改州南受阳县为文水，分州东故寿阳置寿阳。"考寿阳县本西晋所置，后魏改名受阳，即开皇初改为文水者也。其云"故寿阳"者，当即此传之东寿阳，未审置于何代。隋初并省此县，因有"故寿阳"之目耳。

庾信传

陆士衡闻而抚掌，是所甘心；张平子见而陋之，固其宜矣。　　先大父青文公云："抚掌"与"甘心"对，"陋之"与"宜矣"对，此体唐初人多有之。王勃《滕王阁诗序》"龙光射牛斗之虚，徐孺下陈蕃之榻"，"龙光"、"牛斗"、"徐孺"、"陈蕃"，亦句中自为对也。又"兰亭已矣，梓泽丘墟"，"已矣"，叠韵也；"丘墟"，双声也，两虚字对两实字，与庾子山赋同格。

镇北之负誉矜前，风飙慄然。　　注《庾集》者，皆以"镇北"为邵陵王纶，非也。以《梁史》考之，当指鄱阳王范而言。范尝为镇北将军，以合州刺史镇合肥，屡启言侯景奸谋，为朱异所抑。及景围京邑，范遣世子嗣入援。金陵失守，范泝江西上，至湓城粮尽，愤恚而薨。世子嗣据晋熙，与贼将任约力战，中流矢卒，故有"才子并命"之语。

萧扐传

都督益、梁、秦、潼、安、泸、青、戎、宁、华、信、渠、万、江、新、邑、楚、义十八州诸军事。　　此十八州，惟益、梁、秦，沿宋齐之旧，余皆梁末增置。尉迟迥都督十八州，亦即谓此。以《隋志》考之，潼州即金山郡，安州即普安郡，泸州即泸川郡，青州即通义县，戎州即犍为郡，信州即巴东郡，渠州即宕渠郡，万州即通川郡，江州即隆山县，新州即新城郡，楚州即巴郡。"邑"疑"巴"字之讹，梁置北巴州于阆中，而清化郡旧亦为巴州也。《志》称"越巂郡，隋开皇六年改西宁州"，疑即此宁州，惟华、义二州未详。

韦祐传

镇九曲城。　　今宜阳县东有故九曲城。《魏玄传》："洛安民雍方隽据郡外叛，攻破郡县。玄率恒农、九曲、孔城、伏流四城士马破走之。"孔城在今洛阳县南，伏流在今嵩县北，皆当时要镇也。

韩雄传

除东徐州刺史。 此西魏所置之东徐州，非《地形志》之东徐治下邳者也。据下文云"东魏东雍州刺史郭叔略与雄接境"，则其地去东雍不远。东魏之东雍治正平，则东徐盖在洛阳之西北、正平之南矣。

除使持节、都督中徐虞洛四州诸军事、中州刺史。 按：后周置中州于新安，虞州于河北，洛州即洛阳，徐州疑即东徐州也。又考《司马裔传》"大统三年，裔于温城起义，遣使送款。六年，授河内郡守，寻加使持节、平东将军、北徐州刺史"，则西魏又尝置北徐州于河内矣。

魏玄传

十三年，与开府李义孙攻拔伏流城，又克孔城。 此大统之十三年，即东魏武定五年，《传》不书"大统"者，阙文也。《魏志》："伊阳郡，武定二年置，治伏流城，后陷。"又"新城郡，天平中置，治孔城，后陷。"据此《传》，则二城之陷，皆在武定五年矣。

转和州刺史、伏流防主。 按：《本纪》"保定二年，于伏流城置和州"，故以刺史领伏流防主也。

泉企传

上洛丰阳人也。 按：《魏志》，丰阳县为上庸郡治，而上庸郡本名东上洛郡，永平中始改上庸，史从其初书之。

累迁左将军、浙州刺史。 "浙"当作"淅"。

李迁哲传

军次并州，梁并州刺史杜满各望风送款。 此与权景宣之并州，又非一地。《隋志》通川郡宣汉县下云"西魏置并州及永昌郡"者是也。据此《传》，则梁代已有之。

进围叠州，克之，获刺史冉助国等。 此叠州当在今兴安之南、夔州之北。《隋志》不载此州，其临洮郡叠川县下云"后周置叠州"者，乃别一叠州，本吐谷浑地也。

杨乾运传

梁大同元年,除飘武将军、西益潼刺史。 据此,则梁时有西益州,而《隋志》无之。

寻转信武将军、黎州刺史。 黎州即后魏所置之益州,治东晋寿。

太清末,迁潼、南梁三州刺史。 梁置潼州于涪南,梁州于南安,而西城亦为南梁。乾运除刺史,在收复南郑之后,南梁州当在西城矣。"三"当作"二"。

又遣其婿乐广镇安州。 《隋志》:"普安郡,梁置南梁州,后改安州。"即南安。大约宋齐以来,梁州常治南郑。天监初,夏侯道迁以南郑降魏,而梁州移治西城。其后析置州郡,以南安为南梁州。及大同元年,魏梁州刺史元罗以南郑降,梁州复治南郑,遂移南梁之名于西城,而改南安之南梁为安州。史虽未见改置年月,可以意度之也。

扶猛传

割二郡为罗州,以猛为刺史。 罗州,隋竹山县地,二郡之名未详。

转绥州刺史。 按:后周有两绥州,一在雕阴,一在房陵。扶猛为刺史,则房陵之绥州也。

阳雄传

上洛邑阳人也。 《魏志》,上洛郡无邑阳县。《隋志》,朱阳郡有邑阳县。

迁西宁州总管。 按:《隋志》未见西宁州。

席固传

梁元帝嗣位江陵,迁兴州刺史。 此兴州当置于齐兴郡。《隋志》:"武当县旧侨置始平郡,后改为齐兴郡。梁置兴州,后周改为丰州。"盖席固以地入西魏,魏即以本州授之,其时已置兴州于顺政郡,故易其名,非徙其地也。

寻拜昌归宪三州诸军事、昌州刺史。 按:《隋志》,归州后省入唐州。宪州不见于《隋志》，据《本纪》，盖西魏末以司州改置也。

萧詧传

王琳又遣其将雷又柔袭陷监利郡，太守蔡大有死之。　按：《隋志》，监利县属沔阳郡，不言梁尝置郡。

蛮传

魏废帝初，蛮酋樊舍举落内附，以为淮北三州诸军事、淮州刺史、淮安郡公。　按：《隋志》"淮安郡，后魏置东荆州，西魏改为淮州，其治所在比阳县。"此一淮州也。又"桐柏县，梁置曰淮安，并立华州，又立上川郡，西魏改州为淮州，后改为纯州。"此又一淮州也。此樊舍所授刺史，乃桐柏之淮州。《代王达传》"出为荆、淮等十四州十防诸军事"，则比阳之淮州也。

目录序

臣焘、臣安国、臣希昧死谨上。　臣焘者，安焘也；臣安国者，王安国也；臣希者，林希也。此《序》不云史有残阙。今考纪、传，每篇皆有史臣论，惟列传第十六、《卢辩》。第十八、《长孙俭》等。第廿三、《韦孝宽》等。第廿四、《申徽》等。第廿五《库狄峙》等。无之，盖非德棻元本。其廿三、廿四两卷，全取《北史》，廿五卷亦取《北史》而小有异同，十六、十八两卷与北史多异，而十六卷尤多脱漏。

校勘记

① "武帝朱皇后"，中华书局本《周书》作"李皇后"。

廿二史考异卷三十三

隋书一

高祖纪上

汉太尉震八代孙铉。 北史"代"作"世"。按:《隋史》成于唐太宗时,其时不避"世"字。如王世积、阴世师、冯世基、薛世雄、虞世基诸人《传》,皆未回避。此《纪》"风骨不似代间人","代称纯孝","彰不代之业"、"精采不代"、"周辅及弘道于代","代俗之徒","德为代范"、"与代推移","行歌避代",皆唐人追改。而"风流映世","世子","世孙","世禄"、"世人",及韦世康、王世积、虞世基之类,仍用本文者,盖唐以后人又据它书回改,而改之复不能尽也。民部尚书之"民"不讳,而启民可汗则改为"启人",《贺若弼》、《柳睿》、《薛世雄》、《突厥》诸《传》仍称"启民"。皆因校书者展转改易,非史家之例不一也。

方置文深之柱,非止尉佗之拜。 此用马援铜柱事。援字文渊,避讳改为"深"字。

开皇元年三月,和州刺史、新义县公韩擒虎。 本文不当有"虎"字,盖后人增入。毛本无"虎"字,是也。仁寿三年诏云"风云之从龙虎",亦当是"武"字,皆后人所改。

高祖纪下

十九年四月,突厥利可汗内附。十月,以突厥利可汗为启人可汗。 "利可汗"当作"突利可汗",史脱"突"字。"启人",《炀帝纪》作"启民",《突厥传》及它《传》亦多作"启民"者。

炀帝纪下

大业九年十月,改博陵为高阳郡。 《地理志》失载。

礼仪志四

后周保定三年,陈养老之礼。以太傅、燕国公于谨为三老。有司具礼择日,高祖幸太学以食之。事见《谨传》。 按:《五代志》既编入《隋书》,与《周史》各自为部,当云"事见《周书·于谨传》",于例乃合,否则似《隋书》有《谨传》矣。

音乐志上

《中庸》、《表记》、《坊记》、《缁衣》,皆取《子思子》。 按:《缁衣》,或云公孙尼子所作。考《文选》注引《子思子》云:"民以君为心,君以民为体。"又引《子思子》云:"《诗》云,昔吾有先正,其言明且清。"今其文皆在《缁衣篇》,则《缁衣》为《子思子》之言信矣。《坊记》一篇,引《春秋》者三,引《论语》者一。《春秋》,孔子所作,不应孔子自引,而《论语》乃孔子殁后诸弟子所记录,更非孔子所及见,窃意《表记》、《坊记》二篇所称"子言之"、"子曰"者,皆《子思子》之言也。

音乐志中

故曹妙达、安未弱、安马驹之徒至有封王开府者。 "安未弱",《北史·恩幸传》作"何朱弱"。

音乐志下

其歌曲有《阳伴》。 阳伴,即所谓"杨叛儿"也。

律历志上

圆周盈数二丈一尺四寸一分五厘九毫二秒七忽。 "二丈"当作"三丈"。

铭八十二字。 今数之,止八十字。

王显达献古铜权一枚,上铭八十一字。 按:黄帝初祖以下,凡七十九字,并"律权石重四钧"六字计之,则为八十五字矣。

律历志中

中、左两晋，迭有增损。 "中、左"谓中原、江左也，然割裂不成文。

律历志下

朔晨百三半。 "晨"当作"辰"，今人所谓时也。以十二除朔日法得之，气朔日法各不同，故朔辰与气辰数亦异，要皆十二分日法之一也。

日限，十一。 当作"十二"。考李淳风《甲子元术》推日躔，即写煇法，其云进纲者，即盈汛也，云退纪者，即亏总也，而皆以十二乘之，知此文日限当为十二矣。

就径求望者，加日十四、余九百五十半；下弦加日二十二、余百八十四；余九百五十半下弦加五十九。 当云"下弦加日二十二、余百八十三太"，句。"四余九"以下皆衍文也。"五十九"之数，于义无当，或当云"求后月朔，加日二十九，余六百五十九"。

分余满法从日度一，句。**百度有所满，则从去之。** "百"当作"日"。毛本作"日"。

度准，三百四十八。 "四"当作"三"。度准者，岁率之半也。

又准度乘朔余，加之。 "准度"当作"度准"。

又十二乘辰余：四为小太，亦曰少；五为半少；六为半；七为半太；八为大少，亦曰太；九为太；此"太"字当作"大"。**十为大太；十一为穷辰少。** "辰余"之下，当有一二三之名，不应便从四起，盖脱文也。凡以十二乘者，即以十二为法母，十二之三，即四分之一也，故为少。而二为小少，四为小太矣。十二之六，即四分之二也，故为半。而五为半少，七为半太矣。十二之九，即四分之三也，故为大。而八为大少，十为大太矣。十一为穷辰少，则一为沾辰太矣。后世有士元，当援吾言以补之。

每加日十五、余万一百九十秒三十七。 此二十四气恒日及余也。置岁数，以二十四约之，又以气日法收之，得十五日万一百九十二分又四十八分之三十七也。当云余万一百九十二。脱"二"字。

小寒节。陟五十三。 当云"陟四十三"。

交月,二千七百二十九。交率,四百六十五。① 以交率除交月,得五月四百六十五之四百有四而一食也。古法五月二十三之二十而一食,《三统》、《四分》同。与此率相课,则万六百九十五月之中,古法得九千三百食,《皇极》得九千二百九十二食,视古率微弱。

交复日,二十七。余,二百六十三。秒,三千四百三十五。交日,十三。余,七百五十三。秒,四千六百七十九。 史失载秒法之数,今以意补之。盖倍交日之秒数,九千三百五十八。减交复日之秒数,其余数五千九百二十三,是为秒法也。

交限,日,十三。余,三百五十五。秒,四百七十三半。 三百当为五百。据下文,"入交二日,余百九十八以下,入交十三日,余五百五十五以上",皆为食限。以五百五十五减朔日法,一千二百四十二。余六百八十七,并交日余七百五十三,为一千四百四十,满日法为一,日余百九十八,与前限相等,是为交前、交后之食限。

五行志下

周大象二年,尉迥败于相州。 即尉迟迥也。《魏书·官氏志》,尉迟氏后改为尉氏。宇文当国,凡代北姓,皆令复旧,故迥仍称尉迟氏,而当时犹有"尉迥"之称。杨义臣本姓尉迟氏,而诏称"尉义臣"。《鲍宏传》亦云"尉义臣"。

神武行,殿中将军曹魏谏曰。 《北史·神武纪》作"曹魏祖",此脱"祖"字。

百官志中

周太祖命尚书令卢辩制六官。以魏恭帝三年始命行之。所设官名,讫于周末,多所改更。并见《卢传》,不复重序云。 按:《周书》载官制名号命数于《卢辩传》,以本书无志,故存其事于《传》中也。及长孙无忌等承诏为《五代志》,事从其类,宜改入《百官志》,不当阙其文,而取征于列传矣。其后《五代志》编入《隋书》,此语犹仍不改,书别两朝,文取互见,揆之体裁,讵为允当;且周末改更之制,《传》未悉载,不得云"并见《卢传》"也。

百官志下

上中州，减上州吏属十二人。　王懋竑曰：隋文帝父名忠，并“中”字亦讳之。侍中改为纳言，中书省改为内史，殿中改为殿内，中舍人、中常侍、中谒者俱改为“内”，皆其显然可考者。而上中州、中上州、中中州、中下州之类仍作“中”，此必非当时本文，或史官以其不辞而改之也。

地理志上

天监十年，有州二十三。　谓扬、南徐、荆、江、雍、郢、南兖、湘、豫、司、北兖、北徐、青、梁、益、交、广、南梁、宁、衡、桂、越、霍也。

安定郡，旧置泾州。[②]　按：后周尝置总管府，《志》失书。

上郡内部县，旧置敷州及内部郡。　“内部”本“中部”，避隋讳改。

朔方郡长泽县，西魏置阐熙郡。又有后魏太安郡，[③]**及置长州。**　按：《周本纪》，魏废帝三年改南夏为长州。是后魏置南夏州于此，西魏改为长州也。《志》有脱误。

天水郡上邽县，故曰上邽。大业初改名。　当云故曰上封。《魏志》，天水郡有上封县。犯太祖讳改。[④]　盖上邽本汉旧县，后魏避道武嫌名，改为上封，至大业初，复称上邽也。

陇西郡陇西县，旧城内陶。　“城”当作“曰”。“内陶”本“中陶”，避讳改。

枹罕郡，旧置河州。　按：后周保定四年置总管府于河州。五年，废河州总管，改置总管于洮州。俄废，仍迁总管府于河州。见《周书·李贤传》。

武威郡昌松县。后魏置昌松郡，后周废郡，以榆次县入。　“榆次”当作“揟次”，因并州有榆次县，相涉而误。

敦煌郡常乐县，后魏置常乐郡。后周并凉兴、大至、冥安、闰泉，合为凉兴县。　“大至”即“广至”，避隋炀帝讳，以“广”为“大”也。“冥安”当作“宜安”。“闰泉”盖即“渊泉”，史家避唐讳改之。

汉川郡，旧置梁州。　此晋宋以来之梁州也。梁天监三年，夏侯道迁叛入于魏。大同元年，仍为梁有。梁末又入西魏。

西城郡,梁置梁州,寻改曰南梁州。　按:天监初,失汉中,因移梁州于西城。大同初,梁州复治汉中,而西城遂有南梁之称。

房陵郡,西魏置光迁国。后周国废。　光迁国未详何人所封。

何池郡,后魏置南岐州,后周改曰凤州。　按:《周书》,魏废帝三年改南岐为凤州,是时周未受禅也。"后周"当作"西魏"。

顺政郡,后魏置东益州,梁为武兴蕃王国。　武兴即仇池氏杨氏所据。

义城郡,后魏立益州,世号小益州。梁曰黎州。西魏复曰益州,又改曰利州。　按:《周书》,魏废帝三年改西益为利州,是西魏以此益州为西益州也。

金山郡,西魏置潼州。　按:《梁书·武陵王纪传》"太清五年,西魏将尉迟迥帅众逼涪水,潼州刺史杨乾运以城降之",则梁时已有潼州,不始于西魏也。

巴西郡,梁置南梁、北巴州。　此条似有脱文。当云"梁置南梁州,后改为北巴州"也。考天监八年,以北巴西郡置南梁州,见《梁书·本纪》。其改名北巴,则史未详其年,当是大同初复收汉中之后,以西城为南梁,因改此州为北巴耳。《志》于普安郡下又云"梁置南梁州,后改为安州",此则莫能详其建置之本末矣。

阆内县。　本"阆中",隋避讳改。

梁置北巴郡。　当依《梁书》作"北巴西"。

巴郡,梁置楚州。　按:梁置楚州于淮南之楚城,而巴郡又立楚州,是同时有二楚州。

隆山郡,西魏置陵州。　"西魏"当作"后周"。

资阳郡,西魏置资州。　"西魏"当作"后周"。考《周书·闵帝纪》,元年正月"于剑南、陵井置陵州,[5]武康郡置资州,遂宁郡置遂州"。《志》于遂州书"后周置",陵、资二州书"西魏置",盖考之未审也。"武康"郡名,《志》亦失书。

越巂郡,后周置严州。开皇六年改为西宁州。　按:《周书·本纪》"天和五年,大将军郑恪率师平越巂,置西宁州",则西宁州乃后周所置,非始于隋也。

地理志中

河南郡陕县，后魏置，及置陕州、恒农郡。　按：后周尝于陕州置总管府，《志》失书。

陆浑县，东魏置伊川郡，领南陆浑县。开皇初郡废，改县曰伏流。大业初改曰陆浑。又有东魏北荆州，后周改曰和州。开皇初又改曰伊州。　按《魏志》，北荆州领伊阳、新城、汝北三郡，伊阳郡领南陆浑一县，与此《志》正合，惟"伊阳"、"伊川"郡名小异尔。《周本纪》"保定二年，于伏流城置和州"，可证后周之和州在陆浑，不在襄城也。而《志》于襄城郡又云"东魏置北荆州，后周改曰和州，开皇初改为伊州"，未免复而舛矣。

济阴郡，后魏置西兖州。　按：魏初置兖州于滑台，其后青、兖内附，因称滑台为西兖，太和中始罢，此济阴之西兖州，乃孝昌中所置也。

襄城郡郏城县，旧曰龙山。东魏置顺阳郡及南阳郡、南阳县。此广州侨置之顺阳、南阳，非荆州之顺阳、南阳也。

汝南县，有后魏汝南郡及符垒县，并后齐废。　此侨置之汝南。《魏志》广州有汝南郡，永安元年置，治符垒城，即此。

鲁县，后魏置荆州，寻废，立鲁阳郡，后置鲁州。　按：鲁阳之置荆州在太和十八年，至二十年，移荆州于穰城，而以鲁阳为郡。永安中，置广州于鲁阳，而齐、周因之。史未见鲁州之名，当为广州之误也。

颍川郡叶县。又东魏置定南郡，后周废为定南县，大业初省入。按：《魏志》襄州有南安郡，领安南、南舞、叶、南定四县，太和中，尝置郢州于此，疑即此《志》所谓"定南郡"，而二史郡名互异，未知其审。

汝南郡真阳县，旧置郢州。东魏废州，置义阳郡。　按：魏以梁之司州为郢州，治义阳。孝昌末，郢州复入于梁，乃侨立郢州于此。天平中罢州，仍立义阳郡，以抚其遗民，故真阳亦有义阳郡。

新蔡县，东魏置终蔡州。　"终"字衍。

淮阳郡项城县，东魏置扬州及丹杨郡秣陵县。梁改曰殷州，东魏又改曰北扬州。　按：此条"东魏"字两见，疑上"东"字当为"后"字之误。《魏志》"北扬州，天平二年置，治项城"，不言尝置扬州。

恒农郡卢氏县，后魏置汉安郡，西魏置义川郡。开皇初郡废，州改为虢州。 《志》云州改，而不言何时置州，盖有脱文。考《权景宣传》，郭贤从王思政镇恒农，授使持节、行义州事，当州大都督。此义州当即治义川郡。

浙阳郡，西魏置浙州。 按：《魏志》有析州，即此浙州也。《魏书》以关西为伪，西魏所置州郡，皆弃而不书，析州之名既见于魏收《书》，则不始于西魏矣。

南阳郡，旧置荆州。 按：南郡亦云"旧置荆州"。南阳之荆州，后魏之荆州也；南郡之荆州，晋、宋、齐、梁之荆州也。

淮安郡比阳县。又有后魏城阳县，置殷州、城阳郡。 按：《魏志》未见殷州之名，惟郢州领安阳、城阳、汝南三郡，或疑即此殷州。然《志》于此县下又云"又有比阳故县，置西郢州。西魏改为鸿州"，则西郢与殷州又似各别。魏收《志》有南郢，而无西郢，是一是二，不可考矣。

慈丘县，后魏曰江夏，并置江夏郡。 按：《魏志》南郢州有江夏郡，领屈阳、郢阳二县，而无江夏县，未知即此否。

东平郡雷泽县，旧曰城阳。 "城"当为"成"。

渤海郡滴河县。 "滴"当作"滴"，读如"商"。

清河郡漳南县，有后魏故素卢城。 "素"当作"索"。

清泉县。 本"清渊"，史家避唐讳追改。

汲郡汲县，东魏侨置七郡十八县，后齐省，以置伍城郡。 《魏志》"兴和二年，置义州，寄治汲郡陈城，领五城、泰宁、新安、渑池、恒农、宜阳、金门七郡"，与此《志》合。"伍城"即"五城"也。

黎阳县，后魏置黎阳郡，后置黎州。 按：《周书·武帝纪》"宣政元年，分相州黎阳郡置黎州"，则黎州乃周所置，魏世无此州也。当云"后周置黎州"，脱"周"字。

长平郡丹川县，旧曰高都。后齐置长平、高都二郡。 按：《魏志》，长平、高都二郡，魏永安中置，非始于后齐，上党郡乡县，有后魏南垣州，寻改丰州，后周废。此州不见于魏收《志》，或是西魏所置。

绛郡稷山县，又有后周勋州，置总管，后改曰绛州。 勋州即玉壁城。

文城郡昌宁县，后魏置，并内阳郡。 按：《魏志》南汾州中阳郡有昌宁县。隋人避讳，改"中"为"内"。

马邑郡云内县，后魏立平齐郡，寻废。　按：平齐郡，皇兴初置，领怀宁、归安二县。其废当在迁洛之后。

楼烦郡秀容县，旧置泗州。　"泗"当作"肆"。

襄国郡钜鹿县，开皇六年置南蛮县。　"蛮"当作"栾"。

赵郡廮陶县，旧曰廮遥。开皇六年改为"陶"。　按：廮陶本汉旧县，后魏永安二年分廮陶置廮遥县，治杨城。其廮陶故县，不见于《隋志》，盖废于齐、周之世矣。隋改"遥"为"陶"，虽取故名，其实非一地。

河间郡，旧置瀛州。　"瀛"当作"瀛"。

文安县，有狐狸液。　"液"当作"淀"。

清苑县，旧曰乐乡。后齐省樊舆、当作"舆"。北新城、清苑、乐乡入永宁，改名焉。开皇十八年改为清苑。　按：清苑县，魏太和元年分新城置。即北新城。后齐与新城、乐乡俱省入永宁，又即永宁故城而更其名曰乐乡。隋开皇中，又改名清苑。实即后魏之永宁城也。《魏志》谓太和中改樊舆为扶舆，此《志》仍作"樊舆"，与《魏志》亦不合。

上谷郡遂城县，后魏置南营州，准营州置五郡十都：此八字有讹脱。属建德郡，襄平、新昌属辽东郡，永乐属乐浪郡，富平、带方、永安属营丘郡。　今考《魏志》，当云"置南营州及五郡十一县，龙城、广兴、定荒属昌黎郡，石城、广都属建德郡"，此《志》盖脱十五字，又讹四字也。"襄平"以下与《魏志》同，但《魏志》"襄平"作"太平"，似当从此《志》。

后齐唯留黎一郡。　当云"昌黎"，脱"昌"字。

地理志下

彭城郡符离县，有竹邑县，梁置睢州。　按：梁之睢州治竹邑城。东魏之睢州治取虑城，隋为夏丘县地。

有女山、定陶山。　按：晋、宋之际，侨置南济阴郡及定陶县于此，山盖以县得名。

鲁郡博城县，旧置泰山郡，后齐改郡曰东平。开皇初郡废，大业初州废。　按：《志》云州废，不云何时置州，盖有脱文。以王劭《舍利感应记》证之，当置泰州于此。

琅邪郡，旧置北徐州。　按：梁之北徐州治钟离，此则后魏所置。

《魏志》："北徐州，永安二年置，领东泰山、琅邪二郡。"不言州所治。据此《志》，盖治即丘也。

沂水县，旧置南青州及东安郡。　按：魏皇兴初置东徐州于团城，其后以下邳为东徐州，而改东徐为南青。

东海郡涟水县，旧曰襄贲，置东海郡。东魏改曰海安。　"海安"当作"海西"。《魏志》："襄贲县，萧鸾置东海郡，武定二年，改置海西郡。"

下邳郡夏丘县。又梁置潼州，后齐改曰睢州。　按：《魏志》："睢州，武定元年改置。"当云"东魏"，不当云"后齐"。

淮阳县，又有梁临清、天水、浮阳三郡，东魏并为甬城县。　甬城，《魏志》作"角城"。《太平寰宇记》："角城在今宿迁县东南百一十一里。《县道记》云：'旧理在淮之北，泗水之西，亦谓之泗城。晋义熙中于此置淮阳郡，仍置角城县，梁改角城为淮阳县，后魏改为角城县。'"

江都郡山阳县，有后魏淮阴郡，东魏改为淮州。　按：《魏志》"淮州，萧衍置，魏因之，治淮阴城"，则淮州乃梁所置，非东魏所改。且淮阴诸郡自侯景之乱始入于魏，永熙以前，非魏所有也。

盱眙县，旧魏置盱眙郡。　按：盱眙郡，晋安帝所立，非始于魏。"魏"字衍。

六合县，旧曰尉氏，置秦郡。后齐置秦州。　按：《梁书·杜崱传》："齐将郭元建攻秦州刺史严超远于秦郡。"则秦州之名，梁末已有之矣。《陈书·高宗纪》："太建十年八月，改秦郡为义州。十月，罢义州。"《志》亦失书。

永福县，梁置泾城、东阳二郡，陈废州，并二郡为沛郡。　此处有脱文。胡三省《通鉴注》引此云"梁置泾州，领泾城、东阳二郡"，当从之。《北史·潘乐传》："泾州旧在石梁，侯景改为淮州。乐获其地，仍立泾州。"此梁置泾州之证也。

钟离郡，后齐曰西楚州。　此梁之北徐州也。当云"旧置北徐州"，史脱文也。楚州治钟离城，见于魏收《志》。亦当云"东魏改楚州"，皆《志》之脱漏。

淮南郡，旧曰豫州，后魏曰扬州，梁曰南豫州，东魏曰扬州。　此宋、齐之豫州也。东昏时，裴叔业以州降魏，改为扬州。普通七年，梁

复取之，仍为豫州，而以合肥为南豫州。太清元年，侯景内附，乃移豫
州于悬瓠，而以寿阳为南豫，改合肥为合州。其明年，悬瓠仍入东魏。
又明年，寿阳亦入东魏，仍为扬州矣。

　　弋阳郡定城县，后齐置南郢州，后废。　　按：《魏志》南郢州有二，
此南郢即治赤石关者。武定八年，即齐天保元年。故此《志》以为后齐
所置，其实始于梁末也。

　　殷城县，梁置义城郡及建州，并所领平高、新蔡、新城三郡。　　“平
高”当作“高平”。考《魏志》，南建州，萧衍置。魏因之，领高平、新蔡、陈
留、鲁、南陈、光城、清河七郡。而新城郡别属南朔州，与此《志》互异。

　　蕲春郡浠水县。　《宋志》作“希水”。

　　黄梅县，旧曰永兴，开皇初改曰新蔡。　　按：《晋志》：“孝武因新蔡
郡人，于汉九江王鲸布旧城置南新蔡郡。”《元和郡县志》：“九江故城在
黄梅县西南七十里，汉九江王鲸布所筑。”然则隋改县名曰新蔡，因晋、
宋郡名也。

　　庐江郡，梁置南豫州，又改为合州。　　按：梁天监五年，韦睿取合
肥，移豫州治焉。普通七年改为南豫州，太清元年改合州。

　　同安郡，梁置豫州，后改曰晋州。　　按：齐末失寿阳，乃于晋熙立
豫州。梁天监五年移豫州治合肥，盖晋熙之为豫州，仅六七年耳。大
宝元年，鄱阳王范以晋熙为晋州。

　　宿松县，梁置高塘郡。　　“高塘”当作“高唐”，《陈书·高宗纪》“太
建九年，分江州晋熙、高唐、新蔡三郡为晋州”是也。《程灵洗传》：“出
为高唐太守。”

　　丹阳郡当涂县，旧置淮南郡。平陈，废郡，并襄垣、平湖、樊昌、西
乡入焉。　　“平湖”当作“于湖”，“樊昌”当作“繁昌”。

　　宣城郡绥安县，梁末立大梁郡，又改为陈留。平陈，郡废，省大德、
故鄣、安吉、原乡四县入焉。　　按：《陈书·高祖纪》“永定二年，以广梁
郡为陈留郡”，即此大梁也。又《陈详传》：“割故鄣、广德为广梁郡。”盖
在梁敬帝之世，故云“梁末”也。《志》改“广”为“大”，盖避隋炀帝名，而
陈留郡不云陈所改，则考之未审矣。“大德”即“广德”，亦避隋讳改。

　　吴郡乌程县，旧置吴兴郡。　　梁末尝于吴兴置震州，寻省，史
失书。

东阳郡金华县,旧曰长山,置金华郡。平陈,郡废。　按:梁、陈之际有东阳郡,而无金华郡。陈后主子有东阳王恮,可证陈时仍为东阳郡也。《志》云"旧置金华郡",误。又陈初尝于东阳置缙州,《志》亦失书。

南郡松滋县,江左旧置河东郡。　陈时,尝置南荆州于河东郡,《志》失书。

春陵郡春陵县,旧置安昌郡。　《北史·蛮传》云:"延昌元年,拜桓叔兴南荆州,居安昌。"是南荆州治安昌也。《魏志》无此州。

湖阳县,后魏置西淮安郡及南襄州,后郡废,州改为南平州。西魏改曰升州,后又改曰湖州。　按:《周本纪》"魏废帝三年,改南襄为湖州,南平为升州",是南襄与南平明是两州,《隋志》似混而为一。

蔡阳县,梁置蔡阳郡,后魏置南雍州。　按:魏之南雍州治蔡阳,魏收《志》无之。

汉东郡唐城县,又有东魏南豫州。⑥　《魏志》亦无此州。

永安郡黄陂县,后齐置南司州。后周改曰黄州。　按:《陈书》:"太建五年,以黄城为司州,治下为安昌郡。"盖因后齐南司州之名,即此黄陂也。黄州本因黄城得名,隋开皇初乃移于齐安。

义阳郡钟山县,旧曰鄳。后齐改曰齐安,仍置郡。　按:《魏志》南司州、齐安郡、齐安县俱正始元年置,是"齐安"之名,不始于后齐也。

江夏郡,梁分置北新州,寻又分北新立土、富、洄、豪、泉五州。按:汉东郡土山县,梁置土州。而此地又立土州,一在江北,一在江南,岂同时有两土州乎?

蒲圻县,梁置上隽郡,又有沙阳县,置沙州。　按:《魏志》沙州领建宁、齐安二郡,萧衍置,魏因之,治曰沙关城。其地在今光山、麻城二县界,而江夏之沙阳又置沙州,然则梁时江北、江南各有沙州矣。

澧阳郡孱陵县,旧曰作塘。　"塘"当作"唐"。

安乡县,旧置义阳郡。平陈,郡废。　按:《宋志》荆州有南义阳郡,晋末以义阳流民侨立,领厥西、平氏二县。其地在汉东郡,《唐城县志》称"唐城,后魏曰灊西,置义阳郡"者是也。此安乡之义阳郡,宋、齐二《志》俱无之,未详何代所置。

校勘记

① "交率"，"交"，原本脱，据《隋书》卷一八补。

② "旧置泾州"，"泾"，原本作"荆"。安定郡无荆州，误。据《隋书》卷二九改。

③ "后魏太安郡"，"太"，《隋书》卷二九作"大"。

④ "犯太祖讳改"，"改"，原本脱，据《魏书》卷一〇六补。

⑤ "陵井"，"井"，原本作"并"，误。据《周书》卷二改。

⑥ "南豫州"，"豫"，原本空缺，据《隋书》卷三一补。

廿二史考异卷三十四

隋书二

经籍志一

《周易》二卷，魏文侯师卜子夏传，残缺。梁六卷。　按：阮孝绪《七录》撰于梁普通中，《志》所云"梁"者，阮氏书也。

梁有魏司农卿董遇注《周易》十卷。　按：汉、魏至宋、齐，九卿官名皆不系以"卿"字，至梁，乃有司农卿、少府卿之称。此《志》载魏司农卿董遇、吴太常卿徐整、晋少府卿华峤、魏卫尉卿应璩、晋卫尉卿石崇、晋太常卿潘尼、晋太仆卿王峤、宋太常卿蔡廓之类，皆史臣不谙官制，以意增之。

《诗神泉》一卷。　本名《神渊》，见《后汉书》，赵长君撰。唐人避讳改。

《毛诗义疏》二十九卷，沈重撰。　《周书·儒林传》作二十八卷。

《周官礼义疏》四十卷，沈重撰。　《周书·儒林传》作三十一卷。

《丧服疑问》一卷，樊氏撰。　按：《周书·樊深传》《丧服问疑》一卷，盖即此书。

《礼记义疏》四十卷，沈重撰。　《周书·儒林传》作三十卷。

《礼记文外大义》二卷，秘书学士褚晖撰。　按：《儒林传》，吴郡褚辉，与"晖"同。炀帝时为太学博士，撰《礼疏》一百卷。与此互异。

《王氏史氏记》二十一篇。　《汉书》作"王史氏"。王史，复姓也。汉有新丰令王史音，见《广韵》。此衍一"氏"字。

《春秋土地名》三卷，晋裴秀客京相璠等撰。　按：《志》中一书而重出者，如京相璠《春秋土地名》三卷，一见《春秋》类，一见地理类；李概《战国春秋》二十卷，一见古史类，一见霸史类；裴子野《众僧传》二十卷，一见杂传类，一见杂家类；《诸葛武侯集诫》二卷、总集作一卷。《众贤诫》十三卷、总集作十卷。《女鉴》一卷、《妇人训诫集》十一卷、《娣姒训》一卷、曹大家《女诫》一卷、《贞顺志》一卷，俱一见儒家类，一见总集类。又如服虔《春秋汉议驳》二卷，两收于《春秋》类；赵畋《甲寅元历序》一卷，两收于历数类；庚季才《地形志》，两收于五行类，而前云八十七卷，后云八十卷，本传作八十七卷。皆史臣粗疏之失。唐、宋而后，志艺文者，重复益甚矣。

梁有汉刘歆、犍为文学、中黄门李巡《尔雅》各三卷。　"犍为文学"即舍人也。陆德明云"犍为郡文学卒史臣舍人，汉武帝时待诏"，盖其人姓舍名人。

《白虎通》六卷。　《礼仪志》引《白武通》，盖唐初史臣避讳，改"虎"为"武"。此《志》亦当作"武"，后来校书者辄改。

《七经义纲》二十九卷，樊文深撰。《七经论》三卷，樊太深撰。《质疑》五卷，樊文深撰。　按：《周书·儒林传》"深撰《七经异同说》三卷、《义经略论》并《目录》三十一卷"，与此《志》名目互异。

《江都集礼》一百二十六卷。　按：潘徽序此书云"凡十二帙、一百二十卷"，此衍"六"字。且此书本为议《礼》而作，乃不入《礼》家，又不入《仪注》，而附于《论语》之末，亦失其伦。

而又有《尚书中候》、《洛罪级》、《五行传》、《诗推度灾》、《泛历枢》、《含神务》、《孝经勾命决》、"勾"与"钩"同。**《援神契》、《杂谶》等书。**　按：《诗推度灾》以下五篇，即在《七经纬》三十六篇之内，《五行传》乃伏生《尚书大传》中之一篇，非纬书也。《洛罪级》之名，它书未见。

孔子曰："必也正名乎！"名谓书字。　郑康成《论语注》云："正名谓正书字也。古者曰名，今世曰字。《礼记》曰：'百名以上，则书之于策。'孔子见时教不行，故欲正其文字之误。"《后魏书》世祖始光二年，初造新字千余，诏书引孔子"名不正则事不成"之语。江式《论书表》亦引孔子曰："必也正名乎！"此汉儒相承之诂训。许氏《说文》序云"于其所不知，盖阙如也"，则亦以"正名"为"正文字"矣。许君在郑之前，知其说不始于郑氏也。《北齐书·李铉传》："铉以去圣久远，文字多有乖谬，感孔子'必也正名之言'。"

自后汉佛法行于中国，又得西域胡书，能以十四字贯一切音，文省而义广，谓之婆罗门书。　按：华严字母之法，盖滥觞于此。其初本十四音,后乃益为四十二也。

凡六艺经纬六百二十七部。 按:孔颖达《诗正义序》称全缓、刘轨思、刘丑、刘焯俱有《义疏》。《春秋正义》引卫冀隆《难杜》、秦道静《释》、苏宽《义疏》、刘炫《规过》,贾公彦《仪礼疏》引黄庆、李孟悊二家《章疏》,陆德明《经典释文》有周弘正《周礼音》,已上诸书,唐初儒者皆见之,而《隋志》不载,并不在亡书之数,何也?又沈重《毛诗音》二卷、《周礼音》一卷、《仪礼音》一卷、《礼记音》二卷、《仪礼义》三十五卷、《丧服经义》五卷、樊深《孝经问疑》一卷、熊安生《周礼义疏》廿卷、《礼记义疏》四十卷、《孝经义疏》一卷,见于《周书》;明克让《孝经义疏》、刘焯《五经述议》、刘炫《春秋攻昧》十卷、何妥《孝经义疏》三卷、辛德源《集注春秋三传》三十卷、张冲《孝经义》三卷、刘善经《四声指归》一卷,见于《隋书》,而《志》皆遗之。或谓《志》所录者,仅唐初所收东都图籍,漂没之余,固宜漏落,然史臣自言于旧录之外,更有附入,则有附有否,难辞缺漏之咎矣。

经籍志二

《史记音义》十二卷,宋中散大夫徐野民撰。 即徐广也。隋人避讳,因称其字。然广又有《晋纪》四十五卷、《车服杂注》一卷,亦在本卷内,却称名不称字,盖唐时修史不出一手,故多驳文。又如"民"字避唐讳,例当作"人",而《农家类》或云《四人月令》,或云《齐民要术》,《春秋类》有"尚书左人郎荀讷",此"徐野民"仍用本字,则由后来校书者妄改,又不能尽改也。

《汉书续训》三卷,梁北平谘议参军韦稜撰。 "北平"当作"平北"。

《梁史》五十三卷,陈领军、大著作郎许亨撰。 今以《许善心传》考之,此书目录凡百卷,撰成上秘阁者,仅六帙五十八卷,盖未成之书。然卷数亦不合。

《淮海乱离志》四卷,萧世怡撰。 按:《北史》,萧圆肃撰《淮海乱离志》,①不云世怡所撰,刘知幾又以为萧大圜作,未审孰是。世怡本名泰,鄱阳王恢之子。圆肃者,武陵王纪之子。大圜则简文子也。

《古今注》八卷,伏无忌撰。 章怀注《后汉书》屡引之,所谓"伏侯

《古今注》"也。

《托跋凉录》十卷。　不著撰人,当是纪南凉事。"秃发"即"托跋",声之转也。

《梁旧事》三十卷,内史侍郎萧大环撰。　"环"当作"圜"。

《汝南君讳议》二卷。　按:《三国志·张昭传》注云:"汝南主簿应劭议宜为旧君讳,论者互有异同,张昭著论非之。"汉人以郡守为君也。

《道人善道开传》一卷。　"善"当作"单"。

《齐谐记》七卷,宋散骑侍郎东阳元疑撰。　"元"当作"无"。《广韵》"东阳无疑撰《齐谐记》"。

《洛阳图》一卷,晋怀州刺史杨佺期撰。　按:晋无怀州,当是"雍州"之讹。

《京口记》二卷,宋太常卿刘损撰。　《唐志》作"刘损之"。

《隋王入沔记》六卷。②　"隋"当作"随",此校书人妄改。

《湘州记》一卷,郭仲彦撰。　《唐志》"彦"作"产"。

《宋武北征记》一卷,戴氏撰。　戴名延之,见《水经注》。

《北伐记》七卷,诸葛颖撰。《巡抚扬州记》七卷,诸葛颖撰。　按:《颖传》云"撰《銮驾北巡记》三卷,《幸江都道里记》一卷",盖即此两书,而书名、卷数俱不合。

《隋区宇图志》一百二十九卷。　按:《崔赜传》:③"大业五年,受诏与诸儒撰《区宇图志》二百五十卷,奏之。帝不善之,更令虞世基、许善心衍为六百卷。"是此书曾经再修,然皆非百廿九卷也。

凡史之所记,八百一十七部。　按:史部之见于列传者,如于仲文《汉书刊繁》三十卷,张冲《前汉书义》十二卷,许善心《梁书》七十卷,荣建绪《齐纪》三十卷,杜台卿《齐纪》廿卷,王劭《齐书纪传》一百卷、《平贼记》三卷,《皇隋灵感志》三十卷,柳䛒《晋王北伐记》十五卷,明克让《古今帝代记》一卷、《续名僧记》一卷,宇文恺《东都图记》廿卷、《明堂图议》二卷,刘臻经《酬德传》三十卷、《诸刘谱》三十卷,诸葛颖《洛阳古今记》一卷,《志》皆遗之。

经籍志三

《正论》六卷,汉大尚书崔寔撰。　按:《后汉书》,崔寔作《政论》,

亦无"大尚书"之名。此《志》"大尚书崔宸",凡再见。

《正训》二十卷、《内训》二十卷。　《志》皆不著撰人,盖辛德源所撰也。本传"正"作"政"。

《长洲玉镜》二百三十八卷。　大业初,秘书馆学士虞绰、秘书郎虞世南、著作佐郎庾自直等奉诏撰,见《虞绰传》。

《太公六韬》五卷,周文王师姜望撰。　按:三代以前,男子无称姓者,称太公望曰"姜望",此魏、晋以后俚俗之言。

《金韬》十卷。　《志》不著撰人,盖刘祐所撰,见《艺术传》。

《阴策》二十二卷,大都督刘祐撰。本传作二十二卷。④　按:《志》、《传》卷数互异者,如萧吉《乐谱集》二十卷,《传》作十二卷。⑤《传》无"集"字。张冲《论语义疏》二卷,《传》作十卷。《传》无"疏"字。王劭《齐志》十卷,《传》作廿卷。魏彦深《后魏书》一百卷,《传》作九十二卷。庾季才《灵台秘苑》一百一十五卷,《传》作一百二十卷。萧吉《相经要录》二卷,《传》作一卷。《薛道衡集》三十卷,《传》作七十卷。《李元操集》十卷,《传》作廿卷。《魏彦深集》三卷,《传》作三十卷。《诸葛颖集》十四卷,《传》作廿卷。《李德林集》十卷,《传》作五十卷。《柳䛒集》五卷,《传》作十卷。《辛德源集》三十卷,《传》作廿卷。《萧欣集》十卷,《周书》本传作三十卷。

《录轨象以颂其章》一卷。　此不似书名,疑有讹。

《垂象志》一百四十八卷。　《志》不著撰人,盖庾季才所撰。本传作一百四十二卷。

《缀术》六卷。　《志》不著撰人,当是祖冲之撰。

《五经算术》一卷。　《志》不著撰人,盖甄鸾所撰。

《八会堪余》一卷。　按:《周礼疏》引《堪舆》"大会有八,小会有八",即此书也。"舆""余"音同。

《产乳书》二卷。　《志》不著撰人。《艺术传》"刘祐著《产乳志》三卷",⑥疑即此。

《地动图》一卷。　《志》不著撰人。《艺术传》:"临孝恭著《地动铜仪经》一卷。"

《黄帝素问》八卷,全元越注。　袁廷梼曰:"越"当作"起"。

凡诸子,合八百五十三部。　按:子部见于列传者,如何妥《庄子义疏》四卷，⑦辛德源注扬子《法言》廿三卷，张瑁《道言》五十二篇，王劭《读书记》三十卷，柳䛒《法华玄宗》廿卷，刘焯《稽极》十卷⑧、《历书》十卷，诸葛颖《马名录》二卷，来和《相经》四十卷，耿询《鸟情占》一卷，萧吉《宅经》八卷、《葬经》六卷、《相手板要诀》一卷⑨、《太一立成》一卷，临孝恭《欹器图》三卷、《九宫五墓》一卷、《遁甲月令》十卷、《元辰经》十卷、《元辰厄》一百九卷、《百怪书》十八卷、《禄命书》二十卷、《九宫龟经》一百一十卷、《太一式经》三十卷、《孔子马头易卜书》一卷，刘祐《观台飞候》六卷、《玄象要记》五卷、《律历术文》一卷、《婚姻志》三卷、《式经》四卷、《四时立成法》一卷、《安历志》十二卷、《归正易》十卷，《志》皆遗之。

经籍志四

晋太傅《郭象集》二卷。　袁廷梼曰："太傅"下脱"主簿"二字。

益阳令《吴商集》五卷。　按：《礼》类有晋益寿令吴商《礼难》十二卷。益阳，县名，属衡阳郡，作"益寿"者，误。

宋徵士《宗景集》十六卷。　宗炳字少文，避讳改为"景"。

玄真处士《刘许集》一卷。　"许"当作"讦"。

《文海》五十卷。《志》不著撰人。　按：《北史》"萧圆肃撰时人诗笔，为《文海》四十卷"，即此。

《百赋音》十卷，宋御史褚诠之撰。　按：宋子京校《汉书》扬雄三赋，屡引诸诠《音》，盖即此书，讹"褚"为"诸"，又脱"之"字耳。子京未必亲见此书，盖采诸萧该《汉书音义》也。《颜氏家训·勉学篇》云："习赋诵者，信褚诠而忽吕忱。"亦指此书而言。

《大隋封禅书》一卷。　《志》不著撰人，盖何妥所撰。见《儒林传》。

《西府新文》十一卷，梁萧淑撰。　按：《颜氏家训·文章篇》："梁元帝在藩邸时，撰《西府新文纪》。"《志》云"萧淑"者，当是元帝幕僚奉命撰集者。

凡集五百五十四部。　按：集部见于列传者，如李文博《治道集》十卷，《明克让集》廿卷，《刘臻集》十卷，《庾自直集》十卷，《孙万寿集》十卷，《志》皆遗之。

郑译传

内史中大夫乌丸轨。 按：周时功臣多赐代北姓，如王轨赐姓乌丸氏。史于《郑译》、《梁士彦》、《宇文忻》、《贺若弼》、《达奚长儒》、《元岩》、《来和传》书"乌丸轨"，于《崔仲方》、《和洪传》书"王轨"；窦毅赐姓纥豆陵氏，史于《高祖纪》书"窦毅"，于《李德林传》书"纥豆陵毅"，此亦例之不一也。

前后所论乐事，语在《音律志》。 按：《牛里仁传》亦云："与姚察、许善心、何妥、虞世基等正定新乐，事在《音律志》。"又《裴政传》云："尝与长孙绍远论乐，语在《音律志》。"今《隋史》有《音乐志》，有《律历志》，无所谓《音律志》也。《何稠传》云："大业初，营造舆服羽仪，事见《威仪志》。"《阎毗传》云："毗立议，辇辂车舆，多所增损，语在《舆服志》。"今《隋志》只有《礼仪志》，无所谓《威仪》、《舆服志》也。史不出一人之手，欲其首尾义例无一踳驳，固是难事，然不应如是之甚也。

长孙晟传

以其子雍闾为叶护可汗。 《突厥传》作"雍虞闾"。

长子行布，次子恒安。 按：《唐书·宰相世系表》不见此二人名。

韩擒传

擒本名豹。 唐人讳"虎"，史多改为"武"，或为"兽"，或为"彪"。此独更为"豹"者，欲应"黄斑"之文也。虎豹皆有斑，"黄""韩"声亦许近。

贺若弼传

陈将鲁达、周智安、任蛮奴。 《陈书》作"鲁广达"，此避讳去一字。蛮奴本名忠，亦避讳称其小字。

卢恺传

于是除名为百姓。 此避唐讳，改"民"为"百姓"也。《隋书》成于贞观之世，其时二名不偏讳，而此《传》及《酷吏·田式传》并云"除名为百姓"。

令狐熙传

熙以州县多有同名者,于是奏改安州为钦州,黄州为峰州,利州为智州,德州为骥州,东宁为融州。 按:《地理志》:"开皇十八年,改黄州曰玉州,改兴州曰峰州。"此《传》恐有脱文。

李景传

天水休官人也。 《地理志》:天水郡无休官县。

阎毗传

帝尝大备法驾,嫌属车太多。 按:毗所奏大驾、法驾属车之数及炀帝改大驾三十六乘、法驾十二乘事已见《礼仪志》,不当重出。

诚节传

刘子翊。擢授治书侍御史。切谏忤旨,遣于上江督运,为贼吴棊子所虏。子翊说之,因以众首。复遣领首贼清江。遇炀帝被杀,贼知而告之。子翊弗信,斩所言者。贼又欲请以为主,子翊不从。群贼执子翊至临川城下,使告城中云"帝已崩。"子翊反其言,于是见害。 按:《唐书·林士弘传》:"隋季与乡人操师乞起为盗,大业十二年,据豫章,隋遣治书侍御史刘子翊讨贼,射杀师乞,士弘收其余众,复战彭蠡。子翊败,死之。"是子翊死于大业十二年,其时炀帝尚无恙,与《隋书》所载,绝不相符,岂同时有同姓名而同为治书侍御史者乎? 恐二书必有一误。

儒林传

元善,祖叉,魏侍中。父罗,初为梁州刺史。 按:罗与叉为昆弟,故有"夜叉""罗刹"之称,不得为父子也。据《北史》,善之父名舒,不名罗。

文学传

王贞。 孝逸生于战争之季。贞与齐王启,不称名而称字者,避隋庙讳,以字行也。隋文帝祖名祯。

艺术传

庾季才。与王褒、庾信同补麟趾学士。 此称庾信,后又称宗人信,于例未安。

外戚传

独孤陁。弟整,官至幽州刺史。 按:《唐书·外戚传》:"整仕隋为涿郡太守。"盖大业初改幽州为涿郡,刺史为太守,名殊而实同也。

高昌传

初,蠕蠕立阚伯周为高昌王。 此称"蠕蠕",后又称"茹茹",史驳文。

王充传

王充字行满。 本名"世充",避唐太宗名,单称一字。《隋史》于"世"字不讳,而独去"世充"者,嫌篇中多丑词也。然于越王侗、张衡、杨汪、薛道衡、王韶、李密诸《传》仍称"世充",而《传》载道士桓法嗣取《庄子·人间世》、《德充符》二篇上之,云"上篇言世,下篇言充,此即相国名",则亦未之讳也。

校勘记

① "淮海乱离志",《北史》卷二九作《淮海离乱志》。

② "隋王入沔记","入",原本作"八",误。据《隋书》卷三三改。

③ "崔赜传","赜",原本作"颐"。《隋书》有崔赜无崔颐,盖刊本字讹,据《隋书》卷七七改。

④《本传》作二十二卷,《隋书》卷七八《刘祐传》载:"复著《阴策》二十卷"。

⑤《传》作十二卷,《隋书》卷七八《萧吉传》:"《乐谱》二十卷。"

⑥ "产乳志三卷",《隋书》卷七八《刘祐传》:"《产乳志》二卷。"

⑦ "庄子义疏四卷","四卷",原本作"三卷"。按,何妥著有《孝经义疏》、《庄子义疏》等,《孝经义疏》三卷,而《庄子义疏》四卷。钱氏所考,卷帙错讹。据《隋书》卷七八正之。

⑧ "稽极十卷","稽",原本作"滑",误。今据《隋书》卷七五改。

⑨ "相手板要诀一卷","板",《隋书》卷七八作"版"。

廿二史考异卷三十五

南史一

宋本纪上

武帝。刘裕龙行虎步。 唐人修《晋》、《梁》、《陈》、《齐》、《周》、《隋》诸史，避庙讳，改"虎"为"武"，或为"兽"，或为"猛兽"，或为"彪"。《南史》于此字多不避，如《宋武帝纪》"龙行虎步"、"忠臣碎于虎口"、"潜构崎岖，过于履虎"、"宁州献虎魄枕"，《梁武帝纪》"龙行虎步"，《陈武帝纪》"龙骧虎步"、"龙行虎步"，《宣帝纪》"此人虎头，当大贵"，《赵伯符传》"如与虎狼居"，《萧惠开传》"蜀人号曰卧虎"，《王僧虔传》"优者龙凤，劣犹虎豹"，《黄回传》"朝廷畏之如虎豹"，《梁宗室传》"宁逢五虎入市"，《任昉传》"雕虎啸而清风起"、"媲人灵于豹虎"，《羊侃传》"郎官谓卿为虎"、"岂羊质虎皮乎"、"试作虎状"，《侯景传》"太极殿前作虎视"，以及《萧琛传》之"虎皮靴"，《臧焘传》之《白虎通》，《范蔚宗传》之"虎帐冈"，《王僧辩传》之"白虎舰"，皆后来校书者所改，非延寿本文也。《宋文帝纪》"猛兽入郭内"，《刘湛传》"小字猛兽"，《顾宪之传》"兽而冠耳"，"兽"即"虎"字。《梁宗室传》"但畏合肥有韦武"，《韦睿传》"且愿两武勿复私斗"，"武"亦"虎"字。《袁颛传》"今日之行，本愿生出彪口"，"彪"亦"虎"字。此类则校书者不知而仍存之。《宋》、《齐》、《梁》、《陈本纪》俱有"虎贲之士三百人"，《殷淑仪》、《长沙王道怜》、《临川王道规》、《江夏王义恭》、《豫章王嶷传》俱有"虎贲班剑"，《刘穆之》、《徐孝嗣》、《章陵王子良》、《刘怀珍传》俱有"虎贲中郎将"，《齐高帝纪》"虎贲剑戟"，《文惠太子传》"虎贲云罕"之属，皆校者追改。而《宋前废帝纪》"武贲剑戟"，《刘师知传》"武贲鼓吹"，《恩幸传》"武贲中郎将"，仍未改。《齐高帝纪》"索白虎幡"，《王剑传》"发白虎幡"，《萧颖胄传》"朝廷以白虎幡追我"，《柳仲礼传》"以白虎幡解军"，亦皆追改。而《王昙首传》"应须白兽幡",仍未改。《宋少帝纪》"魏军克虎牢",《梁武帝纪》"进克虎牢",《王镇恶传》"破虎牢",《到彦之传》"魏滑台、虎牢、洛阳守兵并走"、"彦之留尹冲守虎牢",《柳元景传》"鲁爽向虎牢",《沈庆之传》"虎牢、洛阳自然不固",皆追改。而《宋文帝纪》"魏克武牢",仍未改。《江夏王义恭传》"登虎丘山",《谢举传》"自虎丘山出赴之"、"复为《虎丘山赋》",《顾协传》"游虎丘山",皆追改。而《何子季传》"至吴,居武丘山",《顾协传》"栖隐于武丘山",仍未改。《宋武帝纪》"好出神武门内",《梁敬帝纪》"起云龙、神武门",《陶贞白传》"脱朝服挂神武门",《陈宣帝纪》"改作云龙、神兽门",《梁丁贵嫔传》"诣神兽门,奉笺致谒",《江夏王义恭传》"诸子并神兽门外",《傅亮传》"见客神兽门外",《郑鲜之传》"诣神兽门求启事",《王茂传》"群盗烧神兽门",《张惠绍传》"夜烧神兽门",《张弘策传》"至夜烧神兽门"。"神武"、"神兽"本"神虎"也,今本《丁贵嫔》、《王茂》、《张惠绍传》或有作"神虎"者,亦后人所改。《沈攸之传》"率军据虎槛"、"五军在虎槛"、"建安王休仁屯虎槛",胡三省云:虎槛,洲名,在赭圻东北江中,芜湖之西南也。而《建安王休仁传》云"出据兽槛",《邓琬传》云"自武槛进据赭圻",有改有不改。《王莹传》前云"猛兽入郭",后云"虎象来格",亦有改有不改。周铁武本名"铁虎",本传及《王琳》、《周文育传》俱作"武"字,而《陈文帝纪》"故护军将军周铁虎",独改"虎"字。曹武本是"曹虎",本书皆作"武"字,而《范元琰传》"征为曹武平西参军"。今刊本亦有改为"虎"者。《北史》韩擒虎但称"韩擒",去下一字。《南史·鲁广达》、《任忠》、《樊猛传》称"隋将韩擒"者,延寿本文也。而《陈本纪》及《太子深》、《孔范传》作"韩擒虎",亦后人所添。今本《鲁广达传》亦或有加"虎"字者,皆缘校书之人不知史臣当避讳,而以意改易,又不能尽改也。

丙辰,候城门开。 《晋书》、《北史》避唐讳,改"丙"为"景",惟《南史》仍作"丙",亦后人追改。独《陶贞白传》"以宋孝建三年景申岁夏至日生",此"景"字未及改。

五月,至下邳。 上文云"经客下邳逆旅",又云以"帝为下邳太守",皆谓江左侨置之下邳。此以北伐,浮淮入泗,乃至下邳,则是汉、晋之故郡也。

帝率舟师南伐,使刘毅监太尉留府。 按:《宋书》:"是岁六月,更授公太尉、中书监,加黄钺。受黄钺,余固辞。至次年改授太尉、中书监,乃受命。"则南伐卢循之时,只是中军将军,未为太尉,不当云"监太尉留府"也。《晋书·刘毅传》但云"知内外留事"。

于是改授太尉、中书监,乃受命,奉送黄钺。　按:前年已有太尉、中书监、加当作"假"。黄钺之命,惟受黄钺,余皆不受,故此云"送黄钺",又云"乃受命"也。《南史》删去上一节,则"送黄钺"之语无着,下文不得云"又假黄钺"矣。

率众西讨,复加黄钺领荆州刺史。　"加"当作"假"。晋、宋之制,使持节得杀二千石以下,假黄钺则可专戮节将矣。宋武西伐刘毅,已假黄钺,毅平仍奉还之。至是,伐司马休之,又假黄钺。毅与休之皆持节大臣,必假黄钺,乃可行戮。《南史》于毅平之后,删"奉还黄钺"一节,则此文"复加黄钺",又无着矣。

以桂阳公义真为雍州刺史,镇长安。　是时义真以安西将军都督军事,安西司马王镇恶、安西长史王修、安西中兵参军沈田子皆义真府之僚属也。延寿于此处删"安西将军"四字,至关中乱后,乃云"遣朱龄石代安西将军桂阳公义真为雍州刺史",前略而后详,叙事亦不明白,若移"安西将军"于此文"雍州刺史"之上,则前后贯串有法矣。李氏删省旧文,往往未当,略举一二以见义。

永初元年,诏曰:"彭城桑梓,敦本斯隆,宜同丰、沛。其沛郡、下邳各复租布三十年。"　此彭城、沛、下邳三郡,皆侨置于江南者。《宋书·州郡志》:"南徐州南彭城郡,江左侨立。晋明帝又立南下邳郡,成帝又立南沛郡。宋孝武以二郡并南彭城。"按:此三郡有户口而无道里,大约侨居京口。

三年,进江州刺史王弘卫将军、开府仪同三司。　按:《本纪》书除免者,唯三公、尚书令、仆射、仪同三司,其余皆不书,此王弘以仪同三司,[1]故特书。而永初元年左光禄大夫孔季恭,元嘉十六年特进左光禄大夫王敬弘,大明七年骠骑大将军柳元景,皆加开府仪同三司,《纪》何以不书? 此史例之可议者也。

宋本纪中

文帝。元嘉七年十月,魏克金墉城。十一月,又克虎牢。　按:景平元年,金墉、虎牢二城已为魏所取矣,至是年北伐,乍复而旋失。史既不书二城之得,又何必书二城之陷乎?

孝武帝。孝建三年,立皇弟休范为顺阳郡王,休若为巴陵郡王。皇子子尚为西阳郡王。 按:皇子封王者,皆郡王也。《纪》皆不书"郡",[②]独此条有"郡"字。梁简文子大心等始封,皆书"郡王",及遇害,仍不书"郡",此亦体例之可议者。

宋本纪下

明帝。泰始元年,江州刺史晋安王子勋举兵反。 按:湘东弑君自立,子勋举兵讨之,义也。当时朝野具有公论。明帝谓蔡兴宗曰:"诸处未定,蔡琰已复同逆。"兴宗曰:"逆之与顺,臣无以辨。"《宋书·蔡兴宗传》。萧惠开自益州至都,明帝问其故,惠开从容答曰:"臣唯知逆顺,不识天命。"《南史·萧惠开传》。惠开亦从子勋者。此斯民之直道,百世不可揜者也。《纪》书"子勋举兵反",其党皆云"同逆",并据《宋书》旧文,事隔数朝,不当犹徇曲笔。

四年,改封山阳王休祐为晋平王。 按:《宋》、《齐》二《志》俱不载晋平郡,史之阙也。以六年改临贺郡为临庆郡之例准之,亦当书"改晋安郡为晋平郡",此删省之失当也。

六年,改临贺郡为临庆郡。 "贺"与"祸"音相似,故改之。犹改"骉"为"弧"也。

七年,以皇子跻继江夏文献王义恭。 《义恭传》失书此事。

帝疾间。 王懋竑曰:前不书"有疾",而后云"疾间",非史例也。

后废帝。孝武帝二十八子,明帝杀其十六,余皆帝杀之。 《通鉴考异》云"孝武诸子,十人早卒,二人为景和所杀,余皆太宗杀之,无及苍梧时者,《南史》误也"。予按:沈约《书》本无此文,延寿采它书益之。考《宋书·孝武十四王传》,泰始六年,诏曰:"世祖继体,陷宪无遗,今以第九子智随奉世祖为子。"则孝武之嗣绝于明帝之世,史固有明文矣。

齐本纪上

高帝。建元二年正月戊戌朔,以司空褚彦回为司徒。十二月戊戌,以司空褚彦回为司徒。 二文重出。盖承《南齐书》之误。

　　武帝。建元四年六月,进封江陵公子懋为晋安王。　据此,则晋平之复为晋安当在其时。临庆之为临贺,广兴之为始兴,大约皆在齐初。子显,《志》并略而不书,失之太简矣。

　　皇孙昭业为河南郡王。　"河"字衍。上文"立河南王长懋为皇太子",亦当为"南郡王"之误。

　　永明十年。　按:是年四月辛丑,大司马豫章王嶷薨。《纪》失书。

齐本纪下

　　废帝海陵王。汉文帝晏驾而鼎业倾移也。　"汉"字误。"文帝"谓文惠太子也。

　　废帝东昏侯。永元二年四月,以新除尚书右仆射萧懿为尚书令。十月,杀尚书令萧懿。　按:《长沙王懿传》,授中书令,东昏将加酷害,徐曜甫劝令西奔。懿不从,曰:"古皆有死,岂有叛走中书令耶?"初不言除尚书令。然《梁书·安成王秀传》:"懿入平崔慧景,为尚书令,居端右。"则实为尚书令,恐《懿传》误耳。

　　和帝。中兴二年三月,诛邵陵王宝攸、晋熙王宝贞。　按:《南齐书·本纪》书邵陵王宝攸、晋熙王宝嵩、桂阳王宝贞伏诛,此《纪》盖有脱文。宝攸,《列传》作"宝修"。

梁本纪上

　　武帝。时宋帝昏虐,齐高谋出外,皇考萧顺之。**以为一旦奔亡,则危几不测,不如因人之欲,行伊、霍之事,齐高深然之。**　按:《南齐书·豫章王嶷传》:太祖带南兖州,镇军府长史萧□顺之。在镇,忧危既切,期渡江北起兵。嶷谏曰:"主上狂凶,人下不自保,单行道路,易以立功。外州起兵,鲜有克胜,物情疑惑,必先人受祸,今于此起计,万不可失。"此二说意略相同,一以为顺之,一以为嶷,未详孰是?《南史·嶷传》亦载此语。

　　时上长兄懿罢益州还,仍行郢州事,乃使张弘策诣郢,陈计于懿,语在《懿传》。　按:《长沙王懿传》:"永元二年,裴叔业据豫州反,懿以豫州刺史领历阳、南谯二郡太守讨之。武帝时在雍州,遣典籤赵景悦说懿兴晋阳之甲,诛君侧之罪。懿不答。"《传》中初未有"罢益州还,仍行郢州事"之文,亦未有遣张弘策陈计之语,其语乃在《弘策传》,非《懿传》也。

天监元年四月,改南东海为兰陵郡。　按:萧整渡江,居武进县之东城里。齐、梁二代,皆其后裔,自称"南兰陵南兰陵上郡下县。中都里人"。《南齐·志》不载南兰陵郡,则齐世尝并省,至是改南东海为兰陵郡,治京口,而改武进为兰陵县,郡县皆有实土矣。

闰月,以行宕昌王梁弥邕为安西将军,河、凉二州刺史,正封宕昌王。　《西戎传》无"弥邕"名。

梁本纪中

武帝。中大通元年五月,元颢入京师,僭号建武。闰月,魏将尔朱荣攻杀元颢,京师反正。　此《梁史》,非《魏史》,当以梁都为京师,不当以魏都为京师。依史法,当云"元颢入洛阳,改元建武"。颢既为梁所立,即不可斥为僭也。"京师反正"之语,尤为无谓。延寿意虽内北而外南,然于此等书法,则所谓自乱其例,不如姚思廉书法之当矣。

西应见卯,金来克木,卯为阴贼。鬼而带贼,非魔何也。　按:坤卦,上六,癸酉立世。六三,乙卯为应。坤为土,乙卯木,坤之鬼也。卯又为阴贼,见《汉书·翼奉传》。故云"鬼而带贼"。

梁本纪下

元帝。承圣三年十二月,魏人戕帝。　《南》、《北史》诸帝崩例书年若干,惟宋顺帝、齐海陵王、梁元帝、陈文帝、西魏废帝、恭帝、齐后主阙之。此《纪》前书"天监七年八月丁巳生",其年岁在戊子,则承圣三年戌甲,年四十有七,无可疑也。齐海陵王、陈文帝、西魏废帝、恭帝,史不言其生年,则年寿遂无可考矣。《南》、《北》诸《帝纪》中,生年月日俱有者,宋武帝、孝武帝、明帝、前后废帝、顺帝、齐武帝、梁简文帝、元帝、陈废帝、宣帝、长城公、魏道武帝、孝文帝、孝明帝、齐后主、隋文帝;有年月而无日者,魏文成帝、献文帝、宣武帝、齐幼主、周静帝;有年而无月日者,宋营阳王、文帝、齐高帝、梁武帝、陈武帝、魏明元帝、太武帝、周闵帝、明帝、武帝、宣帝,其余皆不言生年。

敬帝。太平元年七月,以开府仪同三司侯瑱为司空。　《梁书》同。

按:《瑱传》不载此事。《陈本纪》"永定二年正月,以车骑将军开府仪同三司侯瑱为司空",则梁时不应先有司空之拜。

十月,魏相安定公薨。　按:高欢薨书名,而宇文泰不书名,延寿意盖以周为正也。自东西魏分峙以后,东魏元象、兴和、武定纪元,皆不书于《南史》,齐既受禅,《南史》亦不载齐之纪年,而于周改元则必书之,周诸帝称"崩",而齐诸帝称"殂",延寿之尊周而抑齐如此。

后妃传上

郁林王何妃。　按:宋三废帝、陈废帝、后主之后皆称"皇后",东昏褚后亦称"皇后",独郁林、海陵二后称"妃"而不称"后",虽沿《齐书》之文,终失史法。或谓"王"之下不可更安"皇后"字,则东昏亦是侯国,何以得书"皇后"乎?但云"郁林何皇后"、"海陵王皇后",于辞亦无所嫌。

后妃传下

武丁贵嫔。　《传》当书"生昭明太子统及简文皇帝"云云。《传》写失之。

武宣章皇后。武帝先娶同郡钱仲方女,早卒。　按:仲方女,武帝永定元年追谥昭皇后,依宋武敬臧皇后之例,亦宜立传,不当附见也。

宋宗室诸王传上

长沙王道怜。故青州刺史、龙阳县公王镇恶。　《本纪》及《镇恶传》皆作龙阳县侯。又按:元嘉九年,以长沙王道怜等配飨庙庭诏书已载于《本纪》,而此《传》又具列其名,殊重复无当。此诏配飨六人,长沙、临川二王、刘穆之、王镇恶俱已殁,王弘、檀道济尚无恙。其后道济以罪诛,竟不得与配食之典。齐武帝永明十年,诏以褚渊、王俭、柳世隆、王敬则、陈显达、李安民配享太祖庙庭,敬则、显达后皆以谋反诛,与道济事正同。

临川王义庆。鲍照字明远,东海人。　上文已云"东海何长瑜、鲍照",则照为东海人可知,不必更云东海人也。照当入《文学传》,附见此篇,亦失其伦。此亦因沈约旧文。沈《书》不立《文苑》一篇,故因事附见。

文帝以为中书舍人。　按:鲍照为中书舍人在孝武时,见《恩幸传》。此云"文帝"者,误也。照为义庆所赏,及为舍人,义庆薨已久矣。延寿因义庆薨于文帝时,并疑鲍照得官亦在文帝之世耳。

营浦侯遵考。及北伐平定,以为并州刺史,领河东太守,镇蒲坂。按:《宋志》不载此州,以其暂置而旋失也。据《宋书》本传,是时所督者,司州之北河东、北平阳,北雍州之新平、安定诸郡,皆非实土。

江夏王义恭。废帝率羽林兵于第害之,并四子。　按:义恭十六子,元凶杀其十二,废帝又杀其四,其封号事状,具载沈约《史》,延寿何故阙而不书?且孝武以第四子子绥嗣义恭之世睿,明帝又以第八子跻继义恭为孙,皆《传》所宜书者,而《南史》皆失之,与它传例亦不一,恐转写有脱简耳。

宋宗室诸王传下

元凶劭。初,濬母卒,命潘淑妃养以为子。　前文云"潘淑妃生始兴王濬",则濬实潘妃所生。《宋书·二凶传》亦无"养子"之说,延寿据它书增入,以致自相矛盾。

临庆王休倩。以第五皇子智井为东平王,继休倩,未拜,薨。按:《本纪》,智井薨后,明帝又以第八子智涣继之,此《传》失书。

孝武帝二十八男,安陆王子绥。南平王子产、庐陵王子舆并出继。按:子产继南平王铄,子绥继江夏王义恭,子舆继庐陵王义真,俱为明帝所害。史于《铄传》附书子舆事,而《义恭》、《义真》二《传》不及子绥、子舆,亦为疏漏。

明帝十二男,智井、燮、跻、赞并出继。　按:《宋书·本纪》泰始六年九月,[③]以第八皇子智涣继临庆冲王休倩。七年八月[④],以第八皇子跻继江夏文献王义恭。盖"智涣"即跻之小字,初继临庆,改嗣江夏也。

刘穆之传

谓所亲曰:"贫贱常思富贵,富贵必践机危。今日思为丹徒布衣,不可得也。"《晋书·诸葛长民传》长民即长人,《南史》避讳改。以此为长民之语,《通鉴》从《晋书》。胡三省谓长民琅邪阳都人,侨居京口,故有丹徒布衣语。然《长民传》不言侨居所在。予后读《南史·诸葛璩传》云"琅邪阳都人,世居京口",以是推之,长民之侨居京口可无疑也。

刘瑀传

至江陵,与颜竣书曰:朱修之三世叛兵,一日居荆州,青油幕下作谢宣明面相向,使斋帅以长刀引吾下席。 按:瑀为益州刺史在孝建三年,其时朱修之为荆州刺史,都督梁、益诸州,瑀以统府之礼参谒,故有此言也。修之祖序,为苻坚所执,修之又尝仕魏,故云"三世叛兵"。宋世常以诸王镇荆州,庶姓惟谢晦与修之二人。朱门望远出谢下,瑀心尤不能平也。

刘秀之传

时定制令,隶人杀长吏科。 "隶"当依《宋书》作"疑"。"人杀长吏",谓部民杀官长也。《南》、《北史》避"民"字,如"尚书左民曹"多改为"左户",或为"左人",诸葛长人、徐野人、李安人、刘遗人之类,皆改"民"为"人"。时议者谓民杀长吏,会赦,宜以徒论,秀之以为民敬官长比之父母,若遇赦而徒,便与悠悠杀人曾无一异,宜长付尚方,穷其天命也。"人"、"民"义异而文相混,特为别言之。

赠司空,谥忠成公。 秀之封康乐县侯,而谥"忠成公"者,以赠三公故也。徐湛之本枝江县侯,以赠司空谥忠烈公。何尚之本都乡侯,以赠司空谥简穆公。袁湛晋宁县男,以赠开府仪同三司谥敬公。王元谟曲江县侯,以开府仪同三司谥庄公。袁淑、袁昂、殷景仁、王敬弘皆无封爵,淑以赠太尉,昂以司空,景仁以赠司空,敬弘以赠开府仪同三司,故皆谥曰"公"。若位非台司,又无五等之封而得谥者,例称"子",如张绪谥简子、裴子野谥贞子之类,是也。

徐孝嗣传

八岁袭爵枝江县公。 按:湛之封枝江县侯,身后亦未见加封之文,其子何以得袭公爵?又考《宋书·州郡志》,枝江止云"侯相",不云"公相",疑此误也。

以废立功,封枝江县侯。 上文不书"齐受禅,例除封爵"一节,则此文便难晓。

檀道济传

进位司空,镇寿阳。　寿阳当作"寻阳"。《宋书》云"还镇寻阳"。

王瞻传

武帝笑称嶷小名多王。　嶷小名"阿玉",见《梁本纪》,此文误。

谢晦传

时谢琨风华为江左第一。　"琨"当作"混"。混字叔源,当从水旁。彭城大会之时,混已先殁,《南史》叙事,往往失次。

永初二年,坐行玺封镇西司马南郡太守王华,而误封北海太守球,板免晦侍中。　是时文帝以镇西将军领荆州刺史,华为其府司马兼领南郡太守,《华传》但云"代张邵为司马",不称"镇西",又不云"南郡太守",史之略也。《球传》亦不载除北海太守。

谢弘微传

混仍世宰相,一门两封。　按:《南史》诸《帝纪》,诸王三公而下,惟尚书令、左右仆射拜罢卒皆书,盖令、仆位居端揆,当时固以宰相目之。混祖安石,位正台司,为晋名相;而混父琰,亦尝任尚书左仆射,赠司空;混又为中领军、尚书左仆射,故云"仍世宰相"。《南史》所载王俭为左仆射领选时已称宰相,徐孝嗣、何敬容皆以尚书令仆称宰相,王亮为尚书左仆射,梁武有"焉用彼相"之讥,则仆射可称宰相矣。王僧达,孝武时为右仆射,自负才地,三年间便望宰相,此宰相谓三公也。亦有官至令仆而不预机密者,若谢举屡居端揆未尝肯预时政,王敬弘关署文案初不省读,则人亦不以宰相目之矣。混父琰封望蔡县公,兄峻又封建昌县公,故云"一门两封"。

与琅邪王慧、王球并以简淡称。　"王慧"即"王惠"也。古文"惠"与"慧"通。《南史》齐文惠太子或作"文慧",《谢几卿》、《王僧孺传》。崔慧景或作"惠景"。《王莹传》。《任昉传》"想慧、庄之清尘",谓惠施、庄周也。今内府本作"王惠"。⑤

谢瀹传

苟得其人，自可流湎千日。　刘悛父名勔，"流湎"音与刘勔同，因悛斥其父名，故亦以是报之。汲古阁本作"沈湎"，非也。张景阳"七命倾罍一朝，可以流湎千日"。

谢举传

任昉出为新安郡，别举诗云："讵念羞嗟人，方深老夫托。"　按：《刘孝绰传》：孝绰为《归沐诗》赠任昉，昉报曰："彼美洛阳子，投我怀秋作。讵慰羞嗟人，徒深老夫托。直史兼褒贬，辖司专疾恶。九折多美疢，匪报庶良药。"则此二语乃昉答刘孝绰诗，非别举诗也。此《传》误。

校勘记

① "仪同三司"，"司"，原本作"史"，误。径改。

② "纪皆不书郡"，"不书"之上，原本有一"不"字，衍。今删。

③ "泰始六年九月"，原本作"十月"。《宋书》卷八《明帝纪》载此事于泰始六年九月癸未，从之。

④ "七年八月"，原本作"十月"。《宋书》卷八《明帝纪》载此事于泰始六年八月戊子，从之。

⑤ "今内府本作王惠"，"本"，原本作"木"，误。径改。

廿二史考异卷三十六

南史二

王弘传

子锡嗣。卒,子僧亮嗣。僧亮弟僧衍,僧衍弟僧达。 据此文,似僧达为锡之子,今以前后勘校,则僧达实弘之少子,与锡昆弟行。其证有五:《僧达传》:"文帝欲以为秦郡。吏部郎庾仲文曰:'弘子不宜作秦郡。'"一证也。僧达答诏曰:"亡父、亡祖,司徒、司空。"谓祖珣为司徒,父弘为司空,二证也。僧达欲诱族子确,杀而埋之,从弟僧虔知其谋,禁呵乃止。僧虔,昙首子;而僧达,弘子,故称从弟,三证也。《僧达传》云:"兄锡,质讷乏风采。"又云:"与兄锡不协。"四证也。《蔡兴宗传》云:"王锡妻范","以书让锡弟僧达。"五证也。《南史》本文当云"锡弟僧达",校书者误仞以"僧"排行,妄改"锡"为"僧衍"耳。或又疑僧亮、僧衍亦弘之子。今检《宋书》,称僧达为弘少子,而僧亮为锡子,嗣父爵,齐受禅,降爵为侯。休文生于宋代,其述王氏家世,必不舛误。而僧衍之孙冲,《南史》称为弘玄孙,则僧衍与僧亮均为弘孙,与僧达非昆弟行矣。晋人如羲之、献之,父子不嫌同名,即如王微亦弘之从子,微弟名僧谦,而微兄子即名僧祐,岂可妄意有"僧"字者,即皆昆弟乎!

王籍传

梁天监中,为轻车湘东王谘议参军,随府会稽郡。 按:《梁元帝纪》失载都督会稽事。《梁书·元帝纪》"初为宁远将军、会稽太守",不云为轻车将军,亦史之阙也。考《隋书·百官志》,梁置一百二十五号将军,轻车在十四班,宁远在十三班,盖由宁远进号轻车矣。

王俭传

升明二年，为长史兼侍中。　按：晋、宋以来，三公、仪同三司及都督军事者，俱有长史。长史之名虽同，而品秩轻重各别。诸列传除长史者，必系本府名，在内如太尉左右长史，^①司徒左右长史；在外如镇西长史、辅国长史之类，未有单称"长史"者。俭自司徒右长史出为太守，还为黄门郎，转吏部郎，已非长史之职。升明初迁长兼侍中，"长兼"者，未正授之称。《晋书·刘隗传》："太兴初，长兼侍中。"《孔愉传》："长兼中书令。"是"长兼"之名，自晋已有之矣。《南史》添一"史"字，试问俭所授者，何府之长史乎？此《传》前后多有"长史"字，当由后人转写相涉而误，非延寿本文也。《南齐书》本无此字，或转据《南史》增益之，不独昧于官制，亦大非阙疑之旨。

赵充国犹能自举西零之任。　"西零"即"先零"。"西"、"先"声相近。

遗诏以俭为侍中、尚书令、镇军。　"镇军"下当有"将军"二字。下文云"进号卫将军"，谓由镇军将军进卫将军也。

王僧虔传

父昙首与兄弟集会子孙，任其戏适。僧虔累十二博棋，既不坠落，亦不重作。僧绰采蜡烛珠为凤凰，僧达夺取打坏，亦复不惜。伯父弘曰："僧虔必至公，僧绰当以名义见美。"或云僧虔采烛珠为凤凰，弘称其长者云。　按：延寿史多采杂书，或两说异同，亦兼存之。此后一说出萧子显《书》也。《本传》："高帝与僧虔赌书毕，谓曰：'谁为第一？'对曰：'臣书第一，陛下亦第一。'帝笑曰：'卿可谓善自为谋。'或云帝问：'我书何如卿？'答曰：'臣正书第一，草书第二；陛下草书第二，而正书第三。臣无第三，陛下无第一。'"前一说出萧子显《书》。《刘瓛传》："与友人会稽孔逿同舟，遇一女子，逿目送曰：'美而艳。'瓛曰：'斯岂君子所宜言乎，非吾友也。'于是解裳自隔。或曰与友孔彻同舟入东，彻留观岸上女子，瓛举席自隔，不复同坐。"后一说出萧子显《书》。《王茂传》："人或谮茂反，遣视其甲稍，则尘网焉，乃诛谮者。或云茂与帝不睦，帝诸腹心多劝除之，而茂少有骁名，帝又惜其用，乃命腹心郑绍叔候之云云。"此两说姚思廉史皆无之。《张缵传》:"尝预东宫盛集,太子戏缵曰:'丈人谧、聿皆何在?'缵从容曰:'缵有谧、聿,亦殿下之衡、定。'或云缵从兄聿及弼愚短,湘东王在坐,问缵曰:'丈人二从聿、弼艺业何如?'缵曰:'下官从弟虽并无多,犹贤殿下之有衡、定。'"此两说思廉书亦无之。

王志传

志家居建康禁中里马粪巷。　"马粪",《梁书》作"马蕃"。

王藻传

谢庄殆自害于矇叟,殷冲几不免于强钼。　按:《谢庄传》无尚主事。疑谢、殷二人一以目疾辞,一以足疾辞,遂停尚主也。

姆妳争媚。　按:《南史》多俗语,如呼父为"爹"、《梁始兴王憺传》。音徒我反。又为"阿爷",《侯景传》。呼乳母为"妳"、《王藻传》。布施为"倷"、《张融传》。举移为"抲"《齐东昏侯纪》。之类。字之俗者,如"鑐"为"镊"、《齐郁林王纪》、《范蔚宗》、《隐逸传》。"盘"为"桦"、《刘穆之传》。"吝"为"怯"、《何敬容》等传。"樵"为"蕳"、《朱百年传》。"熏"为"燻"《侯景传》。是也。

王亮传

下官以犯讳被代,未知明府讳。若为"攸"字,当作无骹尊傍犬?为犬傍无骹尊?若是有心攸?无心攸?乞告示。　予谓"无骹尊"者,"酋"也。酋傍犬为"猷",犬傍酋为"猶"。有心为"悠",无心为"攸"。"攸""悠""猷""猶"四字,同纽同音。亮父名攸,嶷之佯为不知,问是何字,频触其讳,且以犬傍戏之也。世俗读"攸"、"悠"二字如"忧"音,而史文遂难通矣。

王华传

及王弘辅政,而弘弟昙首为文帝所任,与华相埒。华常谓己力用不尽,每叹曰:"宰相顿有数人,天下何由得安?"　考是时王弘以侍中、司徒录尚书事,固是三公之职。昙首以侍中领骁骑将军,华以侍中领护军将军,而华称"宰相顿有数人"。《刘湛传》,湛为侍中时,王华、王昙首、殷景仁亦为侍中,文帝曰:"此四贤一时之秀,同管喉舌,恐后世难继。"《沈演之传》,演之为右卫将军,范蔚宗为左卫将军,对掌禁旅,同参机密,寻加侍中,文帝谓之曰:"侍中领卫,望实华显。此盖宰相便坐,卿其勉之。"似当时以侍中为宰相矣。然同时如范泰、王球辈亦为侍中,而时人未以宰相目之,则知侍中之职,虽为清切,亦视人主倚任何如耳。孝武选王彧、谢庄、阮韬、何偃四人为侍中,初未预参机密,官职之随人重轻,自昔然矣。

子定侯嗣,卒。子长嗣。　按:《王僧绰传》云:"王华子新建侯嗣才劣,位遇亦轻。"则嗣乃华子之名,此云"定侯嗣",似"定侯"为其名矣。

王琨传

出为会稽太守,加都督,坐误竟囚,降为冠军。　按:《南齐书》本传:"出为督会稽、东阳、新安、临海、永嘉五郡军事、左军将军、会稽太守,坐误竟囚,降号冠军。"盖自晋以后,都督必带将军号,而军号又有高下之分。琨本以左军将军督会稽五郡,坐事降号冠军将军,而督军如故。《齐史》所书本甚分明,今删去"左军将军"一语,而"降为冠军"之文不可通矣。予尝谓延寿似未通南北朝官制,故诸传删省,多未得其要领。此类是也。

王俭为宰相,属琨用东海郡迎吏。　按:当时州郡除代,皆有"迎吏"。《谢述传》:宋武帝"临豫州,讽中正以为迎主簿"。《王规传》:"为本州迎主簿。"《到洽传》:"年十八,为徐州迎西曹。"《江紑传》:"南康王为徐州,召为迎主簿。"《刘孺传》:"本州召迎主簿。"《王谌传》:"沈昙庆为徐州,辟谌为迎主簿,又为州迎从事。"《徐勉传》:"旧扬徐首迎主簿,尽选国华中正,以勉子崧充南徐选首。"《蔡征传》:"陈武帝为南徐州,召补迎主簿。"《隋书·百官志》:"陈依梁制,年未满三十者,不得入仕。唯诸州光迎主簿,西曹、左曹得仕。其诸郡,唯正王任丹阳尹经迎得出身,庶姓尹则不得。"可证"迎吏"亦入官之一途也。谢方明自晋陵太守迁南郡相,而晋陵送故主簿弘季咸、②徐寿之并随在西;宋孝武去镇,颜师伯以主簿送故;随王子隆自荆州代还,以庾于陵为送故主簿,则当时又有"送吏"矣。

王景文传③

以景文及会稽孔颚俱南北之望。 按:琅邪王氏虽侨居江南,犹自称"北人",而以三吴人士为"南士"。张绪善谈玄,王俭云:"绪过江所未有,北士可求之耳。"齐高帝欲用绪为右仆射,王俭曰:"南士由来少居此职。"《裴松之传》:"琅邪王茂之、会稽谢辎皆南北之望。"并以南、北对举。其时南人仕宦多不达,不如北士之通显也。

王缋传

景文封曲安侯,缋袭其本爵为始平县五等男。 按:《景文传》云封"江安县侯",非"曲安"也。"本爵"之语,亦未详。景文初袭伯父封建陵子,非始平男。

王通传

仕梁为黄门侍郎。 按:通弟质以帝甥封甲口亭侯,④固以帝甥封莫口亭侯,俱载本传,惟通封武阳亭侯不书,此例之不一也。

王秀之传

秀之祖父敬弘致仕,隐吴兴。 敬弘居余杭之舍亭山。余杭,吴兴属县也。

王镇之传

为征西道规司马、南平太守。 "道规"上当有"刘"字。道规以征西将军都督荆州,镇之为其府司马而带南平太守也。南平郡属荆州。

王晏传

初为建安国左常侍,稍至车骑。 按:"稍至车骑"四字,文义难晓。考《齐书》本传云:"宋大明末,起家临贺王国常侍,员外郎,巴陵王征北板参军,安成王抚军板刑狱,随府转车骑。"盖晏初仕临贺国常侍,再任巴陵王府参军,又任安成王府刑狱参军也。安成王即宋顺帝。初除抚军将军、扬州刺史,晏在府板授抚军刑狱参军。元徽二年,王进号车骑将军,即授车骑刑狱参军,所谓"随府转"也。今删去"安成王抚军板刑狱"一语,又改"随府迁"为"稍至",而文理难通矣。《齐史》云临贺国,此云建安国,亦当以临贺为是。宋孝武大明七年立第十八皇子子产为临贺王。

王思远传

临海太守沈昭略。　按:《昭略传》不云为临海太守。

王准之传

范泰嘲之:"卿唯解弹事耳。"准之正色答:"犹差卿世载雄狐。"按:《范蔚宗传》云:"素有闺庭论议,朝野所知,故门冑虽华,而国家不与姻。"准之雄狐之讥,盖谓此也。又《王僧虔传》甲族由来多不居宪台,王氏分支居乌衣者,位宦微减,僧虔为御史中丞,乃曰:"此是乌衣诸郎坐处,我亦可试为耳。"盖当时甲族薄中丞而不为,故范泰以唯解弹事嘲之。

王懿传

见仲德,惊曰:"汉已食未。"《辍耕录》云:今人谓贱丈夫曰"汉子"。引《北史》魏该迁青州刺史,固辞,文宣帝大怒曰:"何物汉子,与官不就。"据此《传》,则晋时已有汉子之称,亦非贱词也。

到㧑传

随王子隆带彭城郡,㧑问讯不修部下敬,为有司举,免官。　按:《三国志》,秦宓与太守夏侯纂书,称:"民请为明府陈其本纪。"晋人法帖,多有自称"民"者。到㧑彭城武原人,于彭城守当修民敬,《南史》避唐讳,故改称"部下"。《刘凝之传》:"临川王义庆、衡阳王义季镇江陵,并遣使问讯。凝之答书曰顿首称仆,不为百姓礼,人或讥焉。"亦是避讳,改"民"为"百姓"也。

到沆传

武帝宴华光殿,命群臣赋诗,独诏沆为二百字。　按:是时被诏赋二十韵诗者,尚有任昉、萧琛、到洽三人,见《洽传》。不得云"独"也。

垣崇祖传

元凶弑逆,嗣辅国将军张柬。　"嗣"字误,当是"隶"字。

袁粲传

粲克日谋矫太后令辊、伯兴率宿卫兵攻齐高帝于朝堂,回率军来应,彦节、彦节,刘秉字也。《南史》避唐讳称字。候伯等并赴石头。事泄。按:《宋书·粲传》于"并赴石头"之下,云"本期夜发,其日秉惺扰不知所为,晡后便束装,未暗,载妇女席卷就粲,由此事泄"。《南史》删去二十九字,词意未足,而下文"王蕴闻彦节已奔"句,亦无根矣。

袁昂传

昂字千里,雍州刺史颛之子也。　"雍州刺史"四字可省。

袁泌传

临终戒其子芳华。　袁廷梼曰:《陈书》作"蔓华"。

孔靖传

累迁吴兴太守,加冠军。　"冠军"下当有"将军"二字。

褚彦回传

嫡母吴县主求之。　"吴县"当作"吴郡"。

领尚书、右卫将军。　按:彦回在明帝时尝为吏部尚书及右仆射,此云"领尚书",则当时无此官也。

后为吴郡太守。　"吴郡"当作"吴兴"。《南齐书》本传及王俭碑文俱无守吴郡事,盖传写之讹。下文亦有"出为吴兴"之语。

彦回初为丹阳,与从弟焰同载。　按:《南齐书》本传,明帝即位,转侍中,迁散骑常侍、丹阳尹。延寿删去"迁丹阳尹"一节,则此语无根。

又诏彦回妻宋故巴西主。　按:王俭撰渊碑文云"选尚余姚公主"，此《传》前云"尚南郡献公主"，后云"巴西主"，盖初封余姚公主，进封南郡，齐受禅后，又例降封巴西。封号虽异，其实一人也。

褚蓁传

八年，改封巴东郡侯。　按：彦回本封南康郡公。蓁初袭父爵，至是以南康为王国，而改蓁为巴东公，见《齐武帝诸子传》。此云"郡侯"，恐误。

蔡兴宗传

庐江内史周朗以正言得罪。　《周朗传》作"庐陵内史"。

三吴旧有乡射礼，元嘉中，羊玄保为吴郡行之，久不复修。兴宗行之。　是时兴宗为会稽太守。"三吴"谓吴郡、吴兴、会稽也。本《水经注》。《王镇之传》："时三吴饥荒，遣镇之衔命赈恤，而会稽太守王愉不奉符旨。"会稽在三吴之中，明矣。

元嘉初，中书舍人秋当诣太子詹事王昙首，不敢坐。　按：列传卷廿二以为张敷事。彼传"秋"作"狄"，字之讹也。《广韵》"秋"字注："又姓。宋中书舍人秋当。"《宋书·兴宗传》亦讹作"狄"。

其后，中书舍人弘、兴宗为文帝所爱遇，上谓曰："卿欲作士人，得就王球坐，乃当判耳。"　按：《球传》云中书舍人徐爰，不言兴宗，亦无就坐举扇事。

太原孙敬玉，位至尚书右丞。子廉，仕梁，以清能位至御史中丞。　按：《循吏传》有孙廉，亦为御史中丞，其父名奉伯，东莞人，此别一孙廉。

外甥袁颛始生子象，而妻刘氏亦亡，兴宗姊即颛母也。　按：袁象为颛弟觊之子，此两"颛"字当作"觊"，因前文有外甥袁颛，相涉而讹耳。觊与颛为亲兄弟，则颛母即觊母。颛、觊皆为兴宗甥，无可疑者，此后人传写之讹，非史家之失也。《宋书·兴宗传》误与此同。

何尚之传

义宣司马竺超。　按：《南郡王义宣》、《张畅》、畅子《融传》俱作"竺超人"。考《宋书》，本名"超民"，《南史》避唐讳，或改"民"为"人"，或去下一字。

何点传

吴国张融,少时免官。 按:上文已有"吴国张融",此又举其望,重复非法。《何子季传》"汝南周颙"前后两见,《伏暅传》前称"乐安任昉",后称"乐安任遥,遥子昉",一篇之中,再举郡望,何不检照乃尔。

何昌宇传

父佟之,位侍中。 此别是一人,非《儒林传》之佟之也。

张岱传

母年八十,籍注未满,岱便去官,从实还养。 按:《何子平传》,母本侧庶,籍注失实,实未及养,而籍年已满,便去职归家。顾觊之谓曰:"尊上年实未满八十,亲故所知,州中差有微禄,当启相留。"据此二文,则古者父母年八十,有归养之令也。

张绪传

常云:"何平叔不解《易》中七事。" 此文似未完。《南齐书》云:"何平叔所不解《易》中七事,诸卦中所有时义,是其一也。"绪举斯语,必有所为,二史文皆简略,无以知之。《三国志》注引《管辂别传》云"何尚书自言不解《易》九事",《南史·伏曼容传》亦云"何晏疑《易》中九事",此云"七事",未许孰是。

子完。 《南齐史》作"克"。

张瓌传

宋征北将军、南兖州刺史永之子也。 "宋征北"以下十字可省。
安陆王纻临雍州。 "纻"与"缅"同。

张稷传

山贼唐宇之作乱。 《梁书》作"唐瑶",误。《梁宗室传》作"唐瑀之"。"瑀"误为"瑶"也。

封江安县子。　《梁书》作"江安县侯"。

张邵传

初为晋琅邪内史王诞龙骧府功曹。　按:《王诞传》不云为龙骧将军,史之漏也。

张畅传

队主张世营救得免。　即"张兴世"也。本单名"世"。

张冲传

以冲为舒州刺史。　按:齐无舒州,"舒"当作"郢"。

张融传

四月八日,建斋并灌佛,僚佐觋者,多至一万。　"觋"与"䚍"同。《广韵》:"䚍,施也。"

荀伯子传

故太尉广陵公陈淮。　"淮"当作"准"。

裴子野传

沈约所撰《宋书》称"松之已后无闻焉"。　今《宋书》无此文,盖与子野释恨之后,改去之耳。

沈怀文传

为治书侍御史。　《南史》避唐高宗名,故"治书侍御史"但云"书侍御史",此文后人所添。《梁本纪》,道赐位南台"治书侍御史",亦后人所添。

周舍传

于是勉、舍同参国政,两人俱称贤相。　按:徐勉官至尚书仆射、中书令,固可称宰相。周舍官止太子右卫率、右卫将军及太子詹事,而亦得"贤相"之称,盖当时宰相无常职,惟预机密者,便得称之。其真拜三公及仪同三司者,班秩虽高,未必预闻国政也。

周弘正传

弘正谄附王伟,又与周石珍合族,避景讳,改姓姬氏。 按:弘正为侯景太常,改氏为姬,固于行检有玷,然当时受伪命者,岂独弘正一人? 至于谄附王伟,与周石珍合族,则或者传闻已甚之辞。《南史》所采异闻,如梁临川王宏与武帝女永兴主私通,遂谋弑逆;陈后主通萧摩诃之妻;萧韶为幼童,庾信爱之,有断袖之欢;《北史》辛德源与裴让之相爱,兼有龙阳之重;祖珽饮酒,藏铜叠二面,皆旧史所无,未可尽信。《北齐书·祖珽传》已亡,后人以《北史》补入。

庾仲文传

始兴王濬当镇湘州,以仲文为司马。濬不之任,仍除南梁太守,司马如故。 按:仲文为濬后军司马,濬不之湘州,改除南豫州,故仍以司马领南梁太守。南梁,豫州属郡也。史但云"濬不之任",不云"移镇南豫",则无缘遥带南梁郡守矣。此亦延寿不谙官制之一证。

顾觊之传

尝于文帝坐论江东人物,言及顾荣,袁淑谓觊之曰:"卿南人怯懦,岂办作贼。"觊之正色曰:"卿乃复以忠义笑人。"[5]淑有愧色。 按:袁氏世无失德,淑后来又以忠义著,何愧之有。此事出《宋书》本传,休文南人,左祖乡先达,故载斯语,然史家不分皂白,大率如此。

羊戎传

官家恨狭,更广八分。 按:"八"属重唇,"分"属轻唇,而配为双声。下文"铜池摇扬"句,"铜"属舌头,"池"属舌上,而亦配为双声。今人所谓类隔也。凡双声必依其类,今所传字母者,声之类也。字母三十六字,唐以后始有之,然六朝人精于双声,当时必自有谱。僧守温辈窃而名其学,郑渔仲不考其本末,妄谓字母出于梵音,不知梵音四十二母,与中华之三十六母迥乎不同也。今以此《传》及《魏收传》所载双声合之后来字母。官家,见母也;恨狭,匣母也;八分,邦母也;清泚,清母也;铜池,定母也;摇扬,喻母也;当得,端母也;剧棋,群母也;愚魏,疑母也;衰收,审母也;是谁,禅母也;鼻平,并母也;饭房,奉母也;笭笼,来母也;箸札,照母也;嘲玎,知母也。盖孙炎制反切,沈约辨纽字以来,士大夫多能言之。更溯而上之,则参差、町疃、拮据、间关,《诗》三百篇随举即是,股肱、阢陧见于《尚书》,饕餮、穷奇载于《左氏》,天下之口相似,古今人不相远也,何待西域沙门始泄其秘哉!

沈庆之传

视诸沈为劫首者数十人,士悉患之。庆之诡为置酒大会,一时杀之,于是合境肃清。　按:庆之虽预顾命,未领扬州刺史,又不还镇乡郡,所谓"合境"者,果何指乎?此事《宋书》所无,难以深信。

沈昭略传

王晏尝戏昭略曰:"贤叔可谓吴兴仆射。"　"贤叔"谓文季也。上文未见文季事,则此语无根。且"吴兴仆射"之嘲,亦见《文季传》,而答语各异,若以此段并入《文季传》,则词不费而意亦显矣。

宗夬传

祖少文,名列《隐逸传》。　宗夬大父少文,⑥名列《隐逸》,不与悫、夬合传;沈初明之大父瑀,名列《循吏》,不与初明合传,皆与全书体例不相应。

刘悛传

夏侯恭叔上书,以柳元景中兴功臣,刘勔殒身王事,宜存封爵。⑦诏以与运隆替,不容复厝意也。　此事又见《垣崇祖传》。

刘绘传

为晋安王征北长史、南海太守、行南徐州事。　"南海"当作"南东海",脱"东"字。

刘孝绰传

武帝谓舍人周舍。 按:《周舍传》不言除"舍人"。据《梁书》,盖为"中书通事舍人"。

刘孝仪传

出为豫州内史。 "豫州"疑"豫章"之误。

齐宗室传

临汝侯坦之。少帝微闻外有异谋。 此"少帝"谓郁林王也。《王玄谟传》称宋前废帝为少帝,《桓康传》称后废帝为少帝,《江淹传》前称宋苍梧王为少帝,后称齐郁林王为少帝,《宗夬传》亦称郁林王为少帝,与《纪》、《传》称谓互异。

左将军沈约五更初闻难,驰车走趋西掖门。 按《沈约传》,齐时为左卫将军,不为左将军。

齐高帝诸子传

始兴王鉴。初封广兴郡王,后改封始兴。 广兴即始兴郡,宋明帝改"始"为"广",齐初仍复故名,非改封也。

齐武帝诸子传

庐陵王子卿。徙都督、荆州刺史。始兴王为益州,子卿解督。 按:《齐书》本云都督荆、湘、益、宁、梁、南北秦七州,则益州在所督之内。其云"解督"者,特解益州,非去都督之号也。《南史》既删所督诸州之名,则解督一节亦可从省。

明帝诸子传

邵陵王宝修。中兴二年谋反,宣德太后令赐死。⑧ 按:梁武诛齐宗室,诬以反谋。《齐书》修于梁代,目为谋反,不得不尔,延寿不当仍以反目之。

论。望其择位扶危。 "择"当作"释"。

陈显达传

后以太尉判鄱阳郡公，为三公事，而职典连率，人以为格外三公。　按：宋、齐之世，三公出典方州者多矣，非始于显达也。五等封爵无判事之职，云"判鄱阳郡公"，亦非也。《齐史》本无此文，延寿采自它书，殊未可信。

焦度传

父明，与千余家随居襄阳，乃立天水郡略阳县以处之。　此即《宋志》雍州之南天水也。彼《志》失书建立之年。《隋志》襄阳郡上洪县，宋侨立略阳县，梁又立德广郡。然则梁之德广郡，即宋之南天水矣。

周盘龙传

永明五年，为大司马。　此时豫章王嶷为大司马，盘龙何以得代之？盖为嶷府之僚佐，史脱其文耳。

胡谐之传

卒，谥肃侯。　按《齐书》，谐之爵关内侯，故谥称"肃侯"。此删去"爵关内侯"句，则"侯"字无根。

陆慧晓传

妇父领选，始作尚书郎。　按：妇父谓张岱也。子倕称岱为外祖可证。

迁西阳王征虏、巴陵王后军、临汝公辅国三府长史，行府州事。按：西阳王子明，永明六年除冠军将军、南兖州刺史。八年，进号征虏。临汝公昭文，永明十年除辅国将军、南豫州刺史。巴陵王子伦以永明七年除南中郎将、南豫州刺史。此云"后军"，不同。盖军号递迁，史家不能悉书也。

陆襄传

杀广晋令王筠。　此别一王筠。

庾杲之传

尝兼侍中夹侍,柳世隆谓齐武帝曰:"庾杲之为蝉冕所映,弥有华采,陛下固当与其即真。" 此"兼"字当读去声,盖假职未真授之称,与一人兼两职之兼有别。《旧唐书·职官志》:"职事解散官欠一阶不至为兼,其两职事者亦为兼,颇相错乱。其欠一阶之'兼',古念反,其两职事之'兼',古恬反,字同音异耳。"

刘怀珍传

伯父奉伯,宋世位至陈、南顿二郡太守。 按:下文《怀慰传》又云"祖奉伯,宋元嘉中为冠军长史",盖以长史带郡守也。然一篇之中,前后重出,当删此而存彼。

庾肩吾传

北地傅弘、东海鲍至等。 按:上文已有鲍至名,此又举其郡望,于史例未当。

刘虬传

表虬及同郡宗测、宗尚之、庾易、刘昭五人。 按:上文已云"同郡宗测",此文重见。庾易,新野人;刘昭,平原人,又不当蒙上"同郡"之文。

校勘记

① "太尉左右长史","史",原本作"司",误,径改。

② "而晋陵送故主簿弘季咸","晋",原本作"景",误。今据《南史》卷一九改。

③ "王景文传",王景文为王彧字。《南史》题《王彧传》。钱氏大多依史书,以人名作题,此径以字为题,于例未一。

④ "以帝甥封甲口亭侯","封",原本脱,今据意补。

⑤ "复以忠义笑人","笑",原本作"忠",误。据《南史》卷三五改。

⑥ "宗央大父","央"字之上,原本有"之"字,衍。今删。

⑦ "宜存封爵","宜",原本作"官",误。据《南史》卷三九改。

⑧ "宣德太后令赐死","太",原本作"皇",误。据《南史》卷四四改。

廿二史考异卷三十七

南史三

梁宗室传上

吴平侯景。祖道赐,以礼让称,居乡有争讼,专赖平之,又周其疾急,乡里号曰"墟王"。皆窃言"其后必大"。仕宋终于书侍御史,齐末追赠左光禄大夫。　道赐既梁武之祖,其事迹当见于《梁本纪》,乃别出于《吴平侯传》,非史例也。

长沙王懿。至五月,有司方奏追皇考皇妣尊号。　《本纪》,有司奏追尊考妣在闰四月。

临川王宏。正立弟正表,封封山侯,后奔乐山。表弟正信。　按:《北史》,正表在梁封山阴县侯,而《梁书》、《南史》俱作封山侯,此《北史》误也。"乐山"二字误。当云"后奔东魏"。"表"上脱"正"字。

梁宗室传下

安成王秀。杀豫州刺史司马怀悦。　"怀"字衍。

鄱阳王范。谁当作天子,艸覆车边已。　範字从竹,不从艸,隶书相溷耳。右旁从已,不从巳,童谣多别字,大率如此。

武帝诸子传

昭明太子。太子以为疑,命仆射刘孝绰议其事。　按:孝绰官太子仆,非仆射也。"射"字衍。下文屡称"刘仆",不称"仆射",可证。

豫章王综。综改名缵。　《北史》"缵"作"赞",当从之。综既自称东昏子,必不肯与梁武诸儿同从"糸"旁。

南康王绩。天监十年,为南徐州刺史。　按:刺史都督军事者,必加将军号,乃得开府置官属。如长史、司马、谘议、参军之属,皆以本府号为称。《王僧孺传》"为仁威南康王长史",以绩镇南徐州时加仁威将军也。僧孺又为北中郎谘议参军,其时亦在绩府,以北中郎将领南兖州刺史也。《传》于仁威将军、北中郎将之号皆削而不书,而《僧孺传》之文遂难通矣。《南史》于刺史军号,什去其七八,或并不书都督,于例皆未画一,不如姚思廉书之详善,略举一条,余可类推。

邵陵王纶。复归齐昌。行收兵至汝南。 按:《隋书·地理志》安陆郡之吉阳县,梁立汝南郡。即此《传》之汝南,非汉、晋之汝南也。

及庐陵之没,纶觖望滋甚,于是伏戎于莽,用伺车驾。 按:邵陵以险躁专杀,再致削爵,然思廉《书》初不言其曾有逆谋,《南史》始于《传》末及之,其实全不可信。纶即有觖望,当在免官夺爵之日,若庐陵之薨在太清元年,其时纶方镇南徐,中大同元年,纶由丹阳尹除南徐州刺史,至太清二年,始移湘州,未行而侯景难作,《南史》俱失书。并无失意之事,庐陵又非以罪死,何故便生觖望。若云庐陵既没,以次当立,当先谋害东宫,岂宜辄行构逆,此情理所必不然者。思廉论于邵陵,虽讥其险躁,仍嘉其忠孝,岂有谋逆之人而晚节乃存忠孝者乎?延寿好采它书,而不察事理之有无,其失往往如此。

简文诸子传

寻阳王大心。幼而聪明,善属文。 按:《御览》引《三国典略》云:"大心小名英童,与大器同年,十岁并能属文。尝雪朝入见,梁武帝咏雪,令二童各和,并援笔立成。"此事姚、李二史皆失载。

汝南王大封。魏克江陵,遇害。 按:《梁书》无大封传。《北史·萧大圜传》云:"于谨军至,元帝乃令大封充使,大圜副焉,其实质也。"周保定二年,大封为晋陵县公,是江陵陷后,大封初未遇害。《南史·元帝纪》云"汝南王大封、尚书左仆射王褒以下,并为俘以归长安",与《北史》小异,亦不云被害。盖延寿杂采它书,传闻异词,彼此多不相照也。

曹景宗传

腊月,于宅中使人作邪许逐除。 "邪许",《梁书》作"野虖"。"野虖"即"邪许"之转声。

邓元起传

初,元起在荆州刺史,随王板元起为从事别驾,庾荜坚执不可。 按:《庾荜传》:"梁州人益州刺史邓元起功勋甚著,名地卑琐。始兴忠武王憺为州将,元起位已高,而解巾不先州官,则不为乡里所悉,元起乞上籍出身州从事,荜不从。"与此《传》事略同。而一云随王,一云始兴王,当有一误。考始兴镇荆州,即梁武兵入建康之日,荜既为荆州别驾,无缘复在都城内;且荜以天监元年卒,其时方为会稽行事,则任别驾必在齐代。此《传》以为随王子隆板授从事者,盖得之。但永明之世,元起未为益州刺史,功勋初不甚著,又籍隶南郡当阳,非梁州人,《荜传》所云皆失其实。

庾子舆传

巴东有淫预石。 "淫预"即"滟滪"也。"淫"、"滟"声相近,后人又加水旁。

吕僧珍传

东海范阳人也。 《梁书》无"阳"字。按:东海固不得有范阳县,而考之《宋志》,范县亦隶东平,非东海也。《汉志》,范县属东郡。

沈约传

转加建威将军、河东太守。 此河东郡属荆州,与上文河东太守据蒲坂者各一地。《宋书·州郡志》:"南河东郡,晋征西将军庾亮以司州侨户立,去州水一百二十者。"即此河东也。《隋志》:"松滋县,江左旧置河东郡。"

永初三年卒,少子璞嗣。 按:《宋书·自序》:"林子封汉寿县伯,子邵嗣。邵卒,子侃嗣。侃卒,子整应袭爵,齐受禅,国除。"是璞未尝嗣林子之封也,《南史》误。

其制《自序》大略如此。 此篇首全用沈约《自序》,盖仿《汉书·司马迁》、《扬雄传》之例。愚意当以沈田子、林子标目,与王镇恶诸人同卷,而以约众附之,乃合本书之体例。

又为征西记室,带关西令。 "关西"当作"厥西"。

南郡范云。 "郡"当作"乡"。

进号征虏将军,南河清太守。 "河清"当作"清河"。

谢玄晖善为诗,任彦升工于笔,约兼而有之。 谢、任二人称字不称名,非史法。

范云传

南乡舞阴人,晋平北将军汪六世孙也。 按:《范泰传》云顺阳人。泰为汪之孙,云为六世孙,而籍贯互异者,南乡即顺阳,梁代避讳改名也。以《南史》之例言之,云亦当类叙于《泰传》之后。

孙伯翳,太原人。 按:上文已云"太原孙伯翳",此又云"太原人",未免重复之病。

韦叡传

贼已至城下,方复求军。 《梁书》此下有"临难铸兵,岂及马腹"二句,词意乃足。

初,帝敕景宗曰:"韦叡卿乡望,宜善敬之。" 按:景宗,新野人。韦为京兆望族,与新野远不相及,而云"乡望"者,晋南渡后侨立京兆郡于襄阳西界,因以襄阳为雍州,割南阳、新野诸郡属焉。故有乡望之目。《景宗传》亦云"为人自恃尚胜,虽公卿无所推,唯以韦叡年长,且州里胜流,特相敬重"。

载弟鼎。 按:韦鼎在《隋书·艺术传》,当依姚僧垣父子、徐文伯祖孙之例,以鼎别入《北史》。僧垣在《北史》,子察在《南史》,徐文伯在《南史》,孙之才在《北史》。若吴明彻、裴忌之徒,兵败被执,周、隋虽尝縻以官爵,实与闲废无异,其事迹具在南朝,又不可阙而不书。延寿列诸《南史》,自为允当,未可以一偏之见轻议也。

江淹传

齐受禅,复为骠骑豫章王嶷记室参军。[①] 《梁书》作"骠骑建安王记室,带东武令"。考是时豫章王嶷为骠骑大将军,都督扬、南徐二州诸军事,淹为其府记室,因带东武令。东武属南平昌郡,正在南徐州部内。《梁书》作"建安王"者,盖转写之讹。延寿所见本尚未误也。但《南史》于"记室参军"下别叙"掌国史事"五十余言,乃云"又领东武令,参掌诏策",则失其伦次矣。当时府僚无不带守令者,《南史》诸传中芟去几什之六七,此又不书于"记室参军"之下,似东武令别一清要之职者,殊可深怪。予尝讥李氏昧于官制,证之此传益信。

王俭尝谓曰:"卿年三十五,已为中书侍郎。"　按:淹以天监四年乙酉卒,溯其生年,当在宋元嘉二十一年甲申,计齐受禅之岁,已三十有六矣,又阅二三年,乃迁中书侍郎,不得云"年三十五"也。此语不载于《梁史》,延寿别采它书益之,未可尽信。

襄阳人开古冢,得竹简古书,字不可识。王僧虔善识字体,亦不能谙,直云似是科斗书。淹以科斗字推之,则周宣王之简也。　按:《王僧虔传》:"雍州有盗发古冢,获竹简书以示僧虔,云是科斗书《考工记》、《周官》所阙文也。"此即一事,而传闻互异。齐、梁之世,雍州治襄阳,非两地也。

为宣城太守时罢归。　按:淹为宣城太守在齐明帝时,《南史》于上文既删去出守一节,则此语无根。

王僧孺传

魏卫将军肃八世孙也。曾祖雅,晋左光禄大夫、仪同三司。②　按:《晋书》雅为肃之曾孙,而僧孺又雅之曾孙,并肃数之,似止七世。予以《三国志》注引《晋诸公赞》推之,则肃子虔,虔子隆,隆子景,景子雅。雅实肃之玄孙,自肃至僧孺,正是八世,《晋书》偶误尔。

祖准之,宋司徒左长史。　《晋书》作"散骑侍郎"。琅邪王氏亦有準之,或作准之,避宋顺帝讳。姓名同而望各异也。

侍郎金元起欲注《素问》。　"金"当作"全"。

徐勉传

慧日、十住等既应营昏。　"慧日"、"十住"当是两子小字,十住疑即俳也。俳尝为晋安内史,故云"近修东边儿孙二宅,乃藉十住南还之资"。

闻汝所买湖熟田地,甚为舄卤。　"湖熟",《梁书》作"姑熟",当以

"湖熟"为正。汉时丹阳郡有湖熟县,今上元县南五十里。地名湖熟,即汉故城所在。

陈庆之传

时魏济阴王元徽业。 "徽"当作"晖"。

兰钦传

中昌魏人也。 按:《齐》、《魏》二《志》未见"中昌魏"之名。

徐陵传

后主衔之,至是谥曰章伪侯。 按:《陈书》谥曰"章",无"伪"字。《周书·谥法篇》亦无以"伪"为谥者,恐未足信。

陈宗室诸王传

方泰。上曰:"不承则叵测。" "叵"当作"上"。

岳阳王叔慎。隋遣内阳公薛胄为湘州刺史。 内阳,《陈书》作"中牟"。考之《隋书·薛胄传》,[3]胄袭封文城县公,亦未尝为湘州刺史,当有一误。

义阳王叔达。武德中,位侍中,封江国公,历礼部尚书,卒。 按:褚亮、欧阳询、虞世南、姚思廉之徒,虽名见《南史》,而不言唐官。惟陈后主太子深云"武德初,为秘书丞,卒官"及叔达此《传》耳。

黄法氍传

梁元帝承制授交州刺史资,领新淦县令。 按:梁末增置之州多,而刺史资亦轻,又遥授,非实土,故有以刺史资而领郡者。程灵洗以谯州刺史资领新安太守,徐世谱以衡州刺史资领河东太守,是也。法氍以刺史资领县令,又异数矣。

钱道戢传

封永嘉县侯。 《陈书》作"永安"。

骆文牙传

骆文牙。 《陈书》无"文"字。

封临安县侯。 《陈书》作"常安"。

宗元饶传

时合州刺史陈褒。 褒,陈武帝从子,封钟陵县侯者。

谢岐传

弟峤,笃学,为通儒。 按:谢峤仕陈,为国子祭酒,撰《尔雅音》,见陆氏《经典释文》。《隋书·经籍志》又有谢峤《丧服义》十卷。

循吏传

杜骥。亡高祖因晋氏丧乱,播迁凉土。 按:坦与骥为昆弟,上文云曾祖耽避难河西,此云亡高祖播迁凉土,前后互异。

虞愿。出为晋安太守。 "晋安"当作"晋平"。

儒林传

伏挺。父友乐安任昉。 按:挺父《暅传》已书"乐安任昉",则此"乐安"字当省。《韦放传》称"吴郡张率",其子《粲传》又称"吴郡张率",亦当省去其一。

沈文阿传

《春秋》、《礼记》、《孝经》、《论语义记》七十余卷。 陆元朗云:"梁东宫学士沈文阿撰《春秋义疏》,阙下袟,陈东宫学士王元规续成之。"

文学传

宋史不立《文学传》。 按:《宋书》无《儒林》、《文苑》之目,《齐书》有《文学》而无《儒林》,故延寿《史》《儒林》自梁始,《文学》则宋世竟无一人,皆承袭旧史,无所增益。窃谓宋之文士无过谢、颜,既各有专传,若鲍照之诗赋,山谦之、苏宝生、徐爱之史,皆一时作者,以冠《文苑》,

良无愧词,而延寿未见及此,录录因人,是可怪也。

高爽。孙抱,东莞人。父廉,吴兴太守。 按:孙廉名见《循吏传》。彼《传》载高爽作屉谜事,若移入此《传》,则事类相比,而文亦可省,且亦为良吏隐恶也。

贾希镜。祖弼之,晋员外郎。父匪之,骠骑参军。 按:《王僧孺传》言:"晋太元中,员外散骑侍郎平阳贾弼笃好簿状。弼子太宰参军匪之,匪之子长水校尉深世传其业。"希镜即深字也,本名渊,史家避讳,或举其字,或易为深耳。彼《传》单名弼,此云"弼之",亦小异。

刘昭。祖伯龙,官至少府卿。 按:《孝义传》伯龙尝为盱眙太守。

昭集《后汉》同异以注范蔚宗《后汉》,世称博悉。 按:宣卿本注范《史》,范《史》无志,乃借司马旧志注以补之,《传》云"集注《后汉》一百八十卷",合《司马志》言之也。《隋志》:"《后汉书》一百二十五卷,梁剡令刘昭注。"卷数与此不同。自章怀改注,而刘注失传,惟《续志》三十卷,则章怀以非范氏撰,故不注,而刘本遂流传到今。

钟嵘。时居士何子季筑室若邪山,山发洪水,漂拔树石,此室独存。元简令嵘作《瑞室颂》以旌表之。 此事已见《子季传》。但据彼《传》,则室当在秦望山,非若邪山也。

何思澄。每宿昔作名一束,晓便命驾。 "名"谓"名刺",汉魏人所谓"爵里刺"也。

孝义传上

郭原平。太守蔡兴宗临郡,以私米馈原平及山阴朱百年妻各百斛。原平誓死不受,百年妻亦固辞。 按:百年妻辞馈米,已见《隐逸传》,此重见。

江泌。梁武帝以为南康王子琳侍读。 "梁"当作"齐"。

孝义传下

褚修,吴郡钱唐人也。 褚氏望出河南,过江以后多居钱唐。《裕之》、《彦回传》称"河南阳翟人"者,举其望,此与伯玉并称"吴郡钱唐人"者,据其实也。宋文帝言"天下有五绝而皆出钱唐",褚欣远楷书、褚嗣围棋居其二焉。今杭州城内有褚家塘,相传遂良宅也。

父仲都，善《周易》。　《隋书·经籍志》有褚仲都《周易讲疏》十六卷。

隐逸传上

陶潜字渊明，或云字深明，名元亮。　上"渊"字亦当为"深"，此后人追改。"或云"以下当云"名深明，字元亮"，传写俱到耳。

江州刺史檀道济往候之。　按：道济为刺史在宋元嘉初，《传》书此事于为镇军、建威参军之前，先后失次。考《宋书》无此事，延寿采之它书，不及检照年月。

雷次宗。子肃之，颇传其业。　按：《隋志》，梁有《礼记义疏》三卷，宋豫章郡丞雷肃之撰。

关康之。河东杨人也。世居京口，寓居南平昌。　按：《宋书》孟怀玉，平昌安丘人，而世居京口。盖南平昌即侨立京口，非有两地。

顾欢。吴兴盐官人也。　按：盐官县属吴郡，不属吴兴郡。陆氏《释文》亦云吴郡人。

隐逸传下

徐伯珍。世呼为妇人岩。二年，伯珍移居之。　"二年"字于上下文不相属，疑有误。

阮孝绪。所著《七录》、《削繁》等一百八十一卷。　按：《隋志》："《正史削繁》九十四卷，《七录》十二卷。"

陶弘景。以宋孝建三年景申岁夏至日生。　按：《本传》"陶以梁大同二年卒，年八十五。"溯其生年，当是元嘉二十九年壬辰，前后自相矛盾，且史例，诸臣传亦无书其生年者。

恩幸传

孝武以来，士庶杂选，如东海鲍照以才学知名，又用鲁郡巢尚之，江夏王义恭以为非选。　按：六朝人重门第，故寒族而登要路者，率以恩幸目之。鲍明远以才学为中书舍人，已不免士庶杂进之嫌，徐爰有史才，生平亦无大过，沈休文列诸《恩幸》，或以修史之嫌，有意贬抑，《南史》因而不改，殊未得好恶之平矣。杜文谦忠于王室，致命遂志，乃附见《茹法亮传》，尤非善善恶恶之义。

校勘记

　①"复为骠骑豫章王嶷记室参军"，"嶷"，原本脱，据《南史》卷五九补。

　②"晋左光禄大夫"，"左"，原本脱。据《南史》卷五九补。

　③"考之隋书薛胄传"，"隋书"，原本作"武史"，意不可解。检诸史，唯《隋书·薛胄传》言其袭封文城县公，原本"武史"，盖为"隋书"之误。径改。

廿二史考异卷三十八

北史一

魏本纪一

神元帝。元年,岁在庚子。　魏文帝黄初元年也。

帝乃告诸大臣,为与晋和亲计。四十二年,遣子文帝如晋。是岁,晋景元二年也。　景元,魏常道乡公年号。其时晋未受禅也,魏收《书》"晋"字皆作"魏",此误。

平文帝。元年,岁在丁丑。　晋元帝建武元年也。

昭成帝。建国元年。　晋成帝咸康四年也。是年岁在戊戌。

聘慕容晃妹为皇后。[①]　是时什翼犍自称代王,其妻不应有皇后之称,《魏史》追书之耳。《晋书》"晃"作"皝"。"皝"俗字。

刘务桓死,其弟阏头立。　《僭伪传》作"阏陋头"。

十二月,至云中。旬有二日,皇子寔君作乱,帝暴崩。　按:《晋书·苻坚载记》:"涉翼犍即什翼犍。战败,遁于弱水,退还阴山。其子翼圭,缚父请降。坚以翼犍荒俗,未参仁义,令入太学习礼,以翼圭执父不孝,迁之于蜀。"是翼犍尝被执至长安,《魏史》讳而不言尔。延寿生于唐世,无所讳忌,乃不取本朝御撰之书,而仍伯起曲笔之史,是其短也。

道武帝。元年,葬昭成皇帝于金陵。　自什翼犍被执,道武逃窜贺兰部,仅得存活,代之无主者九年。魏收于昭成没后,即称道武帝元年以至九年,诞妄之甚也。《北史》不当仍之。明人编《通鉴纲目前编》,以夏少康始生之岁,即为元岁,盖仿魏收之例。然自古未有无国而称元年者。

登国元年,刘显遣弟六泥。　《后妃传》作"亢埿"。

三年,慕容垂遣使朝贡。　按:登国三年、四年再书"垂遣使朝贡",亦沿魏收之文。是时拓跋虽自立国,犹臣属于燕,乃以燕使至为朝贡,何颜之厚乎？明元永兴三年、五年,神瑞元年,屡书"姚兴遣使朝贡",秦于魏为敌国,亦不当云朝贡,此皆宜改而不改也。

皇始二年,宝弟贺驎将妻子走西山。 贺驎,一名"麟",《晋书·后燕载记》所谓"赵王麟"也。《刘库仁传》"后奔慕容驎,驎徙之中山"。《僭伪传》亦称"赵王驎"。

城内共立慕容普邻为主。 《晋书·载记》所谓"慕容详"也。

明元帝。母曰刘贵人。 按:《后妃传》云:"登国初,纳为夫人。"未见"贵人"之称。

魏本纪二

文成帝。母曰闾氏。 按:《后妃传》:"景穆皇后郁久闾氏,河东王毗妹也。"郁久闾本蠕蠕之族,太和中改称闾氏。《外戚传》亦但称"闾毗",唯《后妃传》称"郁久闾",于史例殊不画一。

兴安元年十一月,皇或作"王",误。**姚闾氏薨。** 按:《后妃传》:"少以才,选入东宫。有宠,生文成皇帝而薨。文成即位,追尊号谥。"是闾氏之薨在文成即位以前,《纪》书于即位之后,自相矛盾。

魏本纪三

孝文帝。太和二十二年正月,拔新野,斩其太守刘忌。 《南齐书》作"刘思忌"。

魏本纪四

孝明帝。皇曾孙故临洮王宝晖世子钊体自高祖。 宝晖当是京兆王愉之子,愉得罪死,后追封临洮王,史不言何人嗣王,盖即宝晖也。宝晖之子,于孝文为曾孙,故称皇曾孙。

论。比之汉世安、顺,宣武之后,继以元、成。 按:延寿史论多袭旧史之文,此篇前半用魏收《世宗纪论》,后半用《肃宗纪论》也。《世宗论》末云:"比夫汉世元、成、安、顺之俦欤。"《肃宗论》首云:"宣武已后,政纲不张。"延寿本用其语,后来转写俱到,又为妄人改窜,文义遂不可通。当依《魏书》正之。

魏本纪五

永安二年,迁文穆皇帝及文穆皇后神主于太庙。 按:自古帝王由藩国入继,虽或追崇本生,未有升祔太庙者。元魏孝庄始尊其父为文穆皇帝,迁主太庙,而以孝文为伯考,此末季黩礼之事,不足为训。魏收录以为戒,而论复申言之,以为高祖不祀武宣享庙,知其福禄之不永,可谓深切著明矣。其时临淮王彧上表切谏,言:"汉祖创业,香街有太上之庙;光武中兴,南顿立春陵之寝。元帝之于光武,疏为绝服,犹尚身奉子道,入继大宗;高祖之于圣躬,亲实犹子,陛下既篡洪绪,岂宜加伯考之名!"帝竟不纳。明嘉靖议礼,正用孝庄故事。永嘉诸臣,猖狂罔忌,识见更出元魏礼官下矣。

文帝。大统元年,立妃乙氏为皇后。 《后妃传》作"乙弗氏"。乙弗本复姓,太和中改称乙氏。乙浑亦称乙弗浑,见《陆丽》、《高允传》。

孝静帝。天平元年,以魏郡、林虑、广平、阳丘、汲郡、黎阳、东濮阳、清河、广宗等郡为皇畿。 "阳丘"当作"顿丘"。《魏志》无东濮阳,盖谓东郡、濮阳郡也。"东"下脱"郡"字。

齐本纪上

神武帝。六世祖隐,晋玄菟太守。隐生庆,庆生泰,泰生湖。 按:高湖事无足取,魏收以齐献武之曾祖,特为立传,延寿删之,是也。但庆、泰两世皆有名位,湖赐爵东阿侯,谥曰敬,皆应叙于《纪》中,而全不书,则又失之略矣。神武祖谧,赠太尉公,谥武贞;父树生,赠太师、渤海王,谥文穆,亦《纪》所不应略者。

抵扬州邑人庞苍鹰。 此扬州县名,在并州界中。高孝绪封扬州县开国公,即此。神武从祖兄子永乐,太昌初封阳州县伯,进爵为公。

远近闻之,皆称高仪同将兵整肃。 按:上文无除仪同三司一节,则此语为无根。

遂西克潼关,执毛洪宾。 《贺拔胜传》作"毛鸿宾"。鸿宾亦有传。"鸿"、"洪"古通用字也。《魏孝武纪》亦作"洪宾"。

齐本纪中

文宣帝。天保元年六月,封司空公潘相乐为河东王,司空潘相乐为司徒。六年六月,河东王潘相乐薨。　按:《本传》,乐字"相贵",不名"相乐"。然《魏孝静帝纪》、《齐书·文宣纪》俱作"相乐"。

孝昭帝。　幼主即位,乃即朝班。　幼主,即废帝也。一篇之中,两称幼主,一称少主,一称废帝。

周本纪上

文帝。普回因狩得玉玺三纽,文曰皇帝玺,普回以为天授,己独异之。　按:后周之先,出自匈奴宇文,而《纪》所述世系,与《匈奴宇文莫槐传》互异。《纪》称普回子莫那,莫那九世至侯豆归,[②]为慕容晃所灭。《传》称莫槐弟普拨,普拨子丘不勤,丘不勤子莫廆,《晋书》作"莫圭"。莫廆子逊昵延。《晋书》作"悉独官"。逊昵延父子世雄漠北,又先得玉玺三纽,自言为天所相,每自夸大。逊昵延死,子乞得龟立。别部人逸豆归杀乞得龟而自立,为慕容晃所败,远遁漠北,自是散灭。两篇所述人名、世系无一同者,一据《周书》,一据《魏书》也。延寿生于唐初,去周未远,何以不考乃尔。

夏州刺史解拔弥俄突。　"解"当作"斛"。《周书》作"斛"。《齐本纪》"天平三年,神武袭西魏夏州,禽其刺史贺拔俄弥突",即此人也。"斛"、"贺"声相转。

都督弥姐元进。　弥姐,羌复姓也,见《广韵》。

遣仪同李讳。　按:《旧唐书·令狐德棻传》:"德棻尝从容言于高祖曰:'陛下既受禅于隋,复承周氏历数,国家二祖功业,并在周时。如文史不存,何以贻鉴今古?'"此修史之议所由昉也。其后德棻专司《周书》,虽不便为二祖立传,乃其功绩叙述,亦复寥寥。《北史》所载,大率因《周书》旧文,如是年"遣仪同李讳与李弼、赵贵等讨曹泥于灵州,讳引河水灌之",大统四年"开府李讳、念贤等为后军","及李讳等至长安",《李弼传》"使持节、太尉、柱国、大将军、大都督、尚书左仆射、陇右行台、少师、陇西郡开国公李讳",《王盟传》"赵青雀之乱,盟与开府李讳辅太子出镇渭北",皆谓李虎也。《周本纪》天和六年"以大将军李讳为柱国"，此谓李昞也。凡校书须仍元文，《周书》于"李讳"字皆改为"虎"，并天和六年"李讳"亦作"虎"，则谬妄之甚矣。《唐书》称周闵帝受禅，虎已卒，乃追封唐国公，安得至武帝朝。且虎在西魏时为八柱国之一，岂待天和中始授柱国乎！

恭帝元年，魏史柳虬执简书告于朝曰。 按：宇文泰于孝武躬行弑逆，较之高欢之逐君，罪又甚焉。柳虬之简，卢辩之诰，矫诬诈伪，乃王莽《大诰》之流，何足污史策乎？《南》、《北史》删改入书，凡诏笺赋颂之类，多所芟落，然尚有当删而不删者，如顾欢、袁粲佛老之辩，徐勉戒子之书，刘峻之《广绝交》，王劭之表符命，卫操之立碑，苏绰之《大诰》，皆是也。

孝闵帝。元年正月，天王即位。 史失书即位之日。据《周书》，乃辛丑日也。魏恭帝以十二月庚子逊位，次年正月辛丑，周主即位，盖月之一日。

明帝。武成元年正月，初改都督诸州军事为总管。 王懋竑曰：前此都督结衔，皆云都督几州军事、某州刺史。《北史》变其例，云都督某州刺史，取省文耳。自改称总管以后，史但书某州总管，不云刺史，似结衔亦异于前矣。然考《周书·蔡国公广传》"除秦州总管、十三州诸军事、秦州刺史"，《齐王宪传》"除益州总管、益宁巴泸等二十四州诸军事、益州刺史"，《李弼传》李辉"总管梁、洋等十州诸军事，梁州刺史"，"李椅总管延、绥、丹三州诸军事，延州刺史"，《尉迟纲传》"除泾州总管、五州十一防诸军事、泾州刺史"，又为"陕州总管、七州十三防诸军事、陕州刺史"，《侯莫陈琼传》"迁金州总管、六州诸军事、金州刺史"，"转荆州总管、十四州八防诸军事、荆州刺史"，据此，则止改都督为总管，而其职任不异。《本纪》但云某州总管者，止以所治之州冠于总管之上，以取简便，非当日结衔之本然也。隋有扬、并、益、荆四大总管，又有诸总管，皆以某州总管为名，似与周异。然考《隋书·秦王俊传》云"扬州总管、四十四州诸军事"，"并州总管、二十四州军事"，《蜀王秀传》云"益州刺史、总管二十四州诸军事"，《皇甫绩传》云"信州总管、十二州诸军事"，则仍与周同。但史家例书某州总管，惟列传偶一见之耳。大昕按：《北史》于总管结衔亦有全书者，《长孙俭传》"授总管荆、襄等五十二州诸军事、行荆州刺史"，"转陕州，总管七州诸军事、陕州刺史",《李弼传》"出为总管延、绥、丹三州诸军事、延州刺史",《侯莫陈颖传》"拜桂州总管十七州诸军事",《王谦传》"授益州总管十八州诸军事",《权景宣传》"授荆州刺史、总管十七州诸军事",《尉迟迥传》"除秦州总管秦、渭等十四州诸军事",《韦孝宽传》"除徐、兖等十一州十五镇诸军事、徐州总管",《崔彦穆传》"拜安州刺史、总管十二州诸军事",又"除金州刺史、总管七州诸军事",又"为襄州刺史,总管六州诸军事",《令狐熙传》"拜桂州总管十七州诸军事",《王庆传》"总管汾、石二州五镇诸军事、汾州刺史"是也。但其时设州既多,加以镇防名色纷繁,不能如《晋》、《宋》诸书之例。史家竞趋简易,约举数州,后之考地理者,仍无从举其名目耳。唐时诸州都督结衔,犹依旧式,如《尉迟敬德碑》云"授襄、都、邓、淅、唐五州都督、襄州刺史,赠使持节,都督并、蔚、岚、代等四州诸军事、并州刺史",《王湛碑》云"赠使持节,都督泸、荣、溙、珍四州诸军事、泸州刺史",《杨志本碑》云"除都督潭、衡等七州诸军事、潭州刺史",皆其明证。而史家省文,只书某州都督而已。

隋本纪上

文帝。魏初为武川镇司马,因家于神武树颓焉。　树颓,县名,属神武郡。《魏书·地形志》作"殊颓",盖避高欢父讳。

以东魏之逼,与信俱归。　《纪》不书奔梁事,史臣讳之。

以隋州之崇业,郧州之安陆、城阳,温州之宜人,应州之平靖、上明,顺州之淮南,士州之永川,昌州之广昌、安昌,申州之义阳、淮安,息州之新蔡、建安,豫州之汝南、临颍、广宁、初安,蔡州之蔡阳,鄢州之汉东二十郡为隋国。　按:郧州之名,不见于《隋志》。据《隋志》,安陆、城阳二郡皆属安州,则郧州即安州矣。崇业、宜人、永川、建安四郡,《隋志》皆无之。士州,《志》作"土州",③未知孰是。

开皇六年,山南、荆、淅七州水。　"淅"当作"淅"。周、隋置淅州于淅阳,即后魏析州也。"淅"非州名,此转写之讹。

十八年,杞、宋、陈、亳、曹、戴、颍等州水。　戴州即济阴之成武县,开皇十六年置州。

隋本纪下

炀帝。　王懋竑曰：此《纪》全是《隋书》之文，略无增减。诏令载于《南》、《北史》者，较本书不过什之二三，独此《纪》皆载全文。大业八年《征辽诏》千有余言，亦备载不遗一字。疑《北史》阙此卷，后人以《隋书》补之耳。《北史·本纪》例称"帝"，此篇独称"上"，亦一证也。大昕按，《北史》纪、传后皆有"论曰"，独此篇称"史臣曰"。

后妃传上

三嫔视三卿，六嫔视六卿，世妇视中大夫。　按：灵太后初入掖庭，为承华世妇，既诞明帝，进为充华嫔。明帝充华潘氏，亦称潘嫔。是嫔与世妇皆别有嘉名，史家不能悉举耳。

魏文成皇后冯氏。父朗，秦雍二州刺史、西城郡公。　《外戚传》作"辽西郡公"。

太后立文宣王庙于长安。　按：《外戚传》"冯朗追赠燕宣王，立庙长安"。"文宣"当为"燕宣"之讹。

故杞道德、王遇、张祐、苻承祖等。　杞道德即抱嶷也。《恩幸传》："嶷字道德，其先姓杞。"

文成皇后李氏，梁国蒙县人。　《李崇传》作顿丘人。顿丘盖其族望，而家于蒙县也。

母顿丘王峻之妹也。　"母"字衍。

宣武灵皇后胡氏。时太后逼幸清河王怿。　按：《元叉传》言："怿以亲贤辅政，每欲黜叉，遂令通直郎宋维告司染都尉韩文殊欲谋逆立怿，怿坐禁止。后穷案无实，叉恐怿终为己害，乃与侍中刘腾密谋，诈言怿货中黄门胡度等金帛，令以毒药置御食中以害帝，帝信之。"初不言太后逼幸事。《清河王怿传》亦言："元叉恃宠骄盈，怿每抑黜之，叉党人希旨，告怿谋反。禁怿门下，讯问左右，得释焉。正光元年，叉与刘腾逼孝明于显阳殿，闭灵太后于后宫，囚怿于门下省。怿罪伏，遂害之。"亦不言宫壸事。然则"逼幸清河"一节，乃元叉辈诬蔑之辞，未可信为实然也。

文帝后乙弗氏。高祖莫瓌拥部落入附，拜定州刺史，封西平公。

莫璝即乙璝也,已见列传十三卷。三世尚公主封号,俱于彼《传》详见之。此云莫璝拜定州刺史,而彼《传》不书,盖西魏四后皆魏收《书》所无,延寿别采它书增益之,故前后不相检照,并不悟莫璝与乙璝即一人也。④

后妃传下

齐武明皇后娄氏。及茹茹公主至,后避正室处之。 "茹茹"与"蠕蠕"音本相似,然《北史》纪、传诸篇,皆依魏收《书》作"蠕蠕",无有作"茹茹"者,惟《后妃传·序例》云:"神武所聘茹茹女,称茹茹公主。"此篇亦有"茹茹公主"之文,而上文即云"神武逼于蠕蠕,欲娶其女",此后仍书"蠕蠕公主",一卷之中,不相检照如此,难免后人之指摘矣。

周文皇后元氏。魏孝武之妹也,初封平原公主。 按《魏本纪》,孝武从妹不嫁者三,一曰平原公主明月,南阳王同产也。是同时有两平原公主矣。《张琼传》作"平阳公主"。

宣华夫人陈氏。容华夫人蔡氏。 按:前卷序隋文置三夫人、九嫔之名,无云"宣华"、"容华"者。

魏诸宗室传

宜都王目辰。乙浑谋乱,目辰、顺阳公谋杀之。 "顺阳"上当有"与"字。

华山王鸷。咸阳王坦谓鸷曰:"孔雀老武官,何因得王?"鸷答曰:"斩反人元禧首,是以得之。" 按:鸷封王在孝庄时,距咸阳王禧之诛已二十八九年矣,本传及《禧传》俱不载斩禧事,恐未可信。《魏书》此卷已亡,即用《北史》补之,疑此延寿所增,非《魏书》本文。

子思。寻《魏书·崔琰传》、晋文阳《傅嘏传》,皆云既为中丞,百寮震悚。 按:《三国志》崔琰、傅嘏二传并不云"为御史中丞"。"晋文阳"或疑《晋阳秋》之讹。然嘏魏人,非晋人也。

昭成皇帝九子:庶长曰寔君,次曰明元帝。 "明元"当作"献明"。

祯。后拜南豫州刺史。 南豫州治悬瓠城。《魏书·地形志》但称豫州,无"南"字。

素。休屠郁原等叛,素讨之,斩渠率,徙千余家于涿鹿之阳,立平

原郡以处之。 此平原郡在幽州界内。魏收《志》失载。

可悉陵。沮渠茂虔令一骁将与陵相击。 茂虔,《纪》、《传》皆作"牧犍"。"牧"、"茂"声之转,"犍"、"虔"音同。

绍。宣武诏令检赵修狱,以修佞幸,因此遂加杖罚,令其致死。按:《赵修传》不见元绍姓名。

寿兴。洛阳男子,姓元,名景。 按:寿兴名景,不见于史,当由名犯唐讳,故书其字。此铭作韵语,不可称字。乃以"景"代之耳。

嶷。断嶷要而出。 "要"下有阙文,当是"要带"之类。《魏书》此篇亡,后人取《北史》补之,"要"字下注阙。

淑。泰州河东,杼柚代舂。 按:魏初置泰州于河东,故有"泰州河东"之谣。监本"泰"作"秦",盖据《魏书·地形志》校改。然其时自有秦州,治天水,不应同时有两秦州,当以"泰"为正。

道武七王传

江阳王继。大都督、节度西道诸军事。 据此,则"节度"之名,元魏已有之,不始于唐也。

太武五王传

广阳王深。 深本名渊,唐人避讳追改。《北史》列传中邓彦海、侯深、张深皆名渊,或改为深,或称其字。

景穆十二王传下

东阿公顺。仆射李思冲尚与王洛诚同传,以此度之,卿亦应继其卷下。 按:元顺所举,当是《魏书》旧本,⑤崔鸿诸人所修。今魏收《史》列王叡于《恩幸》,而李冲别为传,不如旧史臣之直笔矣。

文成武王传

安乐王长乐。皇兴四年,封建昌王。 此事《本纪》失书。

鉴。斩首传洛,诏改姓元氏。庄帝初,许复本族。 按:元为国姓,鉴以谋反绝其属籍,不当仍姓元氏。《魏书》云"改其元氏",似为得之。

献文六王传

广陵王羽。今解卿长兼，可光禄大夫、守尚书。 按：长兼与守皆非正授之名。据此《传》，于果以长兼尚书降为守尚书，则守下于长兼一等矣。

广陵王欣。恭帝初，迁大丞相。薨。 《魏本纪》不载此事，且是时宇文泰擅权，未必以"大丞相"之名假人，恐不可信。

彭城王勰。嫡子劭，字子讷，袭封。 按：勰第三子子攸，封长乐王，即孝庄帝也。子攸弟子正，封始平王，于河阴遇害。又孝庄兄子小，字伽邪，封陈留王。《传》皆失书。

劭子韶，袭封彭城王。 按：韶弟袭，武定元年封武安王，《传》亦失书。

大诛元氏，自昭成已下并无遗焉。 按：元文遥、元景安俱昭成之后，赐姓高氏。元蛮，道武之后，以女嫁孝昭，苦请得免，赐姓步孤氏。又元士将，昭成之后，武成时官将作大匠。元景皓亦昭成之后，以不肯改姓诛，家属徙彭城，则其时仍有漏网者矣。此《传》云"前后死者七百二十一人"，当得其实。《齐本纪》云"杀三千人"，恐史家已甚之词。

北海王详。妃宋王刘昶女。 按：《咸阳王禧传》详聘吏部郎中荥阳郑懿女。

孝文六王传。 孝文诸子，京兆王愉之子为西魏文帝，广平王怀之子为孝武帝，清河王怿之孙为孝静帝，而篇中皆不见其名，知此卷文字脱漏多矣。

京兆王愉。孝武初，为护军将军。 "孝武"当作"宣武"。

于是孝武摄愉禁中。 "孝武"当作"宣武"。

孝武诏尚书李平讨愉。 "孝武"当作"宣武"。

后灵太后令愉之四子皆附属籍，追封愉临洮王。宝月乃改葬父母，追服三年。 愉四子，其一为临洮王宝晖，其一为南阳王宝炬，其一当是宝月，其一不可考矣。"宝月"上当有脱文。

清河王怿。孝武初，拜侍中。 "孝武"当作"宣武"。

又言于孝武曰。 "孝武"当作"宣武"。

孝武笑而不应。 "孝武"当作"宣武"。

闻怿之丧,为之劈面者数百人。　按《本纪》,正光四年,追封怿为范阳王,寻复为河间王。其子亶,嗣封清河。史不著其年月,大约在孝庄朝也。普泰元年以亶为太傅,永熙元年为司徒。孝武西迁,齐神武推亶为大司马、承制行事。未几,立亶子善见为帝,即孝静帝也。天平三年,亶薨。兴和二年,封皇兄景植为宜阳王,皇弟威为清河王,谦为颍川王,皆怿孙也。

广平王怀。阙。　此《传》全篇已亡,仅存三十二字,不知所谓。考《本纪》,怀以太和二十一年封。明帝即位,由骠骑大将军进司空,迁太保,领司徒。熙平二年薨。孝昌二年,封怀长子诲为范阳王。官至左仆射,为尔朱兆所杀。文帝大统中有广平王赞,疑亦怀之子。

汝南王悦。　此篇亦多脱文。悦以景明四年封,熙平二年为仪同三司,坐杀人免官,皆不书。此阙漏之显然者。

悦乃为大锉碓,置于州门。　此悦都督徐州时事,其上又有脱文。

孝武以广陵颇有德望,以悦属尊地近,内怀畏忌,故前后害之。广陵谓节闵帝也。广陵、安定、东海皆尝登大位。悦亦为梁所立,故孝武忌而害之,岂以其德望及属尊故邪? 东海、安定于属本疏,又无德望,何亦死于非命? 史所言失其实矣。

校勘记

① "聘慕容晃妹为皇后","妹",原本作"女",误。据《北史》卷一改。

② "侯豆归","豆归",《北史》卷九作"归豆"。

③ "志作土州","土",原本作"士",误。径改。

④ "并不悟莫璝与乙璝即一人也","乙璝",原本作"璝之",误。径改。

⑤ "当是魏书旧本","本",原本作"木",误。径改。

廿二史考异卷三十九

北史二

卫操传

魏，轩辕之苗裔。言桓、穆二帝"统国御众，威禁大行"。 此《传》载卫操所立碑，文古质可诵，中多韵语，极似汉碑。惜为史臣改窜，失其本真。篇首云"魏，轩辕之苗裔"。考其时未有魏号，以文义度之，当云鲜卑拓跋氏也。碑为猗㐌而立，必书晋所授官爵及猗㐌、猗卢二人名，篇内称"桓、穆二帝"，亦史臣所改。

莫含传

世称莫含壁，含音讹，或谓之莫回城云。 "含"、"回"声相近。

尉古真传

明元初，为鸿飞将军，镇大洛。 按：《魏书·官氏志》："太祖制定官号，不依旧名。诸曹走使，谓之凫鸭，取飞之迅疾；以伺察者为候官，谓之白鹭，取其延颈远望。"此以"鸿飞"为将军之号，亦当取"迅疾"之义。

太武即位，命眷与散骑侍郎刘库仁等八人分典四部。 此又一刘库仁。

穆崇传

从太武田崞山，有虎突出。 《北史》避唐讳，改"虎"为"武"，或为"兽"，或为"猛兽"，或为"彪"，或为"豹"。今刊本间有"虎"字，如《隋本纪》"西方以白虎，南方以朱雀"，《崔浩传》"欲以驹犊齿虎口"，《封轨传》"黄图白虎通"，《高昂传》"高敖曹地上之虎"，《王慧龙传》"义隆畏将军如虎",《杨大眼传》"北淯郡常有虎害","深山之虎,尚所不免",《奚康生传赞》"以熊虎之姿,奋征伐之气",《綦连猛传》"本欲寻山射虎",《张定和传赞》"虎啸风生",《庾季才传》"吾今譬骑虎,诚不能下矣",皆校书者妄改,非李氏元文。又如韩擒虎,史皆作"韩擒",而《王颁传》有"韩擒虎"字;此《传》前云"有虎突出",后云"有力如武",皆后人率尔妄改,又不能尽改也。

长孙俭传

后移镇荆州,授总管荆襄等五十二州诸军事、行荆州刺史。 按:周明帝武成元年,始改都督诸州军事为总管,俭镇荆州,尚在周未受禅以前,而云"总管"者,史家追书之。

长孙平传

贺若弼镇寿阳,帝恐其怀贰,遣平代之。弼果不从,平麾壮士执弼,送京。 按:《贺若弼传》无不从被执事。

长孙幼传

孝文以其幼承家业,赐名幼,字承业。 "幼"本"稚"字,延寿避唐讳改之。唐人重庙讳,《南》、《北史》于嫌名皆不书。如长孙稚改为幼,李稚廉改为幼廉,孔稚孙改为幼孙,谢稚改为孺子,孔稚珪单称珪。以"稚""治"音同也。宗炳字少文,庾炳之字仲文,刘秉字彦节,皆书其字,以"炳"、"秉"与"丙"音同也。沈浒字仲高,只书仲高,以"浒"、"虎"音同也。《魏宗室传》引《汉书·宣秉传》,仍作"秉",乃校书者所改,非延寿本文。《南史》江秉之、《北史》崔秉,或亦后人所改。

寻而正平郡蜀反,复假承业镇西将军、讨蜀都督。频战有功。 按:《本纪》孝昌二年六月,[①]"绛蜀陈双炽聚众反,自号始建王。曲赦平阳、建兴、正平三郡。诏假镇西将军、都督长孙承业讨双炽,平之"。正平即绛也。双炽本蜀人,而侨居于绛,故有"绛蜀"之称。胡三省云:蜀人徙居绛都者,谓之绛蜀。

长孙晟传

以宗女封安义公主以妻之。 安义,《突厥传》作"义安"。

于栗䃅传

迁豫州刺史。　此豫州治洛阳。

宋隐传

隐弟宣。与卢元、高允、崔建从子惜俱被征,拜中书博士。后拜侍郎、行司徒_{袁廷梼曰:当作"司隶"。}**校尉。卒,谥曰简侯。宣子谟袭爵。**《传》失书宣之封爵,以高允《征士颂》考之,盖封中都侯也。

惜历中书博士、员外、散骑常侍,爵列人子。　《高允传》作"列人侯"。按:《魏书》:"隐第三子温,世祖时征拜中书博士。卒,追赠列人定侯。"疑温与惜本一人耳。

刁雍传

迁徐州刺史,赐爵东安伯。　《魏书》作"东安侯",此云"伯"者,误也。又下文云"子遵袭爵,太和中例降为侯",而《雍传》不见进爵为公之文,疑有脱误。《魏书》同。

唐和传

晋西宜安人也。　"晋西"当作"晋昌"。

寇赞传

赞弟谦,有道术,太武敬重之。　即天师寇谦之也。《传》脱"之"字。

拜赞南雍州刺史、轵县侯,于洛阳立雍之郡县以抚之。　此州《魏志》不载,盖在宋武已殂、奚斤入洛阳之后,与洛、豫二州同置。

源怀传

臣有家勋,不沾茅土之锡。　按:怀父贺,封陇西王。贺辞老,诏怀受父爵,后例降为公,中间无罢黜之事。又考,太和十六年,制异姓为王者,皆降为公,公为侯,侯为伯,[②]即《传》所云"例降"也。陆丽与源贺皆异姓为王者,自当依例得公爵。乃丽子叡以自讼得之。怀以丁艰,不容及例,直至宣武之世,上表陈请,始得授北冯翊郡开国公,此事之可疑者。细检诸传,称封爵者皆不言食邑,独陆叡封钜鹿郡开国公,食邑三百户,源怀封冯翊郡开国公,食邑九百户。窃意魏制,公侯五等皆虚名,无食邑,怀虽身袭公爵,而未有邑户,故云"不沾茅土之锡"也。又《官氏志》开国郡公第一品,散公从第一品,则散公与开国公班位亦有别矣。

司马休之传

晋宣帝季弟谯王进之后也。晋渡江之后,进子孙袭封谯王。按:进卒于魏世,官止中郎。其子逊于武帝初始封谯王,《传》所书误也。

司马楚之传

奚斤既平河南,以楚之所率人户,分置汝南、汝阳、南顿、新蔡四郡,以益豫州。　此时豫州治虎牢,魏收《志》所谓"北豫州"也。

萧赞传

赞字德文,本名综。　《南史》"赞"作"缵",盖承《梁书》之讹。梁武诸子名皆从糸旁,综既自称东昏侯子,而萧宝夤为之更名,必不从系旁矣。《南》、《北史》各为立传,而《北史》较略,盖仍姚思廉、魏收之旧文也。《南史》既不可略,则《北史》之《传》可删。

卢玄传

曾祖湛,晋司空刘琨从事中郎。　"湛"当作"谌"。监本作"谌"。

彦卿,贞观中位石门令、东宫学士。　《北史》载唐初事,如《隋恭帝纪》、《炀愍皇后萧氏》、《周宣帝皇后元氏》、《静帝皇后司马氏》、隋齐王暕子《愍》、《裴矩》、《何稠》诸传,皆述后事,以毕前文,合于史例。若《长孙晟传》"大唐贞观中,追赠司空、上柱国,谥曰献",《窦毅传》"武德元年,诏赠毅司空"云云,《齐清河王劢传》"大唐褒显前代名臣,追赠都督四州诸军事、定州刺史",此以唐之外戚而特书。《房彦谦传》"贞观初,以子玄龄著勋庸,赠徐州都督"云云,《魏长贤传》"贞观中,赠定州刺史",此以唐之元勋而特书,犹有说也。卢彦卿之流,仕隋不显,在唐亦无可称道,书之不胜书矣,且于全书之例无当。

卢勇传

再迁扬州刺史、镇宜阳。 "扬州"当作"阳州",下同。

高允传

古人云:方一里则为田三顷七十亩,方百里则田三万七十亩。 按:古法,一里三百步,三三而九,为田九万步。以亩法二百四十步除之,得三百七十五亩。举大数言之,故云"三顷七十亩"。

范阳祖迈。 征士三十四人,有名无字者,祖迈、刘策、许琛、宋憎、潘符、杜熙、张纲、王道雅、闵弼郎、苗侯辩、吕季才。

崔仲方传

谨案:晋太康元年,岁在庚子,晋武帝平吴。至今开皇六年,岁次庚午,合三百七载。 "庚午"当作"景午"。开皇六年,岁在丙午,唐人避讳,称"景午"也。自庚子至丙午,恰三百有七年。《隋书》本作"景午"。

陈氏草窃,起于庚子,至今庚午。 按:陈武帝以丙子岁自为丞相,录尚书事,明年受禅。此"庚子"、"庚午"亦"景子"、"景午"之讹。盖校书者不知"景"即"丙"字,疑"庚"与"景"声相近,而妄改之。

张湛传

敦煌深泉人也。 即渊泉县,避讳改。

刘延明传

昭王好尚文典。 凉武昭王单称昭王,犹诸葛亮谥忠武,而世称武侯也。

《敦煌实录》二十卷。 《隋书·经籍志》:"《凉书》十卷,记张轨事。伪凉大将军从事中郎刘景撰。"又"《敦煌实录》十卷,刘景撰。"疑即一书,而《志》析为二也。延明本名昞,唐人避讳,或称其字,或改为"景"。

郑羲传

出为西兖州刺史。　《魏书·地形志》东郡治滑台城。天兴中,置兖州。此《传》云"西兖州"者,指此,非《志》之西兖州也。《志》之西兖治定陶城,孝昌三年置。酸枣、鄄城为东郡所属,故羲得表荐之。高祐为西兖州刺史,镇滑台,亦在高祖朝。

郑述祖传

初述祖父为兖州,于城南小山起斋亭,③**刻石为记。述祖时年九岁。及为刺史,往寻旧迹,得一破石,有铭云:"中岳先生郑道昭之白云堂。"**　按:述祖之父道昭,历光、青二州刺史,未尝为兖州。其大父羲,则为兖州刺史。然羲为兖州治滑台,与齐之兖州非一地。疑"兖"当作"光",字之误也。

郑译传

内史中大夫乌丸轨每劝帝废太子。　周初功臣赐代北姓者甚多,《北史》皆书其本姓,不书所赐姓。如王轨赐姓乌丸氏,惟《郑译》、《宇文忻》、《梁士彦》、《元岩》、《达奚长儒》、《来和传》称"乌丸轨",皆沿《隋书》之文也。《隋本纪》"王轨言普六茹坚有反相",此述当时之语当尔,若纪事之文,但称"杨坚",不云"普六茹"。

皮豹子传

道明第八弟怀喜。　《魏书·高祖纪》作"懴喜",《本传》单名"喜"。

田益宗传

乃于新蔡立东豫州,以益宗为刺史。　《地形志》:"东豫州,大和十九年置,治广陵城。"《梁史》所谓"北广陵"也。在淮水之北,今光州息县地。

孟表传

除南兖州刺史,领马头太守,镇涡阳。　涡阳今蒙城县,在淮水之北。《地形志》楚州有马头郡，领蕲、平预二县。此淮南之马头也。在怀远县西南。南兖州有马头郡，治建平城，领蕲、己吾、下邑三县，此淮北之马头，即涡阳也。

裴骏传

子宣为益州刺史，绥抚甚得戎羌之心。后晋寿更置益州，改宣所莅为南秦州。 按：《地形志》"益州，正始中置，领东晋寿、西晋寿、新巴南、白水、宋熙五郡"，即此《传》所云"晋寿更置益州"也。《志》又云："南秦州，真君七年置仇池镇，太和十二年为渠州，正始中置治骆谷城。"裴宣莅益州，当在正始初。《志》云"渠州"，疑"益州"之误。

刘休宾传

及立平齐郡，乃以梁邹人为怀宁县，以休宾为令。 按：《地形志》不载平齐郡，而列传往往见之。《崔道固传》"徙齐土望共道固守城者数百家于桑乾，立平齐郡于平城西北北新城。寻徙居京城西南二百余里旧阴馆之西"，刊本"阴"误作"除"，今据《水经注》校改。《房景伯传》"献文时，三齐平，随例内徙，为平齐人"，《刘芳传》"梁邹降，芳北徙为平齐人"，《崔亮传》"慕容白曜平三齐，[④]内徙桑乾为平齐人"，是也。《水经注》："湿水径阴馆县故城西，县故楼烦乡也。魏天安三年，齐平，徙其民于县，立平齐郡。"则道元著书之时，郡尚无恙矣。《地形志》，肆州雁门郡原平县有阴馆城、楼烦城。《魏书·房崇吉传》："及立平齐郡，以历城民为归安县，崇吉为县令。"是怀宁之外，又有归安县也。

房彦谦传

汉王构逆，罹罪者多。彦谦见张衡当途而不能匡救，以书谕之：有云"若审知外内无虞，嗣后纂统，而好乱乐祸，妄有觊觎，则管、蔡之诛，当在于谅。同恶相济，无所逃罪，枭县孥戮，国有常刑。遂使籍没流移，恐为冤滥。恢恢天网，岂其然乎！罪疑从轻，斯义安在！" 按：《隋书》"国有常刑"之下，尚有二十字，云"其间或有情非协同，力不自固，或被拥逼，沦陷凶威"。盖彦谦之意，以同恶者罪无可逃，被逼者自从轻典。所谓"籍没流移，恐为冤滥"，乃指"情非协同"者而言，《北史》删此数言,失其旨矣。

韩子熙传

除伯华东太原太守。　此齐州之太原,故称"东太原"。

程骏传

祖父肇,⑤吕光人部尚书。　"人部"本是"民部",避讳改。

杨素传

进爵郢国公,真食长寿县千户。　按:下文云"改封楚公,真食二千五百户",又云"别封一子义康郡公,邑万户"。素以宰相封国公,仅食千户,而其子封郡公,邑乃万户,盖五等封邑皆虚名,非真有食户也。唐人结衔有"食邑"、"食实封"之别,盖因于此。宋则并所食实封者谓,亦有名而无实矣。

杨玄感传

汲郡赞治赵怀义等。　胡三省曰:《隋志》炀帝改州为郡,郡置太守,罢长史司马,置赞务一人贰之。赞务即赞治也。《隋书》成于唐臣,避高宗讳,故改"治"为"务"。《北史》皆作"赞务",惟此传作"治",亦是后人所改,非李《史》元文。

杨宽传

都督、东雍州刺史,即本州也。　杨氏恒农华阴人,后魏置东雍州于郑县,并立华山郡,华阴盖其属县,故称本州。

刘懋传

孝昭初,大军攻硖石。　"孝昭"当作"孝明"。

常爽传

武成西征凉土,爽与兄士国归款军门。武成嘉之。　"武成"当作"太武"。

常景传

肇尚平阳公主。　按:《高肇传》尚高平公主。

仍诏景为幽、安、元四州行台。　幽、安、元止三州,而云"四州",疑有脱误。

邢邵传

后杨愔与魏元叉及邵请置学,奏曰:二黉两学,盛自虞、殷。　按:史叙此事于太昌之后,太昌,孝武年号。元叉死已久矣。《北齐书》以为魏收者,为近之。然考之《魏书·李崇传》,此奏实出于崇,与杨愔、邢邵、魏收诸人初不相涉。其文云:"伏闻朝议以高祖大造区夏,道侔姬文,拟祀明堂,式配上帝。"盖孝明熙平二年,太师高阳王雍等议以高祖配明堂,故有此奏。其时灵太后临朝摄政,元叉亦用事,故有灵太后之令也。窃意自"请置学",至"累迁尚书令、加侍中"凡六百六十七字,皆《李崇传》文,错入此篇耳。

武帝在京辅政。　"武帝"当作"文襄"。

宣武富于春秋。　"宣武"亦"文襄"之讹。下文"宣武甚亲重之","宣武还,以邵言告暹","暹即启宣武",并仿此。

李崇传

东荆州蛮樊安聚众于龙山。　按:"东荆州"之名不见于《地形志》。郦道元、薛真度、房亮、慕容俨俱尝为东荆州刺史。《隋志》淮安郡"后魏置东荆州,西魏改淮州"者是也。治比阳。

进讨西荆,诸蛮悉平。　《魏》、《隋》二《志》俱不载"西荆州"。

后北镇人破落汗拔陵反。　《纪》作"破六韩拔陵"。"六韩"与"落汗"声相近。

崔光传

祖旷,仕宋为乐陵太守。于河南立冀州,《宋志》州治历城。**置郡县,即为东清河鄃人。县分易,更为南平原贝丘人也。**　按:《宋书·州郡志》冀州所领有平原、清河二郡。贝丘与鄃皆属清河,初无南平原、东清河之称。《魏书·地形志》有东清河郡,鄃与贝丘皆属焉。有东平原而无南平原,二《志》既小异,而贝丘之属南平原,则二《志》皆未载也。《赵隐传》清河后改为平原。

崔亮传

徐州刺史元昞抚御失和。 《北史》避唐讳,改"昞"为"景",此"昞"字亦后人辄改。

淳于诞传

其先太山中人也。 袁廷梼曰:"中"当作"博"。

张谠传

出为东河间太守。 此青州之河间,因刘宋侨置之名,故加"东"以别之。

刘藻传

迁离城镇将。太和中改镇为岐州。 "离"当作"雍",字相涉而讹。

傅竖眼传

拜灵越青州刺史、贝丘子,镇羊兰城。 《地形志》乐陵郡厌次县有羊兰城。

灵越为太原太守,升城。 "守"下当更有"守"字。

寻假镇南休军。 "休"当作"将"。

赠吏部尚书、左齐州刺史。 "左"字疑衍,或有脱文。

张烈传

荆州刺史广阳王禧。 "禧"当作"嘉"。本传亦不云为荆州刺史。

袁翻传

神龟末,迁凉州刺史。时蠕蠕主阿那瓌、后主婆罗门并以国乱来降,朝廷问安置之计。　按《本纪》及《蠕蠕传》,阿那瓖以正光元年来降,婆罗门以次年来降。盖翻以神龟末迁刺史,至正光之世上表言边事耳。

袁聿修传

出为信州刺史,即其本乡也。　《隋志》:"项城县,东魏置扬州,又改北扬州,后齐改曰信州。"袁氏世为项人,故云"本乡"也。是时齐、周皆有信州,齐之信州在淮北,周之信州在巴东。

阳休之传

魏收监史之日,立《神武本纪》,取平四胡之岁为齐元。　当时称尔朱为"契胡"。"四胡"谓尔朱兆与天光、度律、仲远也。李百药《齐书》叙韩陵战功,每称"破四胡",《北史》亦因之,盖承当时俗语。神武虽专国政,犹终臣位,自当效曹马史例,用元氏纪年。且神武本封勃海王,初无齐名,齐元之说,理不可通。伯起自我作古,意主诌媚,休之驳改,得其当矣。

祖珽传

尝为冀州刺史万俟受洛制《清德颂》。　受洛即受洛干也。彼《传》失书冀州刺史一节。

参军元景献,故尚书令元世儁子也。　《魏宗室传》失载景献名。

是魏孝静帝故博陵长公主所生。　"故"当作"姑"。

尔朱荣传

北人语讹,语"尔朱"为"人主"。　"人"、"尔"声相近。《七音谱》皆属日母。

诏百官议荣配飨,司直刘季明曰:[6]"晋王若配永安,则不能终臣节。以此论之,无所配。"　此述季明语,当有脱文。《通鉴》载其议云:"若配世宗,于时无功;若配孝明,亲害其母;若配庄帝,为臣不终。"词意完善。永安,孝庄年号也。孝庄之谥,定于孝武。当世隆议配享之日,不当即称"庄帝",《北史》作"永安"为得之。

　　文略尝大遗魏收金,请为父作佳传,收论荣比韦、彭、伊、霍,盖由此也。　　此事重见《魏收传》。然收初未以伊、霍比尔朱荣,亦谤史者已甚之词。

尔朱仲远传

　　封清河公,徐州刺史、兼尚书左仆射、三徐大行台。　　"三徐"者,徐与东徐、北徐也。徐州治彭城,东徐州治下邳,北徐州当治即丘。

尔朱世隆传

　　今旦为令王借车牛一乘。　　世隆称"令王"者,官尚书令又封王也。杨愔亦尚书令封公,故称"令公"。斛律光、和士开皆官丞相封王,故称"相王"。当时称谓之不假借如此。

贺拔允传

　　字可泥。　　齐神武呼允为"阿鞠泥",见《齐本纪》。

　　其贼伪署王卫可瓌。　　《北齐书》作"卫可肰",《周书·太祖纪》作"卫可孤"。"孤"、"肰"、"瓌"皆一声之转也。《高阿那肱传》云:"虽作'肱'字,世人皆称为'瓌'音。"

贺拔岳传

　　乃谓尔朱氏一人为元帅。　　"谓"当作"请"。

毛遐传

　　北地三原人也。　　此曹魏侨置之北地郡,非秦汉北地郡。《魏志》幽州有西北地郡,秦昭王置,而雍州亦有北地郡。魏文帝分冯翊之袍祤置,即此北地也。西魏置北雍州于此。

　　授遐南幽州刺史。　　"幽"当作"幽"。

毛鸿宾传

　　改三原县为建中郡。　　"中"当作"忠"。

辛雄传

齐神武至洛,于永宁寺大集朝士,责雄及尚书崔孝芬、刘廞、杨机等曰:"为臣奉主,匡危救乱。若处不谏诤,出不陪随,缓则耽宠,急便窜避,臣节安在?"乃诛之。　此语已见《齐本纪》,当删此存彼。

辛德源传

尚书仆射杨遵彦、殿中尚书辛术皆一时名士,并虚襟礼敬。　按:德源即术之族子,附见《术传》之后。乃忽有"一时名士,虚襟礼敬"之语,此岂可施于族父与族子者乎?

校勘记

① "孝昌二年六月","二年",原本作"三年"。《北史》卷四《魏本纪》系此事于孝昌二年六月己巳。今径改。

② "侯为伯","为",原本作"与",误。今据《北史》卷三改之。

③ "于城南小山起斋亭","城南"上原本有"郑"字,据《北史》中华书局本校勘记删。

④ "慕容白曜平三齐","白",原本作"曰",误,据《北史》卷四四改。

⑤ "祖父肇","祖",原本脱,今据《北史》卷四〇补。

⑥ "司直刘季明曰","曰",原本作"白",误,据《北史》卷四八改。

廿二史考异卷四十

北史三

齐宗室诸王传

赵郡王叡。其母魏华山公主也。 下文云"母元氏,华阳长公主",封号互异。

清河王岳。 王懋竑曰:高岳为邺中四贵之一,其恃权放纵,盖亦相当。而《传》不言其事,此以士廉故讳之也。于氏、长孙氏多佳传,则以志宁与无忌之故。《长孙晟传》最繁冗,而略不笔削。后梁主诸《传》皆无贬词;房彦谦与张衡书芜杂多难解,而全载之,又以萧瑀、房乔故也。魏长贤《魏史》不载,以文贞故,特为立传。薛聪、薛孝通于《魏史》之外,多有增益,亦必本之薛收家传。以此推之,凡所褒称,未必皆当其实。大昕按:扬雄父子之得佳传,以恭仁故也;令狐整父子之得佳传,以德棻故也。

子劢,袭爵清河王,改封安乐侯。 按:《齐书》:"以清河地在畿内,改封乐安王。"此云"安乐侯"者,误。

南安王思好。斫骨光弁奉使至州。 《广韵》,汉复姓有斫胥氏。何氏《姓苑》云:"今平阳人。"此作"骨",字相似而讹也。《恩幸传》作"斫胥光弁","研"又"斫"之讹,即一人。

神武诸子传

永安王浚。保定初,进爵为王。 "保定"当作"天保"。

彭城王浟。史君在沧州日。[①] 汉人称刺史为"使君",以其奉使刺举而言。六朝人多称刺史为"史君",则以官名有"史"字故也。予家藏东魏兴和二年《敬显儁碑》,额题"敬史君",字画分明。高浟为沧、定二州刺史,亦在东魏时,《传》称"史君",与石刻正合。监本改"史"为

"使",所谓少所见多所怪也。

文襄诸子传

广宁王孝珩。齐叛臣乞扶令和。 "乞扶"即"乞伏"也。

文宣诸子传

范阳王绍义。遂即皇帝位,称武平元年。 "元年"当作"九年"。盖后主以武平八年失国,绍义逃奔突厥,至次年,因高宝宁上表劝进,乃称帝,仍用"武平"之号,不自改元也。《通鉴》书此事于前一年,乃云"改元武平",殊失其实。然因此知北宋本已误"九"为"元",而温公亦未能校正也。

破六韩常传

单于之裔也。 按:《齐书》:"常字保年,附化人。"延寿削而不书,则总论中"保年之于关右,今刊本"关"讹为"开",又脱"右"字,遂不可句。义异策名"二句,殊无谓矣。

初呼厨貌入朝汉。 "貌"当作"泉"。"泉"讹为"兒",后人又妄加"豸"旁。

其子孙遂以潘六奚为氏。后人讹误,以为破六韩。 "潘"、"破"声相近。"奚"、"何"声相近,"何"又转为"韩"也。

尉长命传

子兴,字敬兴。便弓马,有武艺,位冠军将军。 按:《齐书》:"长命子兴敬,高祖引为帐内都督。高祖攻周文帝于邙山,兴敬因战,为流矢所中,卒。赠泾、岐、幽三州军事,谥曰闵庄。"《北史·綦连猛传》附载尉兴庆事云:"芒山之役,兴庆救神武之窘,为军所杀。超赠仪同、泾州刺史,谥曰闵庄。"《神武本纪》亦载兴庆事。是兴庆即兴敬矣。乃不附其父,而别见它传,岂误刱兴庆、兴敬为两人乎?《齐书》作"兴敬",盖避齐庙讳,此《传》作"敬兴",则转写傎倒耳。

任祥传

祥字延敬。 《齐书》作"任延敬",不云"名祥"。

张保洛传

赠前官,追复本封。 按:《齐书》:"保洛子默言嗣,武平末,卫将军。"此《传》失书。

从神武出山东,又有贺拔仁、麹珍、段琛、尉摽、子相贵、康德、韩建业、封辅相、范舍乐、牒舍乐。 按:《齐书》无贺拔仁、范舍乐,而有乞伏贵和、令和兄弟。《北史》别为乞伏慧立传,即令和也。故不及焉。康德,《齐书》作"王康德"。封辅相事,又见《范阳王绍义传》。

张琼传

琼子欣,尚魏平阳公主,除驸马都尉。与公主情好不笃,寻为孝武所害。 按:《后妃传》"魏孝武妹平原公主适开府张欢,欢遇之无礼。帝杀欢,改封为冯翊公主以配周文帝",即此公主也。《齐史》避讳,改"欢"为"欣"。惟公主封号一云"平原",一云"平阳",不免抵牾。

慕容绍宗传

吾自数年已还,恒有蒜发。 "蒜"不成字,当作"蒜"。

元景安传

魏昭成皇帝之五世孙也。 《北史》于元氏子孙仕它姓者,虽世系可考,皆各自为传,不附入《魏宗室》篇,殊有深意。

高隆之传

齐受禅,进爵为王。 上文不云"封平原郡公",而忽云"进爵为王",与它传例异。延寿删改旧史之文,往往失当,略举一隅,可征旧史之不可废。

库狄士文传

刺史罗杀政,司马蝮蛇瞋。 "罗杀"即"罗刹"也。

赵彦深传

隐字彦深,避齐庙讳,故以字行。 齐神武六世祖名隐也。窦泰、尉兴庆皆殁于魏世,故不避。

魏收传

自序:汉初,魏无知封高良侯,子均。均子恢。恢子彦。彦子歆。歆子悦。 按:魏悦与李孝伯同时,孝伯以女妻之,盖在太武之世。自汉初至后魏太武时,计六百余年,而无知至子悦仅传六世,此理之所必无者。魏收《自序》今已不传,后人又取此篇补之。要之,必有脱文矣。无知封高良侯,亦班《史》所。《唐书·宰相世系表》作"高梁侯"。

正光五年,南北二秦城人莫折念生、韩祖香、张长命相继构逆。 《地形志》有秦州,有南秦州,未见"北秦"之名。盖对"南"而言,以秦州为北秦也。《叙传》,李彦为秦州刺史。正光五年,城人薛珍等害彦,推其党莫折大提为帅。

则韩、彭、伊、霍,夫何足数。 《魏书·尔朱荣论》本作"彭、韦",谓大彭、豕韦也。此作"韩、彭",亦后人妄改。

其后,群臣多言《魏史》不实,武成复敕更审。收又回换,遂为卢同立传,崔绰反更附出。《杨愔家传》本云:"有魏以来,一门而已。"至是加此八字。又先云:"恒农华阴人。"乃改"自云恒农人",以配王慧龙"自云太原人",此其失也。 按:史云加此八字,不知所加何文。今据《魏书·杨氏家传》末云"一家之内,男女百口,缌服同爨,庭无间言。魏世以来,惟有卢渊兄弟及播昆季,当世莫逮焉",乃悟"有魏以来,一门而已"八字,乃是收之元本,至是,去此文,而加入卢渊兄弟以配之耳。方天保之世,杨愔当国用事,收为其家立佳传,并称其家门邕睦,独冠魏朝,故愔感其意,以仰塞谤史者。及武成时,愔已见杀,而卢思道前以谤史获罪,今称其家门之美,卢渊,思道之大父也。欲以释憾于思道也。王松年前亦讼史不平,故改书杨氏"自云恒农人",以配王氏"自云太原人",亦以释憾于松年也。松年,慧龙之后。崔绰附见其子《鉴传》。

博陵崔岩尝以双声嘲收,曰:"遇魏收衰曰愚魏。" 《齐书》只有"愚魏衰收"四字。"愚"与"魏"同声,"衰"与"收"同声也。此文重沓不伦,当改从《齐书》。

饭房等笼,著孔嘲玎。　"孔"与"著"非双声,当是"札"之讹。或云"著"当作"看"。

魏澹传

诏澹别成《魏史》。为十二纪,七十八列传。别为史论及例,各一卷,合九十二卷。　按:《隋志》,魏彦深《后魏书》一百卷,卷数与此不合。

周诸王传

齐王宪。斛律明月时在华容。　"华容"当作"华谷"。《斛律光传》:"武平元年冬,率步骑五万,于玉壁筑华谷、龙门二城。"

李密传

共你论相杀事,何须作书传雅语。　按:"你"字古书所无,《北史》始屡见之。《李幼廉传》,齐文襄谓陈元康曰:"我教你好长史处。"《许善心传》:"我好欲放你,敢如此不逊。"《突厥传》:"你能作几年可汗?"《隋书·五行志》武平元年,童谣曰:"狐截尾,你欲除我我除你。"二年,童谣曰:"和士开,七月三十日,将你向南台。"皆齐、隋人语也。《广韵》:"你,乃里切,秦人呼傍人之称。"

宇文恺传

堂修二七,博四修一。　此引《考工记》。改"广"为"博",避炀帝名也。下文引胡伯始注《汉官》,亦避"广"字,因称其字。

侯莫陈崇传

隋文大业初,以谴,流配岭南。　"文"字衍。

王盟传

父罴,伏波将军。　此又一王罴。

贺兰祥传

拔其洮阳、洪和二城，以其地为洮州。 《隋志》，浇河郡河津县，后周置洮河郡。开皇初郡废。而不详洮州建立本末。

史宁传

转东义州刺史。东魏亦以胡㶟苟为东义州刺史。 按：魏收《志》有两义州，一寄治汲郡，一不言所领郡县，但云"萧衍置，武定七年内属"。据《隋志》，罗田县，梁置义州义城郡，当即此矣。而未见"东义州"之名。

斩其洛安郡守冯善道。 洛安盖东义州属郡，《魏志》亦未见。

权景宣传

乃授并、安、肆、郢、新、应六州诸军事、并州刺史。 此西魏所置之并州，治随郡，非晋阳也。安州治安陆郡，肆州治下溠，皆西魏置。新、应二州，则梁所置也。新州本新阳县，梁置州及梁宁郡，今京山县。应州本永阳县，梁置州，即今应山县。

永州刺史萧世怡。 此永州在汝南。《隋志》："汝南郡城阳县，后魏置城阳郡，梁置楚州，东魏置西楚州，后齐曰永州。"魏收《志》"西楚州治楚城"，即此永州也。

王思政传

并州刺史、行台如故，仍镇玉壁。 是时西魏未得并州，思政以并州刺史镇恒农，又移玉壁，皆遥领，非实土也。

尉迟迥传

纪安州刺史乐广以州先降。 按：《隋志》，普安郡，梁置南梁州，后改为安州。

乐运传

南阳清阳人。 按：《魏》、《隋》二《志》南阳郡无清阳县。"清"

当作"渷"。

遂左迁运为广州濮阳令。　此广州当治鲁阳,而《隋志》不见濮阳县之名。

苏威传

治书侍御史梁毗劾威兼领五职。　《北史》避唐讳,治书侍御史皆去"治"字,惟此《传》及《皇甫诞》、《刘昉传》有"治"字,亦校书者所增。

韦孝宽传

拜右将军、南幽州刺史。　"幽"当作"豳"。《唐永传》:"行台萧宝夤表永为南豳州刺史。"②亦"豳"字之讹。魏时无南幽州也。

以功除浙阳郡守。　"浙"当作"淅"。

遣其扬州刺史牛道恒。　按:东魏置阳州于宜阳。此"扬"字当为"阳"。

孝宽因令曲岩作谣歌曰:"百升飞上天,明月照长安。"百升,斛也。又言:"高山不摧《祖珽传》作"推"。自崩,槲树不扶自竖。"令谍人多赍此文,遗之于邺。祖孝征既闻,更润色之。　此事已见《祖珽》、《斛律光传》,三处重复,何不去二存一。

韦寿传

历位恒、尾二州刺史。　"尾"当作"毛"。隋置毛州于馆陶县。

韦洸传

及陈平,拜江州总管。　隋时,江州尝置总管府,而《隋志》失书。

韦师传

于时广为雍州刺史,存望第,以司空杨雄、尚书左仆射高颎并为州都督,引师为主簿。　"州都"下疑衍"督"字。魏、晋以后,诸州皆置大中正,以甄别流品。隋时避讳,改为"州都"而去"中正"之名。后人校书,不达"州都"为何语,妄加"督"字。《隋书》既然,《北史》亦尔,真所谓以不狂为狂也。高颎自言勃海蓨人,而得为雍州州都者,颎赐姓独孤,独孤为代北贵族,周、隋之世,代人例称京兆人也。韦氏,京兆望门,师又为州主簿,而世康位在师下,故世康以州都不平为恨。此何与都督事乎?据《本纪》,炀帝时为雍州牧,非刺史,当从《隋书》作"牧"为是。

王勇传

大军不利,惟胡仁及王文达、耿令贵三人力战。　"大军"上脱"邙山之战"四字。

刘雄传

临洮子城人也。　《魏志》,临洮郡无子城县。

泉仲遵传

遂于上津置南洛州。　按:《隋志》西城郡丰利县下云:"梁置南上洛郡,西魏改郡曰丰利。后周省郡入上津郡。"而不言置南洛州,史之漏也。

改巴州为洵州,隶于仲遵。　此巴州非清化之巴州,亦非阆中之巴州。《隋志》西城郡金川县下云"后周置洵州,寻废"者,即此。而不云尝为巴州,则《志》之阙也。

扶猛传

猛仕梁,位南洛、北司二州刺史。　据此,则梁时亦有南洛州,大约置于蛮地。

割二郡为罗州。　《隋志》:"房陵郡竹山县,梁曰安城,西魏入焉,置罗州。"即此州也。二郡之名未详。

席固传

后转湖州刺史。　此湖州治舂陵郡之湖阳县,即后魏之南襄州也。

豆卢宁传

羌帅傍乞铁公。　《赵刚传》作"傍乞铁忽"。

韩禽传

拜禽卢州总管。　卢州置总管府,《隋志》失书。

申徽传

先是,东阳王元荣为瓜州刺史,其女婿刘彦随焉。　《令狐整传》作"邓彦"。

元定传

父道龙,钜鏕郡守。　按:《史》、《汉》钜鹿之"鹿",皆不从"金"旁,俗人因上一字例加之。然《汉尹宙碑》:"分赵地为钜鏕。"则东汉已有此字矣。后魏孝文《吊比干文碑》阴有"钜鏕伯魏祐"。

杨㯹传

正平高凉人也。　按《魏志》,高凉亦郡名,与正平同隶东雍州。
南汾、二绛。　"二绛",谓南绛、北绛也。

刘璠传

尝于新渝侯宅,因酒后,诟京兆杜杲曰:"寒士不逊。"　按:杜杲祖父世仕魏朝,[3]杲又未尝流寓江左,何缘在梁新渝侯宅乎?《周书》作"杜骞",当从之。

高颎传

俄而上柱国王积以罪诛。　即王世积也。王懋竑曰:《北史》例不避"世"字,此卷"世室"作"代室",王世积去"世"字,与它卷例异。《李德林传》称晋王讳而不名,亦与它传异。每卷末各有总论,而此卷无之,疑《北史》阙此卷,后人别据它书补之。

牛里仁传

晋秘书监荀勖定魏《内经》，更著《新簿》。　勖著《中经簿》，此称《内经》者，避隋讳也。隋文帝父名忠，并讳"中"字；祖名祯，并讳"贞"字。李孝贞字元操，开皇初，以犯庙讳称字。

黄曰神升。　"升"当作"斗"。

案晋内书监荀勖。　本中书监，避讳改。

李德林传

神武公纥豆陵毅。　即窦毅也。此《传》独书赐姓，与它篇异。

宜作大丞相，假黄钺，都督内外诸军事。　是时隋未受禅，不当避"中"字，盖史家追改之。下文云"授丞相府从事内郎"，亦是追改。

初，德林称其父为太尉谘议，以取赠官，李元操阴奏之曰："德林父终于校书，妄称谘议。"　按《隋志》，校书郎正九品，亲王谘议参军事，则正五品。

郭衍传

先屯京口。于贡州南与贼战，败之。　《隋书》作"贵洲"。

袁充传

唐尧丙辰生，丙子年受命。[①]　按：袁充以唐尧受命在丙子岁，本于《汲冢纪年》。其云"尧四十九年甲子天正十一月庚戌冬至"，未审出何书也。今世俗以甲辰为尧元载，出于皇甫谧《帝王世纪》，而刘恕《通鉴外纪》又以戊辰为尧元年，世代绵远，宣尼所不言，史迁所未录，皆当在存而不论之例。

李雄传

父棠，名列《诚义传》。　按：《北史》有《节义传》，无《诚义传》。延寿于《外戚》、《文苑》、《良吏》、《酷吏》诸篇，有家传可附者，例皆归并，李棠父子何以独殊？亦不可解。

段文振传

北海期原人也。　按：《隋志》，北海无期原县。

樊子盖传

会来护等救至。　按：《周法尚》、《卫文升》、《樊子盖》诸传及总论，皆称来护儿为"来护"，是当时有此称，非史脱文。

李景传

天水休官人也。　《隋志》，天水无休官县。

张𬭶传

本名犯庙讳。　《南》、《北史》于犯讳改名，皆不言本名，独此传及之。盖本名大渊，避讳，连为一字。

宇文述传

时铁勒契獘歌稜攻败吐谷浑。　"契獘"即"契苾"也。

宇文化及传

时士及在公主第，弗之知也。　士及为唐宰相，史家曲笔为之解脱，恐非其实。

外戚传

今以刘罗辰、李峻等附其家传。　按：《李崇传》略不及峻事，与此文不相应。

又检杨腾、乙弗绘附之魏末。　按：乙氏自有家传，绘又无事迹可称，正当类叙，以省繁复，何须别入《外戚》邪？李氏徒见魏澹《书》有此二人，亟为附益，而不知乙弗氏之即乙氏，乙弗莫瓌之即乙瓌，若以乙弗后与乙瓌两传参校，去其重沓，又以绘附其父瑗之后，庶几简而有法矣。予尝论史家先通官制，次精舆地，次辨氏族，否则涉笔便误。

冯熙。聿同产弟风，幼养于宫，文明太后特加爱念。数岁赐爵至

北平王。　按:《孝文纪》太和二年正月"封昌黎王冯熙第二子始兴为北平王",始兴与风殆一人也。《纪》称始兴为熙第二子,今据此《传》,熙子诞,诞弟修,修弟聿,聿弟风,则风为第四子。但诞、修皆公主所生,而聿与风庶出同母,聿为废后同产兄,其年未必小于修。《传》以聿为修弟,恐未必然。

胡长仁。先是,太白食昴,占者曰:"昴为赵分,不利胡王。"长仁未几死。　按:《胡长粲传》,除赵州刺史。先是,望气者上言,太白食昴。尚书左仆射徐之才语和士开曰:"昴,赵分。或云赵地有灾。古者,王侯各在封邑,故分野有灾,当其君长。今吾等虚名,竟不之国。刺史专令一境,善恶所归,比来多以刺史为验。"未几而长粲死焉。此即一事,而传闻异辞。当以彼《传》为是。长粲为赵州刺史,星犯赵分,故当其咎,与胡姓何预焉? 延寿兼存之,且在一卷之中,未免冗而疏矣。

子君璧,袭爵陇东王。君璧弟君璋。　按:《祖珽传》"皇后兄胡君瑜,君瑜兄梁州刺史君璧",君瑜与君璋未知即一人否。而君璧为梁州刺史,则此《传》失书。

儒林传上

中山张彤武。　按:下文叙诸儒通《春秋》者,只称"张彤"。《齐本纪·文范传》亦作"张彤"。《崔季舒传》作"张雕"。盖本名"彤虎",或改为"武",或去其下一字也。"雕"、"彤"古通用。

又有卫觊、陈达、潘叔虔。　此三人皆传服氏《春秋》者。卫觊,盖即卫冀隆也。《贾思同传》:"国子博士辽西卫冀隆精服氏学,上书难杜氏《春秋》六十三事。思同复驳冀隆乖错者一十余条,互相是非,积成十卷。思同卒,后魏郡姚文安、乐陵秦道静复述思同意。"今《春秋正义》往往引卫冀隆、秦道静说,是二家之书虽亡,而未尽亡也。《苏琼传》:"除南清河太守。每年春,总集大儒卫觊隆、田元凤等讲于郡学。""觊"与"冀"音义相同,此传又脱"隆"字。

刘献之。傥不能然,虽复立身之道,有何益乎。　"虽复"下有脱文。《魏书》云:"虽复下帷针股,蹑屩从师,正可博闻多识,不过为土龙乞雨,眩惑将来,其于立身之道,有何益乎?"凡多二十七字。

石曜。中山安善人。　袁廷梼曰:"善"当作"喜"。

李业兴。梁武帝问:"《尚书》'正月上日,受终于文祖',此时何正?"业兴对曰:"此夏正月。"梁武帝问:"何以得知?"业兴曰:"案《尚书中候·运衡篇》云:'日月营始',故知夏正。"　按:业兴据《中候》文证正月为建寅之月,以《月令》孟春日在营室故也。考尧时冬至日在虚,则建寅之月,日躔当在奎娄,已过营室一次,不得云"营始"。业兴未通岁差,故有此言。

九百八十七为升分。　"升"当作"斗"。

邢峙。河间郑人也。　"郑"当作"鄚"。《权会》、《黎景熙传》皆误作"郑"。

张景仁。家贫,以学书为业,遂工草隶。　景仁工书小技,又非精通六书,如江式之比,不当列于《儒林》。史家因马敬德而附及之,篇首叙诸儒传授,初无景仁名也。目录当小字分注于马敬德之下,今刊本皆作大字,别为一行,殊失史家之旨。

文苑传

比于建安之徐、陈、应、刘,元元之潘、张、左、束。　"元元"当作"元康"。

范阳卢思道、安平李德林、河东薛道衡、赵郡李元操。　上文已见诸人姓名,元操即孝贞也。此更举其族望,于义无当。

河东柳誓。　"誓"当作"晢",读如辩论之"辩"。此六朝俗字,所谓巧言为辩也。《隋书》作"曶",唐人石刻亦多作"曶"字。

李文博。通侻不持威仪。　"侻"即"脱"字之俗。《北史》多俗字,"考"为"拷",《尉古真》、《段孝言》、《李惠》等传。"听"为"厅",《杨津传》。"算"为"笇",《慕容绍宗传》。"称"为"秤",《王罴传》。名腹为肚,《熊安生传》。呼尔为你。《李幼廉》、《许善心》、《李密》等传。

循吏传

苏琼。除南清河太守。　《隋志》高唐县,后魏置南清河郡。

零陵县人魏双成。　《魏志》南清河有零县,无零陵县,"陵"字衍。

艺术传上

檀特师。大统十七年春初，忽著一布帽。至三月，而魏文帝崩。复取一白绢帽著之，未几，丞相夫人薨。后又著白绢帽，寻而丞相第二儿武邑公薨。　按：《宋献公震传》"大统十六年，封武邑公。其年薨。"是卒于魏文帝之世，与此《传》不合。

颜恶头。兑上天下土，是今日庚辛本宫火，故知卜父。　予谓兑之履上六，一爻变也。上六丁未土，土生金，金为兑本宫，土则本宫之父也。未土一爻特变，故知为父，而卜当云兑上六丁未土，讹六丁为天下。又脱"未"字也。"火"当为"父"字之讹。

今三月，土入墓，又见宗庙爻发，故知死。　土生于申，墓于辰，三月建辰，土入墓也。上爻为宗庙。

变见生气，故知苏。　上爻丁未，变为壬戌土，土为本宫父母，即生气也。

兑为言，故父言。故知有言。　"故父言"三字恐有讹。乾为父，兑化为乾，故知父有言。

未化入戌为土，三月土墓，戌又是本宫鬼墓。　兑为金宫，金以火为鬼，火墓于戌，故云"本宫鬼墓"。

未后三日至戌，故知三日复死。　戌为鬼之墓，未至戌，凡三日。

信都芳。浑天覆观，以《灵宪》为文；盖天仰观，以《周髀》为法。覆仰虽殊，大归是一。　按：浑、盖二家，其原皆出于冯相氏，而《周髀》一书，犹存三代之遗言。自扬子云著论抑盖而申浑，后之言天者多宗之，而盖天之义几晦。近世欧逻巴人入中国，制器有浑盖通宪之名，而后步天家始知盖之不悖于浑。然考之梁世，崔灵恩已有浑盖合一之论。北齐信都芳亦云"覆仰虽殊，大归是一"，则古之人固有先得我心者矣。

陆法和。既入荆州汶阳郡高要县之紫石山。　按：《宋书·州郡志》，汶阳领僮阳、沮阳、高安三县。《隋书·地理志》远安县旧曰高安，置汶阳郡。此作"高要"者，误也。高要在岭南，与此不相涉。

艺术传下

徐謇。丹阳人也。家本东莞。与兄文伯等皆善医药。　按:《南史》称"东海徐文伯",此云"家本东莞",当有一误。南渡后,东海郡侨治京口,故謇得为丹阳人。然《南史》载宋文帝云"天下有五绝,而皆出钱唐",其一谓徐道度疗疾也。道度即文伯之父,则文伯当居钱唐矣。或謇与文伯虽为兄弟行,而所居异地乎。

文伯仕南齐,位东莞、太山、兰陵三郡太守。子雄,员外散骑侍郎。按:《南史》文伯除鄱阳王常侍,雄位奉朝请。与此《传》所载历官互异。

恩幸传

王遇。与雷、党、不蒙俱为羌中强族。　雷一姓也,党一姓也,不蒙一姓也。《魏书·太祖纪》有羌酋不蒙娥。"不蒙"或作"夫蒙"。《广韵》:"羌复姓有夫蒙氏。后秦建威将军夫蒙大羌。"古音"不"如"桴",故与"夫"同。

契丹传

契丹犯塞,文帝亲戎北讨。　"文帝"当作"文宣"。

蛮獠传

延昌元年,拜南荆州刺史,居安昌,隶于东荆。　按:南荆州不见于《地形志》。考《隋志》:"春陵郡,后魏置南荆州。"其属县春陵,旧置安昌郡,此即延昌所置之南荆也。

氐传

后为乞佛乾归所杀。　"乞佛"即"乞伏"也。"佛"、"伏"声相近。
盛虽蕃于宋,仍奉晋永熙之号。　"永熙"当作"元熙"。

匈奴宇文莫槐传

匈奴宇文莫槐,出辽东塞外。　按:匈奴宇文氏、徒河段氏与慕容石氏同时,考其兴废始末,皆在后魏登国以前。魏收意在夸大,皆编入

《魏书》。《北史》惩收之失,凡刘、石、苻、李诸《传》,皆所不取,则此二篇亦当在芟汰之例矣。

突厥传

号伊利俱卢设莫何始波罗可汗,一号沙钵略。 予谓"沙钵略"即"始波罗"之转。译语无定字,非有两号也。

处罗侯竟立,是为叶护。 按:《长孙晟传》"遣晟持节拜处罗侯为莫何可汗,雍闾为叶护可汗",与此不同。

叙传

信孙元旷,仕汉为侍中。元旷弟仲翔,位太尉。 按:《晋书·凉武昭王传》称仲翔汉初为将军。此云太尉者,误也。汉初为太尉者,惟卢绾、周勃、灌婴三人。

除唐州下溠郡太守。 按:《隋志》,西魏改溠西县为下溠,不言隋置下溠郡。

孝文初,除长安镇都将,转西汾州刺史。 按:《魏志》无西汾州。

延寔以太保犯祖讳。 延寔祖名宝,而辞太保之官,犹唐人讥李贺父名晋肃,不当举进士也。

校勘记

① "史君在沧州日","日",原本作"曰",误。据《北史》卷五一改。

② "表永为南幽州刺史","永",原本脱。据《北史》卷六七补。

③ "世仕魏朝","仕",原本作"杜",文意不通。"仕"、"杜"字形相似,盖刊本讹误。今以意改之。

④ "唐尧丙辰生,丙子年受命","丙",原本俱作"景"。按:唐人避讳,改"丙"为"景"。钱氏照录《北史》旧文,未作更动。然下文俱书"丙",殊易淆乱,今为免误解,径改之。

廿二史考异卷四十一

唐书一

目录

第六。　李景俭,《旧史》别传,嗣薛王知柔,《新史》增入。

第八。　《旧书》无《公主》一篇,平阳公主附《柴绍传》,太平公主附《外戚传》。

第十三。　《旧书》以裴寂列功臣之首,今更以刘文静居首,而寂次之。《传》末附出诸人,亦承《旧史》,而增姜宝谊、元仲文、秦行师三人。马三宝本附《柴绍传》,亦移入此篇。刘义节即世龙也。

第十四。　唐次子扶、[①]持,垍子彦谦,《旧史》在《文苑传》,段文昌子成式,《旧史》别传。

第十五。　刘崇望、崇龟、崇鲁,《旧史》别传。

第十六。　温造子璋,《旧史》别传。温庭筠,《旧》在《文苑传》,崔善为、李嗣真,《旧》在《方技传》。温佶、温庭皓,《新史》增入。

第十七。　李子和,《旧史》附《梁师都传》。苑君璋,附《刘武周传》。王君廓,附《庐江王瑗传》。

第二十。　高重,《新史》增入。

第二十一。　《旧书》以杜元颖与孟简、胡证诸人合传,审权父子与毕诚、[②]刘瞻、刘瑑、曹确诸人合传。

第二十二。　魏謩,《旧史》与李让夷、周墀诸人合传。

第二十四。　乐彦玮,《旧史》别传,今附出《刘洎传》。李安静,《新史》增入。

第二十五。　权万纪、怀恩。蒋俨、韦弘机、岳子。姜师度、强循、张知謇,《旧史》俱在《良吏传》。按:师度仕玄宗朝知名,而知謇兄弟仕宦乃在武后之世,先后亦稍失次。

第二十六。　《旧史》萧嵩父子与崔日用、张嘉贞、张九龄诸人合传,萧复与张镒、刘从一、柳浑合传,萧俛兄弟与令狐楚、牛僧孺、李石合传,萧遘与孔纬、韦昭度、张濬诸人合传,萧定在《良吏传》。

第二十七。　姚璹,《旧史》别传。

第二十八。　苏弁,《旧史》在《儒学传》。

第二十九。　于休烈、于敖、于琮,《旧史》别传。庞严本附《元微之传》,今亦移附此篇。张易之、昌宗虽为行成族孙,而人品清浊悬殊,当别立《佞幸传》,与薛怀义辈合为一篇,而《新》、《旧》两史俱附之《行成传》,失惩劝之旨矣。

第三十。　　长孙顺德,《旧史》别传。

第三十一。　　崔知温、高智周,《旧史》在《良吏传》。赵弘智《旧》在《孝友传》。邢文伟、高子贡,《旧》在《儒学传》。刘从一,《旧》别传。《目录》有杜求仁、石仲览二人,仲览初无事实,仅于《高智周》、《来济传》略见其名,本非附传之体,不当列名《目录》。且如蒋子慎及其子缯、孙挺、曾孙洌、涣、玄孙鍊、铢俱附出《智周》篇中,若依仲览之例,一一书之,不几成点鬼簿乎? 杜求仁事亦无多,又见《徐敬业传》。亦无庸列名《目录》,盖修史诸臣欲夸其搜罗之富,而滥书于附目者也。杜咸、赵来章,《新史》增入。

第三十二。　　陈子昂、王无竞,《旧史》在《文苑传》。赵元,《新史》增入。

第三十三。　　裴积、裴倩、裴均,《新史》增入。

第三十四。　　窦怀贞,《旧史》在《外戚传》。祝钦明、郭山恽,《旧》在《儒学传》。宗楚客,《旧》附《萧至忠传》。王玙,《旧》与李泌、崔造、关播等合传。玙乃方庆六世孙,且系德宗朝宰相,而躐居方庆之前,殊为不伦。

第三十五。　　史大奈、冯子猷、契苾明、泉男生、泉献诚、论弓仁、论惟贞,皆《旧史》所无。李湛,《旧》附其父《义府传》,今移附《李多祚传》。

第三十六。　　薛讷、薛嵩,《旧史》俱别传。王方翼,《旧》在《良吏传》。

第三十七。　　王义方、苏安恒、王求礼、蒋清,《旧史》在《忠义传》。冯元常、元淑、蒋沇在《良吏传》,员半千在《文苑传》。柳泽,《旧》附曾祖《亨传》,今反以亨附泽,并附出从祖范、奭二人。夫史家之有附传,如列国之附庸,年代以后从前,亲属以卑附尊,斯为得之。泽仕开元时,而范、奭乃太宗、高宗朝臣,先后殊乖剌矣。若以奭与褚遂良、韩瑗、来济同篇,而以范附之,或取范事入《权万纪传》,乃合史法。韩思彦,《新史》增入。

第三十八。　　徐彦若,《旧史》别传。其父商事亦见《彦若》篇。

第三十九。　　《旧史》别立《崔慎由传》,父从、伯父能、弟安潜、能子彦曾俱附焉。

第四十。　　郝处俊相高宗,狄仁杰、朱敬则皆相武后,不当列处俊于仁杰之后。

第四十一。　　王遂、韦弘景,《旧书》别传。李日知,《旧》在《孝友传》。杜景俭,《旧史》作"景俭"。王搏、陆希声,则《新史》增入也。

第四十二。　　吉顼,《旧史》在《酷吏传》。裴仙先,《新史》增入。

第四十三。　　韦见素,《旧史》别传,以子谔、孙颛附焉。韦维、韩朝宗、宋务光、吕元泰,皆《新史》所增。务光封事,《旧史·五行志》详载之,今移入列传,得其所矣。李渤、裴潾、李甘三人与张廷珪辈年代相隔,当别为一篇,列于元和、长庆朝臣之次。

第四十四。　　武平一,《旧史》无传。贾曾父子,《旧》在《文苑传》。白居易与平一辈时代相隔已远,而文章风节亦复过之,当与韩愈同传,而以敏中别入宰相之列。

第四十五。　　薛季昶、杨元琰,《旧史》在《良吏传》。崔涣、袁高,《旧》皆别传。卢袭秀、崔碣,《新史》增入。

第四十七。　　韦叔夏,《旧》在《儒学传》。韦缟,《新史》增入。

第四十八。　　韦巨源、赵彦昭,《旧》附《韦安石传》。和逢尧,《旧》附《良吏传》。

第四十九。　　姚合、姚勖,《旧史》无。

第五十。　　苏诜、苏震、苏幹,《旧史》无。

第五十一。　　杜鸿渐、韩滉、张仲方,《旧》皆别传。滉子皋、弟洄皆附《滉传》。

第五十二。　　张延赏,《旧史》别传,子弘靖、孙文规等附焉。

第五十三。　　许景先、席豫、齐澣,《旧》在《文苑传》。潘好礼、倪若水《旧》在《良吏传》,齐抗《旧》别传。

第五十四。　　裴守真、崔沔,《旧》在《孝友传》。严武、严绶,《旧》皆别传。

第五十五。　　杨峤、宋庆礼、杨玚、崔隐甫、李尚隐,《旧》在《良吏传》。裴谞、裴胄,《旧》皆别传。

第五十六。　　李岘,《旧》附其兄《峘传》。宗室宰相十一人,麟以属疏,宗闵以朋党,林甫以憸壬,不入此篇,《旧史》无此目。

第五十七。　　刘敦儒,《旧》在《忠义传》。柳芳,《旧》附其子《登传》,沈既济,《旧》附其子《傅师传》。今以芳、既济标目,而以其子附之,较《旧史》为长。刘迅著述已见于《元德秀传》,不必更立传也。

第五十八。　郭英乂、张献诚,《旧》皆别传,献恭、献甫、煦皆附《献诚传》。

第五十九。　卢铉,《旧》在《酷吏传》,今以事附见此篇,不当列名《目录》。

第六十一。　荔非元礼、李国臣、张伯仪、白元光、陈利贞、侯仲庄、乌承玭诸人,皆《新史》增入者。

第六十二。　郭承嘏,《旧史》别传。

第六十三。　李嗣业,京兆人,非出于蕃落,《旧史》与冯盎、契苾何力辈同传,殊非其伦,《新史》依时代列于李、郭之后,马璘、李抱玉之前,亦较《旧史》为长。

第六十五。　吕谭,《旧》在《良吏传》。裴枢等之死,乃朱梁移鼎之渐,枢宜与陆扆、王溥诸人别为一篇。

第六十六。　崔瑾,《旧》别传。

第六十八。　王正雅,《旧》别传,族孙凝附焉。薛珏,《旧》在《良吏传》。[3]元结、戴叔伦、徐申,皆《旧史》所无。

第六十九。　裴戎《旧》别传。

第七十。　黎幹、庾准,《旧》皆别传。吴通玄,《旧》在《文苑传》。严郢,《旧史》无。

第七十一。　《旧史》有《李吉甫传》而无《栖筠传》。考《吉甫传》云:“父栖筠,《国史》有传。”则是本有,而今失之也。

第七十二。　王难得,《旧》在《外戚传》,即王子颜之父也。冯河清,《旧》附《张镒传》。李元素,《旧》附《李澄传》。

第七十三。　张孝忠、田弘正,《旧史》与田承嗣同传。李洧、刘澭、王承元、史孝章,《旧》附其家传,今皆别而出之,所以奖忠义也。李惟简乃心国家,亦当移入此篇。康日知、牛元翼,《旧史》无。

第七十四。　卢征、李若初、于颀,《旧》皆别传。

第七十五。　《旧史》有《赵仁本传》,今附见其曾孙《憬传》。

第七十六。　陆长源、刘全谅,《旧》皆别传。袁滋,《旧》在《良吏传》。董溪事,《新史》增入。

第七十七。 李绛、武元衡当与杜黄裳等同传,宋申锡亦当别见,《新史》特以相业不终,类而列之,究不若以时代分先后也。

第八十三。 刘闢当入《叛臣传》。

第八十四。 吴凑、柳晟,《旧》在《外戚传》。阎济美,《旧》在《良吏传》。樊宗师事据韩退之墓志增入。

第八十五。 刘伯刍,《旧》附其父《迺传》,以今迺入《忠义》,而伯刍父子仍入列传。崔龟从,《旧》别传。

第八十六。 徐岱、冯伉,《旧》在《儒学传》。王仲舒,《旧》在《文苑传》。庾敬休,《旧》在《忠义传》。

第八十七。 《旧史》有《独孤郁传》,而无及。顾少连,《旧史》无。

第八十八。 孔纬,《旧》别传。

第八十九。 崔衍、丁公著,《旧》在《孝友传》。薛苹,《旧》在《良吏传》。卢景亮、王源中,《旧史》未见。

第九十。 《旧史》有《郑覃传》而无珣瑜。

第九十一。 杜孺休、杜颛,《新史》增入。

第九十三。 陆质,《旧》在《儒学传》。陈谏等四人附出《叔文传》中,不当列名《目录》。

第九十四。 韦温,《旧》别传。

第九十五。 任迪简,《旧》在《良吏传》。郝玭、史敬奉,《旧》皆别传。

第九十六。 李珙,《旧》别传。石洪据韩退之《墓志》增入。

第九十七。 范传正,《旧》在《良吏传》。

第一百。 张又新,《旧》附其父《荐传》,《新史》以其名在入关十六子之列,故又别而出之,词多重复,殊无谓也。

第一百一。 皇甫湜、卢仝、贾岛、刘义,皆《新史》所增,李翱、李汉亦可移入此篇。

第一百二。 崔咸,《旧》在《文苑传》。韦表微,《旧》在《儒学传》。李景让兄弟,《旧》附《李憕传》。郑薰、敬晦、韦博,皆《新史》所增。《旧》有《敬括传》,今附其子《晦传》。

第一百三。 刘蒉,《旧》在《文苑传》。

第一百七。 卢商、夏侯孜,《旧》别传。萧邺、卢简方、韦琮、裴坦、郑延昌、王溥、卢光启、韦贻范,皆《新史》所增。予谓萧邺、韦琼、王溥、卢光启之徒,虽居宰相,初无表见,《纪》、《表》已列其名,不必更为立传。

第一百八。　韩偓,《旧史》无。

第一百十。　王铎,《旧》附《王播传》。

第一百十一。　周宝、邓处讷、雷满、陈儒、刘巨容、冯行袭、赵德谋、杨守亮、杨晟、顾彦朗、彦晖,皆《旧史》所无。

第一百十二。　李罕之、王敬武、孟方立,皆《旧史》所无。

第一百十三。　杨行密、孙儒,《旧史》无。朱宣,《旧史》作“瑄”。

第一百十四。　高仁厚、赵犨、田頵、朱延寿,《旧史》皆无。

第一百十五。　刘建锋、成汭、杜洪、钟传、刘汉宏、张雄、王潮、刘知谦,《旧史》皆无。五季十国,惟行密、潮、知谦三人卒于唐世,故入唐臣之列,李茂贞、钱镠皆终于后唐,故不入唐史。

第一百十六。　王行敏、卢士叡、李育德、吴保安,皆《旧史》所无。《旧史·忠义》有王义方、苏安恒、王求礼,今改入列传。成三郎、尹元贞、俞文俊,附见《武后传》。冯立在《敬君弘传》,燕钦融、郎岌在《王同皎传》。

第一百十七。　贾循、雷万春,《旧史》无。贾隐林,《旧》在《列传》,今附于《循传》。

第一百十八。　张兴、蔡廷玉、孟华、周曾、黄碣、孙揆,皆《旧史》所无。《旧史·忠义》有庾敬休,今改入列传。甄济入《卓行传》,邵真附见《藩镇传》,赵骅《旧史》从“日”旁。见其子《宗儒传》,刘敦儒见其祖《知幾传》。《旧》有《符璘传》,今以其父令奇标目,而璘附之。

第一百十九。　《旧史》无《卓行》之目。元德秀、司空图在《文苑传》,甄济在《忠义传》,阳城在《隐逸传》,权皋见其子《德舆传》。又《旧史·阳城传》不见何蕃名,《新史》据韩、柳二集附益之。

第一百二十。　《旧史·孝友传》有赵弘智、裴守真、李日知、崔沔、崔衍、丁公著,今改入《列传》。罗让附其父《珦传》。王君操、周智寿、智爽见《张琇传》。智寿兄弟,《旧史》姓周,而《新史》作“同蹄”。同蹄,羌复姓,此必校书家不学,以“同”与“周”字形相似,而妄改耳。《新史》增任敬臣、支叔才、程袁师、武弘度、宋思礼、郑潜曜、沈季诠、许伯会、侯知道、程俱罗、许法慎、林攒、陈饶奴、王博武、万敬儒、章全益一十六人，又于《张琇传》末增赵师举、徐元庆、余常安、梁悦、康买得五人。悦及买得，《旧史·刑法志》有之，买得事又见于《旧本纪》，元庆事则采柳宗元文补入也。知道、俱罗二人本之李华《二孝赞》。《传》末又载李兴事，而取柳宗元《孝门铭》以实之。此诸人名宜著于《目录》。序末有张士岩、焦怀肃、张进昭、张公艺四人，亦宜列目中也。《旧史》有许坦，今未见。

第一百二十一。　　孙思邈、孟诜，《旧》在《方技传》，武攸绪在《外戚传》，贺知章在《文苑传》。《旧史·隐逸传》有王守慎、徐仁纪、孙处玄、王远知四人，《新史》移远知入《方技》篇而删去守慎、仁纪、处玄三人，增入朱桃椎、秦系、张志和、陆羽、陆龟蒙五人。卢鸿，《旧史》作卢鸿一。

第一百二十二。　　《旧史·良吏》有崔知温、高智周、韦机、权怀恩、冯元常、蒋俨、王方翼、薛季昶、张知謇、杨元琰、倪若水、杨峤、宋庆礼、姜师度、强循、潘好礼、杨玚、崔隐甫、李尚隐、吕谭、萧定、蒋沇、薛珏、任迪简、范传正、袁滋、薛苹、阎济美，《新史》改入《列传》，而添罗珦、韦丹、卢弘宣、薛元赏、何易于五人。韦丹事采韩退之所撰《墓志》，何易于则采孙可之文也。《旧史》又有李君球、李濬、杨茂谦三人，《新史》删去，以濬附见子《麟传》，茂谦附《韦景骏传》。君球谏亲征高丽事，见《高丽传》。

第一百二十三。　　颜师古、孔颖达，《旧》在《列传》。贾大隐，公彦之子，《旧史》以公彦标目，今附《张士衡传》，而以大隐题目。谷从政，慷慨志士，当在《忠义》之篇，今附见《儒学传》，似非其伦。

第一百二十四。　　徐坚、马怀素，《旧》在《列传》。徐齐聃、孔若思，《旧》在《文苑传》。殷践猷《旧》附《韦述传》。沈伯仪、彭景直、张齐贤，皆《旧史》所无。

第一百二十五。　　褚无量、元行冲，《旧》在《列传》。徐安贞、陈贞节、施敬本、卢履冰、王仲丘、康子元、侯行果、赵冬曦、尹愔、陆坚、郑钦说、卢撰、啖助、韦彤、陈京、畅当、林蕴，皆《旧史》所无。敬本、履冰、仲丘、子元，皆取《旧·礼仪志》之文。京议禘祫一篇，亦多取《礼仪志》文，惟增入韩愈、王权二议耳。《钦说传》惟载《钟山圹铭》一事，然梁大同四年，任昉卒已久，小说荒诞之谈，何足采录乎？《旧·儒学》有邢文伟、高子贡、韦叔夏、祝钦明、郭山恽、徐岱、苏弁、陆质、冯伉、韦表微，《新史》皆改入《列传》。《旧·列传》有畅璀，今附子《当传》。

第一百二十六。　《旧史》有《文苑篇》，今易为《文艺》。旧以刘胤之标目，《新史》改以延祐标目，盖避宋讳也。《旧》以杜审言附易简，今以易简附审言。杜甫《旧》在别卷，今移附审言之下。《旧·文苑》有张蕴古，今附见《谢偃传》。

第一百二十七。　吕向、郑虔、苏源明，皆《旧史》所无。李适子季卿，据《旧史》为宰相李适之之子。考《宰相世系表》，适之子名霅，不名季卿，则《旧史》误也。王翰，《旧史》作"澣"，此刊本之讹。

第一百二十八。　刘太真、邵说、于邵、崔元翰、于公异、李益、李贺，《旧》在《列传》。卢纶，《旧》附其子《简辞传》。吴武陵，《旧》附兄子《汝纳传》。李观、欧阳詹、李频、吴融，皆《旧史》所无也。《旧史·文苑》有郭正一、员半千、陈子昂、贾曾、许景先、席豫、齐澣、吴通玄、王仲舒、崔咸、刘蕡、唐次、温庭筠，《新史》改入《列传》。徐齐聃入《儒学传》，贺知章入《隐逸传》，元德秀、司空图入《卓行传》，孔绍安附见《儒学传》，李巨川附见《叛臣传》，李拯附见《列女传》。又有孟利贞、董思恭、元思敬、邓玄挺、乔知之，《新史》俱删。

第一百二十九。　李淳风，《旧》在《列传》。王远知，《旧》在《隐逸传》。杜生、姜抚，则《旧史》所无。《旧史·方技》有崔善为、李嗣真，《新史》改入《列传》。[4]孙思邈、孟诜入《隐逸传》，僧玄奘、[5]神秀、一行，则《新史》删之。一行造《大衍历议》及《山河两戒说》，则《天文》、《历志》详载之矣。《旧史》列传有傅仁均，今附见《淳风传》。

第一百三十。　房玄龄妻、李畬母、汴女李、坚贞节妇李、符凤妻玉英、高叡妻秦、王綝妻韦、卢惟清妻徐、饶娥、金节妇、高愍女、杨烈妇、贾直言妻董、李孝女妙法、段居贞妻谢、杨含妻萧、郑孝女、李廷节妻崔、殷保晦妻封绚、[6]窦烈妇、山阳女赵、周迪妻、朱延寿妻王，皆《旧史》所无。李拯妻卢，《旧史》附见《拯传》，《新书》删拯，而以卢入《列女》，此其异也。予谓楚王灵龟之妃，房玄龄、高叡、贾直言之妻，李畬之母，皆可附见《列传》。史家夸多，分为二科尔。《旧史·列女》有魏衡妻王氏，《新史》附《薛仁杲传》，女道士李玄真，附《越王贞传》。又有宋庭瑜妻魏氏，今检未见。

第一百三十一。　武士彟、杨国忠、李憕，《旧》在《列传》。郑光，《旧史》所无。光蕘，罢朝两日，则《旧史·李景让传》见之。《旧·外戚》有窦怀贞、吴凑、柳晟，《新史》改入《列传》，窦德明附见《窦德玄传》，长孙敞附见《长孙无忌传》，王子颜附见《王难得传》，吴溆入《忠义传》，惟窦覦一传，《新史》删。

第一百三十二。　马存亮、严遵美，《旧史》无。仇士良，《旧》附《王守澄传》。刘季述、韩全诲，《旧》附《杨复恭传》。刘贞亮即俱文珍也。

第一百三十三。　刘克明，《旧史》无。按：宦者十六人，当以时代先后为次，李辅国宜在程元振之前，王守澄宜在仇士良之前，田令孜宜在杨复光之前。

第一百三十四。　崔器，《旧》在《列传》。《旧·酷吏》有吉顼、傅游艺，《新史》以顼入《列传》，游艺入《奸臣传》。

第一百三十五。　《旧史》无《藩镇》之目，《新史》别立此编，列于《四裔》之前，所以深恶之。

第一百三十七。　刘仁恭，《旧史》无。

第一百三十九。　李祐、董重质，《旧史》有传，当附《李愬传》末，不应入《藩镇篇》。

第一百四十二。　薛延陀，《旧史》称铁勒，与骨利幹、白霫、乌罗浑别入《北狄》篇。拔野古、仆骨、同罗、浑、契苾、多览葛、阿跌、葛逻禄、拔悉蜜、⑦都播、斛薛、黠戛斯，皆《旧史》所无。

第一百四十三。　沙陀，《旧史》无传，《新史》以国昌父子之故，特立此篇。然克用有功唐室，不当以沙陀目之。且其后嗣遂有天下，当从魏武、晋宣、齐神武、周文之例，入《五代史·本纪》，则不列于《唐书》可也。

第一百四十五。　流鬼，《旧史》无。

第一百四十六上。　东女，《旧》在《南蛮传》。朱俱波、甘棠、喝盘陀、摩揭陀、乌茶、章求拔、悉立，皆《旧史》所无。拓拔思恭，《旧史》亦无传，今附《党项》篇。

第一百四十六下。　安、东安、东曹、西曹、中曹、⑧石、米、何、火寻、史、小史、宁远、小勃律，《旧史》罽宾下附见勃律国，即大勃律也。吐火罗、谢䫻、识匿、簡失密、骨咄、苏毗、师子，皆《旧史》所无，盖《旧史》于西域、南诏甚疏略，不如《新史》之该备。⑨

　　第一百四十七中。　六诏惟蒙舍最强。蒙嶲、越析、浪穹、邆睒、施浪五诏事，《旧史》不载，而《新史》有之。

　　第一百四十七下。　扶南、投和、瞻博、室利佛逝、名蔑、单单、两爨蛮、乌白蛮、昆明蛮、西原蛮，皆《旧史》所无。

　　第一百四十八上。　《旧史》无《奸臣》之目。傅游艺《旧》在《酷吏传》。

　　第一百四十八下。　蒋玄晖、张廷范、氏叔琮、朱友恭，皆《旧史》所无。

　　第一百四十九上。　《旧史》无《叛臣》之目，李锜《旧》附其父《国贞传》。

　　第一百四十九下。　朱玫、王行瑜、陈敬瑄，皆《旧史》所无。李巨川，《旧》在《文苑传》。

　　第一百五十上。　《旧史》以安禄山、史思明、朱泚、黄巢、秦宗权五人附高尚、孙孝哲。殿卷末，而不题《逆臣》之目，盖仿汉王莽、晋王敦、桓玄、梁侯景之例也。《新史》又益李希烈、董昌二人，皆僭帝号者。

　　第一百五十中。　《旧史·列传》有姚令言、张光晟、源休、乔琳、蒋镇、洪经纶、彭偃七人，皆仕朱泚者，《新史》以令言、光晟、休、偃四人附《泚传》，而别立《乔琳传》，附以镇与张涉，入诸叛臣之列。经纶仅于《泚传》一见而已，此义例之胜于《旧史》者。彭偃议僧道避役之弊，其言可采，则于《李叔明传》附见之。

校勘记

　　① "唐次子扶"，"次"字上原本衍一"次"字，今删。

　　② "毕诚"，"毕"，原本作"卑"，误。径改。

　　③ "薛珏"，"珏"，原本作"珏"，误。径改。

　　④ "新史改入列传"，"史"，原本作"旧"，误。今据文意改。

　　⑤ "僧玄奘"，"奘"，原本作"装"，误。径改。

　　⑥ "殷保晦妻封绚"，"绚"，原本脱，据《新书·目录》补。

　　⑦ "拔悉蜜"，"蜜"，原本作"密"。《新书》卷二一七作"蜜"，故改。

　　⑧ "西曹、中曹"，"曹"，原本作"惠"，误。据《新书》卷二二一改。

　　⑨ "不如新史之该备"，"如"，原本作"知"，误。今从文意改。

廿二史考异卷四十二

唐书二

高祖纪

左才相起齐郡，号博山公。 唐初群雄割据，四十八人或灭或降，皆见于《本纪》，惟才相后事失书，亦《纪》之疏也。

周文举据淮阳，号柳叶军。 按：《纪》于武德四年十一月，书"杞州人周文举杀其刺史王孝矩，叛附于黑闼"，五年二月，书"汴州总管王要汉败徐圆朗于杞州，执周文举"，岂别有一文举乎？抑已降而复叛乎？若文举于武德四年始叛，又不当预书于此也。

张长逊据五原。 "逊"古"逊"字，《列传》作"长逊"。

武德元年五月，命萧造兼太尉。 《唐会要》，造官太保、梁国公，谥曰安。

二年九月，[①]**梁师都寇延州，鄜州刺史梁礼死之。** 《唐会要》，礼赠麟州总管、鄜城郡公，谥曰壮。

四年六月。营州人石世则执其总管晋文衍。 《唐会要》，文衍赠礼部尚书、魏郡公，谥曰恭。

六年三月，左难当降。 《唐会要》，难当封戴国公，赠左武卫大将军，谥曰刚。

十一月，张善安袭杀黄州总管周法明。 《唐会要》，法明赠幽州都督、道国公，谥曰愍。

太宗纪

贞观二十一年三月，左武卫大将军牛进达为青丘道行军大总管。 《忠义传》作左卫大将军。《唐会要》，进达封琅邪郡公，赠幽州都督，谥曰壮。

二十三年五月，皇帝崩于含风殿，年五十三。　　按：《唐会要》：太宗以隋开皇十八年十二月戊午生于武功别馆，武德九年八月即位，年二十九。[②]贞观二十三年五月二十六日崩于翠微宫含风殿，年五十二。《纪》云五十三，[③]误也。

高宗纪

显庆元年，龟兹大将羯猎颠附于贺鲁，左屯卫大将军杨胄伐之。《唐会要》，胄封新城县侯，谥曰壮。

五年八月，左武卫大将军郑仁泰及悉结、拔也固、仆骨、同罗战，败之。　　《唐会要》，仁泰封同安郡公，赠代州都督，谥曰襄。拔也固亦作"拔野古"，又作"勃曳固"。

龙朔二年二月，任雅相薨。　　《唐会要》，赠荆州大都督、乐安县男，谥曰敬。

武后纪

光宅元年十月，追谥考魏王曰忠孝。　　按：《后妃传》追赠五代及谥，独不及忠孝之谥。其上文云："后见宗庙，再赠士彟至司徒、爵周国公，谥忠孝。"是士彟之谥忠孝乃在高宗朝，不在武氏临朝时也。

永昌元年十月，杀嗣郑王璥。　　按：《高祖诸子传》，璥薨，子希言嗣。[④]不云武后杀之。

长安五年正月，库部员外郎朱敬则。　　此别一敬则。

检校司农少卿兼知总监翟世言。　　《李憕传》末载功臣，有殿中监兼知总监汝南郡公翟无言，即其人也。唐人讳"世"字，当作"无言"为是。

睿宗纪

景云元年七月，追废安乐公主为勃逆庶人。　　"勃"即"悖"字。

玄宗纪

开元二十六年三月，吐蕃寇河西，崔希逸败之。　　《唐会要》，希逸官至河南尹，博陵县公，谥曰成。

天宝十四载十一月,右羽林军大将军王承业为太原尹。 《唐会要》,承业赠太子少傅,谥曰襄。

肃宗纪

至德元载七月,安禄山寇扶风,太守薛景仙击败之。 《唐会要》,景仙赠太子少傅,谥忠烈。

代宗纪

广德元年六月,同华节度使李怀让自杀。 《唐会要》,赠司空,谥曰勇。

十一月,广州市舶使吕太一反。 唐有两吕太一。《魏知古传》:"荐洹水令吕太一,后有闻于时。"《张嘉贞传》:"荐中书舍人苗廷嗣、吕太一、考功员外郎员嘉静、殿中侍御史崔训。"所谓"令君四俊:苗、吕、崔、员"是也。《韦伦传》:"宦者吕太一反岭南。"杜子美诗云:"自平宫中吕太一。"即为市舶使者。

十四年五月辛酉崩,年五十三。 按:《唐会要》,代宗以开元十四年十月十三日生,年五十四。

德宗纪

建中四年三月,李希烈寇鄂州,刺史李兼败之。 《唐会要》,兼赠刑部尚书,谥曰昭。

文宗纪

太和元年。 "太"当作"大"。予见唐石刻书文宗年号,皆是"大"字,与魏明帝、晋海西公、后魏孝文、吴杨溥称"太和"者各别,今刊本《新》、《旧史》皆误为"太"矣。

四年正月甲午,王播薨。 《宰相表》失书。

开成三年十月,义武军节度使张璠卒,其子元益自称留后。 按:《裴度传》:"易定节度使张璠卒,军中将立其子元益,度遣使晓譬祸福,元益惧,束身归朝。"如《传》所言,则元益未尝自称留后,《纪》所书失其实矣。若从《纪》所书,则元益初未束身归朝,度在河东虽尝遣使,于事无济,不足书也。二者恐有一误。

宣宗纪

大中九年正月,成德军节度使王元逵卒,其子绍鼎自称留后。《藩镇传》作"大中八年"。

懿宗纪

大中十三年十二月,翰林学士承旨、兵部侍郎杜审权同中书门下平章事。　按:《旧书·本纪》是岁十二月"以户部侍郎、翰林学士杜审权为检校礼部尚书、河中晋绛节度等使",咸通元年二月"以河中节度使杜审权为兵部侍郎、判度支,寻以本官同平章事",与此《纪》除授年月不合。

僖宗纪

乾符四年四月,江西贼柳彦璋陷江州,执其刺史陶祥。高安制置使钟传陷抚州。　《钟传传》,自称高安镇抚使。予按:《新史·本纪》以简要胜,独僖、昭二篇,繁冗重复,与它卷迥别。盖刊修诸公,夸其采访之富,欲求胜于《旧史》,而不知其繁而无当也。今约其事类可省者数端。盖自黄巢草窃以后,豪雄蜂起,逐主将而并其军,杀长吏而佩其印,朝廷即因而授之,覆辙相循,亡不旋踵。若时溥、成汭、杜洪、刘建锋窃据大藩,王建、王潮、马殷、刘隐肇启霸业,固宜列名帝《纪》,此外或据一州,或杀一将,鼠窃狗偷,曾何足算,而《纪》必一一书之。如乾符四年江西贼柳彦璋陷江州,执其刺史陶祥;五年朗州贼周岳陷衡州,逐其刺史徐颢;石门蛮向瓌陷澧州,权知州事吕自牧死之;桂阳贼陈彦谦陷郴州,刺史董岳死之;中和元年郐贼钟季文陷明州;临海贼杜雄陷台州;永嘉贼朱褒陷温州;遂昌贼卢约陷处州之类,此可省者,一也。方镇交争,日寻干戈,疆场之地,一彼一此,或叛而复降,或失而又得,苟于大局无损,自可置之不论,而《纪》必一一书之。如苏、常、润三州为淮南、吴越交争之地,《纪》所载者:光启二年正月镇海军将张郁陷常州;五月武宁军将丁从实陷常州,逐其刺史张郁,十月武宁军将张雄陷苏州;三年四月六合镇遏使徐约陷苏州,逐其刺史张雄;十月钱镠陷常州;文德元年钱镠陷润州;龙纪元年三月钱镠陷苏州,逐刺史徐约;十月杨行密陷常州,刺史杜棱死之;钱镠陷润州;十二月孙儒陷常、润二州;大顺元年七月杨行密陷润州;八月钱镠杀苏州刺史杜儒林,杨行密陷苏州,孙儒陷润州;九月杨行密陷润、常二州;闰月孙儒陷常州;二年正月甘露镇使陈可言陷常州,钱镠陷苏州;景福元年二月钱镠陷苏州;三月杨行密陷常州,刺史陈可言死之;二年二月杨行密陷常州;乾宁三年五月杨行密陷苏州,执刺史成及;光化元年九月钱镠陷苏州。自光启丙午至光化戊午,首尾十有三年,书苏事者九,书常事者十,书润事者六,此可省者,二也。河北诸镇自相承袭,例书于《本纪》,所以著王纲之替也。至光启、文德以后,土宇瓜分,各私所据,不特强藩专命,即一州刺史,亦皆私相授受,方镇既例所宜书,刺史自可从略。《纪》于景福元年明州刺史钟文季卒,其将黄晟自称刺史;二年升州刺史张雄卒,其将冯弘铎自称刺史;乾宁二年衢州刺史陈儒卒,其弟岌自称刺史;光化三年睦州刺史陈晟卒,其弟询自称刺史;天复二年温州刺史朱褒卒,其兄敖自称刺史;岳州刺史邓进思卒,其弟进忠自称刺史,皆一一书之,此可省者,三也。鹿晏弘、张璝、邓处讷、蔡俦、蔡结、陈彦谦、鲁景仁之流,或起偏裨,或由群盗,以攘窃而有其地,又不能守而见杀,既无抚驭之才,亦无节义足录,此死之轻于鸿毛者,而乃与张巡、许远诸人书法一例,于褒贬之义何在!愚谓方镇见杀,当以两下相杀为文,此外失地而死者,姓名已具《列传》,《本纪》何必更书? 此可省者,四也。强藩擅命,各树私人,背旧归新,例皆书叛。平心以揣,实多冤抑,如黄巢、董昌身为戎首,附之者目为叛臣宜矣。若乃建、汀之附王潮,阆、蓬、渠、通、果、遂、合之附王建,惟强是从,初非得已,朝廷尚予以节旄,乃复责邻郡以死守,揆诸情理,未得其平。刘郭请命师范,而后纳降,此事古人所取,尤未可诋为叛也。又如光化元年衢州刺史陈岌叛附于杨行密,三年衢州刺史陈岌叛附于钱镠,一人而再书叛,要皆无足重轻,徒费笔墨,此可省者,五也。

五年二月,云中守捉使李克用杀大同军防御使段文楚。 按:《沙陀传》载此事在乾符三年,与《纪》自相牴牾。以《旧书·懿宗纪》考之,盖在咸通十三年十二月也。《新史·懿宗纪》"咸通十四年正月沙陀寇代北",正克用杀文楚以后事。

六年,朗州贼周岳陷衡州,逐其刺史徐颢。荆南将雷满陷朗州,刺史崔翥死之。石门蛮⑤向瓌陷澧州;⑥权知州事吕自牧死之。桂阳贼陈彦谦陷郴州,刺史董岳死之。 此四事已具《邓处讷传》。又广明元年,江华贼蔡结陷道州,宿州贼鲁景仁陷连州,亦见《处讷传》,而《纪》又书之,皆重出也。

广明元年正月,泰宁军将段彦謩杀其守将宋浩,以常滋为节度留后。 按:彦謩所杀者,荆南守将。其为留后者,亦荆南之留后也。《纪》不书荆南,盖阙文。考《陈儒传》及《通鉴》,未见有常滋其人者。

中和元年五月,克用寇太原,振武军节度使契苾璋败之。 《郑从谠传》作"契苾通"。

九月,鄜延节度使李孝章。 按:《党项传》作"李孝昌",《黄巢传》前书"孝昌",后书"孝章",《郑畋传》作"李孝恭"。

二年十月,韩简寇郓州,天平军节度使曹全晸死之,部将崔用自称留后。 据《通鉴》,则全晸死于贼,非死于韩简。且全晸死后,军中立其兄子存实为留后,初无崔用其人者,盖传闻之讹,因乾符五年有崔君裕自立事,而附会之耳。

三年二月,魏博军乱,杀其节度使韩简,其将乐彦祯自称留后。 按:《藩镇传》,韩简攻河阳,为诸葛爽所败,奔归,疽发背死。《纪》云军乱见杀者,误也。彦祯以中和三年癸卯有魏博,至文德元年戊申见废,先后只跨六年,而《藩镇》传云彦祯起凡七年,亦误也。韩简之死,《旧·本纪》亦在中和三年二月,惟《旧·列传》云中和十一月,此《旧传》之误。又河朔诸镇自立,皆书于《本纪》,乃是年成德军节度使王景崇卒,子镕自称留后,《纪》独失书,何也?

十二月,忠武军将鹿晏弘逐兴元节度使牛勖,自称留后。 牛勖,《田令孜传》作"牛顼",《五代史·韩建传》作"牛丛",《旧·本纪》作"牛蔚"。蔚、丛皆僧孺之子,蔚尝为山南西道节度使,即兴元。忤中官,以策将吴行鲁代还。不云为晏弘所逐也。

四年,濮州刺史朱宣逐天平军节度使曹存实,自称留后。 按:《朱宣》及《藩镇传》俱云存实与韩简战死,宣无逐帅之事。《纪》既误以与韩简战死属之全晸,因谓存实为宣所逐,此疏舛之甚者。

光启元年四月,武当贼冯行袭陷均州,逐其刺史李烨。 《刘巨容传》"李"作"吕"。

二年十一月,秦宗权陷郑州。十二月,秦宗权陷孟州。 时孙儒为宗权将,既取河阳,即孟州。自称节度使。

三年五月,秦宗权陷郑州。六月,陷孟州。 此事已见上年,盖重出也。其时宗权为朱全忠所败,孙儒亦弃河阳而遁,故李罕之得入孟州。史因罕之事而追叙郑、孟二州之陷,竟不检照前文,亦太疏矣。以此推之,《纪》所书年月,未必尽可信也。

十月,钱镠杀周宝。 《五代·吴越世家》:"镠遣杜稜等攻常州,取周宝以归。镠具军礼郊迎,馆宝于樟亭,宝病卒。"不云为镠所杀也。

十二月,饶州刺史陈儒陷衢州。 是时有两陈儒。中和二年,荆南军乱,牙将陈儒自称留后,此江陵人陈儒也。此陷衢州者,乃舒人陈儒也。

昭宗纪

龙纪元年六月,杨行密陷宣州,宣歙观察使赵锽死之。 《杨行密传》称"刺史赵锽",盖观察使例兼本州刺史也。

十月,钱镠陷润州。 按:文德元年已书镠陷润州矣,不应于此更书。当是杨行密取常州之后,乘胜又取润州,而《纪》误以为镠也。《通鉴》:"是年冬,孙儒将刘建锋逐成及,取润州。"此"钱镠"或"孙儒"之讹。

大顺二年正月,甘露镇使陈可言。[⑦] 《杨行密传》作"陈可儿"。

七月,李克用陷云州,防御使赫连铎奔于退浑。 "退浑"即"吐浑"也。本"吐谷浑",语急为"吐浑"。"吐"、"退"声相近。

景福元年二月,钱镠陷苏州。 上年正月已书镠陷苏州,此重出。
是岁,明州刺史钟文季卒。 《僖宗纪》、《刘汉弘传》俱作"季文"。
二年二月,杨行密陷常州。 上年三月已书"行密陷常州",此亦重出。史能之《毗陵志》亦以《纪》为无据。

乾宁元年九月,李克用陷潞州,昭义军节度使康君立死之。 按:潞州久属河东,君立之节度,即克用所授,以忤旨见杀,初未用兵,不当书陷。

二年七月戊午,匡国军是年,升同州为匡国军。节度使王行约奔于京师。庚申,左右神策军护军中尉骆全瓘、刘景宣、指挥使王行实、李继鹏反。行在莎城。　　按：《兵志》："李克用以其兵伐行瑜等，同州节度使王行实入迫神策中尉骆全璀、刘景宣及子继晟汲古阁本无"子"字，误。与行实纵火东市。"又《宦者传》："克用率师讨茂贞，次渭北。同州节度使王行实奔京师，谓景宣等曰：'沙陀十万至矣，请奉天子出幸避其锋。'⑧景宣方与茂贞睦。胁帝狩岐，行实及景宣子继晟纵火剽东市。帝惧，暮出莎城。"又《王行瑜传》："行瑜留弟行约宿卫。克用悉兵度河问行瑜等罪，行实弃同州趋长安，与行约谋劫乘舆，又不克，皆奔邠州。"以《兵志》及二《传》参考之，行实、行约均行瑜之弟。其为同州节度者，则行实，非行约也。行约先留宿卫，或即为神策军指挥使，亦未可知。《纪》云指挥使王行实，疑行约之误尔。《纪》书反者有李继鹏，而《宦者传》云刘继晟，未审即一人否。

是岁，安州防御使宣晟陷桂州，静江军节度使周元静部将刘士政死之。　　按《刘建锋传》称"马殷收邵、衡、永、道、郴、连六州，进攻桂州，⑨执留后刘士政"。《五代·楚世家》亦云："乾宁三年，马殷遣其将秦彦晖、李琼等攻连、邵、郴、衡、道、永六州，皆下之。桂管刘士政惧，遣其将陈可璠、王建武等率兵守全义岭。殷遣使聘于士政，使者至境上，可璠等不纳。殷怒，遣琼等以兵七千攻之，擒可璠等。遂围桂管，虏士政，尽取其属州。"则是士政尝为静江节度，非周元静部将；且为马殷所执，初未死于宣晟也。《纪》书于乾宁二年，其时马殷尚未据有湖南，与《建锋传》自相矛盾矣。及考《通鉴》，乃知是年宣晟袭杀周元静而夺其地，士政乃晟部将，又杀晟而代之。《纪》文颠倒错乱，恐系传写之讹。当云"静江军节度使周元静死之，其部将刘士政杀晟，自称知军府事"，乃得其实。此《纪》云宣晟，《通鉴》作"家晟"，未知孰是。至刘士政之见执，乃在光化三年，《本纪》载光化三年，马殷陷桂、宜、岩、柳、象五州，即其事也。《五代世家》系之乾宁三年，亦未然。

三年十一月，忠国军节度使李师悦卒，其子继徽自称留后。　　"继徽"，《通鉴》作"彦徽"。此《纪》天复元年有静难军节度使李继徽，则别是一人，乃李茂贞养子，即杨崇本也。

四年九月，静难军节度使李思谏。　　思谏本夏州节度使，当云"定难军"。"静难"则邠宁军号也。考《通鉴》，乾宁三年九月，以前定难节度使李思谏为静难节度使兼凤翔四面行营副都统。盖其时方下诏讨李茂贞,因以邠宁节授之。至四年正月,以李思谏为宁塞节度使,则以赦茂贞故,更以延州节授之,而邠宁又为茂贞所有矣。此又讨茂贞故,仍以静难节度授思谏,其实邠宁为茂贞守,思谏不能有之也。

光化元年五月,马殷陷邵、衡、永三州,刺史蒋勋、杨师远、唐旻死之。 蒋勋三人之死已见《邓处讷传》,《纪》不必更书。"唐旻",《处讷传》作"唐行旻"。

七月,朱全忠陷隋州,执刺史赵匡璘。八月,陷邓州,执刺史国湘。 匡璘二人见执已见《赵德諲传》,《纪》不必书。

二年十一月,马殷陷郴、连二州,刺史陈彦谦、鲁景仁死之。 彦谦二人之死亦见《邓处讷传》。

天复二年九月,武定军节度使拓拔思恭叛附于王建。 《五代·蜀世家》作"思敬"。思敬盖夏州节度拓拔思恭之弟,初为保大军节度,不知何时徙镇武定也。宋人避讳,往往改"敬"为"恭",遂与思恭二名相混。《五代史·李仁福传》并夏州之思恭亦误改为"思敬"矣。

三年正月,崔胤及朱全忠杀中官七百余人。 按:《宦者传》称"诛第五可范等八百余人"。

天祐元年正月乙巳,崔胤罢。己酉,朱全忠杀太子少傅崔胤及京兆尹郑元规、威远军使陈班。 《旧·本纪》在天复三年十二月。又《旧纪》胤责授太子宾客,而此云少傅;陈班官飞龙使,而此云威远军使,皆小异。

昭宣帝纪

天祐二年正月,杨行密杀平卢军节度使安仁义。 仁义守润州,以刺史充本州团练使,《纪》云平卢军节度,似误。或行密承制遥授也。

校勘记

① "二年九月","二年",原本作"三年"。《新书》卷一载是事于武德二年九月乙未,从之。

② "年二十九","九",原本作"七",误。据《唐会要》卷一改。

③ "纪云五十三","纪",原本作"传",误。径改。

④ "子希言嗣","言",原本作"高",误。据《新书》卷七九改。

⑤ "石门蛮","门",原本作"长",误。据《新书》卷九改。

⑥“石门蛮向瓌陷澧州”,“瓌”,原本作“坏”,误。径改。

⑦“甘露镇使陈可言”,“露”,原本作“灵”,误。据《新书》卷一〇改。

⑧“请奉天子出幸避其锋”,“奉”,原本脱。据《新书》卷二〇八补。

⑨“进攻桂州”,“桂州”,原本作“桂管”。《新书》卷一九〇作“桂州”,从之。

廿二史考异卷四十三

唐书三

礼乐志

太宗时,中书令房玄龄、秘书监魏征与礼官、学士等。《艺文志》:"长孙无忌、房玄龄、魏征、李百药、颜师古、令狐德棻、孔颖达、于志宁等撰。"

为《吉礼》六十一篇。《艺文志》作六十篇。按:《五礼》篇数已载《礼乐志》,又载《艺文志》,去此存彼可也。

高宗又诏太尉长孙无忌、中书令杜正伦、李义府、中书侍郎李友益、黄门侍郎刘祥道、许圉师、太子宾客许敬宗、太常卿韦琨等增之。按:《艺文志》无杜正伦、李友益,而有博士萧楚材、孔志约。又许敬宗不称太子宾客,而称侍中,列于李义府之前。

乃诏集贤院学士右散骑常侍徐坚、左拾遗李锐及施敬本等撰述,历年未就,而锐卒,吴缜云:张说卒,嵩代说为学士,误以说为锐。萧嵩代锐为学士,奏起居舍人王仲丘撰定。按:《艺文志》无徐坚,而有贾登、张烜、陆善经。

宝应元年,太常卿杜鸿渐、礼仪使判官薛颀、归崇敬等请以太祖郊配天地。谏议大夫黎干为十诘十难以非之。此事又见《黎干传》。

神龙元年,议立始祖为七庙,而议者欲以凉武昭王为始祖。太常博士张齐贤议以为不可。齐贤议亦见本传,意同而文异。刘承庆、尹知章之议已见此《志》,而复载于《齐贤传》,此重出也。

睿宗崩,博士陈贞节、苏献等议孝和皇帝宜出为别庙,祔睿宗以继高宗。此议又见《贞节传》,而文亦异。

开元十年,诏宣皇帝复祔于正室,谥为献祖,并谥光皇帝为懿祖。按:《本纪》开元十一年八月戊申"追号宣皇帝曰献祖,光皇帝曰懿祖"。

此云十年,误也。又献、懿者,二祖之庙号,《志》称谥,亦误。

建中二年,太学博士陈京请为献祖、懿祖立别庙,至禘、祫则享。按:陈京、颜真卿、裴郁、李镆、柳冕、裴枢诸人议献、懿二祖迁祔之说又见《陈京传》,而《传》文较详。

贞元十七年,太常卿裴郁议。　《陈京传》作七年。

司勋员外郎裴枢。　此又一裴枢,非昭宗朝宰相也。

高宗即位,景云见,河水清,张文收采古谊为《景云河清歌》,亦名燕乐。　按:杜氏《通典》:"贞观中,景云见,河水清,协律郎张文收制《景云河清歌》。"《册府元龟》载在贞观十四年,《志》误以为高宗时。

车服志

皇太子将释奠,有司草仪注,从臣皆乘马著衣冠,左庶子刘知幾议曰:"古大夫乘车,以马为騑服,魏、晋驾牛车。如李广北征,解鞍憩息,马援南伐,据鞍顾盼。则鞍马行于军旅,戎服所便。江左尚书郎乘马,则御史治之。颜延年罢官,骑马出入,世称放诞。近古专车则衣朝服,单马则衣褻服。皇家巡谒陵庙,册命王公,则盛服冠履,乘路车。士庶有以衣冠亲迎者,亦时服箱。其余贵贱,皆以骑代车。比者,法驾所幸,侍臣朝服乘马。今既舍车,而冠履不易,何者?褒衣、博带、革履、高冠,车中之服也。鞿而镫,跣而乘,非惟盭古,亦自取惊蹶。谓乘马衣冠宜省。"太子从之,编于令。　按:《知幾传》亦载此事,凡一百八十余言,当去彼存此。

历志一

《戊寅历》。章岁六百七十六。章闰二百四十九。　按:刘焯《皇极术》,岁率六百七十六,月率八千三百六十一,除去经月八千一百一十二,是六百七十六年有二百四十九闰也。仁均之率与《皇极》同,较古法十九年七闰之数稍弱。

历志三上

开元九年,《麟德历》署日蚀比不效,诏僧一行作新历。　按:《麟德术》以日蚀不效,诏一行改造。乃开元十二年七月、十三年十二月署日蚀,皆不蚀,一行亦无法以御之,诡云:"君德动天,不俟终日。"可见推步之难,而台官以是贡谀,亦可嗤也。

僖公五年正月辛亥朔,日南至。以《周历》推之,入壬子蔀第四章,以辛亥一分合朔冬至。 按:《五经算术》云:《周历》上元丁巳,至鲁僖公五年丙寅,积二百七十五万九千七百六十九算,以元法去之,余岁九百六十九,满蔀法而一,得积蔀十二蔀余五十七,是为入壬子蔀五十八年,即第四章首也。置入蔀年减一,以章月乘之,如章岁而一,得积月七百有五,无闰余,是冬至与朔同日也。又以蔀日乘积月,如蔀月而一,得积日二万八百一十九朔,小余九百四十分之二百三十五,即四分之一。以六十去积日,得大余五十九,起壬子算外,得天正合朔冬至在辛亥日,加时在卯,故云辛亥一分。

昭公二十年二月己丑朔,日南至。《周历》得己丑二分,《殷历》得庚寅一分。 按:自僖公五年至昭公二十年,凡一百三十四岁。以《周术》推之,入庚午蔀第三章,以《殷术》推之,入辛卯蔀第四章。《殷》、《周》两术皆同《四分》。《四分》之法,入蔀第一章首无余分,第二章首大余三十九、小余三,第三章首大余十九、小余二,第四章首大余五十九、小余一。故据《周术》,则冬至在己丑日二分,据《殷术》,则冬至在庚寅日一分也。

以《玄始历》气分二千四百四十三为率。 《玄始术》,凉赵匪所造,后魏初尝用之。

以《皇极历》气分二千四百四十五为率。 按:刘焯《皇极术》,气日法四万六千六百四十四,岁数千七百三十万六千四百六十六半。以气日法除岁数,得三百六十五日,小余一万一千四百有六半,以万分通小余满气日法,得二千四百四十五有奇也。古术家所立日法各殊,其岁余之强弱亦异,一行欲齐其率,乃设万分为通法,以通其小余,而各以日法除之,然后古今岁实之强弱,一览可知。如《大衍历》通法三千四十岁,余七百四十三,以万分通岁余满通法而一,得二千四百四十四有奇,故云新历以二千四百四十四为率,余皆仿此。

乃因刘洪纪法,增十一年以为章岁,而减闰余十九分之一。 《玄始术》以六百为章岁,六百岁中,经月七千二百,闰月二百二十一,而余分俱尽,较祖冲之三百九十一年百四十四闰之率稍强。若依十九年七闰旧率,则八章第十一年尚有闰余十九分之一,故云减闰余十九之一也。

秦《颛顼历》元起乙卯,汉《太初历》元起丁丑,推而上之,皆不值甲寅,犹以日月五纬复得上元本星度,故命曰阏逢摄提格之岁,而实非甲寅。　按:秦术今已不传,汉《太初术》元起丙子,东汉以后,太岁不用超辰之法,因命为丁丑,非《太初》本法也。《史记》"太初元年,岁名阏逢摄提格",《汉志》亦云"复得阏逢摄提格之岁",盖当时以岁阴所在纪岁,而太岁自在丙子,岁阴与太岁皆四千六百一十七年而一周,而根原各别。窃意《颛顼术》起甲寅者,亦是太阴之元,其云起乙卯者,乃太岁积年,当时亦必用超辰之数,后人追命为乙卯耳。东汉以后,术家不知以太阴纪年,又不知太岁当超辰,一行欲弥缝其阙,乃云"以日月五纬复得上元本星度,故命曰阏逢摄提格之岁",其实不然也。

南北之揆七月。　"月"当作"同"。

古历,冬至昏明中星去日九十二度,春分、秋分百度,夏至百一十八度。　按:《四分》及祖冲之术,冬至昏明中星大率去日八十二度。此云"九十二度",疑误。

鲁宣公十五年,丁卯岁,《颛顼历》①第十三蔀首。　按:《颛顼术》已不传。依此文,则宣公十五年,距上元九百一十二算,其元首在春秋前七百八十四年乙卯岁也。术家多上溯开辟,此独始于殷代,故云断取近距。

凡三百八十岁,得《颛顼历》壬申蔀首。　按:术家皆起冬至,以甲子日为蔀首,其二十蔀名见于《续汉志》。惟《颛顼术》起立春,以己巳日为蔀首,其二十蔀之名:一己巳、二戊申、三丁亥、四丙寅、五乙巳、六甲申、七癸亥、八壬寅、九辛巳、十庚申、十一己亥、十二戊寅、十三丁巳、十四丙申、十五乙亥、十六甲寅、十七癸巳、十八壬申、十九辛亥、二十庚寅。自宣公十五年,丁卯岁入丁巳蔀,至秦始皇三十二年,丙戌岁终五蔀,故次年入壬申蔀也。

自此推僖公五年,《鲁历》以庚戌冬至。　按:《鲁术》元起庚子,其积年之数未闻,难以布算。据上文《中气议》云"《鲁历》南至,又先《周历》四分日之一,而朔后九百四十分日之五十一,故僖公五年辛亥为十二月晦,壬子为正月朔",是《鲁术》推僖公五年冬至在壬子矣。而此云以庚戌冬至,前后自相矛盾。又《合朔议》云僖公十六年正月戊申朔,与《殷历》、《鲁历》合。今算僖公五年,尽十五年,积月一百三十六,经月一百三十二,闰月四。积日四千一百十六,大余五十六,起壬子算外,得次年天正戊申朔旦。《殷》、《鲁》二术,朔晦多同,辛亥南至,《殷》朔后一日,《鲁》必不异至又当在朔后,则此云"庚戌冬至",其误明矣。

历志四上

《开元大衍历》演纪上元阏逢困敦之岁,距开元十二年甲子,积九千七百九十六万一千七百四十算。　"七百九十六万",《旧志》作"六百六十六万",当从《旧志》。

策实百一十三万三百四十三。　"一十三万",当从《旧志》作"一十一万"。

用差万七千八百二十四。　"八百"当作"一百"。策余即气盈分,用差即朔虚分,并之为一岁之闰余也。

象统二十四。　即秒法。

凡四分,一为少,分为大。　"分为大"当云"三为太"。

凡归余之挂五万六千七百六十以上,其岁有闰。　"十"字衍。岁有闰余三万三千零六十七,加五万六千七百零六,则满揲法而成一月,故知其年有闰也。

辰法七百六十。　日法三千四十,即通法。以十二辰除之,各得二百五十三又三分之一。数有奇零,难以入算,故以分母三通全分,纳分子一,得七百六十为辰法。

历志四下

《九执历》者,出于西域。开元六年,诏太史监瞿昙悉达译之。断取近距,以开元二年二月朔为历首。　按:《九执》以二月朔为首者,以春分为岁首也。今回回、欧逻巴术,皆自春分白羊宫初度起算,犹用《九执》遗法。又考《通鉴目录》,是岁闰在二月后,三月朔直谷雨,则春分当在二月晦,不得在朔。或《九执》置闰在正月后,故春分得在二月朔也。

周天三百六十度,无余分。　今回回、欧逻巴术用三百六十整度,盖本《九执》之法，其布算用字书，不用筹策，亦《九执》法也。或言三百六十度本于邵尧夫《皇极经世》书，不知尧夫又本西域，非能自创新率也。

历志五

《五纪》通法千三百四十。　此即用李淳风《麟德术》。通法即《麟德》之总法，策实即《麟德》之期实，揲法即《麟德》之常朔实，辰法即《麟德》之辰率，其数并同。

交终日二十七，余二百八十四，秒三千七百六十七。交中日十三，余八百一十二，秒千八百八十三半。　此亦与《麟德》同，而秒数异者。彼以三百为奇率，此以一万为秒法，三百分之百十三，即万分之三千七百六十七弱也，三百分之五十六半，即万分之千八百八十三强也。

《正元》揲法三万三千三百三十六。　“三千”当作“二千”。

五行志

乃取其五事、皇极、庶证。　“证”即“征”字，宋人避仁宗嫌名改之。

高宗尝内宴，太平公主紫衫、玉带、皂罗折上巾，具纷砺七事，歌舞于帝前。帝与武后笑曰：“女子不可为武官，何为此装束？”　此事又见《公主传》。

肃宗上元二年，有鼍聚于扬州城门上，节度使邓景山以问族弟珽，对曰：“鼍，介物，兵象也。”　此事亦见《景山传》。彼《传》“珽”作“班”。

证圣元年正月丙申夜，明堂火，武太后欲避正殿，彻乐。宰相姚璹以为火因人，非天灾也，不宜贬损。后乃御端门观酺。　此事又见《璹传》。

贞观十七年春，齐王祐为齐州刺史，好畜鸭，有貍啮鸭，头断者四十余。　此事又见《祐传》。

咸通中，吴、越有异鸟极大，四目三足，鸣山林，其声曰“罗平”。[②]此事又见《董昌传》。《志》云“其声曰罗平”，《传》云“其鸣曰罗平天册”，《志》云“咸通初”，而《传》云“中和时”，皆互异。

武德七年，河间王孝恭征辅公祐，宴群帅于舟中，孝恭以金碗酌江水,将饮之,则化为血。孝恭曰:"碗中之血,公祐授首之祥。" 此事又见《孝恭传》。

天宝六载,少陵原杨慎矜父墓封域内,草木皆流血,慎矜令浮图史敬思禳之,退朝裸而桎梏于丛棘间。 此事又见《慎矜传》。《传》称敬思胡人,《志》以为浮屠,恐误。

窦建德未败时,有谣曰:"豆入牛口,势不得久。" 此事又见《建德传》。

贞观十四年,交河道行军大总管侯君集伐高昌。先是,其国中有童谣曰:"高昌兵马如霜雪,汉家兵马如日月,日月照霜雪,回首自消灭。" 此谣又见《西域传》,而词小异。

调露初,京城民谣有"侧堂堂,桡堂堂"之言。太常丞李嗣真曰:"侧者,不正;桡者,不安。自隋以来,乐府有《堂堂曲》,唐再受命之象。" 此事又见《嗣真传》。

太和九年,京师讹言郑注为上合金丹,生取小儿心肝,密旨捕小儿无算,往往阴相告曰:"某处失几儿矣。" 此事又见《杨虞卿传》。

校勘记

①"颛顼历","历",原本脱。据《新书》卷二七补。

②"其声曰罗平","曰",原本作"日",误,径改。本条"曰"字,原本俱误作"日",今俱改,不再出校。

廿二史考异卷四十四

唐书四

地理志一

凡乾元后所置州，皆无郡名。 按：自武德至开元，有州无郡，天宝元年改州为郡，乾元元年复改郡为州。综唐二百十九年间，称郡者仅十有六载耳。《志》凡称某州某郡者，谓本是某州，中间曾改为某郡耳，非州郡之名同时并立也。乾元以后新置之州，未经改郡，故无郡名耳。宋承唐制，以州领县，而仍留郡名，以备王公封号之用，故《地理志》每州亦有郡名。然有名无实，较之《唐志》，似同而实异。

灵州有朔方军经略军。 当云"朔方经略军"，多一"军"字。

警州，景福元年，灵威节度使韩遵表为州。 "遵"当为"逊"字之讹。《回鹘传》："昭宗幸凤翔，灵州节度使韩逊表回鹘，请率兵赴难。"即其人也。《五代史》，韩逊当唐末据有灵、盐，唐即以为节度使。

地理志二

汝州鲁山县。武德四年，以鲁山、滍阳复置鲁州。贞观九年废。 按：《旧志》，州废于贞观元年，此云"九年"，误。

叶县，武德五年，隶北澧州。贞观八年，隶鲁州。 按：上条云"贞观元年废鲁州"，此贞观八年又有鲁州者，武德之鲁州治鲁山，贞观之鲁州治方城，非一地也。此鲁州与北澧州即一地而改名。

地理志三

河中府安邑县。有盐池。大历十二年生乳盐，赐名宝应庆灵池。 《叛臣传》作"宝应灵庆"，据石刻《盐池灵庆公碑》证之，则"灵庆"是，而"庆灵"非也。

泽州晋城县,天祐二年,更曰丹川。 按:《旧唐书·哀帝纪》"改晋城曰高都",未详孰是。

地理志四

河州。西百余里雕窠城有振威军。 按:《旧志》,振威军在鄯州西三百里。

鄯州鄯城县有天威军,军故石堡城,开元十七年置,初曰振武军,二十九年没吐蕃,天宝八载克之,更名。 按:《吐蕃传》:"信安王祎出陇西,拔石堡城,置振武军。"其后吐蕃攻振武军,盖嘉运不能守。天宝中,哥舒翰攻拔石堡,更号神武军。即天宝八载。《志》云"天威军",恐误。

洮州西八十里磨禅川有神策军。 《兵志》作"磨环川"。

地理志五

淮南道为州十二。 按:《唐六典》,淮南道领十四州,《志》少濠、沔二州者,沔州后省入鄂州,濠州以隶徐州节度,改属河南。《元和郡县志》以濠、申、光入河南,蕲、黄、安、沔入江南者,据当时藩镇所隶疆域而言。濠为徐州节度之属,申、光为蔡州节度之属,蕲、黄、安、沔为鄂岳观察之属,故淮南管内只有七州也。《旧志》有濠州,无沔州,实十三州。

鄂州汉阳县,本沔州汉阳郡。建中二年州废,四年复置。宝历二年,州又废。 按:《旧志》:"大和七年,鄂岳节度使牛僧孺奏,沔州与鄂州隔江,都管一县,请并入鄂州,从之。"此云宝历二年州废,与《旧志》异。考《旧·敬宗纪》,宝历二年四月,鄂岳观察使牛僧孺奏:"当道,沔州与鄂州隔江相对,才一里余,其州请并省,其汉阳、汊当作"汉",字之讹。川两县隶鄂州。"从之。然则《新志》不误,而《旧志》误也。节度使例兼观察之职,故或称节度,或称观察。僧孺以宝历元年由宰相出镇武昌,大和四年正月复入相,六年十二月复出镇淮南,未尝再镇武昌,则《旧志》之误审矣。

地理志七

岩州常乐郡。　汲古阁本作"长乐"。按：福州已改长乐郡，不应更与同名，《旧志》亦作"常"字，毛本误。

选举志

太宗时，冀州进士张昌龄、王公谨有名于当时，考功员外郎王师旦不署以第。太宗问其故，对曰："二人者，皆文采浮华，擢之将诱后生而弊风俗。"其后，二人者卒不能有立。　此事又见《昌龄传》。惟《传》云"王公治"，此云"公谨"为异。

百官志一

李勣以太子詹事同中书门下三品，谓同侍中、中书令也，而"同三品"之名盖起于此。　按：太子詹事与侍中、中书令阶皆正三品，然惟侍中、中书令为宰相，故云"同中书门下三品"，以别于他三品也。大历以后，升侍中、中书令为二品，自是无"同中书门下三品"之称。

别置学士院，专掌内命。凡充其职者无定员。　按：学士无定员，见于李肇《翰林志》。然《旧唐书·职官志》称，翰林例置学士六人，内择年深德重者一人为承旨。白居易诗有"同时六学士"之句，则非无定员也。

自诸曹尚书下至校书郎，皆得与选。　按：尚书正三品，校书郎正九品，谓自三品至九品官，皆得除学士也。

唐之学士，弘文、集贤分隶中书、门下省，而翰林学士独无所属。按：学士无品秩，但以它官充选，又为天子私人，故不隶三省。《唐六典》不载翰林学士，学士亦差遣，非正官也。《旧志》附于中书省之后。

太师、太傅、太保各一人。　按：《宰相表》，天宝以前无真除三师者。太保自广德二年仆固怀恩始，太傅自太和三年王智兴始，太师惟李克用一人。若检校官至三师者，班次尚在真三公之下，故《表》略而不书。亦犹使相之不列于《表》也。

郎中各一人，从五品上。　郎中上当有"左右司"三字。

皇姑为大长公主，姊为长公主。　"姊"下脱"妹"字。

龙朔二年,改礼部曰司礼,祠部曰司禋,膳部曰司膳。　此下脱"主客曰司藩"五字。

凡刑法之书有四:一曰律,二曰令,三曰格,四曰式。　此语又见《刑法志》。

一免者一岁三番役,再免为杂户。　按:《唐六典》:一免为番户,再免为杂户。番户一年三番,杂户二年五番。

百官志二

侍中二人,正二品。　按:《唐六典》,侍中、中书令并正三品。杜氏《通典》,侍中、中书令旧班正三品。大历二年,升为从二品。《旧唐书·职官志》,大历二年十一月,升为正二品。此《志》于侍中、中书令但书后定之品,而"同中书门下三品"之称,遂难通矣。

门下侍郎二人,正三品。　按:《通典》,门下中书侍郎,旧制正四品。大历二年,升从三品。《唐会要》,黄门侍郎,大历二年十一月四日复为门下侍郎,其月九日升为正三品。紫微侍郎,大历二年十一月十四日升为正三品。五年九月复为中书侍郎。又考《于志宁传》,贞观三年为中书侍郎。太宗宴近臣,问:"志宁安在?"有司奏:"敕召三品,志宁品第四。"帝悟,特诏预宴,[①]因加散骑常侍。此中书侍郎在唐初居第四品之明证。史但书后定之品,则与《志宁传》文不相应。

左散骑常侍二人,正三品下。　散骑常侍本从三品,广德二年五月,升为正三品。中书、门下省各加置四员,兴元元年各加一员,贞元四年,敕依旧四员。此皆见于《旧志》及《会要》,《志》当书而不书。

左谏议大夫四人,正四品下。　《唐六典》,谏议大夫,正五品上。《唐会要》载会昌二年十二月,检校司徒、兼太子太保牛僧孺奏:"自大历二年,门下、中书侍郎为正三品,两省遂阙四品。其谏议大夫,请升为正四品下,分为左右,以备两省四品之缺。"敕依。

左补阙六人,左拾遗六人。　按:《唐六典》,左右补阙、拾遗各二人。《旧书·职官志》,左补阙二员,左拾遗二员。又称:"天后垂拱元年,置左右补阙各二员,左右拾遗各二员。天授二年,加置三员,通前五员。大历四年,补阙、拾遗,各置内供奉两员。七年五月敕,补阙、拾遗,宜各置两员。"盖自有此官以来,未有置六员者。此"六人"当为"二人"之讹。侍御史置内供奉,《志》既书之,此补阙、拾遗亦有内供奉,何以阙而不书乎?

右补阙六人、右拾遗六人。　"六"当作"二"。

史馆修撰四人。　按:《旧书·文宗纪》称:"故事,史官不过三员,或止两员。"太和六年,王彦威、杨汉公、苏涤、裴休四人并命,论者非之。据此《志》,则史官四人本有定员,不知何时裁省也。

秘书郎三人。　当作"四人"。

司天台监一人,正三品;少监二人,正四品上。　按:《旧志》:"司天监本太史局令,从五品下。乾元元年改为监,升从三品,一如殿中秘书品秩。少监,本曰太史丞,从七品下。乾元升少监,与诸司少监同品。"考殿中秘书、内侍诸监皆从三品,少监皆从四品上。则《志》以司天监为正三品,少监为正四品者,误矣。

内官。贵妃、惠妃、丽妃、华妃,各一人。　"内官"宜另起一行,不应承"典直"之下。

宫官,尚宫局。　"宫官"亦应另起。

百官志三

御史台。大夫一人,正三品;中丞二人,正四品下。　御史大夫本从三品,中丞本正五品上,会昌二年,敕御史大夫准六尚书例,升为正三品,中丞升正四品下。《志》所书者,皆依后改之品。

凡冤而无告者,三司诘之。三司,谓御史大夫、中书、门下也。此沿《唐六典》之文。考尚书刑部职云:"凡鞫大狱,以尚书侍郎与御史中丞、大理卿为三司使。"又《刑法志》云:"永徽以后,武氏得志,当时大狱以尚书刑部、御史台、大理寺杂案,谓之三司。"即今所谓"三法司"。与此不同。盖三司鞫狱,出于临时遣使,故《六典》不著为令,而于《刑部篇》言:"凡有冤滞不申,欲诉理者,先由本司或随近官司断决;不伏,乃至尚书省,左右丞为申详之;又不伏,乃经三司陈诉;又不伏,乃上表;受表者又不达,听挝登闻鼓。"正与此文互相证明。

崇玄署,掌京都诸亲名数。　"亲"当作"观"。

百工、就谷、库谷、斜谷、太阴、伊阳监。　百工监在陈仓,就谷监在王屋,库谷监在鄠县,太阴监在陆浑,伊阳监在伊阙,并见《旧志》,惟斜谷监不言所在。

百官志四

左右羽林军。 龙朔二年置，《志》失书。

左右神武军。 《兵志》，元和二年，省神武军。而昭宗时，崔胤判六军，仍有左右神武之名，则是并省未久而复置也。

左右神策军。 按：神策军本陇右道十八军之一，代宗时，始归禁中，又分为左右厢。贞元二年，改为左右神策军，《志》俱失书。

左右龙武、左右神武、左右神策，号六军。 按：《兵志》："肃宗至德二载，置左右神武军，补元从、扈从官子弟，不足则取它色，带品者同四军。总曰北衙六军。"彼《志》所谓四军者，指左右羽林、左右龙武而言，其时尚无左右神策也。贞元中，置左右神策、左右神威，并前六军为左右十军。元和中，省神武、神威四军，则以左右羽林、左右龙武、左右神策为六军矣。其后朱全忠诛宦官，废神策军，因以左右羽林、左右龙武、左右神武为六军，而宰相判之，与此《志》六军之名，皆不合。

太子少师、少傅、少保各一人，从二品。 按：东宫三少，据《六典》及《旧志》，皆正二品。

校勘记

① "特诏预宴"，"预"，原本作"领"，误。据《新书》卷一〇四改。

廿二史考异卷四十五

唐书五

兵志

　　诸府总曰折冲府。凡天下十道,置府六百三十四,皆有名号,而关内二百六十一。　今据《地理志》所载军府数之,关内道二百七十三,_{又延州新置府二。}河南道六十二,河东道一百四十一,河北道三十,山南道十,陇右道二十九,淮南道六,江南道二,剑南道十,岭南道三,实止五百六十六,而关内乃有二百七十三,与《志》颇不相应。而《百官志》云:"三辅及近畿州都督府皆置府,凡六百三十三。"则又与两数俱别。杜氏《通典·州郡篇》云:"折冲府五百九十三。"《职官篇》则云:"五百七十四府。"王溥《唐会要》云:"关内置府二百六十一,又置折冲府二百八十,通计旧府六百三十三。"《陆宣公奏议》云:"太宗置府八百,在关中者五百。"杜牧《原十六卫篇》云:"外开折冲府五百七十有四。"王伯厚引《郯侯家传》云:"诸道共六百三十府。"又引《理道要诀》云:"五百九十三。"《理道要诀》十卷,杜佑撰。唐人述府兵之数,言人人殊,宜乎史家莫适从也。

　　唐初,兵之戍边者,大曰军,小曰守捉。曰城,曰镇,而总之者曰道。　此所云道者,谓节度也。唐初分天下为十道,不皆有屯戍之兵。平卢、范阳皆属河北道,河西、安西、北庭皆属陇右道,初无道之名,《志》当云"以节度统之",而后云"某节度统某某军、某某守捉",乃为得之。

　　若卢龙军一,东军等守捉十一,曰平卢道。　按:平卢节度统平卢、卢龙二军,及东军、北口、洪水、盐城、燕郡、渝关、汝罗、怀远、巫闾、襄平、安东十一守捉,《志》不及平卢军,误也。

　　横海、北平、高阳、经略、安塞、纳降、唐兴、渤海、怀柔、威武、镇远、

静塞、雄武、镇安、怀远、保定军十六,曰范阳道。　按:《旧书·地理志》:"范阳节度使统经略、威武、清夷、静塞、恒阳、北平、高阳、唐兴、横海等九军。"此云"军十六",而又少清夷、恒阳,与《旧志》异。窃意镇安、怀远、保定三军在营、平二州界内,似不当属范阳;且《志》所载皆天宝以前之制,而镇安军本燕郡守捉,贞元二年改名,尤不应阑入也。清夷军,垂拱中置,恒阳军,开元中置,则此《志》转遗之,皆不若《旧史》之可据。又《地理志》,幽州昌平县有防御军,妫州怀戎县有宁武、广边二军,此《志》不载,当是肃宗以后增置也。

天兵、大同、天安、横野军四,岢岚等守捉五,曰河东道。　按:河东道有岢岚、忻州、代州、云中、楼烦、清塞六守捉,此云"五"者,不数清塞也。

朔方经略、丰安、定远、新昌、天柱、宥州经略、横塞、天德、天安军九,三受降、丰宁、保宁、乌延等六城,新泉守捉一,曰关内道。　朔方经略,一也;宥州经略,一也,并丰安等为九军。《地理志》,丰州中受降城西有天安军,天宝十二载置,此关内之天安军也。代州西有天安军,天宝十二载置,此河东之天安军也。此二军同名,又同时置,其地又不相远,或《地理志》重出,此又展转相因耳。《旧·地理志》,新泉军隶河西节度,而朔方节度管内尚有安北都护及振武军。

赤水、大斗、白亭、豆卢、墨离、建康、宁寇、玉门、伊吾、天山军十,乌城等守捉十四,曰河西道。　按:《地理志》,凉、沙诸州守捉有乌城、张掖、交城、百帐、豹文山、蓼泉、酒泉、威远、罗护、赤亭、独山、张三城,凡十二名。赤水、白亭、同城三守捉,则开元、天宝之际,已改为军。赤水即大斗军,白亭即白亭军,同城即宁寇军。此云"守捉十四",殊未合也。天山、伊吾二军,《旧·地理志》隶北庭节度。

瀚海、清海、静塞军三,沙钵等守捉十,曰北庭道。　按:《地理志》,静塞军大历六年置,此所举军名,皆天宝以前所置,不宜及静塞也。守捉十,谓沙钵城、冯洛、耶勒城、俱六城、张堡城、乌宰、叶河、黑水、东林、西林也。

保大军一,鹰娑都督一,兰城等守捉八,曰安西道。　按:《地理志》,安西都护府有兰城、次城、葱岭、于术、榆林、龙泉、东夷僻、西夷僻、赤岸九守捉,此云"守捉八",所未详也。安西节度统龟兹、焉耆、于阗、疏勒四镇都督府，此独举鹰娑都督，亦未详。

镇西、天成、振威、安人、绥戎、河源、白水、天威、榆林、临洮、莫门、神策、宁边、威胜、金天、武宁、曜武、积石军十八，平夷、绥和、合川守捉三，曰陇右道。　按：《地理志》无绥戎军，当是"威戎"之讹。《地理志》"鄯州西北三百五十里有威戎军"是也。《旧·地理志》陇右节度所统九军，亦有威戎，无绥戎。

威戎、安夷、昆明、宁远、洪源、通化、松当、平戎、天保、威远军十，羊灌田等守捉十五，新安等城三十二，犍为等镇三十八，曰剑南道。按：《地理志》无安夷军，惟资州有安定军。又汉州有威胜军，彭州有镇静军，遂州有静戎军，此《志》皆不载。又考《地理志》剑南道有羊灌田、朋筶、绳桥，彭。白沙，彭。合江、谷塸、三谷，翼。乾溪、白望、暗桶、赤鼓溪、石梯、达节、鸦口、质台、骆它、通耳、瓜平、乾溪、侏儒、箭上、谷口，维。乾溪两见，疑有讹。澄川、南江姚。二十四守捉，七盘、安远、龙溪，彭。新安、三阜、沙野、苏祁、保塞、罗山、西泸、蛇勇、遏戎，嶲。晏山、边临、统塞、集重、伐谋、制胜、龙游、尼阳，雅。武侯、廓清、铜山、肃宁、大定、要冲、潘仓、三碉、杖义、瑠璃、和孤，黎。峨和、白岸、都护、祚鼎，翼。符坚维。三十六城，犍为、沐源、寺庄、牛径、铜山、曲滩、陁和、平戎、依名、利云、溶川、罗护、柘林、大池、鸡心、龙溪、赖泥、可阳、婆笼、马鞍、始犁、峨眉，嘉。和川、始阳、灵关、安国，雅。定蕃、飞越、和孤，黎。陇东、益登、清溪、御藩、吉超，翼。宁塞、姜维，维。石门、龙腾、和戎、马湖、移风、伊禄、义宾、可封、泥溪、开边、平寇戎。四十七镇，与此《志》数皆不合。

岭南、安南、桂管、邕管、容管经略、清海军六，曰岭南道。　岭南五管各置经略军，并清海为六。

平海军一，东牟、东莱守捉二，蓬莱镇一，曰河南道。　《地理志》登州有平海军，亦曰东牟守捉，此《志》分为二，非也。东莱守捉以莱州刺史领之，东牟守捉以登州刺史领之。天宝以前，河南初无节度之名也。

玄宗以万骑平韦氏，改为左右龙武军，皆用唐元功臣子弟。　"唐元"即"唐隆"，温王年号也，史避明皇讳改。《崔日用传》云："唐元之际，日用实赞大谋。"

郭子仪之婿端王傅吴仲孺。 《唐会要》,仲孺官太子詹事,谥曰襄。

昭宗伐李茂贞,乃用嗣覃王允为京西招讨使,神策诸都指挥使李铛副之。 按:《昭宗纪》,景福二年,"嗣覃王嗣周为京西路招讨使,神策大将军李铛副之,以讨李茂贞。"《宦者传》:"以嗣覃王戒丕为京西招讨使。"嗣覃王之名,三处互异。今考《本纪》,乾宁四年八月,韩建杀嗣覃王嗣周、嗣延王戒丕、嗣丹王允;而《十一宗诸子》及《沙陀传》俱有嗣延王戒丕、嗣丹王允之文,则嗣覃王之名,当从《本纪》。

食货志一

凡授田者,丁岁输粟二斛,稻三斛,谓之租。丁随乡所出,岁输绢二匹,绫、绝二丈,布加五之一,绵三两,麻三斤,非蚕乡则输银十四两,谓之调。 卢学士召弓曰:"此《志》约《旧志》及《通典》之文,殊未明晰。盖岁输粟二斛,谓之租。稻即粟也。粟二斛之外,何以又加稻三斛乎? 丁随乡所出,或出绢、绝二丈,或不出绢、绝,而出布加五之一,则二丈四尺也。<small>时实征二丈五尺。</small>输绢、绝者,兼调绵三两。输布者,麻三斤。非蚕乡者,则出布矣,亦无输银之理。又考《唐律疏义》引《赋役令》:'每丁租二石;调绝、绢二丈,绵三两,布二丈五尺,麻三斤。'又《唐六典·户部》下云:'课户每丁租粟二石。其调随乡土所产,绫、绢、绝各二丈,布加五分之一。输绫、绢、绝者,绵三两;输布者,麻三斤。'关内道京兆、同、华、岐四州调绵、绢,余州布、麻。河南道陈、许、汝、颍调以绝、绵,唐州麻、布,余并以绢及绵。可见绫、绢、绝三者不并征也。皆无'稻三斛'、'银十四两'之文,《新志》妄增之。其流毒恐有不可言者。唐时唯蛮州用银,中国未以此为市易,何由征之?《通典》载土贡,惟海南诸郡贡银,大率二十两,间有三十两、五十两者,独始安郡百两。夫一郡二十两,一丁乃当其三分之二,有是事乎? 欧、宋诸公,不应荒唐至此,得无钞胥之妄增邪?"

食货志三

唐开军府,以扞要冲,因隙地置营田,天下屯总九百九十二。 司农寺每屯三顷,州、镇诸军每屯五十顷。卢学士召弓曰:"按《通典》开

元令'诸屯隶司农寺者,每三十顷以下、二十顷以上为一屯'。今云'每
屯三顷',以三顷之少,而设屯官、屯副以主之,不太烦乎?大昕按:"三"
下当脱"十"字。

上地五十亩,瘠地二十亩,稻田八十亩,则给牛一。　卢学士召弓
曰:"此又误也。《通典》云:'土软处,每一顷五十亩配牛一头;强硬处,
一顷二十亩配牛一头。'其稻田给牛之数,则与《志》同。今以土软、土
硬改为上地、瘠地,未尽失也。而两句皆脱去'一顷'二字,则于牛力甚
有余。而以一牛博瘠地二十亩之所入,何以相当乎?"

刑法志

凡断屠日及正月、五月、九月,不行刑。　断屠日,谓每月一日、八
日、十四日、十五日、十八日、二十三日、二十四日、二十八日、二十九
日、三十日也。

帝以问大理卿刘德威,对曰:"律,失入减三等,失出减五等。今失
入无辜,而失出为大罪,故吏皆深文。"　此事又见《德威传》。

开元三年,黄门监卢怀慎等又著《开元格》。至二十五年,中书令
李林甫又著《新格》,凡所损益数千条,明年,吏部尚书宋璟又著《后
格》,皆以开元名书。　按:《艺文志》,《开元后格》十卷,宋璟等删定,
以开元七年上;《开元新格》十卷,李林甫等删定,以开元二十五年上。
是宋璟著《后格》在林甫之前矣。又据《璟传》,璟以开元二十五年卒,
即林甫进《新格》之岁也,安得于明年更预撰述乎? 此叙次倒之
甚者。

左台御史周矩上疏曰:"比奸恲告讦,习以为常。推劾之吏,以深
刻为功,凿空争能,相矜以虐。泥耳囊头,折胁签爪,悬发燻耳,卧邻秽
溺,刻害支体,糜烂狱中,号曰'狱持';闭绝食饮,昼夜使不得眠,号曰
'宿囚'。残贼威暴,取快目前。被诬者苟求得死,何所不至? 为国者
以仁为宗,以刑为助,周用仁而昌,秦用刑而亡。愿陛下缓刑用仁,天
下幸甚!"武后不纳。　此疏又见《酷吏传》。此云"左台御史",而彼云
"右台",官名小异。此云"后不纳",而彼云"后寤,狱乃稍息",何其相
刺谬也。

艺文志一

《易》类。何安《讲疏》十三卷。 "安"当作"妥"。南监本不误。

乐类。释智匠《古今乐录》十三卷。 《旧志》作"智丘"。

小学类。蔡邕《今字石经论语》二卷。 一类之中，前后重见。

艺文志二

正史类。李喜《汉书辨惑》三十卷。 《旧志》作"李善"。"善"与"喜"字形相涉，下文又有"李善《汉书辨惑》二十卷"，恐即一书而重出也。

谢昊、姚察《梁书》三十四卷。 "昊"，《隋志》作"吴"。《姚思廉传》作"炅"。编年类又有谢昊《梁典》二十九卷。起居注类有谢昊《梁皇帝实录》五卷。杂家类有谢昊《物始》十卷。

章怀太子贤注《后汉书》一百卷。注云："贤命刘讷言、格希玄等注。" 注书诸人名已见《章怀本传》，此重出，而文又不备。

司马贞《史记索隐》三十卷。注云："开元润州别驾。" 按：《刘知幾传》有博士司马贞。

伪史类。刘昞《敦煌实录》二十卷。 此书又见杂传记类。

武敏之《三十国春秋》一百卷。 即"贺兰敏之"也。

杂史类。王粲《汉书英雄记》十卷。 "汉书"当作"汉末"。

虞溥一作"博"，误。《江表传》五卷。 又见杂传记类，作三卷。

郭颁《魏晋代说》十卷。 "代"即"世"字。篇中如《帝王代纪》之类，皆避讳改。而刘义庆《世说》、刘孝标《续世说》仍不避。

刘滔《先圣本纪》十卷。 "滔"当作"绍"。见《南史》。

南卓《唐朝纲领图》一卷。注云："字昭嗣，大中黔南观察使。" 上卷乐类有南卓《羯鼓录》，注当在彼。

起居注类。《晋崇宁起居注》十卷。 《旧志》亦作"崇宁"。晋时无此年号，故读者疑之。予谓"崇宁"当为"崇安"，即"隆安"也。唐人避明皇讳，往往改"隆"为"崇"。以《晋史》考之，隆安纪元，正在太元之后、元兴之前，此卷又有《晋崇安元兴大享副诏》八卷，[①]足明"崇宁"当为"崇安"矣。杂史类有周祗《崇安记》二卷、王韶之《崇安记》十卷，亦纪晋安帝事也。此上文有《晋隆和兴宁起居注》五卷,仍书"隆"字,所谓史驳文。

《文宗实录》四十卷。注云:"卢告字子有,弘宣子也,历吏部侍郎。" 按:《弘宣传》已有之,但此云"吏部侍郎",而《传》云"终给事中",为异尔。

故事类。葛洪《西京杂记》二卷。 又见地理类。

杂传记类。圈称《陈留风俗传》三卷。 又见地理类。

章怀太子《列藩正论》三十卷。 儒家类《列藩正论》三十卷,列于武后所撰诸书之末,章怀太子所撰之前,盖重出而又舛误也。《旧志》儒家类无此书。

唐临《冥报记》二卷。 又见小说类。

刘㻅《国朝传记》三卷。 小说家类有刘㻅《传记》三卷,一作《国史异纂》,疑即一书。

仪注类。韦公肃《礼阁新仪》二十卷。注云:"元和人。" 公肃官名、时代,已见《本传》及《礼乐志》,此注重出也。

王泾《大唐郊祀录》十卷。注云:"贞元九年上,时为太常礼院修撰。" 此注重出,已见《礼乐志》。凡注文重出,吴氏所纠者,不更及。

袁郊《二仪实录衣服名义图》一卷。注云:"字之仪,滋子也。昭宗翰林学士。" 郊官位已见《袁滋传》。又《宰相世系表》"郊字之乾,虢州刺史",与此注互异。

刑法类。《开元后格》十卷。注云:"吏部侍郎兼侍中宋璟。" "侍郎"当作"尚书"。

目录类。《群书四录》二百卷。注云:"殷践猷、王惬、韦述、余钦、母煚、刘彦直、王湾、王仲丘撰,元行冲上之。" 此事已见《元行冲传》。

谱牒类。贾执《百家谱》,又《姓氏英贤谱》一百卷。 按:《柳冲传》:"晋太元中,散骑常侍贾弼撰《姓氏簿状》,十八州百十六郡,合七百一十二篇。传子匪之,匪之传子希镜。希镜撰《姓氏要状》十五篇。希镜传子执。执更作《姓氏英贤谱》一百卷,又著《百家谱》。执传其孙冠。冠撰《梁国亲皇太子序亲簿》四卷。"是贾氏世系先后分明,《志》列贾冠所撰于前,或缘帝王族亲,以类相从,不拘子孙之次。若希镜所撰,列于执书之后,则失之不考矣。

《大唐氏族志》一百卷。注云："高士廉、韦挺、岑文本、令狐德棻撰。"又《姓氏谱》二百卷。注云："许敬宗、李义府、孔志约、杨仁卿、史玄道、吕才撰。" 此两书撰人名，已见《高士廉》、《李义府》二《传》。此注重出，但云某人等撰可矣。

地理类。《括地志》五百五十卷。注云："魏王泰命著作郎萧德言、秘书郎顾胤、记室参军蒋亚卿、功曹参军谢偃、苏勖撰。" 此事已见《濮王泰传》，而注复重出。《传》惟少苏勖一人。

艺文志三

儒家类。章怀太子《春秋要录》十卷。 "秋"当作"宫"。

张太玄《平台百一寓言》三卷。 "太玄"《旧志》作"太素"。

杨倞注《荀子》二十卷。注云："汝士子，大理评事。" 按：《宰相世系表》，汝士子有知温、知远、知止《汝士传》作"知至"。三人，无名倞者。

《元和辨谤略》十卷。注云："令狐楚、沈传师、杜元颖撰。" 此事已见《唐次传》。

储光羲《正论》十卷。注云："兖州人。" 按：别集类云："包融与储光羲皆延陵人。"里居互异。

道家类。张志和《玄真子》十二卷。 按：神仙门又有志和《玄真子》二卷，疑即一书。

郑云千《清虚真人裴君内传》一卷。 "云千"《旧志》作"子云"。

玄应《大唐众经音义》二十五卷。 今释藏本题云《一切经音义》。《宋·艺文志》亦作《一切经音义》。

农家类。贾思协《齐民要术》十卷。 按：下文有李淳风《续齐人要术》。[②]此"民"字亦当为"人"，疑校书者所改也。《五行》类又有李淳风《四民福禄论》。道家类有刘遗民《玄谱》。

小说家类。刘齐《释俗语》八卷。 "齐"当作"霁"。

医术类。李氏《本草》二卷。[③] 按：《于志宁传》云："《别录》者，魏、晋以来，吴普、李当之所记，弘景合而录之。"此李氏即李当也。

孟诜《必效方》十卷。 《旧史·诜传》云："三卷。"

司空舆《发焰录》一卷。注云："图父，大中时商州刺史。" 按：《司空图传》："父舆，官户部郎中。"不云为商州刺史。

艺文志四

别集类。《王澣集》十卷。　　即《文艺传》之"王翰"也。《旧史·文苑传》亦作"澣"。

《窦叔向集》七卷。注云："字遗直。与常衮善，衮为相，用为左拾遗内供奉，及贬，亦出溧水令。"　　按：《窦群传》云："父叔向，以诗自名，代宗时，位左拾遗。"若以此注云云改入本传，则文省而无重出之累矣。

《包融诗》一卷。注云："江宁有右拾遗孙处玄。"　　《旧史·隐逸传》有孙处玄，《新史》删去，即此人也。此云"江宁"，而彼云"润州"者，江宁时隶润州也。

张文成《龙筋凤髓》十卷。　　文成，鷟之字也。字而不名，非例。

总集类。司马相如《上林赋》一卷。　　《上林赋》以下八部，不当入总集。

褚令之《百赋音》一卷。　　"令"当作"诠"。

元思敬《诗人秀句》二卷。　　文史门又有元兢《古今诗人秀句》二卷，疑即一书。思敬见《旧史·文苑传》。

校勘记

① "晋崇安元兴大享副诏"，"享"，《新唐书》中华本卷五八作"亨"。

② "续齐人要术"，《新唐书》中华本卷五九作"演齐民要术"。

③ "李氏本草二卷"，"二卷"，《新唐书》中华本作"三卷"。

廿二史考异卷四十六

唐书六

宰相表上

武德元年六月，将作大匠、袭陈国公窦抗本官兼纳言，黄门侍郎陈叔达判纳言。　兼、判皆未正授之称。考叔达以是年判纳言，明年乃兼纳言，则判又在兼之下也。

四年十月，世民加司徒、天策上将。　按：武德元年，世民已为太尉，太尉在司徒之上，此云加司徒者，以太尉兼领司徒也。九年二月，元吉为司徒，则世民但为太尉，不兼司徒矣。

贞观六年三月，君集以丧罢。十一月，君集起复。[①]　按：唐时宰相居丧，无不夺情起复者。然君集起复，相距犹八月。若八年长孙无忌起复，十七年房玄龄起复，咸亨元年李敬元起复，乾元二年吕谭起复，天复二年韦贻范起复，则相距三月；贞观二十二年褚遂良起复，相距四月。大约百日卒哭之后，即有诏起复也。龙朔三年七月戊戌，李义府以母丧罢，九月丁丑即起复，止隔四十日，未免太促，或其中有闰月，则亦百日矣。

永淳元年十月，黄门侍郎刘景先同中书门下平章事。　按：《高宗》、《武后纪》俱作"刘齐贤"。《宰相世系表》云："齐贤更名景先。"盖高宗时，避章怀太子讳改名，而《齐贤本传》不书，此史之漏也。《纪》书初名，《表》书改名，于例殊未画一。

万岁登封元年乙未。　按：是岁一月，改元证圣。九月，改元天册万岁。其明年腊月，改元万岁登封。三月，改元万岁通天。史家之例，年号以后改者为定。此乙未岁当书"天册万岁元年"，《表》云"万岁登封"，误。

宰相表中

天宝十一载十一月,林甫死。 《春秋》之法,内诸侯称薨,内大夫称卒,外诸侯亦称卒。虽宋文公、鲁桓公、仲遂、季孙意如之伦,书薨卒无异辞,所谓直书而善恶自见也。欧公修《唐书》,于《本纪》亦循《旧史》之例,如李林甫书薨,田承嗣、李正己书卒,初无异辞,独于《宰相表》变文,有书薨、书卒、书死之别,欲以示善善恶恶之旨。然科条既殊,争端斯启,书死者固为巨奸,书薨者不皆忠谠,予夺之际,已无定论。紫阳《纲目》,颇取欧公之法,而设例益繁,或去其官,或削其爵,或夺其谥。书法偶有不齐,后人复以己意揣之,而读史之家,几同于刑部之决狱矣。

宰相表下

开成四年五月,陈夷行罢为吏部侍郎。 本传作"吏部尚书"。

大中十三年十二月,敏中守司徒、兼门下侍郎、同中书门下平章事。 凡前宰相再入,例书姓,如萧瑀、高士廉、姚元之、唐休璟诸人是也。白敏中自荆南节度使再入相,不书姓,此史文之阙。《旧唐书·懿宗纪》不载敏中入相事。

广明元年二月,从谠检校司空、兼平章事、河东节度行营招讨等使。 《郑从谠传》作"检校司徒",误也。《旧唐书·本纪》亦作"司空"。

乾宁二年三月,户部侍郎、判户部王抟为中书侍郎、同中书门下平章事。 按:《旧书·本纪》,抟拜相在景福二年十二月。乾宁元年十月,出为湖南节度使。二年六月,复为中书侍郎、平章事。《新史》只有此年入相事,不云罢而复相。又《旧史》称六月复相,而此书于三月皆不相合。盖宣宗以后,《实录》散亡,传闻互异,《新》、《旧》两史之牴牾者,难以更仆数矣。

方镇表一

开元九年,置朔方军节度使,领单于大都护府,夏、盐、绥、银、丰、胜六州,定远、丰安二军,东、中、西三受降城。 《唐会要》开元元年十月敕:"朔方行军大总管,宜准诸道例,改为朔方节度使。其定远、丰安军、东、西、中城,^②单于、丰、胜、灵、夏、盐、银、匦、长、安乐等州,并受节度。"此《表》云九年,其所领州亦互异,未审孰是也。《地理志》,灵州有朔方军,黄河外有丰安、安远、新昌等军。"安远"当为"定远"之讹。朔方军置于灵州,则灵州必在所领之内,恐《表》有脱文。

二十二年,以安乐二州隶原州。 此州以"安乐"为名,非两州也,"二"字衍。

至德元载,置京畿节度。^③领京兆、同、岐、金、商五州。 按:天宝元年以后,^④乾元元年以前,称郡不称州,当云"京兆、冯翊、凤翔、安康、上洛五郡"。余仿此。

是年,以金、商、岐州隶兴平。 按:第七卷云:"兴平节度使领上洛、安康、武当、房陵四郡。"则岐州不在兴平管内,此文疑误也。

别置关内节度使以代采访使,徙治安化郡。 以吕崇贲为使,未几,改命王思礼,"安化"时已改名"顺化"矣。

乾元二年,置陕虢华节度,领潼关防御、团练、镇守等使。 是时安庆绪再陷东京,以关陕要地,除来瑱为节度使镇之。其明年,瑱移镇山南,除郭英乂陕西节度、潼关防御等使,寻兼神策军节度使。其后英乂入朝,而神策隶于观军容部下,遂为禁军,非州郡兵矣。

上元二年,以华州置镇国节度,亦曰关东节度。广德元年,罢镇国军节度。 按:《旧史·本纪》,广德元年有同华节度使李怀让,怀让死,而周智光继之,至大历二年,智光伏诛,始不除节度。《表》云广德元年罢节度者,非也。同州本隶河中,上元二年,改隶镇国军,此《表》不云领同州,亦漏也。

大历五年,泾原节度使马璘诉地贫,军廪不给,遥领郑、颍二州。 依前后文例,但当云"泾原节度遥领郑、颍二州",且《璘传》已云"泾军乏财,帝讽李抱玉让郑、颍",则此文尤可省也。抱玉时以泽潞帅权凤翔陇右节度使,兼领两镇,而璘亦权知凤翔陇右节度副使,故得分其地以益泾原也。及段秀实代璘,忤宰相杨炎,因夺其颍州。秀实既受代去,并郑州亦罢之,此事理之想当然者。

十四年,析置河中、振武、邠宁三节度。 是时德宗初立,罢郭子仪副元帅,以李怀光为河中尹、邠、宁、庆、晋、绛、慈、隰等州节度观察使,以常谦光兼灵州大都督、西受降城、定远军、天德、盐、夏、丰节度等使,浑瑊为单于大都护、振武、东、中二受降城镇北及绥、银、麟、胜等军州节度营田使,盖于朔方管内,析置邠宁、振武二节度。河中即在邠宁管内,并朔方为三镇也。是岁十一月,又除杜亚为河中尹、晋、绛、慈、隰都防御观察使,则河中别为一镇矣。乃第六卷《河中篇》不云是年置都防御使,与此文不相应。

建中二年,置河阳三城节度使,以东都畿观察使兼之,领怀、郑、汝、陕四州,寻置使,增领东畿五县及卫州,亦曰怀卫节度使。　按:《旧本纪》,是年正月,以路嗣恭为郑、汝、陕、河阳三城节度、东畿观察使,即《表》所云“置河阳三城节度,以东都畿观察使兼之”也。其五月,以李芃为河阳三城、怀州节度使,仍割东畿五县隶焉。于是河阳别为节镇,不领于都畿,而郑、汝亦不在所管之内。上文云“以汝州隶河阳,寻复旧”,正指此事。东畿五县谓河阳、河清、济源、温、汜水也。其兼领卫州,则《纪》、《传》所未及。卫州本在田悦管内,时李芃受诏讨悦,遥假以名,非能有其地也。

四年,置京畿、渭南节度观察使,领金、商二州。是年,兼渭北鄜坊、丹、延、绥五州。未几,罢五州及金州,为京畿商州节度使。　今按:《通鉴》,是岁十月,德宗幸奉天,以浑瑊为行在都虞侯,京畿、渭北节度使,以李昌巙为京畿、渭南节度使,寻加城京畿、渭南北、金商节度使,《表》所云“兼渭北、鄜、坊等五州”者,即指浑瑊而言,其实瑊以渭北帅兼渭南,非渭南兼渭北也。兴元元年三月,始以尚可孤为神策京畿、渭南、商州节度使,则京畿、商州之别置帅,乃在次年,《表》并书于一年,非也。

以陇州置奉义军节度使。寻废。　奉义军以韦皋为帅。次年,皋召还,此军遂废。

复置渭北节度,如上元之旧,寻罢。未几复置,徙治鄜州,其后置都团练观察防御使。　渭北帅领鄜、坊、丹、延四州,此上元旧制也。是岁浑瑊除京畿、渭北节度使,而又有鄜坊节度使李建徽《通鉴》亦称渭北节度。将兵入援,殆瑊所将者,行营之兵,而建徽乃其本帅乎?兴元元年,建徽军为李怀光所夺,而以李晟兼渭北、鄜、坊、丹、延节度观察使。其年,又除唐朝臣鄜、坊、丹、延节度使。至贞元二年,朝臣移镇振武,乃除论惟明为鄜坊都防御观察使。其明年,惟明卒,仍书鄜坊节度使,则是鄜坊初无罢而复置之事也。

兴元元年,以同州为奉诚军节度,领同、晋、慈、隰四州。是年罢。 奉诚军以康日知为帅。

以华州置潼关节度使。 骆元光为镇国军节度使,《通鉴》在前年十一月。至贞元九年,元光卒,而华州不除节镇。

贞元元年,置陕虢都防御使,治陕州。逾月,又为都防御观察陆运使。 是岁,陕虢节度使张劝为其下所杀,以李泌为陕虢都防御水陆运使,寻加观察使。不除节度而除防御,故云罢陕西节度使、置陕虢都防御使也。《表》书废陕西节度于上年,似误分为两事。

罢河阳节度使,⑤置都团练使。 时河阳帅李芃卒,因不置节镇。

二年,升东都畿汝州都防御使为都防御观察使。 按:《旧本纪》贞元元年,以贾耽兼东都留守、都畿汝州防御。二年,加东都留守贾耽东都畿、唐、汝、邓都防御观察使。盖耽本以留守兼防御,止领汝州,至是始进为都防御,增领唐、邓二州也。《表》于上年已书都防御增领唐邓,似不如《旧纪》之得其实矣。是岁,耽移镇义成,其明年,除嗣曹王皋为山南东道节度使,乃割唐、邓隶之。

三年,罢保义节度,置都团练观察防御使。 兴元元年,李晟为凤翔、陇右节度使,至是罢晟兵柄,以其都虞候刑君牙为凤翔尹、本府团练使。君牙资望尚轻,故未授以旄节。然《传》云俄领节度,《表》亦云未几复置节度,则君牙建节,殆即在此年乎?

德宗置行秦州,以刺史兼陇右经略使,治普润,以凤翔节度使领陇右支度营田观察使。 按:贞元三年,吐蕃陷陇右。四年,以潼关节度使李元谅即骆元光也。兼陇右节度使、临洮军使,治良原。良原,泾州县也。九年,元谅卒于良原。十年,乃以刘澭为秦州刺史、陇右经略军使,理普闰县,即《表》所云"行秦州"也。《地理志》普润县有陇右军,贞元十年置,十一年,以县隶陇右经略使,独不云"置行秦州",亦史文之漏也。《表》不书于贞元十年,而附见此年,亦未核。

置夏州节度观察处,置押蕃落使,领绥、盐二州。 按:《旧本纪》,是年七月,以"韩潭为夏州刺史、夏、绥、银等州节度使"。此《表》亦有银夏节度之名,惟此条失书银州。

　　六年，泾原节度领四镇北庭行军节度使。　按：自马璘移镇泾原以来，泾帅常兼四镇北庭行营节度，《表》皆不书，至是，安西、北庭皆没于吐蕃，故特书之。其时节度使则刘昌也。

　　十二年，以天德军置都团练防御使，领丰、会二州、三受降城。丰州别置都防御，以李景略为使。

　　复置河阳怀节度，治河阳。　按：是年河阳除帅，不见于《旧本纪》。惟十五年三月书以河阳三城节度使李元为昭义军节度使。疑元除节度，即于十二年矣。

　　元和元年，升陇右经略使为保义军节度。　是年，刘澭由经略使进节度。其明年，澭卒而罢节镇也。

　　析丹州置防御使。　按：《旧本纪》，元和七年，以元义方为鄜坊丹延观察使。是丹州析置防御未久，仍隶鄜坊，而《表》失书也。又考元和三年以前，鄜坊帅皆称节度，七年以后，元义方、薛伾、裴武、李铦相继为观察，至十二年，韩公武复除鄜坊丹延节度，其罢而复置，宜见于《表》，史皆阙而不书。

　　九年，河阳节度增领汝州，徙治汝州。　时宪宗将用兵淮西，以河阳节度乌重胤兼汝州刺史，徙治焉。十二年，淮西平。十三年，除郑细东都留守、都畿汝防御使。则汝仍隶东畿，而重胤还治河阳矣。

　　十三年，罢河阳节度。　今按：《旧本纪》，元和十三年，重胤移镇沧州，以令狐楚代之。十四年，楚入相，而魏义通代之。十五年，以田布为河阳节度。长庆元年，布移镇，而郭钊代之。二年，钊移镇，而陈楚代之。三年，楚入为龙武统军，史不见交代姓名，以《纪》、《传》参考，当是崔弘礼代之。宝历二年，杨元卿为节度。太和五年，元卿移镇，而温造代之。八年，萧洪为节度。开成二年，河阳军乱，逐其节度使李泳，以李执方代之。会昌三年，则王茂元为节度。此二十五年之中，河阳凡更十二帅，初未闻罢而更置也。《表》于是年书罢河阳节度，直至会昌三年复置，殊为疏舛，且与《文宗纪》河阳军乱逐节度之文，亦不相应。

　　长庆元年，东都畿防御罢领汝州。二年，东都畿复领汝州。　按：长庆元年，李绛代郑细判东都尚书省事、东都留守、都畿防御使，结衔内不带汝州。次年，裴度代绛留守东京，乃复带之。

大和三年，以陕、虢地近京师，罢陕虢都防御使。　按：《旧·本纪》："大和五年八月，以崔咸为陕州防御使。诏陕州旧有都防御观察使额宜停，兵马属本州防御使。"《表》书于三年，误也。嗣后李绛、舒元舆皆止称陕州防御使，至开成元年，复除郑肃为陕虢都防御观察使。

会昌三年，复置河阳节度，徙治孟州。　河阳节度本治怀州，是年始于河阳置孟州，为节度治所。《表》云"复置"者，误。

大中三年，邠宁节度以南山平夏部落叛，徙治宁州，及内附，复徙故治。　据《通鉴》，邠宁还故治，在大中九年。

咸通五年，秦州隶天雄军节度。　此天雄军置于秦州，非魏博之天雄军。

中和二年，渭北节度赐号保大军节度，增领翟州。　《地理志》，坊州鄜城县，唐末置翟州。渭北即鄜坊也。是岁，鄜坊节度使李孝昌与夏州节度使拓拔思恭同盟起兵讨黄巢，故赐其军号曰"保大军"。夏州曰"定难军"。

以延州置保塞军节度。　《通鉴》中和三年五月，建延州为保塞军，以保大行军司马、延州刺史李孝恭为节度使。《表》书于二年，未知孰是？

三年，升陕虢防御观察使为节度使。　以王重盈为帅。

光启元年，邠宁节度赐号静难军节度。　《通鉴》在中和四年，其时朱玫为节度使。

三年，升东畿观察兼防遏使为佑国军节度。　时张全义为河南尹，置佑国军节度，令全义兼领之。《通鉴》在文德元年。

龙纪元年，赐陕虢节度为保义军节度。　光启三年，王重荣为其下所杀，重盈移镇河中，以其子珙领陕虢帅。

乾宁元年，泾原节度赐号彰义军节度。　按：《通鉴》在大顺二年，盖据《昭宗实录》，故与《表》异也。先是大历七年，泾原节度使刘昌筑胡谷堡，改名彰义堡，彰义之名，盖出于此。时张钧为节度使，钧卒，兄镐代之。镐卒，子琏代之。又有珂代琏为留后，其后为李茂贞所并。

二年，升同州为匡国军节度。　《通鉴》于乾宁元年十二月已书"匡国节度使王行约"。行约，行瑜之弟也。

光化元年，以华州置镇国军节度，领同、华二州，兼兴德尹。　今按：《通鉴》大顺元年，张濬用兵河东，时韩建已为镇国军节度使，非于此时始置节度也。其兼领同州节度，亦在乾宁四年，惟"兴德尹"之称，则于是年始授。盖改州为府，因进刺史为尹耳。

更保塞军节度曰宁塞军节度。　按：《通鉴》乾宁四年正月，以李思谏为宁塞节度使。在光化纪元之前。

三年，罢镇国军节度及兴德尹。　按：天复元年，朱全忠始克华州。《旧本纪》，天祐三年，敕华州镇国节度观察处置等使额及兴德府名，并宜停废，复为华州刺史，仍隶同州为支郡。《表》书于光化三年，误之甚矣。

置佑国军节度。　按：佑国军置于光启三年，不应更云"置"，当为"罢"字之讹。盖天祐元年，昭宗迁洛，河南尹不带留守，因移佑国军于长安，而张全义亦改除天平节度使。此罢佑国节度事，或在天复三年，而《表》误系之光化三年耳。

天祐元年，以京畿置佑国军节度使，领金、商二州。　按：《旧·本纪》天祐三年，敕西都佑国军作镇已来，未有属郡，其金州、商州宜隶为属郡。盖置镇在元年，其领金、商二州，则在三年也。

三年，置义胜军节度使，领耀、鼎二州。　耀州本京兆之华原县，鼎州本京兆之美原县，皆李茂贞所置。并于耀州置节镇，以李颜韬为使，即温韬也。

校勘记

① "十一月"，《新唐书》中华本卷六一作"十月"。
② "东西中城"，《唐会要》武英殿聚珍本卷七八作"西中受降城"。
③ "置京畿节度"，"节度"，《新唐书》中华本卷六四作"节度使"。
④ "天宝元年以后"，原本作"以前"，据《新唐书·玄宗纪》改正。
⑤ "罢河阳节度使"，"节度使"，《新唐书》中华本卷六四作"节度"。

廿二史考异卷四十七

唐书七

方镇表二

景云二年,北都长史领持节、和戎大武等诸军州节度使。 按:开元十一年,始以太原为北都,都置留守都督府,乃有长史。此文当云"并州大都督府长史",或省文作"并州长史"。不当云"北都长史"也。大武军后改大同军。

开元五年,领天兵军大使。 时并州长史张嘉贞言:"突厥九姓新内属,杂处太原北,请置天兵军,绥护其众。"诏以嘉贞领天兵使。八年,嘉贞入相,除张说并州长史、天兵军节度大使代之。

十八年,更太原府以北诸军州节度为河东节度。 汉之河东郡,在今平阳府。后魏、周、隋之河东郡,即蒲州。自唐设节镇,而太原遂兼河东之名。其后升蒲州为河中府,分为两镇,而河东县犹为蒲州治所。《唐会要》:"开元十八年十二月,宋之悌除河东节度使,已后遂为定额。"

至德元载,置河南节度使。 是岁,始以嗣吴王祗为陈留太守、河南道节度采访使。未几,以嗣虢王巨代祗。未几,又以贺兰进明代巨节度。次年,以宰相张镐领河南节度采访使代进明。乾元元年,镐左迁,以崔光远代之。其冬,光远为魏州刺史,城陷出奔。《表》云乾元元年废河南节度,当在光远改官之后也。

置淮南西道节度使。 以来瑱为之。

置青密节度使。 青州时为北海郡,当云北海节度使。史据后改称之。《邓景山传》,至德初,擢拜青齐节度使,即《表》所称青密节度也。

置郓、齐、兖三州防御使,治齐州。 此与河南、淮西诸节度同时置,而彼称郡名,此称州名,体例殊不画一。考《旧·本纪》,乾元元年九月,以"能元皓为齐州刺史,齐、兖、郓等州防御使"。凡节度、防御、团练使带刺史,即是所治之州。疑《表》书此事,本在乾元元年,时已改郡为州,故不称郡而称州。传刻之讹,阑入前两格耳。

乾元元年,淮南西道徙治郑州。　是时,鲁炅以襄邓节度兼领淮西,而郑州别置节度,以季广琛为帅,史所称"郑蔡节度"也。

别置豫、汝、许节度使,治豫州。　按:《旧·本纪》乾元二年四月,以"兴平军节度李奂兼豫、许、汝等州节度使"。此与废淮西节度盖一时事,《表》书于元年,疑误。

青密节度增领滑、濮二州。　以许叔冀为节度使。

二年,置汴滑节度使,治滑州,领州五:滑、濮、汴、曹、宋。又置河南节度使,治徐州,领州五:徐、泗、海、亳、颍。　是岁三月,以滑州刺史许叔冀充滑、汴、曹、宋等州节度使,盖滑汴与青密分为二也。又以郓州刺史尚衡为徐州刺史,充亳、颍等州节度使,即《表》所称"河南节度"也。

置郑陈节度使,领郑、陈、亳、颍四州,治郑州,寻增领申、光、寿三州。未几,以三州隶淮西。　是岁四月,以鲁炅为郑陈颍亳节度使。炅本领襄邓、淮西二镇,今解襄邓,只领郑陈四州节度,盖以相州师溃之故,《表》所称"置郑陈节度"也。六月,以彭元曜为郑州刺史,充陈、郑、申、光、寿等州节度使,盖炅死而元曜代之,《表》所谓"增领三州"也。其九月,以王仲升充申、安、沔等州节度使。《表》所谓"复置淮南西道节度,以三州还隶淮西"是也。

青密节度使增领淄、沂、海三州。　是岁四月,以徐州刺史尚衡为青州刺史,充清、淄、密、登、莱、沂、海等州节度使,即《表》所云"增领三州"也。

升郓、齐、兖三州都防御使为节度使。　能元皓自都防御升节度使,治兖州。故史称"兖郓节度"。

上元二年,置滑卫节度使,治滑州。　乾元二年,滑汴节度使许叔冀降贼,至是,令狐彰以滑州归朝,因授滑、卫、相、魏、德、贝六州节度。

淮南西道节度使增领陈、郑、颍、亳、汴、曹、宋、徐、泗九州,徙治安州,号淮西十六州节度使。　今按:宝应元年,淮西帅王仲升为贼所虏,乃除来瑱淮西河南十六州节度使,《来瑱传》云十五州,无亳、徐、寿而有豫、许。而以裴茂代瑱镇襄阳。既而瑱竟不行,则河南淮西必别置帅,故《表》又有"宝应元年复置河南节度"之文。其实只一年中事耳。据《肃宗纪》,王仲升与史朝义将谢钦让战于申州败绩,在宝应元年建卯月,而来瑱移镇淮西之命,乃在仲升败没以后,则此《表》以废河南节度,乃淮西增领十六州事属之上元二年者,其误显然矣。

置淄沂节度使。 按:《旧·本纪》殷仲卿为淄州刺史,淄、沂、沧、德、棣等州节度使,在上元元年十月。

平卢军节度使侯希逸引兵保青州,授青密节度使。 据《通鉴》,在宝应元年。平卢军本置于营州,至是,移驻青州。而淄青节度遂兼平卢之号,犹凤翔兼陇右、泾原兼四镇、北庭行营也。

宝应元年,复置河南节度使,治汴州。 以田神功为节度使。

淮西节度增领许、随、唐三州。 是岁七月,以李忠臣为淮西十一州节度,寻加安州刺史。

以郑州隶泽潞节度。 乾元二年九月,李抱玉为郑、陈、颍、亳节度使。至是,除泽潞节度,仍以郑隶之。

申州隶蔡汝节度。 蔡州即豫州。是年,代宗即位,避讳改名。节度使则李忠臣也。

是年,废兖郓节度。 本以田神功代能元皓为兖郓帅,神功移镇汴州,因以兖郓所领分隶神功与侯希逸也。

广德元年,析相、贝别置节度,魏、博别置防御。 相、贝、魏、博诸州为贼所据,虽领于令狐彰,实不能有其地。至是,薛嵩、田承嗣始以州归朝,因授以节镇也。沧德亦侯希逸遥领,至是,始隶魏博。

永泰元年,淄青平卢节度增领押新罗北海两番使。 "北海"当作"渤海"。

大历十一年,废河南节度使。 是岁,汴宋留后田神玉卒,其将李灵耀拒命,诏诸道兵讨之。李正己取曹、兖、郓、濮、徐五州,李忠臣取汴州,即以其地益之。李勉本兼汴宋节度,所得惟宋、泗二州耳。

淮西节度增领汴州,^①徙治汴州。 李忠臣徙治汴,盖欲伺隙兼取汴宋故地。

十四年,淮西节度使复治蔡州,更号申光蔡节度使,汴州隶永平军

节度。　是岁，李希烈逐忠臣，即以三州与之，仍以汴还永平军，令李勉移治之。

建中二年，置宋亳颍节度使，治宋州。　时永平将刘洽有功，析三州除节镇。

三年，废淄青平卢节度使。　是时李纳拒命，下诏讨之，故析其地为三镇。徐、海、沂、密四州亦在淄青管内也。兴元元年，纳归命，仍复其旧。

兴元元年，宣武军节度使徙治汴州。　时刘洽破李希烈，取汴州，即以其地与之。

赐河东节度号保宁军节度。　时马燧为节度使，赐军号以宠之。贞元三年，燧罢兵柄，因去军额。

贞元四年，置徐、泗、濠三州节度使。　徐州本在淄青管内，李洧始以州归国。至是，因李泌言，于徐州置镇，以张建封为节度使。"濠"当作"豪"。《地理志》，濠州字初作"豪"，元和三年改从"濠"。建封除帅，在元和以前，其时未加水旁。韩退之有《徐泗豪三州节度掌书记厅壁记》，退之在建封幕中所作也。《建封传》亦作"濠"，史家失于考正耳。

十六年，废徐、泗、濠三州节度使，未几，复置泗、濠二州观察使，隶淮南。徐州领本州留后。　是岁，张建封卒，军中请立其子愔为留后，德宗不许，命将讨之，故废节度，而以濠、泗隶淮南。既而师出无功，乃除愔刺史知留后事，而濠、泗别立观察也。

元和二年，废泗、濠二州观察使，置武宁军节度使，治徐州，领徐、泗、濠三州。　是岁，张愔以疾求代，除王绍节度武宁，复领濠、泗二州。据《表》，似武宁之号，在兼领三州之日；而《愔传》云"进愔武宁军节度使"，是又不始于王绍也。《旧书·顺宗纪》，永贞元年，徐州节度赐名武宁军。

十一年，彰义军增领唐、随、邓三州，寻以三州别置节度使。　时唐随邓节度高霞寓讨吴元济兵败，乃以袁滋为彰义军节度使，申、光、唐、蔡、随、邓州观察使，故云彰义军兼领三州。然元济方拒命，滋虽有彰义节度之名，所领者仍不过唐、邓、随耳。及滋罢，而用李愬为帅，仍称唐、随、邓，不带彰义军衔，故云别置。要之，名异而实同也。

十二年,彰义军节度复为淮西节度。　是岁,裴度以宰相领节度事。度入朝,除马总为节度。史皆称"彰义军",未尝改名"淮西"也。

十三年,废淮西节度。　是岁,马总移镇忠武,即以蔡隶之,而以光州隶淮南,申州隶鄂岳,自是蔡州无节镇者六十四年。中和初,秦宗权据之,于是又有奉国军之名。

十四年,淄青平卢节度使领青、淄、齐、登、莱五州。　时李师道诛,析其地为三镇。

会昌四年,升大同都团练使为大同都防御使。　据此,似防御高于团练。然《百官志》,防御列团练之下。

咸通三年,罢武宁军节度。置徐州团练、防御使,隶兖海。又置宿、泗等州都团练观察处置使,治宿州。　是岁,以徐州骄卒逐节度使温璋,令王式代之。式至镇,诛徐卒三千余人,因降其使额为防御也。据《旧书·本纪》:四年四月,"敕徐州罢防御使,为支郡,隶兖州"。则徐州之隶兖海,在次年罢防御以后,《表》书于三年,似误。

十年,置徐泗节度使。是年,复置都团练防御使,增领濠、宿二州。是岁正月,除王晏权武宁军节度使,为讨庞勋故也。然《旧·本纪》咸通九年,"庞勋陷徐州,杀节度使崔彦曾"。其时先已升团练为节度矣。其秋,勋伏诛,乃除曹翔徐泗濠团练防御使。是节度又降为团练也。

中和二年,更大同节度为雁门节度,领左神策军、天宁镇遏观察使,徙治代州。　按:《旧史·僖宗纪》:"中和元年四月,以前大同军防御使李克用检校工部尚书,兼代州刺史、雁门已北行营兵马节度等使。"即《表》所云"雁门节度徙治代州"也。是年,克用假道太原,为郑从谠所阻,还屯代州。至次年,克用兵至河中,乃兼神策天宁军镇遏忻代观察使,即《表》所云"忻、代二州隶雁门节度"也。神策本禁军,其时偶隶克用麾下,非雁门帅所得领,似不当入《方镇表》。

四年,河东节度复领云、蔚二州。　云、蔚本克用所部,今移镇河东,仍以二州益之。

乾宁二年,析齐州置武肃军防御使。　唐末防御使亦有军名,如齐州置武肃军防御、金州置昭信军防御、杭州置武胜军防御、眉州置保胜军防御,是也。是时,朱全忠攻朱瑾,瑾兄琼以齐州降,故升置防御以授琼。琼为瑾所杀,全忠以琼弟玭代之。

　　四年,赐沂海节度使为泰宁军节度使。　　是岁,朱全忠克兖州,以葛从周为帅。考《本纪》乾符六年书"泰宁军节度使李系",光启元年书"泰宁军节度使齐克让",乾宁二年书"泰宁军节度使朱瑾",似泰宁军号先已有之。

　　光化元年,感化军节度复为武宁军节度,未几,复为感化军节度。按:《僖宗纪》,中和元年,感化军将时溥逐其节度使支详,自称留后。三年,武宁军节度使时溥为东面兵马都统。光启二年,武宁军将丁从实陷常州,武宁军将张雄陷苏州。《昭宗纪》,景福元年,武宁军将张璲、张谏以濠、泗二州叛附于朱全忠。二年,朱全忠陷徐州,武宁军节度使时溥死之。《时溥传》亦云僖宗以武宁节度命之,则感化之复为武宁,似在时溥为节度之日。《宰相表》,景福元年二月,刘崇望罢为武宁军节度使。其时欲以崇望代溥,而溥不肯代,则溥为徐帅,其军号武宁必矣。或朱全忠取徐之后,又改武宁军为感化军乎?乾宁四年,全忠奏以颍州刺史王敬荛兼徐州刺史、武宁军节度使,即此《表》所云"感化军复为武宁"也。乾宁四年十一月奏请,必以次年抵任,故《表》系之光化元年。光化三年,全忠又表朱友恭为颍州刺史、感化军节度留后,即《表》所云"未几复为感化军"也。

　　天复元年,[②]**罢感化军节度。**　　按:《旧·本纪》,是年二月,以朱友裕为华州刺史、感化军节度使。四月,以颍州刺史朱友恭兼徐州刺史、武宁军节度使。至天祐二年,全忠封魏王,武宁一道,亦在管内。盖是年移感化军名于华州,而徐州军额仍为武宁,初非罢此军节度也。《表》殆失之。

校勘记

①　"淮西节度",《新唐书》中华本卷六五作"淮西节度使"。
②　"天复元年","元年",《新唐书》中华本卷六五作"二年"。

廿二史考异卷四十八

唐书八

方镇表三

开元二年，置幽州节度、诸州军管内经略、镇守大使。 《唐会要》，先天二年二月，甄道一除幽州节度、经略镇守使。先天二年，即开元元年也。相差一年。

置营平镇守，治太平州。 幽州管内无太平州，恐有讹文。

七年，升平卢军使为平卢军节度，经略河北支度，管内诸蕃及营田等使。 《唐会要》："开元七年闰七月，张敬忠除平卢军节度使，始有节度之号。八年四月，除许钦琰，又带管内诸军诸蕃及支度营田等使。"

十五年，幽州节度大使兼河北支度营田事。 "事"当作"使"。《唐会要》："开元十五年十二月，除李尚隐，又带河北支度营田使。"

二十七年，幽州节度使增领河北海运使。 《唐会要》，是年十二月"除李适之，又加河北海运使"。

二十八年，平卢军节度使兼押两蕃、渤海、黑水四府经略处置使。《唐会要》，是年二月"除王斛斯，又加押两蕃及勃海、黑水等四府经略处置使"。

天宝元年，更幽州节度使为范阳节度使。 《唐会要》，是年十月"除裴宽为范阳节度使"。其年，安禄山为平卢节度。三年，代宽镇范阳，仍领平卢军。

至德元载，置泽潞沁节度使。 以程千里为上党节度。

二载，升河中防御为河中节度，兼蒲关防御使，领蒲、晋、绛、隰、慈、虢、同七州。 按：《旧史·肃宗纪》，乾元元年九月，以"赵泚为蒲州刺史，蒲、同、虢三州节度使"，此河中置节镇之始。所领不过三州。

二年七月，以王玙为蒲州刺史，蒲、同、绛三州节度使。易虢以绛，所领仍不过三州。时已置虢华节度使，以来瑱为之，故不及虢也。至上元元年二月，以崔寓为蒲州刺史，蒲、同、晋、绛等州节度使，或隰、慈二州亦在管内乎？至德中，蒲州未有河中之名，其置节度在乾元元年，《表》皆误。

　　乾元二年，河中节度兼河中尹。　按：《旧·本纪》，上元元年三月，升蒲州为河中府。其四月，以萧华为河中尹、充同晋绛等州节度、观察处置使。《表》书于乾元二年，误。

　　广德元年，置相卫节度使，治相州。是年，增领贝、邢、洺，号洺相节度。卫州复隶泽潞，未几，复领，号相卫六州节度使。　相、卫、贝、邢、洺凡五州，而云"六州"，疑有讹脱。

　　大历元年，相卫六州节度赐号昭义军。　是时，薛嵩为节度使。昭义之号，本在相州，后乃移于潞州也。《地理志》，永泰元年，昭义节度使薛嵩表置磁州。"六州"之名，盖合磁言之。然广德初尚未有磁州，当于永泰元年书"增领磁州，号相卫六州节度使"，方为得之。

　　十年，瀛州隶幽州卢龙节度，沧州隶义武军节度，德州隶淄青平卢节度。　是岁，昭义帅薛崿为其下所逐，田承嗣盗有其地，诏遣诸道讨之。李正己得德州，李宝臣得沧州，而承嗣将吴希光亦以瀛州降，其时朱滔方恭顺，故即以瀛与之也。"义武"，当为"成德"之讹。自是承嗣失瀛、沧、德三州，而得相、卫、洺、贝四州。

　　建中元年，昭义军节度兼领泽、潞二州，徙治潞州。　按：泽、潞与昭义，本是两镇。李抱玉为泽、潞帅，移镇凤翔兼领泽、潞，以从弟抱真为留后。大历十一年，昭义帅李承昭病，以抱真权知磁邢兵马留后。其时昭义所管，只有两州耳。至是抱真正授节度，遂兼泽、潞之地。

　　三年，罢成德军节度，置恒冀都团练观察使，治恒州；深赵都团练观察使，治赵州。　是岁，李惟岳为王武俊所杀，分成德管内为三镇，以武俊为恒冀都团练观察使，康日知为深赵都团练观察使，张孝忠为易定节度使，名其军曰义武。

　　置义武军。　按：《表》于义武一镇，阙略不完。以例言之，当云"置义武军节度，领易、定、沧三州，治定州"，又于贞元三年，书"以沧州隶横海军节度"，乃为得之。

　　兴元元年，置晋慈隰节度使，治晋州。寻罢，复置河中节度使，领

河中府，同、绛、虢、陕四州。　是岁，李怀光据河中以叛。四月，以唐朝臣为河中尹，河中同晋绛节度使。遥领使名，未能有其地也。八月，以浑瑊兼河中绛州节度使，充河中同华陕虢行营副元帅，以马燧兼晋慈隰节度使，燧又让于康日知，自是分为二镇。《表》当先云“复置河中节度使”，次云“置晋慈隰节度使，治晋州”，乃得其实。此文先后失序，其云晋慈隰节度寻罢，尤误也。

废恒冀、深赵二观察，复置成德军节度使，领恒、冀、深、赵四州。　初，恒、赵分镇，王武俊自以功大赏薄，不受命，与田悦、李纳、朱滔合从，阻兵两载。及德宗幸奉天，武俊首先归顺，因授节度，仍以深赵与之。明年，朱滔死，并以德、棣还之。

贞元三年，置横海军节度使。　以程怀直为节度使。

四年，置晋慈隰防御观察使。　时康日知已卒，除崔汉衡为观察使，加都防御，不称节度。依《表》例，当先云罢晋慈隰节度，而后云置防御也。

十五年，罢河中节度，置河中防御、观察使。　是岁，浑瑊薨，除杜确河中尹、河中绛州观察使，不加节镇。其后郑元、杜黄裳等复为节度矣。

元和三年，罢晋慈隰观察使，以三州隶河中节度。　按：《韦丹传》：“拜晋慈隰观察使，阅岁，自陈所治三州非要害地，不足张职，为国家费，不如属之河东。帝从之。”正谓此也。《旧·本纪》：元和二年正月，以“杜黄裳检校司空、同平章事，兼河中尹、河中晋绛等州节度使”。则河中兼领晋、慈、隰，盖在元和二年。

四年，置保信军节度使，领德、棣二州。　成德帅王士真卒，子承宗请献德、棣二州，因置保信军，别除薛昌朝为节度。既而承宗拒命，吐突承璀出兵无功，乃罢保信军，复以二州隶成德军。

十三年，以德、棣二州隶横海节度。　时吴元济既平，横海程权亦请入朝受代，承宗始献德、棣二州，乃除郑权横海军节度，德、棣、沧、景观察使。寻又以乌重胤代之。

十四年，罢河中节度，置河中都防御观察使。　是岁，除李绛河中观察使，宰相皇甫镈恶绛，故不授节制。其明年，以韩弘代绛，仍为节度。

长庆元年，置深冀节度，治深州，寻罢。　是岁八月，以深州刺史牛元翼为深冀节度使，寻授元翼成德军节度，并领深冀。

置瀛莫都团练观察使，治瀛州，寻升为节度使。　是岁三月，幽州帅刘总移镇，析其地，以卢士玫为瀛莫都团练观察使。七月，朱克融作乱，就升士玫节度使。未几，士玫亦被囚，此镇遂废。

置德、棣二州观察处置使。　按：《旧·本纪》，长庆二年二月，以李光颜为沧州刺史、横海军节度使，以李全略为德州刺史、德棣等州节度使，即其事也。《表》系于元年，又不云节度，当以《旧·纪》为正。未几，光颜还镇许州，仍以全略为横海军节度，合二镇为一。

二年，置晋慈都团练观察使。　以李寰为使。

大和元年，升晋慈观察使为保义军节度。是年罢。　寰自观察迁节度，寻移镇横海，遂罢保义军。

三年，置相、卫、澶三州节度使。　史宪诚上书求觐，诏移镇河中，以其子孝章为相、卫、澶节度使。既而魏军乱，杀宪诚，立何进滔，遂罢相卫节度，而徙孝章镇鄜坊。

罢横海节度，更置齐德节度使，镇德州，^①寻废，复置，更号齐德沧节度使。　按：是岁五月，诛李同捷，以傅毅代李祐镇横海，而别以李有裕本名古。为齐德节度。盖析为二镇，初未罢横海节度也。其八月，以殷侑为齐德沧节度使，始去“横海”之号。

会昌四年，泽州隶河阳节度。　“泽州”以下九字，当在第二格，误入第一格。

中和二年，节度使孟方立徙昭义军于邢州，而兼领潞州，自是五州有二昭义节度。　按：自会昌平刘稹以后，昭义正有潞、邢、洺、磁四州，《表》云五州者，误也。方立既称节度，而李克用复表其弟克修为昭义节度，治潞州，由是有两昭义军。此中和三年事，《表》叙此事，失之太略矣。

光启元年，赐河中节度、号护国军节度。　时王重荣为节度使。

乾宁二年，齐州隶武肃军节度。　上卷云“析齐州，置武肃军防御使”，此云“节度”，似误。

天复元年，二昭义军节度合为一，复领泽州。　按：中和三年，分立昭义二镇；大顺元年，李克用取邢、洺、磁三州，以安金俊为团练使；二年，以李存孝为邢州留后；乾宁元年，马师素为邢洺节度使，皆克用表授，故不带昭义军号也。光化元年，葛从周取邢、洺、磁三州，朱全忠表从周为留后,复称昭义军。其冬,潞州节度薛志勤卒,李罕之据潞以叛,全忠因表为昭义节度。明年,以丁会代之。自是两昭义军皆属于汴。既而李嗣昭复取泽潞,克用表孟迁为昭义节度。天复元年,汴军攻泽潞,孟迁以城降,仍除丁会昭义节度,即《表》所云"二节度合为一"也。据《旧·本纪》,是年,全忠奏请于昭义节度官阶内落下邢、洺、磁三州,却以泽州为属郡。其河阳节度,古以怀州为属郡,从之。则是分邢、洺、磁与昭义为二镇,初非合而为一。《表》殆误矣。又考《五代史·孟方立传》称李克修为泽潞节度使,而李罕之以泽州刺史得据潞府,似泽州久在昭义管内,但此时始著为令耳。

方镇表四

景云元年,安西都护四镇经略大使。 "都护"下当有"领"字。四镇谓:安西、疏勒、于阗、焉耆也。安西,治龟兹地。

置河西诸军州节度、支度、营田、督察九姓部落、赤水军兵马大使。按,《唐会要》:"景云二年四月,贺拔延嗣为凉州都督,充河西节度使。自此始有节度之号。至开元二年四月,除杨执一,又兼赤水九姓本道支度营田等使。"《表》俱系之元年,似疏。

先天元年,北庭护领伊西节度等使。② 《唐会要》:"先天元年十一月,史献除伊西节度兼瀚海军使。"

开元五年,置陇右节度,兼陇右道经略大使。 《唐会要》:"开元元年十二月,鄯州都督阳矩除陇右节度,自此始有节度之号。至十五年十二月,除张志亮,又兼经略支度营田等使。已后为定额。"

六年,安西都护领四镇节度、支度、经略使。③ 《唐会要》:"开元六年三月,杨嘉惠除四镇节度经略使。"

七年,升剑南支度、营田、处置、兵马、经略使为节度使,兼昆明军使。 《唐会要》:"开元五年二月,齐景胄除剑南节度、支度、营田,兼姚、巂等州处置兵马使。因此始有节度之号。"《表》云七年,似误。又,青城山常道观有石刻,开元十三年,张敬忠上表,其署衔云"益州大都督府长史、剑南道节度大使,兼本道采访经略大使",则其时又有大使之名矣。

天宝十三载,安西四镇复兼北庭节度。 是年三月,以安西四镇节度封常清兼伊西北庭节度。

至德元载，襄阳、南阳二郡皆置防御守捉使，寻升南阳防御为节度使。④ 时鲁炅以南阳太守兼守捉防御使，寻迁南阳节度使。襄阳防御使，则魏仲犀也。

置兴平节度使。 以李奂为之。

天水郡太守兼防御守捉使及大震关使。 盖以郭英乂兼之。

二载，废南阳节度使，升襄阳防御使为山南东道节度使，领襄、邓、随、唐、安、均、房、金、商九州。 均、房、金、商四州，即兴平节度所领之上洛四郡也。兴平节度，至上元二年始废，不应此时即以四郡隶襄邓，此事之可疑者。又考是年正月，以魏仲犀为襄阳山南道节度使。五月，鲁炅自南阳走襄阳，除襄、邓十州节度使。乾元二年，炅移镇郑颍，当以史翙代之。上元元年，翙以军乱被杀，乃除来瑱襄、邓十州节度使。据《鲁炅》、《来瑱传》，俱云"十州"，而《表》称"九州"，亦未甚合。窃意炅为节度时，均、房四州未必在襄邓管内，迨来瑱建节之时，李奂已移镇，因以四州隶之耳。

乾元二年，以夔、峡、忠、归、万五州隶夔州。 按：乾元元年，已罢夔峡节度矣，此云隶夔州，当有脱讹。

上元元年，荆南节度使兼江南尹。 是年，升荆州为江陵府。"江南"，当作"江陵"。

荆南节度复领澧、朗、忠、峡四州。 以吕谭为节度使。次年，增领潭、岳诸州，亦谭所请也。

二年，废兴平节度使。 李奂移镇东川，此镇遂废。

置武关内外四州防御观察使。 即金、商、均、房四州也。时吕谭等言，来瑱得士心难制，因别置四州观察。瑱所领止六州。宝应元年，诏瑱移镇淮西，而以裴茙为襄邓七州防御使代之。置淮西十六州节度，《表》在上元二年。此事虽不果行，亦宜见于《表》也。

广德元年，升山南西道防御守捉使为节度使。 以张献诚为使。

寻降为观察使。 大历三年，献诚以疾辞位，除其弟献恭为节度观察使，非降为观察也。

大历元年，置邛南防御使，治邛州，寻升为节度使，未几废。置剑南西山防御使，治茂州，未几废。 永泰元年，剑南节度使郭英乂为兵马使崔旰所杀,邛州柏茂林等起兵讨旰,蜀中乱。是年,以宰相杜鸿渐充山南西道、剑南东川等道副元帅、兼剑南西川节度使。鸿渐即奏授柏茂林邛州刺史、邛南防御使;崔旰茂州刺史、剑南西山防御使。未几,又奏迁茂林为邛南节度,而以旰为西川节度行军司马。明年,鸿渐入朝,旰遂除剑南节度矣。

建中元年,升山南西道观察使为节度使。 时贾耽为节度使。

贞元十一年,西川节度增领统押近界诸蛮及西山八国云南安抚使。 时韦皋为节度使。

元和十年,置唐、随、邓三州节度使。 以高霞寓为使。

十一年,废唐随邓节度使,是年复置。 高霞寓与吴元济战败,以袁滋代之,改称彰义军节度,领唐、随、邓三州,故云废也。未几,罢滋,以李愬代之,仍称唐随邓节度。

十二年,废唐随邓节度使,以唐、随、邓三州还隶山南东道。 淮西已平,以李愬充山南东道节度,襄、邓、随、唐、复、郢、均、房等州观察使,仍合二镇为一。

大和六年,废荆南节度使,置都团练观察使。 是岁,段文昌移镇西川,除崔琯荆南都团练观察使,不加节镇。

开成三年,复置荆南节度使。 李石以宰相除荆南节度。

大中三年,升秦州防御、守捉使为秦成两州经略、天雄军使。 是年,凤翔节度使李玭奏收复秦州。

五年,置归义军节度使。 以沙州刺史张义潮为之。

咸通八年,置定边军节度、观察、处置、统押近界诸蛮并统领诸道行营兵马、制置等使。 以李师望为使。

十一年,废定边军节度使。 去年,师望战没,以窦滂代之,滂亦遁去,此军遂罢。

光启元年,升金商都防御使为节度兼京畿制置、万胜军等使。是年,罢节度。 按:《旧·本纪》,光启二年六月,以杨守亮为金州刺史、金商节度、京畿制置使。《表》列于元年,误也。其七月,守亮除山南西道节度使。三年正月,又除杨守宗金商节度。五月,诏守宗权知许州事。自是,金商不除节度。

置武定军节度使,治洋州。 《旧·本纪》,光启二年正月,以李茂贞为洋州刺史、武定军节度使。《表》在元年,亦误。

二年,升兴、凤二州防御使为感义军节度使。　以杨晟为使,晟败走而满存代之,并领利州。

文德元年,赐山南东道节度,号忠义军节度。　秦宗权将赵德谨以山南东道七州降,授节度使,并赐军号。德谨卒,子匡凝代。

置永平军节度使,领邛、蜀、黎、雅四州。　以王建为使。

升彭州防御使为威戎军节度使,领彭、文、成、龙、茂五州。　杨晟失兴、凤,走据文、龙、成、茂四州。田令孜以己故将,假威戎军节度使,守彭州。

大顺二年,废永平军节度使。　王建已得西川,即废此军而兼其地。

景福元年,彭州隶龙剑节度。　是年,王建攻杨晟,克之。

乾宁四年,更感义军节度曰昭武军节度。　以苏文建为使,治利州。

光化元年,升昭信军防御为节度使。　以冯行袭为使。

置武贞军节度使,领澧、朗、溆三州。　以雷满为使。

天祐二年,赐昭信军节度号戎昭军节度。　《旧·本纪》:"金州冯行袭奏,当道昭信军额内一字,与元帅全忠讳字同。乃赐号戎昭军。"盖全忠祖讳信故也。

三年,忠义军节度复为山南东道节度。　赵匡凝为朱全忠所攻,奔淮南,因去"忠义"之号。

废武定军节度。　冯行袭移镇匡国军,因并均、房入襄邓也。是时,有两武定军,此所省者,均州之武定。若洋州之武定,乃王建所有,非全忠所能废。

升夔忠涪防御使为镇江节度使。　此与利阆、兴文两节度,皆王建所置。

校勘记
① "镇德州","镇",《新唐书》中华本卷六六作"治"。
② "北庭护",《新唐书》中华本卷六七作"北庭都护"。
③ "安西都护",原作"西安都护",误。据《新唐书》中华本卷六七改。
④ "襄阳",原无"阳"字,据《新唐书》中华本卷六七补。

廿二史考异卷四十九

唐书九

方镇表五

至德元载，置淮南节度使。　以高适为之。

领扬、楚、滁、和、寿、庐、舒、光、蕲、安、黄、申、沔十三州，治扬州。寻以光州隶淮西。　此当书郡名，乾元以后，乃改称州耳。东川节度领梓、遂等州，江东领杭州，亦当称郡名。又按：《方镇表》第四，是年，置淮南西道节度使，领义阳、弋阳、颍川、荥阳、汝南五郡。义阳，即申州也，当云寻以光、申二州隶淮西。淮南所领止十一州耳。

二载，置江东防御使。是岁八月，以崔涣为江东采访防御使。按：《韦陟传》，永王兵起，授御史大夫、江东节度使。其与来瑱、高适同盟载书，称"淮西节度使瑱，江东节度使陟，淮南节度使适"。是江东置节度，亦在至德二载，《表》何以不书？

乾元元年，置浙江西道节度兼江宁军使，治升州，寻徙治苏州。按：《旧·本纪》，是年三月，江宁置节度使，[①]不言治所，亦不知除授何人。十二月，"以升州刺史韦黄裳为苏州刺史、浙西节度使"，此浙西节度治苏州之证。黄裳既自升移苏，或在升时已领节度，故《表》云"治升州，徙治苏州"也。乃次年六月，颜真卿除升州刺史，充浙江西道节度使。上元元年正月，侯令仪除升州刺史，充浙江西道节度兼江宁军使。则是治苏州未几，仍治升州。《表》既阙而不书，而《表》云"乾元二年废浙江西道节度"者，亦未足深信也。

置浙江东道节度使，治越州。　乾元二年，除吕延之。上元元年，除赵良弼。

置洪吉都防御团练观察处置使，兼莫傜军使。　按：《地理志》，洪州有南昌军，乾元二年置，未见有莫傜军。

三年,沔州隶鄂岳节度。② 是年,置鄂岳都团练使,非节度也。永泰元年,《表》云:“蕲、黄二州隶鄂岳节度。”其失与此同。

上元二年,浙江西道观察使,徙治宣州,罢领升州。 是年正月,除季广琛宣州刺史,充浙江西道节度使。时刘展初平,省升州入宣、润二州,故移节度治宣州,不云改为观察也。至大历初,韦元甫、李栖筠始称浙西团练观察使。

广德二年,废东川节度,以所管十五州隶西川节度。 时严武为剑南节度使,兼领两川。

洪吉都防御团练观察使,更号江南西道。 时张镐为观察使。

大历元年,复置剑南东川节度使。 杜鸿渐以副元帅领西川节度,仍分置东川节度,令山南西道张献诚兼领之。

浙江西道观察使罢领宣、歙二州。 此后观察使韦元、李栖筠、李涵、李道昌皆带苏州刺史,盖徙治苏州,而《表》亦失书。

复置宣、歙、池等州都团练、守捉、观察、处置使。 以陈少游为之。

二年,废剑南东川节度,置都防御、观察使兼静戎军使,治遂州。寻复置节度使,治梓州。 是年,除遂州刺史杜济剑南东川节度观察等使。《表》云“废节度,复置”,盖杜济先除防御,而后进节度也。其明年,鲜于叔明代济为东川节度使、遂州刺史,则其时尚治遂州,未几移治梓州,乃兼梓州刺史也。

五年,废浙江东道节度使,置都团练、守捉及观察、处置等使。是年,浙东观察使薛兼训移镇河东,以陈少游为浙江东道团练、观察使,俱不称节度。

六年,废福建节度使,置都团练、观察、处置使。 按:《旧·本纪》,大历四年,已有福建观察使李承昭。

十四年,合浙江东、西道,置都团练、观察使。 《表》不著治所,盖仍治苏州也。

废宣、歙、池观察使,置团练使。 按:《旧·本纪》,是年六月,罢宣歙池、鄂岳沔二都团练观察使,此“置”字衍文。

置鄂州观察防御使。 “防御”当作“团练”。

建中元年,分浙江东、西道都团练观察使为二道。 浙西观察,盖以韩滉为之。

二年,合浙江东、西二道观察置节度使,治润州,寻赐号镇海军节度。　是年五月,加苏州刺史韩滉检校礼部尚书、润州刺史、充镇海军节度、浙江东西道观察处置等使,始自苏州徙治润州。

四年,升江南西道都防御、团练、观察使为节度使。　以嗣曹王皋为之。《旧·本纪》,在三年十月。

兴元元年,升寿州团练使为都团练、观察使,领寿、濠、庐三州。以张建封为之。"濠"当作"豪"。

贞元元年,废江南西道节度使,复置都团练、观察使。　曹王皋移镇荆南,以鄂岳观察使李谦代之,不加节度。

三年,分浙江东、西为二道,复置浙江西道都团练、观察使,领润、江、常、苏、杭、湖、睦七州,治苏州。　是岁,韩滉卒,不除节度,以白志贞为润州刺史、浙西观察使;皇甫政为越州刺史、浙江观察使。《表》不云"罢镇海军节度"者,史文之漏也。其下一格当云:"复置浙江东道都团练观察使,领某某州,治越州。"而今无其文。又是年,复置宣歙池观察使,以刘赞为之。而《表》亦无之,皆传写脱之也。此后白志贞、王纬、李若初、李锜除浙西观察,俱带润州刺史,则其时尚治润州,《表》云"治苏州",亦误。

四年,废寿州都团练观察使为团练使。　张建封迁徐泗豪节度使,因去"都团练"之号,仍为本州团练也。

十五年,置安黄节度观察使,治安州。　以伊慎为使。十九年,赐军号"奉义"以宠之。

十六年,置舒、庐、滁、和四州都团练使。　按:《旧·本纪》,元和二年,停舒、庐、滁、和四州团练使。《表》既书置团练于前,而不书罢团练于后,亦疏漏也。

元和元年,罢奉义军节度使,升鄂岳观察使为武昌军节度使,增领安、黄二州。　是岁,伊慎入朝,因除鄂岳沔观察使韩皋为鄂、岳、蕲、安、黄等州节度使,兼领之而省安黄节镇也。《顺宗实录》:"永贞元年五月,以韩皋为鄂岳观察、武昌军节度使。"似武昌军先已有之。

二年,升浙江西道都团练、观察使为镇海军节度使。　时李锜由浙西观察进节度使,锜反,以李元素代之。

四年,废浙江西道节度使,复置观察使。　　按:元和三年,韩皋自武昌移镇海军节度,浙江观察使,仍带节度。其五年,坐事夺一月俸料。史但称浙西观察,盖已罢节度使额矣。

五年,罢武昌军节度使,置鄂岳都团练、观察使。　　按:元和三年,韩皋移镇,当以郗士美代之。五年,士美授河南尹,而吕元膺代之。《纪》《传》称士美为鄂岳观察使,似元和三年以后,武昌已无节度之名。

六年,浙西观察罢领镇海军使。宣歙团练使罢领采石军使。按:是年十月诏:诸道都团练使,足修武备,以靖一方。而别置军额,因加吏禄,亦既虚设,颇为浮费。其润州镇海军、宣州采石军、越州义戎军、当作义胜。洪州南昌军、福州靖海军《地理志》作“宁海军”。等使额,并宜停。《表》惟载镇海、采石二军,余皆无之。

大和九年,复置镇海军节度使,数日废,既而复置,逾月又废。按:大和八年十一月,以李德裕为镇海军节度使、浙江西道观察等使。九年四月,德裕为太子宾客分司东都,而除贾𫗧浙西观察代之,此一置而一罢也。是月,贾𫗧拜相,以路随为镇海军节度、浙西观察等使。七月随卒,以崔郾为浙西观察使。此再置而再罢也。“数日”当为“数月”,传写之讹。

大中元年,复置武昌军节度使。　　是年,宰相卢商出为鄂岳观察使,加节镇以宠之。然敬宗宝历初,牛僧孺亦以宰相出为武昌军节度,《表》却阙而不书。

二年,罢武昌军节度使。　　按:卢商镇武昌,至十二年,始以疾求代,而张毅夫代之,则武昌节度之罢,似当在十二年以后。《表》乃云二年罢节度,四年复置,六年又罢,所未详也。

咸通三年,置镇海军节度使。　　按:《宰相表》,咸通四年五月,“杜审权检校吏部尚书、同平章事、镇海军节度使”。《表》书置节度于三年,《旧·本纪》在五年,又不书节度,皆互异。

八年,废镇海军节度使。　　审权除尚书左仆射,以杨收为浙西观察使代之。

六年,升江南西道团练观察使为镇南军节度使。　　以严譔为之。

十一年,置镇海军节度使。　　《宰相表》,是年九月,[3]曹确检校司徒、同平章事、镇海军节度使。《旧·本纪》,不书节度而书观察。又乾符元年二月,赵隐检校兵部尚书、镇海军节度使。《旧·本纪》,不书节度而书都团练观察,至五年除高骈,乃称节度使。

中和三年,升浙江东道观察使为义胜军节度使。 以刘汉宏为之。

光启三年,改义胜军节度为威胜军节度。 时董昌逐刘汉宏,自称浙东观察使,因改军号宠之。

文德元年,置忠国军节度使,治湖州。 以李师悦为之。

复置武昌军节度。 时杜洪据鄂州,自称留后,因以武昌军节授之。

龙纪元年,置杭州防御使。 以钱镠为之。

复升江南西道观察使为镇南军节度使。 以钟传为之。

景福元年,置龙剑节度使,领龙、剑、利、阆四州。 以杨守贞为之。

升宣歙团练使为宁国军节度。 以杨行密为使。据《行密传》及《通鉴》,则宁国军之置,乃在大顺元年,与此不合。行密已得淮南,表田頵为宁国军节度,守宣州。

二年,升武胜军防御使为都团练苏、杭等州观察使,寻废。徙镇海军节度使,治杭州。 是岁闰五月,以武胜防御使钱镠为苏、杭观察使。九月,以镠为镇海军节度使。镇海军本在润州,今以杭州刺史兼之。

乾宁三年,改威胜军节度为镇东节度。 是岁,钱镠讨董昌,克之。朝廷除宰相王抟为威胜军节度使,既而两浙吏民上表,请以镠领浙东,乃改军名镇东,令镠兼领之。

四年,置武信军节度使,领遂、合、昌、渝、泸五州。 王建既得东川,析置此镇,以其养子宗佶为节度。

升福建都团练观察处置使为威武军节度使。 以王审知为之。据《审知神道碑》,盖兼领三司发运等使。

天复三年,废宁国军节度使,复为都团练观察使。 杨行密攻田頵,杀之,以台濛为宣州观察使。

天祐二年,置歙、婺、衢、睦四州都团练、观察、处置使。 此杨行密所置,以陶雅为之。

方镇表六

天宝十载,置安南管内经略使,领交、陆、峰、爱、骦、长、福禄、芝、武峨、演、武安十一州。　　自天宝至至德,有郡无州,《表》当书郡名,不当书州名也。又按:《地理志》,演州,贞观中废。广德二年,析骦州复置。则天宝中不当有演州,《志》与《表》当有一误。

至德元载,升五府经略、讨击使为岭南节度使。④　　《唐会要》:"至德二年正月,贺兰进明除岭南五府经略兼节度使,岭南自此始有节度之号。"《表》列于元载,与《会要》小异,进明亦未之任也。

广德二年,改安南节度使为镇南大都护、都防御、观察、经略使。按:《地理志》,至德二载,改安南都护府曰镇南都护府。盖肃宗恶禄山,凡郡县名有"安"字,皆易字,不应至是乃改"镇南"也。

大历元年,更镇南曰安南。　　据《地理志》,在三年。

四年,湖南观察使徙治潭州。　　《旧·本纪》,是年二月,以"湖南都团练观察使、衡州刺史韦之晋为潭州刺史,因是徙湖南军于潭州"。

置辰、溪、巫、锦、业五州都团练、守捉、观察、处置使。　　按:《旧·本纪》,大历十年,罢辰、锦、溪、奖、溆五州经略使,⑤复隶黔中。《表》却失书。奖州,即业州也。巫州,后改溆州。

十二年,置黔州经略招讨观察使。　　以李国清为之。

元和十五年,废邕管经略使。　　以《南蛮传》考之,盖罢邕管入容管,以严公素为容管经略统之。

长庆二年,复置邕管经略使。　　以崔结为之。

咸通三年,分岭南节度为东西道,改岭南节度为岭南东道节度。时韦宙为岭南节度使,改称东道。据《通鉴》。《旧·本纪》谓是年以邕管经略使郑愚充岭南东道节度使,以宋戎为岭南西道节度,皆非也。

升邕管经略使为岭南西道节度使,增领蒙州。　　"蒙"当为"象"字之讹。据《通鉴》及《旧·本纪》,是时岭南西道增领龚、象、藤、岩四州,《表》只载象州,未免漏略矣。岭南分镇之议,起于邕管经略使蔡京,朝廷因以岭南西道节度授之。其年,京为军士所逐,以郑愚代之。明年,愚请代,乃除康承训。五年,承训罢,又除张茵。

七年,升安南都护为静海军节度使。　　以高骈为之。

中和三年,升湖南观察使为钦化军节度。　闵项自观察加节度使。《通鉴》作"闵勖"。

光启元年,改钦化军节度为武安军节度使。　《通鉴》在二年。按:《僖宗纪》,光启二年,淮西将黄皓杀钦化军节度使闵勖;《昭宗纪》,景福二年,邓处讷陷潭州,钦化军节度使周岳死之,至乾宁元年,始称武安军节度使邓处讷,则是武安军之名,当改于乾宁元年矣。

大顺元年,赐黔州观察使号武泰军节度。　以王建肇为之。黔中置节度,始于是年,而《通鉴》称至德元载,升五溪经略使为黔中节度,似未然也。《旧史·僖宗纪》,光启元年有保銮都将兼黔中节度观察使曹诚,三年有保銮都将黔中节度观察使李铤。

乾宁二年,赐岭南东道节度号清海军节度。　是岁,以嗣薛王知柔为清海军节度使。知柔薨,徐彦若代之。彦若卒,遂为刘隐所据。

四年,升容管观察使为宁远军节度使。　是岁,特置此军,以河东大将盖寓遥领节度使。天复元年,以董彦弼为节度,亦不之镇。

光化三年,升桂管经略使为静江军节度使。　按:《昭宗纪》,乾宁三年,[⑥]安州防御使宣晟陷桂州,静江军节度使周元静部将刘士政死之。乾宁纪元在光化之前,似静江军号先已有之。

天复三年,武泰军节度徙治涪州。　黔中时为王建所并,以养子宗本为武泰留后,宗本言黔州地多瘴疠,请徙治涪州。

校勘记

① "江宁",《旧唐书》中华本卷一〇作"江南"。

② "三年","三",《新唐书》中华本卷六八作"二"。

③ "九月","九",《新唐书》中华本卷六三作"三"。

④ "升五府经略","五",原作"王",据《新唐书》中华本卷六九改。

⑤ "罢辰、锦、溪、奖、溆五州经略使","溆",原本脱漏,据《旧唐书》中华本卷一一补。

⑥ "乾宁三年","三年",《新唐书》中华本卷一〇作"二年"。

廿二史考异卷五十

唐书十

宗室世系表上

代祖玄皇帝讳昺。 "代祖"即"世祖",避太宗讳也。诸《纪》、《传》仍书"世祖",无定例。《高祖纪》,"昺"作"昞"。

宗室世系表下

太宗十四子,长曰恒山愍王承乾。 《太宗诸子传》作"常山愍王"。《目录》同。《李适之》、《李载义传》俱云"恒山愍王"。按:《地理志》:"镇州常山郡本恒州恒山郡,元和十五年,避穆宗名更。"《传》称"常山愍王"者,后人追改之也。《宰相世系表》,范阳李氏,自云常山愍王之后。《颜杲卿》、《安禄山》、《史思明》诸《传》称"常山太守",皆从追改之名;惟《明皇纪》书"恒山郡太守颜杲卿",此当时本称也。《藩镇镇冀传》,自李宝臣至王承宗,皆书"恒州",自王廷凑以后,乃书"镇州",甚得史法。惟载李绛镇州世相继一语,亦当作"恒"字,偶未检照耳。《薛稷传》"伯阳子谈,尚恒山公主",公主传作"常山公主","谈"亦作"谭"。亦一从本称,一从改名。

定著三十九房,终唐之世,有宰相十一人。郇王房有林甫、回;郑王房有程、石、福;小郑王房有勉、夷简、宗闵;恒山王房有适之;吴王房有岘;惠宣太子房有知柔。 按:《表》书宰相之例,必云"相某宗",如"程字表臣,相敬宗"、"石字中玉,相僖宗"之类是也。独太子太傅、同平章事福,不云相僖宗,而《宰相表》亦无福名。考福本传,初拜剑南西川节度使、同中书门下平章事,后为山南东道节度使,以劳检校司空同中书门下平章事。盖唐自中叶以后,节镇加宰相衔者极多,谓之"使相",亦称"外宰相",非真宰相也。《郑畋传》,陈敬瑄欲以官品居宰相上,畋曰:"外宰相安得论品乎?"卒不肯处其下。《方技·桑道茂传》"李鹏为盛唐令,道茂曰:'君位止此,而冢息位宰相,次息亦大镇,子孙百世。'鹏卒后石至宰相,福历七镇,诸孙通显"云。此可证福之未尝入相,而《世系表》以福列宰相十一人之数,误矣。又考定州刺史房有麟,相肃宗,此则十一人之一,而计目转不及焉,或当数而不数,或不当数而数,甚矣其舛也。

宰相世系表一上

裴氏。宰相十七人。南来吴有耀卿、行本、坦;中眷有光庭、遵庆、枢、贽。 按:僖宗朝宰相坦,系出中眷,非出南来吴,此必因南来吴裴亦有名坦者,故致误尔。南来吴之裴坦,官太平令,未尝任宰相也。

刘氏。宰相十二人。彭城房有滋、文静、瞻;尉氏房有仁轨、璩;①临淮房有祎之;南阳房有洎;广平房有祥道、景先、从一;丹阳房有邺;南华房有晏。河南刘氏宰相一人,崇望。 按:《宰相表》有刘幽求,相睿宗、玄宗,失载其世系。

宰相世系表一下

陈氏。齐王建为秦所灭。三子:升、桓、轸。轸,楚相,封颍川侯,因徙颍川称陈氏。生婴,秦东阳令史。婴生成安君余。 陈祖范曰:"按《战国策》,轸本秦人。《史记》,轸与张仪俱事秦惠王。惠王在位日久,历四王而后至始皇;始皇二十五年始灭齐,迁王建于共,年代相去若此,安有建生轸之理邪? 婴之为众推戴也,其母云:'自吾为汝家妇,未闻汝先古有贵者。'若婴是楚相子齐王后,母言不符矣。婴与余同时起兵,婴东阳人,余大梁人,一属项,一佐赵,安有一家父子之理?"

准字道基。晋太尉、广陵元公。生伯眕,建兴中渡江居曲阿新丰湖。生匡,二子:赤松、世达。 按:《陈书》、《南史》本纪俱云"准生匡,匡生达",此《表》以匡为准孙,与前史异。世达单称"达"者,疑避唐讳。

文赞三子:谈先、霸先、休先。谈先,梁东宫直阁将军,义兴昭烈公。 按:《陈书》,高祖之兄名道谈,不名谈先。道谈始赠长城县公,继赠义兴郡公,改始兴郡王。史从其后封,当云"始兴王",不当云"义兴公"也。

宰相世系表二上

杜氏。秀二子:果、皎。皎生徽,隋怀州长史、丰乡侯。生吒、淹。吒,即如晦之父也。　按:《旧唐书·杜如晦传》:"曾祖皎,当是高祖。周赠开府仪同三司、②遂州刺史。高祖徽,当是曾祖。周河内太守。祖果,周温州刺史,入隋,工部尚书、义兴公,《周书》有传。父吒,隋昌州长史。"《新书·如晦传》亦云:"祖果,有名周、隋间。"是果为如晦之祖审矣。《表》乃以果与皎为昆弟,是不然也。《周书·杜杲传》云:"祖建,魏辅国将军,赠豫州刺史。父皎,仪同三司。""杲"、"果"字形相似,又是双声,故陈果仁一作"杲仁";薛仁杲一作"仁果",此杜杲即杜果也。其祖名建,与《唐表》、《传》亦互异。又考《旧书·淹传》:"祖业,周豫州刺史。父征,河内太守。"似淹与吒,即咤字。非亲昆弟,史文之乖刺如此。

元颖、元绛下空一格。　按:审权即元绛子,中间不应空格。又据《旧史》,审权与蔚,均为元绛之子,《表》别列蔚于元绛之左,且比元绛超一格,亦恐误也。

杜氏宰相十一人:如晦、淹、元颖、审权、让能、黄裳、佑、悰、正伦、鸿渐、暹。　按:《宰相表》有杜景佺,相武后。

陇西李氏,宰相十人:武阳房有迥承、③姑臧大房有义琰、蔚、揆、逢吉;丹阳房有靖、昭德,又有道广、元纮、晟。赵郡李氏宰相十七人:南祖有游道、藩、固言、日知、敬玄、绅、元素;东祖有绛、峤、珏;西祖有怀远、吉甫、德裕;辽东有泌;江夏有鄘、磎;汉中有安期。　按:高宗朝宰相李义府,自言系出为郡;文宗朝宰相李训,揆之族孙;武宗朝宰相李让夷,系出陇西;又武后时有宰相李景谌,《表》失载。《宰相表》又有李忠臣、李怀光二人,皆叛臣,故不叙其系。

宰相世系表二中

太原王氏。霸字儒仲,居太原、晋阳,生咸。咸十九世孙泽,字季道,雁门太守。　按:王霸被征,在后汉之初,而季道兄弟总角为郭林宗所知;林宗卒于建宁初,距光武初仅百三四十年,而自霸至泽传世二十,此理之必无者。

昶二子：浑、济。浑，晋录尚书事、京陵元侯。生湛，字处冲，汝南内史。　按：《晋书》，湛为浑之弟，济则浑之子，故济称湛为叔，此《表》差误。

王氏。宰相十三人：琅邪有方庆、玙、抟、璿；太原有溥、缙、珪、涯、晙、播、铎；京兆有徽、德真。　按：《宰相表》有王本立、王及善，皆相武后。《表》阙其世系。华阴王氏有孝杰，已见于《表》，而计目不及，何疏漏至此。

魏氏。万生芒、季。季生武子犨。犨生悼子绛。悼子生昭子绛。按：《春秋传》，绛谥"庄子"。其谥"昭"者，乃曼多也。《表》据《史记》，与《左氏》异。

潜字蕴华，子敖。　沈炳震曰：《旧书·魏暮传》："潜，于敖甥。后琼为相，潜历显官。"琼，谓于琼，敖之子，于潜为中表。《旧书传》误以"于"作"子"，《表》遂列敖于潜下，以"舅"为"子"，误之甚也。

温氏。大雅，字彦弘；彦博，字大临；彦将，字大有。　按：《本传》："大有，字彦将。"欧阳公《集古录》疑其事，谓兄弟义当一体，而名大者字彦，名彦者字大，不应如此。洪景伯始考正之，云："颜鲁公作《颜勤礼碑》，叙颜、温二家之盛，云'思鲁、大雅，俱仕东宫；愍楚、彦博，同直内史；游秦、彦将，皆典秘阁'。是彦博、彦将，皆以彦配名，惟大雅异。复考大雅撰《唐创业起居注》，书'隋炀帝遣使夜至太原，温彦将宿于城西门楼上，首先见之，报兄彦弘，驰以启帝；帝方卧，闻而惊起，执彦弘手'。据此，则温氏昆弟，皆以彦为名明矣。"而此书首题"大雅奉敕撰"，又《颜碑》有云大雅，其故何耶？盖唐之孝敬皇帝讳弘，如徐有功本名弘敏，缘避讳，遂以字行。大雅生在孝敬之前，后追改之，故称其字为名，如《晋书》不云"刘渊"而云"刘元海"，不云"石虎"而云"石季龙"也。

宰相世系表二下

褚氏。宋共公子段，字子石，食采于褚，其德可师，号曰"褚师"。此俗生傅会之词，不足信。褚师，当是以官为氏，郑公孙黑请以印为褚师，杜预云"褚师，市官"是也。卫有褚师声子，则褚师一官，宋、卫、郑皆有之。

汉，梁御史中丞、中书侍郎。 《南史》"汉"作"沄"，《褚亮传》作"湮"，未知谁是。

象，太子舍人。 《旧书·褚亮传》"象"作"蒙"，予见《褚亮碑》石刻正作"蒙"，则"象"为误文也。

崔氏。仁师，相太宗、高宗。 按：《宰相表》，贞观二十二年正月，中书舍人崔仁师为中书侍郎，参知机务。二月，除名。流连州。自后未有入相之事。本传但云"永徽初授简州刺史"而已。此《表》"高宗"二字，衍文也。

宰相二十三人：郑州有元综；鄢陵有知温；南祖有昭纬、慎由、胤、督、神基；清河大房有龟从，小房有彦昭、群、郸；青州房有圆；安平房有仁师、湜；博陵大房有玄晖、损、铉、元式，第二房有珙、远、祐甫、植，第三房有日用。 按：《表》，博陵大房有沆，字内融，相僖宗；博陵二房有安上，字敦礼，相高宗；造，字玄宰，相德宗，皆失举其目。又玄晖孙涣，明皇西狩，拜门下侍郎、同中书门下平章事，《表》但云门下侍郎，不云相玄宗，亦误也。崔氏宰相实二十七人。

宰相世系表三上

韩氏。宰相四人：瑗、休、滉、弘。 按：《韩滉传》，滉为浙江东西观察使、镇海军节度使，贞元元年加检校左仆射、同中书门下平章事、江淮转运使。《宰相表》不列滉名，而《本纪》亦不言加滉平章事，盖方镇加宰相，不得为真宰相也。韩氏宰相，但可云三人，不当以滉充数。

任氏。宰相一人，雅相。 按：《宰相表》有任知古，相武后。

宰相世系表三下

上官氏。楚王子兰为上官大夫，以族为氏。 按：《史记》，上官大夫乃靳尚，非令尹子兰。

乐氏。乐吕孙喜，喜生司城子罕。 据《左氏传》，子罕即乐喜字，《表》误以为二人。

孙氏。宰相二人：清河有茂道；武邑有偓。 按：《宰相表》有孙元亨，相武后。

赵氏。宰相四人：仁本、憬、彦昭、宗儒。　按：《宰相表》有赵隐，相懿宗。

宰相世系表四上

韦氏。月将，以直谏死中宗朝。　按：《世系表》之例，书官位不书事状，而韦月将以直谏死中宗朝，崔泰之以职方郎中预平二张，崔谔之以商州司马预平韦后，功第二，卢鼎与起居郎苏楷、罗衮请改昭宗谥曰"襄"，此四事者，特书于表，虽寓褒贬之旨，然一代忠奸，当褒贬者不独此四人。且月将事已见《武三思》、《尹思贞》、《宋璟传》，泰之、谔之见其父《知温传》，苏楷请改谥事亦见《昭宗纪》，加增卢鼎、罗衮二人名于《纪》中，则此文皆可删也。崔璆相黄巢，此何足齿及，而《表》亦书之，若云以此示贬，则唐臣之仕于安、史、泚、巢者不少矣，独书璆一人，亦非例也。崔璆，郾之子，其相贼事，当附见《郾传》。唐彦谦号鹿门先生，不书于《本传》，而书于《表》，亦失史法。

宰相十四人：平齐公房有保衡、弘敏；东眷有方质；逍遥公房有贯之、处厚、侍价；郧公房有巨源；南皮公房有见素；驸马房有温；龙门公房有执谊；襄阳当云小逍遥公房。有思谦、嗣立；京兆有贻范、昭度。据《表》，郧公房尚有安石，相武后、中宗、睿宗；小逍遥公房尚有承庆，相武后，实十六人。又《宰相表》有韦琮，相宣宗，此《表》失载。

郭氏。平王东迁，夺虢叔之地与郑武公，楚庄王起陆浑之师伐周，责王灭虢，于是平王求虢叔裔孙序，封于阳曲，虢曰郭公。　按：楚庄不与平王同时。《春秋》庄公二十四年，郭公，《公羊》以为失地之君，则其时郭已亡矣。楚庄伐陆浑之戎，又在其后六十九年。

武氏。攸宜，冬官尚书。　《外戚传》"终右羽林大将军"，与《表》异。武氏子弟封王者，惟攸归、攸止、载德，三人先死，不及削封，故《表》著之。余皆书所降之封，于例当矣。乃攸宜自建安王降息国公，攸绪自安平王降巢国公，攸宁自建昌王降江国公，《表》并公爵亦不书；重规已降封郐国公矣，而《表》仍书高平王，[④]懿宗已降封耿国公矣，而《表》仍书河间王，当作"河内"。崇训已降封镐国公矣，而《表》仍书高阳王，延义已降封魏国公矣，而《表》仍书嗣魏王，此又义例之自相违反者也。

攸望，少府监、蔡公。　　按：《外戚传》，降封叶国公。《旧唐书》作"邺国"。

嗣宗，蒲州刺史、管公。　　《外戚传》，终司卫卿。

延祚，光禄少卿、邻公。　　按：《旧书·外戚传》，延祚本咸安郡王，降封咸安郡公，与此互异。且《新》、《旧传》并云"重规降封邻国"，而《表》属之延祚，恐误。

宰相五人：攸暨、攸宁、元衡、三思、承嗣。　　《宰相表》又有武什方，相武后，吴氏《纠谬》书讥其脱漏。以予考之：什方本韦氏，赐姓武，《表》虽不书，未为大失。但本《表》元有两例，李世勣本徐氏，《表》从徐氏不从李氏，此一例也，元载本景氏，《表》不别出景氏，而于元氏世系之后云"大历宰相元载，本景氏，故不著"，又一例也。此什方者，既不入韦氏，又不附书武氏之后，于例亦未当也。

宰相世系表四下

豆卢氏。鲁元，后魏太保、襄城公。　　按：《魏书》，卢鲁元，昌黎徒河人。曾祖副鸠，仕慕容垂，为尚书令、临泽公。祖、父并至大官。不言慕容氏之族，且是卢氏，非豆卢氏，故沈炳震极诋此《表》之谬。今检《表》，称"慕容廆弟西平王运生尚书令临泽敬侯制，制生右卫将军北地愍王精，降后魏。北人谓归义为豆卢，因以为氏。二子丑、胜。胜子鲁元"。是尚书令临泽敬侯制乃鲁元之曾祖也。"制"与"副"，字形相似，官与封号又同，唯公侯字小异，明是一人，《表》但脱去"鸠"字耳。慕容出于徒河，而鲁元亦称昌黎徒河人，其为慕容之支庶，亦无可疑。魏初改姓豆卢，犹之改秃发为源氏。其单称"卢"者，必是孝文迁洛时，改代北复姓，因去豆存卢。故魏收修史仍之也。宇文泰据关中，悉复代北氏族之旧，故豆卢宁仍称本氏。沈氏谓鲁元自姓卢氏，与豆卢绝不相蒙，斯不然矣。《晋书·后燕载记》称："慕容麟以兵劫北地王精，谋率禁旅弑主，精以义距之，麟怒杀精。"是精无降魏之事。《北史·豆卢宁传》云"燕北地王精之后高祖胜，以皇始初归魏，赐姓豆卢氏"，盖得其实。又据《北史》，宁父苌，是胜之曾孙，而《表》以苌为丑之孙，疑亦当从《传》也。

豆卢氏宰相一人，钦望。　　按：《宰相表》有豆卢瑑，相懿宗。

朱氏。宰相一人，敬则。　按：《宰相表》有朱朴，相昭宗。

宰相世系表五上

郑氏。晔生中书博士茂，一名小白，七子：白麟、嗣伯、叔夜、洞林、归藏、连山、幼麟。因号"七房郑氏"。大房白麟后绝，第三房叔夜后无闻。　按：《魏书》，郑羲字幼骥。即幼麟。父晔，生六子。羲五兄：长曰骥，次小白，次洞林，次叔夜，次连山。《元和姓纂》，晔生七子：曰白骥、小白、叔夜、洞林、归藏、连山、幼麟，号"七房郑氏"。《魏书》不及归藏，意其后早绝故乎？《唐表》所载七子，惟嗣伯乃小白之子，其余六人乃小白昆弟，而《表》俱以为小白子，误矣。白骥有孙道悰，为随郡太守，叔夜子孙亦多显者，《表》一以为绝，一以为无闻，似未可信。

宰相九人：北祖有珣瑜、覃、朗、余庆、从谠、延昌；南祖有绸；荥阳有畋；沧州有愔。　按：《宰相表》有郑肃，相武宗；郑繁，相昭宗。吴氏《纠谬》数《世系表》脱漏者，惟举繁，不及肃，亦考之未审也。

宰相世系表五下

浑氏。潭，隋左玉钤卫大将军。　按：《回纥传》，太宗以阿贪支为右领军卫大将军、皋兰州刺史。阿贪支死，子回贵嗣。"回"与"迥"同。此《表》云潭者，即阿贪支也。"贪"、"潭"音相似。阿贪支受官于太宗时，《表》不书"唐官"，而书"隋官"，亦非是。

元庆，镇国大将军、检校礼部尚书。　按：《回纥传》，回贵死，子大寿嗣。《表》以元庆为迥贵子，大寿为元庆子，多元庆一世。考路岩撰《浑偘神道碑》，叙其先世，正与《表》同，则《回纥传》误也。

镐，义武军节度使。　按：镐之子偘，字复贵，咸通初为义昌军节度使。路岩撰《神道碑》，载《文苑英华》，《表》何以失书？

独孤氏。出自刘氏。后汉世祖生沛献王辅，辅生釐王定，定生节王丐。《后汉书》作"正"。丐子廙，洛阳令，生穆。穆生度辽将军进伯，击匈奴兵败被执，囚之孤山下。生尸利，单于以为谷蠡王，号独孤部。尸利生乌利。二子：去卑、猛。　沈炳震曰："河南刘氏世系云，汉高祖以宗女妻冒顿，其族贵者皆从母姓，因为刘氏。左贤王去卑裔孙库仁，为南部大人，此又以去卑为沛献王之后，未详何据。"大昕按：《魏书·匈奴刘聪传》、《晋书·刘元海载记》，俱云以母姓为氏，且匈奴左、右贤王，皆以子弟为之，去卑既为右贤王，《魏书·铁弗刘武传》作左贤王。必系近族，此《表》云出于沛献王者，妄也。据《魏书·刘武传》，称左贤王去卑之孙，北部帅刘猛之从子，则猛当是去卑子。《表》以去卑与猛为昆弟，亦非也。《魏书·官氏志》载，神玄皇帝时，余部诸姓内入者，有独孤氏，后改为刘氏。《周书·独孤信传》，其先伏留屯者为部落大人，与魏俱起。是独孤与匈奴非一种，不当牵混为之。

鸡田李氏。本河南部落稽阿跌之族，至光进，赐姓李。 按：此《表》述世系甚略。良臣之先世，与光进、光颜之子，《表》皆失载。今考《良臣神道碑》，称大父贺之，贞观初率部落来归，授鸡田州刺史。父延丰，袭鸡田州刺史，以功加开府仪同三司。良臣袭刺史。肃宗立灵武，率所部驰诣行在，战有功，进开府仪同三司、朔方先锋左肋兵马使，赠太保。生三子：长光玼，朔方都将；次光进；次光颜。又《光进碑》云，嗣子季元，河东衙前兵马使、检校太子宾客；次燧元，陈许节度押衙、检校太子宾客；次毅元；次绶元，太原尉；次宗元；次吉元。《光颜碑》云，嗣子昌元，鄜坊丹延节度使、检校户部尚书；次扶元，左龙武军大将军；次继元，太常主簿；次诚元，湖州司马；次建元，河东节度右都押衙、检校国子祭酒；次兴元，衢王友；次荣元，右羽林军统军、检校左散骑常侍；次奉元，清源丞；次播元，河东节度押衙左门枪兵马使；次安元，右军先锋兵马使、检校右骁卫将军。则李氏五世谱牒，犁然可考，故史家不可以不博闻也。

校勘记

① "尉氏房有仁轨、璪"，"璪"，《新唐书》中华本卷七一上作"琢"。

② "周赠开府仪同三司"，"开府仪同三司"，《旧唐书》中华本卷六六作"开府仪同大将军"。

③ "迥承"，《新唐书》中华本卷七二上作"迥秀"。

④ "而表仍书高平王"，"而"字上原本有"矣"字，文意不通，盖衍，今删。

唐书十一

后妃传

文德皇后长孙氏。父晟,字季。 《隋书》及《宰相世系表》作"季晟"。

则天皇后武氏。始,士彟娶相里氏,生子元庆、元爽。又娶杨氏,生三女。伯嫁贺兰越石,早寡,封韩国夫人。仲即后。季嫁郭孝慎,前死。杨以后故,宠日盛,徙封荣国。始兄子惟良、怀运当云士彟兄子。与元庆等,遇杨及后礼薄,后衔不置。及是,元庆为宗正少卿,元爽少府少监,惟良司卫少卿,怀运淄州刺史。它日,夫人置酒酣,谓惟良曰:"若等记畴日事乎?今谓何?"对曰:"幸以功臣子位朝廷,晚缘戚属进,忧而不荣也。"夫人怒,讽后伪为退让,请惟良等外迁,无示天下私。由是惟良为始州刺史,元庆,龙州。元爽,濠州,俄坐事死振州。元庆至州,忧死。韩国出入禁中,一女国姝,帝皆宠之。韩国卒,女封魏国夫人。欲以备嫔职,难于后,未决。后内忌甚,会封泰山,惟良、怀运以岳牧来集,从还京师,后毒杀魏国,归罪惟良等,尽杀之。氏曰"蝮",以韩国子敏之奉士彟祀。初,魏国卒,敏之入吊,帝为恸,敏之哭不对,后曰:"儿疑我。"恶之,俄贬死。杨氏徙酆、卫二国,咸亨元年卒。 按:《外戚传》"始士彟娶相里氏,生子元庆、元爽。又娶杨氏,生三女。元女妻贺兰氏,早寡。季女妻郭氏,不显。士彟卒后,诸子事杨不尽礼。衔之。后立,封杨代国夫人,进为荣国;后姊韩国夫人。于时元庆已官宗正少卿,元爽少府少监,兄子惟良卫尉少卿,杨讽后上疏,出元庆等于外,以示退让,由是元庆斥龙州,元爽濠州,惟良始州。元庆死,元爽流振州。乾封时,惟良及弟淄州刺史怀运,与岳牧集泰山下,于是韩国有女在宫中,帝尤爱幸,后欲并杀之,即导帝幸其母所,惟良等上食,后寘堇焉，贺兰食之，暴死，后归罪惟良等，诛之。讽有司改姓蝮氏，绝属籍。元爽缘坐死，家属投岭外，后取贺兰敏之为士彟后，赐氏武，袭封，擢累左侍极、兰台太史令。敏之韶秀自喜，烝于荣国，挟所爱，佻横多过失。荣国卒，后出珍币建佛庐徼福，敏之乾匿自用"云云。"后叠数怒，至此暴其恶，流雷州，表复故姓。道中自经死"。二《传》之文，大略相同。《后妃传》称杨氏由荣国夫人徙鄮、卫二国，《外戚传》但称荣国，不云徙封，其不同一也；《外戚传》元爽以惟良事缘坐死，《后妃传》先云元爽坐事死振州，后及后毒杀魏国事，似元爽别坐他事诛，其不同二也；据《外戚传》，贺兰敏之死在杨氏卒之后，《后妃传》敏之死在杨氏卒之前，魏国卒于乾封元年，在咸亨改元前四年，此《传》云"俄贬死"，则为时未久，不得迟至四载。其不同三也。《外戚传》，"后取贺兰敏之为士彟后"，当云"韩国子"，而不书者，漏也。惟良、怀运，皆士彟兄士让之子，两《传》但称"兄子"，则嫌于后之兄子，亦漏也。《后妃传》，一云"夫人置酒醢"，再云"夫人怒"，以上文考之，后母由代国夫人徙封荣国，后姊亦封韩国夫人，当书姓或书封号以别之，不当但称"夫人"也。

敬业南度江，取润州，杀刺史李思文。曲阿令尹元贞战死。　元贞，河间人，赠润州刺史，谥曰"壮"。《旧史》入《忠义传》。

前锋左豹韬果毅成三朗，为唐之奇所杀。　三朗，幽州人，赠左监门将军，谥曰"勇"。《旧史》入《忠义传》。"三朗"，《旧史》作"郎"，盖宋人避讳缺笔，书"朗"为"朗"，因讹为郎耳。

春官尚书李思文。　此又一思文。

尊周文王为文皇帝，号始祖，妣姒曰文定皇后；武王为康皇帝，号睿祖，妣姜曰康惠皇后。　按《武后纪》，追尊四十代祖平王少子武曰睿祖康皇帝，妣姜曰康惠皇后，非武王也。吴氏《纠谬》但云二说不同，今断以《传》为误。

玄宗贵妃杨氏。于是岭南节度使张九章。　按：《方镇表》，至德元载始置岭南节度使，此时似无节度之名。

章敬皇后吴氏。负姆嫌陋，更取它宫儿以进。　此事《旧史》所无，《新史》采《柳氏旧闻》增入，其实无稽之谈也。《唐会要》，代宗以开元十四年十月十三日生，[①]其时肃宗未为皇太子。

宗室传

毕王璋生二子：曰韶，曰孝基。 按：《世系表》，以孝基入毕王房，韶入雍王房，又于永安壮王孝基下云："嗣王道立，以雍王绘男韶次子高平公继。"则韶非毕王子明矣。

永安壮王孝基曾孙涵，赠太子太保。 《唐会要》，谥曰"玄"。

雍王绘子赟，追爵河南王。 《唐会要》，赠礼部尚书，谥曰"德"。《宗室世系表》作"长平王"。

淮南壮王道玄。 《宗室世系表》及《会要》，俱云"淮阳王"，此云"淮南"，恐误。《传》云"壮王"，而《会要》作"忠"，未详孰是？

长平肃王叔良。 《唐会要》，叔良谥两见：一云赠左卫大将军，谥曰"肃"；[②]一云赠太子太保，谥曰"靖"，盖传闻异词。

仁杲内史令翟长孙。 《仁杲传》作"长愻"。

长乐郡王幼良六世孙回，别传。 按：《回传》云，"新兴王德良六世孙"，《世系表》又别于长平王叔良下。

襄武郡王琛，字仲宝。 《世系表》作"惟宝"。

河间元王孝恭子崇义、晦。 《世系表》"晦"上亦有"崇"字。

淮安靖王神通十一子，得王者七人：道彦、孝詧、孝同、孝慈、孝友、孝节、孝义。 按：《本传》，道彦封胶东王，孝詧高密王，《旧书》作"孝察"。孝同淄川王，孝慈广平王，孝友河间王，孝节清河王，孝义胶西王，后皆降封公。《世系表》，孝友止称尚书左丞，无封号，其封河间郡公者，乃孝本也。未知孰是？

孝锐不得封，有子齐物显。 《世系表》，孝锐子恒农太守璟，璟子刑部尚书齐物。则齐物乃孝锐之孙。

孝节曾孙暠。 按：《世系表》，暠乃孝节之孙。

世祖四子：长曰澄，次湛，次洪，次高祖神尧皇帝。 《世系表》，代祖即世祖。四子：长高祖，次梁王澄，次蜀王湛，次汉王洪，与《传》互异。

梁王澄蚤薨，无嗣。 《世系表》，梁王澄子有彭城王士衎，江东郡王世证，衡山郡王世训三人，又以蜀王第二子博乂继。岂诸子薨绝，而后以博乂嗣之乎？然澄既有三子，不得云蚤薨矣。《博乂传》亦不言出继梁王事，盖《表》、《传》之文，多不相应。

高祖诸子传

卫怀王玄霸，以宗室西平王琼子保定嗣。 《世系表》作"平原王琼"。

郑惠王元懿十子，长子璥嗣王，为鄂州刺史。 按：《世系表》，元懿止九子，无名璥者，③嗣王乃遂州刺史璜也。《武后纪》亦称"嗣郑王璥"。

虢庄王凤，中宗以凤孙邕嗣王。 《唐会要》，邕赠荆州大都督，谥曰"景"。

嗣鲁王道坚薨，赠礼部尚书。 《唐会要》，谥曰"忠"。

弟道邃，封戴国公。 "弟"上脱"道坚"二字。

太宗诸子传

嗣吴王巘薨，赠太子少保。 《唐会要》，谥曰"恭"。

三宗诸子传

诏外继嗣王者皆归宗，乃以嗣江王祎为信安王，嗣蜀王褕为广汉王，嗣密王彻为濮阳王，嗣曹王臻为济国公。 按：《曹王明传》，神龙初，以杰子胤嗣曹王，后改封杰弟备。备薨，复封胤。胤薨，子戢嗣。中间不容更有臻嗣王爵。《世系表》，"备"作"脩"。

十一宗诸子传

越王系，至德二载十二月，进王赵与彭、兖、泾、郓、襄、杞、召、兴、定九王同封。 按：《肃宗纪》，与系同时封王者八人，彭、兖、泾皆由郡王进封，襄、杞、召、兴、定皆始封，无郓王名。又以《卫王佖》《郓王荣》两《传》考之，则郓王始封灵昌郡王，早薨。宝应元年，与佖同追封，非至德中封也。

襄王僙子寀，乐安王。 按：敬宗子执中，亦封襄王，其子寀，封乐平郡王，两襄王之子俱名"寀"，而封号相似，亦可疑也。

敬宗第二子休复，文宗开成二年封梁王第三子执中为襄王，第四子言扬为纪王。 以诸《传》例之，当云梁王休复，襄王执中，纪王言扬。各自跳行,不应附于悼怀之末。

宣宗十一子,元昭太后生懿宗皇帝。 《传》兼懿宗言之,当云"十二子"。《宗室世系》亦作"十一子",俱误。

靖怀太子汉,④会昌六年始王雍,与夔、庆二王同封。雅王泾,大中元年始王。 按:《宣宗纪》,会昌六年四月辛酉,封子温为郓王、汉雍王、泾雅王、滋夔王、沂庆王,同时封王者五人。郓王即懿宗,故《传》不及之。"汉"当为"渼"字之讹也。《通鉴》亦作"渼",音美。雅王泾之封,《纪》以为会昌六年,《传》以为大中元年,疑《传》误。《旧唐书·本纪》,郓、雅、蕲、庆四王,俱以会昌六年四月封,而无雍王。"蕲"即"夔"也。

通王滋,会昌六年王夔,与庆王沂同封。懿宗立,滋徙王。昭宗乾宁三年,领侍卫诸军。 按:滋与庆王同封,已见《靖怀太子传》,而《本传》又及之,此文之重复,犹其失之小者。考《懿宗纪》"咸通四年八月,夔王滋薨",则滋薨懿宗朝,初未改封通王,安得于昭宗朝领军,为韩建所害乎?建所杀之通王,盖别是一人,而《新史》强合之,妄之甚矣。德宗子有通王谌,意建所杀者,谌之后嗣王乎?《旧史·昭宗纪》不载通王名。

济、韶、彭、韩、沂、陈、延、覃、丹九王,史逸其系胄云。 按:彭王惕,宪宗子;沂王禋,昭宗子,皆见本卷,吴缜已纠之矣。然昭宗子冲孺,未握兵柄,何至为韩建所忌?且禋在晜弟中,次居第四,使建欲害诸皇子,又不应舍长而及幼,此理之必不然者。《旧史·昭宗纪》有仪王,无沂王,疑"沂"乃"仪"之讹。《新纪》作"沂王禋",又史家妄益之也。《通鉴考异》云:"顺宗子经封郯王,会昌后避武宗讳,改郯作覃,则嗣覃王嗣周,当是经之后。"予谓嗣丹王允,当是代宗子丹王逾之后;嗣延王戒丕,当是玄宗子延王玢之后;嗣韩王,当是高祖子韩王元嘉之后。元嘉之后,改封郓。懿宗以郓王即位,复其故名。玄宗子有济王环,代宗子有韶王暹,敬宗子有陈王成美,此济、韶、陈三王,疑亦嗣王也。

诸公主传

高祖女高密公主,下嫁段纶。纶为工部尚书、杞国公。 《唐会要》,纪国公段纶,谥曰"安"。"纪"、"杞"字形相涉,未知孰是。

太宗女临川公主,下嫁周道务。道务,殿中少监,⑤谯郡公范之子。

《唐会要》，范赠工部尚书，谥曰"敬"。

高宗女太平公主，神龙时，与长宁、安乐、宜城、新都、定安、金城凡七公主，皆开府置官属。 按：长宁、安乐、宜城、新都、定安皆中宗女，太平则高宗女也。神龙朝，公主别无封金城者，惟高宗女高安公主始封宣城，神龙初，进册长公主，实封千户，开府置官属。此"金城"或"宣城"之误。

主三子：崇简、崇敏、崇行，皆拜三品。 按：薛绍子崇简，武攸暨子崇敏、崇行，当加姓以别之。

睿宗女玉真公主，始封崇昌县主。 本封"隆昌"，史家避明皇讳，追改。

玄宗二十九女。 自永穆至寿安，实三十人。吴氏纠其自相违舛。今考《唐会要》载明皇二十八女：[⑥]永穆、降王繇。常芬、降张去奢。孝昌、早薨。灵昌、早薨。常山、降薛谭，又降窦绎。唐昌、降薛锈。[⑦]万安、入道。宁亲、降张垍。[⑧]上仙、早薨。新昌、降萧衡。高都、降裴惠童。临晋、降郑潜曜。[⑨]建平、降豆卢达，后降杨说，封衡国。贞阳、降源清，后降苏震。[⑩]信成、降独孤明。宜春、早薨。寿春、降吴澄，后入道，封楚国。[⑪]昌乐、降窦锷。永宁、降裴齐丘。平昌、降温西华，后降杨徽，苏明，封宋国。史不云降苏明。太华、降杨锜。兴信、本封高阳，降裴垍，后降裴颖，三降杨敷，改封齐国。寿光、降郭液。乐成、降薛履谦。新平、降裴玲，后降姜庆初。广宁、降程昌裔，后降苏恬。[⑫]咸宜、降杨洄，后降崔嵩。万春。降杨胐。史合宁亲与兴信为一人，又多怀思、普康、寿安三人。予谓公主早薨者多矣，独普康公主以明皇女而追封于咸通之世，殊不近情。又考懿宗八女，自有封"普康"者，乃悟咸通九年追封者，必是懿宗之女。史家转写，重复错乱，若于明皇诸女中，除去普康一人，则与二十九人之数合矣。

临晋公主，下嫁郭潜曜。 "郭"当为"郑"字之讹。潜曜，驸马都尉万钧之子。

卫国公主，始封建平，下嫁豆卢建。 《唐会要》作"豆卢达"，予谓建平主婿不当名"建"，恐当以"达"为正也。卫国，《会要》作"衡国"。

贞阳公主，下嫁源清，又嫁苏震。 按：苏诜子震，官至太常卿。彼《传》不云尚公主，未审即其人否也。

广宁公主，下嫁程昌胤。 《后妃传》作"昌裔"，盖宋人避太祖讳，改"胤"为"裔"。《会要》亦作"裔"。

　　寿昌公主,下嫁郭液。　《会要》作"寿光"。

　　顺宗女西河公主,下嫁沈翚。　按:《郭子仪传》,孙铦,尚西河公主。又云,初,西河主降沈氏,铦无子,以沈氏子嗣。此《传》不书改适郭铦,漏也。

　　宣宗女广德公主,下嫁于琮。初,琮尚永福公主,主与帝食,怒折匕箸,帝曰:"此可为士人妻乎?"更许琮尚主。　永福主折箸事,又见《于琮传》,宜删彼此。

　　昭宗女永明公主,虿薨。　当云"薨天祐时"。《旧·本纪》在天祐三年七月。

校勘记

　　① "代宗以开元十四年十月十三日生","十月",《唐会要》卷一作"十二月"。

　　② "谥曰肃","谥"原本脱,据文意补。

　　③ "无名璬者",《新唐书》中华本卷七〇下《宗室世系表》载:"嗣王、遂州刺史璬。"《考异》误。

　　④ "靖怀太子汉","汉",《新唐书》中华本卷八二作"渶"。

　　⑤ "殿中少监",《新唐书》中华本卷八三作"殿中大监"。

　　⑥ "明皇二十八女",《唐会要》卷六作"三十女",多怀思、普康、寿安三人,少宁亲一人。

　　⑦ "降薛铸","铸",《唐会要》卷六作"铺"。

　　⑧ "宁亲降张垍",《唐会要》卷六无之。

　　⑨ "郑潜曜",《唐会要》卷六作"郭潜曜"。

　　⑩ "贞阳",《唐会要》卷六作"真阳"。

　　⑪ "吴澄",《唐会要》卷六作"吴澄江"。

　　⑫ "降程昌裔,后降苏恬","裔",《唐会要》卷六作"胤"。"苏恬",《唐会要》卷六作"苏克贞"。

廿二史考异卷五十二

唐书十二

萧铣传

若铣力困计殚，以好言自释于下，系虏在廷，抗辞不屈，伪辩易穷，卒以殊死，高祖圣矣哉！ 按：萧铣，梁之后裔，为众所推，非有失德。及唐兵深入，自揣势力弗若，不惜生降，以全民命。其答高祖以田横自比，盖道其实耳。高祖自虑养虎贻患，故亟除之，如李密、王世充之徒，虽低首屈服，终亦不免，视宋祖之待刘铱，有愧色矣。以是为圣，未之前闻。

辅公祏传

遂僭位，国称宋。 唐初群雄割据，自立年号，皆书于本传，惟《公祏传》不言年号，盖史之阙也。《杨文公谈苑》记江南保大中浚秦淮，得石志，案其刻，有"大宋乾德四年"字，令诸儒参验，乃辅公祏反江东时年号，然《新》、《旧书》、《通鉴》皆未及载。万斯同《纪元汇考》谓公祏纪元天明，与《杨氏谈苑》又异。

刘思礼传

少学相人于张憬藏。憬藏谓思礼历刺史，位至太师。 按：《旧唐书》："思礼少尝学相术于张憬藏，相己必历刺史，位至太师。"揆其文义，谓思礼自相当得太师，非憬藏许之也。《新史》改窜，失其本旨。

李安远传

累封至广德郡公。 石刻武德四年《秦王告少林寺教》有"德广郡开国公安远"名，即李安远也。《传》作"广德郡"，误。

段志玄传

齐州临淄人。 《神道碑》作"邹平"。

谥曰壮肃。 当作"忠壮"。《旧史·本传》、《唐会要》及《神道碑》,并作"忠壮",独此云"壮肃",字之讹也。

殷开山传

祖不害,仕陈为司农卿。 按:《殷践猷传》称"陈给事中不害"。

刘崇鲁传

景福中,以水部郎中知制诰。雅与崔昭纬善。帝以韦昭度、李磎辅政,而昭纬外倚邠、岐兵为援,以久其权。于是天子厚礼磎,[①]昭纬惧见夺,共谋沮之。及磎墨麻出,崇鲁辄掠麻大哭。帝问焉,崇鲁曰:"今虽乏人,岂宜取憸人为宰相。磎以杨复恭、西门重遂得近职,奈何用之? 前日杜让能羞戮未刷,尚忍蹈覆辙乎?"磎由是不得用。[②]磎亦劾奏其奸,因自陈"为山南杨守亮诋毁,不容与复恭交私"。又言:"崇望为宰相,使亲吏日夕谒左军,与复恭相亲厚。绝巾惨带,不入禁门;崇鲁向殿哭,厌诅天祚,殆人之妖。且其父坐贿饮药死。崇鲁身为朱玫史官,作《劝进表》。在太原府使西川,见田令孜,没阶趋,废制度自崇鲁始。"其相詈訾,俚浅稽校,譬市人然。 此事又见《李磎传》。此详而彼略。彼《传》载崇鲁言,又有磎弟为时溥所杀一事,盖挟方镇以恐愒朝廷,故引杜让能为诫。此《传》不言时溥事,则"让能覆辙"之语,全无著矣。

许绍传

子智仁,终凉州都督。 《唐会要》,智仁官怀州刺史,孝昌县男,谥曰"敬"。

许圉师传

进户部尚书卒。 《唐会要》,圉师封平恩县公。《旧史》作"平恩县男"。

温大雅传

谥曰"孝"。　《唐会要》作"景"。

温彦博传

突利可汗弟,结社谋反。　按:《太宗纪》、《魏征》、《突厥》两《传》,
俱作"结社率",此脱"率"字。

彦博裔孙廷筠,弟廷皓。　《宰相世系表》失载廷筠、廷皓二人。

李子和传

进金紫光禄大夫。　《唐会要》,赠灵州都督,谥曰"德"。

李勣传

勣子震嗣,终桂州刺史。　《唐会要》有梓州刺史李震,谥曰"定",
疑即勣子也。

薛万均传

帝震悼,为举哀。　《唐会要》,万均赠幽州都督,谥曰"景"。

高士廉传

高俭,字士廉,以字显。　《宰相世系表》作"宗俭"。

窦抗传

赠并州都督。　《唐会要》,谥曰"肃"。[③]

窦德玄传

威从孙德玄。　按:《宰相世系表》,窦略五子:兴、拔、岳、善、炽。
岳之子毅,炽之子威,威与毅为从兄弟。德玄为毅之曾孙,则威之从曾
孙矣。

房玄龄传

玄龄字乔。　《宰相世系表》作"乔松"。

杜元颖传

如晦五世孙元颖。　按:《宰相世系表》,元颖乃淹之六世孙。《旧唐书·杜审权传》云如晦六代孙审权,为元颖从子,与此《传》合。

魏征传

帝将以衡山公主降其子叔玉。　按:《公主传》,太宗二十一女,无封"衡山"者。考《于志宁传》云:"衡山公主既公除,将下嫁长孙氏。"则是衡山停婚魏氏后,许嫁长孙矣。《公主传》下嫁长孙氏者,有新兴、新城两公主,[④]未审何人初封衡山也。

薛收传

永徽中,又赠太常卿。　收谥曰"献"。收子元超,谥曰"懿文"。见《唐会要》。

薛稷传

道衡曾孙。　据《宰相世系表》,乃四世孙。

马周传

迫赠尚书右仆射。　《唐会要》,赠尚书右仆射,[⑤]谥曰"忠"。

韦挺传

庆州刺史杨文幹,坐大逆诛,辞连东宫,帝专责宫臣,由是挺与杜淹、王珪等,皆流越巂。　按:《杜淹传》亦云:"庆州总管杨文幹反,辞连太子,归咎淹及王珪、韦挺,并流越巂。"文既重出,以事考之,亦未核。王珪、韦挺皆建成东宫官,杜淹则秦王府官也,文幹反,辞连东宫,珪、挺固宜获咎,于淹何预,而同贬斥乎?考《隐太子建成传》云:"华阴杨文幹素凶诐,建成昵之,使为庆州总管,遣募兵送京师,欲为变。文幹遽率兵反。帝以建成首谋,未忍治,即诏捕王珪、魏征及左卫率韦挺等,欲杀之,以薄建成罪。会文幹陷宁州,帝召秦王问计,对曰:'文幹竖子耳,官司当即禽之。'帝曰:'事连建成,恐应者众。尔自行,还,吾以尔为太子,使建成王蜀,蜀地狭,不足为变。若不能事汝,取之易也。'秦王率众趣宁州,文幹为其下所杀,以首降。秦王之行,元吉及内嬖更为建成请。帝意解,复诏建成居守,但责兄弟不相容,而谪王珪、韦挺、天策兵曹参军杜淹于远方。"是珪、挺、淹三人之谪,乃坐构衅太子、秦王,而非以文幹事得罪也。《王珪传》称"太子与秦王有隙,帝责珪不能辅导太子,流嶲州",盖得其实。

韦待价传

流待价绣州,卒。　按:《唐会要》:待价扶阳郡公,谥曰"元"。当是身后追复本官。

韦武传

赠吏部尚书。　《唐会要》,谥曰"恭"。

李大亮传

大亮族孙迥秀。　按《宰相世系表》,当是族子。

陈叔达传

贞观初,与萧瑀争殿中,坐忿詈不恭,免官。　《宰相表》武德九年十月:"叔达、瑀坐事免。"非贞观初。

杨师道传

谥曰"懿"。　《唐会要》,师道谥两见:一云"懿",一云"康"。

杨执柔传

乃以执柔同中书门下三品,未几,卒。　《唐会要》,执柔赠天官尚书,谥曰"贞"。

封伦传

祖隆,北齐太子太保。　当作"隆之",史脱"之"字。

裴矩传

裴矩，字弘太。 《宰相世系表》作"世矩"，《传》避太宗讳，去"世"字。矩，《隋书》有传，入唐无大表见，虽不立传可也。此传首尾一千五百五十余字，述隋事者什之七八，既与《隋史》重复，兼亦失于限断。当云仕隋至某官，事见前史，乃继以仕宇文化及、窦建德事，斯为得之。若封伦、萧瑀辈，《旧史》无传者，固不妨述其梗概也。

阎立本传

卒谥曰"文贞"。 《唐会要》无"文"字。

韦弘机传

孙岳子，岳子孙皋，别有传。 按：《韦皋传》"六代祖范，有勋力周、隋间"，不言为弘机之后。若依此《传》，则皋为弘机之玄孙，皋之六世祖，即弘机祖也。此《传》云祖元礼，隋浙州刺史，"浙"当作"淅"。不名范，两《传》必有一误。又此《传》"岳子"乃两字名，而《旧史·良吏传》单称"岳"，亦未知谁是？

萧瑀传

久之，迁左仆射。贞观初，房玄龄、杜如晦新得君，事任稍分，瑀不能无少望，乘罅切诋，辞旨疏躁。太宗怒，废于家。俄拜特进、太子少师，复为左仆射。坐与陈叔达忿争御前不恭，免。岁余，起为晋州都督。入拜太常卿，迁御史大夫，参预朝政。会玄龄等小过失，瑀即痛劾，不报，由是自失，罢为太子少傅，加特进，复为太常卿。九年，复参预政事。晋王为皇太子，拜太子太保、同中书门下三品。瑀中狭，每燕见，辄言"玄龄辈朋党盗权"，帝积久亦不平。瑀好浮屠法，间请舍家为桑门，帝许之矣，复奏自度不能为，又足疾不入谒，诏夺爵，下除商州刺史。 今以《宰相表》考之，瑀五入相而五罢：武德元年，由隋民部尚书为内史令，六年，迁尚书右仆射，九年，转左仆射，其年十月，与陈叔达俱坐事免，此一罢也；贞观元年六月，由太子少师为尚书左仆射，其年十二月罢，此再罢也；四年二月，复以御史大夫参议朝政，其年七月，罢为太子少傅，此三罢也；九年十一月，复以特进多预朝政，十年十二月，罢为岐州刺史，此四罢也；十七年四月，又以特进、太子太保、同中书门下三品，二十年十月，贬商州刺史，此五罢也。《传》于贞观十年罢相一节，略而不书；其与陈叔达忿争免官，乃在武德九年，太宗虽已即位，犹未改元，而误以为贞观初，其误与《陈叔达传》同。且系第一次罢相，而误以为第二次，皆自相抵牾也。

萧嗣业传

擢累鸿胪卿，兼单于都护府长史。　龙朔元年，嗣业为扶余道行军总管，伐高丽，又为仙崿道行军大总管，伐铁勒，《传》皆失书。

萧定传

迁袁、润等六州刺史。大历中，有司差天下刺史治最，定与常州萧复、豪州张镒为第一。　按：《萧复传》但云“历歙、池二州刺史，治状应条。迁湖南观察使，改同州刺史”，不云为常州刺史者，阙也。复、定二人，并附《瑀传》末，而前后不相应如此。

褚亮传

谥曰“康”。　《唐会要》亮谥两见：一云“康”，一云“文康”，未详其审。

姚班传

班著《绍训》，以发明旧义云。　按：《艺文志》有姚班《汉书绍训》四十卷，即此书也。“班”、“珽”字形相涉，或宋初避讳，“珽”字缺末笔，后人误认为“班”耳。

令狐德棻传

父熙，隋鸿胪卿。　《宰相世系表》，隋吏部尚书、武康公。考《隋书》，熙尝任鸿胪卿，又以本官兼吏部尚书判五曹尚书事，后终于桂州总管。史称鸿胪卿者，当时以京职为重，吏部未正授，故亦不书也。

累进爵彭城县子。　“彭城”，当作“彭阳”。传写之讹也。《北史·叙传》称德棻为彭阳公,德棻大父整亦封彭阳公。

会修晋家史,房玄龄奏起之,预柬凡十有八人。 按:《艺文志》,修《晋书》者,房玄龄、褚遂良、许敬宗、来济、陆元仕、刘子翼、令狐德棻、李义府、薛元超、上官仪、崔行功、李淳风、辛丘驭、刘引之、阳仁卿、李延寿、张文恭、敬播、李安期、李怀俨、赵弘智等,自房相外,盖不止十八人也。

顾胤传

中子琮,⑥**武后时为天官侍郎、同凤阁鸾台平章事。** 《唐会要》,赠越州都督、渭源县侯,谥曰"靖"。

于志宁传

志宁与司空李勣,修定《本草》并图,合五十四篇。 即所谓《显庆本草》也。《艺文志》载撰述人,无志宁名。

张易之传

时无检轻薄者,又诟言昌宗乃王子晋后身。 据《外戚传》,乃武三思倡言。

乃诏昌宗即禁中论著,引李峤、张说、宋之问、富嘉谟、徐彦伯等二十有六人撰《三教珠英》。 按:《艺文志》:"《三教珠英》,一千三百卷。张昌宗、李峤、崔湜、阎朝隐、徐彦伯、张说、沈佺期、宋之问、富嘉谟、乔品、⑦员半千、薛曜等撰。"又《李适传》:"武后修《三教珠英》书,以李峤、张昌宗为使,取文学士缀集,于是适与王无竞、尹元凯、富嘉谟、宋之问、沈佺期、阎朝隐、刘允济在选。"又《徐坚传》:"与徐彦伯、刘知幾、张说与修《三教珠英》,时张昌宗、李峤总领,弥年不下笔,坚与说专意撰综,条汇粗立,诸儒因之乃成书。"此四处重出,而人数多寡同异各殊,所当删并以归于一也。

长孙无忌传

太子承乾废,立晋王,以无忌为太子太师,同中书门下三品。"同三品"自此始。 按:《太宗纪》:"贞观十七年四月,立晋王治为皇太子,特进萧瑀为太子太保,李勣为太子詹事、同中书门下三品。"《宰相表》亦止载萧瑀、李勣二人。其时无忌为太子太师,房乔为太子太傅,《纪》、《表》皆不书者,非宰相之职,例不当载也。《百官志》,其后李勣以太子詹事、同中书门下三品,谓同侍中、中书令也。而"同三品"之名,盖起于此,亦不举无忌。然则《无忌传》云"同中书门下三品"者,殆误矣。吴氏《纠谬》谓《宰相表》有阙文,盖考之未审。

褚遂良传

神龙中,复官爵。　《唐会要》,谥曰"文忠"。

韩瑗传

父仲良,终刑部尚书、秦州都督府长史、颍川县公。　据《仲良碑》,贞观十二年薨,赠兵部尚书,谥曰"定"。《会要》以为谥"贞"者,误。⑧

神龙初,武后遗诏复官爵。　《唐会要》,谥曰"贞"。

来济传

初,济与高智周、郝处俊、孙处约客宣城石仲览家,仲览衍于财,有器识,待四人甚厚。私相与言志,处俊曰:"愿宰天下。"济及智周亦然。处约曰:"宰相或不可冀,愿为通事舍人足矣。"后济领吏部,处约始以瀛州书佐入调,济遽注曰"如志",遂以处约为通事舍人。后皆至公辅云。　此事又见《高智周传》。吴氏《纠谬》已言其丛复矣,而《容斋四笔》又辨之云:"此事本出韩琬所撰《御史台记》,而所载自不实。《处约传》:'贞观中为齐王祐记室,祐多过失,数上书切谏。王诛,太宗得其书,擢中书舍人。'是岁十七年癸卯。来济次年亦为中书舍人,永徽三年拜相,六年检校吏部尚书。是岁丁巳,去癸卯首尾十五岁,若如两《传》所书,大为不合。仲览乡里,一以为宣城,一以为江都,岂宣城人而家于广陵也?"

济异母兄恒,上元中为黄门侍郎、同中书门下三品。　《唐会要》,赠太子少师来恒,谥曰"忠"。赠润州刺史来恒,谥曰"懿"。盖一人而传闻异词。

崔知温传

子泰之,开元时为工部尚书。谔之,为将作少匠,与诛二张功,封博陵县侯。　按:《宰相世系表》,泰之初以职方郎中预平二张。谔之,初以商州司马,预平韦后,功第二,与此《传》互异。

赵弘智传

弘安曾孙矜。　　矜,《旧史》无传,此采柳子厚所撰墓志添入。宋子京好退之、子厚文,故于《韩传》载《进学解》、《佛骨表》、《潮州谢上表》、《祭鳄鱼文》,凡四篇;《藩镇传》载《平淮西碑》,《孝友传》载《复仇议》,《陈京传》载《禘祫议》,《许远传》载《张中丞传后序》,《李渤传》载愈所与书,《张籍传》载愈答书,《甄济传》载愈答元微之书;于《柳传》载与萧翰林俛、许京兆孟容书、《贞符》、《惩咎赋》,凡四篇;《孝友传》载《驳复仇议》、《孝门铭》,《宗室传》载《封建论》,《贞行传》载《与何蕃书》;《段秀实传》亦多采宗元所撰《逸事状》。《旧史》惟《退之传》载文四篇,与《新史》同,余皆子京所采也。

宜遇西人,深目而髯,乃得其实。　按:柳子厚撰《赵君墓志》云:"乙巳于野,宜遇西人。深目而髯,其得实因。"皆韵语也。史家删改,遂至失韵。

崔敦礼传

崔敦礼,字安上。　《宰相世系表》,安上,字敦礼。

杨纂传

赠幽州都督,谥曰"恭"。　《唐会要》,"恭"作"敬"。宋人避讳,往往改"敬"为"恭"。如杨纂、柳亨辈,疑本谥"敬",而后人追改也。

纂从子昉,终工部尚书。　《唐会要》谥曰"恪"。

刘从一传

赠太子太傅。　《唐会要》谥曰"敬"。

傅奕传

上疏极诋浮图法。 奕言五帝三王,未有佛法,君明臣忠,年祚长久。石符乱华,主庸臣佞,政虐祚短,事佛致然。昌黎《谏迎佛骨表》,其说实本于此。

吕才传

鲁桓公六年七月,子同生。 《经》书"九月",此据《夏正》,故云"七月"。

岁在乙亥,月建申,然则值禄空亡。 乙禄在卯,丙申月,卯为截路空亡。

又触句绞六害,偝驿马,身克驿马三刑。 亥与申相害,故云"六害"。亥、卯、未驿马在巳,申在巳前为偝,巳刑申,故云"三刑"。月建为身,巳火克申金,身为驿马所克也。

命火也,生当病乡。 乙亥纳音火也,病于申。

唯向命一物,法当寿。 亥为本命,生于申月,申在亥后,为向命。

秦庄襄王四十八年,始皇帝生。 "庄襄"当作"昭襄"。

是岁壬寅正月,命偝禄。 壬禄在亥,生于寅月,在亥前,为偝也。

又破驿马三刑,身克驿马。 寅、午、戌驿马在申,寅破申,申刑寅,故云"破驿马三刑"也。申金克寅木,身为驿马所克也。

命金也,正月为绝。 壬寅纳音金,金绝于寅。

又建命生。 寅为本命,月建在寅,是为建命。

汉武帝以乙酉岁七月七日平旦生,当禄空亡。 乙禄在卯,生于丙申月,卯为截路空亡。

虽向驿马,乃隔四辰。 巳、酉、丑驿马在亥,申至亥隔四辰,申在亥后,为向。

后魏高祖孝文皇帝生皇兴元年八月,是岁丁未,为偝禄命与驿马三刑,身克驿马。 丁禄在午,未为本命,亥、卯、未驿马在巳,生于酉月,在巳、午、未三辰之前,故皆为背也。酉为自刑,故云"三刑"。巳火克酉金,亦驿马克身也。

又生父死中。 未土为本命,生于酉月,火死于酉。火者,土之父也。

宋高祖癸亥三月生,禄与命皆空亡。　癸禄在子,亥为本命,生于丙辰月,亥为截路空亡,子为旬中空亡。

又生子墓中。　水墓于辰、亥,本命属水,纳音亦属水,生于辰月,是为巳墓,而云"子墓",所未详也。

又生祖禄下。　土为水之祖,土以巳为禄,生于辰月,故云"祖禄下"。

校勘记

① "而昭纬外倚邠、岐兵为援,以久其权。于是天子厚礼礤",原本脱,据《新唐书》卷九〇补。

② "礤由是不得用","用",《新唐书》卷九〇作"相"。

③ "谥曰肃","肃",《唐会要》卷八〇作"密"。

④ "下嫁长孙氏者,有新兴、新城两公主",按,据《新唐书》卷八三载:"长乐公主,下嫁长孙冲。"则下嫁长孙氏者,有三公主。

⑤ "赠尚书右仆射","右",原本作"左"。《新唐书》卷九八、《唐会要》卷七九俱作"右",据改。

⑥ "中子琼",《新唐书》卷一〇二无"中"字。

⑦ "乔品","品",《新唐书》卷五九作"侃"。

⑧ "谥贞",《唐会要》卷八〇谓谥"贞烈"。